Über dieses Buch

»Einer jener Romane, die eine Erleuchtung für eine ganze Gesellschaft bedeuten.« Mit diesen enthusiastischen Worten hat ein Kritiker das vorliegende eindrucksvolle Werk gepriesen, das dem Autor Weltruf einbrachte. Es handelt 1831 in Virginia und erzählt vom Leben und Leiden, vom Aufruhr, von der Gefangennahme, vom Geständnis und vom Tod des Negerführers Nat Turner. In Ketten gelegt, von Hunger und Kälte gequält, wartet Nat Turner auf seine Hinrichtung. Und er versucht vor sich selbst Rechenschaft abzulegen, wie es dazu kam, daß sich unter einem schwarzen Baptistenprediger die Neger gegen ihre weißen Herren erhoben. Von einsichtigen Weißen zur Freiheit und zur Bildung bestimmt, von rohen Sklavenhaltern in tiefste Demütigung gestoßen, hatte Nat Turner Haß und Tod gepredigt. »Die Letzten sollen die Ersten sein« – so hatte er verkündet. Als aber das große Morden begann, war er unfähig gewesen, seinem eigenen Aufruf zu folgen. Wie ein krankes Tier hatte er sich verkrochen, bis der Aufstand zusammengebrochen war. Schwer liegt auf ihm die Verantwortung für das Sterben von Hunderten. Und doch weiß Nat Turner am Ende, daß er den gleichen Weg wieder gehen würde . . .

Januar 1979
Vollständige Taschenbuchausgabe
© der deutschen Ausgabe
Droemersche Verlagsanstalt Th. Knaur Nachf.
München/Zürich 1968
Titel der amerikanischen Originalausgabe
»The Confessions of Nat Turner«
© Copyright 1966, 1967 by William Styron
Ins Deutsche übertragen von Norbert Wölfl
Umschlaggestaltung Franz Wöllzenmüller, München
Umschlagillustration Historia-Photo
Gesamtherstellung Ebner, Ulm
Printed in Germany
ISBN 3-426-00587-5

William Styron:
Die Bekenntnisse des Nat Turner

Roman

Droemer Knaur

Für James Terry
für Lillian Hellmann
und für
meine Frau und meine Kinder

Vorwort

Die Annalen der Sklaverei in den USA verzeichnen nur einen einzigen wirklich bedeutsamen Negeraufstand. Er ereignete sich im August 1831 in einer abgelegenen Ecke Südost-Virginias. Der diesem Buch vorangestellte Abschnitt ›An das Publikum‹ ist die Einleitung zu dem einzigen zeitgenössischen Dokument über diese Erhebung, einer kleinen Broschüre von etwa zwanzig Seiten Umfang, die im darauffolgenden Jahr unter dem Titel »Die Bekenntnisse Nat Turners« in Richmond erschien.

In meiner Erzählung bin ich kaum von dem abgewichen, was an Tatsachen über Nat Turner und den von ihm geführten Aufstand wirklich bekannt ist. Da man nur wenig über Nat Turner, seine Jugend und die Motive des Aufstandes weiß (solche Informationen fehlen eigentlich fast immer), habe ich mir allerdings erlaubt, die Ereignisse völlig frei zu rekonstruieren. Ich hoffe zuversichtlich, daß ich dabei im Rahmen der spärlichen Aufschlüsse geblieben bin, die uns die Geschichte über die Institution der Sklaverei gewährt. Zeit ist etwas Relatives; das Jahr 1831 ist uns gleichzeitig sehr nah und doch weit entfernt.

Vielleicht wird der Leser in meiner Erzählung nach einer Moral suchen; meine Absicht war es, einen Mann und seine Zeit wiedererstehen zu lassen und ein Buch zu schreiben, das weniger ein »historischer Roman« im herkömmlichen Sinn ist als vielmehr eine Meditation über die Historie.

Roxbury, Connecticut   William Styron
Neujahrstag 1967

Der kürzliche Aufstand in Southampton hat die Öffentlichkeit in hohem Maße erregt und zu tausend müßigen, übertriebenen und bösartigen Darstellungen Anlaß gegeben. Es handelt sich um den ersten Fall einer offenen Sklavenrebellion in unserer Geschichte, begleitet von solcher Grausamkeit und Zerstörung, daß sie einen tiefen Eindruck machte, nicht nur auf die Bürger der Gemeinde, in der sich die schreckliche Tragödie zutrug, sondern auch in allen anderen Teilen unseres Landes, wo diese Bevölkerungs- schicht anzutreffen ist. Die allgemeine Neugier hat sich bemüht, Ursprung und Fortgang dieser furchtbaren Verschwörung zu verstehen, ebenso die Motive, von denen die teuflischen Akteure beseelt waren. Die aufrührerischen Sklaven waren sämtlich ver- nichtet oder gefangen, abgeurteilt und hingerichtet worden (mit einer Ausnahme jedoch), ohne befriedigend Aufschluß über ihre Beweggründe und die Mittel gegeben zu haben, mit denen sie ihr Ziel zu erreichen hofften. Alle Begleitumstände dieser traurigen Affäre blieben in geheimnisvolles Dunkel gehüllt, bis Nat Tur- ner, der Anführer der grausamen Bande, dessen Namen im gan- zen Lande in aller Munde war, gefangen wurde. Dieser »große Bandit« wurde ohne den leisesten Versuch der Gegenwehr am Sonntag, dem dreizehnten Oktober, von einer einzelnen Person in einer Höhle nahe der Wohnung des verstorbenen Besitzers gefangengenommen und am folgenden Tag ins Bezirksgefängnis eingeliefert. Gefangen nahm ihn Benjamin Phipps, bewaffnet mit einer wohlgeladenen Schrotflinte. Nats einzige Waffe bestand in einem kurzen Säbel, welchen er jedoch unverzüglich auslieferte, indem er darum bat, sein Leben zu schonen.

Nach seiner Verhaftung hatte ich mit Genehmigung der Gefängnisverwaltung jederzeit freien Zutritt zu ihm. Nachdem ich feststellte, daß er bereit war, ein volles und freiwilliges Geständnis hinsichtlich Ursprung, Fortgang und Vollzug der Sklavenerhebung, deren Urheber und Haupt er war, abzulegen, beschloß ich, dieses Bekenntnis zur Befriedigung der allgemeinen Neugier in schriftlicher Form niederzulegen und es ohne oder doch nur mit geringen Abweichungen in seinen eigenen Formu- lierungen zu veröffentlichen. Die anhängende Bestätigung des Bezirksgerichts Southampton bescheinigt, daß es sich um eine getreuliche Wiedergabe der Bekenntnisse handelt. Sie tragen auch in der Tat den Stempel der Wahrheit und Echtheit. Er unternimmt (im Gegensatz zu allen anderen Aufrührern) keinen Versuch, sich selbst zu entlasten, sondern gesteht freimütig in vollem Umfang seine schuldhafte Beteiligung an den begangenen Taten ein. Er war nicht nur der geistige Urheber des Aufstandes, sondern er führte auch den ersten Streich bei der Ausführung.

So wird sich zeigen, daß, während alles an der Oberfläche der Gesellschaft einen ruhigen, friedvollen Anstrich trug und nicht ein Ton der Vorbereitungen warnend ans Ohr der frommen Bürger drang, sie vor Tod und Verderben zu bewahren, ein düsterer Fanatiker bereits in den Tiefen seines dunklen, verworrenen Verstandes den Plan eines unterschiedslos gegen alle Weißen gerichteten Massakers wälzte. Es war ein Plan, den seine teuflische Bande im Verlauf ihres betrüblichen Vorgehens auf nur allzu schreckliche Weise in die Tat umsetzte. Kein Flehen um Gnade drang an ihre versteinerten Herzen. Kein Gedenken an empfangene Wohltaten machte auf diese gnadenlosen Mörder auch nur den geringsten Eindruck. Männer, Frauen und Kinder, Greise ebenso wie unschuldige Neugeborene, erlitten das nämliche furchtbare Schicksal. Nie zuvor hat eine Bande von Wilden brutaler und erbarmungsloser gehaust. Nur die Rücksichtnahme auf die eigene Sicherheit scheint sie vor noch blutigeren Verbrechen zurückgehalten zu haben. Und es gehört keineswegs zu den minder interessanten Aspekten dieser entsetzlichen Vorkommnisse, daß eine von so teuflischer Besessenheit geleitete Bande nur so geringen Widerstand leistete, als ihr bewaffnete Weiße entgegentraten. Allein die Verzweiflung, so möchte man meinen, hätte zu größeren Anstrengungen führen müssen. So aber suchte jeder einzelne sein Heil darin, daß er sich versteckte oder daß er nach Hause zurückkehrte, in der Hoffnung, seine Beteiligung möge unentdeckt bleiben. Alle wurden im Verlauf weniger Tage niedergeschossen oder gefangengenommen und ihrer gerechten Aburteilung und Strafe überantwortet. Nur Nat hat alle seine Anhänger überlebt, doch der Galgen wird auch seinem Dasein bald ein Ende setzen. Seine Darstellung vom Verlauf des Aufstandes wird ohne alles Beiwerk dem Publikum unterbreitet. Sie erteilt eine schreckliche und hoffentlich nützliche Lehre darüber, was in einem Verstand gleich dem seinen vorgeht, wenn er sich Dingen zuwendet, die außerhalb seines Erfassungsvermögens liegen. Wie dieser Verstand sich anfänglich verwirrt und bestürzt darstellt, schließlich sich in verbrecherischer Weise dem Ersinnen und Ausführen der blutrünstigsten und herzerschütterndsten Taten zuwendet. Der Bericht hat ferner die Absicht, die Prinzipien unserer Gesetze zur Zügelung dieser Klasse unserer Bevölkerung aufzuzeigen und sowohl diejenigen, welchen ihre Anwendung anvertraut ist, als auch allen Bürgern unseres Landes die strengste und peinlichst genaue Beachtung dieser Gesetze nahezulegen. Sofern man sich auf Nats Aussagen verlassen kann, handelte es sich um einen Aufstand von rein lokalem Charakter, dessen Planung nur einigen wenigen aus der unmittelbaren Nachbarschaft bekannt gewesen ist. Der Aufstand war nicht angestachelt von Gefühlen der Rachsucht oder plötzlichen Empörung, sondern das Ergebnis nüchterner Überlegung und kühler Planung. Als Folge eines düsteren Fanatismus, der auf nur allzu wohlbereiteten Boden fiel, wird er noch lange in den Annalen unseres Bezirks und in den Herzen so mancher Mutter weiterleben, die ihr Herzallerliebstes an den Busen drückt und bei dem Gedanken an Nat Turner und seine Bande schrecklicher Missetäter erschaudert.

In der Annahme, daß die folgende Erzählung sonst unvermeidbare Zweifel und Vermutungen zerstreuen wird und damit der allgemeinen Befriedigung dienen möge, wird sie dem verehrlichen Publikum unterbreitet

von dessen gehorsamem Diener

T. R. Gray

Jerusalem, Bezirk Southampton in Virginia, am 5. November 1831.

Wir, die endesunterfertigten Mitglieder des am Samstag, dem fünften Tage des Monats November im Jahre des HErrn 1831, zum Zwecke der Verhandlung gegen den Negersklaven Nat alias Nat Turner, gewesenes Eigentum des verstorbenen Putnam Moore, zusammengetretenen Gerichts bekunden hiermit, daß die Bekenntnisse des besagten Nat gegenüber Thomas R. Gray dem Angeklagten von letzterem in unserer Gegenwart vorgelesen und daß ferner der Angeklagte auf die Frage des dem Gericht vorsitzenden Richters, ob er noch etwas zu seiner Verteidigung zu sagen habe oder einen Grund nennen könne, aus welchem die gegen ihn verhängte Todesstrafe nicht vollstreckt werden sollte, erwiderte, er habe dem Mr. Gray Mitgeteilten nichts hinzuzufügen.

So gefertigt und gesiegelt zu Jerusalem an diesem fünften Tage im Monat November, im Jahre des HErrn 1831.

Jeremiah Cobb (L. S.)
Thomas Pretlow (L. S.)
James W. Parker (L. S.)
Carr Bowers (L. S.)
Samuel B. Hines (L. S.)
Orris A. Browne (L. S.)

1. Teil Tag des Gerichts

Und GOtt wird abwischen alle Tränen von ihren Augen,
und der Tod wird nicht mehr sein, noch Leid noch Geschrei
noch Schmerz wird mehr sein; denn das Erste ist
vergangen.

Hoch über dem kahlen, sandigen Kap, wo der Fluß sich ins Meer
ergießt, da erhebt sich mehrere hundert Fuß hoch eine steile
Klippe, ein äußerster Vorposten des Landes. Unterhalb der
Klippe muß man sich eine Flußmündung vorstellen, breit und
schlammig und seicht, ein Gewirr kleiner, kabbeliger Wellen, wo
die Wasser von Fluß und See sich vermischen, wo Strömung und
Gezeiten aufeinandertreffen.
Es ist Nachmittag. Ein klarer, funkelnder Tag, an dem die Sonne
keine Schatten zu werfen scheint. Es mag Vorfrühling oder auch
Spätsommer sein; die Jahreszeit spielt kaum eine Rolle. Zeitlo-
sigkeit hängt in der Luft, die mild und still und weder kalt noch
warm ist.
Wie immer, scheine ich mich diesem Ort allein in einem kleinen
Boot, einem Nachen oder einem Kanu, zu nähern. Ich lehne mich
bequem zurück; jedenfalls verspüre ich nichts von Ungemach oder
gar Anstrengung, ich muß ja nicht rudern – das Boot gleitet
gehorsam auf der trägen Strömung des Flusses dem Meer zu. So
gelange ich lautlos an das Kap. Dahinter erstreckt sich, so weit
das Auge blickt, tiefblau die unendliche See. Die Flußufer sind
menschenleer und still. Kein Hirsch springt durch den Wald, und
vom verlassenen Sandstrand erhebt sich keine Möwe. Tiefes
Schweigen liegt über allem, unbeschreibliche Einsamkeit, als sei
hier das Leben nicht einfach verloschen, sondern entschwunden,
um alles – die Flußufer und die Mündung und das wogende
Meer – für immer unverändert zurückzulassen, ewig gleichblei-
bend im Licht einer regungslosen Nachmittagssonne.
Dann gleite ich näher an das Kap heran und erhebe meine Augen
zu der Klippe, die weit aufs Meer hinausblickt. Ich weiß, welcher
Anblick mich hier erwartet; es ist immer derselbe. Weiß schim-
mert das Gebäude im Sonnenlicht – grellweiß und klar hebt es
sich gegen den blauen, wolkenlosen Himmel ab. Es ist viereckig
und aus Marmor gefügt wie ein Tempel. Die Form ist schlicht;
das Gebäude hat weder Säulen noch Fenster, sondern nur
Nischen, deren Sinn ich mir nicht erklären kann. Sie ziehen sich

in einer Reihe von Bogen über die beiden sichtbaren Seiten hin. Das Gebäude besitzt auch kein Tor – jedenfalls kann ich keines erkennen. Und wie dieses Gebäude keine Fenster und Türen hat, so scheint es auch ohne besonderen Grund dazusein; ein Tempel, wie gesagt – aber ein Tempel, in dem keiner betet, ein Sarkophag, in dem niemand ruht, oder ein Denkmal für etwas Geheimnisvolles, Ungreifbares, Namenloses. Aber wenn ich diesen Traum habe, diese Vision, dann denke ich nie lange über Zweck und Bedeutung des seltsamen Gebäudes nach, das sich so einsam und weltfern auf der Felsenklippe über dem Meer erhebt; denn schon seine Zwecklosigkeit scheint es mit einem tiefen Geheimnis zu umgeben, dessen Erforschung mich wie in einem Irrgarten nur noch mehr verwirren und bestürzen würde.

Und so überkommt mich diese Vision schon seit Jahren, ein immer wiederkehrender Spuk. Ich sitze in dem kleinen Boot und treibe durch die Mündung des schweigenden Flusses hinaus aufs Meer. Irgendwo da vorn liegt, leise wogend und brausend, doch nicht bedrohlich, die Weite der sonnendurchfluteten See. Hier das Kap, da das steil aufragende Vorgebirge und dort oben schließlich der schmucklose weiße Tempel, hoch und feierlich alles überragend – das flößt mir weder Angst noch Frieden, noch Ehrfurcht ein. Es ist nur die Betrachtung eines großen Geheimnisses, das ich auf dem Wege hinaus ins Meer erlebe.

Seit meinen Kindertagen – ich bin erst Anfang Dreißig – konnte ich nie die Bedeutung dieses Traums ergründen. (*Vision* wäre zutreffender, denn meist sah ich das Bild zwar in der Sekunde des Erwachens, doch es gab auch wache Augenblicke – wenn ich draußen auf dem Feld arbeitete, im Wald Kaninchen fing oder diese und jene Arbeit verrichtete –, in denen diese ganze Szene plötzlich und unvermutet an meinem inneren Auge vorüberzog, lautlos und deutlich und vollkommen wirklich wie ein Bild aus der Bibel; im einfältigen Tagtraum eines einzigen Augenblicks erstanden Fluß und Tempel und Klippe und Meer vor mir, um sich ebenso rasch wieder in nichts aufzulösen.) Ich konnte mir auch niemals dieses Empfinden erklären, das die Vision in mir weckte, diese Ahnung eines stillen, ewigen Geheimnisses.

Zweifellos hing das alles damit zusammen, daß ich in meiner Kindheit oft Weiße davon reden hörte, sie wollten von Norfolk aus »ans Meer« fahren. Norfolk liegt nur vierzig Meilen östlich von Southampton, und zur Küste sind es dann nur noch ein paar

Meilen. Manche von den Weißen fuhren zuweilen geschäftlich dorthin. Ich habe sogar ein paar Neger aus Southampton gekannt, die ihre weiße Herrschaft nach Norfolk begleiteten und dort das Meer sahen. Das Bild, das in ihrer Erinnerung haftenblieb – die Unendlichkeit blauer Wasser, die sich so weit erstreckten, wie das Auge blickte und noch weiter bis an die Grenzen der Welt –, dieses Bild entzündete meine Einbildung und erweckte in mir den brennenden Wunsch, beinahe schon einen körperlich fühlbaren Hunger, auch einmal das Meer zu sehen. Es gab Tage, da spiegelte meine Einbildungskraft mir Wogen, einen fernen Horizont und die schäumende, stöhnende See vor, einen klarblauen Himmel, der sich wie ein eigenes Reich über uns spannt bis weit nach Osten an die Gestade Afrikas – als ob ich mit einem einzigen Blick auf dieses Bild all den urtümlichen, widersinnigen Glanz einer vom großen Wasser beherrschten Welt verstehen sollte. Aber in dieser Hinsicht hatte ich kein Glück – ich durfte nie mit nach Norfolk fahren. So bekam ich auch nie das Meer zu sehen und mußte mich mit dem Abbild begnügen, das es nur in meiner Vorstellung gab; daher auch die immer wiederkehrende Vision von dem Tempel auf der Felsklippe, der ewig ein Geheimnis blieb – an diesem Morgen noch geheimnisvoller als in früheren Jahren, so weit ich zurückdenken kann. Eine ganze Weile schwebte ich zwischen Traum und Wirklichkeit; ich öffnete meine Augen in der grauen Morgendämmerung und schloß sie wieder; dann sah ich den weißen Tempel im klaren, geheimnisvollen Licht dahinschwinden und allmählich im Nichts verzittern, bis er aus meiner Erinnerung vergangen war.

Ich richtete mich auf der Planke aus Zedernholz auf, die mir als Nachtlager diente. Dabei beging ich denselben Fehler wie an den vergangenen vier Morgen; in einer halb unbewußten Bewegung schwang ich die Beine von der Planke, als wollte ich sie auf den Boden setzen; aber so lang war die Kette nicht. Mitten in der Bewegung schnitten mir die eisernen Schellen in die Fußgelenke. Ich zog die Beine wieder an, ließ sie auf die Planke zurückfallen und setzte mich auf. Dann beugte ich mich vor und rieb meine Gelenke unter den eisernen Ringen, bis ich spürte, wie unter meinen Fingern wieder warm das Blut zurückkehrte. Zum erstenmal in diesem Jahr schmeckte die Luft nach Winter, sie war feucht und kalt. An der Stelle, wo die grobe Bretterwand meines Gefängnisses den gestampften Lehmboden berührte, sah ich eine helle Linie von Rauhreif. So saß ich ein paar Minuten lang da, rieb mir die Knöchel und zitterte ein wenig vor Kälte. Dann plötzlich packte mich der Hunger. Mir war, als wollte sich mein Magen umdrehen.

Für eine Weile blieb alles still. Gestern abend hatten sie Hark in die Nachbarzelle gelegt. Jetzt hörte ich durch die Bretterwand sein gequältes Atmen – einen halberstickten, gurgelnden Laut, als ob die Luft durch seine vielen Wunden entweiche. Ich war nahe daran, ihn flüsternd zu wecken; denn bisher hatten wir noch keine Gelegenheit zum Reden gefunden. Aber sein Atem ging langsam und schwer vor Erschöpfung. Laß ihn schlafen, dachte ich, und die Worte, die meine Lippen schon formten, blieben ungesprochen. Ich saß ganz still auf der Planke und sah zu, wie die Morgendämmerung allmählich ihr perlgrau schimmerndes Licht entfaltete und die Zelle damit füllte wie ein Gefäß. In der Ferne hörte ich einen Hahn krähen. Es klang wie ein gedämpftes Hurra, dessen Echo über die Hügel rollte und dann versickerte. Dann krähte ein zweiter Hahn, diesmal näher. Lange Zeit saß ich so da und wartete und lauschte. Minutenlang blieb Harks mühsames Atmen das einzige Geräusch in der Morgenstille – dann hörte ich weit entfernt ein Hornsignal, klagend und vertraut, ein weicher, hohler Ton, der sich auf dunklen Flügeln über die Felder Jerusalems erhob und auf irgendeiner Farm die Neger zur Arbeit weckte.

Nach einer Weile legte ich mir die Kette so zurecht, daß ich die Beine auf den Boden stellen und aufstehen konnte. Die Kette ließ mir einen knappen Schritt Bewegungsfreiheit. Wenn ich sie voll ausnutzte und mich dann auf die Zehenspitzen stellte, konnte ich durch das offene, vergitterte Fenster in die Morgendämmerung hinaussehen. Jerusalem erwachte. Von meinem Platz aus sah ich zwei nahe gelegene Häuser, die sich gleich neben der Brücke aus Zypressenholz dicht ans Flußufer drängten. In dem einen Haus ging jemand mit einer flackernden Kerze aus dem Schlafzimmer ins Wohnzimmer und von da in die Küche. Dort verharrte der Lichtschein, gelb und leise zitternd; jemand hatte die Kerze wohl auf den Tisch gestellt. Aus dem anderen Haus, das noch näher am Fluß stand, trat eine alte Frau mit einem Nachttopf. Sie war in einen dicken Mantel gehüllt, trug den dampfenden Topf wie eine Opferschale vor sich her und humpelte über den hartgefrorenen Boden des Hofes zum Abtritt. Ihr Atem stieg in kleinen Wölkchen von ihrem Mund auf. Sie öffnete die Tür zum Abtritt, dann hing das Quietschen rostiger Angeln wie ein schriller Schrei in der frostklaren Luft, bis die Tür hinter ihr zufiel und den Ton mit einem harten Knall wie von einem Gewehrschuß abschnitt. Plötzlich wurde mir so schwindlig, daß ich die Augen schließen mußte. Das lag mehr am Hunger als an anderen Dingen. Winzige Lichtflecken tanzten vor meinen Augen. Schon glaubte ich hinzufallen, aber dann hielt ich mich am Fenstersims fest. Als ich nach einer Weile wieder die Augen öffnete, bemerkte ich, daß der Kerzenschein im ersten Haus verloschen war. Dafür entströmte dem Schornstein dicker, grauer Rauch.

In diesem Augenblick klang in der Ferne ein dumpfes, trommelndes Geräusch auf, das gedämpfte Trappen von Hufschlägen. Es kam aus Westen, über den Fluß herüber und wurde mit jeder Sekunde lauter. Ich blickte hinüber zum anderen Ufer, wo sich, vielleicht sechzig Schritte entfernt, die dichte Wand von Zypressen und Amberbäumen hinter dem träge, schlammig und kalt durch die Dämmerung fließenden Wasser erhob. Eine Lücke in der Wand zeigte die Stelle an, wo die Landstraße einmündete. Aus diesem Einschnitt galoppierte jetzt ein Kavallerist, dann noch einer und noch einer – drei Soldaten. Es klang wie das Rumpeln leerer Fässer, als sie mit donnernden Hufen über die ächzenden Zypressenbohlen preschten und in die Stadt Jerusalem einbogen. Ihre Waffen glänzten stumpf im frühen Licht. Ich sah ihnen nach, bis sie meinen Blicken entschwunden waren und der Rhythmus des Hufschlags hinter mir in der Stadt verklang. Dann wurde es wieder still.

Ich schloß die Augen und lehnte die Stirn an den Fensterrahmen. Die Dunkelheit tat meinen Augen wohl. Seit vielen Jahren war ich es gewohnt, um diese Stunde zu beten oder in der Bibel zu lesen; aber in diesen fünf Tagen seit meiner Gefangennahme hatte man mir die Bibel vorenthalten, und was das Beten anbetrifft – es überraschte mich schon längst nicht mehr, daß ich völlig unfähig war, ein Gebet auf meine Lippen zu zwingen. Ich fühlte immer noch den inneren Drang, dieser täglichen Gewohnheit nachzugehen, die mir in den Jahren meines bewußten Daseins so selbstverständlich geworden war wie Essen und Trinken; jetzt aber erschien sie mir unmöglich, undurchführbar, unfaßlich wie eine Aufgabe aus der Geometrie oder einer anderen geheimnisvollen Wissenschaft, die mein Begriffsvermögen weit übersteigt. Ich konnte mich nicht einmal mehr erinnern, wann ich die Fähigkeit zu beten eingebüßt hatte – war es vor einem Monat, vor zwei Monaten oder gar noch früher? Vielleicht wäre es ein Trost für mich gewesen, wenn ich wenigstens gewußt hätte, warum mir diese Fähigkeit abhanden gekommen war; aber selbst diese Erkenntnis blieb mir verschlossen. Es schien keine Brücke mehr zu geben, die über den tiefen Abgrund zwischen Gott und mir hinwegführte. So stand ich eine ganze Weile mit geschlossenen Augen da, preßte die Stirn gegen den hölzernen Fensterrahmen und fühlte in mir eine unsagbare Leere. Wieder versuchte ich zu beten, doch mein Verstand blieb leer, und mein Bewußtsein nahm nichts weiter auf als die verklingenden Hufschläge und das Krähen einiger Hähne weit draußen in den Feldern um Jerusalem.

Plötzlich hörte ich ein Klappern an den Eisenstangen hinter mir. Ich drehte mich um, öffnete die Augen und sah im Lichtschein einer Laterne Kitchens Gesicht. Ein junges Gesicht. Der Küchenboy mochte achtzehn oder neunzehn sein. Er hatte Pickel und Pockennarben und sah bei aller Unverschämtheit so dumm und so erbärmlich verängstigt aus, daß man meinen konnte, ich hätte durch mein bloßes Dasein seinem Verstand einen bleibenden Schaden zugefügt. Was vor fünf Tagen als Beklommenheit begonnen hatte, war zu ständiger Angst und schließlich zu ausweglosem, entnervendem Entsetzen geworden, da die Tage vergingen, und ich aß und schlief und atmete, ohne daß der Tod mich holte.

Hinter den Eisenstäben hörte ich seine angstzitternde Stimme: »Nat.« Dann, nach einer Weile: »He, Nat, aufwachen!« Es klang unsicher und zögernd.

Ich war nahe daran, ihn anzubrüllen: »Hau ab!«, nur um zu sehen, wie ihm vor Angst die Hosen schlotterten, aber ich antwortete nur ruhig: »Ich bin wach.«

Daß ich am Fenster stand, schien ihn zu verwirren. Er sagte hastig: »Nat, der Anwalt kommt. Du weißt doch, er will dich sprechen. Bist du wirklich wach?« Er stotterte ein wenig. Im Lichtschein seiner Laterne sah ich das junge, verzerrte Gesicht mit den vorquellenden Augen und den weißen Flecken der Angst um den Mund. In diesem Augenblick quälte mich wieder mein leerer Magen.

»Massa Kitchen«, bettelte ich, »bitte, ich hab Hunger. Ob der junge Massa mir vielleicht was zu essen holen kann? Bitte.«

»Frühstück gibts erst um acht«, sagte er barsch.

Ich schwieg eine Weile und sah ihn nur an. Vielleicht war es der Hunger, der noch einmal die Wut in mir aufflackern ließ, die ich – so glaubte ich – schon vor sechs Wochen ein für allemal begraben hatte. Ich sah das unverschämte Jungengesicht vor mir und dachte: du Mondkalb, was hast du 'n Glück! Du bist genau der Typ, auf den Will es immer abgesehen hatte ... Ganz unvermittelt tauchte vor mir Wills Bild auf. Trotz aller guten Vorsätze dachte ich in meiner augenblicklichen Wut: Will, Will! Was für einen Riesenspaß dieser wilde Schwarze mit dem Einfaltspinsel da gehabt hätte!

Die Wut verebbte. Sie starb in meiner Brust und ließ nur Trauer, Bedauern, Erschöpfung zurück.

»Vielleicht können Massa Kitchen mir nur n kleines Stück Maisbrot holen«, flehte ich und dachte: Großtun hilft hier nichts, aber unterwürfiges Niggergeplapper bringt mir vielleicht etwas ein. Schließlich hatte ich nichts zu verlieren, schon gar nicht meinen Stolz. »Nur n ganz kleines Stück Maisbrot!« winselte ich heiser und mitleiderregend. »Bitte, junger Massa, ich hab so furchtbar schrecklich Hunger!«

»Frühstück gibts erst um acht!« schnauzte er mich an. Seine Stimme klang schrill und überlaut vor Angst, fast wie ein Schrei. Das Licht in der Laterne flackerte von seinem Atem. Dann rannte er weg. Ich stand zitternd im Dunkeln und hörte meinen Magen knurren. Nach einer Weile schlurfte ich zu meiner Pritsche zurück, setzte mich und bedeckte mein Gesicht mit den Händen. Wieder war das Gebet zum Greifen nahe, es lauerte am Rande meines Bewußtseins wie eine große graue Katze, die ein Schlupfloch in meine Gedanken suchte. Aber wieder blieb es draußen, das Gebet – unerreichbar für mich, verbannt, verstoßen, endgültig von mir getrennt, als seien Mauern bis an die Sonne zwischen mir und Gott emporgewachsen. So begann ich statt eines Gebets laut zu flüstern: »*Das ist ein köstlich Ding, dem HErrn zu danken und lobsingen Deinen Namen, Du Höchster, des Morgens Deine Gnade und des Nachts Deine Wahrheit verkünden ...*« Aber selbst diese harmlosen Worte klangen falsch. Ich gab es bald wieder auf, weil der vertraute Psalm in meinem Munde einen faden Geschmack hinterließ und ebenso bedeutungslos und leer klang wie alle meine vergeblichen Versuche zu beten. Selbst in meinen wahnwitzigsten Alpträumen hätte ich es nie für möglich gehalten, daß ich mich eines Tages so weit von Gott entfernen könnte. Diese Entfremdung hatte nichts mit Glaube oder Sehnsucht zu tun – beides empfand ich wie eh und je –, sondern mit einer gottverlassenen Einsamkeit so jenseits aller Hoffnung, daß ich mich nicht verlassener vom Heiligen Geist hätte fühlen können, wenn man mich wie einen sich krümmenden Wurm unter den größten Felsen der ganzen Erde verbannt hätte, um dort für alle Zeit in grausiger, ewiger Dunkelheit zu leben.

Die Kühle und Feuchtigkeit des Morgens kroch mir in alle Knochen. Harks Keuchen klang durch die Bretterwand wie das Hecheln eines verendenden Hundes, ein Gurgeln, Zittern und Röcheln, zusammengehalten von einem dünnen Faden erlöschenden Atems.

Wer wie ich viele Jahre der Erde verbunden war, den Wäldern und Sümpfen, wo kein tierischer Sinn dem anderen überlegen ist, der bekommt mit der Zeit einen hochentwickelten Geruchssinn. Ich roch Gray schon, ehe ich ihn sah. Eigentlich gehörte nicht viel dazu; denn die kalte Morgendämmerung verwandelte sich plötzlich in einen lieblichen Maientag mit dem Duft von Apfelblüten, der auf dem Weg zu meiner Zelle wie eine Fahne vor ihm herwehte. Kitchen trug diesmal zwei Laternen in der Hand. Er stellte eine davon auf den Boden und öffnete meine Zellentür. Dann trat er ein und hielt beide Laternen hoch. Gray folgte ihm. Der Kübel stand gleich neben der Tür. Kitchen stieß in seiner Nervosität mit einem Fuß dagegen, so daß die übelriechende Brühe laut schwappte. Gray muß die versteckte Angst des Jungen gespürt haben, denn ich hörte ihn sagen: »Großmächtiger Gott, nimm dich doch zusammen, Junge! Was in aller Welt kann er dir denn tun?« Es war eine angenehme, tönende Stimme, herzlich und jovial, voll überschwenglichem Wohlwollen. Ich wußte im Augenblick nicht, was mir widerwärtiger war – diese salbadernde Stimme oder das süßliche, aufdringliche Parfüm. »Herr im Himmel, man möchte meinen, er frißt dich bei lebendigem Leib!«

Kitchen gab keine Antwort. Er stellte die Laterne auf die Holzplanke mir gegenüber, die genau wie auf meiner Seite in rechtem Winkel aus der Wand ragte. Dann griff er nach dem Eimer und floh aus der Zelle. Er schlug die Tür hinter sich zu und schob hastig den Riegel vor.

Nachdem Kitchen gegangen war, blieb Gray noch einen Augenblick schweigend neben der Tür stehen. Er blinzelte an mir vorbei – mir war schon früher aufgefallen, daß er etwas kurzsichtig war –, dann ließ er sich vorsichtig neben der Laterne auf das Brett nieder. Lange brauchten wir das Licht nicht mehr; schon drang der Morgen mit seinem kalt gleißenden Licht herein. Ich hörte die Stadt allmählich mit quietschenden Pumpen, klappernden Fenstern und kläffenden Hunden zum Leben erwachen.

Gray war ein beleibter, rotgesichtiger Mann von mindestens fünfzig Jahren. Seine tiefliegenden Augen waren gerötet, als fehle es ihm an Schlaf. Er rutschte ein wenig auf dem harten

Brett hin und her, um einen bequemeren Sitz zu finden, dann schlug er mit einem Ruck seinen Wintermantel auf. Darunter kam eine Brokatweste mit zahllosen Fettflecken zum Vorschein. Der unterste Knopf war geöffnet, damit der Bauch besser Platz fand. Wieder blinzelte er an mir vorbei, als könne er mich nicht richtig sehen, dann gähnte er und zupfte sich bedächtig die Handschuhe von den weißen, rundlichen Fingern. Früher mochten die Handschuhe einmal rosa gewesen sein, jetzt sahen sie schmuddelig und verschmiert aus.

»Morgen, Reverend«, sagte er schließlich. Ich antwortete nicht. Er zog einen Packen Papiere aus der Weste, faltete sie auseinander und strich sie auf dem Schoß glatt. Dann blieb er eine ganze Weile stumm, blätterte in den Papieren, hielt sie dicht an die Laterne und summte vor sich hin. Ab und zu strich er sich über den grauen, nichtssagenden Schnurrbart, der eigentlich nicht mehr war als ein Schatten auf der Oberlippe. Man sah ihm an, daß er sich nicht rasiert hatte. Meinem Magen setzte der übertrieben süßliche Duft, der von ihm ausging, so zu, daß ich mich fast übergeben mußte. Ich saß nur da, sah ihn an und schwieg. Ich war es leid, ihn zu sehen und mit ihm zu reden. Vielleicht lag es am Hunger, an der Kälte oder an der Enttäuschung darüber, daß ich nicht beten konnte – jedenfalls fühlte ich, wie meine Abneigung gegen diesen Mann zum erstenmal mein besseres Ich und meinen Gleichmut erschütterte. Ich mochte ihn zwar vom ersten Augenblick an nicht leiden. Schon seit fünf Tagen waren mir seine Tricks, seine bloße Gegenwart zuwider. Ich verabscheute ihn und seinen aufdringlich-ekligen Gestank, aber mir wurde rasch klar, wie unklug es wäre, jetzt nicht nachgiebig und gefügig zu sein und zu erzählen, was er hören wollte. Es war ja doch alles vorbei. Ganz abgesehen von seinen Drohungen und Bestechungsversuchen – was hatte ich schon zu verlieren? So sagte ich mir von Anfang an, eine feindselige Haltung werde mir gar nichts nützen. Wenn es mir auch nicht gelang, meine Abneigung ganz zu unterdrücken (es war wirklich Abneigung und nicht Haß; den habe ich bisher nur gegenüber einem einzigen Menschen empfunden), so bemäntelte ich die Abneigung mit der unverbindlichen Höflichkeit, zu der meine Lage mich zwang.

Als er mir zum erstenmal unter die Augen kam, da hatte ich noch geschwiegen. Er hockte im gelblichen Licht des Herbsttages vor mir – es war an einem dunstig-rauchigen Nachmittag, ich erinnere mich noch an die vertrockneten, eingerollten Platanenblätter, die der Wind am Fenster vorbeitrieb –, träge und schläfrig, kratzte sich mit den rosa behandschuhten Fingern zwischen den Beinen und wählte jedes seiner Worte mit Bedacht.

»Nun ja, hm, Reverend, eines mußt du doch einsehen: daß nämlich nichts Gutes davon kommen kann, wenn du die Klappe dichthältst wie ne kranke Auster.« Er hielt inne, aber ich sagte immer noch nichts. »Hm, es sei denn . . .« Er zögerte. »Es sei denn 'n ganzer Packen Elend für dich und den anderen Nigger.« Ich verharrte in meinem Schweigen.

Als sie mich am Tag zuvor zu Fuß aus Cross Keys hergeschafft hatten, da waren zwei Frauen hinter mich getreten, Furien mit breiten Sonnenhüten, aufgehetzt von den Männern. Sie hatten mir mit ihren Hutnadeln ein Dutzend oder noch mehr tiefe Löcher in den Rücken gestochen. Die winzigen Wunden zwischen meinen Schultern begannen nun scheußlich zu jucken. Das irre Verlangen, mich zu kratzen, trieb mir das Wasser in die Augen. Aber ich konnte nicht – die Handschellen hinderten mich daran. Wenn ich die Handschellen loswerden könnte, dachte ich – nur für einen Augenblick –, dann könnte ich mich kratzen und wieder klar denken. Es wäre wirklich eine gewaltige Erleichterung für mich gewesen. Ich war nahe daran, meinen Widerstand aufzugeben, wenn Gray mir dafür nur diese kleine Vergünstigung gewährte, aber dann hielt ich doch den Mund und schwieg. Gleich wurde mir klar, wie klug mein Schweigen war.

»Hast du ne Ahnung, was ich mitm Packen Elend meine?« Er ließ nicht locker, blieb aber geduldig und freundlich – als hätte er einen anregenden Gesprächspartner und nicht einen geschlagenen, erledigten Mann vor sich. Draußen hörte ich den Hufschlag von Reitern und das dumpfe Murmeln von hundert verschiedenen Geräuschen. Es war der erste Tag. Sie hatten sich davon überzeugt, daß ich wirklich und wahrhaftig in ihrem Gefängnis saß. Der Wahnsinn hing über Jerusalem wie eine Gewitterwolke.

»Wenn ich vonnem Packen Elend rede, Nat, so mein ich folgendes. Zweierlei ist das. Jetzt hör mir mal gut zu. Also, zum ersten mein ich damit die unverminderte Fortsetzung des gegenwärtigen Elends *ad libitum*. Beispielsweise *par exemple* das ganze unnötige Zeug, mit dem dich der Sheriff behängt hat. Die Ketten da um deinen Hals und die vierfachen Fußeisen, dann die dicke Eisenkugel, die sie dir ans Bein gebunden haben. Großmächtiger Gott, man könnt ja meinen, die halten dich für den alten Samson persönlich und haben Angst, du reißt ihnen mit nem Ruck die ganze Bude ein. Ausgemachter Blödsinn so was! Wenn einer so angeschirrt ist, kann er ja in der eigenen – hm – im eigenen Mist verrecken, bevor sie ihm den Hals langziehen.« Er beugte sich vor. Aus der Nähe sah ich die winzigen Schweißperlen wie Bläschen auf seiner Stirn stehen. Er gab sich alle Mühe, gelassen zu wirken, aber ich konnte mir nicht helfen – etwas wie Eifer und Ehrgeiz gingen von ihm aus. »Derlei Dinge und andere, *etcetera etcetera*, das mein ich mit unverminderter Fortsetzung des gegenwärtigen Elends. Aber gehn wir weiter. Da ist nochn Punkt, nämlich der Punkt Nummer zwei: Weitere zusätzliche Qualen, die erschwerend zu dem Elend hinzukommen, wo du schon zu erleiden . . .«

»Verzeihung.«

Es war das erste Wort, das ich zu ihm sagte. Er verstummte sofort. Worauf er hinauswollte, war mir klar: Wenn ich ihm nicht aus freien Stücken alles sagte, dann würde er es schon aus mir herauskriegen, indem er hinterhältig und gemein Hark mit ins Spiel brachte. Aber er hatte sich getäuscht. Zunächst hatte er mein Schweigen falsch ausgelegt und, ohne es zu wissen, den Punkt berührt, der mein im Augenblick dringendstes Bedürfnis war: meinen Rücken kratzen zu können. Wenn auf mich ohnehin der Henker wartete, welchen Sinn hatte es dann noch, ein »Geständnis« zurückzuhalten, insbesondere wenn ich mir damit noch eine bescheidene Verbesserung meiner Lage erkaufen konnte? So hatte ich das Gefühl, gleich zu Beginn einen kleinen Sieg errungen zu haben. Wenn ich mich von vornherein mitteilsam gezeigt hätte, dann wäre notgedrungen ich es gewesen, der die Rede auf gewisse Vergünstigungen brachte; man hätte sie mir möglicherweise verweigert. Indem ich jedoch schwieg, gab ich ihm das Gefühl, daß er mich nur durch kleine Zugeständnisse zum Reden bringen konnte. Welcher Art diese Vergünstigungen sein könnten, hatte er bereits angedeutet. Wir hatten gemeinsam den ersten Schritt getan, um mich aus meinem Spinnennetz von Eisen zu befreien. Zweifellos geben Weiße oft viel preis, weil sie nicht den Mund halten können. Gott allein weiß, wie viele Nigger schon durch Stillschweigen Triumphe errungen haben.

»Verzeihung«, sagte ich noch einmal und erklärte ihm, er brauche sich keine weitere Mühe zu geben. Sein Gesicht lief dunkel an, und seine Augen wurden vor Staunen kugelrund. Ich bemerkte auch eine Spur von Enttäuschung in ihnen; vielleicht brachte ihn mein rasches Aufgeben um das Vergnügen, mich mit Drohungen und Schmeicheleien schön langsam weichzumachen.

Ich erklärte ihm schlicht und einfach, ich sei bereit, alles zu erzählen.

»Du bist bereit?« fragte er. »Du meinst also . . .«

»Ist ja außer mir nur noch Hark übrig. Ich hab gehört, er ist furchtbar schwer verletzt. Hark und ich sind miteinander aufgewachsen. Ich möcht nicht, daß einer ihm auch nurn Haar aufm Kopf krümmt. Nein, Sir, nich dem guten alten Hark. Aber da wär noch etwas . . .«

»Das nenn ich einen vernünftigen Entschluß, Nat!« fiel mir Gray ins Wort. »Hab mir gleich gedacht, du wirst dich noch dazu durchringen.«

»Da wär noch etwas, Mr. Gray«, sagte ich langsam und betont. »Nachdem sie mich letzte Nacht aus Cross Keys hergeschleppt haben, sitz ich so im Dunkeln da in meinen Ketten und kann nich schlafen. Da ist mir Gott der HErr erschienen. Es war ne richtige Vision. Zuerst hab ich nicht geglaubt, es ist der HErr, weil ich sicher war, der HErr hat mich schon vor langer Zeit aufgegeben und verlassen. Aber wie ich so dasitz in meinen Ketten, mit dem eisernen Ring um den Hals und den Schellen, wo mir die Gelenke an Händen und Füßen aufwetzen, wie ich hoffnungslos vor mich hinbrüte und genau weiß, was ich zu erwarten hab, da – Mr. Gray, ich schwörs Ihnen – da ist mir Gott der HErr erschienen. Und der HErr sprach zu mir. Das hat Er gesagt: *Bekenne, auf daß es alle Völker erfahren. Bekenne, auf daß deine Taten allen Menschen offenkundig werden.«* Ich hielt inne und betrachtete Gray in dem vagen, dunstigen Licht des späten Herbsttages. Eine Sekunde lang glaubte ich, das Unechte an diesen Worten sei ihm aufgefallen, doch Gray sog sie gierig ein und tastete in seiner Weste schon nach Papier, während ich noch redete. Er griff nach dem Schreibzeug in dem Walnußkasten, als hätte er Angst, etwas zu versäumen.

»Wie der HErr so zu mir sprach«, fuhr ich fort, »Mr. Gray, da hab ich gewußt, es gibt für mich keinen anderen Weg nich. Sir, ich bin ein müder Mann, aber ich will gestehn; denn der HErr hat mir armen Nigger ein Zeichen gegeben.«

Er hielt schon die Kielfeder in der Hand und hatte das Papier auf dem Deckel des Federkastens glattgestrichen. Ich hörte die Feder kratzen. »Wie war das, Nat – was hat der HErr zu dir gesagt? ›Bekenne deine Sünden, auf daß . . .‹ Und weiter?«

»Nich bekenne deine Sünden, Sir«, antwortete ich. »Er sagte nur *bekenne*. Nichts weiter. Das is wichtig. Da war nichts von ›deine Sünden‹. – *Bekenne, auf daß es alle Völker erfahren . . .«*

»Bekenne, auf daß es alle Völker erfahren«, wiederholte er murmelnd. Der Federkiel kratzte eifrig übers Papier. »Und was noch?« Er blickte auf.

»Dann sagte der HErr zu mir: *Bekenne, auf daß deine Taten allen Menschen offenkundig werden.*«

Gray sah mich an. Der Federkiel schwebte in der Luft. Seine Miene drückte Zufriedenheit, beinahe Verzückung aus. Ich sagte mir schon, jetzt bricht er gleich in Tränen aus. Dann ließ er die Feder langsam auf den Walnußkasten sinken. Mit bewegter Stimme rief er: »Wirklich, Nat, ich kann dir gar nicht sagen, was für einen großartigen, wirklich großartigen Entschluß du da gefaßt hast – ich kanns dir ehrlich nicht sagen. Das nenn ich ne ehrenhafte Entscheidung.«

»Wieso ehrenhaft?«

»Weil dun Geständnis ablegen willst.«

»Das hat der HErr mir befohlen«, erwiderte ich. »Außerdem hab ich nichts mehr zu verbergen. Was verlier ich denn schon, wenn ich alles sag, was ich weiß?« Ich machte eine Pause. Der Wunsch, mir den Buckel zu kratzen, machte mich halb wahnsinnig. »Ich hab das Gefühl, Mr. Gray, ich könnt Ihnen ne Menge sagen, wenn ich die Handschellen da los wär. Mich juckts wirklich ganz furchtbar mächtig am Buckel.«

»Ich denke, das läßt sich ohne Schwierigkeiten einrichten«, sagte er liebenswürdig. »Wie ich bereits in einiger Ausführlichkeit andeutete, bin ich vom Gericht ermächtigt, deine augenblickliche Lage innerhalb vernünftiger Grenzen zu erleichtern, vorausgesetzt allerdings, du zeigst dich insofern entgegenkommend, daß diese Vergünstigungen sich als – hm – beiderseits vorteilhaft erweisen. Es freut mich wirklich, ja, ich möchte sagen, ich bin geradezu überwältigt vor Freude, daß du dich entgegenkommend zeigst.« Er beugte sich mir entgegen und hüllte uns mit dem Duft blühender Frühlingsblumen ein. »Der HErr befahl dir also: *Bekenne, auf daß alle Völker es erfahren?* – Reverend, du ahnst wahrscheinlich nicht, welche göttliche Gerechtigkeit in diesem einen Satz verborgen liegt. Seit nunmehr fast zehn Wochen erhebt nicht nur Virginia, nein, ganz Amerika seine Stimme – alle wollen es *wissen*. Seit zehn Wochen – während du dich versteckt gehalten hast und wien Fuchs um Southampton rumgeschlichen bist, verlangt die amerikanische Öffentlichkeit zu wissen, aus welchen Gründen du ein solches Unheil angefangen hast. Überall in ganz Amerika, im Norden wie im Süden, fragen sich die Leute: Wie konnten die Schwarzen es zu einer solchen

Organisation bringen? Wie war es überhaupt möglich, daß sie einen solchen Plan entwarfen, geschweige denn ihn auch noch koordiniert ausführten? Aber die Leute wußten es nicht, sie kannten die Wahrheit nicht. Um sie war abgrundtiefe Dunkelheit. Die andern Nigger habens nicht gewußt. Oder sie waren zu dumm. Strohdumm, dumm, *dumm!* Sie konnten uns nichts sagen, nicht mal der andere da, den wir nicht mit aufgeknüpft haben, dieser Hark.« Er überlegte. »Sag mal, das wollt ich dich schon immer fragen: Wie kommt der eigentlich zu diesem Namen?«

»Ich glaube, sie haben ihn Herkules getauft«, sagte ich. »Möglich, daß Hark ne Abkürzung is davon. Aber sicher bin ich da nich. Keiner weiß es genau. Er hat immer Hark geheißen.«

»Na schön. Nicht mal er hats gewußt. Kann mir denken, daß er schlauer ist als die meisten Nigger. Abern Dickschädel. Der verrückteste Nigger, wo ich in meinem ganzen Leben gesehen hab!« Gray beugte sich vor. »Nicht mal er hat was gesagt. Hat ne Ladung Blei in die Schulter gekriegt, die nen Ochsen umgehauen hätte. Wir haben ihn hochgepäppelt – Nat, ich will ganz ehrlich mit dir sein und die Karten auf den Tisch legen. Wir haben geglaubt, er sagt uns vielleicht, wo du dich versteckst. Auf jeden Fall haben wir ihn durchgebracht. Er war zäher als Leder, das muß man ihm lassen. Aber wenn ihn einer was fragt, dann hockt er da in seiner Zelle, beißt die Zähne aufeinander, wie wenn er Hühnerknochen dazwischen hat, und lacht nur hohl wie ein Käuzchen. Und die andern Nigger, die haben überhaupt nichts gewußt.«

Gray richtete sich wieder auf und wischte sich schweigend über die Stirn. Ich saß da und horchte auf das Summen und Murmeln menschlicher Stimmen draußen: eine helle Jungenstimme, ein gellender Pfiff, dann plötzlich Hufschläge, und als gleichmäßiger Grundton das Auf und Ab vieler Stimmen wie das Rauschen eines fernen Flusses.

»Nein, nein«, nahm er den Faden wieder auf. Er redete jetzt langsamer und leiser. »Nat und nur Nat allein besaß den Schlüssel zu dem ganzen Durcheinander.« Seine Stimme sank fast zu einem Flüstern herab. »Siehst du denn nicht ein, Reverend, daß du der Schlüssel zu allem bist?«

Durch das vergitterte Fenster sah ich goldene, eingerollte Platanenblätter fallen. Ich hatte so viele Stunden regungslos dagesessen, daß sich mir flüchtige, schattenhafte Wahnbilder aufdrängten wie der noch undeutliche Anfang von Zwangsvorstellungen, die sich mit den fallenden Blättern vermischten. Ich ließ seine

Fragen unbeantwortet und bemerkte schließlich nur: »Sie haben doch gesagt, gegen die anderen hats ne Verhandlung gegeben.«

»*Eine* Verhandlung?« fragte er. »Verhandlung*en* meinst du wohl! Verdammt, wir haben Millionen Gerichtsverhandlungen gehabt, fast jeden Tag eine. Im ganzen September und auch letzten Monat. Sie sind uns schon zu den Ohren rausgewachsen.«

»Aber Verhandlungen, das heißt doch . . .«

Ein bestimmtes Bild stand mir plötzlich wie von einem grellen Lichtblitz erhellt vor Augen: Ich sah mich selbst, wie ich tags zuvor auf der Landstraße nach Jerusalem geschleppt wurde, ich spürte die Fußtritte in den Hintern und ins Kreuz und die spitzen Hutnadeln zwischen den Schultern, sah verschwommen ihre haßentstellten Gesichter, merkte, wie mir ihr Geifer von Nase und Kinn tropfte (selbst jetzt noch war mein ganzes Gesicht mit einer klebrigen Kruste bedeckt), doch über das ganze Durcheinander erhob sich gellend und kreischend eine Stimme: »Verbrennen! Verbrennen! Auf den Scheiterhaufen mit dem schwarzen Teufel!« Sechs Stunden Marsch, mühsames Vorwärtsstolpern, dabei immer wieder dieses eigentümliche Nebeneinander von Frage und Hoffnung: Wenns nur schon vorbei wär! Aber was sie auch vorhaben mögen, mich verbrennen, mich henken, mir die Augen ausstechen – warum bringen sie es nicht gleich hinter sich?

Doch nichts geschah. Ihr Geifer klebte mir säuerlich-eklig wie eine zweite Haut im Gesicht, die Tritte schmerzten, die Hutnadeln bohrten mir Löcher in die Haut. Doch im übrigen überstand ich sonderbarerweise alles unversehrt. Als sie mich in Ketten legten und in diese Gefängniszelle warfen, dachte ich noch: Der HErr hat für mich eine ganz besondere Art von Erlösung vorgesehen. Oder sie denken sich eine Form der Rache aus, die meine Vorstellungskraft übersteigt.

Aber nein. Ich war der Schlüssel zu dem Rätsel, ich mußte vor ein Gericht gestellt werden. Was die anderen anging, die übrigen Neger – plötzlich wurde mir alles klar, wie ich Gray ins Gesicht sah. »Es sollte also der Weizen von der Spreu getrennt werden«, murmelte ich.

»*Bien sure,* wie die Franzmänner sagen. Vollkommen richtig. Man könnte außerdem sagen, daß es um die Wahrung der Eigentumsrechte ging.«

»Eigentumsrechte?« fragte ich.

»Noch einmal *bien sure*«, antwortete er. »Beides trifft zu, könnte man sagen.« Er griff in die Westentasche und holte ein Stück Kautabak heraus, drehte es zwischen den Fingern hin und her und biß schließlich einen Brocken davon ab. Nach einer Weile sagte er: »Tät dir ja nen Bissen anbieten. Kann mir aber vorstellen, daß ein Geistlicher nicht dem Laster des Tabaks frönt. Is auch besser so. Zunge verfault einem im Kopf. – Nein, Nat, ich will dir mal was sagen, und das ist folgendes. In meiner Eigenschaft als Rechtsanwalt – mehr noch, als *dein* Anwalt, was ich in gewisser Weise ja bin – ist es meine Pflicht, dirn paar juristische Feinheiten klarzumachen, und die schreibst du dir besser hinters Ohr. Es geht dabei um zwei Punkte. Der erste Punkt ist nämlich das Recht des Eigentums.« Ich sah ihn nur an und schwieg.

»Ich wills mal ganz grob ausdrücken. Nehmen wir einen Hund, der auch ne Art bewegliches Eigentum darstellt. Nein, nehmen wir erst mal einen Wagen, ich will bei meinem Vergleich logisch Schritt für Schritt vorgehen. Nehmen wir also an, irgendein Farmer besitzt einen Wagen, einen ganz gewöhnlichen Leiterwagen, und den hat er irgendwo rumstehen. Der Farmer hat nur seinen Wagen mit Maiskolben, Heu, Brennholz oder anderm Zeug beladen und an einer Stelle stehengelassen, wo der Boden nicht ganz eben ist. Der Wagen ist klapprig, und mit einemmal löst sich die Bremse. Der Wagen saust mir nichts, dir nichts den Berg runter, heida gehts über Berg und Tal, und eh man sichs versieht, kracht er in die Veranda eines Hauses. Auf der Veranda spielt ein kleines Mädchen ganz friedlich, aber der Wagen rollt quer über die Veranda; das arme Ding wird unter den Rädern zermalmt, vor den Augen der entsetzten Mutter. Übrigens hab ich gehört, daß genau dieser Fall vorgekommen sein soll, irgendwo droben in Dinwiddie. Schön, es gibt ne ziemliche Aufregung und ne schöne Beerdigung, aber über kurz oder lang fällt den Leuten wieder der alte Wagen ein. Wie ist das passiert? Wieso mußte die arme kleine Clarinda von dem Wagen zu Tode gequetscht werden? Wer ist für diese schreckliche Pflichtvergessenheit verantwortlich? Nun, was meinst du wohl, wer verantwortlich ist?« Die Frage war an mich gerichtet, aber ich verzichtete auf die Antwort. Vielleicht lag es an der Langeweile, der Verbitterung, der Erschöpfung, oder an einer Verbindung aller drei. Auf jeden Fall schwieg ich und sah ihm zu, wie er den Priem in die andere Backe schob und einen kupferfarbenen Strahl Tabaksaft zwischen unsere Füße spuckte.

»Wills dir sagen«, fuhr er fort. »Ich will dir erklären, wo die Verantwortung liegt. Die trägt nämlich ganz eindeutig der Farmer. Ein Leiterwagen ist nämlich unbelebtes Eigentum. Einen Wagen kann man für schuldhaftes Verhalten nicht zur Verantwortung ziehen. Man kann den alten Wagen nicht bestrafen. Du kannst ihn nicht zerhacken, das Holz ins Feuer werfen und sagen: ›Da, du elender Mistwagen, das wird dich *mores* lehren!‹ Nein, die Verantwortung liegt bei dem unglückseligen *Eigentümer* des Wagens. *Er* muß den Spaß bezahlen und für den ganzen Schaden aufkommen, den das Gericht ihm aufbrummt – für die kaputte Veranda, die Beerdigungskosten des armen kleinen Mädchens und die Strafe oder Entschädigung, die das Gericht verhängen mag. Wenn der arme Teufel dann noch Geld übrig hat, geht er hin, repariert seine Bremse und ist von da an trauriger, aber klüger. Kannst du mir folgen?«

»Ja, das ist soweit klar.«

»Fein, dann kommen wir zur Hauptsache, nämlich dem *belebten* Eigentum. Das belebte Eigentum wirft nämlich ganz besonders verzwickte juristische Probleme auf, wenns um die Beurteilung von Fällen geht wie den Verlust von Leben und die Beschädigung von Eigentum. Ich muß wohl nicht besonders darauf hinweisen, daß dieses Problem in Fällen wie dem deinen und dem deiner Komplicen ganz *außergewöhnlich* schwierig und diffizil ist. Diese Verbrechen sind in den Annalen unseres Landes ohnegleichen. Noch dazu findet die Verhandlung in einer Atmosphäre statt, wo die Leidenschaftlichkeit des Volkes ein wenig entflammt ist, um es milde auszudrücken. Was rutscht du dauernd herum?«

»Meine Schultern«, antwortete ich. »Ich wär Ihnen wirklich furchtbar dankbar, wenn Sie mir die Eisen abmachen lassen. Meine Schultern tun mir ganz schrecklich bös weh.«

»Ich hab dir doch gesagt, ich kümmre mich darum!« Es klang ungeduldig. »Ich bin ein alter Mann, der immer sein Wort hält, Reverend. Aber kommen wir zur Frage des Eigentums zurück. Zwischen belebtem und unbelebtem Eigentum gibt es sowohl Ähnlichkeiten wie auch Unterschiede. Die wichtigste und augenfälligste *Ähnlichkeit* ist natürlich darin zu sehen, daß auch belebtes Eigentum tatsächlich *echtes* Eigentum ist und vom Gesetz als solches anerkannt wird. Aus demselben Grunde – drücke ich mich zu kompliziert aus?«

»Nein, Sir.«

»Aus ebendemselben Grunde liegt der wichtigste und augenfälligste *Unterschied* darin, daß belebtes Eigentum im Gegensatz zum unbelebten Eigentum, also beispielsweise einem Wagen, ein Verbrechen begehen und dafür zur Verantwortung gezogen werden kann, wobei der Eigner in den Augen des Gesetzes aus der Haftung entlassen wird. Ich weiß nicht, ob du darin vielleicht einen inneren Widerspruch siehst.«

»Einen was?« fragte ich.

»Inneren Widerspruch.« Er hielt inne. »Ich nehme an, du begreifst den Sinn nicht ganz.«

»O doch.« Ich hatte einfach das Wort nicht verstanden.

»Widerspruch. Das sind zwei verschiedene Dinge, die gleichzeitig ein und dasselbe bedeuten. Ich sollte mich vielleicht schlichter ausdrücken.«

Ich gab ihm wieder keine Antwort. Schon der Ton seiner Stimme ging mir auf die Nerven. Der Priem machte die Aussprache undeutlich und verursachte schmatzende Nebengeräusche.

»Na, lassen wir das«, fuhr er fort. »Wills dir lieber nich erklären. Kriegst du alles vor Gericht zu hören. Der springende Punkt ist nur, *du bist* lebendes Eigentum und als solches in der Lage, verbotene Handlungen zu begehen oder dich der heimlichen Mitwisserschaft schuldig zu machen. Du bist kein Wagen, Reverend, sondern eine Form von Besitz, die moralisch empfinden und bewußt denken kann. *Nota bene!* Das ist nämlich der Grund dafür, daß nach dem Gesetz belebtes Eigentum wegen eines Verbrechens zur Rechenschaft gezogen werden kann. Und deshalb kommst du am nächsten Samstag auch vors Gericht.« Er machte eine Pause, dann fügte er leise und ungerührt hinzu: »Und deshalb wirst du auch am Halse aufgehängt, bis daß der Tod eintritt.«

Für ein paar Sekunden wirkte Gray abgespannt und erschöpft. Er lehnte sich an die Wand. Während er mich aus seinen freundlichen, schläfrigen Augen betrachtete, hörte ich sein heftiges Atmen und das gurgelnde Geräusch, das von dem Priem herrührte. Zum erstenmal fielen mir die farblosen Stellen in seinem sonst frischroten Gesicht auf – blasse rötlichbraune Flecken, wie ich sie einmal in Cross Keys bei einem versoffenen Weißen gesehen hatte. Der Mann war dann ziemlich rasch gestorben, nachdem seine Leber zur Größe einer mittleren Melone·angeschwollen war. Ich fragte mich, ob mein merkwürdiger Verteidiger vielleicht unter derselben Krankheit litt.

Herbstfliegen summten torkelnd in meiner Zelle umher und füllten die Luft mit ihrem ungleichmäßigen Summen. Sie flogen im Zickzack durch den goldenen Lichtstrahl, verharrten über meinem Kübel und krochen dann paarweise nervös über Grays rosa Handschuhe, seine Weste, die wabbeligen Hände, die er nun reglos auf den Knien liegen hatte. Vor meinen Augen ver-

schmolzen die fallenden Blätter mit den schemenhaften Gebilden meiner Phantasie. Das Verlangen, mich zu kratzen, die Schultern zu berühren, war beinahe zu einer Begierde, einer Art Lustgefühl geworden. Grays letzte Worte hatten sich mir nur undeutlich eingeprägt, wie die groteske Zusammenfassung all des pausenlosen Geredes der Weißen, wie ich es mein ganzes Leben lang gehört hatte. Es war wie das Gerede in einem meiner Alpträume – unwahrscheinlich, aber ganz und gar wirklich; die Eulen im Wald hocken auf ihren Zweigen und sagen Preislisten auf wie der Kaufmann an der Ecke, oder ein Wildschwein kommt auf den Hinterläufen aus einem Maisfeld gewankt und intoniert dabei Verse aus dem 5. Buch Moses. Ich sah Gray an und sagte mir: Er ist nicht besser und nicht schlechter als die meisten Weißen, mit seinem nie stillstehenden Plappermaul. Ganz von selbst meldete sich ein Spruch aus der Bibel: *Er spricht viele Worte und weiß nichts; wer seine Zunge im Zaume hält, der behält seine Seele.*
Schließlich sagte ich doch nur: »Also sollte der Weizen von der Spreu getrennt werden.«
Er erwiderte: »Oder, um das Gleichnis umzudrehen: die Spreu vom Weizen. Aber im Grunde hast du den Nagel auf den Kopf getroffen, Nat. Um folgendes gehts nämlich: Ein paar von den Niggern haben – genau wie du – bis an die Nase in der Sache dringesteckt. Sie waren schuldig wie die Sünde selbst. Keinerlei Milderungsgründe. Viele von den andern Niggern allerdings – diese traurige Tatsache muß ich dir wohl nicht extra klarmachen – sind entweder in jugendlichem Leichtsinn mit in die Sache reingezogen worden, oder sie sind nur einfach mitgelaufen, oder sie haben überhaupt gegen deinen Wahnsinnsplan aufgemuckt. Die Eigentümer von diesen Niggern mußten natürlich vom Gericht geschützt werden.«
Er redete weiter und weiter. Dann zog er einen Bogen Papier aus der Tasche. Aber ich hörte ihm nicht mehr zu, sondern gab mich einer plötzlichen, nagenden Verbitterung hin, die mir das Herz abdrückte. Sie hatte überhaupt nichts mit dem Gefängnis zu tun, auch nicht mit den Ketten, den peinigenden Nadelstichen oder jenem unerklärlichen Getrenntsein von Gott, dieser fast schon unerträglichen inneren Einsamkeit. Ich mußte mit einer Erkenntnis fertig werden, die ich seit zehn Wochen geflissentlich in den hintersten Winkel meines Kopfes verbannt und die Gray mit ein paar Worten bloßgelegt hatte: *die anderen Nigger, mit reingezogen, mitgelaufen, verführt.* Dieses Wissen stand mir auf einmal in aller Scheußlichkeit vor Augen.

Vielleicht trieb mir dieser Gedanke einen kleinen, halberstickten Verzweiflungslaut in die Kehle, oder er spürte meine neue Pein; denn plötzlich sah er mich wieder an, verengte die Augen und sagte: »Die andern Nigger warens, Reverend, die dirn Strick gedreht haben. Das war der Punkt, wo du dich gründlich verrechnet hast. Die andern! Du hast ja keine Ahnung, was in den ihren Köpfen vorgegangen ist.« Ich dachte schon, er werde weiterreden und sich über diesen Gedanken genüßlich verbreiten. Aber er hatte inzwischen das Stück Papier auf der Holzplanke ausgebreitet und beugte sich darüber. Während er mit der Hand die Kanten glättete, fuhr er in seinem einschmeichelnden, bewußt geschwätzigen Ton fort: »Also, wie gesagt, diese Liste hier wird dir zeigen, wie wenig Spreu zwischen all dem Weizen war. Hör mir gut zu: Jack, Eigentum von Nathaniel Simmons – Freispruch.«

Er warf mir einen raschen, forschenden Blick zu, doch ich ließ mir nichts anmerken.

Er fuhr fort: »Stephen, Eigentum von James Bell, Freispruch. Shadrach, Eigentum von Nathaniel Simmons, Freispruch. Jim, Eigentum von William Vaughan, Freispruch. Daniel, Eigentum von Solomon D. Parker, Verfahren eingestellt. Ebenso Ferry und Archer, Eigentum von J. W. Parker. Arnold und Artist, freie Nigger, ditto. Matt, Eigentum von Thomas Ridley, Freispruch. Jim, Eigentum von Richard Porter, ditto. Nelson, Eigentum von Benjamin Blunts Hof, ditto. Sam, Eigentum von J. W. Parker, ditto. Hubbard, Eigentum von Catherine Whitehead, Verfahren eingestellt. – Teufel, ich könnt noch ne ganze Weile so weitermachen, aber ich tus nicht.« Er warf mir wieder einen wissenden, bedeutungsvollen Blick zu. »Wenn damit nicht bewiesen ist, daß die Verhandlungen auf der ganzen Linie fair und sauber waren, dann weiß ichs auch nimmer.«

Ich sagte nach kurzem Zögern: »Mir beweist das nur eins: die Einhaltung einer gewissen Regel. Eigentumsrechte, wie Sie mir vorhin klargemacht haben.«

»Einen Augenblick, Reverend!« erwiderte er. »*Einen* Augenblick! Das will ich dir sagen: werd mir gegenüber nur nicht frech! Ich bleib dabei, das ist der Beweis für unsere fairen und sauberen Gerichtsverhandlungen, und dabei bleib ich auch, wenn du dein Maul noch so aufreißt. Mach ruhig so weiter und reiß dein schwarzes Maul bis hintenhin auf, dann haste bald noch mehr Eisen an dir hängen wie jetzt und nicht weniger.«

Noch mehr Eisen! Furchtbarer Gedanke. Mir taten meine Worte

schon leid. Zum erstenmal hatte Gray eine gewisse Feindseligkeit an den Tag gelegt. Sie stand ihm nicht. Seine Unterlippe hing herab, und aus einem Mundwinkel tröpfelte ihm bräunlicher Tabaksaft. Aber gleich darauf faßte er sich wieder, wischte sich über den Mund und wurde genauso gelassen, jovial, beinahe freundlich wie vorhin.

Draußen, irgendwo in der Ferne zwischen den kahlen Novemberbäumen, ertönte der langgezogene, schrille Schrei einer Frauenstimme. Nur ein einziges Wort konnte ich verstehen: meinen eigenen Namen – *Naat!* Wie der endlose Klageschrei eines Esels erhob sich diese einzelne Silbe über das Gewirr von anderen Geräuschen, das Raunen vieler Stimmen.

»Alles in allem über sechzig Angeklagte«, sagte Gray. »Von diesen sechzig zwei Dutzend freigesprochen oder entlassen, weitere fünfzehn ungefähr zwar verurteilt, aber laufengelassen. Nur fünfzehn gehenkt – dazu du und der andre Nigger –, also insgesamt nur siebzehn gehenkt. Mit andern Worten: Trotz der riesigen Katastrophe landet nur ein Viertel am Galgen. Da gibts unter denen, die für die Abschaffung der Sklaverei sind, ein paar salbadernde Leisetreter, die behaupten, bei uns gibts keine Gerechtigkeit. Und wie gerecht wir sind! So gerecht, daß die Niggersklaverei noch tausend Jahre dauern wird.«

Gray kramte in seinen Listen und Papieren.

Ich sagte: »Mr. Gray, Sir – ich weiß, mir stehts eigentlich nicht zu, nen Gefallen zu erbitten. Aber ich fürchte, 'swird ne Weile dauern, bis ich meine Gedanken fürn Geständnis beisammen hab. Obs vielleicht möglich wär, daß Sie mich für ne Weile allein lassen? Wissen Sie, Sir, die Zeit brauch ich, weil ich meine Gedanken sammeln muß. Und da sindn paar Dinge, die muß ich vorher noch mit dem HErrn abmachen.«

»Aber sicher, Nat«, erwiderte er. »Wir haben jede Menge Zeit. Übrigens könnte ich diese Pause gut gebrauchen. Weißt du was, Nat? Ich red inzwischen schon mal mit Mr. Trezevant, das ist der Staatsanwalt, ob man was gegen die Eisen und Fesseln machen kann, die sie dir angehängt haben. Dann komm ich wieder, und wir machen uns an die Arbeit. Halbe Stunde, dreiviertel Stunde – reicht das?«

»Bin Ihnen sehr dankbar, Sir. Mr. Gray, ich will Ihnen ganz sicher nich auf die Nerven fallen, aber ich hab seit letzter Nacht mächtig viel Hunger gekriegt. Ich kann viel besser denken und reden mitm bißchen was im Magen.«

Er stand auf, rüttelte an den Eisenstangen und rief nach dem

Wärter. Dann drehte er sich wieder zu mir um. »Reverend, du mußt es nur sagen, und schon kriegst dus. Klar besorgen wir dir was zu essen. Ohnen Brocken Brot und Speck im Bauch kann keinern ordentliches Geständnis ablegen.«

Nachdem sich die Tür wieder hinter ihm geschlossen hatte, saß ich regungslos in meinem Spinnennetz von eisernen Ketten da. Die Nachmittagssonne sank draußen vor dem Fenster herab und überschwemmte meine Zelle mit Licht. Fliegen setzten sich mir auf Stirn, Backen und Lippen, dann summten sie in zuckenden Bahnen von einer Wand zur anderen. In dem Lichtstrahl schwebten flimmernd Myriaden von feinen Staubkörnchen auf und ab. Ob diese Pünktchen, die ich sogar sehen konnte, eine Fliege nicht in ihrer Bahn behindern? überlegte ich. Vielleicht, so dachte ich, waren diese Staubkörnchen das fallende Herbstlaub der Fliegen, nicht hinderlicher als ein Blätterregen für einen Menschen, der im Oktober durch den Wald geht, wenn ein plötzlicher Windstoß über ihm von einer Pappel oder Platane einen harmlosen, tanzenden Wirbel brauner und goldener Flocken schüttelt. Eine ganze Weile dachte ich über das Leben der Fliegen nach und hörte nur mit halbem Ohr das Getöse vor der Zelle, an- und abschwellend wie der Donner eines Sommergewitters, nah und doch weit entfernt.

In mancher Hinsicht, so dachte ich, muß eine Fliege mit zu den glücklichsten von Gottes Geschöpfen gehören. Gehirnlos geboren, gehirnlos sich ernährend, wo es Wärme und Feuchtigkeit gibt, paart sie sich gehirnlos, vermehrt sich und stirbt wieder hirnlos, ohne je Elend und Leid kennenzulernen. Aber dann fragte ich mich: Woher willst du das so sicher wissen? Wer will schon sagen, ob die Fliegen nicht vielleicht Gottes verstoßene Kinder sind, die endlos zwischen Himmel und Vergessen hin und her summen, verdammt zur ewigen Qual, zuckend, vom Trieb gezwungen, sich von Schweiß und Schmutz und Kot zu ernähren, gestraft durch die Pein ihrer Hirnlosigkeit? Wenn sich also ein Mensch in seinem Irrtum wünscht, aus dem Elend der Welt ins Dasein einer Fliege zu entfliehen, findet er sich da nicht vielleicht in einer noch schrecklicheren Hölle, als er sich vorstellen kann? In einem Dasein ohne Wille und ohne Wahl, nur blind und automatisch den Trieben gehorchend, die ihn dazu zwingen, das ganze Leben lang in ekelerregender Weise auf den Gedärmen eines verendeten Fuchses herumzukrabbeln oder sich vom Auswurf im Kübel eines Gefangenen zu nähren? Ja, das wäre ganz gewiß die letzte, tiefste Verdammnis: in der Welt einer Fliege zu leben und so zu vegetieren, ohne Wille und ohne Wahl, allen eigenen Wünschen zum Trotz.

Ich erinnere mich, daß einer meiner früheren Eigentümer, Mr. Thomas Moore, einmal sagte, kein Neger begehe jemals Selbstmord. Ich weiß noch genau, bei welcher Gelegenheit das war. Sauhatz an einem eiskalten Herbsttag. Vielleicht war es auch diese Beziehung zwischen Tod und der kalten Jahreszeit des Sterbens, die solchen Eindruck auf mich machte. Moores pockennarbiges Gesicht, voller Runzeln und vor Kälte blaurot angelaufen. Während er sich mit dem erlegten Wildschwein abmühte, sagte er zu zwei Nachbarn: »Hat schon mal einer von euch gehört, daß sichn Nigger selbst umgebracht hat? Gibts nich. Glaub schon, daßn Nigger mal an Selbstmord denkt, aber dann denkt er und denkt und denkt, und auf einmal isser eingeschlafen.« Ich stand neben ihm. Er drehte sich zu mir um und fragte: »Stimmts, Nat?« Die Nachbarn lachten, und ich lachte natürlich mit, wie man es von mir erwartete. Dann dieselbe Frage noch einmal, mit mehr Nachdruck: »Na, stimmts, Nat?« Ich antwortete kichernd: »Ja, Sir, Massa Tom, klar stimmts.« Wenn ich es mir recht überlegte, dann mußte ich wirklich zugeben, daß ich nie etwas von einem Neger gehört hatte, der Selbstmord beging. Ich versuchte, mir diese Tatsache zu erklären. Je mehr ich in der Bibel forschte, insbesondere in den Lehren der großen Propheten, desto überzeugter war ich, daß es am christlichen Glauben der Neger angesichts ihrer drückenden Not liegen mußte, an einem Verständnis der Rechtschaffenheit in einem leidvollen Herzen, dem Willen, eingedenk des ewigen Lebens alles geduldig zu ertragen. Das hielt ihn von der Selbstvernichtung ab. *Du hilfst dem elenden Volk, denn Du, HErr, bist meine Leuchte; der HErr macht meine Finsternis licht.*

Jetzt aber, wo ich mitten im Sonnenlicht saß, den tanzenden Schatten fallender Blätter zuschaute und dem unablässigen Summen der Fliegen lauschte, da stimmte diese Vorstellung nicht mehr. Meine schwarzen Mitbrüder, die sich von Dreck ernährten, kamen mir vielmehr wie Fliegen vor, Gottes hirnlose, verstoßene Kinder, die nicht einmal genug eigenen Willen besaßen, um mit eigener Hand ihre Qualen abzukürzen.

Lange Zeit saß ich regungslos im warmen Sonnenschein und wartete auf Grays Rückkehr. Ob er sie wohl dazu bewegen konnte, mir Essen zu bringen, nachdem sie mich von den Fesseln und Eisengewichten befreit hatten? Vielleicht konnte er mir sogar eine Bibel besorgen; mich hungerte nach dem Wort Gottes, daß der Schmerz in meinen Eingeweiden wühlte. Ich verschloß mein Ohr dem Lärmen der Menge. In der Stille umsummten mich die Fliegen mit einem eintönigen, feierlichen Geräusch, das wie ein Klingen der Ewigkeit war. Bald versuchte ich wieder zu beten, aber auch diesmal gelang es mir nicht. In mir war nichts als Verzweiflung, eine so quälende Verzweiflung, daß ich meinte, sie müßte mich in den Wahnsinn treiben.

Nur reichte diese Verzweiflung tiefer als der Wahnsinn.

Als es an jenem Morgen dämmerte und die Zelle sich mit kühlem weißem Licht zu füllen begann, blies Gray die Laterne aus.

»Gott, ist das kalt geworden!« Schnatternd knöpfte er seinen Mantel zu. »Jedenfalls . . .« Dann hielt er inne und sah mich an. »Weißt du was? Sobald heute die Verhandlung vorüber ist, besorg ich dir warme Wintersachen. Gehört sich nicht, daß jemand in ner Zelle sitzt und halb zu Tode friert. Bis jetzt wars so warm, da hab ich michn Teufel um deine Kleidung gekümmert. Aber was du da anhast, was davon noch übriggeblieben ist – Baumwolle, wie? –, das ist doch alles dünnes Sommerzeug. Ein Jammer, solche Fetzen bei dem Wetter! Aber nun zu deinem Geständnis, Nat. Ich hab alles aufgeschrieben, was wichtig ist, und fast die ganze verdammte Nacht dran gearbeitet. Wie schon angedeutet, wird dein Geständnis Beweismaterial fürn Staatsanwalt sein, fürchte ich. Andere Punkte werden wohl kaum aufkommen. Wahrscheinlich wird einer von uns, ich oder Mr. W. C. Parker – das ist dein eigentlicher Verteidiger –, aufstehen und eine Erklärung abgeben; aber wie die Dinge liegen, wird dabei nicht viel mehr herauskommen als eine Bitte, die vorliegenden Beweise gründlich zu prüfen, in diesem Falle dein umfassendes und freiwilliges Geständnis. Hm – wie schon gesagt – bevor dus jetzt unterschreibst, möcht ich dirs noch einmal laut vorlesen . . .«

»Verzeihung, Sir«, unterbrach ich ihn. »Sie meinen doch nicht . . . dieser Mr. Parker . . . soll das heißen, Sie sind nicht mein Verteidiger?«

»Aber sicher bin ich das. Er ist sozusagen mein Sozius.«

»Und ich hab ihn nicht mal gesehen? Das sagen Sie mir heut erst?« Ich hielt inne. »Und Sie haben das alles für den *Staatsanwalt* aufgeschrieben?«

In seinem Gesicht zuckte es ungeduldig. Er setzte zu einem Gähnen an, aber es wurde nichts daraus. »Ä – hm – der Staatsanwalt ist übrigens auch mein Sozius. Was macht das schon aus,

Reverend? Ob Staatsanwalt oder Verteidigung – das spielt doch gar keine Rolle, nicht die Bohne! Hab ich dir das nicht hinreichend klargemacht? Schließlich bin ich als – ähm – Abgesandter des Gerichts bevollmächtigt, dein Geständnis aufzuzeichnen. Hab ich ja auch getan, wie? Du bist so und so erledigt, da beißt keine Maus nichn Faden ab.« Er sah mich eindringlich an, dann fuhr er in schmeichelndem, überherzlichem Ton fort: »Na, Reverend, machen wir uns doch nichts vor. Sehen wir die Sache doch mal realistisch an! Ich meine – nennen wir die Dinge beim Namen ...« Er machte eine Pause. »Ich will damit sagen ... Verdammt, du weißt doch genau, was ich meine!«

»Ja«, sagte ich. »Ich weiß, ich werde hängen.«

»Nun, indem das *a priori* feststeht, hats doch auch nicht viel Sinn, noch auf juristischen Spitzfindigkeiten rumzureiten – oder?«

»Nein, Sir, wahrscheinlich nicht.« Es hatte wirklich keinen Sinn. Es verschaffte mir sogar eine gewisse innere Erleichterung, daß nun auch jede Spur von Logik zum Fenster hinausgeflogen war.

»Also, kommen wir zur Sache. Bis zehn Uhr will ich nämlich noch eine halbwegs anständige Reinschrift davon haben. Wie schon gesagt, werd ich dir alles hier an Ort und Stelle laut verlesen. Du unterschreibst es. Dann wirds dir vor Gericht noch mal laut vorgelesen – als Beweismaterial der Anklage. Nur sind da noch ein paar Punkte, die hab ich nicht restlos kapiert. Während ich vorlese, wirst du mir die noch klarstellen. Ich werde also hin und wieder beim Lesen eine Pause machen, damit wir ein oder zwei Kleinigkeiten hinzufügen können. Bist du bereit?«

Ich nickte – ein wenig krampfhaft, weil mich die Kälte schüttelte.

»›Sir, Sie haben mich veranlaßt, die Motive darzulegen, die mich zur Anzettelung des neulich stattgefundenen Aufruhrs – wie Sie es nennen – verleitet haben. Dazu muß ich bis in die Tage meiner Kindheit zurückgreifen, ja sogar bis in die Zeit vor meiner Geburt ...‹« Gray las langsam und bedächtig, er genoß den Klang eines jeden einzelnen Wortes. Aber dann hielt er schon inne, sah mich an und erklärte: »Das sollen natürlich nicht ganz genau deine Worte sein, Nat, so, wie du sie mir gegenüber gebraucht hast. Ein Geständnis vor Gericht muß natürlich im Stil eine – ähm – gewisse Würde aufweisen. Das hier stellt also mehr oder weniger eine nachempfundene *Rekonstruktion* unserer verschiedenen Unterhaltungen seit dem letzten Dienstag dar, in denen wir recht formlos miteinander geredet haben. Das Wesentliche, ich meine, die Gegebenheiten der *Details*, sind unverändert geblieben, jedenfalls hoffe ich das.« Er blickte wieder auf sein Papier und fuhr fort: »›Dazu‹ und so weiter ... ›vor meiner Geburt.‹ Ähm. ›Am 2. Oktober dieses Jahres wurde ich einunddreißig Jahre alt. Geboren wurde ich als Eigentum von Benjamin Turner, Bürger dieses County. Schon in meiner Kindheit ergab sich ein Umstand, der einen unauslöschlichen Eindruck bei mir hinterließ und den Grundstein zu jener Schwärmerei legte, die für so viele – Weiße wie Schwarze – ein so schreckliches Ende brachte und für die ich nunmehr am Galgen enden werde. Es ist erforderlich, an dieser Stelle darauf zu verweisen ...‹« Wieder brach er ab und fragte: »Kannst du mir bis hierhin folgen?«

Ich fror. Alle Kraft hatte meinen Körper verlassen. Ich konnte ihn nur trübe anstarren und »Ja« murmeln.

»Na schön, fahren wir fort: ›Es ist erforderlich, an dieser Stelle darauf zu verweisen, daß dieser scheinbar so nebensächliche Umstand zu einem Glauben geführt hat, der mit der Zeit gewachsen ist und dem ich selbst jetzt, hilflos und verlassen von allen, in einem kalten Verlies, nicht entsagen kann. Als ich im Alter von drei oder vier Jahren mit anderen Kindern spielte, erzählte ich ihnen etwas, das sich nach Angabe meiner Mutter, die alles mit anhörte, vor meiner Geburt zugetragen hatte. Ich blieb bei meiner Darstellung und erhärtete sie noch durch weitere Einzelheiten. Andere, die hinzugerufen wurden, zeigten sich höchst erstaunt, da auch sie von diesen Ereignissen wußten. Ich hörte sie sagen: Sicherlich sei ich zum Propheten bestimmt, da der HErr mir Dinge gezeigt hat, die sich vor meiner Geburt zutrugen. Und meine Mutter bestärkte mich in diesem meinem ersten Eindruck, indem sie in meiner Gegenwart sagte, ich sei zu Höherem bestimmt ...‹« Wieder hielt er inne und fragte: »Stimmts bis jetzt?«

»Ja«, antwortete ich wahrheitsgemäß. Zumindest im Wesentlichen, wie er sich ausdrückte, wich seine Darstellung nicht von der Wahrheit ab. »Ja, es stimmt«, sagte ich.

»Gut, dann fahren wir fort. Ich freue mich, daß ich deiner Darlegung, wie du selbst meinst, habe Gerechtigkeit widerfahren lassen. – ›Meine Mutter, an der ich sehr hing, und auch mein Herr – er gehörte der Kirche an – sowie andere gottesfürchtige Leute, die zu Besuch kamen oder denen ich bei den Gebetsversammlungen begegnete, vermerkten mein ungewöhnliches Benehmen und vermutlich meine für ein Kind ungewöhnliche Intelligenz; sie meinten, ich hätte zu viel Verstand, um als Sklave erzogen zu werden, und wenn ich es würde, so taugte ich als solcher sicher nicht viel . . .«

Er las weiter und weiter. Ich hörte auf der anderen Seite der hölzernen Wand gedämpftes Kettenklirren und dann eine Stimme, dumpf und lallend vor Benommenheit – Hark: »Kalt hier drin! Wärter! Kalt, kalt! Helft doch nem armen Nigger. Wärter! Helft nem armen, erfrorenen Nigger! Wärter! Bringt doch nem armen erfrorenen Nigger was zum Zudecken!«

Gray kümmerte sich nicht um die Rufe und las weiter. Hark jammerte weiter. Ich stand auf und tat ein paar Schritte, um ein wenig warm zu werden. Zu Gray sagte ich: »Lassense sich nich störn, ich hör schon zu.« Mühsam schob ich meine Füße, schwer von den Eisen, zum Fenster hin. Ich achtete mehr auf Harks Heulen und Stöhnen jenseits der Wand als auf Grays Stimme. Ich wußte, er war verletzt, und er fror; aber ich kannte meinen Hark nur zu genau. Sein Jammern war gespielt. Hark zog seine beste Schau ab. Was ich da hörte, das war die Stimme des einzigen Negers von ganz Virginia, der schlau genug war, einem Weißen auch noch seine allerletzte Hose abzuschmeicheln. Ich stand am Fenster und hörte nicht Gray zu, sondern Hark. Die Stimme wurde schwach, matt zitternd vor schier unerträglicher Pein, wie wenn er jeden Augenblick sterben sollte. Er konnte einen Stein erweichen.

»O weh, kommt denn keiner nich, hilft denn keiner nem armen erfrorenen Nigger. Habt Mitleid! Wärter, bitte, bitte, nurn winzigen Fetzen zum Zudecken von die armen kranken Knochen!« Da hörte ich hinter mir Gray aufstehen, ans Gitter treten und nach Kitchen rufen. »Bring dem andern Nigger irgend ne Decke!« befahl er. Dann ließ sich Gray wieder nieder und las weiter. Ich war ganz sicher, daß ich von der anderen Seite der Wand ein unterdrücktes Kichern hörte, einen leise gurgelnden Laut der Befriedigung.

»›Weder in meiner Jugend noch später neigte ich jemals zum Diebstahl. Aber schon damals, in meiner frühesten Jugend, hatten die anderen Neger in der Nachbarschaft bereits solches Vertrauen zu meiner überlegenen Schläue, daß sie mich häufig zu Gaunereien mitnahmen und sich nach meinem Ratschlag richteten. So wuchs ich unter ihnen auf, vertrauend auf meinen überlegenen Verstand, der nach ihrer Meinung noch vervollkommnet wurde durch göttliche Eingebung – seit dem bereits erwähnten Ereignis aus meiner frühesten Kindheit – und geprägt vom Ernst meiner Wesensart und Lebensweise, die Weiß und Schwarz gleichermaßen zu Bemerkungen Anlaß gab. Indem ich schon frühzeitig meine Größe entdeckte, mußte ich dementsprechend leben und vermied es fortan, mich in die Gesellschaft anderer zu begeben, sondern lebte zurückgezogen und widmete meine Zeit dem Fasten und den Gebeten ...«

Seine Worte glitten an meinem Ohr vorbei. Ich hörte ihm schon längst nicht mehr zu. Draußen hatte es zu schneien begonnen. Winzige, sehr zarte Schneeflöckchen trieben an meinem Fenster vorbei wie Blumensamen im Frühling und schmolzen in der Sekunde, wo sie den Boden berührten. Ein kalter Wind kam auf. Über dem Fluß und den Sümpfen dahinter hing eine weiße Wolkenwand und verhüllte undurchdringlich den Himmel. Über sie krochen dunkle Dunstschleier hinweg wie flatternde Schals.

Jerusalem war zum Leben erwacht. Vier weitere Kavalleristen preschten mit donnernden Hufen über die Brücke aus Zypressenbohlen. Einzeln, zu zweit und in kleinen Gruppen eilten die Leute die Straße hinauf zum Gerichtsgebäude. Alle hatten sich zum Schutz vor der Kälte warm eingemummelt. Die Straße war voller gefrorener Furchen; die Schuhe verursachten ein knirschendes Geräusch, wenn sie gefrorene Krumen zermalmten, und ein dumpfes, gleichförmiges Murmeln und Raunen hing über den Köpfen der Menschen. Es war noch früh für einen solchen Menschenauflauf, aber dann wurde mir der Grund klar: Sie alle wollen noch einen Sitzplatz bekommen. Keiner will die Ereignisse des heutigen Tages versäumen. Ich blickte über den schmalen, träge dahinrollenden Fluß zur dunklen Wand des Waldes hinüber. Eine lange Meile Sumpf, dahinter die flachen Felder und Wälder.

Um diese Jahreszeit wird Feuerholz gesammelt. Wie in einem Tagtraum flogen meine Gedanken durch den kalten Raum hin zu irgendeinem Buchen- oder Kastaniendickicht, in dem vielleicht schon seit dem frostigen Morgengrauen zwei Sklaven mit Axt und Keil bei der Arbeit waren. Ich konnte das Krachen der Axt und das Klingen der eisernen Keile hören und den Atem der Neger als weißen Dampf in der kalten Luft stehen sehen; ich hörte ihre lauten Stimmen, das unschuldig-harmlose Geschrei, das eine Meile weit tönte. »Was die alte Missis is, der geht ne feine fette Truthenne ab.« Und der andere: »Was schauste da mich so an, Bruder?« Darauf der erste: »Na, was denn? Die Alte, wenn die das rauskriegt, die haut dir dein dicken schwarzen Schädel ein!« Und dann ihr bellendes, unbekümmertes Lachen, kindlich laut und sorglos in der klaren Morgenluft, das Echo aus dunklen Wäldern und Sumpf und Marsch und Rohr. Dann wieder Stille, bis auf das Krachen der Axt, das Klingen des eisernen Keils und das ferne Krächzen eines Krähenschwarms, der sich in wirbelnder schwarzweißer Wolke mit den Schneeflocken auf ein Maisfeld herabsenkte. Für eine Sekunde drehte sich mir das Herz im Leib um. Ich war wie geblendet vom Blitz sehnsuchtsvoller Erinnerung. Aber der Augenblick ging vorüber, und ich hörte wieder Grays Stimme: »Genau das ist der erste Punkt, den ich nicht ganz verstehe, Reverend. Ob du mir das vielleicht näher erläutern könntest?«

»Welchen Punkt meinen Sie?« Ich drehte mich zu ihm um.

»Es geht um die Stelle, die ich gerade vorgelesen habe. Siehst du, damit schließen wir die grundsätzlichen und einleitenden Bemerkungen ab und kommen zum eigentlichen Thema des Aufstands. Da ists mir ganz besonders um Klarheit zu tun. Ich wiederhole: ›Wir trugen uns mit der Absicht, das Werk des Todes am 4. Juli zu beginnen. Hierzu entwickelten wir vielerlei Pläne‹ etcetera etcetera. Hm, laß mal sehen: ›Und die Zeit verging, ohne daß wir zu einem Beschluß gelangen konnten, wie wir beginnen sollten. Wir waren immer noch dabei, stets neue Pläne zu entwickeln und wieder zu verwerfen, bis ich erneut das Zeichen gewahrte, das mich veranlaßte, nun nicht länger zu zögern.‹ Etcetera etcetera. Dann hier: ›Seit Beginn des Jahres 1830 lebte ich bei Mr. Joseph Travis, welcher mir ein gütiger Herr war und größtes Vertrauen in mich setzte. Ich hatte keinerlei Veranlassung, mich über die Behandlung durch ihn zu beklagen.‹«

Gray rutschte unruhig hin und her. Dann hob er die eine Backe etwas an und versuchte, mit Anstand einen Wind loszuwerden, der ihn offenbar sehr drückte. Es wurde jedoch ein ordentlicher Furz daraus, der sanft knatternd wie fernes Feuerwerk entwich. Plötzlich war er verwirrt, aus dem Konzept gebracht. Es war belustigend – warum sollte er vor einem Niggerprediger, dessen Todesurteil er gerade verlas, verlegen werden? Mit polternder Stimme las er weiter, als wolle er seine Verlegenheit und den Duft übertönen.

»›Lebte ich bei Mr. Joseph Travis, welcher mir ein gütiger Herr war und größtes Vertrauen in mich setzte. Ich hatte keinerlei Veranlassung, mich über die Behandlung durch ihn zu beklagen.‹ Das ist der Punkt! Genau darum gehts mir, Reverend!« Er starrte mich durchdringend an. »Wie erklärst du dir das? Genau das möchte ich wissen, und alle anderen sind auch neugierig darauf. Kaltblütig einen Mann abschlachten, von dem du selbst zugibst, daß er dir gegenüber gütig war!«

Im Augenblick war ich so überrascht, daß ich kein Wort hervorbrachte. Ich setzte mich langsam hin. Aus der Überraschung wurde Verwirrung. Ich konnte nur stammeln: »Darauf – darauf weiß ich keine Antwort, Mr. Gray.« Ich konnte seine Frage nicht beantworten – nicht, weil es darauf keine Antwort gegeben hätte, sondern weil es eben Dinge gibt, die nicht einmal in einem Geständnis etwas zu suchen haben, schon gar nicht vor Gray.

»Sieh mal, Reverend, das können die Leute auch nicht begreifen. Wenns ne regelrechte Tyrannei gewesen wäre – schön und gut. Wenn man dich mißhandelt, geprügelt, schlecht genährt, gekleidet und miserabel untergebracht hätte – dann ja. Wäre einer dieser Punkte zutreffend gewesen, so hätte man Verständnis gehabt. Wenn du unter den Bedingungen hättest leben müssen, wie sie augenblicklich auf den Britischen Inseln oder in Irland herrschen, wo der durchschnittliche Bauer schlechter als ein Hund lebt – wenns dir so ergangen wäre, könntens die Leute noch verstehen. Ja, wirklich. Aber wir sind ja nicht einmal in Mississippi oder Arkansas. Wir leben in Virginia und schreiben das Jahr des HErrn 1831. Du hast unter zivilisierten, tugendhaften Herren gedient. Und doch hast du unter andern auch Joseph Travis kaltblütig hingeschlachtet. Das . . .« Er fuhr sich in einer Gebärde tiefster Kümmernis mit der Hand über die Stirn. »*Das* begreifen die Leute einfach nicht!«

Wieder hatte ich verschwommen und flüchtig den Eindruck eines Wahnbildes. Worte, tief in einem Traum begraben. Ich sah Gray lange und aufmerksam an. Kaum anders als alle anderen. Und doch fragte ich mich, woher dieser letzte Weiße in meinem Leben – außer dem Henker – gekommen war. Wie schon so oft zuvor überkam mich das Gefühl, als gebe es ihn nur in meiner Einbildung. Da man mit Gestalten der eigenen Phantasie nicht reden kann, verharrte ich in Schweigen.

Gray blickte mich durchdringend an. »Na schön. Wenn du zu diesem Punkt nichts sagen willst, gehe ich zur nächsten Frage über. Wir kommen noch einmal darauf zurück, wenn ich diesen Abschnitt zum zweitenmal vorlese.«

Er blätterte in seinen Papieren. Während ich ihm dabei zusah, wurde mir vor lauter Hunger schwindlig. Drüben in der Stadt ließ die Uhr auf dem Dach des Gerichtsgebäudes acht tönende Glockenschläge in den kalten Morgen fallen, und das Raunen und Hasten, das Geräusch von Hufschlägen und Stimmen, schwoll immer mehr an. Irgendwo hörte ich die Stimme einer Negerin, schrill vor gespieltem Zorn: »Ich hau dir gleichn Hintern voll!« Und in dem Lachen des kleinen schwarzen Mädchens, das darauf folgte, klang das Zittern von ebenfalls gespielter Angst mit. Eine Sekunde lang war es still, dann wieder Stimmen und neue Hufschläge. Ich kämpfte gegen die Schmerzen in meinen Eingeweiden an, verschränkte die Arme vor dem Bauch und bewachte die Leere des Hungers darin.

»Da haben wirs«, sagte Gray. »Hör dir das genau an, Reverend. Du bist also vom Haus der Bryants weggegangen. Erinnerst du dich? Du hast selbst noch niemanden umgebracht. Von dort aus gings zu Mrs. Whitehead. Ich zitiere: ›Ich kehrte zurück, um mit dem Werk des Todes zu beginnen. Doch die anderen, die ich zurückgelassen hatte, waren in der Zwischenzeit nicht müßig gewesen. Bis auf Mrs. Whitehead und ihre Tochter Margaret waren schon alle Hausbewohner tot. Als ich mich der Tür näherte, sah ich gerade, wie Will Mrs. Whitehead aus dem Haus zerrte und ihr mit seiner Axt den Kopf fast vom Rumpf trennte. Miß Margaret entdeckte ich hinter dem Vorsprung, den der Kellereingang an der Hauswand bildete; dort hatte sie sich versteckt. Als sie meiner ansichtig wurde, floh sie, wurde aber alsbald eingeholt. Nach mehreren Hieben mit dem Säbel tötete ich sie vermittels eines Schlages über den Kopf, den ich mit einem Zaunpfahl ausführte.‹ Das sind deine eigenen Worte. Bis hierhin alles richtig?«

Ich sagte nichts. Meine Kopfhaut juckte.

»Na schön. Gehn wir weiter – ungefähr zehn, fünfzehn Sätze später steht hier folgendes. Nun paß genau auf, denn das ist mehr oder weniger der genaue Wortlaut deiner Aussage. Ich zitiere wieder: ›Ich hielt mich im Hintergrund; da es meine Absicht war, überall Angst und Schrecken zu verbreiten, wohin wir kamen, schickte ich jeweils fünfzehn oder zwanzig der bestbewaffneten und zuverlässigsten Leute voraus. Sie näherten sich den Häusern, so schnell ihre Pferde sie tragen wollten. Das geschah aus doppelter Absicht: erstens, um die Flucht der Bewohner zu verhindern, und zweitens, um Panik zu verbreiten.‹ Und nun hör mir ganz genau zu: ›*Daher gelangte ich, nachdem ich Mrs. Whiteheads Haus verlassen hatte, immer erst in die Nähe der Häuser, wenn die Morde bereits begangen waren.* Zuweilen traf ich gerade noch rechtzeitig ein, um Zeuge der Vollendung dieses Werks des Todes zu werden. Ich sah mit stummer Befriedigung die verstümmelten Leichen daliegen und machte mich alsbald auf die Suche nach neuen Opfern. Nach der Ermordung von Mrs. Waller und ihrer zehn Kinder war Mr. William Williams an der Reihe; nachdem wir ihn und die beiden dort befindlichen kleinen Jungen ermordet hatten ...« etcetera etcetera. Das alles, Nat, ist natürlich eine grobe Wiedergabe deiner eigenen Worte – du mußt alles korrigieren, was nicht genau stimmen sollte. Doch die Hauptsache – und das hast du nicht ausdrücklich selbst ausgesagt, sondern ich habs aus deinen Ausführungen gefolgert –, der Hauptpunkt ist also der, daß bei all den teuflischen Greueln mit Dutzenden und aber Dutzenden von Erschlagenen du persönlich, Nat, *nur einen einzigen Mord* begangen hast. Hab ich recht? Stimmt das? Wenn ich das recht verstanden habe, so ist das in der Tat äußerst seltsam.« Er hielt inne, dann fragte er: »Wie kommts, daß du nur einen Menschen ermordet hast? Und warum ausgerechnet dieses junge Mädchen? Reverend, du hast bei der ganzen Aussage viel guten Willen bewiesen, aber das kann ich dir wirklich nicht so recht abkaufen. Ich glaube einfach nicht, daß du nur einen einzigen Menschen ...«

Schritte. Ein Rütteln an den Eisenstäben. Kitchen kam und brachte einen Teller Maisbrei und einen Zinnbecher Wasser. Mit zitternden Händen stellte er Teller und Becher neben mich auf die Holzpritsche; aber seltsamerweise verspürte ich kaum noch den nagenden Hunger. Mein Herz begann zu pochen. Ich spürte, wie mir der Schweiß in Strömen aus den Achselhöhlen floß.

»Es ist nämlich nicht so, als wärst du an all den Vorgängen nicht beteiligt gewesen – der Kommandierende General weit hinter der Front, der über alles erhabene Kleine Korporal persönlich, wie er gebieterisch auf dem Hügel vor Austerlitz steht und ...« Gray hielt inne und warf Kitchen einen Seitenblick zu. »Gibts denn keinen Speck für den Reverend?« fragte er.

»Die Nigger drüben bei Mrs. Blunt habens hergerichtet«, antwortete der Junge. »Der wos rübergebracht hat, sagt, ihnen is der Speck ausgegangen.«

»Scheißmenü für nen vornehmen Gefangenen, muß ich schon sagen – nichts wie kalter Papp!« Der Junge verließ hastig die Zelle, und Gray wandte sich wieder mir zu. »Aber am Anfang, da hast du doch persönlich mitgemischt, wie? Ja. Man beachte – dieses Widerstreben. *Videlicet* ... Mal sehen ...«

Die Seiten raschelten. Ich saß regungslos da, der Schweiß brach mir aus allen Poren, ich spürte das Herzklopfen. Seine Worte (meine? oder unsere?) hallten in meinem Kopf wider wie ein feierlicher Bibelvers. *Als ich mich der Tür näherte, sah ich gerade, wie Will Mrs. Whitehead aus dem Haus zerrte und ihr mit seiner Axt den Kopf fast vom Rumpf trennte.* Das sagte sich so leicht. Warum riefen diese Worte jetzt, wo Gray sie wiederholte, in mir solches Unbehagen, eine solche Panik hervor? Plötzlich hörte ich in mir eine wilde Stimme: *Nach diesem sah ich in diesem Gesicht in der Nacht, und siehe, das Tier war greulich und schrecklich und sehr stark und hatte große eiserne Zähne, fraß um sich und zermalmte. Ich sah zu um der großen Reden willen; ich sah zu, bis das Tier getötet ward und sein Leib umkam und ins Feuer geworfen ward.* Für einen Augenblick sah ich Wills hagere Gestalt vor mir, sein scharfgeschnittenes, nachtschwarzes Gesicht mit den vortretenden Augen und den aufgeworfenen, rosafarbenen, zersprungenen Lippen, den weißen Zähnen, die er in mordlustigem Lächeln zeigte, ein Lächeln, so schwachsinnig, erbarmungslos und unverfälscht. Ich erzitterte, aber nicht unter der Kälte draußen, sondern von einem Schüttelfrost, der aus dem Mark meiner Knochen kam.

»Ein allgemeines Widerstreben. *Videlicet* ... Ich zitiere nun noch einmal von ganz vorn am Anfang, wos um den Mord an keinem andern als deinem verstorbenen Eigentümer geht – dem besagten und, wie ich hinzufügen möchte, gütigen, wohltätigen Mr. Joseph Travis. ›Dann wurde offenkundig, daß auch ich mein erstes Blut vergießen mußte. Darum betrat ich, begleitet von Will und bewaffnet mit einem Beil, das Schlafgemach meines Herrn. Indem es sehr dunkel war, gelang es mir nicht, einen tödlichen Streich zu führen, und das Beil glitt von seinem Haupt ab. Er sprang aus dem Bett und schrie nach seiner Frau. Es war sein letztes Wort; denn *Will* streckte ihn mit einem einzigen Hieb seiner Axt zu Boden.‹ Etcetera.« Er hielt wieder inne und betrachtete mich traurig. Sein fleckiges, von bläulichen Adern durchzogenes Gesicht war leicht gerötet. »Warum?« fragte er. »Für Will wars da drin doch nicht heller als für dich, es sei denn, er hatte Katzenaugen. Was ich damit sagen will, ist folgendes, Reverend. Du hasts zwar nicht ausdrücklich in Worte gefaßt, aber man kann aus deiner Aussage rauslesen, daß du nur einen einzigen Menschen persönlich umgebracht hast. Ferner – wenn ich das recht deute – scheint dich schon der Gedanke an einen Mord so durcheinandergebracht zu haben, daß Will einspringen und die schmutzige Arbeit vollbringen mußte. Das ist schon seltsam genug, und ich hab mich dabei ausschließlich auf dein Wort zu verlassen, weil Will einer der wenigen Nigger war, die bei dem

Aufstand selbst ums Leben gekommen sind. Daß du selbst nur einen umgebracht hast und es dir angeblich widerstrebte, weitere Morde zu verüben – siehst du, das kann ich dir nur schwerlich abkaufen. Nun komm schon, Reverend! Schließlich warst du doch der *Anführer* ...«

Ich schlug meine Hände vors Gesicht und dachte: *Darnach hätte ich gern gewußt gewissen Bericht von diesem Tier, welches gar anders war denn die andern alle, sehr greulich, das eiserne Zähne und eherne Klauen hatte, das um sich fraß und zermalmte* ... Ich hörte kaum noch, was Gray sagte: »Oder diese Stelle hier, Reverend – später am gleichen Abend, nach den Familien Travis und Reese und dem alten Salathiel Francis. Ihr seid über die Felder weitergezogen. Ich zitiere wieder: ›Als wir uns näherten, wurden wir von der Familie entdeckt. Sie verriegelten die Tür – vergebens! Will sprengte sie mit einem einzigen Axthieb. Wir drangen ein und fanden mitten im Zimmer Mrs. Turner und Mrs. Newsome, zu Tode geängstigt. Will tötete sofort Mrs. Turner mit einem Axthieb. Ich packte Mrs. Newsome bei der Hand und versetzte ihr mit dem Säbel, der bei meiner Verhaftung bei mir gefunden wurde, mehrere Schläge auf den Kopf.‹ Und nun paß genau auf: ›*Ich war aber nicht in der Lage, sie zu töten.* Das entdeckte Will, als er sich herumdrehte; er erledigte auch sie ...‹«

Plötzlich stand ich ganz dicht vor Gray und reckte mich, so weit meine Ketten das zuließen. »Aufhörn!« schrie ich. »Hörn Sie damit auf! Ja, wir habens getan! Ja, ja, es stimmt! Wir haben getan, was getan werden mußte. Aber hörn Sie endlich damit auf, mit Vorlesen, was Will und ich gemacht haben! Denken Sie nicht dauernd drüber nach! Wir haben getan, was getan werden mußte. Also Schluß damit!«

Gray fuhr erschrocken zurück. Aber dann beruhigte ich mich, und die Knie zitterten mir vor Kälte. Er las aus meinem Blick, daß ich den plötzlichen Ausbruch bedauerte, da fand auch er seine Haltung wieder, setzte 'sich auf die Holzplanke und meinte schließlich: »Schön, wie du meinst. Es ist dein Begräbnis. Mit Gewalt ist kein Ochse zu melken. Aber ich muß es dir vorlesen, und du mußt es unterschreiben. So hats das Gericht bestimmt.«

»Tut mir leid, Mr. Gray«, sagte ich. »Ich wollte wirklich nicht frech werden. Ich glaub eben nur, Sie verstehn das alles nicht, und es ist sowieso schon zu spät, irgendwas klarzumachen.«

Langsam schob ich mich wieder ans Fenster und blickte in den Morgen hinaus. Nach einer Weile begann Gray erneut, in verhaltener, monotoner Stimme vorzulesen. Leicht verwirrt raschelte er mit seinen Papieren.

»Hm. ›Ich sah *mit stummer Befriedigung* die verstümmelten Leichen daliegen.‹ Das mit der Befriedigung – sicher ne Beschönigung, wie ich annehme. Oder?« Ich antwortete nicht. Drüben in der anderen Zelle hörte ich Hark leise in sich hineinkichern. Er erzählte sich selbst murmelnd Witze. Es schneite immer noch in staubfeinen Flocken, die allmählich liegenblieben und den Boden wie ein Hauch von Rauhreif bedeckten, nicht beständiger als Atem, der eine Glasscheibe beschlagen läßt.

»*Encore,* wie die Franzmänner sagen«, fuhr Gray fort, »das bedeutet *ich wiederhole:* ›... und machte mich alsbald auf die Suche nach neuen Opfern.‹ Aber fahren wir dort fort, wo wir vorhin aufgehört haben.« Seine Worte rauschten eintönig an meinem Ohr vorbei.

Ich blickte zum Fluß hinüber. Drüben am anderen Ufer tauchte unter den Bäumen die Gruppe von vier Negerkindern auf, die ich jeden Morgen beobachtet hatte. Heute waren sie spät dran, sonst kamen sie immer schon im Morgengrauen. Das älteste war höchstens acht, das jüngste sicher noch keine drei Jahre. Sie trugen unförmige Kleider, die ihnen eine sorgenbeladene Mammie aus Baumwollsäcken oder irgendwelchen Resten geschneidert hatte. So liefen sie drüben unter den Bäumen entlang und sammelten Zweige und Aststücke für die Feuerstelle ihrer ärmlichen Hütte. Immer wieder hielten sie inne, bückten sich, rannten wieder ein Stück weiter und bewegten sich hurtig unter den unförmigen kleinen Säcken. Dabei wurden die Stapel von Zweigen und Aststumpen, die sie an ihre mageren Körper preßten, immer höher. Ich hörte, wie sie einander etwas zuriefen. Die Worte verstand ich nicht, doch ihre Kinderstimmen standen grell und klar in der kalten Luft. Schwarze Hände, Füße und Gesichter hüpften und tanzten als scharfgeschnittene Silhouetten vor dem reinen Weiß des klaren Morgens wie kleine schwarze Vögelchen hin und her, auf und ab. Ich sah ihnen lange zu, wie sie sich vor dem weißen Schnee dahinbewegten und dann wieder verschwanden. Sie trugen ihre Holzlast mit lautem Plaudern und Lachen den Fluß hinauf, wo ich sie nicht mehr sehen konnte, und ahnten nicht, daß auch sie Verdammte waren, Verdammte ohne Hoffnung.

Plötzlich bedeckte ich mein Gesicht mit beiden Händen. Wieder mußte ich an die feurige Vision Daniels in der Nacht denken, an sein Untier, seinen Schrei: *O HErr, wann werden diese Dinge ein Ende haben?*

Doch die Antwort auf diese Frage kam mir nicht vom HErrn. Gray gab sie mir. Im Kerker meiner Gedanken überfiel sie mich mit dem Schäumen und Rauschen von fließendem Wasser, dem Tosen der See und dem Brausen des Windes. *Gerechtigkeit. Gerechtigkeit! Daher wird die Negersklaverei noch tausend Jahre währen!*

Hark behauptete immer, er könne gute Weiße und böse Weiße – sogar Abstufungen dazwischen – allein nach dem Geruch unterscheiden. Ihm war das alles sehr ernst. Im Laufe der Jahre hatte er zu dieser Theorie viele Feinheiten und Verbesserungen entwickelt und konnte endlos darüber reden, wenn wir Seite an Seite arbeiteten. Mit tönender Stimme, wie Moses, der seinem Volk die Gebote gibt, konnte er dann verschiedenen Weißen ganz genaue und wundersame Gerüche zuordnen. Das meiste davon meinte er wirklich todernst; während sein Mund keine Sekunde stillstand, legte er das Gesicht in sorgenvolle Falten. Aber im Grunde war er ein heiterer Mensch voller Humor, der sich nicht verstellen konnte. Trotz all der schrecklichen Dinge, die er in seinem Leben durchmachen mußte, hielt bei ihm eine ernste Stimmung nie lange vor.

Irgend etwas, das mit einem Weißen und einem bestimmten Geruch zu tun hatte, schien dann immer einen verborgenen Nerv bei ihm zu kitzeln. So sehr er sich auch zusammennahm, aus den Tiefen seines Bauches stieg dann ein übermächtiges Kichern empor, bis er sich krümmte und in lautes, hilfloses, krampfhaftes, unsinniges Gelächter ausbrach. »Ach, Nat, vielleicht mein ichs nur«, begann er ganz ernsthaft, »aber die Nase, wo ich da hab, die wird mit jedem Tag besser. So wie gestern – da komm ich umme Scheune rum un was steht da? Alte Miß Maria und füttert de Hühner. Sieht mich eher, wie ich abhaun kann. ›Hark!‹ schreitse. ›Hark, kommste her zu mir!‹ Ich komm also. Da fängt meine Nase schons Kitzeln an und schnuppert wie ne Drecksratte, wo ausm Sumpf rauskommt. ›Hark‹, fragtse, ›wo isses Korn?‹ – ›Was für Korn, Miß Maria?‹ frag ich, dabei wird de Stinke immer dicker. ›Korn für de Hühner im Schuppen‹, sagtse, de alte Hexe. ›Sollste nichn paar Eimer für meine Hühner ausmachen, he? Is kaum noch ne Tasse voll da! Das is schons vierte Mal den Monat! Du bisn nixnutziger schwarzer Niggerlümmel biste, un ich bet für den Tag, wo mein Bruder dich nach Mississippi verkaufen tut! Machn Mais aus, aber dalli, Nixnutz, schlampiger!‹ Heiliger Strohsack, Nat, der Geruch, was von der Frau ausgeht!

Wenns Wasser wär, ich tät auf der Stelle ersaufen, tät ich! Was fürn Geruch? Wien alter Klippfisch, wo einer mitten im heißen Sommer drei Tage lang hat aufm Stein liegenlassen.« Dann begann das leise Kichern, aber er griff sich schon an den Bauch. »Stinken tuts! Sogar de Schmeißfliegen verduften von so ner alten stinkigen Pussy!« Dann folgte das dröhnende Gelächter.

Aber nicht alle rochen so, sagte Hark. Mr. Joseph Travis, unser Herr, hatte nach Hark »ne gute ehrliche Stinke an sich, wien ehrlicher Gaul, wo sich in Schwitze geschuftet hat«. Joel Westbrook, Travis' Lehrling, war ein unberechenbarer, launischer Bursche, der zu Wutausbrüchen neigte, aber zeitweilig auch nett, sogar großzügig sein konnte, wenn ihm danach war. Für Hark roch er unterschiedlich, ungewiß. »Manchmal, da hat der Junge ne feine Stinke an sich, wie nach Heu, aber dann stinkt er auch wieder gottserbärmlich.« Diese widerwärtige Miß Maria Pope roch in Harks Nase jedoch immer gleich unangenehm. Sie war Travis' Halbschwester und wohnte seit dem Tod ihrer Mutter bei der Familie Travis. Sie war ein knochiges Mannweib und schnaufte, da ihre Nase immer verlegt war, durch den Mund. Ihre Lippen schälten sich deshalb oft und bluteten manchmal sogar. Sie mußte sich eine Lage Fett draufschmieren, was ihrem ewig halbgeöffneten Mund einen bleichen, geisterhaften Zug verlieh. Ihr Blick schweifte stets in die Ferne, und sie hatte die Angewohnheit, sich dauernd mit der Hand über die Gelenke zu reiben. Wir Neger hatten ihr zu gehorchen. Sie haßte uns ebenso abgrundtief wie sinnlos; da sie eigentlich nicht zur Familie gehörte, war für uns dieser Haß um so lästiger, da sie sich grob, überheblich und despotisch gab. In manchen Sommernächten, wenn ihr Fenster geöffnet war, hörte ich sie hysterisch schluchzen und nach ihrer verstorbenen Mutter rufen. Sie war um die Vierzig und noch Jungfrau, wie ich befürchtete; ständig hatte sie eine Bibel in der Hand und las daraus laut und mit finster-entschlossenem Fanatismus vor. Ihre Lieblingsstellen waren Johannes 13, wo es um Demut und Nächstenliebe geht, sowie das 6. Kapitel des 1. Briefes an Timotheus, das mit den Worten beginnt: *Die Knechte, so unter dem Joch sind, sollen ihre Herren aller Ehren wert halten, auf daß nicht der Name GOttes und die Lehre verlästert werde.* Hark erzählte sogar, daß er sich einmal mit dem Gesicht zur Hauswand stellen und diese Moralpauke so lange wiederholen mußte, bis er sie auswendig konnte. Ich war überzeugt, daß sie mehr als nur einen kleinen Stich hatte. Das änderte jedoch nichts an der Tatsache, daß Miß Maria Pope mir gründlich zuwider war – nur manchmal, da ertappte ich mich selbst dabei, daß ich Mitleid ihr gegenüber empfand.

Aber Miß Maria ist sozusagen nur eine Randfigur auf dem Wege zu einem Mann, mit dem ich mich hier gründlicher auseinandersetzen muß: nämlich Mr. Jeremiah Cobb, dem Richter, der mein Todesurteil aussprechen wird und dessen Bekanntschaft ich früher auf Grund einer Serie verwickelter Besitzveränderungen machte, die ich kurz beschreiben möchte.

Wie ich Mr. Gray schon gesagt hatte, wurde ich als Eigentum von Benjamin Turner geboren. An ihn erinnere ich mich jedoch kaum noch. Er war Mühlenbesitzer und Holzhändler und wurde von einer stürzenden Platane erschlagen, der er im ungeeigneten Augenblick den Rücken zukehrte. Bei seinem plötzlichen Hinscheiden war ich acht oder neun und fiel mitsamt der übrigen Erbmasse an seinen Bruder Samuel Turner, der für die nächsten zehn oder elf Jahre mein Besitzer blieb. Auf diese Jahre und die Zeit davor werde ich noch zurückkommen. Jedenfalls machte Samuel Turner mit der Zeit pleite. Auch andere Probleme spielten eine Rolle, so daß er schließlich die Sägemühle, die er wie mich geerbt hatte, nicht weiterbetreiben konnte. So wurde ich zum erstenmal verkauft, und zwar an Mr. Thomas Moore. Meine Schwäche für derartige Ironien des Schicksals verleitet mich zu der Bemerkung, daß dieser Verkauf ausgerechnet zu dem Zeitpunkt erfolgte, da ich ein Mann wurde – mit einundzwanzig Jahren. Mr. Moore betrieb eine kleine Farm. Ich blieb neun Jahre lang sein Eigentum, bis auch er starb – wieder durch ein absonderliches Mißgeschick: Moore wurde der Schädel eingeschlagen, als er einer Kuh beim Kalben beistand. Es war eine Steißlage, und er wickelte dem Kälbchen einen Strick um die herausstehenden Hufe, um es daran ans Licht der Welt zu ziehen. Während ihn das Kalb durch die feuchte Haut der Nachgeburt hindurch seelenvoll anblickte, glitt der Strick ab, und Moore stürzte so unglücklich gegen einen Pfosten, daß er sich dabei den Schädel einschlug. Ich hing nicht sehr an Moore. Meine Trauer fiel dementsprechend dürftig aus; doch schon damals begann ich mir zu überlegen, ob ich meinen Besitzern nicht vielleicht Unglück brachte, wie man es von einer bestimmten Elefantensorte in Indien behauptet. Nach Mr. Moores Abgang von dieser Welt wurde ich Eigentum seines damals fünfzehnjährigen Sohnes Putnam. Im Jahr darauf (also voriges Jahr) heiratete Miß Sarah, Mr. Moores Witwe, den fünfundfünfzigjährigen, kinderlosen Witwer Joseph Travis, der sich nach Erben sehnte. Er arbeitete ebenfalls in der Gegend von Cross Keys als bekannter und geschickter Wagner. Er hatte als letzter das Pech, mein Eigentümer zu werden. Obgleich ich nämlich dem Buchstaben nach Putnams Eigentum war, gehörte ich auch Travis, der bis zur Volljährigkeit des Jungen das Verfügungsrecht über mich hatte. So wurde ich zweifaches Eigentum, als Miß Sarah Joseph Travis heiratete und unter sein Dach einzog. Diese Regelung war nicht ungewöhnlich, aber doppelt lästig für jemanden, dem eine einfache Sklaverei schon ungelegen genug war.

Travis erfreute sich einer bescheidenen Wohlhabenheit. In einer so hinterwäldlerischen Gegend bedeutete dies, daß er zu den wenigen gehörte, die ein klein wenig mehr verdienten als den nackten Lebensunterhalt. Im Gegensatz zu dem glücklosen Moore verstand er das Handwerk, für das Gott ihn bestimmt hatte. Und für mich bedeutete es eine gewaltige Erleichterung, ihm dabei helfen zu können, nachdem ich viele Jahre lang für Moores magere, kränkelnde Schweine Wasser und Futter herbeigeschleppt hatte. Die Eintönigkeit dieser Arbeit wurde nur dadurch unterbrochen, daß ich auf seinem Mais- und Baumwollfeld abwechselnd braten und frieren durfte. Da ich nun in der Wagnerei als Mädchen für alles arbeitete, ging es mir nun recht gut, jedenfalls was das körperliche Wohl anbetrifft. Seit ich zehn Jahre zuvor Samuel Turner verlassen mußte, war es mir nicht mehr so gut ergangen. Wie alle anderen Grundbesitzer in der Gegend betrieb Travis nebenbei eine kleine Landwirtschaft mit ein paar Morgen Mais, Baumwolle und Wiesen, dazu einen Obstgarten, dessen Ernte aber hauptsächlich vermostet und zu Schnaps vergoren wurde. Da Travis mit der Wagnerei recht gut verdiente, hatte er die Landwirtschaft verkleinert, die Felder verpachtet und für den eigenen Gebrauch nur den Obstgarten, ein Stück Baumwollfeld und einen Gemüsegarten zurückbehalten.

Außer mir besaß Travis noch zwei andere Neger. So wenig Personal war in der Gegend nicht unüblich – nur wenige Herren waren wohlhabend genug, sich fünf oder sechs Sklaven leisten zu können, und kaum einer kam über ein Dutzend hinaus. Travis hatte zuvor sieben oder acht Sklaven besessen, dazu die nicht arbeitsfähigen Negerkinder, doch nach der Verkleinerung seiner Landwirtschaft brauchte er das aufsässige Pack nicht mehr, zumal sein Handwerksbetrieb gut florierte und er es als eine Belastung für seinen Geldbeutel empfand, so viele unnütze Mäuler stopfen zu müssen. So hatte er drei Jahre zuvor alle Sklaven bis auf einen an einen Aufkäufer aus dem Mississippidelta verkauft – wenn auch mit erheblichen moralischen Gewissensbissen, wie ich hörte. Übrig blieb nur Hark. Er war ein Jahr jünger als ich, stammte von einer riesigen Tabakplantage aus dem County Sussex und war im Alter von fünfzehn Jahren an Travis verkauft worden, nachdem die Tabakpflanzen den Boden ruiniert und unfruchtbar gemacht hatten. Ich war jahrelang mit ihm zusammen und liebte ihn wie einen leiblichen Bruder. Der andere Neger, der nach dem Verkauf an den Mississippihändler zu uns kam, hieß Moses. Er war ein stämmiger, pechschwarzer, wild dreinschauender Bursche von ungefähr dreizehn Jahren. Travis hatte ihn, da er Hilfe brauchte, einige Monate vor meiner Ankunft auf dem Markt in Richmond erstanden. Für sein Alter war er kräftig und breitschultrig und gar nicht dumm, glaube ich. Aber er konnte die Trennung von seiner Mammie nie ganz verwinden. Vor Einsamkeit und Heimweh weinte er viel und machte sich auch oft in die Hosen, manchmal sogar bei der Arbeit. Alles in allem fiel er Hark, der das weiche Herz einer Mutter im Körper eines Bullen hatte, sehr zur Last. Hark fühlte sich verpflichtet, den Waisenknaben zu trösten und zu umhegen.

So sah unser Haushalt aus, als ich Jeremiah Cobb kennenlernte – fast auf den Tag genau ein Jahr, bevor er über mich das Todesurteil fällte. Zum Haus gehörten drei Neger: Hark, Moses und ich; außerdem sechs Weiße: Mr. und Mrs. Travis, Putnam, Miß Maria Pope und noch zwei weitere, nämlich der bereits erwähnte Joel Westbrook, ein fünfzehnjähriger Wagnerlehrling, den Travis angenommen hatte, und Travis' Kind von Miß Sarah. Der Junge war zwei Monate alt und hatte von Geburt an einen purpurroten Ausschlag, der sich über die eine Hälfte seines winzigen Gesichts ausbreitete wie das Blütenblatt eines brandigen Enzians. Die Weißen wohnten natürlich im Haupthaus, einem bescheidenen, aber behaglichen zweistöckigen Gebäude mit sechs Räumen, das Travis vor zwanzig Jahren errichtet hatte. Er hatte mit eigener Hand die Bäume dafür gefällt und die Balken behauen und die Fugen mit Harz und Mörtel abgedichtet. Dabei war er klug genug gewesen, rings um das Haus mehrere gigantische Buchen stehenzulassen, die im Sommer von allen Seiten her Schatten spendeten. Etwas abseits vom Haupthaus, von ihm nur durch den Schweinekoben und einen kurzen Pfad im Gemüsegarten getrennt, lag in der einstigen Scheune die Werkstatt. Hier spielte sich der Hauptbetrieb ab, hier waren Eichenknüppel, Holzkohle und Eisen gelagert, hier standen Schmiedeesse und

Amboß, die Biegerahmen, hier wurde mit Hammer, Zange, Schraubstock, Feile, Stemmeisen und all dem anderen Werkzeug gearbeitet, das Travis für sein anspruchsvolles Gewerbe brauchte. Zweifellos war es zum Teil meinem Ruf als anständiger, wenn auch etwas undurchsichtiger und daher verdächtiger Nigger zu verdanken (ich werde das noch näher erklären), dazu dem Eindruck, den ich als harmloser, geschickter, ziemlich komischer Schwarzer und Prediger des Evangeliums machte, daß ich später zum Wächter für die Werkstatt ernannt wurde. Nachdem sich Miß Sarah für meine Ehrlichkeit verbürgt hatte, vertraute mir Travis sogar einen der beiden Schlüsselbunde an. Ich hatte genug zu tun, kann aber nicht darüber klagen, daß meine Arbeit allzu schwer gewesen sei. Im Gegensatz zu Moore war Travis kein Schinder. Ich glaube, es lag seiner ganzen Natur nicht, seine Bediensteten über Gebühr anzutreiben; außerdem hatte er in Joel Westbrook, dem eifrigsten Lehrling, den man sich vorstellen kann, bereits eine willige und wertvolle Arbeitskraft.

So waren meine Pflichten im Vergleich zur gewohnten Schufterei leicht und wenig anstrengend. Ich hatte die Werkstatt sauberzuhalten und ab und zu mit zuzupacken, wenn eine Radfelge gekrümmt werden mußte. Daneben löste ich Hark oft an den Blasebälgen der Schmiedeesse ab. Im großen und ganzen stellte die Arbeit zum erstenmal seit Jahren höhere Anforderungen an meinen Verstand als an meine Muskeln. So hausten beispielsweise in dem Gebälk der Werkstatt seit den Zeiten, wo das Gebäude noch als Stall gedient hatte, eine Menge Fledermäuse. Die Rinder störten sie nicht, aber es war schon lästig, wenn die Menschen bei der Arbeit dauernd mit Fledermausmist bekleckert wurden. Travis hatte bereits auf vielerlei Weise versucht, diese Plage loszuwerden, unter anderem auch mittels Feuer und Rauch. Bei diesem Versuch war die Werkstatt um ein Haar niedergebrannt. Ich ging hinaus in den Wald, wo ich ein Nest von schwarzen Steignattern wußte, die im Winterschlaf lagen. Ich holte eine der Schlangen am Schwanz aus dem Nest und brachte sie im Dachgebälk unter. Als eine Woche später der Frühling einbrach, waren die Fledermäuse rasch verschwunden, und die schwarze Natter hauste friedlich in der Werkstatt. Sie säuberte die Umgebung auch noch von Ratten und Feldmäusen. Ihre Anwesenheit trug mir eine Art von stiller Bewunderung von seiten meines Herrn ein.

So war denn alles in schönster Ordnung. Mir ging es vom ersten Tag meiner Arbeit bei Travis an viel besser als in all den Jahren davor. Miß Marias Aufträge waren lästig, aber es waren doch nur kleine Nadelstiche, die man leicht ertragen konnte. Statt des Niggeressens, das ich bei Moore gewohnt war – fetter Speck und Maisbrei –, bekam ich dasselbe gute Essen wie die Weißen: viel mageren Schinken und richtiges Fleisch; manchmal sogar die Überreste von einem Braten, dazu oft weißes Weizenbrot. Die kleine, an die Werkstatt angebaute Hütte, in der Hark und ich hausten, war geräumig genug. Ich besaß das erste richtige Bett seit den alten Zeiten bei Samuel Turner. Mit Billigung meines Herrn baute ich sehr geschickt einen hölzernen Rauchabzug, der von der Esse her durch die Wand führte. Diese Heizung konnte man im Sommer schließen, aber im Winter hielten die glimmenden Holzkohlen, die immer auf dem Rost lagen, Hark und mich schön mollig warm. Der arme kleine Moses mußte drüben im Haupthaus in einem feuchten Küchenverschlag schlafen, um immer da zu sein, wenn er gebraucht wurde. Vor allen Dingen hatte ich ziemlich viel Freizeit. Ich konnte fischen, Fallen stellen und viel in der Bibel lesen. Seit mehreren Jahren war mir nun schon die Notwendigkeit klar, alle Weißen im County Southampton und auch darüber hinaus – so weit das Geschick mich leiten sollte – auszurotten. Jetzt hatte ich mehr Zeit als jemals zuvor, über die Bibel, ihre Lehren und die schwierige blutige Aufgabe nachzudenken, die mir vorgezeichnet war.

Jener Tag im November, an dem ich Jeremiah Cobb kennenlernte, ist mir noch ganz genau in Erinnerung. Ein Nachmittag mit tiefhängenden grauen Wolken, die ein böiger Wind ostwärts jagt, die Maisfelder erstrecken sich braun und öd bis an den fernen Rand der Wälder, herbstliche Stille über dem ganzen Land; das Summen und Schwirren der Insekten ist verstummt, die Singvögel sind nach Süden davongezogen und haben Felder und Wälder wie unter einer gewaltigen gläsernen Kugel des Schweigens zurückgelassen; nichts regt sich, Minuten verstreichen in völliger Stille, dann durchdringt das dunstige Licht ein Krächzen von Krähen, die sich über einem fernen Maisfeld zanken und streiten, bis auch dieser Aufruhr in der Weite des Landes verklingt; dann wieder Stille, nur unterbrochen vom Flüstern und Rascheln toter Blätter im Wind.

An jenem Nachmittag hörte ich im Norden Hunde kläffen, als wollten sie die Straße herunterkommen. Es war Samstag. Travis und Joel Westbrook waren schon am Morgen nach Jerusalem gefahren, und nur Putnam arbeitete in der Werkstatt. Als ich nun mitten in dieser tiefen, bedrückenden Stille die Hunde auf der Straße bellen hörte, war ich gerade dabei, draußen vor unserer Hütte ein paar gefangene Wildkaninchen auszunehmen. Dem Gebell nach waren es Fuchshunde, aber nicht genug für eine volle Meute. Ich weiß noch, wie erstaunt ich war, als ich mich aufrichtete. Dann wich mein Erstaunen, denn ich sah inmitten einer Staubwolke einen hochgewachsenen Weißen in heller Biberfellmütze und grauem Umhang auftauchen. Sein leichter Einspänner wurde von einem lebhaften Rappen mit glänzendem Fell gezogen. Hinter und unter dem Sitz hockten die Hunde – drei Fuchshunde mit langen Schlappohren. Sie verbellten einen von Travis' gelben Kötern, der sich bemühte, sie durch die kreisenden Speichen hindurch anzuspringen. Es war wohl das erste Mal, daß ich einen Pferdewagen mit Hunden drauf sah. Der Wagen hielt vor der Haustür, dann sah ich den Mann absteigen. Er stellte sich dabei so ungeschickt an, daß ich schon glaubte, er würde stolpern und hinfallen, doch dann hatte er sich wieder in der Gewalt. Er murmelte etwas vor sich hin und holte zu einem Tritt aus, verfehlte den gelben Köter jedoch um ein ganzes Stück. Sein Stiefel krachte laut gegen die Seitenwand des Einspänners.

Der Anblick war komisch. Nichts macht einem Neger mehr Spaß als ein Weißer, der Pech hat; aber das aufquellende Lachen blieb mir in der Kehle stecken, als der Weiße sich nach mir umdrehte. Zum erstenmal sah ich ihm ins Gesicht – es war eines der unglücklichsten Gesichter, die ich je zu sehen bekam. Es war gekerbt und gefurcht von Kummer, als ob das Leid selbst Hand angelegt und dieses Gesicht zu einer Maske unauslöschlichen Schmerzes verzerrt hätte. Jetzt bemerkte ich auch, daß der Mann ein wenig betrunken war. Er betrachtete erst den Hund, der ihn aus dem Staub der Straße anknurrte, dann warf er aus seinen tiefliegenden Augen einen kurzen Blick zu den grauen Wolken empor, die über den Himmel jagten. Mir war, als hörte ich ein Stöhnen von seinen Lippen. Er hustete krampfhaft. Dann hüllte er sich mit einer eckigen, ungeschickten Geste enger in seinen Mantel und bemühte sich mit zitternden Händen, die in hellen Handschuhen steckten, seinen Gaul anzubinden. In diesem Augenblick hörte ich Miß Sarah von der Veranda her rufen: »Richter Cobb! Du liebe Zeit, was machen Sie denn hier?«

Er rief etwas zurück, doch der Wind riß ihm die Worte von den Lippen. Rings um ihn wirbelten welke Blätter, alle Hunde kläfften und knurrten, und der Rappe warf ungeduldig die Mähne zurück und stampfte. Mit Mühe verstand ich, was er wollte: Er hatte vorgehabt, mit seinen Hunden nach Drewrysville zu fahren, dann aber ein Knarren an der Nabe des einen Rades gehört. Vielleicht war die Achse gebrochen oder gesplittert. Da er ohnehin in der Nähe war, wollte er lieber nachsehen lassen. Ob Mr. Joe zu Hause sei?

Miß Sarahs Stimme klang laut und kräftig von der Veranda her; sie brauchte nicht gegen den Wind anzuschreien. »Mr. Joe ist nach Jerusalem gefahren! Aber Putnam ist hier, mein Junge. Er wird Ihnen das Rad in Ordnung bringen, Richter Cobb, gleich, auf der Stelle! Wollen Sie nicht auf einen Augenblick hereinkommen?« Danke nein, Madam, schrie Cobb zurück; er hatte es eilig und wollte weiterfahren, sobald die Achse gerichtet war. »Sie wissen sicher, wo die Mostpresse steht«, rief Miß Sarah. »Gleich neben der Werkstatt. Dort muß auch noch Brandy sein. Bedienen Sie sich und nehmen Sie einen Schluck!«

Ich ging wieder an die Ecke meiner Hütte zurück und kümmerte mich um meine Kaninchen. Im Augenblick dachte ich nicht mehr an Cobb. Travis hatte mir das Fallenstellen erlaubt – mehr noch: Er freute sich sogar darüber, denn wir hatten vereinbart, daß er zwei von drei gefangenen Kaninchen bekam. Ich war mit dieser Abmachung sehr zufrieden. In unserer Gegend gab es genug Kaninchen, und mehr als die zwei oder drei, die uns jede Woche blieben, konnten Hark und ich ohnehin nicht essen. Mir war es auch gleichgültig, daß Travis die meisten Kaninchen in Jerusalem verkaufte und das Geld für sich behielt. Für ihn war das Reingewinn. Wenn das Kapital, das ich mit Haupt und Gliedern darstellte, ihm schon Zinsen eintragen sollte, dann wenigstens auf eine Weise, die auch mir ein wenig Spaß machte. Nach der ewig gleichen Schufterei bei Moore war ich hoch erfreut, endlich einmal zeigen zu können, welche Talente in mir steckten. Ich baute die Fallen selbst – aus Holzabfällen der Werkstatt sägte und feilte ich sie mit meinen eigenen Händen zurecht, schnitzte die Pflöckchen und die gekerbten Zapfen, die dann die Falltür festhielten, und baute die Einzelteile der hübschen kleinen Säge zu lautlos und fehlerfrei arbeitenden Todesfallen zusammen. Aber das war noch nicht alles. Ebensoviel Freude wie das Bauen der Fallen machte mir der Kontrollgang in morgendlicher Stille, wenn der gefrorene Boden unter den Schritten knirschte und der Nebel aus den Mulden quoll wie überkochende Milch. Mein Weg führte mich auf einem mit Kiefernnadeln bestreuten Pfad drei Meilen weit durch den Wald zu meinen Fallen. In einem selbstgenähten Leinensack trug ich meine Bibel und das Frühstück bei mir – zwei Äpfel und ein Stück am Abend zuvor gekochten Bauchspeck. Auf dem Rückweg enthielt der Sack neben der Bibel ein paar Kaninchen, die ich unblutig mit einem Hickoryprügel zu erschlagen pflegte. Ganze Scharen von Eichhörnchen begleiteten mich auf meinem Weg, umhüpften mich, hielten inne und huschten wieder weiter. Mit einigen von ihnen freundete ich mich so sehr an, daß ich ihnen Namen gab, biblische Prophetennamen wie Esra und Amos; ich zählte sie zu Gottes glücklichsten Geschöpfen, denn im Gegensatz zu den Kaninchen ließen sie sich nicht leicht fangen, und sie durften auch nicht geschossen werden. Jedenfalls nicht von mir, weil uns Negern das Tragen von Schußwaffen verboten war. Der junge Tag war still, sanft, ungestört, und wenn rings um mich die Sonne fahl durch Tau und Nebelschleier schimmerte und die Wälder mich grau und schweigend, ohne das sommerliche Vogelgezwitscher, umstanden, dann war es wie am Schöpfungsmorgen, als über der Welt noch frisch der Atem Gottes schwebte.

Meine Fallen waren in einer langen Reihe aufgestellt. Ziemlich am Ende der Strecke erhob sich ein kleiner Hügel, an drei Seiten von dichtem Eichengebüsch umgeben. Hier frühstückte ich immer. Dieser Hügel, kaum höher als ein Baum, war der höchste Punkt der flachen Landschaft. Von hier aus konnte ich insgeheim die ganze Gegend beobachten, auch manche der Farmhäuser, die ich jetzt schon zur späteren Eroberung und Ausplünderung ausersehen hatte. Diese morgendlichen Ausflüge zu den Fallen gaben mir auf diese Weise auch Gelegenheit, die Gegend zu erkunden und das große Ereignis vorzuplanen, das – wie ich genau wußte – die Zukunft für mich bereithielt. In solchen Augenblicken fühlte ich es ganz nahe den Geist Gottes, der mir zuflüsterte: *Du Menschenkind, weissage und sprich: So spricht der HErr: Sprich: Das Schwert, ja, das Schwert ist geschärft und gefegt. Es ist geschärft, daß es schlachten soll.* Von allen Propheten war es Hesekiel, dessen heiligem Zorn ich mich am meisten verbunden fühlte. Wenn ich in diesen Morgenstunden auf meinem Hügel saß, wenn der Sack mit den erschlagenen Kaninchen neben mir lag, dann dachte ich lange über Hesekiels Worte nach. Seine Worte waren es, die mir die Wünsche des HErrn bezüglich meiner Bestimmung am klarsten offenbarten, viel klarer als die Worte der anderen Propheten: *Gehe durch die Stadt Jerusalem und zeichne mit einem Zeichen an die Stirn die Leute, so da seufzen und jammern über alle Greuel, so darin geschehen. Erwürget Alte, Jünglinge, Jungfrauen, Kinder und Weiber, alles tot; aber die das Zeichen an sich haben, deren sollt ihr keinen anrühren.*

Oft, wenn ich über diese Verse nachgrübelte, machte ich mir Gedanken, warum es Gottes Wunsch sein mochte, die Gerechten zu schonen und Hilflose zu erwürgen. Aber es war eben Sein Wille. Große Augenblicke! Augenblicke voller Ahnungen, Zeichen und Hinweise! Ich kann nur schwer die innere Erregung beschreiben, die mich jedesmal ergriff, wenn ich im unbestimmten Grau des dämmernden Morgens auf meinem geheimen Hügel hockte und die Zukunft sich vor meinen Augen enthüllte. Regungslos und steinern saß ich da wie Saul oder Gideon, schwarz wie die schwärzeste Rache, das uneingeschränkte Vernichtungswerkzeug für Gottes Zorn. Wenn ich an einem solchen Morgen über das graue, nüchterne, welkende Land blickte, war mir, als könnten Sein Wille und mein Auftrag gar nicht klarer und einleuchtender sein. Wenn ich mein Volk befreien wollte, dann mußte ich nur eines Tages mit diesen schlafenden, hinter Dunstschleiern verschwimmenden Behausungen da unten beginnen, alles Leben in ihnen auslöschen und über Sümpfe und Felder nach Osten weiterziehen, nach Jerusalem.

Aber kommen wir zu Cobb zurück – auf einem neuen Umweg, fürchte ich, der wieder einmal über Hark führt. Hark besaß einen Sinn für das Ausgefallene und Verdrehte. Wäre er weiß und frei gewesen, hätte er lesen und schreiben gelernt und einen herrlichen Tag leben können, denn er wäre alles andere denn nur ein Stück Handelsware gewesen, das auf einem flauen Markt seine sechshundert Dollar wert war – wahrscheinlich wäre er Rechtsanwalt geworden. Zu meinem Leidwesen machten die christlichen Lehren (hauptsächlich meine) nur einen recht oberflächlichen Eindruck auf ihn. So war er frei von allen geistigen und geistlichen Beschränkungen und konnte unvoreingenommen auf das Verrückte in der Welt reagieren und ungehemmt über das Absurde lachen, das jeder neue Tag brachte. Kurz gesagt, er hatte ein Gespür für das Verrückte und Unerwartete. Darum beneidete ich ihn insgeheim.

Damals zum Beispiel, als unsere Hütte hinter der Werkstatt noch nicht ganz fertig war, da besuchte uns einmal unser Herr in der Unterkunft. Er warf einen Blick zur Decke und stellte fest: »Hier tropfts!« Hark erwiderte: »Nein, Massa Joe – tropfen tuts draußen, hier drin *regnets*!«

So drückte sich auch in Hark jener verborgene Sinn am besten aus, den man schlecht in Worte fassen kann; jeder Neger entwickelt ihn, wenn ihm mit zwölf oder zehn Jahren oder noch früher klar wird, daß er nichts weiter ist als Handelsware und in den Augen der Weißen weder über Charakter noch Moral oder Seele verfügt. Dieses Empfinden nannte Hark »schwarzarschig«. Ich kenne kein anderes Wort, das dieses dumpfe, triste Gefühl im Herzen eines jeden Negers besser beschreibt.

»Egal, wers is, Nat, gut oder schlecht, sogar der gute alte Massa Joe – die Weißen machen immer, daß du dir schwarzarschig vorkommst. Habs noch nie erlebt, won Weißer mich anlächelt und ich mir dabei nich zweimal so schwarzarschig vorkomm wie vorher. Wie kommts, Nat? Stell dir vor, 'n Weißer behandelt dich anständig; kommste dir dann wien *weißer* Hintern vor? Nix da! Ob mir der junge Massa oder der alte Massa Honig ums Maul schmiert, ich bin immer durch und durch schwarz. Kann mir vorstellen, wenn ich mal in Himmel komm – wie du sagst –, dann steh ich vor dem Lieben Gott auf Seinem goldenen Thron und komm mir schwarzarschig vor, wien schwarzarschiger Engel, weil Er weiß wie Schnee is und mir ne Masse Honig ums Maul schmiert. Und bald weiß ich, was Er von mir will. Ja, Sir! Ja, Sir, ich hörn schon schreien: ›Hark, du da, Junge! Saubermachen im Thronsaal! Hol Besen un Schrubber, du schwarzer Lump!‹«

Neger reden mehr über Weiße, als die sich vorstellen können. Ich weiß noch genau, daß Hark diese Worte sagte, als er an jenem grauen Novembertag aus dem Schuppen kam, um mir beim Abziehen meiner Hasen zu helfen. Plötzlich fühlten wir, wie jemand hinter uns stand; es war, als sei ein kaum wahrnehmbarer Schatten auf unsere gebeugten Rücken gefallen. Leicht erschrocken blickten wir auf und sahen das kummervolle, zerknitterte Gesicht von Richter Cobb. Ich weiß nicht, ob er Harks Worte noch mitbekam, aber es hätte auch nicht viel ausgemacht. Hark und ich erschraken vor der herrischen, unnahbaren Gestalt, die plötzlich etwas schwankend hinter uns stand und sich von dem dunstigen Himmel abhob. Er war so unerwartet und leise herangetreten, daß es eine Weile dauerte, bis wir sein Gesicht ausmachten und das blutige Kaninchen, das wir gerade in den Händen hielten, fallen lassen konnten, um aufzuspringen und jene demütig ehrerbietige Haltung anzunehmen, die sich für einen Neger gegenüber einem unbekannten Weißen stets empfiehlt. Er ist immer etwas Unberechenbares, Unbekanntes. Aber noch bevor wir standen, sagte er mit seltsam rauher Stimme: »Weitermachen, weitermachen!« Mit einer Handbewegung bedeutete er uns, wieder an die Arbeit zu gehen. Also ließen wir uns langsam wieder auf die Fersen sinken, mußten ihm aber immer noch in das starre, gequälte Gesicht blicken. Plötzlich bekam er einen

Schluckauf. Der Ton, der seinen schmalen Lippen entschlüpfte, war so unpassend und bei seiner strengen Miene sogar leicht komisch, daß wir alle drei sprachlos waren. Beim zweiten Schluckauf merkte ich, wie ein Zucken durch Harks kräftigen Körper lief. Was war es? Lachen? Verlegenheit? Angst?

Aber dann fragte Cobb: »Jungs, wo steht die Mostpresse?«

»Da drüben, Massa«, antwortete Hark und deutete auf den nahen Schuppen gleich neben der Werkstatt, wo die Mostfässer neben dem offenen Tor in einer feuchten, verstaubten Reihe lagen. »Rotes Faß, Massa. Faß fürn Gentleman, Massa.« Wenn Hark das Verlangen packte, den folgsamen Teddybär zu spielen, dann wurde seine Stimme so widerwärtig freundlich, daß sie schon salbungsvoll klang. »Massa Joe sagt immer, rotes Faß für *feine* Gentlemen.«

»Most mag ich nicht«, brummte Cobb. »Wo ist der Schnaps?«

»Brandy is in de Flaschen aufm Regal«, antwortete Hark und wollte aufspringen, »Ich holn Brandy für Massa!«, doch Cobb hielt ihn mit einer strengen Geste davon ab. Dabei befahl er nur wieder: »Weitermachen, weitermachen!« Seine Stimme klang weder freundlich noch unfreundlich, sondern eher geistesabwesend, gleichgültig. Dabei zitterte ein Schmerz darin mit, den er offensichtlich nicht ganz unterdrücken konnte. Er war kurz angebunden und zurückhaltend, aber hochnäsig konnte man sein Verhalten nicht gerade nennen. Trotzdem stieß mich etwas an dem Mann ab, mehr, als ich sagen konnte. Erst als er forthumpelte, an uns vorbei über das frosterstarrte, knirschende braune Gras auf die Mostpresse zuging, ohne ein weiteres Wort zu sagen, wurde mir klar, daß nicht dieser Mann mich aufregte, sondern Harks Verhalten in seiner Gegenwart, diese unaussprechliche Speichelleckerei, diese kichernde, feixende, ölig-dienernde Unterwürfigkeit.

Hark hatte gerade ein Kaninchen aufgeschlitzt. Der Körper war noch warm, da ich am Samstag meine Fallen manchmal erst am Nachmittag kontrollierte. Hark hielt das Tier an den Ohren hoch, um das Blut aufzufangen, das wir zum Suppenkochen brauchten. Ich weiß noch genau, wie zornig ich wurde, als wir so nebeneinander hockten und ich seinen höflichen, heiteren Gesichtsausdruck sah. Dieses schwarze Gesicht mit der breiten Stirn und den gut geschnittenen, vorstehenden Backenknochen glänzte förmlich vor Wohlwollen und Hingabe, wie er das Blut aus dem Kaninchen strömen sah. Andächtig hielt er die Pfanne darunter. Sein Gesicht hätte gut zu einem afrikanischen Stammeshäuptling gepaßt – kriegerisch, furchtlos, narbig und kühn. Aber mit den Augen stimmte etwas nicht. Die Augen waren es auch, oder zumindest ihr Ausdruck, die dieses Gesicht – wie jetzt in dieser Minute – harmlos, dumm, diensteifrig, unterwürfig erscheinen ließen. Es waren Kinderaugen: vertrauensselig und fügsam, sanfte Rehaugen, in denen es zuweilen furchtsam aufblitzte. Beim Anblick dieser weibischen Augen in dem harten, überlegenen Gesicht, die stumpf das tröpfelnde Blut anstarrten, packte mich heilige Wut. Ich hörte Cobb an der Mostpresse herumhantieren. Er murmelte vor sich hin und klapperte mit den Behältern. Hören konnte er uns nicht.

»Du schwarzer Scheißkerl!« sagte ich. »Elender schwarzer Scheißkerl, Speichellecker, der den Weißen die Stiefel küßt! Du – Hark! Du schwarzer *Lump!*«

Harks sanfte Augen wandten sich mir zu, vertrauensvoll und gleichzeitig ängstlich. »Wieso ...«, begann er stammelnd und erschrocken.

»Reiß dich zusammen, Mann!« Ich war wütend. Am liebsten hätte ich ihn links und rechts geohrfeigt. »Halt bloß die Schnauze!« Ich ahmte leise und heiser seine Stimme nach: »Das rote Faß, Massa! Rotes Faß is Most fürn *Gentleman*, Massa! Ich holen Brandy fürn Massa! Warum redest du so, kriecherischer, speichelleckender Nigger! Kann man ja richtig krank werden, wenn man dir nur zuhört!«

Hark machte ein gekränktes, bekümmertes Gesicht. Er blickte verzagt zu Boden und sagte nichts, aber seine Lippen bewegten sich wie in einer trostlosen Selbstanklage.

»Merkst du das denn nich, Nigger, elender?« fuhr ich erbarmungslos fort. »Merkst du nich den *Unterschied?* Der Unterschied zwischen einfach höflich sein und übler Speichelleckerei? Er hat nich mal gesagt: ›Hol mir was zu trinken!‹ Er hat nur gefragt: ›Wo is die Mostpresse?‹ Nur ne Frage, sonst nichts. Und du? Du springst auf und juckst hin und her wie ne läufige Hündin – Massa hier, Massa da! Wenn dich einer sieht, kann ihms Essen ausm Gesicht fallen!« *Sei nicht schnellen Gemüts zu zürnen; denn Zorn ruhet im Herzen eines Narren.* Ich schämte mich plötzlich und schlug einen ruhigeren Ton an. Hark bot ein Bild der Niedergeschlagenheit. Ich sagte in freundlicherem Ton: »Das mußt du einfach *lernen*, Mann! Mußt unterscheiden lernen. Ich mein doch nich, du sollst ne Tracht Prügel riskieren. Nich hochnäsig und überschlau sein. Abers gibt ne Grenze. Wer sich so benimmt, der is kein *Mann* nich! Dann biste kein Mann, nurn

Narr. Du tust das immer wieder – bei Travis und Miß Maria und sogar bei den zwei *Jungs* – Herr im Himmel! Nichts lernste. Ein Esel biste! *Wie ein Hund sein Gespeites wieder frißt, also ist der Narr, der seine Narrheit wieder treibt.* Und du bistn Narr, Hark. Wie soll ich dir das nur beibringen?«

Hark antwortete nicht, sondern hockte nur murrend und beleidigt da. Ich schimpfte nur selten mit Hark, aber wenn ich auf ihn zornig war, dann betrübte ihn das immer. Da ich ihn wirklich liebte, machte ich mir selbst oft Vorwürfe wegen meiner Unbeherrschtheit – aber in mancher Hinsicht war er wie ein edler Hund, jung, kraftvoll, furchtlos und lebhaft. Aber eben ein Hund, dem man etwas mehr Würde beibringen mußte. Ich hatte ihm zwar noch nichts von meinen großen Plänen erzählt, aber mein Entschluß war bereits gefaßt: Wenn der Tag der Vernichtung für die Weißen anbrach, dann würde ich Hark zu meiner rechten Hand machen, meinem Schild und Schwert. Dafür eignete er sich, denn er war flink, gewitzt und stark wie ein Bär. Aber sobald er nur ein Stück weiße Haut erblickte, wurde er unterwürfig, kriecherisch, eine Kreatur, die sich selbst zu ekelhafter, elender Sklaverei erniedrigte. Mir war klar, daß ich diesen Zug von Schwäche aus seinem Wesen tilgen mußte, ehe ich ihm uneingeschränkt vertrauen durfte. Viele Neger waren so – besonders dann, wenn sie auf einer großen Plantage aufgewachsen waren. Aber ich konnte nun einmal mit einem Adjutanten nichts anfangen, der in tiefstem Herzen nichts weiter war als ein unterwürfiger Nigger, ein stets grinsender, komisch dienernder Sklave, der niemals einen Weißen kaltblütig und ohne mit der Wimper zu zucken niederzustechen vermochte. Kurzum, Hark stellte für mich einen notwendigen, ja entscheidenden Prüfstein dar. Die meisten Neger sind leider hoffnungslos gehorsam, aber dennoch erfüllt viele von ihnen ein geheimer Zorn, und die zuckerige Schmeichelei, hinter der sie ihre Wut verbergen, ist für sie nur ein Mittel der Selbsterhaltung. Was Hark anbetrifft, so wußte ich genau, daß ich diese widerwärtige Maske herunterreißen und zerfetzen und den darunter verborgenen mörderischen Zorn schüren mußte. Ich hatte das Gefühl, daß mich diese Arbeit nicht allzuviel Zeit kosten würde.

»Weiß nich, Nat«, sagte Hark schließlich, »ich versuch un versuch, un doch komm ich scheints nich über das schwarzarschige Gefühl weg. Aber ich geb mir Mühe, wirklich.« Er hielt inne und nickte kaum merklich. Dabei war sein Blick auf das blutige Kaninchen in seiner Hand gerichtet. »Noch was: der Mann is so traurig. Hab noch nie son traurigen Menschen gesehn. Kriegt man Mitleid, weißt du. Hm, warum isser so traurig, was meinste?« Ich hörte Cobb über den Pfad zurückkommen, unsicher, stolpernd. Unkraut und gefrorene Zweige knackten unter seinem schweren Schritt. »Mitleid mitm Weißen?« flüsterte ich. »Reine Verschwendung!« Aber noch während ich das sagte, fiel mir plötzlich wieder ein, wie vor zwei Monaten Travis zu Miß Sarah etwas über diesen Cobb sagte. In einem einzigen Jahr hatte er so Schreckliches durchgemacht wie der Hiob der Bibel. Als Kaufmann und Bankier war er wohlhabend und einflußreich; außerdem bekleidete er verschiedene hohe Ämter: Oberrichter des County und Jagdleiter der Southampton Hounds. In kürzester Frist raffte an der Küste von Carolina der Typhus seine Frau und die beiden erwachsenen Töchter dahin. Ironie des Schicksals: Er hatte sie zur Erholung dorthin geschickt, weil sie alle drei im Winter zu schweren Erkältungen neigten. Kurz danach brannte sein nagelneuer Stall am Rand von Jerusalem bis auf die Grundmauern nieder. In der Feuersbrunst kamen zwei oder drei preisgekrönte Morgan-Springpferde und viel kostbares englisches Sattelzeug um, gar nicht zu reden von einem jungen farbigen Pferdeknecht. Danach griff der arme Mensch zur Flasche, um seinen Schmerz zu dämpfen; er stürzte eine Treppe hinunter und brach sich das Bein. Der Knochen heilte nicht mehr richtig zusammen. Cobb konnte zwar gehen, aber er war ständig von einem leichten Fieber geplagt, gegen das es kein Mittel gab, und von pausenlosen Schmerzen. Damals, als ich von all diesem Unglück erfuhr, empfand ich im ersten Augenblick unwillkürlich tiefste Befriedigung, und ich muß eingestehen, daß auch jetzt, während ich Cobb hinter mir mühsam heranhumpeln hörte, wieder ein Gefühl der Genugtuung nach mir griff. (Betrachten Sie mich nicht als ganz und gar herzlos; Sie werden bald sehen, daß ich das nicht bin. Aber ein Weißer kann sich kaum vorstellen, welches Gefühl der Zufriedenheit das Pech eines anderen Weißen bei einem Neger hervorruft; es ist wie ein köstlicher Leckerbissen in dem eintönigen, kargen Essen, das er bekommt.) Ja, ich muß gestehen, daß ich wieder einmal das gleiche Gefühl der Befriedigung genoß, als Cobb sich in meinem Rücken über das splitternde Unkraut hinkend nahte. *Denn was ich gefürchtet habe, ist über mich gekommen, und was ich sorgte, hat mich getroffen. War ich nicht glückselig? War ich nicht fein stille? Hatte ich nicht gute Ruhe? Und es kommt solche Unruhe!* Vor Vergnügen lief mir eine kleine Gänsehaut über den Rücken.

Ich dachte schon, er würde an uns vorbei ins Haus oder in die Werkstatt gehen. Um so überraschter war ich, als Cobb neben uns stehenblieb. Seine Stiefelspitze berührte fast eines der abgezogenen Kaninchen. Wieder wollten Hark und ich uns erheben, und wieder gebot er mit einer herrischen Handbewegung, an der Arbeit zu bleiben.

»Weitermachen, weitermachen!« sagte er wieder und nahm einen großen Schluck aus der Flasche. Ich hörte den Brandy mit froschartigem Gluckern und Quaken in seiner Kehle verschwinden, dann ächzte er vor Wohlbehagen und schmatzte mit den Lippen. »Ambrosia«, sagte er. Die Stimme hoch über unseren Köpfen klang selbstbewußt, kräftig, dröhnend. Trotz des müden Untertons von Kummer und Schmerz lag eine unmißverständliche Kraft und Macht in dieser Stimme. Ich muß ehrlich zugeben, daß ich dabei ganz schwach etwas empfand, was nur die Angst sein konnte, in der ich erzogen worden war. »Ambrosia!« wiederholte er gedehnt. Meine Furcht verschwand. Der gelbe Hund kam schnüffelnd heran. Ich warf ihm eine Handvoll glitschiger Innereien zu. Er stöhnte vor Wonne und machte sich mit seiner Beute davon. »Ein griechisches Wort«, fuhr Cobb fort. »Kommt von *ambrotos*, das bedeutet unsterblich. Es stimmt schon, die Götter haben uns armen Menschen eine Art von Unsterblichkeit verliehen, wenn auch eine noch so kurze und trügerische, als sie uns dieses köstliche Geschenk machten, hergestellt aus dem schlichten und allgegenwärtigen Apfel. Tröster der Einsamen und Verstoßenen, Linderer der Schmerzen, Schirm gegen den frostigen Wind des unbarmherzig näher kommenden Todes. Ein solches Elixier muß den Hauch von etwas Göttlichem an sich haben!« Ein neuer Schluckauf, eine Art kurzes, schrilles Krächzen, rüttelte an seinem hageren Körper. Ich hörte, wie er nochmals einen tiefen Schluck nahm. Ich kümmerte mich nur um meine Kaninchen und hatte meinen Blick noch nicht erhoben, aber ich beobachtete Hark von der Seite: Er hatte die blutverschmierten Hände ausgestreckt und starrte regungslos, mit offenem Mund und voller dummkindlicher Ehrfurcht diesen Mann an. Es war schrecklich, ihn so zu sehen. Um ja nichts von dem zu überhören, was Cobb sagte, bewegte er lautlos die Lippen und formte seine Worte nach; er ließ jede der kostbaren Silben, die Cobb von sich gab, auf der Zunge zergehen. Auf seiner breiten Stirn brach ihm Schweiß in tausend winzigen Tröpfchen aus, die wie versprühtes Quecksilber glänzten. Ich hätte schwören können, daß er sogar zu atmen aufgehört hatte.

»Ahhh!« Cobb seufzte und schmatze mit den Lippen. »Die wahrhafte, reinste Freude! Und ist es nicht bemerkenswert, daß euer Herr, Mr. Joseph Travis, nicht nur der geschickteste Wagner im ganzen Süden von Virginia ist, sondern auch der Mann, der im Umkreis von hundert Meilen den köstlichsten Schnaps brennt? Findet ihr das nicht auch wahrhaft bemerkenswert? Oder etwa *nicht?*« Er schwieg. Dann wiederholte er die Frage mit einer Stimme, in der – zumindest für mein Ohr – ein gewisser feiner Unterton von Drohung mitschwang: »Oder etwa *nicht?*«
Ich fühlte mich nicht wohl in meiner Haut und war verwirrt. Vielleicht war ich auch nur überempfindlich für die feinen Untertöne in der Stimme eines weißen Mannes. Dennoch erschien in dieser Frage eine ganz bewußte ätzende Ironie zu liegen, die mich beunruhigte. Nach meiner Erfahrung will sich ein Weißer, der einem Zuhörer mit schwarzer Haut gegenüber diesen vertraulichen Plauderton anschlägt, immer nur auf Kosten des Negers belustigen. In den vergangenen Monaten war in mir die innere Spannung so gewachsen, daß ich unter allen Umständen, und sei der Anlaß noch so harmlos, auch nur die Andeutung einer Auseinandersetzung vermeiden mußte. Die hinterhältige Frage dieses Mannes brachte mich in eine Klemme. Es ist nämlich so, daß ein Neger – genau wie ein Hund – immer auf den *Ton* achten muß, in dem etwas gesagt wird. Wenn diese Frage, was durchaus möglich war, nur der Redseligkeit eines Angetrunkenen entsprang, dann erwartete er keine Antwort darauf. In diesem Falle konnte ich meine bescheidene Haltung beibehalten und an meiner Kaninchenhaut weiterschaben. Diese Möglichkeit war mir weitaus am liebsten, auch wenn sich die Gedanken in meinem Kopf drehten wie Windmühlenflügel; schweigen, den dummen Nigger spielen, vielleicht verlegen am wollhaarigen Schädel kratzen und ihn albern und bewundernd angrinsen, voller Staunen über seine wohlklingenden lateinischen Worte. Wenn die Frage andererseits, wie aus seinem erwartungsvollen Schweigen zu schließen war, mit der hartnäckigen und bösartigen Hinterhältigkeit eines Betrunkenen nach einer Antwort heischte, dann war ich gezwungen, das übliche Nosir oder Yessir zu murmeln, was aber angesichts der albernen Frage auch nicht paßte. Ich fürchtete – und diese Furcht ist weder lächerlich noch unbegründet, das kann ich Ihnen versichern –, daß ein Yessir ungefähr zu folgender Bemerkung führen konnte: »Also doch! Ihr findet das bemerkenswert, wie? Soll ich daraus entnehmen, daß ihr euren Herrn und Massa für einen Trottel haltet? Daß ihr glaubt, er kann

keinen Brandy machen, nur weil er schöne Räder machen kann? Ihr Nigger habt heutzutage auch keinen Respekt mehr vor eurer Herrschaft. Will dir mal was sagen, Pompey, oder was du sonst für einen hochtrabenden Namen tragen magst ...« etcetera. Es gibt unendlich viele Möglichkeiten, diesen Spaß weiterzutreiben. Halten Sie mich nicht für übervorsichtig. In diesem Fall ging es mir weniger darum, einer Demütigung auszuweichen; ich hatte mir vielmehr erst kürzlich geschworen, keine Demütigungen und keine Unterdrückung mehr hinzunehmen. Also wäre ich gezwungen gewesen, ihm den Schädel einzuschlagen. Aber damit würden alle meine großen Pläne für die Zukunft zusammenstürzen.

Ich begann zu zittern, und in meinen Eingeweiden breitete sich eine wabernde Schwäche aus. Doch genau in diesem Augenblick wurden wir glücklicherweise abgelenkt. Aus dem nahe gelegenen Dickicht brach schnaufend und stampfend eine Wildsau, gefolgt von ihren Ferkeln. Wir drehten uns alle drei zu dem braunen, schlammverschmierten Tier um. In der nächsten Sekunde verschwand die Sau mitsamt ihrer Brut wieder im kahlen Wald. Über diesem Bild hing schwer und grau und schweigend ein Himmel, an dem niedrige Wolken wie schmutzige Wattebäusche dahinjagten. Ab und zu blinzelte gelb und matt die Sonne durch ein Wolkenloch.

Wir sahen den Tieren noch eine Weile nach. Dann krachte es plötzlich ganz in der Nähe. Die Tür der Werkstatt wurde geöffnet, von einem Windstoß gepackt und mit quietschenden Angeln gegen die Wand geschlagen.

»Hark!« rief die Stimme meines Eigentümers Putnam. »Hark, wo steckst du denn?« Der Junge hatte übelste Laune, das merkte ich an den dunklen Flecken auf seinem blassen Gesicht. Wenn er sich aufregte oder mit etwas abquälte, blühten diese Flecken immer dunkelrot auf. Vielleicht sollte ich hinzufügen, daß Putnam seit dem vergangenen Jahr mehr oder weniger offenkundig auf Hark herumhackte; Hark stolperte damals an einem milden Nachmittag beim Walnüssesammeln ebenso schuldlos wie ungeschickt über Putnam und Joel Westbrook, die in enger Umarmung am schlammigen Ufer des Teiches lagen. Beide Jungen waren splitternackt und trieben in recht eindeutiger Weise ihren Unfug miteinander. »Hab noch nie nich son Blödsinn gesehn«, erzählte mir Hark danach. »Aber sollnse, was gehts mich an. Nigger kümmert sich nie nich um Blödsinn von de weiße Jungs. Aber de Putnam, der is so bös, wie wenn *sie mich* erwischen beim Quatschmachen.« Hark tat mir leid, aber ich nahm die Sache nicht besonders ernst. Daran ist nun einmal nichts zu ändern: Von dem, was ein Neger privat tut, nehmen Weiße keine Kenntnis, während der Neger oft einen meilenweiten Umweg machen muß, um ja nicht zu sehen, was die Weißen tun. Selbst wenn er ohne Arg und ganz unabsichtlich irgendwo auftaucht, muß er es sich gefallen lassen, daß man ihn als Spion oder herumschnüffelnden schwarzen Lumpen beschimpft.

»Hark!« schrie der Junge noch einmal. »Sofort kommst du her! Was treibst du da draußen, du verdammter schwarzer Tunichtgut? Das Feuer ist aus! Hierher, Wurm, fauler, dreckiger!« Der Junge trug seine Lederschürze. Er hatte ein grob geschnittenes Gesicht und zog ein mürrisches Maul; sein langes schwarzes Haar und die tief herunterwachsenden Koteletten machten ihn nicht angenehmer. Wie er Hark anbrüllte, überkam mich für einen kurzen Augenblick eine unbändige Wut. Ich sehnte den Augenblick herbei, wo ich ihn endlich zwischen die Finger bekommen würde. Hark rappelte sich auf und stolperte in die Werkstatt. Putnam rief Cobb zu: »Ich glaub, Richter, Sie haben sich irgendwo die Achse gebrochen, Sir. Mein Stiefvater wird Ihnen das schnell richten. Er muß bald hier sein.«

»In Ordnung!« rief Cobb zurück. Ganz unvermittelt – ich dachte, er redete immer noch mit dem Jungen – fügte er hinzu: *»Wie ein Hund sein Gespeites wieder frißt, also ist der Narr, der seine Narrheit wieder treibt.* Der Spruch ist natürlich bekannt, aber mir fällt um nichts in der Welt die Bibelstelle ein, wo das steht. Ich vermute, es handelt sich um die Sprüche Salomos. Der machte sich ein besonderes Vergnügen daraus, Narren zu beschimpfen und menschliche Dummheit zu geißeln . . .«

Während er weiterredete, kroch mir vor Unbehagen eine Gänsehaut über den Rücken; alles war genau umgekehrt – diesmal hatte ein Weißer einen Nigger bei *dessen* Tratsch belauscht. Wie sollte ich wissen, daß mir mein eigenes schwarzes Plappermaul zum Verräter werden würde? Daß er jedes Wort hören konnte, das ich sagte? Ich fühlte mich erniedrigt und schämte mich wegen dieser Demütigung. Langsam ließ ich das klebrig-feuchte Kaninchen aus der Hand gleiten und war auf das Schlimmste gefaßt.

»War es nicht auch Salomon, der gesagt hat, der Narr solle der Diener des Weisen sein? War nicht er es, der sagte, nur ein Narr schlage die Ermahnungen seines Vaters in den Wind? Und ist es nicht die Weisung des Vaters, gegeben durch den Juden Paulus aus Tarsus, die sogar den Narren in diesem großen Land bekannt sein müßte: *So bestehet nun in der Freiheit, zu der uns Christus befreiet hat, und lasset euch nicht wiederum in das knechtische Joch fangen!«*

Während er immer weiterredete, richtete ich mich langsam auf. Aber selbst jetzt überragte er mich noch. Er sah krankhaft blaß aus und schwitzte, und an seiner Nase hing in der Kälte ein Tropfen. Diese Nase ragte wie ein Türkensäbel aus dem verwitterten, zerquälten Gesicht. Die Brandyflasche hielt er mit seiner großen, fleckigen Hand an die Brust gepreßt. So stand er da, ein wenig krumm und schwankend, schwitzte stark und sprach weniger zu mir als durch mich hindurch zu den jagenden Wolken. »Ja, und darauf bekommen wir die Antwort, auf diese machtvolle, überzeugende Wahrheit vernehmen wir die Erwiderung . . .« Er hielt inne, ein Schluckauf schüttelte ihn, dann erhob er die Stimme zu spöttischem Pathos: »Als Antwort auf dieses unwiderstehliche, gültige Edikt hören wir die Pharisäer aus der weltberühmten Institution des College of William and Mary in Richmond ausrufen, gleichsam die Stimme der Gelehrsamkeit der ganzen Welt: ›Nur Theologen können theologische Fragen beantworten. Sprecht ihr von der Freiheit? Meint ihr das Joch der Knechtschaft? Und wie, Landrichter, erklären Sie dieses? Epheser 6,5: *Ihr Knechte, seid gehorsam euren leiblichen Herren mit Furcht und Zittern, in Einfalt als Christo.* Oder, mein tölpelhafter Herr Kollege, wie erklärst du diese Stelle – Erster Brief des Petrus 2,18: *Ihr Knechte, seid untertan mit aller Furcht den Herren, nicht allein den gütigen und gelinden, sondern auch den wunderlichen.* Da, mein Freund, *da* hast du die göttliche Rechtfertigung für die Knechtschaft, an der du rütteln möchtest.‹ Gütiger HErr im Himmel, wird denn diese Wortklauberei nie ein Ende haben! Erscheint denn keine Schrift an der Wand?« Zum erstenmal schien er mich anzublicken. Eine Sekunde lang betrachtete er mich mit seinen fieberglänzenden Augen, dann öffnete er die Flasche, schob ihren Hals weit in den Mund und schluckte gurgelnd, glucksend. Und nun nahm er seinen Faden wieder auf: »*Heulet, denn des HErrn Tag ist nahe; er kommt wie eine Verwüstung vom Allmächtigen.* Du bist doch der Prediger, den sie Nat nennen, wie? Dann sag mir, Prediger: Hab ich nicht recht? Bezeugt Jesaja nicht nur die Wahrheit, wenn er fordert *Heulet?* Wenn er sagt, der *Tag des HErrn* ist nahe, wenn er die Verwüstung von der Hand des Allmächtigen ankündigt? Sag mir ganz ehrlich und offen, Prediger: Steht nicht die Schrift schon an der Wand geschrieben – für dieses ganze geliebte, verrückte, tragische alte Land?«

»Gelobt sei der HErr, Massa«, antwortete ich. »Das ist sicher wahr.« Meine Worte klangen ausweichend, sanft und demütig, ein wenig wie die Salbaderei eines Predigers; aber ich sprach sie hauptsächlich, um hinter ihnen meine innere Unruhe zu verbergen. Nun fürchtete ich wirklich, daß er mich durchschaut hatte. Die Tatsache, daß dieser seltsame, betrunkene Weiße wußte, wer ich in Wirklichkeit war, traf mich wie ein Schlag mitten auf die Stirn. Der kostbarste Besitz eines Negers ist der graue, unscheinbare Mantel der Unauffälligkeit, in den er sich hüllen kann, um gesichtslos und namenlos in der Menge zu verschwinden. Frechheit und schlechtes Benehmen sind für ihn aus verständlichen Gründen unklug – aber ebenso unklug ist es, sich vor den anderen auszuzeichnen. Im einen Fall kann man verhungern, ausgepeitscht oder in Ketten gelegt werden; im anderen Fall erregt man jedoch so viel Aufsehen und Mißtrauen, daß man sich leichtfertig um den winzigen Rest von Freiheit bringt, den man noch besitzt. Er hatte die Worte so rasch und wild hervorgesprudelt, daß ich der Richtung seiner Gedanken noch nicht so recht folgen konnte. Ich wurde das Gefühl nicht los, daß er mich ködern oder in irgendeine Falle locken wollte. Um mein Unbehagen und meine Verwirrung zu verbergen, murmelte ich noch einmal: »Ja, das is sicher wahr.« Dabei schaute ich albern kichernd zu Boden und wackelte mit meinem Kopf, um ihm zu zeigen, wie herzlich wenig ich armer dummer Nigger verstanden hatte, falls überhaupt etwas. Aber nun beugte er sich ein wenig vor und brachte sein Gesicht dicht an das meine. Aus der Nähe wirkte seine Haut nicht vom Whisky gerötet, wie ich es mir vorgestellt hatte, sondern bleich wie Schmalz und scheinbar vollkommen blutleer. Als ich mich zwang, seinem Blick standzuhalten, schien seine Haut noch fahler. »Halt mich nicht zum Narren«, sagte er. Seine Stimme klang nicht feindselig, es war eher eine Bitte als ein Befehl. »Deine Herrin hat mich auf dich aufmerksam gemacht – gerade vorhin. Aber ich hätte euch beide auch so auseinandergekannt. Der andere Neger, wie heißt der?«

»Hark«, antwortete ich. »Der heißt Hark, Massa.«

»Ja, dich hätte ich auch so erkannt, wenn ich nicht deine Worte mitgehört hätte. ›Mitleid mit Weißen? Reine Verschwendung.‹ Hast du das nicht gesagt?«

Aus alter Gewohnheit durchbebte mich kalte Angst. Ich wandte den Blick ab und platze trotz aller guten Vorsätze heraus: »Tut mir leid, daß ich so was gesagt hab, Massa. Tut mir wirklich ganz furchtbar schrecklich leid. Habs nich gemeint, Massa.«

»Quatsch!« rief er. »Es tut dir leid, daß du gesagt hast, ein Weißer tut dir *nicht* leid? Komm, komm, Prediger – das meinst du
doch nicht im Ernst, wie?« Er hielt inne und wartete auf eine
Antwort. Aber ich war vor Sorgen und Verlegenheit so durcheinander, daß ich beim besten Willen nicht antworten konnte.
Schlimmer noch – ich verfluchte und verachtete mich, weil ich so
langsam von Begriff war, daß mir kein Ausweg einfiel. Ich stand
da, leckte mir über die Lippen, starrte hinüber zu den Wäldern
und kam mir vor wie der dreckigste Nigger auf Virginias Maisfeldern.

»Halt mich nicht zum Narren«, wiederholte er in einem Ton, der
beinahe sanft und seltsam einschmeichelnd klang. »Dein Ruhm
eilt dir voraus, lange schon. Seit mehreren Jahren höre ich wun-
derliche Gerüchte über einen bemerkenswerten Sklaven, der hier
in der Gegend von Cross Keys Eigentum verschiedener Herren
war. Er soll sich in so erstaunlicher Weise aus der Armseligkeit
emporgearbeitet haben, in die das Schicksal ihn verwiesen hat,
daß er – *mirabile dictu* – auf Wunsch sogar rasch und flüssig
aus einem Werk über Naturphilosophie vorlesen konnte, als man
es von ihm verlangte, so schwierig und abstrakt es auch geschrieben war. Er soll in der Lage sein, mit recht ordentlicher Hand-
schrift seitenweise unbekannten Text nach Diktat zu schreiben
und es in der Kunst der Zahlen so weit gebracht haben, daß er
das einfache Algebra beherrscht. Im Verständnis der Heiligen
Schrift hat er es angeblich so weit gebracht, daß diejenigen
Fachleute aus dem Bereich der Theologie, die sein Wissen überprüfen konnten, nur die Köpfe schütteln und sich über den Glanz
seiner Gelehrsamkeit nicht genug wundern konnten.« Er hielt
inne und rülpste. Ich wandte meinen Blick wieder ihm zu und
sah, wie er sich mit dem Ärmel über die Stirn wischte.
»Gerüchte!« fuhr er rasch fort. Seine Worte klangen nun wie ein
leidenschaftlicher Singsang, seine Augen funkelten wild und
fanatisch. »Erstaunliche Gerüchte für das hinterwäldlerische Virginia! Genauso erstaunlich wie die Nachrichten, die in den alten
Zeiten aus den Tiefen Asiens zu uns drangen; dort irgendwo –
ich glaube, es war an den Quellen des Flusses Indus – sollte es
eine riesige Rasse von Ratten geben, so groß wie ein Mensch, die
auf den Hinterbeinen tanzen und sich dabei selbst auf einem
Tamburin begleiten konnten. Wenn sich jemand ihnen näherte,
dann entfalteten sie angeblich bis dahin unsichtbare Schwingen
und erhoben sich in die Wipfel der nächsten Palme. Kaum faß-
bare Gerüchte! Zu glauben, daß sich aus dieser geschlagenen

Rasse, die von Gesetzes wegen zu einer Unwissenheit verdammt ist, endgültiger und finsterer als der Tod, ein einziger erheben könnte, der in der Lage ist, ein einfaches Wort wie ›Tag‹ richtig zu buchstabieren – das zu glauben verlangte ebensoviel geistige Überwindung wie zu glauben, der gütige König George der Dritte sei kein gemeiner Tyrann gewesen oder der Mond sei nichts als ein Klumpen Weichkäse!« Bei den letzten, leidenschaftlichen Sätzen zeigte er immer wieder mit seinem langen, dürren, auf den Gliedern behaarten Finger auf mich; dieser Finger schnellte wie der Kopf einer Schlange auf mein Gesicht zu. »Schlimmer noch: Man beachte das, man stelle sich nur vor! Welch ein Wunder, welch einmaliges Ereignis! Ein Negersklave – der Teufel hol das eklige Wort – lernt nicht nur lesen, er eignet sich auch einiges Wissen an, er kann angeblich beinahe in der Art der Weißen reden, gebildet und kultiviert; kurzum, er gehört immer noch zu den Millionen der Elendsten dieses Landes, aber er hat sich über seinen beklagenswerten Stand erhoben, er ist keine *Sache* mehr, sondern sozusagen ein *Mensch* geworden. Das alles ist so unglaublich, daß es die kühnsten Vorstellungen übersteigt. Nein. *Nein!* Der Verstand sträubt sich, er weigert sich, etwas so Absurdes zu erfassen! Sag mir, Prediger: Wie schreibt man ›*Tag*‹? Komm, komm – beweis mir, daß dieses Gerücht, diese Flunkerei stimmt!« Sein Finger zuckte dabei immer wieder auf mein Gesicht zu. Seine Stimme blieb freundlich, schmeichelnd, in seinen Augen funkelte wilde Besessenheit. Der Duft des Apfelschnapses umgab ihn wie süßlicher Dunst. »Tag!« rief er. »Buchstabiere das Wort *Tag!*«

Mir dämmerte allmählich die Gewißheit, daß seine Forderung nicht spöttisch gemeint war, sondern daß er damit ein irres, drückendes Entsetzen ausdrücken wollte, das alle Vorstellung überstieg. Ich fühlte, wie das Blut in meinen Schläfen pochte und mir der kalte Angstschweiß in den Achselhöhlen klebte.

»Massa, bitte, verspotten Sie mich nich!« flüsterte ich. »Ich bitt Sie freundlich, Massa. Spotten Sie nich über mich!«

Wir schwiegen alle beide und starrten einander an. Die Zeit kroch lautlos an uns vorbei, der Novemberwind heulte hinter uns im Wald und brach mit gewaltigen, allmählich leiser werdenden Schritten durch das dürre, graue Fallholz von Zedern und Zypressen und Kiefern. Sekundenlang zitterte wie ein Hauch ein Laut auf meinen gehorsamen Lippen: »Ta … – T – A …«

Dann stieg in mir wie ein schmerzhaftes Stöhnen gramvolles Wissen auf. Alles vergebens. Kindisch. Einmal ein Nigger, das ganze Leben ein Nigger. Schwitzend stand ich da im scharfen Wind und dachte bitter: So ist das nun einmal. Selbst wenn sie sich um dich kümmern, wenn sie scheinbar auf deiner Seite stehen, können sie gar nicht anders, sie müssen dich plagen und quälen. Meine Handflächen fühlten sich klebrig an, in meinem Kopf tosten die Gedanken. Nein, ich will nicht. Aber wenn er mich jetzt zwingt, das Wort wirklich zu buchstabieren – dann muß ich ihn umbringen.

Ich senkte wieder den Blick und sagte deutlicher: »Machen Sie sich nich über mich lustig, Massa, bitte.«

Doch inzwischen schien Cobb auf Schnapsnebeln zu entschweben; er hatte wohl vergessen, was er zu mir gesagt hatte, und sich abgewandt. Wütend starrte er zum Wald hinüber, wo der Wind immer noch die fernen Baumwipfel peitschte und schüttelte. Die Flasche hielt er wie in höchster Verzweiflung an sich gepreßt und neigte sie dabei ein wenig, so daß ihm etwas von dem Brandy über den Mantel floß. Mit der anderen Hand begann er seine Hüfte zu reiben. Er preßte sie so hart gegen sein Bein, daß ihm die Knöchel kreidebleich aus dem Handrücken traten.

»Allmächtiger Gott!« stöhnte er auf. »Diese ewigen, irren Schmerzen! *Und lebe ein Mensch noch so viele Jahre, und genieße er sie alle, so lasset ihn dennoch nicht vergessen der Tage der Finsternis; denn derer werden viele sein.* Gott, o Gott, mein armes Virginia! Verwüstetes Land! Der Boden ruiniert und ausgelaugt, wohin man blickt, unfruchtbar gemacht von diesem verhaßten Kraut. Wir können keinen Tabak mehr anbauen, Baumwolle nur in ärmlichen Mengen in ein paar südlichen Countys, keinen Hafer, keine Gerste, keinen Weizen. Unfruchtbares Brachland! Ein fürstlicher Besitz, überquellend und jungfräulich, ein Füllhorn der Reichtümer, wie die Welt sie nie zuvor erblickt hat – innerhalb eines kurzen Jahrhunderts in ausgelaugtes, dahinwelkendes Ödland verwandelt! Und das alles nur, um das Verlangen von zehn Millionen Engländern nach einer Pfeife Virginiakraut zu befriedigen! Und nun ist selbst das dahin. Wir können höchstens noch Pferde züchten! Pferde!« schrie er und knetete seine Hüfte. »Pferde – und was sonst noch? *Was noch?* Pferde und kleine Negerlein! *Negersklaven!* Dutzende, Hunderte, Tausende, Zehntausende kleine Negerlein! Der schönste aller amerikanischen Staaten, dieses stille, geliebte Heimatland – was ist daraus geworden? Eine Brutanstalt für Mississippi, Alabama, Arkansas. Eine einzige riesige Zuchtfarm, um den ewigen Hunger dieser gefräßigen, höllischen Maschine zu stillen, die Eli

Whitney erfunden hat – verdammt sei der Name dieses Gauners! Unser anständiges menschliches Empfinden ist schon so weit heruntergekommen, daß wir alles, was in uns gut und edel ist, jenem falschen Gott opfern, der unter dem verhaßten Namen *Kapital* segelt! O Virginia, wehe über dich! Wehe, wehe, dreimal wehe! Noch in der Erinnerung sei der Tag auf ewig verflucht, an dem die ersten armen Schwarzen in Ketten deinen heiligen Strand betraten!«

Cobb stöhnte vor Schmerzen, rieb sich mit einer Hand die Hüfte und führte mit der anderen die Brandyflasche an die Lippen. Während er sie bis auf den letzten Tropfen leerte, schien er meine Gegenwart völlig vergessen zu haben. Für mich wäre es am klügsten gewesen, jetzt unauffällig zu verschwinden, wenn ich nur gewußt hätte, wie ich das anstellen sollte. Bei seinen Worten waren mir alle möglichen Gedanken wild und ungeordnet durch den Kopf geschossen. Seit vielen Jahren hatte ich schon keinen Weißen mehr so verrückt daherreden gehört. Ehrlicherweise mußte ich eingestehen, daß seine Worte – oder zumindest ihr vom Brandy aufgerührter tieferer Sinn, der sich wie ein gespenstisches Licht in mein Denken stahl – mir einen Schauder heiliger Scheu über den Rücken jagte; aber da war noch etwas anderes, dunkel und undeutlich: vielleicht ein glimmender Hoffnungsfunke. Doch aus Gründen, über die ich keine Rechenschaft ablegen kann, schwanden Scheu und Hoffnung rasch dahin und erstarben in mir. Ich sah Cobb an und roch förmlich die Gefahr – den flüchtigen Geruch unmittelbar drohender Gefahr – und fühlte, wie in mir ein Verdacht erwuchs, ein Mißtrauen, wie ich es kaum je zuvor erlebt hatte. Warum? Das kann vielleicht nur Gott allein erklären, Gott, der alles weiß. Eines aber will ich sagen; denn sonst kann niemand den verrückten Widerspruch im Dasein eines Niggers begreifen: Du kannst einen Nigger schlagen, ihn verhungern und im eigenen Dreck ersticken lassen, er wird sein ganzes Leben lang dir gehören. Erschrecke ihn durch einen unerwarteten Beweis von Menschenfreundlichkeit, kitzel ihn mit der Andeutung einer Hoffnung, und er wird alles dransetzen, dir die Kehle durchzuschneiden.

Doch ehe ich etwas unternehmen konnte, krachte hinter uns noch einmal die Tür der Werkstatt im scharfen Wind gegen die Wand. Wir drehten uns um und sahen Hark mit flatterndem Hemd auftauchen, davonstolpern und in panischem Entsetzen in Richtung auf die Felder und die dahinter liegenden Wälder davonstürzen. Er nahm die Beine unter den Arm, sein mächtiger

Körper schaukelte in wildem Galopp, seine Augen rollten in höchstem Schrecken. Dicht hinter ihm erschien Putnam. Seine lederne Schürze flappte ihm um die Beine, in der Hand schwang er einen Holzprügel. Dabei brüllte er aus Leibeskräften: »He, Hark! Sofort kommst du zurück! Hierher, auf der Stelle, du dreckiges, nichtsnutziges Stück Vieh! Ich erwisch dich schon noch, verdammter schwarzer Bastard!«

Hark jagte mit weiten Sprüngen wie ein flüchtender Hirsch über den Hof. Unter seinen bloßen schwarzen Füßen stiegen kleine Staubwolken auf, die Katze aus der Scheune schoß davon, Gänse und Hühner flatterten laut schnatternd auf und machten ihm den Weg frei. Er hetzte an uns vorbei, schaute nicht nach rechts und nicht nach links, die Augen aufgerissen, weiß wie Eierschalen. Wie er auf den Waldrand zurannte, hörten wir ihn keuchen, aber nun war er nicht mehr aufzuhalten; er raste weiter wie ein Segel vor dem Wind. Der Junge mit dem pickeligen Gesicht rannte ihm laut schreiend nach, verlor aber mit jedem Schritt an Boden. »Halt! Bleib stehen, Hark! Halt, schwarzer Lump, elender!« Doch Harks schwarze Füße stampften den Boden, wie von einer Dampfmaschine angetrieben. Mit einem gewaltigen Satz, als hätte er plötzlich Schwingen bekommen, sprang er über den Pumpentrog hinweg, plumpste laut und schwer auf den Boden und rannte weiter auf den Wald zu, ohne auch nur den Schritt zu verlangsamen. Die Sohlen seiner bloßen Füße leuchteten rosa auf. Dann sah es mit einemmal aus, als hätte ihn eine Kanonenkugel getroffen; sein Kopf flog zurück, sein Körper und die flinken Füße wurden nach vorn geschleudert, er krachte wie ein gefüllter Sack auf den Boden. Die Wäscheleine, genau in Höhe seiner Gurgel gespannt, hatte ihn zu Boden gestreckt und seine Flucht vereitelt. Cobb und ich sahen ihm zu, wie er benommen den Kopf schüttelte und versuchte, sich auf einem Ellbogen aufzurichten. Doch nun drangen zwei gleichermaßen drohende Gegner von beiden Seiten auf ihn ein: von der einen Seite Putnam mit geschwungenem Prügel, von der anderen Miß Maria Pope, die wie eine wutschnaubende Rachegöttin aus dem Nichts aufgetaucht war und in humpelndem, altjüngferlichem Trab auf Hark losging, umflattert von vielen Fuß schwarzer Trauerröcke. Der Wind trug ihre vor hysterischer Bösartigkeit schrille Stimme an unser Ohr: »Diesmal mußt du auf den höchsten Ast, Nigger!« kreischte sie. »Auf den Baum mit dir!«

Ich hörte Cobb murmeln: »Und jetzt bekommen wir gleich eine feierliche Handlung zu sehen, die in diesen südlichen Breiten zum beliebten Zeitvertreib gehört: Zwei Menschen schlagen einen dritten!«

»Nein, Massa«, sagte ich. »Massa Joe erlaubts nich, wenn seine Nigger geschlagen werden. Aber Sie werden gleich sehn, Massa, 's gibt immer nen Weg drumherum. Sie kriegen gleich was ganz anders zu sehn, Massa.«

»Nichtn Funken Holzkohle in der Werkstatt!« schrie Putnam in greinendem Ton.

»Und nichtn Tropfen Wasser im Kücheneimer!« kreischte Miß Maria. Sie wetteiferten förmlich darin, wer das Hauptopfer von Harks Ungeheuerlichkeiten sei. So tanzten sie, krächzend und flügelschlagend wie aufgescheuchte Raben, um seine lang hingestreckte Gestalt herum. Hark raffte sich auf und stand taumelnd da. Er schüttelte den Schädel wie ein Ochse, der zur Schlachtbank geführt wurde und einen ersten, nicht genau geführten Schlag bekommen hat. »Diesmal steigst du auf den höchsten Ast, schwarzer Lump, unverschämter!« kreischte Miss Maria. »Putnam, hol die Leiter!«

»Hark hat ganz furchtbar schreckliche Angst vor Höhe«, erklärte ich Cobb. »Für ihn ist das viel schlimmer als hundert Stockschläge.«

»Phantastisches Exemplar!« murmelte Cobb. »Ein richtiger Gladiator, ein regelrechter schwarzer Apollo! Und schnell wie ein Rennpferd! Wo hat dein Herr den nur her?«

»Oben von Sussex, Massa«, antwortete ich. »Vor sechs oder sieben Jahren, wie sie eine von die alten Plantagen dichtgemacht haben.« Ich hielt für einen Augenblick inne und fragte mich verwundert, warum ich ihm das eigentlich alles erzählte. Dann fuhr ich fort: »Hark ist furchtbar einsam, elend und einsam. Nach außen hin, da tut er fröhlich, aber innen drin isser ganz zerrissen. Bringts nich fertig, mit die Gedanken immer bei einer Sache zu bleiben. Drum vergißt er auch seine Arbeit und wird bestraft. Armer alter Hark . . .«

»Aber warum denn, Prediger?« fragte Cobb.

Putnam hatte die Leiter aus der Scheune geholt. Wir beobachteten die kleine Prozession, die nun den grauen, vom Wind gepeitschten Hof überquerte. Voran Miß Maria, grimmig entschlossen, die Fäuste geballt, den Rücken gerade wie einen Ladestock, am Schluß Putnam mit der Leiter, zwischen ihnen Hark in seinem staubigen, grauen Arbeitskittel, schlurfend, den Kopf ergeben gesenkt. Er überragte die beiden wie ein gewaltiger Goliath, ein Riese zwischen zwei geschäftigen, rachedurstigen

Zwergen. Im Gänsemarsch näherten sie sich einem uralten, mächtigen Ahornbaum, dessen entlaubter unterster Ast sich wie ein nackter Arm zwanzig Fuß über dem Boden in den fahlen Himmel reckte. Ich hörte Harks bloße Füße über den Boden schleifen, zögernd wie bei einem widerwilligen Kind.

»Aber warum denn?« fragte Cobb noch einmal.

»Will ich Ihnen sagen, Massa«, antwortete ich. »Vor paar Jahren, ich hab noch nich Massa Joe gehört, da hat Massa Joe fast alle seine Nigger verkaufen müssen. Runter nach Mississippi, wissen Sie, wo die viele Baumwolle gepflanzt wird. Hark hat mir erzählt, Massa Joe wars ganz elend deswegen, aber er hats eben tun müssen. Nun, bei die Nigger war auch Harks Frau und Harks Kind. Kleiner Junge, war damals drei oder vier Jahre alt. Für Hark war der kleine Junge mehr wie alles andre.«

»Ja, so – ja«, hörte ich Cobb murmeln. Dabei schnalzte er leise mit der Zunge.

»Wie der Kleine weg war, da is Hark vor Kummer fast verrückt geworden. Kann an nichts anderes nich mehr denken.«

»Hm, ja, ja, ja.«

»Er war drauf und dran und wollte weglaufen, den beiden nach, bis runter nach Mississippi – zu Fuß. Aber ich habs ihm ausgeredet. Wissense, er is schon mal weg, vor Jahren, und weit isser auch nich gekommen. Außerdem war ich immer dafür, ein Nigger soll sich nach die Regeln und Vorschriften richten, soweit wies eben möglich is.«

»Ja, ja, ja.«

»Jedenfalls«, fuhr ich fort, »is Hark seitdem nich mehr ganz in Ordnung. Man kanns vielleicht zerstreut nennen. Drum tut er auch immer was – oder er tut etwas nich – und wird dafür bestraft. Ich bin da ganz ehrlich, Massa: Er macht seine Arbeit wirklich nicht richtig. Aber er kann nichts dafür.«

»Ja, ja«, murmelte Cobb. »Ja, großer Gott – so muß das ja kommen – *schreckliches Entsetzen!*« Der Schluckauf packte ihn wieder; das seltsame Geräusch entrang sich seiner Kehle in unregelmäßigen Abständen; es klang beinahe nach Schluchzen. Er wollte etwas sagen, überlegte es sich aber anders und wandte sich ab. Leise murmelte er immer wieder vor sich hin: *»Gott, Gott, Gott, Gott, Gott!«*

»Was das da anbetrifft«, erklärte ich weiter, »so fürchtet sich Hark ganz schrecklich vor der Höhe. Letzten Frühling war das Dach undicht, und Massa Joe schickt mich und Hark rauf zum Ausflicken. Aber Hark war noch nich halb oben, da isser auf

einmal stocksteif und wimmert und murmelt was vor sich hin.
Nichts zu machen – er is kein Schritt höher rauf. Hab das Dach
allein flicken müssen. Massa Putnam und Miß Maria haben
jedenfalls gemerkt, wie Hark sich fürchtet – man kann sagen,
sie haben eine schwache Stelle entdeckt. Wie gesagt, Massa Joe
leidets nich, wenn einer seine Nigger mißhandelt, sie schlägt oder
so. Immer, wenn Massa Joe nich da is und Massa Putnam und
Miß Maria glauben, sie kommen damit durch, da jagense Hark
nen Baum rauf.«

Genau das taten sie, während ich noch redete. Ihre Stimmen
klangen gedämpft, weit entfernt, undeutlich durch den pfeifenden Wind an unser Ohr. Putnam lehnte die lange Leiter an den
Baumstamm und gebot Hark mit einer herrischen Geste seines
Daumens, hinaufzusteigen. Und Hark begann zu klettern. Eine
Sprosse, noch eine, die dritte. Dann wandte er flehend sein ver-
ängstigtes Gesicht zurück – vielleicht hatten sie diesmal ein
Einsehen mit ihm. Aber nun zuckte Miß Marias Arm hoch.
Höher, Nigger, höher! Hark kletterte weiter. In der Hose
schlotterten ihm die Knie. Schließlich erreichte Hark den
untersten Ast, schwang sich von der Leiter und umklammerte den
Baum so fest, daß ich selbst auf diese Entfernung die Adern wie
dicke Striemen auf seinen Armen sah. Mit einer ruckartigen
Bewegung seines Körpers rutschte er auf die Astgabel. Dann saß
er mit fest geschlossenen Augen da, umfaßte benommen den
Stamm – in schwindeln machender Höhe, viele Fuß über dem
Boden. Putnam nahm die Leiter weg und legte sie unter den
Baum.

»Das geht jetzt fünf oder zehn Minuten gut«, sagte ich zu Cobb.
»Dann fängt Hark an zu weinen und zu jammern. Sie werden ja
sehen. Danach schwankt er hin und her. Weint, stöhnt, schwankt,
wie wenn er gleich runterfällt. Dann stellen Massa Putnam und
Miß Maria die Leiter wieder an den Baum, und Hark steigt
runter. Ich denk mir, sie haben Angst, Hark fällt mal runter und
bricht sich das Genick, und das wollense nich. Nein. Sie wollen
dem alten Hark nur für ne Weile ordentlich zusetzen.«

»Ja, ja, ja«, murmelte Cobb wieder. Diesmal klang es geistesabwesend.

»Und für Hark is das wirklich ganz furchtbar«, sagte ich.

»Ja, ja, ja«, erwiderte er. Ich wußte nicht, ob er mir noch zuhörte
oder nicht. »Großer Gott! Manchmal glaube ich ... manchmal ...
Das ist, wie wenn man in einem Traum lebt!«

Dann wandte sich Cobb plötzlich ohne ein weiteres Wort ab und humpelte stelzbeinig auf das Haus zu, die leere Brandyflasche immer noch an sich gepreßt. Der Mantel umflatterte ihn, die Schultern stemmte er gegen den Wind. Ich hockte mich wieder zu meinen Kaninchen und sah Cobb nach, wie er über den Hof und die vordere Veranda hinauf humpelte und schwankte. Mit schwacher, müder Stimme rief er: »Hallo, Miß Travis – ich glaube, ich komme rein und setze mich für einen Augenblick hin!« Miß Sarahs Stimme antwortete im Haus, klingend und voller Freude. Die Tür schlug zu, Cobb war im Haus verschwunden. Ich zog einem Kaninchen die dünne, durchscheinende innere Haut ab, trennte sie vollends vom rosafarbenen Fleisch und warf das Tier dann in eine Schüssel mit kaltem Wasser. Ich spürte unter meinen Fingern feucht und glitschig die Gedärme. Blut mischte sich ins Wasser und färbte es rot. Windböen fauchten über das kleine Baumwollfeld heran, pfeifend, ächzend; eine ganze Armee toter, welker Blätter marschierte an der Scheune entlang und fegte dann mit dürrem Rascheln quer über den leeren Hof. Ich starrte ins blutgefärbte Wasser und mußte an Cobb denken. *Gehe durch die Stadt Jerusalem und zeichne mit einem Zeichen an die Stirn die Leute, so da seufzen und jammern über alle Greuel, so darin geschehen. Erwürget Alte, Jünglinge, Jungfrauen, Kinder und Weiber, alles tot; aber die das Zeichen an sich haben, derer sollt ihr keinen anrühren . . .*

Der Gedanke schoß mir durch den Kopf: Es ist ganz klar – ja, vollkommen klar. Wenn gelingt, was mir aufgetragen ist, wenn Jerusalem vernichtet wird, dann wird dieser Cobb zu denen gehören, die das Schwert verschonen soll.

Der Wind peitschte mit mächtigem Zischen und Ächzen über das Dach des Waldes dahin und verrollte mit dem dumpfen Poltern schwerer Schritte in fernen Talmulden. Grau und streifig, wabernd und voller Hast flohen die Wolken über den immer tiefer hängenden Himmel nach Osten. Die Dämmerung senkte sich allmählich herab.

Nach einer Weile begann Hark zu stöhnen; es war ein leises, trostloses, wortloses Jammern, Ausdruck reiner Angst. Endlose Minuten lang stöhnte und ächzte und schwankte er oben im Baum. Dann hörte ich, wie die Leiter an den Stamm gelehnt wurde. Sie ließen ihn wieder herunter.

Seltsam, daß wir manchmal die lebhaftesten Träume gerade dann erleben, wenn wir im Halbschlaf liegen; seltsam auch, in welch kurzer Zeitspanne sie manchmal abrollen. Als ich heute im

Gerichtssaal, mit einer Kette an das eichene Pult gefesselt, für ein paar Sekunden einnickte, hatte ich einen erschreckenden Traum. Mir war, als wanderte ich bei Einbruch der Nacht ganz allein am Rande eines Sumpfes entlang. Rings um mich schimmerte unheimliches Licht, grünlich getönt, wie es manchmal den Einbruch eines schweren Sommergewitters ankündigt. Kein Lüftchen regte sich, aber hoch über dem Sumpf grollte und rumpelte der Donner, und das Wetterleuchten zeichnete in unregelmäßigen Abständen seine feurigen Blumen an den Himmel. Ich wurde von Panik erfaßt und suchte verzweifelt nach meiner Bibel, die ich anscheinend irgendwo mitten im Sumpf vergessen hatte und nun nicht wiederfinden konnte. Voller Angst und Verzweiflung suchte ich bis in die Nacht hinein und geriet immer tiefer in die trügerischen Sumpfwiesen, gejagt und verfolgt von den drohenden Blitzen und dem fernen Grauen des Donners. Aber so verzweifelt ich auch suchte, ich fand meine Bibel nicht. Plötzlich erreichte ein neues Geräusch meine Ohren: Es war der Schreckensschrei mehrerer Stimmen – Stimmen von halbwüchsigen Jungen, heiser und schon halb erwachsen, bebend vor Entsetzen. Dann sah ich sie auch: Ein halbes Dutzend schwarzer Jungen waren schon bis an den Hals in ein Schlammloch eingesunken. Sie schrien laut um Hilfe und winkten wie wild mit den Armen. Im matten Licht sah ich, wie sie immer tiefer versanken. Ich stand hilflos am Rand der grundlosen Stelle und konnte mich nicht regen, noch ein einziges Wort sprechen. Während ich so dastand, ertönte über mir eine Stimme am Himmel, dröhnend, wie wenn sie zum Donner gehörte: *Deine Söhne werden einem andern Volk gegeben werden, daß deine Augen zusehen und verschmachten über ihnen täglich* ... Schreie der Todesangst, schwarze Arme, schwarze Gesichter sanken in den Schlamm, einer der Jungen nach dem andern verschwand vor meinen Augen, während das Dröhnen des Schuldspruchs mich wie Donner niederschmetterte.

»*Der Gefangene wird* ...« Das harte Klopfen des hölzernen Hammers machte dem Entsetzlichen ein Ende. Erschrocken fuhr ich hoch.

»Wenn das Hohe Gericht gestattet«, hörte ich eine Stimme sagen. »Eine himmelschreiende Unverschämtheit! Dieses Benehmen *schreit zum Himmel!*«

Der Hammer krachte wieder auf den Tisch. »Der Gefangene wird ermahnt, wach zu bleiben«, befahl eine andere Stimme. Sie klang mir vertrauter in den Ohren – es war Jeremiah Cobb.

»Wenn das Hohe Gericht gestattet«, fuhr die erste Stimme fort, »es ist eine Verhöhnung dieses Gerichts, daß der Gefangene einfach vor den Schranken dieses Hohen Gerichts einschläft. Selbst wenn man berücksichtigt, daß ein Nigger nicht länger wach bleiben kann als ...«

»Der Gefangene wurde entsprechend ermahnt, Mr. Trezevant«, sagte Cobb. »Fahren Sie bitte mit der Verlesung fort.«

Der Mann, der mein Geständnis vorlas, hielt inne und sah mich herausfordernd an. Offensichtlich genoß er diese wirkungsvolle Pause und seinen funkelnden Blick und kam sich sehr wichtig vor. Seine Miene drückte Haß und Ekel aus. Ich erwiderte seinen Blick, ohne mit der Wimper zu zucken, aber auch ohne Gefühlsregung. Auf einem Stiernacken ein glattes Gesicht mit kleinen, blinzelnden Äuglein, die er nun wieder dem Schriftstück zuwandte. Er schaukelte auf seiner gutgepolsterten Kehrseite vor und zurück und stieß mit einem Wurstfinger Löcher in die Luft.

»Die vorgenannte Dame floh aus dem Hause und konnte auch eine gewisse Strecke zurücklegen‹«, las er vor. »›Sie wurde jedoch verfolgt und alsbald eingeholt. Ihr wurde befohlen, hinter einem Mann der Bande aufs Pferd zu steigen. Man brachte sie zurück; nachdem ihr die verstümmelte Leiche ihres Ehemannes vor Augen geführt worden war, erhielt sie Befehl, sich neben ihn auf den Boden zu legen. So wurde sie erschossen. Dann machte ich mich auf den Weg zu Mr. Jacob Williams ...‹« Ich hörte nicht weiter zu.

Im Gerichtssaal saßen mindestens zweihundert Menschen. Alle trugen ihren Sonntagsstaat, die Frauen seidene Hauben und gefältelte Schals, die Männer schwarze Beerdigungsanzüge und Lackstiefel. Mit harten, herausfordernden Gesichtern, immer wieder blinzelnd, drängten sie sich schweigend und aufmerksam auf den schmalen, harten Bänken wie eine Versammlung von Eulen. Nur ab und zu unterbrach ein Niesen, ein unterdrücktes, rasselndes Husten die Stille. Der runde Kanonenofen bullerte und fauchte in der Stille und erfüllte die Luft im Saal mit dem Duft brennenden Zedernholzes. Es wurde drückend heiß. Die Fensterscheiben beschlugen. Nur verschwommen sah man draußen die Menschenmenge, die keinen Einlaß mehr gefunden hatte, die Ansammlung von zwei- und vierrädrigen Wagen, in der Ferne die Kiefern einer kargen, zerzausten Baumgruppe. Irgendwo in den hinteren Reihen hörte ich eine Frau leise vor sich hin weinen; ihr Schluchzen hatte jedoch jenen rauhen, gleichmäßig-kratzenden Unterton, der die nahe Hysterie ankündigt. Jemand bemühte sich vergebens, sie zu beruhigen. Gleich-mäßig, leidvoll, endlos schluchzte sie weiter.

Seit vielen Jahren war es meine Gewohnheit zu beten, wenn mir die Zeit lang wurde – meistens ging es mir nicht so sehr darum, Gott um einen besonderen Gefallen anzuflehen, weil mir längst klargeworden war, daß die vielen kleinlichen Bitten und Anlie-gen Ihn sicherlich ungeduldig machen mußten; ich betete einfach aus dem Bedürfnis, mit Ihm in Verbindung zu bleiben und sicherzugehen, daß ich nie so weit vom rechten Wege abwich, daß Er vielleicht meine Stimme nicht mehr hören konnte. Davids Psalmen kannte ich fast alle auswendig; oft hielt ich mitten am Tag in meiner Arbeit inne und betete halblaut einen dieser Psalmen. Dabei hatte ich das Gefühl, auf diese Weise dem HErrn nicht lästig zu fallen, sondern Sein Lob zu mehren, indem ich mit meiner Stimme in die ewige Lobpreisung einstimmte, die im Chor von der Erde aufsteigt. Jetzt aber, wie ich im Gerichtssaal saß und dem Füßescharren, dem unruhigen Herumrutschen der Leute auf den Bänken lauschte, dem Räuspern und Husten, dem einzelnen Faden des hysterischen Schluchzens dazwischen – da schlug wieder wie am Morgen und wie an all den vorangegan-genen Tagen jenes Gefühl des Getrenntseins von Gott wie eine eiskalte Woge über mir zusammen. Ich versuchte, lautlos einen Psalm zu beten, aber die Worte waren stumpf, häßlich, ohne tiefere Bedeutung. Das Bewußtsein Seiner Abwesenheit war wie eine abgrundtiefe und schreckliche Stille in meinem Kopf. Doch es war nicht nur Sein Fernsein, das mich erneut zur Ver-zweiflung trieb; das allein hätte ich vielleicht noch ertragen kön-nen. Ich empfand vielmehr deutlich den Tadel, die Zurückwei-sung, als hätte Er mir ein für allemal den Rücken gekehrt und sei aus meinem Leben entschwunden. Meine gemurmelten Gebete, mein Flehen, meine Psalmen stiegen nicht mehr zu Ihm empor, sondern stürzten hohl, zerbrochen und inhaltslos in die Tiefen eines finsteren, stinkigen Lochs.

Wie ich so dasaß, überkam mich erneut eine übermächtige Müdigkeit, die Ermattung des Hungers, aber ich zwang mich, die Augen offenzuhalten. Mein Blick glitt mühsam hinüber zu Gray. Der kritzelte immer noch auf seinem Schreibkasten herum und machte nur ab und zu eine Pause, um einen Strahl bräunlichen Tabaksafts dumpf platschend in den Messingspucknapf zu seinen Füßen schießen zu lassen. Ganz in der Nähe mußte ein Mann inmitten der Menge heftig niesen – immer wieder. Mit jedem Nieser platzte aus seiner Nase ein Nebel feiner Tröpfchen. Mein

Sinn kehrte sich wieder nach innen, meiner Verlassenheit zu. Ich mußte an Hiobs Worte denken: *O daß ich wäre wie in den vorigen Monden, in den Tagen, da mich Gott behütete; da Seine Leuchte über meinem Haupte schien und ich bei Seinem Lichte in der Finsternis ging ...*

Ganz plötzlich, zum allerersten Mal, fürchtete ich mich vor meinem Tode; es war wie jenes leise Frösteln am Rücken und zwischen den Schultern, das ein Fieber ankündigt, das Prickeln am Hals wie von der flüchtigen Berührung eisiger Finger. Es war nicht Entsetzen, nicht einmal Panik, sondern eigentlich nur eine undeutliche Ahnung, ein körperloses Unbehagen, das mich zunehmend ausfüllte, wie wenn ich ein Stück verdorbenes Schweinefleisch gegessen hätte und genau wüßte, daß nun die Krämpfe, das Erbrechen, der Schweißausbruch, die Magenschmerzen kommen mußten. In gewisser Weise hatte diese plötzliche Todesfurcht, dieses ungewisse Gefühl, das mehr einer dumpfen Besorgnis als echter Angst glich, weniger mit der Tatsache zu tun, daß ich nun bald sterben mußte, sondern mehr mit meiner Unfähigkeit zu beten oder irgendeine Verbindung zu Gott zu finden. Ich will damit sagen, ich wollte Gott gar nicht um Errettung vor dem Tode anflehen; daß ich nicht zu Ihm beten konnte, war überhaupt die Ursache meiner lästigen Todesangst. Ich spürte, wie sich ein Bächlein Schweiß seinen Weg auf meiner Stirn bahnte.

Trezevant machte deutlich, daß er sich bei der Verlesung meines Geständnisses nun dem Ende näherte. Die Worte kamen langsamer, seine Stimme erhob sich zu einem letzten dramatischen Höhepunkt: »Ich verließ sofort mein Versteck und war fast pausenloser Verfolgung ausgesetzt, bis ich vierzehn Tage später durch Mr. Benjamin Phipps in einem Loch, das ich mir mit meinem Säbel unter dem Wipfel eines gefällten Baums zum Zwecke des Verstecks gegraben hatte, aufgestöbert und verhaftet wurde. Nachdem Mr. Phipps den Ort meines Verstecks entdeckt hatte, spannte er den Hahn seines Gewehrs und zielte auf mich. Ich bat ihn, nicht zu schießen, da ich mich ergeben wollte. Daraufhin forderte er die Übergabe meines Säbels, welchen ich ihm alsbald ablieferte. Während meiner Flucht war ich mehrmals der Festnahme nur um Haaresbreite entgangen, doch dürfte Ihre kostbare Zeit eine ausführliche Schilderung dieser Einzelheiten nicht erlauben. Nun stehe ich hier, mit Ketten beladen, bereit, das Schicksal zu erleiden, das mich erwartet ...«

Trezevant ließ das Schriftstück aus seiner Hand auf den Tisch gleiten, drehte sich auf dem Absatz zu den sechs Richtern an der langen Richterbank um und fuhr rasch, fast ohne Pause, zu reden fort. Es klang beinahe, als gehörten seine nächsten Worte noch mit zu meinem Geständnis: »Wenn es dem Hohen Gericht beliebt, möchte die Staatsanwaltschaft hiermit die Beweisaufnahme abschließen. Die Einzelheiten des Falles sprechen für sich, es bestehen keinerlei Unklarheiten. Nach den blanken Tatsachen, die uns dieses Dokument enthüllt hat, erschiene es als unziemend, sich auf weitere Wortgefechte einzulassen; jeder einzelne Satz der Aussage spricht von Blut und Entsetzen und enthüllt den anwesenden Angeklagten als einen Unmenschen, der seinesgleichen nicht findet, einen teuflischen, heruntergekommenen Massenmörder, wie die Christenheit dergleichen noch nicht gesehen hat. Das, Hohes Gericht, ist keine Auslegung der Wahrheit, es ist die Wahrheit selbst. Forschen Sie in den Annalen der Geschichte, ähm, durchsuchen Sie die dunkelsten und abgelegensten Darstellungen menschlicher Bestialität, und Sie werden vergeblich nach vergleichbaren Verbrechen Ausschau halten! Attila, der Hunnenkönig, der zu Recht die Geißel Gottes genannt wurde – er, der Rom plünderte und selbst den Papst in Fesseln legte –; der Chinese Dschingis-Khan, der mit seinen mordlustigen Mongolenhorden die Reiche des Orients brandschatzte und verwüstete; der berüchtigte General Ross, den meisten älteren unter den hier Anwesenden noch wohlbekannt, der Engländer, der im Krieg von 1812 unsere Hauptstadt Washington zerstörte – alles *Vipern* in Menschengestalt, und doch ist keiner unter ihnen, der nicht wie eine hehre Säule der Tugend und Rechtschaffenheit dastünde – neben diesem Ungeheuer, das hier vor uns sitzt, hier in diesem Gerichtssaal . . .«

Die großen Namen brachten in meinem Kopf Saiten zum Klingen. In mir stieg bei dem Gedanken, wie dieser stiernackige Mann mit dem Gesicht eines Dummkopfes mich sozusagen mit einem Fußtritt in die große Weltgeschichte beförderte, ein schreckliches, lautloses Gelächter auf.

Er wandte sich wieder mir zu. Aus seinen zusammengekniffenen Augen blitzten mir Haß und Abscheu entgegen. »Ja, ähm, Hohes Gericht – all diese Männer waren, so verabscheuungswürdig ihre Taten auch gewesen sein mögen, einer gewissen Größe fähig, sie legten Großmut an den Tag; denn selbst ihre Rachegelüste, ihre Erbarmungslosigkeit, ließen noch Raum für das Gebot, Kinder und Hilflose, Alte und Gebrechliche, erbarmungswürdig Schwache zu verschonen. Selbst *ihre* harten Regeln

erlaubten ihnen noch eine Andeutung menschlichen Gefühls. So unberechenbar ihre Grausamkeit auch gewesen sein mag – ein Funke Anstand, ein Körnchen Barmherzigkeit zwang sie doch oft dazu, dem Schwerte Einhalt zu gebieten, wenns um das Blut Unschuldiger, kleiner Kinder und so weiter ging. Hohes Gericht! Ich werde mich kurz fassen; denn der vorliegende Fall bedarf keiner tönenden Anklage. Dieser Gefangene hier kann im Gegensatz zu seinen blutbeschmierten Vorläufern im Bösen keinerlei Anspruch auf mildernde Umstände auf Grund bewiesener Gnade und Barmherzigkeit erheben. Kein Mitgefühl, auch nicht die Dankbarkeit für früher erfahrene Wohltaten, für freundliche, väterliche Behandlung, konnten ihn von der Ausführung dieser gemeinen Taten abhalten. Zarteste Unschuld und gebrechliches Greisentum fielen seiner unmenschlichen Gier gleichermaßen zum Opfer. Er ist der Teufel in Person, und seine teuflischen Untaten stehen uns nach seiner eigenen Aussage nunmehr mit aller Deutlichkeit vor Augen. Hohes Gericht! Hohes Gericht! Das Volk schreit nach alsbaldiger Vergeltung! Ohne Verzug muß er die Höchststrafe erleiden, auf daß der üble Gestank dieses entmenschten und verhaßten Scheusals nicht länger die Nasen der schockierten Menschheit beleidige! Hiermit schließt die Staatsanwaltschaft ihre Beweisführung ab.«
Er war am Ende. Plötzlich bemerkte ich, wie ihm Tränen in die Augen schossen. Er hatte sich völlig verausgabt.
Trezevant wischte sich mit dem Handrücken über die Augen und ließ sich neben dem zischenden Kanonenofen nieder. Im Gerichtssaal war es still – bis auf unterdrücktes Flüstern und Raunen, gelegentliches Füßescharren, erneutes Räuspern und Husten und die einsame, hysterisch weinende Frauenstimme, die alles in verzweiflungsvollem Jammer übertönte. Drüben auf der anderen Seite des Saals sah ich Gray hinter vorgehaltener Hand mit einem leichenblassen Mann in schwarzem Talar flüstern. Dann erhob er sich rasch und wandte sich an die Richterbank. Gleich darauf hörte ich seine Stimme; es überraschte mich nicht, daß er zu dem Gericht in ganz anderem Ton sprach als mit einem armen Niggerprediger.
»Hohes Gericht!« begann Gray. »Mr. Parker und ich möchten als Verteidiger des Angeklagten unseren Kollegen Mr. Trezevant sowohl zu der eindringlichen und flüssigen Verlesung des Geständnisses dieses Angeklagten als auch zu seiner großartigen Zusammenfassung beglückwünschen. Er hat uns damit aus dem Herzen gesprochen, und wir möchten auf eine eigene Beweisfüh-

rung verzichten.« Er machte eine Pause, streifte mich mit einem gleichgültigen Blick und fuhr dann fort: »Nur ein oder zwei Punkte noch, wenn das Hohe Gericht gestattet. Ich werde mich ebenfalls kurz fassen und stimme mit dem ehrenwerten Vertreter der Anklage darin überein, daß dieser Fall keiner tönenden Reden bedarf. Wie wahr! Ich möchte ausdrücklich klarstellen, daß Mr. Parker und ich diese Punkte nicht in der Form von Einwänden vortragen möchten, auch nicht in dem Bestreben, Milderungsgründe oder Entlastungspunkte zugunsten des Angeklagten vorzubringen, der auch nach unserer Auffassung in jeder Hinsicht ebenso schwarz – bitte, das soll nicht als Wortspielerei aufgefaßt werden! – ist, wie Mr. Trezevant ihn dargestellt hat. Wenn das Hochwohllöbliche Gericht jedoch zusammengetreten ist, an den Häuptern dieser Verschwörung Gerechtigkeit zu üben, so bedarf diese einer gewissen Durchleuchtung. Dieses schreckliche Ereignis hat nämlich so manche Fragen aufgeworfen – entscheidende und bedeutsame Fragen, deren Beantwortung Sicherheit, Wohl und Seelenfrieden eines jeden weißen Mannes, jeder weißen Frau, jedes weißen Kindes berühren, so weit meine Stimme trägt und weit darüber hinaus – ja sogar bis hin in den letzten Winkel dieses südlichen Landes, in dem die weiße und die schwarze Rasse in so unmittelbarer Nachbarschaft beisammenwohnen. Mit der Verhaftung und Festsetzung dieses Gefangenen hier sind nicht wenige dieser Fragen zur vollen Zufriedenheit gelöst worden. Die weitverbreitete Angst oder gar Überzeugung, daß es sich bei diesem Aufstand nicht um eine lokale Angelegenheit, sondern um den Teil eines größeren, umfassenderen Plans gehandelt hätte, der sich wie ein vielarmiges Meeresungeheuer unter der gesamten Sklavenbevölkerung ausdehnen könnte – dieser schreckliche Gedanke darf – das können wir ganz beruhigt sagen – beiseite gelegt werden.

Doch andere Fragen werden uns zwangsläufig noch weiterhin beunruhigen. Die Rebellion wurde niedergeschlagen. Die daran Beteiligten wurden rasch und ohne Ansehen der Person abgeurteilt, ihr Anführer – der irregeleitete Bandit, der hier vor uns im Gerichtssaale sitzt – wird ihnen an den Galgen folgen. Dennoch sind nur wenige unter uns, die nicht insgeheim von sorgenvollen Überlegungen geplagt werden. Wenn wir ganz ehrlich sind, so zwingt uns die Wirklichkeit – nackte Tatsachen! – zuzugeben, daß sich das scheinbar Unmögliche in der Tat zugetragen hat: Wohlwollend behandelte Neger, denen eine äußerst milde und verständnisvolle Behandlung zuteil wurde, rotteten sich zu einer fanatischen Bande zusammen und erhoben sich bei Nacht und Nebel in mörderischer Absicht gegen genau die Leute, unter deren Obhut sie sich eines so ruhigen, zufriedenen Lebens erfreut hatten, wie es unter den Angehörigen ihrer Rasse ohne Beispiel ist. Das war keine Einbildung, kein böser Traum! Es hat sich tatsächlich ereignet, und der schreckliche Zoll an menschlichem Leid und Elend, an Not und Opfern läßt sich heute – mehr als zwei Monate nach dem unglaublichen Ereignis – noch an der Trauer ermessen, die auch hier in diesem Gerichtssaal wie eine dunkle Wolke zu verspüren ist. Wir können nicht unsere Augen vor diesen Fragen verschließen, sie lösen sich nicht auf wie Nebelschleier, um ein Dichterwort zu gebrauchen, sie vergehen nicht spurlos. Wir können sie auch nicht hinwegwünschen. Sie ängstigen uns wie das schaurige Gespenst einer schwarzen Hand über dem lieblichen Bild eines friedvoll in seinen Kissen schlummernden Kindes. Wie die Erinnerung an heimlich schleichende Schritte in der friedlichen Stille eines sommerlichen Gartens. Wie konnte das geschehen? Welcher finstern Quelle entsprang das Unheil? Kann es sich wiederholen?«

Gray hielt inne und wandte sich mir zu; sein eckiges, grob geschnittenes Gesicht zeigte wie immer keinerlei Ausdruck, nicht einmal ein feindseliges Gefühl. Seine Rede war für mich nur eine geringe Überraschung – seine Stimme drückte Autorität aus, seine Worte waren beredt und nicht mehr nachlässig hingeworfen, von oben herab, wie er in der Zelle mit mir geredet hatte, ein halbgebildeter Weißer zu einem Nigger. Es wurde offenkundig, daß er und nicht der Staatsanwalt Trezevant das Geschehen bestimmte.

»Wie konnte das geschehen?« fragte er noch einmal langsam und eindringlich. »Welcher finsteren Quelle entsprang das Unheil? Kann es sich jemals wiederholen?« Wieder machte er eine Pause. Dann deutete er auf die Papiere und rief: »Hier liegt die Antwort! Hier im Geständnis des Nat Turner!«

Er wandte sich wieder an die Richterbank, aber seine Worte gingen vorübergehend im Lärm unter; eine zahnlose alte Negerin machte sich geräuschvoll am Kanonenofen zu schaffen, öffnete die Tür, warf einen Zedernklotz ins Feuer; blauer Qualm schlug aus der Öffnung, ein Funkenregen stob auf. Dann klappte die Ofentür zu, und die Alte schlurfte weg.

Gray hüstelte und nahm seinen Faden wieder auf: »Ehrenwertes, Hohes Gericht! Ich möchte Ihnen so kurz wie möglich darlegen, daß die Geständnisse des Angeklagten paradoxerweise weit davon entfernt sind, uns Anlaß zu Besorgnis zu geben, sondern daß sie vielmehr dazu angetan sind, uns Erleichterung zu verschaffen. Es erübrigt sich wohl, besonders darauf hinzuweisen, daß die Taten dieses Angeklagten Grund genug für uns sein müssen, gegen diese Bevölkerungsschicht noch strengere und einschneidendere Gesetze zu erlassen. Gerade dieser Aufstand zeigt mit aller Deutlichkeit, daß schärfste und entschlossenste Maßnahmen nicht nur im Staate Virginia, sondern im ganzen Süden der Vereinigten Staaten vonnöten sind! Dennoch, Hohes Gericht, werde ich versuchen aufzuzeigen, daß sich derartige Aufstände in Zukunft nicht nur außerordentlich selten ereignen werden, sondern daß sie auch samt und sonders zum Mißlingen verurteilt sind, und zwar schon auf Grund der dem Charakter des Negers innewohnenden Schwächen und Mängel sowie der fehlenden Moral.«

Gray hob die Papiere vom Tisch auf, blätterte darin und fuhr dann fort: »Hohes Gericht! Fünfundfünfzig weiße Bürger haben im Verlauf dieses Aufstandes einen schrecklichen Tod gefunden, doch Nat Turner selbst hat mit eigener Hand nur einen einzigen Mord begangen. *Einen einzigen Mord* – nämlich an Miß Margaret Whitehead, der achtzehn Jahre alten, hübschen und wohlerzogenen Tochter von Mrs. Catherine Whitehead, auch sie ein Opfer des Aufstands, und Schwester von Mr. Richard Whitehead, dem vielen unter uns bekannten angesehenen Methodistenpfarrer, der ebenfalls von der Hand dieses entmenschten Packs ein grausames Schicksal erlitt. Es steht fest, daß Nat Turner nur diesen einen Mord begangen hat. Zugegeben, es war eine ganz besonders abscheuliche Tat, einem jungen Mädchen in der zarten Blüte seiner Unschuld das Leben zu rauben. Ich habe mich aber davon überzeugt, daß der Angeklagte nur diesen einen einzigen Mord beging. Überzeugt, Ehrenwertes Gericht, nachdem ich lange Zeit daran zweifelte. Vielleicht mag es dem Hohen Gericht ähnlich ergehen: Als ich über das Geständnis von den Lippen des Angeklagten nachgrübelte, da nagte der Zweifel an mir, er überwältigte mich schier gar! War nicht das Eingeständnis nur eines einzigen Mordes gleichbedeutend mit einem heuchlerischen Buhlen um Milde? Wäre ein solches Eingeständnis nicht in Übereinstimmung mit dem bösartigen Grundzug im Charakter des Negers typisch für die ausweichende Haltung, die er ständig an den Tag legt, um seine wahre Natur zu bemänteln? Ich beschloß daraufhin, den Angeklagten in allerstrengster Form mit meiner Kritik und meinen Zweifeln zu konfrontieren, doch er blieb hartnäckig bei seinem Leugnen einer noch weitergehenden Verstrickung und Teilnahme an den tatsächlichen Morden. Zu diesem Zeitpunkt begann ich – das Hohe Gericht verzeihe mir diesen Ausdruck – verdammt gründlich meine eigenen Zweifel zu bezweifeln! Denn warum sollte ein Mensch, der ganz genau weiß, daß er schon einen Mord gestanden hat und für seine Taten ohnehin sterben muß, der in anderer Weise hinsichtlich des Umfanges seiner Verbrechen eine bemerkenswerte Offenheit an den Tag legte, nicht auch die übrigen Morde eingestehen? ›Der Mann hat gebüßt‹, sagt der Dichter Coleridge in seinem unsterblichen Gedicht, ›und büßen wird er fürderhin.‹ Welchen Nutzen hätte der Angeklagte da von fortgesetztem Leugnen?« Gray hielt inne, dann faßte er zusammen: »So gelangte ich, wenn auch nach einigem Zögern, zu dem Schluß, daß der Angeklagte hinsichtlich dieses *beaucoup* wichtigen Punktes – des Mordes an einer Person, und nur an einer Person – tatsächlich die Wahrheit sagte . . .

Aber warum?« rief Gray. »*Warum* nur dieser eine Mord? Das war die nächste Frage, die ich mir vorlegte und die mir erhebliches Kopfzerbrechen verursachte. Dieser seltsame Umstand hätte sich sehr wohl mit Feigheit erklären lassen. Die typische Feigheit des Negers konnte sehr wohl ihren Ausdruck in dem Umstand finden, daß er nur dieses eine Verbrechen beging – daß er nicht einen kräftigen, wehrhaften Mann tötete, sondern sich an ein schwaches, hilfloses Geschöpf heranmachte, an ein Mädchen, das gerade erst den Kinderschuhen entwachsen war. Doch auch hier, Hohes Gericht, zwingen uns logische Überlegungen und die nackten Tatsachen zu dem Eingeständnis, daß wir angesichts dieses Aufstandes zumindest vorübergehend einige unserer altüberkommenen Ansichten hinsichtlich der Feigheit des Negers überprüfen müssen. Sicherlich hat dieser Aufstand bei Anerkennung aller Charakterschwächen des Negers – und derer gibt es mannigfaltige und schwerwiegende – den über jeden Zweifel erhabenen Beweis dafür geliefert, daß der gewöhnliche Negersklave unter einem fanatischen, mitreißenden Anführer wie Nat Turner oder auch bei der Verteidigung seines geliebten und verehrten Herrn sich vor diesen stellt und genauso tapfer kämpfen kann wie jeder weiße Mann – womit die wohltätige Wirkung eines von den Quäkern und von anderen moralisierenden und unaufrichtigen Kritikastern verschrienen Systems in geradezu schlagender Weise unter Beweis gestellt wird! ›Das Unbekannte wird stets übertrieben‹, sagt schon Tacitus in seinem Werk

Agricola! So viel zur Dummheit der Nordstaatler. Gewiß, Nat Turner besaß irregeführte Anhänger. Aber die Tapferkeit jener schwarzen Männer, die treu und wacker an der Seite ihrer guten Herrschaft kämpften, kann nicht genug gelobt werden. Halten wir sie zum bleibenden Ruhm dieser großartigen Institution fest...«

Bei Grays Worten überkam mich jetzt wieder dasselbe Gefühl von Elend und Verzweiflung, das ich an jenem Tag in meiner Zelle empfand, als Gray mir die Liste der freigesprochenen und begnadigten Neger vorlas – *Die andern Nigger warens, Reverend, mit reingezogen, mitgelaufen, verführt, die dirn Strick gedreht haben!* Diese Verzweiflung überfiel mich plötzlich wieder. Mir wurde kalt und speiübel. Gleichzeitig stand mein Traum von vorhin erneut vor meinem inneren Auge – ich sah wieder die vor Entsetzen schreienden Negerjungen hilflos im Sumpf versinken ... Der kalte Schweiß brach mir aus allen Poren und lief mir über die Backen. Tief in mir quälte mich das Gefühl, alles schuldhaft verspielt zu haben. Anscheinend entrang sich meiner Kehle ein unbewußter Laut, oder ich bewegte mich in meinen klirrenden Ketten; denn Gray hielt plötzlich inne und starrte mich ebenso vorwurfsvoll an wie die sechs alten Männer auf der Richterbank und die vielen neugierig blinzelnden Zuschauer. Dann löste sich allmählich meine innere Verkrampfung in einer Art von Schüttelfrost. Ich sah durch die beschlagenen Fenster hinaus auf die windzerzauste Kieferngruppe vor dem winterlichen Himmel.

Nur weil ich vorhin ihren Namen gehört hatte, mußte ich mit einemmal wieder an sie denken: Margaret Whitehead. Ein flüchtiges, sommerliches Bild, Licht und Schatten wechselten einander ab, Staub stieg von der zerfurchten, ausgedörrten Straße auf – neben mir auf dem Wagensitz ihre Stimme, klar, flüsternd, kindlich. Vor mir die klappernden Hufe des Pferdes unter dem zerzausten, schlagenden Pferdeschweif.

Er ist selbst gekommen, Nat – der Gouverneur persönlich! Gouverneur Floyd! Bis nach Lawrenceville ist er gekommen! Ist das nicht einfach großartig? Hast du jemals so etwas gehört? Und dann meine eigene Stimme, höflich, respektvoll: *Ja, Missy, wirklich großartig!* Wieder das kindlich-aufgeregte Mädchengeflüster: *Und wir hatten eine große Feier im Seminar, Nat. Ein richtiges großes Fest! Ich bin die Dichterin in meiner Klasse, und ich hab auch eine Ode und eine Hymne gemacht. Die Kleineren haben sie gesungen. Dann haben die kleinen Mädchen dem*

*Gouverneur einen Kranz überreicht. Willst du das Lied mal
hören, Nat? Willst dus hören?* Darauf wieder meine eigene
Stimme, ernst und höflich: *Aber sicher, Missy. Gewiß doch möcht
ich das Lied gern hören.* Dann die fröhliche Kleinmädchenstimme
an meinem Ohr, begleitet von quietschenden Federn und knar-
rendem Zaumzeug. Weiße Wolkenberge über ausgedörrten
Junifeldern, unendliche Weiten von Hell und Dunkel, zerflie-
ßende Muster, Sonnenlicht und Schatten.

> *Wir haben Blumen dir gebunden,*
> *Umschlingen sie mit buntem Band;*
> *Gedenke denn in trüben Stunden*
> *Der lieben, zarten Mädchenhand.*
> *Wir köpften, was zuerst erblühet,*
> *Wir schnitten, was am längsten währt,*
> *Die Knospe, so am schönsten glühet,*
> *Von einem starken Stamm sich nährt . . .*

Grays Stimme kam durch den Gerichtssaal wieder auf mich
zugeschwebt, erhob sich über das unruhige Scharren, das Summen
und Zischen des überheizten Ofens, der manchmal wie ein alter
Jagdhund hechelte: »Nicht die Feigheit des Negers war es, Hohes
Gericht, die den Plan des Angeklagten so vollkommen fehlschla-
gen ließ und sein Schicksal besiegelte. Wäre es lediglich um
Feigheit gegangen, so hätte Nat seinen Feldzug von einer sicheren Stelle aus gelenkt, wo er mit dem Blutbad wenig oder gar
nicht in Berührung kommen konnte, wo ihm der schaurige
Anblick erspart blieb. Doch wir wissen aus dem Munde des
Angeklagten selbst und auch von den anderen Niggern . . . von
Hark und den übrigen Negern – es besteht keinerlei Anlaß
daran zu zweifeln –, daß er sich unmittelbar an den Vorgängen
beteiligte, den ersten Streich mit eigener Hand führte und
wiederholt versuchte, mit mörderischer Hand gegen die
schreckensstarren, unschuldigen Opfer vorzugehen.« Gray legte
eine Pause ein und fuhr danach mit erhobener Stimme fort:
»Wohlgemerkt, Ehrenwertes Gericht: Ich sagte mit voller Absicht
versuchte. Dieses Wort möchte ich noch einmal ganz besonders
unterstreichen. Dieses Wort müßte in Großbuchstaben geschrieben stehen! Denn abgesehen von dem unerklärlicherweise
geglückten Mord an Margaret Whitehead – unerklärlich vom
Motiv her, ebenso geheimnisvoll in der Ausführung –, war der
Angeklagte, dieser bekanntermaßen kühne, furchtlose und

wendige Anführer des Aufstandes – nicht in der Lage, *ein einziges Mal die Waffe zu gebrauchen!* Aber nicht nur das – am Ende ließen ihn auch seine Führereigenschaften, die er zweifellos besaß, völlig im Stich!« Wieder hielt Gray inne, um dann mit ruhiger, betont sachlicher Stimme fortzufahren: »Ich möchte dieses Hohe Gericht und Sie, meine ehrenwerten Herren Richter, in aller Bescheidenheit auf die Tatsache aufmerksam machen, die offenkundig wird: nämlich daß Eigenschaften wie Unentschlossenheit, Wankelmut und geistige Beschränktheit sowie die Gewöhnung an Gehorsam so tief in der Natur des Negers verankert sind, daß jegliche aufrührerische Handlung von seiten dieser Rasse unweigerlich zum Mißlingen verurteilt ist. Deshalb rufe ich dem wackeren Volk unseres schönen Landes eindringlich zu: Laßt euch nicht beirren, unterwerft euch nie dem doppelten Dämon des Terrors und der Panik ...«

So hör mir doch zu, Nat! Hör mir weiter zu!
Ja, Missy, ich hör zu. Ein wirklich sehr schönes Gedicht, Miß Margaret ...

> *Wir wandelten auf Gartenwegen*
> *Und netzten uns am Tau, Herr.*
> *Wir pflückten all den Blütensegen*
> *Allein für dich, Herr Gouverneur!*
> *Die Blumen, die wir da gefunden,*
> *O nimm sie samt dem bunten Band,*
> *Gedenke dann in trüben Stunden*
> *Der lieben, zarten Mädchenhand.*

So! So, das war alles! Was hältst du davon, Nat! Wie gefällts dir?
Ein wirklich sehr schönes Gedicht, Missy!
Vor mir wiegt sich staubig und schweißglänzend die Kruppe des Pferdes. Langsamer wird das Tripptrapp, vorbei geht es an grünen Wiesen voller Insektengesumm. Langsam wende ich den Kopf und betrachtete ihr Gesicht mit dem behutsam-tastenden, versteckten Blick des Negers, die liebliche Linie ihrer Wange, die feine weiße Haut, durchschimmernd, zart wie Milch und Honig, die kindliche Stubsnase, den winzigen Schatten des kleinen Grübchens am kindlich gerundeten Kinn. Immer auf der Hut sein! sagte ich mir selbst in diesem Augenblick und dachte an die Warnung einer alten Negermammie: *Schau nem Weißen ins*

Aug, wenn du Ärger willst! Sie trägt eine weiße Haube, unter der sich ein paar glänzend kastanienbraune Haarsträhnen gelöst haben; das alles verleiht ihrer stillen jungfräulichen Schönheit unbewußt einen feinen Hauch von Wildheit. Sie schwitzt in ihrem weißen, leinenen Sonntagskleid. Dabei ist sie mir so nahe, daß ich ihren Schweiß rieche – scharf, fraulich, verwirrend. Mit hellem kindlichem Kichern wischt sie sich ein Tröpfchen von der Nasenspitze und blickt mir ganz plötzlich gerade ins Auge. Ihr übermütiger, fröhlicher, unbewußt koketter Blick trifft mich unvorbereitet. Verwirrt und verlegen sehe ich weg. *Du hättest den Gouverneur sehen sollen, Nat! So ein gutaussehender Mann! Ach richtig, das hätte ich ja beinahe vergessen: Es stand ein Bericht im Southside Reporter, da wurde auch mein Gedicht erwähnt. Ich auch, mit meinem vollen Namen! Ich hab den Ausschnitt hier, warte mal!* Eine Weile bleibt sie stumm und sucht in ihrer Handtasche, dann liest sie mir mit erregter, atemloser Stimme den Zeitungsbericht vor. Die Hufe trommeln den Takt dazu. *Der Gouverneur wurde danach in die Aula geleitet, wo sich über hundert Schülerinnen zu seinem Empfang bereits sehr hübsch aufgestellt hatten. Schon zuvor war ein glanzvoller Damenflor erschienen, um Zeuge des großen Augenblicks zu werden. Nach der Vorstellung hielt der Rektor eine Ansprache, die Gouverneur Floyd in gefühlvollen und wohlgesetzten Worten erwiderte. Danach sangen die jungen Damen, von Miß Timberlake am Pianoforte begleitet, nach der Melodie von ›Schlagt die Zymbeln‹ eine eigens für diesen Anlaß geschaffene Ode. Miß Covington sprach im Namen des Schulkomitees. Sie befleißigte sich eines Pathos und einer Beredsamkeit, die so leicht nicht zu übertreffen sind ... (Jetzt paß gut auf, Nat – nun kommt das von mir ...!) Miß Margarets Ode schloß sich an, worauf die jüngsten Schülerinnen in reizendster Weise das die Ode beschließende Blumenlied sangen, während sie gleichzeitig ihr Blumengebinde überreichten. Die Wirkung war überwältigend, und fast in jedes Auge stahl sich eine Träne der Rührung. Wir glauben kaum, daß der Gouverneur jemals an anderem Orte Zeuge einer schöneren Szene wurde als hier an unserem Seminar, das von den hehrsten Grundsätzen jungfräulicher Erziehung in christlichem Geiste getragen wird ...*

Was hältst du davon, Nat?

Wirklich sehr schön, Missy. Sehr schön und sehr großartig.

Eine Minute Schweigen, dann: *Ich hab mir gleich gedacht, daß dir das Gedicht gefallen wird, Nat. Ich habs gewußt, es wird dir gefallen. Weißt du, Nat, du bist eben ganz anders – nicht so wie Mama oder Richard. An den Wochenenden, wenn ich von der Schule nach Hause gekommen bin, warst du der einzige Mensch, mit dem ich reden konnte. Mama interessiert nur eins, der Ertrag – ich meine, Holz und Mais und Ochsen und das alles – und das Geldverdienen. Richard ist fast genauso schlimm. Ich meine, er ist Pfarrer und alles das, aber er hat so gar nichts Geistliches an sich. Ich meine, sie verstehen nichts von Dichtung und geistlichen Dingen und überhaupt von Religion. Ich meine, ich hab erst neulich zu Richard gesagt, wie schön die Psalmen sind, und da sagt er mit seinem mürrischen und schiefen Gesicht: Was soll denn da drun schön sein? Ich meine, Nat, kannst du dir so was vorstellen? Der eigene Bruder, und noch dazu ein Pfarrer! Welcher ist dein liebster Psalm, Nat?*

Zuerst schweige ich eine ganze Weile. Wir werden zu spät in die Kirche kommen. Ich tippe den Gaul mit der Peitsche an und bringe ihn in Trab; unter den tänzelnden Hufen fliegen ganze Wolken von Staub auf. Dann sage ich: *Das ist wirklich schwer zu sagen, Miß Margaret. 's gibt ne ganze Menge Psalme, wo mir alle sehr lieb sind. Ich glaub, ich habe den am liebsten, der so anfängt: Sei mir gnädig, GOtt, sei mir gnädig! Denn auf Dich trauet meine Seele, und unter dem Schatten Deiner Flügel habe ich Zuflucht, bis daß das Unglück vorübergehe.* Ich hielt inne, dann sagte ich: *Ich rufe zu GOtt, dem Allerhöchsten, zu GOtt, der meines Jammers ein Ende macht.* Ich erklärte ihr: *So fängt er an. Es ist der siebenundfünfzigste Psalm.*

Ja, ja, flüsterte sie. Ach ja, in dem kommt doch auch der ,Vers vor: Wache auf, meine Ehre, wache auf, Psalter und Harfe: Mit der Frühe will ich aufwachen. Während sie spricht, fühle ich bedrückend und verwirrend ihre Nähe, spüre das Rascheln und Zittern des Leinenkleides an meinem Ärmel. *O ja, der ist so schön, daß ich am liebsten weinen möchte. Du kennst die Bibel so gut, Nat. Und du weißt auch so viel von – von geistlichen Sachen. Ich meine, es ist schon komisch, weißt du, wenn ich den Mädchen in der Schule davon erzähle, dann glauben sie mirs nicht; wenn ich sage, an den Wochenenden, wo ich zu Hause bin, hab ich nur einen einzigen Menschen, mit dem ich reden kann – und der ist ausgerechnet ein Nigger!*

Ich schweige und fühle, wie rasch und heftig mein Herz klopft, aber ich weiß nicht, warum das so ist.

Und Mama sagt, du gehst zurück zur Familie Travis. Das macht die arme Margaret ganz traurig, jetzt hat sie den ganzen Sommer

*über keinen mehr, mit dem sie reden kann. Aber es sind ja nur
ein paar Meilen, Nat. Am Sonntag, da kommst du doch manchmal rüber, nicht wahr? Auch wenn du mich nicht mehr zur Kirche
fährst? Ich bin ganz einfach verloren ohne dich in der Nähe, ich
meine dein Zitieren aus der Bibel, ich meine, weil du sie so gut
kennst und alles ...* Immer weiter plappert und zirpt sie, fröhlich, unbeschwert, erfüllt von christlicher Liebe, christlicher
Tugend, christlicher Ehrfurcht und Entdeckerfreude. Ob ich nicht
auch der Ansicht bin, daß Matthäus von allen Evangelien das
empfindsamste ist? Ob nicht die Lehre der Enthaltsamkeit der
edelste, reinste, wahrste Beitrag der Methodistenkirche ist?
Ist die Bergpredigt nicht die *ehrfurchtgebietendste* Botschaft, die
jemals an die Welt erging?

Mein Herz klopft noch immer wie wild, und plötzlich erfüllt mich
ein bitterer, sinnloser Haß gegen dieses unschuldige, süße, zitternde junge Ding. Das Verlangen, die Hand auszustrecken und
ihr den langen, schmalen, weißen Hals zuzudrücken, wird fast
übermächtig. Aber – seltsamerweise bin ich mir dessen bewußt
– es ist *nicht* Haß, sondern etwas anderes. Aber was? Was nur?
Ich werde aus diesem Gefühl nicht klug. Es ist ähnlich wie
Eifersucht, doch dann auch wieder nicht. Außerdem bin ich ratlos,
weil ich ausgerechnet gegenüber diesem sanften Geschöpf eine
derartige Wut empfinde; schließlich ist sie, abgesehen von meinem früheren Herrn Samuel Turner und vielleicht Jeremiah
Cobb, der einzige weiße Mensch, bei dem ich auch nur einen
Augenblick warmer und geheimnisvoller gegenseitiger Zuneigung empfand. Dann wird mir ganz plötzlich klar, daß mein
unvermittelter Zorn und meine Verwirrung ihren Ursprung
gerade in dieser Zuneigung haben, die ich in mir nicht abtöten
kann, die aber unerwünscht ist, weil sie meinen großen Plänen
entgegensteht, die in diesem Frühjahr Gestalt annehmen und
sich zu unerbittlicher Klarheit formen.

Nat, warum gehst du so bald schon zur Familie Travis zurück?
fragt sie.

*Nun, Missy, ich bin von Massa Joe ja nur für zwei Monate aus-
geliehen. Das nennen sie ein Geschäft auf Gegenseitigkeit.*

Was ist das? fragt sie. *Ein Geschäft auf ...?*

*Nun, Missy, drum hab ich für die Mama von Missy gearbeitet.
Massa Joe brauchtn Gespann Ochsen zum Baumstumpen raus-
machen, und Miß Caty brauchtn Nigger zum Bauen von de neue
Scheune. Also tauscht mich Massa Joe für zwei Monate fürn
Gespann Ochsen ein. Das heißt Geschäft auf Gegenseitigkeit.*

Hmm ... macht sie nachdenklich. Hmm, ein Gespann Ochsen. Ich meine – und du. Wirklich seltsam. Sie bleibt eine ganze Weile stumm. Dann: *Nat, warum nennst du dich selbst einen Nigger? Ich meine ... das klingt so – so traurig, wie dus sagst. Das Wort Schwarzer gefällt mir schon besser. Ich meine, du bist schließlich ein Prediger ... Ach, schau nur, Nat, die Kirche! Schau nur, Richard hat schon die eine ganze Seite tünchen lassen!*

Wieder verflogen die schönen Träume wie Rauch. Ich hörte die Worte, die Gray zum Gericht sprach: »... zweifellos vertraut mit dem noch wichtigeren Werk Professor Enoch Mebanes von der Georgia-Universität in Athens, einer noch hervorragenderen und auf noch eingehendere Forschungen begründeten Studie als das soeben zitierte Opus der Professoren Sentelle und Richards. Denn während die Professoren Sentelle und Richards vom theologischen Standpunkt aus die unwandelbaren und angeborenen, ja sogar *vorherbestimmten* Mängel des Negers auf dem Gebiet der christlichen Moral und Ethik aufgezeigt haben, blieb es das Verdienst Professor Mebanes, den über jeglichen Zweifel erhabenen Beweis zu liefern, daß der Neger schon rein *biologisch* eine minderwertige Gattung Mensch darstellt. Dem Hohen Gericht sind Professor Mebanes Ausführungen sicherlich gegenwärtig, deshalb will ich den ehrenwerten Herren nur die allerwichtigsten Grundzüge ganz kurz in die Erinnerung rufen: *Videlicet*, daß alle Charakteristika des Negerschädels – das weit zurückweichende Kinn, meßbar nach dem sogenannten Kieferindex des besagten Professors; das fliehende, höckerstirnige *cranium* mit dem übergroßen, sonst nur bei Tieren üblichen Abstand von Ohr zu Ohr und dem Fehlen vertikaler Lobalbereiche, die bei anderen Rassen Sitz der höher entwickelten moralischen und geistigen Bestrebungen sind; schließlich die außergewöhnliche Dicke des *cranium* selbst, vergleichbar eher mit den niedersten Tieren des Feldes als mit irgendeinem menschlichen Wesen – daß alle diese Merkmale voll und ganz beweisen, daß der Neger bestenfalls ein Mittelding zwischen den Arten darstellt, ein Mittelding, das nicht so sehr verwandt ist mit den anderen Menschenrassen, sondern weit näher dem feigen Pavian jenes schwarzen Kontinents steht, dem er entstammt ...«

Gray hielt inne und stützte sich mit beiden Händen auf den Tisch, als müsse er für einen Augenblick Luft schöpfen. So betrachtete er die Richter auf ihrer Bank. Im Gerichtssaal herrschte tiefes Schweigen. Die Menschen schwiegen und blinzelten in der dicken, verbrauchten Luft, die im Raum herrschte; sie nahmen begierig jedes von Grays Worten in sich auf, als enthielte jede einzelne Silbe, die er von sich gab, das Versprechen einer Enthüllung, die ihre Furcht und ihre Sorge von ihnen nehmen könnte, selbst die Trauer, die sie aneinanderband wie der Faden des hysterischen Schluchzens im Hintergrund des Saales – einziges Geräusch in der atemlosen Stille, jeder Kontrolle entglitten, jedem Trost entrückt.

Die eisernen Schellen hatten meine Hände gefühllos werden lassen. Ich bewegte die Finger, spürte aber kein Leben in ihnen.

Gray räusperte sich und fuhr fort: »Und nun, meine verehrten Herren Richter, gestatten Sie mir bitte einen weiten Gedankensprung. Erlauben Sie mir, diese unangreifbaren biologischen Theorien des Professor Mebane mit der Konzeption eines noch größeren Denkers in Verbindung zu bringen, nämlich mit dem großen deutschen Philosophen Leibniz. Sie alle kennen Leibnizens Konzept der Monade. Nach Leibniz sind alle unsere Hirne mit Monaden erfüllt. Diese Millionen und Milliarden von Monaden sind nichts anderes als unendlich winzige Einheiten des Geistes, die gemäß ihrer natürlichen Bestimmung *nach Weiterentwicklung streben.* Ob man nun Leibnizens Theorie wörtlich nimmt oder sie – dazu würde ich neigen – mehr oder minder symbolisch versteht, so bleibt doch die unbestreitbare Tatsache bestehen, daß sich die geistige und ethische Verfassung eines Einzelverstandes nicht nur nach *qualitativen,* sondern auch nach *quantitativen* Gesichtspunkten untersuchen und beurteilen läßt. Ich will damit ausdrücken, daß dieses *Streben nach Weiterentwicklung* – diesen Begriff möchte ich noch einmal unterstreichen – letzten Endes vielleicht nichts weiter ist als das Produkt der Anzahl von Monaden, die sich rein physisch in einem einzelnen Gehirn unterbringen lassen.«

Nach kurzer Pause fuhr er fort: »Und hier, Ehrenwertes Gericht, haben wir den springenden Punkt des vorliegenden Falles, der bei genauer Betrachtung nur zu äußerst optimistischen Schlußfolgerungen führen kann. Denn mit seinem mangelhaft ausgebildeten, primitiven, ja beinahe rudimentären *cranium* leidet der Neger von Natur aus unter einem schweren Mangel an Monaden. Dieser Mangel ist in der Tat so schwerwiegend, daß dieses *Streben nach Weiterentwicklung* – in anderen Rassen hat es uns Männer wie Newton und Plato und Leonardo da Vinci oder den einmaligen Erfindergenius eines James Watt beschert – unweigerlich behindert wird, nein! im höchsten Grade verkümmert ist. So finden wir auf der einen Seite die herrliche Musikalität eines

Mozart, auf der anderen zwar angenehm klingenden, aber kindlichen und einfallslosen Singsang; auf der einen Seite die großartigen Bauwerke eines Sir Christopher Wren, auf der anderen ungeschlachte Gebilde und die simple Töpferei des afrikanischen Urwalds; auf der einen Seite die glänzenden militärischen Siege eines Napoleon Bonaparte und auf der anderen...« Wieder brach er ab und zeigte auf mich. »Auf der anderen das ziel- und planlose, armselige und vergebliche Blutbad, das ein Nat Turner anrichtete – vom allerersten Augenblick an auf Grund der biologischen und geistigen Unterlegenheit des Negers zum Mißerfolg verdammt!« Gray erhob die Stimme. »Hochehrenwertes Gericht! Wiederum ist es nicht meine Absicht, die grausigen Taten des Angeklagten zu verniedlichen, noch ein Wort gegen die Notwendigkeit einer strikteren Kontrolle über diesen Teil der Bevölkerung zu sagen. Doch wenn diese Gerichtsverhandlung uns zum Nutzen gereichen soll, so muß sie auch neue Hoffnung und neuen Optimismus in uns wecken! Sie muß uns zeigen – und ich wage zu behaupten, daß die Geständnisse des Angeklagten dies tun –, daß wir keinen Anlaß haben, in panischem Schrecken vor den Negern davonzulaufen! Nats Pläne, in der Anlage so kläglich, so ungeschickt und ziellos in der Ausführung...«
Wieder rauschten seine Worte an meinem Ohr vorbei, wurden schwächer, verklangen. Ich schloß für eine Minute schläfrig meine Augen und hörte ihre helle, glockenklare Stimme an jenem traumhaften, staubdurchwehten Sonntag vor einem halben Jahr: *Ach, du liebe Zeit, Nat! Du tust mir leid! Heute ist Missionssonntag, da predigt Richard für die Schwarzen!* Beim Absteigen von dem Einspänner wirft sie mir einen süßen, mitleidvollen Blick zu. *Armer Nat ...* Und weg ist sie, läuft vor mir her durch das stechend klare Sonnenlicht, leichtfüßig, leise rauschend und knisternd das weiße Leinenkleid. Sie verschwindet in der Vorhalle der Kirche. Ich trete kurz nach ihr ein; vorsichtig, leise stehle ich mich über die schmale Leiter zur Empore hinauf, wo allein die Neger sich aufhalten dürfen. Da höre ich schon Richard Whiteheads Stimme. Sie klingt genauso näselnd, genauso hoch und weibisch wie immer, wenn er seine Ermahnungen an die schwarze, schwitzende Gemeinde richtet, in deren Mitte ich nun Platz suche.
Gehet in euch und bedenkt, wie schrecklich das wäre, nach all den Leiden und Mühen dieses Lebens, wenn ihr im nächsten Leben der Hölle anheimfallt und, nachdem ihr euch hier schon abgerackert habt, nach allem dort in eine noch weitaus schlim-

mere Sklaverei gerietet, da eure armen Seelen dem Teufel in die
Hände fielen und ihr für immer und ewig Sklaven der Hölle
wäret, ohne Hoffnung, euch jemals aus diesen Banden befreien
zu können ... Hoch über der weißen Gemeinde, dicht unter dem
Kirchendach, wo die Hitze wie in einem Glutofen wabert und
erstickend feucht in Myriaden feinen Staubkörnchen zittert, da
hocken die über siebzig Neger aus den umliegenden Gehöften,
teils auf abgewetzten Holzbänken ohne Rückenlehne, teils auf
ihren eigenen Fersen, auf dem knarrenden Bretterboden der
Empore.
Ich blickte rasch über die Köpfe hin und entdecke Hark und
Moses. Mit Hark, den ich fast zwei Monate lang nicht gesehen
habe, tausche ich einen lächelnden Blick. Einige der Frauen
fächeln sich mit dünnen Stücken Kiefernrinde Luft zu. Die Neger
starren den Prediger aufmerksam an, hingerissen, mit der hölzernen Reglosigkeit von Vogelscheuchen. Schon nach ihrer Kleidung kann ich erkennen, wem sie gehören: Die Neger, die ziemlich wohlhabenden Leuten wie Richard Porter, J. T. Barrow und
der Witwe Whitehead gehören, sind sauber und ordentlich
angezogen; die Männer tragen Baumwollhemden und frisch
gewaschene Hosen, die Frauen buntbedruckte Kalikokleider und
rote Halstücher, einige billige Ohrringe und Anstecknadeln.
Andere, so die Sklaven von Nathaniel Francis, Levi Waller,
Benjamin Edwards und anderen ärmeren Leuten, kommen in
abgeschabten Fetzen und vielfach geflickten Sachen daher. Ein
paar von den Männern und Jungen, die auf dem Boden hocken,
besitzen gar kein Hemd. Der Schweiß rinnt ihnen in kleinen
Bächen den Rücken hinunter. Viele von ihnen strömen einen
erbärmlichen Gestank aus. Ich finde auf der Bank in der Nähe
des Fensters noch einen freien Platz zwischen Hark und einem
feisten, unverschämt dreinschauenden, schokoladenbraunen Sklaven namens Hubbard. Er gehört der Witwe Whitehead und
bedeckt seine wohlgerundeten Schultern mit der abgelegten
buntfarbigen Weste eines Weißen. Selbst jetzt, wo er gewissen-
haft und aufmerksam der Predigt da unten folgt, liegt auf seinen
dicken Lippen noch ein spöttisches, selbstgefälliges Grinsen.
Unter uns steht Richard Whitehead auf der Kanzel über den
Köpfen der weißen Gemeinde, blaß und schmal, in schwarzem
Rock und schwarzer Halsbinde. Er hebt seinen Blick gen Himmel
und schleudert seine Ermahnungen zu uns herauf, die wir unter
dem Kirchendach kauern.
Wenn ihr also Gottes freie Menschen im Paradiese sein wollt,

dann müßt ihr stets danach trachten, brav zu sein und ihm hier auf Erden zu dienen. Ihr wißt, daß eure Körper nicht euer eigen sind; sie gehören euren Besitzern, doch eure kostbaren Seelen gehören euch. Sie kann euch niemand nehmen, es sei denn, durch euer eigenes Verschulden. So bedenkt denn wohl, daß ihr hier in dieser Welt nichts gewinnt und drüben alles verspielt, wenn ihr hier ein faules, sündhaftes Leben führt. Faulheit und Bosheit kommen nämlich immer an den Tag und führen dazu, daß eure Leiber hier dafür ihre Strafe erleiden; was aber noch viel schlimmer ist: So ihr nicht bereuet und euren Lebenswandel ändert, werden im Jenseits auch eure unglücklichen Seelen dafür zu leiden haben . . .

Schwarze Wespen brummen durch die Fenster und summen benommen auf, wenn sie gegen die Dachkante torkeln. Ich höre der Predigt kaum noch zu. In einem halben Dutzend Jahre habe ich dieselben säuerlichen, keinerlei Hoffnung schenkenden Worte von seinen Lippen ein halbes dutzendmal gehört. Nichts an ihnen verändert sich, sie bleiben sich stets gleich. Diese Worte gehören nicht einmal dem Mann, der sie spricht – der Methodistenbischof von Virginia hat sie verfaßt, damit sie einmal im Jahr vor den Negern verlesen werden und damit diese in tödlicher Furcht verharren. Es ist nicht daran zu zweifeln, daß sie zumindest auf einige von uns genau die gewünschte Wirkung ausüben; während sich Richard Whitehead langsam erwärmt, die Schweißtropfen sich auf seinem fahlen Gesicht sammeln und seine Backen sich wie im Widerschein des verheißenen Höllenfeuers ein wenig röten, beobachte ich die Gesichter ringsumher. Viele Augen sind vor lauter Niggergläubigkeit weit aufgerissen, die Münder stehen ihnen offen, immer wieder läuft ihnen ein Schauder der Angst über den Rücken. Sie murmeln leise *Amen,* lassen nervös ihre Fingergelenke knacken und legen einen lautlosen Schwur ewigen Gehorsams ab. *Ja, ja!* höre ich eine schrille, leidenschaftliche Stimme sagen, dann stöhnt dieselbe Stimme *Ooooh-ja, wie wahr!* Ich blicke zur Seite und sehe, daß es Hubbard ist. Er schwankt auf seinem dicken Hintern in geradezu obszöner Weise hin und her und hält seine Augen in hingebungsvollem Gebet fest geschlossen. *Oooch-ja!* ächzt und stöhnt er, dieser fette Hausnigger, dressiert wie ein gelehriges Haustier. Da spüre ich warm und freundlich Harks schwere Hand auf meiner, ich höre sein leises Flüstern: *Nat, de Nigger da kommen in Himmel oder se machen sich in de Hosen. Wie gehts dir denn, Nat?*
Hab mich am Futtertrog von der alten Witwe Whitehead gemä-

stet, flüstere ich zurück und werde noch leiser, weil ich fürchte, Hubbard könnte mir zuhören: *Sie hatn Jagdzimmer. Gewaltige Sache! Fünfzehn Büchsen, in Glaskästen eingesperrt. Dazu nen ganzen Karren voll Pulver und Blei. Die Büchsen holn wir uns, dann gehört Jerusalem den Negern.* Vergangenen März, einen Monat bevor ich zu den Whiteheads kam, hatte ich Hark von meinen Plänen erzählt, ihm und drei anderen. *Wo stecken Henry und Nelson und Sam?*

Alle hier, Nat, sagt Hark. *Hab gewußt du kommst, Nat. Drum hab ich se alle hergezerrt. Mächtig komische Sache, Nat. Hör mal ...* Er beginnt schon wieder zu kichern. Ich mache *Pst,* aber er redet weiter: *Weißt doch, dem Nelson seine Leute, de weißen, sin Baptisten. Gehn in de Kirche drunten in Shiloh. Was de Nelson is, de hat nix inne Kirche von de Methodisten zu suchen, schon gar nicht, wenn für de Nigger gepredigt wird wie heut. Sein Massa, weißt doch, de alte Massa Jake Williams, wo nur ein Bein hat, de sagt zum Nelson: Was gehste zu de Methodisten, annem Tag, wo se auf de Nigger einreden? Sagt Nelson zu ihm: Massa, lieber Massa, sagt er, in mir is voller Sünde. Hab Massa böse Sachen getan. Was ich brauch, das is de Furcht Gottes in daß ich von jetzt an wieder Massa sein treuer Nigger sein kann!* Sekundenlang schüttelte sich Hark vor lautlosem Lachen. Ich fürchte schon, er wird uns verraten. Aber dann flüstert er mir zu: *Mächtig schlau, de Nelson, Nat! Wenns nen Nigger gibt, wo drauf scharf is, paar Weiße abmurksen, dann de alte Nelson. Da isser, Nat. Da drüben ...*

Ich glaube jetzt ganz fest an Hark. In den vergangenen sechs Monaten habe ich allmählich seine kindische Hochachtung vor den Weißen untergraben, seine Abhängigkeit; immer wieder habe ich davon gesprochen, wie unser Herr seine Frau und seinen kleinen Jungen verkauft hat – unverzeihlich und grausam war das, so sehr Massa Joe auch behauptete, er hätte nichts dagegen tun können. Allmählich habe ich Harks Widerstand gebrochen, ihn unaufhörlich, beinahe täglich, an seinen Verlust und seinen Kummer erinnert und ihn zu der Erkenntnis gedrängt, daß man zwischen Freiheit und Lebendigbegrabensein wählen muß; ich habe ihm meinen Plan für einen blutigen Zug durch die Gegend enthüllt – die Eroberung Jerusalems, dann die Flucht in die Sicherheit der großen Sümpfe, wohin uns kein Weißer folgen kann. Bis mir schließlich klar wurde, daß meine Mühe Erfolg hatte: An einem Wintertag, als Putnam ihn wieder einmal auf unerträgliche Weise stichelt und auf ihm herumreitet, da dreht er sich plötzlich zu dem Jungen herum, ein zehnpfündiges Brecheisen in der Faust, das kalte Glitzern der Mordlust in den Augen. Er sagt kein Wort, aber er bietet einen solchen Anblick kaum noch gezügelter Wut, daß selbst mir angst und bange wird. Mit den Blicken ringt er seinen angstzitternden Quälgeist nieder und verschafft sich Ruhe – ein für allemal. Also ist es geschehen. Es ist genau wie damals, wo ich zusah, wie ein großer, herrlicher Falke die Schlinge zerriß und sich hinauf in die freien Lüfte schwang. Hark frohlockt. *De kleine Schweinehund, de jagt mich nich mehrn Baum rauf.* So wird Hark mein erster Mitverschwörer. Erst Hark, dann Henry, Nelson und Sam; vertrauenswürdige, wortkarge, gottesfürchtige Männer, Werkzeuge Seiner Rache. Auch sie teilen das Wissen um mein großes Vorhaben.

Ich sehe Nelson drüben auf der anderen Seite der überfüllten Empore hocken. Er ist schon älter, vielleicht fünfundfünfzig oder sechsundfünfzig. Wie das bei Negern so üblich ist, kennt er sein Alter selbst nicht genau. Mit seinem ovalen, verschlossenen Gesicht sitzt er mitten in der unruhigen, verstörten, eingeschüchterten Menge. Er hat die Lider halb geschlossen und sieht aus, als schlafe er bald ein. Doch seine unerschütterliche Ruhe und Geduld ist wie eine ruhige, spiegelglatte See, unter deren Oberfläche sich wütende, übermächtige Naturgewalten verbergen. Etwas erhöht und glänzend schlängelt sich ein S durch das schüttere Haar auf seiner Brust, so lang und dick wie eine kleine Blindschleiche, ein Andenken an die Zeiten, da man die Sklaven noch mit einem Brandzeichen markierte. Er kann ein bißchen lesen und schreiben. Wo er es gelernt hat, weiß ich nicht. Er hat mehr als ein halbes Dutzend verschiedener Herren durchgemacht und ist die Unfreiheit so leid, daß er manchmal dem Wahnsinn nahe ist. Sein jetziger Herr ist ein bösartiger, verkrüppelter Holzfäller ungefähr in gleichem Alter. Einmal hat er Nelson geschlagen, aber da antwortete Nelson so gelassen und ungerührt, als handle es sich nur um eine lästige Mücke, mit einem harten Faustschlag mitten ins Gesicht. Er versprach seinem Herrn, ihn umzubringen, falls er ihn noch einmal zu schlagen versuche. Seitdem wagt der es nicht mehr, läßt aber Nelson aus Furcht und hilfloser, haßerfüllter Rache für zwei arbeiten und füttert ihn nur mit den ekelerregendsten Abfällen. Früher hatte Nelson Frau und Kinder, aber die bekommt er kaum noch zu sehen, weil sie über mehrere Countys verstreut leben. Genau wie Hark ist er nicht sehr fromm, und genau wie er hat er ein

Schandmaul, was mir oft Kummer bereitet. Aber im Grunde stört es mich nur wenig – für mich ist er ein Streiter Gottes, schlau, gelassen, voll unerschütterlicher Ruhe. Hinter seinen schläfrigen, halbgeschlossenen Augen verbirgt sich Tollkühnheit – er wird mir ein guter rechter Arm sein. Einmal sagte er zu mir: *Nigger-leben is weniger wert wie Scheiße. Willn Nigger sich selber achten, so muß er sich frei machen versuchen, auch wenns nich klappt.* Was unser Vorgehen betrifft, so ist sein Rat manchmal gar nicht schlecht: *Erst de Häuser, wo Pferde sin, weil mit Pferde kommen wir schneller weiter.* Oder: *Am besten am Sonntag-abend zuschlagen, da gehn de Nigger jagen. Hört son weißer Hosenscheißer was rumoren, so denkt er, isn paar Nigger won Oppossum jagen.* Oder: *Müssen bloß de Nigger von de Most-pressen weghalten. Laß de schwarzen Wollschädel ran anne Mostpressen un anne Brandy un de Krieg is schon verlorn.* Ich sehe Nelson an, er sieht mich mit seinen halb bedeckten, ver-schlafenen Augen an; in seinem Blick liegt keine Spur von Erkennen.

Wieder höre ich Harks flüsternde Stimme an meinem Ohr: *Nach de Kirche da is was aufm Friedhof los, wo de Nigger nix zu suchen haben...*

Ja, ich weiß, sage ich. Die Erregung in mir nimmt zu. Ich fühle, daß ich heute zumindest ein paar Einzelheiten meines Planes erklären kann. *Wo treffen wir uns?*

Weißte, da sin de beiden Balken übern Bach hinter de Kirche. Hab Henry un Sam gesagt, sie solln hinkommen, wenn de Wei-ßen alle aufm Friedhof sin...

Ja, gut, sage ich, dann mache ich *Pst* und bringe ihn mit einem Druck meiner Hand zum Schweigen, weil ich fürchte, daß uns jemand zuhören könnte. Wir schauen beide wieder nach vorn und heucheln fromme Aufmerksamkeit für die Worte, die von da unten durch schwärmende Wespen und knarrende Dachsparren zu uns emporsteigen.

Arme Geschöpfe! Wie wenig denkt ihr doch, wenn ihr die Geschäfte eurer Herrn faul und nachlässig betreibt, wenn ihr sie bestehlt und ihr Eigentum vergeudet oder beschädigt, wenn ihr eigensinnig und unverschämt seid, wenn ihr sie belügt und hin-tergeht oder wenn ihr verstockt und trotzig die euch aufgetrage-nen Arbeiten nicht verrichtet, solange man euch nicht bestraft – wie wenig denkt ihr doch daran, sage ich, daß die Vergehen, deren ihr euch gegenüber euren Herrschaften schuldig macht, doch Vergehen gegen Gott selbst sind, da Er an Seiner Statt eure

Herrschaft über euch gesetzt hat und erwartet, daß ihr für sie tut, was ihr auch für Ihn tun würdet. Sorgen eure Herren nicht mit Gottes Hilfe für euch? Und wie sollen sie das tun, wie sollen sie euch kleiden und ernähren, wenn ihr nicht ehrlich alles achtet, was ihnen gehört? Denkt stets daran: Gott verlangt das von euch! Und wenn ihr schon irdische Strafen nicht fürchtet, so könnt ihr doch der göttlichen Rache nicht entfliehen; Gott der Allmächtige wird zwischen euch und euren Herren richten und euch im Jenseits schwer für jede Ungerechtigkeit büßen lassen, die ihr an ihnen im Diesseits begehet. Auch wenn ihr in eurer Schlauheit den Augen und Händen der Menschen entgehen mögt, so denket immer daran, wie schrecklich es sein muß, dem lebendigen Gott in die Hände zu fallen, der sowohl euren Körper wie auch eure Seele in die tiefste Hölle zu verdammen vermag . . .

Durch das leise Stöhnen der schwarzen Gemeinde, über Hubbards wollüstiges Stöhnen und Ächzen, lauter als das Rascheln und Murmeln ringsumher, die geflüsterten *Amen* voller Hingabe und Sehnsucht, höre ich nun dicht hinter mir, fast an meinem Ohr, eine andere Stimme – leise, rauh, unzusammenhängend wie im Fieberwahn: . . . *was von de weiße Zeug, ja! Was von de weiße Zeug in de Finger* . . .

Ich brauche mich nicht umzudrehen. Plötzlich fühle ich eine tiefe Unruhe und fürchte mich davor, in dieses besessene und geistlose Gesicht zu blicken, die eingeschlagene Nase, das vorspringende Kinn und die vorquellenden Augen sehen zu müssen, in denen starr, primitiv und rein die Mordlust lodert. Ich weiß sofort, wem die Stimme gehört: Will. Unbehagen packt mich. Die Sklaverei hat ihn genau wie Nelson halb in den Wahnsinn getrieben, doch Wills aufgestaute Wut wird nicht von Schweigsamkeit und irgendeiner letzten, geheimen Macht eingedämmt. Sie ist wild und unberechenbar wie ein wütender Eber, den die Jäger in einem Dickicht rettungslos in die Enge getrieben haben und der nun wild und sinnlos um sich beißt und stößt und seiner Wut freien Lauf läßt. Will ist ungefähr fünfundzwanzig und schon oft davongelaufen. Einmal kam er fast bis Maryland; seine Flucht schaffte er weniger mit Hilfe seiner Intelligenz, sondern vielmehr durch seinen Instinkt, seine Schlauheit – genau wie die kleinen Tiere der Sümpfe es tun, durch die er sechs Wochen lang streifte, ehe er gefaßt und zu seinem Herrn zurückgebracht wurde. Der war ein Niggerfresser namens Nathaniel Francis und bleute Will mit vielen Hieben eine Art von dumpfer, aber nur vorübergehender Unterwerfung ein. Nun hockt er hinter mir. Ich weiß nicht, für wen seine gemurmelten Worte bestimmt sind: für ihn selbst, für keinen, vielleicht auch für alle. *Altes weißes Stinktier,* flüstert er und wiederholt diese Worte wie in einer inhaltslosen, lallenden Litanei immer wieder.

Wills Nähe ist mir unbehaglich. Mit ihm will ich nichts zu schaffen haben, weder jetzt noch in Zukunft. Dabei fürchte ich, daß er entdecken wird, was sich vorbereitet. Für mich sind sein Aufbegehren, seine Wut und Reizbarkeit wertlos; ich empfinde ihm gegenüber nur Mißtrauen und fühle mich von seiner wutschnaubenden Wildheit abgestoßen. Da ist außerdem noch etwas, das aus seinem besessenen Lallen deutlich wird: Ich weiß vom Hörensagen, daß er dauernd hinter den Frauen her ist und daß seine Gedanken bei Tag und Nacht nur von einem Ziel beherrscht werden: die Frauen seiner weißen Herren zu schänden. Diese Art von Ausschreitungen habe ich bereits streng verboten. Hark, Nelson und die anderen haben geschworen, das Verbot zu achten. Ich weiß, es ist Gottes Wille, dieser Art von Rache zu entsagen: *Tut an ihren Weibern nicht, was sie an den euren getan haben . . .*

Ich verscheuche den Gedanken an Will und schaue mich auf der Empore um, bis ich die beiden anderen erblicke, denen ich ebenfalls mein Vertrauen geschenkt habe. Sam ist wie Will Eigentum von Nathaniel Francis, ein drahtiger, kräftiger junger Mulatte mit Sommersprossen und rötlichbraunem Haar. Er ist widerspenstig und jähzornig, auch schon oft davongelaufen, und seine gelbliche Haut trägt die unauslöschlichen Male der Peitsche. Mir ist er wegen seiner Klugheit, aber auch auf Grund seiner hellen Hautfarbe wertvoll: Damit genießt er bei anderen hohes Ansehen, insbesondere bei den einfältigeren Negern. Sams Beteiligung an meinem Vorhaben wird uns sicher viele zusätzliche Anhänger einbringen. Er versteht sich auf lautlose, versteckte Machenschaften und hat auch schon Henry für unsere gemeinsame Sache gewonnen. Der sitzt mit geschlossenen Augen, leise schaukelnd, neben ihm, ein Bild der Ruhe und Glückseligkeit. Wahrscheinlich ist er fest eingeschlafen. Er ist klein, kantig und untersetzt, seine Hautfarbe sehr schwarz. Als einziger aus meiner Gruppe ist er ein frommer Mann. Er gehört Richard Porter, einem frommen, redlichen Mann, der noch nie seine Hand gegen ihn erhoben hat. Mit vierzig lebt Henry ganz eingesponnen in seine biblische Vorstellungswelt, in einem Land der Schatten, wo fast kein Laut ertönt. Seit seiner Kindheit ist er so gut wie taub. Damals hat ihm ein betrunkener Aufseher, an dessen Namen und

Gesicht er sich längst nicht mehr erinnert, einen Schlag über den Schädel versetzt. Die Erinnerung an diesen Schlag ist es, was seine stille, unauffällige Wut nährt ...
Orgelmusik erfüllt rauschend die Luft. Die Predigt ist beendet. Die Weißen unter uns haben sich zum Gesang erhoben.

> Wie können wir, erleuchtet
> Von Weisheit aus der Höh,
> Das Lebenslicht verweigern,
> Dem, der im Dunkel steht?

Die Schwarzen singen nicht mit, sondern sie erheben sich nur respektvoll auf ihrer brutheißen Empore, sie stehen mit offenem Mund da oder grinsen verständnislos und scharren mit den Füßen. Plötzlich kommen sie mir genauso dumm und unverständig vor wie ein Stall voller Maulesel. Ich hasse sie – einen wie den andern. Mein Blick überfliegt die weiße Gemeinde, bis er an Margaret Whitehead hängenbleibt. Sie hat das Kinn mit dem Grübchen erhoben, mit einer Hand den Arm der Mutter umfaßt – so schickt sie ihren Choral gen Himmel. Ihr heiteres, junges Gesicht strahlt wie ein Frühlingsmorgen. Dann verschwindet langsam und sanft, wie wenn man behutsam ausatmet, mein Haß gegen die Neger und macht einer wilden, verzweifelten Liebe Platz. Meine Augen quellen mir über.

> O Heil der Ewigkeit!
> Dein froher Klang erschallt,
> Weit über alle Lande
> Des Heilands Name hallt.

Später am Nachmittag – wir haben das heimliche Treffen am Bach hinter uns – lenke ich den Wagen wieder durch windstille, ausgedörrte Wiesen und Felder heimwärts. Hinter mir höre ich jetzt zwei liebevolle Stimmen – Margaret und ihre Mutter.
Ich finde, seine Predigt war wirklich erhebend. Was meinst du dazu, mein Kleines?
Einen Augenblick Stille, dann ihr heiteres, zwitscherndes Lachen.
Ach, Mutter, das ist doch jedes Jahr dieselbe Litanei! Immer derselbe Schnickschnack für die Schwarzen!
Aber Margaret! Was für ein Ausdruck für ein junges Mädchen! Schnickschnack! Da bin ich wirklich entsetzt! Wenn dein seliger Vater dich so über den eigenen Bruder reden hörte! Schäm dich!

Plötzlich merke ich zu meiner Überraschung, daß Margaret den Tränen nahe ist. *Ach, Mutter, es tut mir leid – ich weiß auch nicht ...* Ich höre sie leise schluchzen. *Ich weiß nicht, ich weiß wirklich nicht ...*

An dem Rascheln merke ich, wie die Frau ihr Kind an sich drückt. *Na, na, mein Liebes! Ich versteh dich schon. Müssen gerade die schlimmen Tage des Monats für dich sein. Wir sind ja gleich zu Hause, dann kannst du dich hinlegen, und ich bring dir eine Tasse schönen heißen Tee ...*

Hoch über dem Flachland hängen drohende Gewitterwolken. An ihrer Unterseite kocht es. Wir werden Sturm bekommen. Ich spüre, wie mir der Schweiß über den Rücken läuft. Nach einer Weile schließe ich die Augen und rieche die herrliche, kräftige Ausdünstung frischer Pferdeäpfel. Wortlos bete ich. *Verlaß mich nicht, o HErr: o mein GOtt, sei nicht fern von mir. Eile, mir zu helfen, o HErr, meine Rettung, denn die Stunde meines Kampfes nahet ...*

»Nat Turner! Aufstehen!«

Ich erhob mich. Es war heiß und sehr still im Gerichtssaal. Lange Zeit stand ich so da in meinen Ketten, unbeholfen an den Tisch gelehnt. Nichts durchbrach die Stille als nur das Fauchen und Bullern des Ofens. Ich blickte Jeremiah Cobb an. Zum erstenmal sah ich ihm gerade in die Augen und merkte, daß sein Gesicht kalkweiß war, eingefallen, beinahe fleischlos. Es war das Gesicht einer wandelnden Leiche, und es zitterte und zuckte darin wie von Krämpfen. Er sah auf mich herab. Seine Augen lagen tief in ihren Höhlen; ich hatte das Gefühl, als käme dieser Blick aus unendlichen Weiten, über die Ewigkeit hinweg, zu mir. Dann wurde mir plötzlich klar, daß auch er dem Tode nahe war – fast so nahe wie ich. Mich überkam ein seltsames Gefühl des Mitleids. Cobbs Stimme erklang. »Hast du irgend etwas vorzubringen, warum das Todesurteil nicht gegen dich ausgesprochen werden sollte?« Seine Stimme zitterte, sie klang matt und leblos.

»Ich habe nichts mehr vorzubringen«, antwortete ich. »Ich habe vor Mr. Gray ein volles Geständnis abgelegt und dem nichts hinzuzufügen.«

»So höre denn dein Urteil. Die Verhandlung vor diesem Gerichtshof hat ergeben, daß du dich eines der schwersten Verbrechen schuldig gemacht hast, die unser Strafgesetz kennt. Du wirst für schuldig befunden, kaltblütig den wahllosen Mord an Männern, wehrlosen Frauen und unschuldigen Kindern vorbereitet zu haben ... Die vorliegenden Beweise lassen auch nicht den Schatten eines Zweifels daran, daß du deine Hände mit unschuldigem Blut befleckt hast, und aus deinem eigenen Geständnis geht hervor, daß daran sogar das Blut deines Herrn klebt, den du selbst als *zu nachsichtig* bezeichnest. Könnte ich mich auf diesen Punkt beschränken, dein Verbrechen wäre schon schwer genug ... Du bist aber darüber hinaus noch der Urheber einer tiefgreifenden, tödlichen Verschwörung, die zwar in vollem Umfang nie durchführbar gewesen wäre, aber doch so weitgehend in die Tat umgesetzt wurde, daß wir viele unserer wertvollsten Bürger verloren. Sie verloren noch dazu ihr Leben in friedlichem Schlafe und unter Umständen, die allem menschlichem Empfinden ins Gesicht schlagen ... An dieser Stelle kann ich nicht umhin, dir die irregeleiteten armen Teufel in Erinnerung zu rufen, die vor dir den letzten Weg gehen mußten.« Er hielt für einen Augenblick inne. Sein Atem ging schwer. »Es sind ihrer nicht wenige. Sie waren deine Busenfreunde, und ihr Blut schreit laut gen Himmel. Es fordert Vergeltung an dir, dem Urheber ihres Unglücks. Jawohl! Du hast sie gezwungen, unvorbereitet den langen Weg von der Zeit in die Ewigkeit anzutreten! Niedergeschmettert von dieser schwer lastenden Schuld, bleibt dir als einzige Entschuldigung, daß du dich hast vom Fanatismus hinreißen lassen.«

Wieder hielt er inne und starrte mich aus jener schrecklichen, unendlichen Ferne an, in der nicht nur seine Augen, sondern auch sein sterbender Körper und Geist bereits weilten. Fern wie die Sterne. Mit schleppender Stimme schloß er: »Wenn das so ist, so bemitleide ich dich aus ganzer Seele, doch während dir mein Mitgefühl zuteil wird, ist es nichtsdestoweniger meine Pflicht, dir den Spruch dieses Gerichts zu verkünden ... Die Zeitspanne zwischen Verkündung und Vollstreckung dieses Urteils wird zwangsläufig sehr kurz sein; dir bleibt nur noch die Hoffnung auf eine andere Welt. So höre denn dein Urteil: Du sollst aus diesem Gerichtssaal in das Gefängnis verbracht werden, aus dem du gekommen bist, und von dort zur Stätte deiner Hinrichtung. Am kommenden Freitag, dem elften November, zur Stunde des Sonnenaufgangs, sollst du am Halse aufgehängt werden, bis daß der Tod eintritt. Tod! *Tod!* Gott sei deiner Seele gnädig.«

Wir starrten einander aus unendlichen Fernen an und waren uns doch nahe, so schrecklich nahe, als teilten wir für einen kurzen Herzschlag – verborgen allen anderen – das letzte Geheimnis von Zeit und Sterblichkeit und Sünde und Leid. In der Stille heulte und fauchte der Ofen wie ein zwischen Himmel und Erde am Firmament tobender Sturm. Krachend flog eine Tür auf. Da lösten sich unsere Blicke voneinander, und draußen stieg wie Donner menschliches Gebrüll auf.

An diesem Abend unterhielt sich Hark durch die Fugen der Zellenwand mit mir. Seine Stimme klang gequält und mühsam; in ihr schwang ein leises Gurgeln oder Krächzen mit wie bei einem Frosch. Nur ein Hark konnte eine derartige Verwundung so lange überleben.

An jenem Tag im August, als sie uns überwältigten, hatte er einen Schuß in die Brust bekommen. Immer wieder wurde er auf einer Trage in den Gerichtssaal geschafft, und zur Urteilsvollstreckung mußten sie ihn sicher auf einen Stuhl binden. Wir beiden sollten als die letzten sterben.

Die Dunkelheit brach herein. Je älter der kalte Tag wurde, um so mehr floß das Licht aus der Zelle wie aus einem undichten Gefäß. Meine Pritsche wurde so kalt wie ein Steinklotz. An den Zweigen draußen hingen nur noch wenige Blätter; scharf zischelte der Wind durch das frostige Zwielicht. Ab und zu schwebte ein Blatt zu Boden oder glitt mit trockenem Rascheln über den Boden meiner Zelle. Ich hörte zerstreut Hark zu, doch eigentlich wartete ich auf Gray. Nach der Verhandlung hatte er mir versprochen, daß er noch am Abend vorbeikommen und mir eine Bibel bringen werde. Der Gedanke an die Bibel versetzte mich in einen Zustand sehnsüchtiger Erwartung. Es war, als hätte mir jemand nach einem langen, heißen Arbeitstag draußen auf den ausgedörrten Feldern ein paar Eimer kühles, klares Wasser versprochen.

»O ja, Nat«, hörte ich Hark auf der anderen Seite der dünnen Bretterwand sagen, »ja da sin ne Menge Nigger totgemacht worden, später, wie du dich versteckst. Warn nich nur unsre Nigger. Hab gehört, an die hundert, vielleicht auch ne Masse mehr. Ja, de Weißen, de sin wien Schwarm wilde Wespen über uns her, habens überall an de Nigger ausgelassen. Haste nich gewußt, Nat, wie? O ja, se haben sich richtig de Wut ausgelassen. Richtig geschäumt habense, de Weißen alle. Von alle Countys rundherum sind se gekommen, von Sussex un von Isle of Wight, un se haben de Nigger richtig in Grund un Boden gestampft, habense. War ihnen egal, dassen bösen Nat Turner nie nich gefunden haben. Wenn denen son schwarzer Arsch vor de Flinte gelaufen is – bums, hat ers Fell voller Blei.« Er schwieg eine ganze Weile, und ich hörte sein mühsames, gequältes Atmen.

»Du hast dich schon versteckt, da hör ich vonnem alten freien Nigger, der steht irgendwo innem Feld inner Nähe von Drewrysville. Kommen Weiße angeritten, halten an. Einer fragt: ›Ist das hier schon Southampton?‹ Sagt de Nigger: ›Ja, Sir, Boß – da drüben is de Grenze vom County.‹ Da habense ihn übern Haufen geschossen, de Weißen – bei meiner Seele, Nat!«

Wieder verstummte er, dann fuhr er fort: »Dann hör ich vonnem annern Nigger, heißt Statesman, drüben bei Smiths Mühle. Hat nich mal was von dem Krawall gehört – weißte, der isn bißchen schwach im Kopf. Dem sein Herr, de hat richtig durchgedreht. Hat den Statesman annen Baum gebunden un so viele Löcher innem reingeschossen, da kannste de Sonne durch scheinen sehn. O ja, Nat. Sin traurige Geschichten, hab ich da gehört, de ganze Monat im Kittchen . . .«

Ich sah zu, wie sich das graue, winterliche Licht heimlich aus der Zelle davonstahl, und dachte: *Ach HErr, höre, ach HErr, sei gnädig, ach HErr, merke auf und verzeih nicht um Deiner Selbst willen, mein GOtt! Vergib mir das Blut der Unschuldigen und Erschlagenen . . . A*ber das war eigentlich kein Gebet, es kam kein Echo, kein Zeichen dafür, daß es an Gottes allmächtiges Ohr gedrungen war. Ich spürte, wie es sich in der Luft auflöste wie dünner Rauch. Ein Beben durchlief meinen Körper. Ich umklammerte mit beiden Armen meine Knie und versuchte, sie stillzuhalten. Nein, ich wollte das nicht hören! Ich unterbrach Hark: »Sag mir, Hark, was war mit Nelson? Wie ist er gestorben? Ist er tapfer gestorben?«

»Na sicher isser tapfer gestorben, der Nelson«, antwortete Hark. »Haben den guten alten Nelson schon im September aufgehängt. Ihn und noch ein. Sam. Haben beide grade wien Baum dagestanden, alle beide. Hab gehört, der alte Sam hat nicht gleich sterben wollen. Wie er inner Schlinge hängt, da hat er gezappelt un gezuckt wien alter Truthahn.« Hark begann leise vor sich hin zu lachen. »De kleine gelbe Niggerkerl, de war zu leicht für de Strick, schätz ich. Erst wie de Weißen sich an seine Beine dranhängen, da hat ern Geist aufgegeben. Aber tapfer isser gestorben, er un Nelson. Hab kein Stöhnen nich gehört und kein Ton, wiese gestorben sin, de zwei Nigger.« Er hielt inne, seufzte tief und sagte: »Eins nur, da war de alte Sam mächtig traurig: daß wir Nat Francis nich erwischt haben, de gemeine alte Schweinehund, wo sein Herr war. Sein Aufseher haben wir erwischt un zwei Kinner, aber nich Nat Francis. Hat ihm schwer zugesetzt, was de Sam is. Hab Nat Francis im Gericht gesehen, am Tag, wose Sam verurteilt haben. Heilge Herr in Himmel! Hast noch nie nich son wilden Weißen gesehn! Hui! Springt er übers Seil un will de alte Sam abmurksen, kaum dasse ihn weggezerrt kriegen. Hab gehört, Nat Francis, der is richtig durchgedreht, wie de Krach vorbei war. Er un nochn paar, die sin von Cross Keys nach Jerusalem geritten, un se haben jeden Nigger niedergeknallt, wo ihnen vor die Flinte kommt. Da war ne freie Niggerfrau, Laurie, die Frau vom alten John Bright, wo anne Schule droben wohnt – kennste doch, wie? Die hamse an Zaun gelegt un haben ihr unten 'n langen Stock reingerammt, wie wennsen Spießbraten machen wolln. O ja, Nat, was man die Wochen un Monate so zu hörn kriegt! Da warn zwei Weiße, hab ich gehört, unten aus Carolina, de haben schon ne Masse Niggerschädel aufn Pflock genagelt, bis de Soldaten se schnappen un wieder abschieben nach Carolina . . .«

»Hör auf!« unterbrach ich ihn. »Hark, hör auf, das reicht! Ich kanns nicht mehr ertragen! Kann das nicht mehr hören!« Ich bemühte mich, nicht zu denken, aber trotzdem wirbelten auf der Oberfläche meiner Gedanken Gebete wie kleine Zweige auf einer unruhigen Wasserfläche: *Laß ab von mir, daß ich mich erquicke, ehe denn ich hinfahre und nicht mehr hier sei.*

Ich höre Schritte auf dem Gang. Dann erschien plötzlich Gray an der Tür; Kitchen stand neben ihm und öffnete lärmend den Riegel.

»Kann nur eine Minute bleiben, Reverend«, sagte Gray und ließ sich langsam, ächzend auf der Holzpritsche mir gegenüber nieder. Er wirkte erschöpft, ausgepumpt. Ich bemerkte, daß er nichts mitgebracht hatte. Mein Herz sank mit einem Plumps wie ein schwerer Stein in die Tiefe; aber noch bevor ich etwas sagen konnte, hob er die Hand. »Ich weiß, ich weiß, die verflixte Bibel! Ich weiß, ich habe dir eine versprochen – was ich verspreche, halte ich immer, Reverend –, aber ich bin da auf nen ganzen Haufen unvorhergesehene Schwierigkeiten gestoßen. Sie habens fünf zu eins abgelehnt.«

»Wie meinen Sie das, Mr. Gray? Fünf zu eins?« rief ich. »Eine Abstimmung? Worüber? Ich hab doch nich viel verlangt . . .«

»Ich weiß, ich weiß«, unterbrach er mich. »Von Rechts wegen steht jedem zum Tode Verurteilten jeglicher geistliche Beistand zu, obs nun ein Weißer oder ein Schwarzer ist. Darauf hab ich heute nachmittag, wie ich die Bibel zu deinem persönlichen Gebrauch angefordert habe, auch mit allem gebotenen Nachdruck hingewiesen. Aber wie gesagt, Reverend: Ich bin dabei auf unvorhergesehene Schwierigkeiten gestoßen. Die Mehrheit der Richter ist überhaupt nicht auf diese Idee eingegangen – ganz und gar nicht. Erstens haben sie sich nachdrücklich auf denselben Rechtsstandpunkt gestellt, der auch weithin von der Allgemeinheit vertreten wird, nämlich daß man nem Nigger ohnehin das Lesen und Schreiben verbieten muß. Und zweitens – das folgt aus dem ersten Punkt – ist noch nie einem Nigger, der gehenkt werden sollte, ne Bibel gestattet worden, deshalb kann man in deinem Fall auch keine Ausnahme machen. Sie haben also darüber abgestimmt. Fünf zu eins waren sie gegen deine Bibel. Nur der Oberrichter hat dafür gestimmt, aber der – Mr. Jeremiah Cobb – ist selbst schon auf dem Weg zur Ewigkeit, deshalb denkt er wahrscheinlich nachsichtiger, was geistlichen Trost für nen Sterbenden betrifft.«

»Das ist schlimm, Mr. Gray«, sagte ich. »Wirklich schlimm. Wird schwer werden für mich, wenn ich keine Bibel kriegen kann.«

Gray schwieg eine Weile und sah mich seltsam forschend an. Dann fragte er: »Sag mal, Reverend, hast du schon mal was von ner Galaxis gehört?«

»Einer was?« fragte ich. Wirklich, ich hatte kaum zugehört. Das Elend und die Einsamkeit in mir kann ich nur schwer beschreiben.

»Galaxis«, wiederholte er und buchstabierte: »G-a-l-a-x-i-s.«

»Nun, Sir, gehört hab ich das Wort sicher schon«, antwortete ich schließlich. »Aber im Augenblick könnt ich nicht genau sagen, was es bedeutet.«

»Aber du weißt doch, was die Sonne ist, wie? Die Sonne dreht sich nicht um die Erde. Sie steht als großer Ball dort oben am Himmel. Ein Stern. Die Sonne ist ein Stern. Das weißt du doch, oder?«

»Ich hab davon wohl schon gehört«, antwortete ich. »Ein Weißer in Newsoms hats ein paar Niggern vor langer Zeit erzählt. War ein Quäker.«

»Und du hasts geglaubt?«

»Ich hab mir immer schon gedacht, das ist schwer zu glauben«, sagte ich. »Dann hab ichs aber doch geglaubt. Aus der Gnade des HErrn sind alle Dinge möglich.«

»Schön. Du weißt also, daß die Sonne ein Stern ist, aber du kannst dir unter einer Galaxis nichts vorstellen. Stimmt das?«

»Ja, das stimmt.«

»Fein. In England gibts einen großen Astronomen, Professor Herschel. Du weißt, was ein Astronom ist? Ja? – Gut. Über den hat vor kurzem ein langer Artikel in der Zeitung aus Richmond gestanden. Professor Herschel hat nun folgendes herausgefunden: Unser Stern, den wir Sonne nennen, ist nicht einer von Tausenden, nicht von Millionen, sondern von *Milliarden* anderer Sterne, die sich alle wie ein großes Wagenrad um eine Achse bewegen. Das Wagenrad nennt er Galaxis. Und diese unsere Sonne ist nur ein einziges drittklassiges Sternchen, das zwischen Millionen anderer ganz am Rand der Galaxis dahinschwimmt. Stell dir das vor, Reverend!« Er beugte sich vor, und mir stieg eine Welle seines apfelsüßen Parfüms in die Nase. »Stell dir das vor! Millionen oder gar Milliarden von Sternen, die in den Weiten des Alls herumschwimmen, voneinander durch Entfernungen getrennt, die der Verstand nicht zu erfassen vermag. Weißt du, Reverend, das Licht, das von diesen Sternen ausgeht und zu uns kommt, das war schon unterwegs, als auf unserer Erde noch keine Menschen lebten! Eine Million Jahre vor Jesus Christus! Wie verträgt sich das mit deinem Christentum? Wie verträgt es sich mit Gott?«

Ich dachte eine Weile darüber nach, dann sagte ich: »Wie ich Ihnen schon sagte, Mr. Gray: Bei der Gnade des HErrn sind alle Dinge möglich, man darf alles glauben. Da finde ich mich mit der Sonne und den Sternen und auch mit der Galaxis ab.«

»Quatsch!« rief er. »Das Christentum ist am Ende, erledigt! Kapierst du das nicht, Reverend? Und kapierst du eigentlich nicht, daß die Botschaft der Heiligen Schrift die Ursache, der erste Anstoß zu dieser ganzen elenden Katastrophe war? Siehst du denn nicht ein, daß deine verdammte Bibel schlicht und einfach *böse* ist?«

Er verstummte, und auch ich sagte kein Wort. Mir wurde nicht mehr heiß und kalt wie am Morgen – zum erstenmal an diesem Tag fühlte ich mich halbwegs wohl –, doch mein Hals war so ausgetrocknet, daß ich kaum schlucken konnte. Ich schloß meine Augen für eine Sekunde und öffnete sie wieder. In dem kalten, fahlen, dahinschwindenden Licht sah es so aus, als lächle mich Gray an; vielleicht lag es aber auch nur an dem ungewissen Zwielicht, daß sich sein fleischiges Gesicht zu einem Lächeln zu verziehen schien. Ich begann kaum zu begreifen, was Gray da gesagt hatte; es war nur der allererste Anfang des Verstehens.

Nach einer ganzen Weile – ich mußte mühsam den Frosch in meiner ausgetrockneten Kehle hinunterschlucken – fragte ich heiser: »Wie meinen Sie das, Mr. Gray? Ich fürchte, das hab ich nicht ganz kapiert. *Böse?*«

Gray beugte sich vor und schlug sich mit der Hand aufs Knie.

»Nun, *Josaphat* – Reverend, sieh dir doch nur die Akten an! Schau sie dir an! Deine eigenen Worte! All das, was du drei Tage lang runtergerasselt hast: *Heiliger Geist! Suchet das Reich Gottes! Meine Weisheit kommt von Gott!* Diesen ganzen Quatsch meine ich. Und wie war doch der Vers, den dein Heiliger Geist dir eingegeben haben soll, kurz bevor du dich auf deinen blutigen Pfad gemacht hast? *Denn er, der den Willen* ... Wie war das?«

»*Denn er, der den Willen seines HErrn kennt und ihn nicht erfüllet, der soll mit vielen Ruten geschlagen werden, und so habe auch Ich dich gezüchtigt.*«

»Ja, das war genau der Quatsch, den ich meine. Göttliche Führung! Botschaften aus himmlischer Höhe! Der größte Blödsinn, den ich je gehört habe. Und was hats dir eingebracht, Reverend? Was hast du davon?« Ich antwortete nicht, doch nun begann ich zu begreifen, was er damit sagen wollte. Ich verbarg mein Gesicht in beiden Händen und hoffte, daß er mir mehr davon ersparen würde.

»Will dir sagen, was es dir eingebracht hat, Reverend – entschuldige die brutale Offenheit. Einen beschissenen Fehlschlag auf der ganzen Linie, wie man ihn sich schlimmer nicht vorstellen kann, das hats dir eingebracht! Ein Schock Weiße umgebracht, kaltblütig abgeschlachtet, aber die Weißen halten immer noch die Zügel fest in der Hand. Siebzehn Nigger aufgeknüpft, du und Hark schon mitgerechnet, die kein Licht des Tages mehr erblicken werden. Ein Dutzend Niggerboys aus einer angenehmen Umgebung nach Alabama verschifft, wo du Gift drauf nehmen kannst, daß in spätestens fünf Jahren alle hin sind, eingegangen an der Arbeit und am Fieber. Ich hab die Baumwollplantagen gesehn, Reverend. Ich hab auch die Reisfelder gesehn – da stehn die Nigger von früh bis spät bis an den Hals im Dreck, ein schwarzer Aufseher treibt sie mit der Peitsche an, und ringsherum summen die Moskitos, so groß wie Bienen. Das ists, was du den armen Jungen gebracht hast, das haben sie vom Christentum! Das hast du dir wahrscheinlich vorher nicht überlegt, wie?«

Ich überlegte seine Frage eine ganze Weile und antwortete dann: »Nein.« Um ganz ehrlich zu sein: Daran hatte ich zuvor wirklich nicht gedacht.

»Und was hat das Christentum sonst noch vollbracht?« fuhr er fort. »Wills dir sagen. Das Christentum hat den *Mob* hervorgebracht. Den *Mob!* Es ist nicht nur schuld an deinem sinnlosen Blutbad und dem Tod aller, die daran beteiligt waren, Schwarz wie Weiß, es ist auch schuld am Schrecken der ungesetzlichen

Vergeltung, der furchtbaren *Repressalien*. Einhunderteinund-
dreißig Nigger, Sklaven und Freie, in einer einzigen Woche vom
Mob unschuldig hingemetzelt – von einem Mob, der nur Rache
wollte. Auch das hast du dir wahrscheinlich vorher nicht überlegt,
Reverend, wie?«

»Nein«, antwortete ich leise. »Nein, das hab ich nicht bedacht.«

»Außerdem kannste Gift drauf nehmen, wenn das Parlament im
Dezember wieder zusammentritt, daß es Gesetze beschließen
wird, neben denen die jetzigen wie Vorschriften für das Picknick
einer Sonntagsschule aussehen werden. Man wird alle Nigger in
nem dunklen Keller einsperren und den Schlüssel wegwerfen!«
Er hielt inne. Meine Nase sagt mir, daß er sich wieder zu mir
vorbeugte. »Abschaffung der Sklaverei«, flüsterte er. »Reverend,
du allein mit deinem Christentum hast mehr zur Niederlage der
Abolitionisten beigetragen als all die lästigen und schnüffelnden
Quäker zusammen, die jemals ihren Fuß auf den Boden Virginias setzten. Auch das hast du nicht bedacht, wie?«

»Nein.« Ich sah ihm in die Augen. »Wenn das wirklich so ist –
nein.«

Er imitierte spöttisch den leiernden Tonfall der Prediger.
»*Christentum!* Gewalt, Plünderung, Blutbad! Tod und Vernichtung! Elend und Leid für ungezählte Generationen. Das hat dein
Christentum erreicht, Reverend! Das sind die Früchte deines
heiligen Auftrags! Das ist die Frohbotschaft deines Glaubens.
Achtzehnhundert Jahre christliche Lehre und ein schwarzer Prediger – mehr braucht es nicht für den Beweis, daß Gott nichts
weiter ist als eine gottverdammte Lüge!«

Er stand auf und zog sich die schmierigen Handschuhe an. Leise
und freundlich sagte er: »Entschuldige, Reverend. Muß jetzt
gehen. Wollte dich nicht beleidigen. Alles in allem hast du dich
mir gegenüber recht anständig gezeigt. Trotz allem, was ich
gesagt habe, glaube ich, daß sich jeder Mensch nach seiner eigenen Erleuchtung richten muß, auch wenns nur ne Wahnvorstel-
lung ist. Gute Nacht, Reverend. Ich komm noch mal vorbei.«

Nachdem er gegangen war, brachte mir Kitchen in einem Napf
kalten Brei aus Mais und Schweinefleisch und einen Becher Wasser. Ich saß in der frostigen Finsternis und aß. Dabei beobachtete
ich, wie das letzte fahle Licht am westlichen Himmel im dunklen
Grau verglomm. Plötzlich hörte ich Hark hinter der dünnen
Bretterwand leise lachen.

»De Mensch hats dir aber mächtig gesteckt, Nat. Was hatn so in
Dampf gebracht?«

Aber ich gab ihm keine Antwort. Statt dessen stand ich auf und trat, so weit meine Kette es mir erlaubte, ans Fenster.

Dunstige Abenddämmerung hing über Jerusalem, über dem braunen, träge dahinrollenden Fluß und den Wäldern auf der andern Seite, wo Schwarzeichen und Zypressen zu dunklen Schemen im rauhen, winterlichen Dunkel zusammenflossen. In den nahe gelegenen Häusern flackerte der gelbe Schein von Lampen und Laternen auf. Ein leises, fernes Klappern von Tellern und Näpfen hing in der Luft, Türen klappten – die Einwohner der Stadt rüsteten sich zum Abendessen. In irgendeiner weit entfernten Küche hörte ich eine Negerin singen. Das Lied erzählte traurig von Weh und Mühsal, aber die Stimme klang voll und stark: *Ich kenn den Mond, den Sternenweg, so leg ich mich denn hin* ... Schon war die dünne Schicht Pulverschnee verschwunden. Feiner Rauhreif bedeckte statt dessen den Boden mit den eisnassen Nadelspitzen gefrorenen Taus, kreuz und quer durchzogen von den Spuren der Eichhörnchen. Schweigend und frierend stapften zwei Wächter mit Büchsen, in dicke Wintermäntel gehüllt, ihre Runde ums Gefängnis. Ein Kälteschauer ließ mich erbeben. Ich schloß die Augen und lauschte dem Klagelied der Negerfrau. So lehnte ich am Fenster, halb träumend, halb benommen von übermenschlicher Müdigkeit und Sehnsucht. *Wie der Hirsch schreiet nach frischem Wasser, so schreiet meine Seele, GOtt, zu Dir. Meine Seele dürstet nach GOtt, dem lebendigen GOtt. Deine Fluten rauschen daher, daß hier eine Tiefe und da eine Tiefe brausen; all Deine Wasserwogen und Wellen gehen über mich* ...

Es kam mir wie eine Ewigkeit vor, die ich so am Fenster lehnte und meine Augen dem Dämmerlicht verschloß. Vielleicht hat er recht, dachte ich. Vielleicht war alles vergebens, oder schlimmer noch: Vielleicht war wirklich alles, was ich getan habe, böse vor dem Angesicht Gottes. Vielleicht hat er recht, und Gott ist tot, nicht mehr da. Vielleicht liegt es daran, daß ich ihn nicht mehr erreichen kann ... Ich öffnete wieder die Augen und blickte hinaus in die Düsternis. Über den schwarzen Wipfeln des Waldes zog vor einem Himmel, der grau war wie Rauch, ein Schwarm Wildenten nach Süden. Ja, dachte ich, vielleicht stimmt das alles; denn warum sollte Gott mich sonst nicht erhören, mir nicht antworten? Die volle, tönende Stimme der Negerin klang immer noch durch die immer dichter herabsinkende Dunkelheit: *Im Mondschein geh ich, im Schein der Sterne, so leg ich mich denn hin* ... Voll Trauer und doch ungebeugt, standhaft, furchtlos tönte die Stimme durch den Abend wie eine Erinnerung. Eine Windbö schwang sich vom Fluß herauf, raschelte im dürren Laub, verdrängte die Stimme und legte sich wieder schlafen. *So lieg ich im Grab und erheb meine Arme* ... Plötzlich brach der Gesang ab. Alles war totenstill.

Dann war also alles falsch, was ich tat, HErr? murmelte ich. *Und wenn alles falsch war – gibt es für mich dann keine Erlösung?*

Ich hob meinen Blick, doch da war keine Antwort, nur der undurchdringlich-graue Himmel. Rasch senkte sich die Nacht über Jerusalem herab.

2. *Teil* Vergangene Zeiten

Stimmen, Träume, Erinnerungen

Als ich ungefähr zwölf Jahre alt war und noch mit meiner Mutter in dem großen Haus an der Turner-Mühle wohnte, da kam eines Abends ein dicker Weißer vorbei und wurde von Samuel Turner, meinem damaligen Besitzer, zum Abendessen eingeladen. Dieser Reisende war ein netter, gutmütiger Kerl mit einem runden, geröteten Gesicht voller Pockennarben und einem dröhnenden Lachen. Er handelte mit Farmbedarf – Pflügen und Eggen, Hacken, Schaufeln und anderem Gerät – und reiste mit mehreren großen Planwagen im Lande auf und ab. Mit seinem Gespann Zugpferde und seinen beiden Helfern übernachtete er mal auf dieser Farm, mal auf jener Plantage, wo er gerade seine Waren anbot. An den Namen des Mannes erinnere ich mich nicht mehr; vielleicht habe ich ihn überhaupt nicht zu hören bekommen. Aber ich weiß noch, daß Vorfrühling war. Eigentlich erinnere ich mich an den Mann nur wegen der Bemerkungen, die er über das Wetter und die Jahreszeit machte. An jenem Aprilabend bediente ich bei Tisch. Diese Aufgabe hatte ich gerade erst übernommen; es waren noch zwei ältere Neger dabei, aber ich als Anfänger hatte die Gläser mit Most oder Buttermilch zu füllen, alles aufzuheben, was zu Boden fiel, und die Hunde und Katzen zu verscheuchen. Die Stimme des Fremden klang laut, aber herzlich, als er in seinem eigentümlichen nördlichen Akzent Massa Samuel und der ganzen Familie seine Rede hielt.

»Nein, Sir, Mr. Turner«, sagte er, »einen solchen Frühling, den gibts in unserem herrlichen Land nur einmal. Nichts gleicht dem Frühling von Virginia, wenn er so voller Kraft ausbricht. Dafür gibts einen guten Grund, Sir. Ich bin die ganze Küste auf und ab gereist, angefangen vom nördlichsten Neuengland bis runter in den heißesten Teil Georgias, und ich weiß schon, wovon ich rede. Warum ist der Frühling von Virginia so einmalig? Sir, das ist ganz einfach: Es liegt daran, daß es in südlicheren Breiten immer so warm bleibt, daß der Frühling keine Überraschung mehr bringt, während sich weiter im Norden der Winter so lange hinzieht, daß es fast überhaupt keinen Frühling gibt – der Winter geht unversehens in den Sommer über. Aber in Virginia, Sir, da ist das Klima einmalig! Geradezu ideal! Die Natur hat es so eingerichtet, daß der Frühling in einem plötzlichen warmen Schwall hereinbricht. Nur auf der Breite von Virginia, Sir, ist der Frühling wirklich wie eine mütterliche Umarmung!«

An diesen Augenblick erinnere ich mich so deutlich wie an ein großes Ereignis, das erst vor ein paar Sekunden stattgefunden hat. Ich spüre noch immer den Hauch des Frühlings in der Nase, sehe lebhaft das goldene, staubdurchwobene Abendlicht, höre, wie die Luft erfüllt ist von gedämpften Stimmen und dem leisen Klappern von Porzellan und Silber. Kaum hat der Mann ausgesprochen, da läßt die Standuhr draußen auf dem Flur sechs eherne Schläge ertönen, und durch das Schlagen der Uhr höre ich Samuel Turners Stimme, leise, aber deutlich in der Aussprache: »Das ist vielleicht ein wenig geschmeichelt, Sir, denn mit dem Frühjahr kommt auch die Insektenplage. Aber es stimmt schon: In diesem Jahr war uns die Natur wohlgesonnen. Wir haben kaum je zuvor so ideale Bedingungen für die Aussaat gehabt.«

Im Gespräch tritt eine kleine Pause ein; der sechste Glockenschlag hängt noch eine Weile mit schläfrigem Summen im Raum, bevor er dumpf im Nichts verklingt. Im gleichen Augenblick sehe ich mich in dem wandhohen Spiegel gegenüber neben dem Wandschrank: ein magerer, unterentwickelter kleiner Negerjunge in gestärkter weißer Jacke, die schwarzen Zehen des einen bloßen Fußes verlegen hinter den anderen Fuß gehakt, so stehe ich mit weiß rollenden Augen nervös und aufmerksam wartend da. Mein Blick kehrt rasch zum Tisch zurück, wie mein Eigentümer mit einer weit ausholenden, kreisförmigen Bewegung seiner Gabel die ganze Familie ringsum einschließt: seine Frau und seine verwitwete Schwägerin, die beiden Töchter von neunzehn oder zwanzig und seine beiden Neffen, erwachsene Männer über fünfundzwanzig mit derben Gesichtern und kräftigen Nacken, die Haut gegerbt und gebräunt von Wind und Wetter. Samuel Turners Geste schließt sie alle ein. Er schluckt den Bissen hinunter, räuspert sich umständlich und fährt mit warmer, humorvoller Stimme fort: »Natürlich, Sir, kann ich von meiner Familie hier nicht verlangen, daß sie nach einem langen, bequemen Winter den Beginn der arbeitsreichen Jahreszeit sonderlich begeistert begrüßt.« Lachen. Jemand protestiert: »Aber, Papa!« Und ich höre einen der beiden jungen Männer rufen: »Jetzt bringst du aber deine fleißigen Neffen in Verruf, Onkel Sam!« Mein Blick sucht den Reisenden. Er hat sein breites, schrecklich zernarbtes Gesicht in fröhliche Falten gelegt, und an seinem Kinn läuft ihm etwas Soße herunter. Miß Louisa, die ältere Tochter, lächelt ein wenig und wird dann rot. Sie läßt ihre Serviette fallen. Sofort stürze ich hin, hebe sie auf und lege sie ihr wieder auf den Schoß. Die Heiterkeit verebbt allmählich im abendlichen Zwielicht, unbeschwert geht die Unterhaltung weiter und kreist stets um dieselben Dinge. Die Frauen schweigen, nur die Männer schwatzen mit vollem Mund, während ich mit meinem Porzellangießer voll dampfendem Most von einem zum anderen gehe und mich dann wieder zwischen den Stiernacken der beiden Neffen an meinem befohlenen Platz aufbaue und wie ein Reiher auf einem Bein stehe. Langsam wandert mein Blick hinaus in den Abend. Über die Veranda hinweg sehe ich die Weiden, die sich in sanften Wellen bis zum Waldrand hinziehen. An dem groben, harten Gras tun sich zwei Dutzend Schafe gütlich. Ohne Hast bewegen sie sich in dem gelblichen Licht, bewacht von einem Collie und einer krummbeinigen Negerin. Dahinter senkt sich die Wiese zu dem Holzweg, der sie vom Wald trennt; dort ziehen gerade zwei Mulis mit Schlappohren einen leeren Wagen das letzte Mal für heute vom Lager zur Sägemühle. Auf dem Kutschbock sitzt ein Neger, den Strohhut fest auf den Schädel gedrückt. Während ich ihn beobachte, versucht er, sich am Rücken zu kratzen. Zuerst schlängelt sich sein linker Arm von unten her nach hinten, dann versucht er, mit dem rechten Arm über die Schulter zu greifen, doch die gekrümmten schwarzen Finger tasten vergeblich nach der Stelle, die ihn so entsetzlich juckt. Die Mulis trotten dabei gleichmäßig den sanften Hang hinunter. Schließlich erhebt sich der Neger in dem schwankenden, holpernden Gefährt, steht unsicher auf den Beinen und reibt sich den Rücken wie eine Kuh an der seitlichen Stange des Wagens.

Der Anblick kommt mir aus irgendeinem Grunde furchtbar komisch vor. Ich ertappe mich dabei, wie ich leise in mich hineinkichere, natürlich nicht so laut, daß die Weißen es hören könnten. Noch eine ganze Weile schaue ich dem Wagen nach, wie er am Waldrand entlangrumpelt. Der Mann setzt sich wieder hin, dann höre ich ganz entfernt den Hufschlag und das Quietschen der Achsen auf der kleinen Brücke. Der Wagen umrundet den unteren, schlammigen Rand des Mühlteichs, über den lautlos und vornehm zwei Schwäne dahingleiten, schließlich verschwindet er hinter der weißen Mühle, die schon im dunklen Schatten des Waldes liegt. Schwach dringt von dort das Ächzen der gequälten Baumstämme an unser Ohr, wenn sich das Metall der Sägeblätter in sie hineinfrißt *Srrrrt – ssrrrrt*.

Der Collie und die Negerin treiben die Schafe herein. Sein

Kläffen kommt näher und reißt mich aus meinem Tagtraum. Ich wende mich wieder der Tafel zu, höre das feine Klappern von Silber auf Porzellan und höre, wie der Reisende breit und einschmeichelnd zu Massa Samuel sagt: »In diesem Jahr haben wir ein ganz neues Sortiment. So zum Beispiel habe ich reines Meersalz von der Ostküste Marylands, ein echtes Tafelsalz zum Würzen und Konservieren, Sir. Gibt nichts Besseres auf dem Markt. Sie sagten, Ihr Haushalt umfaßt zehn Personen, einschließlich Aufseher mit Familie? Dazu achtundsechzig erwachsene Neger? Dann werden Sie es hauptsächlich zum Einsalzen von Speck brauchen, nehme ich an, Sir. Fünf Sack müßten reichen. Die kann ich Ihnen äußerst günstig für einunddreißig Dollar und fünfundzwanzig Cents anbieten . . .«

Wieder machen sich meine Gedanken auf die Reise. Sie wandern hinaus zu dem fröhlichen Vogelgezwitscher in der Abenddämmerung – Amseln und Wanderdrosseln, Finken und schwatzhafte Häher, dazwischen weit draußen über der Flußniederung das zeternde Gekrächze eines Krähenschwarms, durchdringend und rauhkehlig. Die Szene da draußen zieht langsam und unwiderstehlich meine Aufmerksamkeit an. Mit einem Gefühl echter Freude betrachte ich das Stoppelgras auf dem sanften Hang, golden im gedämpften Licht des Abends, darüber zart flatternd die ungezählten Vogelschwingen; ganz in der Nähe das umgegrabene Blumenbeet, frisch und feucht duftende Erde. Die kleine, krummbeinige Schäfersfrau ist mitsamt ihrem Collie und der Schafherde verschwunden. Nur der feine Staubschleier, der über der Wiese schwebt, erinnert noch an sie. Er wird von Windböen hochgewirbelt und tanzt in der Abendluft wie feinster Sägestaub. In der Ferne übertönt die Mühle immer noch mit ihrem heiser-gedämpften Kreischen das monotone Rauschen des Wassers im Schleusenkanal. Zwei riesige Wasserjungfern zucken durch die Luft, wild, funkelnd und durchsichtig. *Frühling*. Ich habe Angst, daß die anderen meine innere Erregung bemerken, aber meine Glieder strecken sich und zittern in wohligem Erschauern. Mein Blut fließt rascher durch die Adern, ich höre, wie es in mir pulst. Genauso stelle ich mir Wogen vor, die an ein warmes Meeresgestade spülen. Ein wollüstiges Prickeln rieselt mir durch den ganzen Leib. Wie ein Echo gehen mir die Worte des Reisenden durch den Kopf – *Frühling von Virginia, Frühling, Frühling*. Ich ertappe mich dabei, wie ich diese Worte leise flüstere, und muß dabei ein wenig lächeln. Ich bin noch halb benommen; die Augen liegen mir wie Murmelsteine im Kopf.

Dabei bin ich erfüllt von einem unerklärlichen Glücksgefühl und zugleich einer peinigenden Erwartung.

Dann wird die Stimme des Reisenden wieder deutlicher, ich kehre in die Wirklichkeit zurück und fühle den Blick meiner Herrin, Miß Nell. Ihre Lippen formen lautlos ein Wort: »Most.« Mit beiden Händen greife ich nach der schweren Porzellankanne und mache noch einmal meine Runde. Zuerst fülle ich die Gläser der Frauen und gebe peinlich acht, daß auch nicht ein Tropfen verschüttet wird. Meine Vorsicht ist übertrieben. Ich halte die Luft an, bis die Tischkante vor meinen Augen verschwimmt. Schließlich stehe ich neben dem Reisenden. Während ich ihn bediene, unterbricht er sein Geplauder und ruft wohlwollend: »Na hör mal, der Krug ist ja beinah größer als du!« Mir ist nur halb bewußt, daß diese Worte für mich bestimmt sind. Ohne mich darum zu kümmern, gieße ich ihm den Most ein, stelle das Glas wieder auf den Tisch und beende meine Runde um den Tisch. »Nettes Kerlchen«, fügte der Reisende beiläufig hinzu, aber ich bringe das, was da gesagt wird, immer noch nicht in Beziehung zu mir. Bis ich schließlich neben Miß Nell stehe und ihre sanfte, herablassende Stimme von den Höhen der weißen Überlegenheit herabschweben höre: »Und schlau ist er, Sie würden es nicht glauben! Buchstabier mal ein Wort, Nat!« Sie wendet sich an den Reisenden: »Geben Sie ihm ein Wort zu buchstabieren.«

Plötzlich stehe ich wie angewurzelt da. Mein Herz klopft wie wild, weil ich merke, wie sich aller Blicke auf mich richten. Der Krug in meiner Hand wird so schwer wie ein Felsbrocken. Der Fremde strahlt mich an. Er denkt eine Sekunde nach, dann fragt er: »Kannst du das Wort ›Dame‹ buchstabieren?« Aber noch ehe ich antworten kann, fällt ihm Samuel Turner belustigt ins Wort: »Aber nein – etwas Schwierigeres!« Der Reisende feixt immer noch und kratzt sich nachdenklich die Backe. »Na schön«, murmelt er. »Nehmen wir irgendeine Blume. Ja – ich habs! ›Columbine‹. Kannst du das buchstabieren? Ich buchstabiere das Wort, rasch und ohne zu zögern, aber ich hasple die Buchstaben voller Verlegenheit herunter, während mir das Blut in den Ohren braust. »C-o-l-u-m-b-i-n-e buchstabiert man *Columbine*.« Erst wie mir das Echo des brüllenden Gelächters von den Wänden des Zimmers entgegenschlägt, merke ich voller Schrecken, daß ich meine Antwort aus Leibeskräften und noch dazu verdreht hinausschreie. Hastig, immer noch mit wild pochendem Herzen, gehe ich wieder auf meinen Platz zurück.

»Ich weiß, manche betrachten das als ungewöhnlich«, höre ich meinen Herrn sagen. »Aber ich bin der Überzeugung, je besser man einen Neger in religiösen und geistigen Dingen unterweist, um so besser für ihn, für seinen Herrn und für das Gemeinwohl. Man muß aber schon in zartem Alter beginnen. In Nat sehen Sie, Sir, den vielversprechenden Anfang eines Versuchs. Im Vergleich zu weißen Kindern ist er natürlich spät dran, aber . . .«

Ich höre ihm zu, auch wenn ich seine Worte nicht ganz begreife. Dabei schwinden Angst und Beklommenheit allmählich; die Ursache war teils kindliche Verlegenheit, teils die Furcht, in aller Öffentlichkeit einen Fehler zu begehen; aber nun empfinde ich etwas wie gelöste Heiterkeit, Stolz auf meine Leistung. Schließlich war ich zwar vorlaut, aber immerhin wußte ich das schwere Wort. In dem Gelächter lag mehr Lob und Anerkennung als Spott. Die heimliche Freude an dieser Entdeckung jagt mir ein herrliches Kribbeln durch den ganzen Körper. Und obgleich ich im Spiegel ein ausdrucksloses, beschämtes Gesicht mit säuerlich verzogenen rosa Lippen erblicke, höre ich, wie es sich in mir regt. Ich spüre wildes Leben in mir erwachen. Die Selbstzufriedenheit ist wie ein Fieberschauer.

Aber sie haben mich rasch wieder vergessen. Der Reisende preist schon wieder seine Waren an. »Das ist ein Careypflug, Sir, die Schar aus kräftigem Schmiedeeisen. Ich glaube, er wird schon bald alle anderen Pflüge vom Markt verdrängen. In den Nordstaaten herrscht eine rege Nachfrage . . .« Doch während er redet und meine Gedanken sich wieder auf Wanderschaft begeben, bleibt doch ein warmes Gefühl des Stolzes auf die eigene Leistung zurück. Mich überkommt eine Zufriedenheit, ein Zugehörigkeitsgefühl, so köstlich, daß ich vor Wonne laut schreien könnte. Diese Freude verschwindet auch nicht. Sie bleibt in mir, auch nachdem der Nadelwald lange, ausgefranste Schatten über die verlassenen Weiden malt und in der Ferne langgezogen und sehnsuchtsvoll klagend ein Hornsignal die Neger aus der Mühle und von den Feldern zum Feierabend ruft. Unvermittelt wie eine plötzlich unterbrochene Unterhaltung hört das Kreischen der Säge auf; die nachfolgende Stille liegt mir wie Lärm in den Ohren. Die Dämmerung senkt sich tiefer über die Wiese. Fledermäuse, kaum größer als Sperlinge, huschen im Zickzack dahin. Durch die dichter werdenden Schatten sehe ich in der Ferne die Neger im Gänsemarsch von der Mühle auf ihre Unterkünfte zutrotten. Ihre dunklen Gesichter sind kaum zu erkennen, aber ich höre ihre Stimmen, mal lauter, mal leiser, träge einander neckend, dazwischen ab und zu ein lautes Lachen.

So schlurfen sie langsam nach Hause, die Schultern gebeugt von der Last eines langen Tages voller Mühe und Plage. Wie die sanften, zerflatternden Töne der Spottdrossel stiegen undeutliche Wortfetzen ins Zwielicht auf und schwebten über die Wiese herüber: *»Hoo-hee-da, Simon! Schee-ißnigger! Waa-rte, dich krieg ich!«*

Rasch wende ich mich ab. Geht von der langen Reihe müder, schwitzender Neger vielleicht ein Geruch aus, der mich an Verzweiflung erinnert, an etwas Häßliches, das sich wie Rauhreif auf mein kindliches Gefühl warmer Geborgenheit in diesem Hause legt und die Schönheit des Aprilabends zerstört? Noch einmal mache ich mit meinem Porzellankrug die Runde um den Tisch. Die beiden anderen schwarzen Hausdiener, Little Morning und Prissy, räumen unterdessen das Geschirr ab und entzünden die Kerzen in den schweren Zinnleuchtern. Im dunklen Zimmer breitet sich kürbisgelber Lichtschein aus.

Mein Herr hat seinen Stuhl zurückgeschoben und die Daumen in seine Westentaschen gehakt. Er redet jetzt. Wenn die alten Hausneger, die das Leben der Weißen genauer kennen als diese selbst, recht haben, dann wird er am zwölften Tag des kommenden Juni, genau um fünf Uhr dreißig morgens, dreiundvierzig Jahre alt. Aber er sieht älter aus. Vielleicht erscheint er auch nur mir älter, weil ich ihm gegenüber solche Ehrfurcht empfinde, daß ich in ihm unwillkürlich – körperlich wie auch geistig – eine verehrungswürdige patriarchalische Gestalt erblicke, wie Moses auf dem Berge Sinai oder wie der bärtige Prophet Elias, als er triumphierend die Menschwerdung Christi kündet. Trotzdem hat er früh schon Falten um den Mund; er hat immer hart gearbeitet, daher auch die Falten und die baumwollgrauen Spitzen seines Backenbartes. »Häßlich wie ne Ratte«, hat ihn meine Mutter genannt, und vielleicht hat sie recht damit: Sein eckiges Gesicht ist zu lang und erinnert an ein Pferd, die gebogene Nase steht zu weit vor, und was das Kinn meines Herrn betrifft, so hat meine Mutter bemerkt: »Viel Kinn hat ihm der Himmel nich beschert.« Doch seine Augen blicken freundlich, klug, strahlend. In seinem Gesicht verbinden sich Kraft und eine seltsame, stetige Fröhlichkeit. Er sieht immer so aus, als wollte er im nächsten Augenblick ein zaghaftes Lächeln aufsetzen. Damals war er für mich beinahe so etwas wie ein göttliches Wesen.

»Setzen wir uns auf die Veranda«, sagt er zu dem Reisenden und schiebt seinen Stuhl zurück. »Sonst gehen wir immer ziemlich pünktlich um acht schlafen, aber heute abend trinken wir noch eine Flasche Portwein miteinander, während wir die Bestellung aufsetzen.« Er legt dem Reisenden, der sich nun ebenfalls erhebt, leicht die Hand auf die Schulter. »Ich hoffe, Sie verzeihen mir, wenn das ein bißchen überheblich klingen sollte, und ich sollte es eigentlich auch nicht sagen, aber für einen Händler, der auch noch die Strapazen der weiten Reisen auf sich nehmen muß, führen Sie ungewöhnlich gute Waren. Für uns, die wir weit vom nächsten Handelsplatz entfernt wohnen, ist das außerordentlich wichtig. Seit vorigem Jahr hatte ich Gelegenheit, Sie meinen Freunden zu empfehlen.« Der Reisende strahlt vor Vergnügen. Wie er sich vor den Damen verneigt, schnauft er ein wenig, dann geht er zur Tür. »Recht vielen Dank . . .«, beginnt er, aber die Stimme meines Besitzers unterbricht ihn – nicht unfreundlich, nicht einmal abrupt, sondern vielmehr mit einer Fortsetzung des Kompliments: »Sie sollen ebenso zufrieden sein, wie ich es immer war. Was sagten Sie, wohin Sie morgen reisen wollten? Greensville County? Dann müssen Sie bei Robert Munson am Meherrin-Fluß vorbeischauen . . .«

Die Stimmen verklingen. Ich helfe dem alten Little Morning und der jüngeren Prissy mit dem Geschirr. Die übrigen Familienangehörigen erheben sich ebenfalls und zerstreuen sich gemächlich, um die letzten kurzen Stunden vor dem Schlafengehen zu nutzen. Die beiden Neffen wollen sich noch um eine Stute kümmern, die bald fohlen soll, Miß Nell geht hinüber zu den Bretterbuden, um einem kranken Negerkind einen Umschlag zu machen. Die drei anderen Frauen schweben raschelnd, knisternd und ganz aufgeregt vor Erwartung zum Salon hinüber, um aus einem Buch vorzulesen, das sie *Marmion* nennen. Dann verklingen auch ihre Stimmen. Ich bin wieder in der Küche. Ringsum klappert derbes Negerschuhwerk, dem Kessel mit den Schweinepfoten entströmt ein durchdringender Geruch, und meine herrliche, stattliche Mutter hantiert mit Topfdeckeln und Pfannen. Ab und zu verschwindet sie im fettigen Dunst. »Thaniel, du sollst doch die Butter in Keller bringen!« ruft sie mir zu. Ich bin wieder in meiner schwarzen Negerwelt.

Aber am Abend liege ich in der frühen Dunkelheit noch wach auf meinem Strohsack; das Wort *Columbine* liegt mir wie ein Schlaflied auf den Lippen. Ich lasse das Wort genießerisch auf der Zunge zergehen, flüstere es immer wieder, bis jeder einzelne Buchstabe Gestalt annimmt und auf magische Weise über mir in der Nacht schwebt. Im Halbschlaf lausche ich den Geräuschen des Abends, dem Flattern und Gackern der Hühner im nahen Stall, einem jaulenden Hund in der Ferne und dem brünstigen Quaken der Frösche am Mühlteich. Sie sind zahlreicher als die Sterne am Firmament. Es riecht nach Dung – ein Geruch, so sauber und stark wie der Duft der Erde selbst. Dann höre ich Mutters müde Schritte, wie sie auf bloßen, schwieligen Füßen aus der Küche kommt und unsere winzige Kammer betritt. Im Dunkeln legt sie sich neben mich und ist auf der Stelle fest eingeschlafen. Sie atmet sanft und regelmäßig. Ich berühre ganz leise den Baumwollstoff über ihren Rippen, nur um ganz sicher zu sein, daß sie auch wirklich da ist. Dann umfängt mich schließlich die Frühlingsnacht mit Sumpf und Zedern und verschwommener Erinnerung, fern höre ich einen Ziegenmelker durch die Dunkelheit schreien; mit dem Wort *Columbine* auf den Lippen versinke ich in einen seltsamen Traum voller unausgesprochener Hoffnung und ahnungsvoller Freude.

Mit solchen Erinnerungen beschäftige ich mich während der wenigen Tage, die mir bis zu meinem Tode noch bleiben. In der ersten Nacht nach dem Urteil packte mich ein Fieber. Als ich am nächsten Morgen erwachte, zitterten meine Glieder vor Kälte, obgleich ich naßgeschwitzt war und mein Kopf vor Hitze und Schmerzen beinahe platzte. Im fahlen Licht des sonnenlosen Morgens war ein scharfer Wind aufgekommen. Eiskalt blies er zum Fenster herein und brachte eine ganze Ladung feinen Sand, Fichtennadeln und welke Blätter mit. Zuerst wollte ich nach Kitchen rufen, damit er mir eine Decke vors Fenster hängen sollte, aber dann ließ ich es bleiben. Der weiße Junge war immer noch so verängstigt, daß er mir ohnehin keine Antwort gegeben hätte. Ich legte mich wieder auf meine Planke zurück. Ein Schüttelfrost fuhr mir durch die Glieder. Aber dann glitt ich in einen fiebrigen Dämmerschlaf hinüber und lag plötzlich wieder in dem kleinen Boot; ein vertrauter, wenn auch geheimnisvoller Friede erfüllte meine Seele, als ich durch die nachmittägliche Stille eines breiten Flusses dem Meer zutrieb. Die Ufer waren in warmes Sonnenlicht gebadet. In der Ferne hörte ich die unsichtbaren Brecher des Meeres gegen die Küste donnern. Hoch über mir thronte der weiße Tempel auf seinem steilen Vorgebirge, strahlend und einsam und majestätisch wie immer, umgeben von Sonnenschein wie von dem Leuchten eines tiefen Mysteriums. Ohne eine Spur von Furcht glitt ich an dem Tempel vorbei, hinaus zu dem sandigen Kap, in die wogende See . . .

Dann verflackerte das Gesicht. Ich wachte auf, fiebergeschüttelt, schlief noch einmal ein und wurde erst viel später wieder wach;

das Fieber ließ bereits nach, meine Stirn war kühl und trocken, und eine unsagbar süße Erinnerung, zerbrechlich wie Vogelgezwitscher, blieb in mir zurück.

Kurze Zeit später packte mich das Fieber abermals. In meinem Kopf überstürzten sich wüste Alpträume, dazwischen lagen lange Minuten, in denen ich glaubte, ersticken zu müssen . . .

Auf diese Weise verbrachte ich auf der Schwelle zwischen Wachen und Vergessen die letzten Tage und Nächte vor meiner Hinrichtung mit Träumen, Stimmen, Erinnerungen . . .

Die Mutter meiner Mutter war ein Mädchen vom Coromantee-Stamm an der Goldküste. Mit dreizehn Jahren wurde sie an Bord eines Schoners, der aus Newport im Staat Rhode Island gekommen war, in Ketten nach Yorktown gebracht. Sie war nur wenige Monate älter, als sie unter einer gewaltigen Eiche auf dem Sklavenmarkt von Hampton an Alpheus Turner, Samuel Turners Vater, verkauft wurde. Ich selbst habe meine Großmutter nie gesehen, auch kein anderes Mädchen des Coromantee-Stammes, aber im Laufe der Jahre hat man mir viel darüber erzählt. So kann ich mir meine Großmutter lebhaft vorstellen, wie sie vor so vielen Jahren unter der riesigen Eiche kauerte, hoch in Hoffnung, keuchend vor Angst; wie sie Alpheus Turner auf sich zutreten sah, die abgefeilten Zähne fletschte und ihm das Gesicht voller dicker Tätowierungsnarben entgegenhob, deren Muster noch schwärzer war als ihre pechschwarze Haut. Was mag sie in diesem Augenblick wohl gedacht haben? Sein wohlwollendes Lächeln muß ihr wie ein bösartiges Grinsen erschienen sein, außerdem ist er ja weiß – weiß wie ausgebleichte Knochen oder totes Treibholz –, weißer noch als die furchtbaren Geister, die durch die afrikanischen Nächte streifen. Auch seine Stimme ist die Stimme eines Gespenstes. »*Gnah!*« gellt es ihr in den Ohren, wie er ihre gesunden, kräftigen Glieder betastet. »*Fwagh!*« Dabei sagt er zu dem Händler nur »Gut!« und »Fein!«. In ihrer namenlosen Angst glaubt sie jedoch, schon bald aufgegessen zu werden. Das arme Ding verliert beinahe den Verstand. Sie stürzt vom Auktionsblock herunter, und ihre Erinnerung fliegt durch Raum und Zeit zurück zum warmen, schützenden Frieden des Urwalds. Wie sie so am Boden liegt, klingt das Gerede des Händlers in ihren Ohren wie Beschwörungsformeln eines Medizinmannes, wie Wortfetzen, die mit einem rituellen Menschenopfer zu tun haben. »Die haben alle furchtbare Angst, Mr. Turner, machen Sie sich nichts draus! 'ne prächtige kleine Kuh!

Sehen Sie nur, die prallen Brüste! Wie voll die sind! Wetten, die kriegt nen zehnpfündigen Jungen!«

Aber im Sommer kam dann meine Mutter zur Welt, auf dem Sklavenschiff in aller Öffentlichkeit von irgendeinem unbekannten schwarzen Vater gezeugt. In Turners Mühle sprach man damals ganz offen davon, daß meine junge Großmutter in der ungewohnten Gefangenschaft inzwischen den Verstand verloren hatte und ihr Neugeborenes, als man es ihr zeigte, in einem Wahnsinnsanfall zu zerreißen versuchte.

Wenn meine Großmutter nicht bald darauf gestorben wäre, so wäre aus mir wahrscheinlich ein Feld- oder Waldarbeiter geworden oder ein Handlanger in der Turner-Mühle, was nur wenig besser war. Aber wegen meiner Großmutter hatte ich Glück und wurde Hausnigger. Meine Großmutter starb wenige Tage nach der Geburt meiner Mutter; sie verweigerte jede Nahrung und verharrte bis zu ihrem letzten Atemzug in stumpfer Erstarrung. Ihre schwarze Haut wurde, so erzählte man mir, aschgrau, und schließlich war die Haut so eingefallen und lag so eng um die Knochen des Kindes – schließlich war meine Großmutter ja noch ein Kind –, daß der Körper zerbrechlich, beinahe gewichtslos wirkte wie ein weiß ausgeglühter Kienspan, der bei der leisesten Berührung zu Asche zerfällt. Jahrelang stand auf dem Negerfriedhof hinter der Mühle eine Zedernplanke mit der eingeschnitzten Inschrift:

>TIG<

13 JAHRE

GEBOREN ALS HEIDIN

GETAUFT IN CHRISTO

VERSTORBEN A. D. 1782

RUHE IN FRIEDEN

Der Friedhof liegt in einer abgelegenen Ecke der Wiese, dicht neben einer Gruppe wilder Wacholderbüsche und Weihrauchkiefern. Ein gewöhnlicher Lattenzaun, der gleich von Anfang an krumm und schief war, inzwischen aber völlig zerfallen ist, trennt die Gräber von der Wiese. Viele Grabtafeln sind umgestürzt und verrotten auf dem feuchten, lehmigen Boden; die noch stehen, verschwinden in jedem Frühjahr in einem wilden Unkrautdschungel von stinkender Zehrwurz, Kaneelfarn und dornigen Stechapfelbüschen. Im Sommer wuchert das Unkraut so hoch, daß die Grabhügel nicht mehr zu erkennen sind, unter denen man die Neger zur letzten Ruhe gebettet hat. Grashüpfer springen zirpend durch die Wildnis, ab und zu gleitet eine schwarze Steig-natter durchs Grün. An heißen Augusttagen duftet der Friedhof kräftig und würzig wie eine Handvoll sonnenwarmes Heu.

»Was treibste dich immer aufm Friedhof rum, Thaniel?« sagt Mutter dann zu mir. »Das is nich der rechte Ort für Kinner.« Es stimmt schon: Die meisten Neger meiden diesen Ort aus aber-gläubischer Furcht. Dieser Aberglaube ist zum Teil schuld an der schrecklichen Verwahrlosung des Friedhofs. Aber sie haben auch wenig freie Zeit – es gehört Muße dazu, sich um die Toten zu kümmern. Doch in mir ist noch ein Rest von Wildheit, und ich fühle mich meiner Großmutter eng verbunden. Jahrelang zieht es mich mit unwiderstehlicher Macht hin zu ihrem Grab. Oft stehle ich mich in der heißen Mittagsstunde, während der Ruhezeit nach dem Essen, aus dem großen Haus, als suchte ich zwischen den umgestürzten, vermodernden Holztafeln mit den hübsch klin-genden, kurzen Namen zahmer Haustiere – »Peak« und »Lulu« und »Yellow Jake« – nach einer frühen Erkenntnis der Sterb-lichkeit. Wie seltsam ist es doch, wenn man mit dreizehn die letzte Ruhestätte der eigenen Großmutter besucht, die auch nur dreizehn Jahre alt geworden ist . . .

Im nächsten Frühjahr ist jedoch alles vorbei. Am Waldrand soll ein neuer Friedhof entstehen, doch noch zuvor benötigt man selbst dieses verlorene Eckchen Land zum Anbau von Süßkar-toffeln, weil es eben, trocken und leicht zugänglich ist. Ich kann nur darüber staunen, wie rasch ein Friedhof vom Erdboden ver-schwindet. Kaum ein halber Vormittag ist dazu nötig, dann haben ein paar schwarze Feldarbeiter das ganze Dickicht mit etlichen Kanistern Terpentin und prasselnden, kienhaltigen Kiefernkloben niedergebrannt; das Feuer verzehrte die Überreste der verwitterten Grabtafeln, das trockene Unterholz zischt und kracht, Käfer und Insekten jagen in Schwärmen davon, die Feldmäuse huschen weg, dann wird die ausgekühlte schwarze Asche von einem Gespann Mulis mit einer Egge eingeebnet. Nichts bleibt von »Tig«, nicht die leiseste Spur, und auch alles andere geht dahin – Arbeit, Schlaf, Gelächter, Schritte und Mühsal, der Gesang und die Wut all jener vergessener schwarzer Sklaven, deren Gebeine sich unter der Erde mit denen meiner Großmutter vermischen, deren zu Staub zerfallene Körper nun den Boden fruchtbar machen. Aber dann höre ich eine Stimme, die Stimme eines Negers, eines alten Feldarbeiters, der mitten im quirlenden Rauch ganz in der Nähe steht, mit hängenden Schul-tern und feixenden Lippen, die seinen blauen Gaumen enthüllen. Er sagt in dem trägen, klebrigen Akzent der Maisfelder, den ich so sehr hassen gelernt habe: »Aus de toten Alten, da werden verdammt gute Yamwurzeln wachsen.« Wie ich diese Stimme höre, wird mir zum erstenmal klar, welchen Wert die Schwarzen haben – nicht nur für die Weißen, sondern auch für andere Nigger.

Da meine Mutter ein Waisenkind war, holte Alpheus Turner sie aus den Negerunterkünften ins Wohnhaus. Hier wurde sie von einer ganzen Reihe schwarzer Tanten und Omas aufgezogen, lernte Nigger-Englisch und halbwegs ordentliches Benehmen, und als sie alt genug war, wurde sie erst Küchenmädchen und dann Köchin. Eine gute Köchin übrigens. Sie starb, als ich fünfzehn war, an einer Art von Geschwulst. Doch damit greife ich den Ereignissen vor. Im Augenblick ist nur von Bedeutung, daß dieselben Umstände mich zum Hausnigger machten, die schon meiner Mutter die Stelle in Alpheus Turners Haus eingetragen hatten. Ob das mein Glück oder mein Unglück war, hängt ganz davon ab, wie man die Dinge betrachtet, die sich so viele Jahre später in Jerusalem ereignen sollten.

»Hör endlich auf und *quäl* mich nich wegen dein Daddy«, sagt meine Mutter. »Woher soll *ich* wissen, wo er hin is? Un wie er heißt? Hab ich dir schon zwanzigmal gesagt! Nathaniel, grad wie du. Das weißte, also hör auf un quäl mich nich mit dein Daddy. Wann er fort is? Wann ichn das letz'mal gesehn hab? Kin, das is so lang her, ich weiß nich mehr wann. Wartemal. Also, Massa Alpheus, der is jetz elf Jahr tot, Gott habn selig. Muß wasn Jahr danach gewesen sein, wo ich un dein Daddy beisamm warn. Du, das warn fein Mann! Massa Alpheus hatn in Petersburg kauft, zum Rinde schäln von de Bäume inner Sägemühle. Aber dein Daddy, der war viel zu schlau für sone Drecksarbeit. Fein hat er ausgesehn, mit de blitzhelle Augen und sein Lächeln – ja, Kin, dein Daddy, der hat mit seim Lächeln ne Scheune anzünden können! Also, dein Daddy, der war zu gut für de Drecksarbeit, so hatn Massa Alpheus ins Haus gebracht undn Butler ausm gemacht. Ja, er war Butler Num' Zwei, nachm Lil Mornin, wie ich dein Daddy zum ers'mal gesehn hab. War im Jahr, bevor Massa Alpheus storben is. Un ich un dein Daddy, ein Jahr haben wir zusamm gelebt, damals, da in dem Zimmer ... Aber hör auf un *quäl* mich nich, ich sags dir, Kin! Was weiß ich, wo er hin is. Weiß gar nix über den Krach nich. Klar war er wütend. Kein Schwarzer rennt nich weg, wenn er nich wütend is. Warum? Was weiß ich? Weiß nix von de Kram damals. Na schön, wennde genau wissen wills, 's war wegen de Massa Benjamin. Hab dir doch gesagt, wie de Massa Alpheus tot is, da gehört alles de Massa Benjamin, wo de ältste Sohn is. Er is fünf Jahr älter wien Massa Samuel, so kriegt er alles, ich mein de Haus un de Mühl un de Land und de Niggers un alles. Also, was de Massa Benjamin is, dasn guter Massa, genau wie Massa Alpheus, aber er is noch jung un er kann nich so mit de Niggers umgehn wie sein Daddy. Nich dasser gemein is un böse un so – nein, nur kommt er nie nich zurecht mit de Leute, nich mit de Weiße un nich mit de Niggers. Egal, ein Abend, da macht dein Daddy Butler am Tisch un da tut er was, wo de Massa Benjamin meint, das is nicht ganz richtig, un da schreit ern an, dein Daddy. Das isser nich gewohnt, daßn einer anschreit, dein Daddy, also dreht er sich um un lächelt Massa Benjamin grad ins Gesicht – immer lächelt er, dein Daddy. De Massa Benjamin, de hat so was gesagt wie: ›Is nich sauber, de Silber!‹ oder so. ›Ja, de Silber ich nich sauber‹, sagt dein Daddy, nur schreit ern Massa Benjamin mitten ins Gesicht, auch wenn er lächelt. Massa Benjamin, den packts, un er springt auf vor Miß Elizabeth un Miß Nell un Massa Samuel un de Kinner – warn so in dein Alter, junge Dinger – un was machter? Er haut dein Daddy eins übern Mund. Richtig so. Nix weiter. Nur eins übern Mund, dann setzt er sich wieder hin. Ich steh anner Tür und schau rein un de ganze Familie am Tisch is ganz wild un Massa Samuel, der kocht vor Wut und fauchtn Massa Benjamin an: ›Himmel, er war frech, aber drum kannstn nich ohrfeigen!‹ un so, un de Kinner heulen, am meisten de Mädchen. Was de Massa Alpheus is, der hat nie gern Nigger geschlagen, un er hats auch nich oft gemacht, un wenns nötig war, hat ers im Wald draußen gemacht, wos keiner nich sehn kann, nich de Weiße un auch nich de Niggers. De Familie hat noch nie gesehn, wien Schwarzer geschlagen wird. Aber das is dein Daddy ganz egal. Er geht nur raus durch de Küche und lächelt immer noch und dabei rinnt ihm bißchen Blut vonner Lippe. Weiter geht er in sein Zimmer – wo wir jetz sin – un er packt was zu essen ein un fort isser die Nacht, für immer ... Wohin er is? Was weiß ich? Willstn finden? Gott, kein Mensch kann 'n Schwarzen nich finden, nach so viele Jahr. *Keiner* nich! Was meinste? Ob er nix sagt, wie er weg is? Was soll er denn sagen, Kin? Gar nix? Doch hat er was gesagt. Un wenn ich dran denk, so zerreißts mir immer nochs Herz. Sagt, er verträgts nich, wenn ihm einer ins Gesicht haut. O ja, er warn stolz Mann, dein Daddy, warn nich viele so wie er. Un Glück hat er! Mußn ganzer Sack voll Hasenspfoten sein, won beschützt hat. Nich viele Niggers rennen weg, wose nich bald wieder erwischen tun. Weiß nich. Sagt, er will nach Philadelphia un viel Geld verdienen, un dann kommt er wieder un kauft mich los. Aber du mein Gott, Kin! Philadelphia, das is mächtig weit, was die Leute sagen, un was weiß ich, wo dein Daddy wirklich hin is.«

Zweihundert Schritte hinter dem kleinen Raum, den meine Mutter und ich bewohnen, liegt am Ende des schmalen Weges über die rückwärtige Wiese die Latrine für die Hausdiener und die Männer von der Mühle, die in Bretterbuden nicht weit vom Wohnhaus entfernt schlafen. Sie ist stabil aus guten Eichenbrettern gebaut und liegt oben an einer tief eingeschnittenen Schlucht. In der Mitte ist eine Bretterwand – auf der einen Seite liegen fünf Löcher für die Frauen und die kleinen Kinder, auf der anderen fünf Löcher für die Männer. Da das Wohnhaus von der Mühle und dem Betrieb auf den Feldern streng getrennt ist und das Leben der Hausdiener wie in einer ganz anderen Welt abläuft, bedeutet diese Latrine einen der ganz wenigen Schnittpunkte zwischen meinem Leben und dem der anderen Neger, die ich bereits als Menschen niederer Ordnung betrachte – als gemeinen Mob, rauh, ungehobelt, lächerlich, abstoßend. Schon als Kind blickte ich voller Verachtung und Abscheu auf das schwarze Gesindel herab, das nicht zum Bereich des großen Hauses gehört – die Arbeitstiere ohne Gesicht und ohne Namen, die bei Tagesanbruch in den Tiefen der Mühle oder auf den Feldern hinter dem Wald verschwinden und bei Sonnenuntergang wie Schatten in ihre Hütten zurückkehren, müde wie Hühner, die sich auf ihre Stange hocken. Für diese Einstellung ist hauptsächlich meine Mutter verantwortlich. Sie kommt sich gestraft vor, weil sie regelmäßig aus ihrer vergleichsweise behaglichen Umgebung hinaus und den erniedrigenden Weg zum Rand der Schlucht gehen muß, um sich dort unter das lärmende Volk zu mischen. Eigentlich ist das weit unter ihrer Würde. »'ne Schande isses!« meckert sie gegenüber Prissy. »Wir ausm Haus, wir sind doch wer! Un wir haben kein Abtritt für uns nich, ne himmelschreiende Schande isses! Was de Feldniggers sin, das is doch das *Allerletzte!* De lassen alle einfach de Kinner aufn Sitz pissen, undn Deckel macht keiner nie zu. Stinkt wie de Pest! Tät mich lieber neben ne alte Sau hocken wie neben de dicke Niggerweiber von de Feldarbeiter. Wir im Haus, wir sin doch wer!«

Aus Ekel gehe ich dem morgendlichen Rummel aus dem Wege und verrichte meine Notdurft später, wenn ich dort mehr Ruhe habe. Auf dem Boden vor dem Eingang zur Männerlatrine, die ich seit meinem fünften Lebensjahr benutze, wächst kein einziger Grashalm. Der schwarze, glänzende Lehm ist hartgetrampelt von ungezählten bloßen oder mit derbem Schuhwerk bekleideten Füßen und trägt ein täglich wechselndes Muster von Zehen- und Absatzeindrücken. Wie die Türen zu allen von Negern benutzten Räumen ohne Schloß und Riegel sind, um der Drückebergerei und Heimlichtuerei vorzubeugen, ist auch die Tür zur Latrine nur eine lose Holztür, die in Lederschlaufen nach außen schwingt. Der Raum dahinter liegt in tiefem Dunkel; nur durch einige Ritzen zwischen den Brettern stiehlt sich ein wenig Licht ins Innere. An den kräftigen, durchdringenden, natürlichen Gestank bin ich gewöhnt; wie eine warme grüne Hand legt er sich mir auf Mund und Nase, ein wenig gemildert durch ungebrannten Kalk, so daß mir der Gestank eigentlich nicht widerwärtig vorkommt, sondern ganz erträglich, ein bißchen süßlich wie von einem modrigen Wassertümpel. Ich hebe einen der ovalen Deckel hoch und setze mich auf das Kiefernbrett über dem Loch. Zwischen meinen Beinen dringt vom Abhang der Schlucht ein wenig Licht herauf. Ich schaue hinunter auf den riesigen braunen, mit weißem Kalk gesprenkelten Fleck. In der angenehmen Kühle eines ruhigen Morgens sitze ich oft lange Minuten hier. Irgendwo draußen im Wald singt eine Spottdrossel ihr Lied, das wie ein kleiner Bach dahinplätschert, aufhört, wieder beginnt und rein und klar durch das Gestrüpp von wildem Wein und Geißblatt und das schattige Dickicht baumbeschatteter Efeuranken und Farne dringt. Ich sitze hier drin im sonnenfleckigen Dämmerlicht, lasse mir Zeit und beobachte dabei in einer Ecke oben eine brombeergroße Spinne. Sie hat ein dichtes, zitterndes Netz gewoben, einen milchweißen Schleier. Dann dringt von der rückwärtigen Veranda des Hauses der Ruf meiner Mutter durch die dünne Bretterwand: »Thaniel!« schreit sie. »He, Nathaniel! *Na-tha-nie-el!* He, Junge, kommste gleich her!« Ich habe zu lange getrödelt. Sie braucht mich in der Küche zum Wasserholen. »Nathaniel Turner! Du, Junge!« schreit sie. Das Gefühl der Zufriedenheit verflüchtigt sich, mein Morgenritual nähert sich dem Ende. Ich bücke mich nach dem zerschlissenen Sack voll getrocknetem Maisstroh auf dem Boden, da...

Plötzlich spüre ich von unten sengende Hitze. Meine blanke Kehrseite brennt wie Feuer. Ich springe mit einem Schrei von meinem Sitz hoch und halte den schmerzenden Körperteil fest, während sich aus dem Loch der Latrine ein weißes Rauchwölkchen kräuselt. »Au! *Au verflixt* ...« Aber es ist mehr Überraschung und gekränkter Stolz; denn der Schmerz läßt rasch nach. Wie ich in das Loch hinuntersehe, grinst mir das kaffeebraune Gesicht eines Jungen in meinem Alter entgegen. Er steht auf der Kante der Grube und hält in einer Hand einen brennenden Ast. Mit der anderen hält er sich den Bauch vor Lachen – das Gelächter klingt laut und hoch und unwiderstehlich. »Hund, elender!« schreie ich ihn an. »Nixnutziger schwarzer Hund du!« Aber meine Wut macht keinen Eindruck auf ihn. Wash krümmt sich zwischen den Geißblattbüschen. Es ist schon das dritte Mal im letzten Vierteljahr, daß er mir diesen Streich spielt. Ich habe mir die Erniedrigung selbst zuzuschreiben.

LEBEN UND STERBEN

DES

MR. BÖSEWICHT

DER WELT DARGEBOTEN IN EINEM

VERTRAUTEN GESPRÄCH ZWISCHEN

MR. KLUG

&

MR. OHRENAUF

KLUG: Guten Morgen, lieber Herr Nachbar! Wohin des Weges so früh am Morgen? Mir scheint, Sie haben Sorgen. Haben Sie eine Kuh eingebüßt, oder was ist geschehen?

OHRENAUF: Guter Herr, einen recht schönen guten Morgen wünsche ich Ihnen! Eingebüßt habe ich nichts, und dennoch vermuten Sie richtig, was meine Sorgen betrifft: Mich bekümmern die schlechten Zeiten. Sie, mein Herr, sind ein weiser Mann, wie alle Nachbarn wissen; sagen Sie mir doch gütigerweise, was Sie davon halten?

KLUG: Ja, wahrlich, Sie haben recht, die Zeiten sind schlecht, und sie werden schlecht bleiben, bis die Menschen sich bessern. An schlechten Zeiten sind nämlich stets schlechte Menschen schuld; bessern sich daher die Menschen, so werden auch die Zeiten besser. Es ist ein Wahn, nach besseren Zeiten Ausschau zu halten, solang der Sünden noch so viele sind und derer, die ihr frönen ...

Das Leben eines kleinen Negerjungen ist unvorstellbar langweilig. Doch in einem einzigen Sommermonat – ich bin neun oder zehn – erlebe ich seltsame Dinge, die mir teils bittersten Schmerz, teils ein Vorgefühl von Freude bescheren.

Es ist ein drückend heißer Vormittag im August; kein Lüftchen weht, und die Bäume am Waldrand lassen schlaff und müde ihre Äste hängen. Das Surren der Sägemühle klingt undeutlich und dumpf, verzerrt von der flimmernden Hitze, die wie kleine Wasserwellen über der dampfenden Erde hängt. Hoch am blauen Himmel kreisen und schweben in mühelosem Flug Dutzende von Bussarden über der Flußniederung. Von Zeit zu Zeit hebe ich den Blick und schaue ihnen nach. Ich hocke im Schatten des kleinen Anbaus hinter der Küche, in dem meine Mutter und ich hausen. Aus der Küche riecht es ein wenig bitter und durchdringend nach kochendem Kohl, aber bis zum Mittagessen ist es noch weit, und mein Magen knurrt vor Hunger. Obgleich ich alles andere als unterernährt bin – meine Mutter weist immer wieder darauf hin, daß einem kleinen Nigger nichts Besseres zustoßen könne, als daß er eine Köchin zur Mutter hat –, habe ich ständig das Gefühl, dem Verhungern nahe zu sein. Über mir, auf der schattigen Fensterbank des Küchenfensters, reift eine ganze Reihe goldgelber Warzenmelonen. Für mich sind sie so unerreichbar wie Goldklumpen. Ich betrachte sie nachdenklich, und das Verlangen treibt mir das Wasser in die Augen; aber ich weiß, daß ich ein furchtbares Ungewitter herabbeschwören würde, wenn ich es wagte, eine auch nur zu berühren. Einmal stahl ich einen Napf Quark und bekam dafür von meiner Mutter eine Tracht Prügel, an die ich mich noch lange erinnerte.

Meine Pflicht besteht darin, hier in der Nähe der Tür zu warten, bis meine Mutter ruft, und dann Wasser zu holen, Sachen aus dem Keller herbeizuschleppen oder andere Kleinigkeiten zu erledigen. Heute habe ich nicht viel zu tun; um diese Jahreszeit, wenn der Mais geschnitten ist und aufs Einfahren wartet und in der Sägemühle nur halbtags gearbeitet wird, tritt eine Ruhepause ein. Die Pause benutzen die Brüder Turner jedes Jahr dazu, mit ihrer ganzen Familie nach Richmond zu reisen. Das Haus wird für etwa eine Woche dem Aufseher anvertraut. Meine Mutter hat dann nur für uns und die Hausdiener zu kochen – Prissy, Little Morning, Weaver und Pleasant –, und für mich schleicht die Zeit furchtbar träge dahin. Die Langeweile sitzt mir wie ein Messer an der Gurgel. Allen Negerkindern geht es so. Normalerweise gibt es für sie nichts zu tun, aber auch gar nichts. Die

Freuden der Schule werden ihnen vorenthalten, sie können keine Bücher lesen, haben keine rechten Spiele gelernt und sind bis etwa zum zwölften Lebensjahr für die Arbeit noch zu klein. So leben die schwarzen Kinder dahin wie die Maultierjährlinge auf der Weide, sie lassen sich von der Sonne bescheinen, sie essen und nehmen zu und ahnen nicht, daß ihnen schon bald für den Rest ihres Lebens das Joch von Geschirr und Ketten schwer auf den Schultern lasten wird.

Ich bin noch mehr allein als andere Kinder. Die Turner-Kinder, mit denen ich normalerweise gespielt hätte, sind ein ganzes Stück älter als ich und helfen entweder auf der Pflanzung oder gehen zur Schule; andererseits trennt mich die Verachtung meiner Mutter wie eine unüberbrückbare Kluft von den übrigen Negerkindern der Feld- und Mühlenarbeiter. Wash ist der Sohn eines der beiden schwarzen Kutscher (dieser Abraham ist so ziemlich der einzige Sklave, der bei Turner einige Verantwortung trägt), aber selbst von ihm habe ich mich zurückgezogen, wie ich etwas älter wurde, obgleich er ein wenig über den Kindern der gewöhnlichen Arbeiter stand. Mit sechs oder sieben Jahren spielten wir noch auf rauhe Art miteinander. Wir kletterten auf Bäume, erforschten die Höhlen in der Schlucht und schaukelten auf dicken Weinranken am Waldrand. Wir beugten uns über die Kante der Schlucht hinaus und versuchten, wer am weitesten pissen konnte. Einmal standen wir nebeneinander auf einer schattigen Lichtung in der Nähe des Sumpfes, streckten in selbstquälerischer Lust den Moskitos unsere mageren Arme hin und schauten zu, wie sie sich an unserem Blut mästeten und schließlich prall wie winzige rote Trauben zu Boden fielen. Wir bauten uns aus nasser Erde und Morast eine Burg und beschmierten unsere nackten Körper mit dickflüssigem Lehm; als er zu einer festen Kruste trocknete; waren unsere Leiber wie gekalkt. Wir heulten vor Freude über unsere Ähnlichkeit mit weißen Jungen. Einmal wagten wir es, von dem Baum hinter Washs Hütte reife Dattelpflaumen zu stehlen, wurden dabei aber von seiner Mutter erwischt, einer hellhäutigen Frau von den Westindischen Inseln mit Kreolenblut in den Adern; die schwarzen Locken ringelten sich wie Giftschlangen um ihren Kopf. Sie schlug uns mit einer Rute aus Sassafras, bis unsere Beine voller dicker Striemen waren. Washs Schwester besaß eine Puppe, die Abraham, ihr Vater, für sie gemacht hatte. Der Leib bestand aus einem ausgestopften Jutesäckchen, der Kopf war ein polierter Türknopf aus Ahornholz. Ich wußte nie genau, ob sie ein weißes oder ein schwarzes Baby darstellen sollte, aber ich bewunderte sie. Abgesehen von einem abgelegten, gesprungenen Holzkopf, den einer der jungen Turner mir zu Weihnachten schenkte, war die Puppe das erste Spielzeug, an das ich mich erinnere. An grauen Wintertagen, wenn der Regen vom Himmel strömte, kauerten Wash und ich im Hühnerstall und malten mit spitzen Stöcken Figuren in den feuchten, weichen Hühnermist. Das war eine ganze Zeit lang mein liebster Zeitvertreib. Ich zeichnete Rechtecke, Kreise und Quadrate, und ich bestaunte den geheimnisvollen Stern, der entstand, wenn man zwei Dreiecke auf ganz bestimmte Art und Weise übereinandermalte. Diesen Stern hatte ich oft gesehen, wenn ich aus Neugier meiner Mutter in die Bibliothek folgte und heimlich in der gewaltigen Bilderbibel blätterte:

Dieses Zeichen kratzte ich immer wieder auf den feuchtkühlen, bittersüßlich riechenden Boden des Hühnerstalls, hundert Sterne nebeneinander; ich kümmerte mich dabei nicht um Wash, der unruhig wurde und murrte, weil ihn alles rasch langweilte und er selbst nichts zustande brachte als sinnlose Linien.

Aber das waren dumme kleine Spiele, wie junge Katzen sie miteinander treiben. Je älter ich werde, um so mehr erkenne ich, daß Wash kaum Worte zu Gebote stehen, sich auszudrücken. Ich bin den ganzen Tag in der Nähe der Weißen und höre sie ständig reden. Ich bin ein nimmermüder Lauscher; ihre Unterhaltung, ihre Bemerkungen, selbst der Klang ihres Lachens, das alles klingt unentwegt in meiner Vorstellung nach. Meine Mutter neckt mich schon, weil ich die Weißen wie ein Papagei nachahme – aber sie neckt mich voller Stolz. Wash ist mit ganz anderen Geräuschen aufgewachsen – schon jetzt geht mir das auf –, nämlich mit Niggerstimmen, die sich mühsam mit einer Sprache abquälen, die sie nie gelernt haben. Sie ist ihnen ewig fremd und unbekannt. Wenn Wash spricht, kommt mir das immer mehr wie hilfloses Geplapper vor, seine Gedanken sind wirr wie bei einem Baby. So langsam, daß ich es selbst kaum merke, entgleitet dieser Spielkamerad meinem Denken, wird winzig und schließlich vergessen; ich sinke immer tiefer in meine schweigende, quälende Einsamkeit steter Wachsamkeit.

Das *Leben und Sterben des Mr. Bösewicht* kann ich noch nicht lesen, nicht einmal die Überschrift. Der Besitz dieses Buches ängstigt mich, weil ich es gestohlen habe, gleichzeitig jagt mir dieser Gedanke aber Fieberschauer der Erregung über den Rücken, und es wird mir flau im Gedärm.

Ich habe die Freuden des Lesens zwar erst verhältnismäßig spät kennengelernt und kann bis heute noch nicht richtig ›lesen‹, aber die äußere Form einfacher Worte lernte ich schon mit sechs Jahren unterscheiden. Samuel Turner, ein ordnungsliebender Hausvater, war es schon lange leid, daß dauernd Hirschhornsalz mit weißem Mehl und Zimt mit geriebener Muskatnuß verwechselt wurde; so hatte er alle Kisten, Gläser, Dosen, Fässer und Säcke in dem riesigen Keller unter der Küche, aus dem ich jeden Tag, jede Stunde etwas für meine Mutter heraufholen mußte, gekennzeichnet. Es schien ihn nicht zu stören, daß diese geheimnisvollen roten Krakel den Negern – von denen kein einziger lesen konnte – gar nichts sagten. Little Morning war nach wie vor gezwungen, seinen braunen Finger probierend in ein Faß zu stecken, auf dem klar und deutlich SIRUP stand, und es kam immer noch vor, daß zum Süßen des Tees Salz statt Zucker gereicht wurde. Samuel Turners Ordnungssinn wurde jedoch befriedigt, und obgleich er mich damals noch gar nicht wahrnahm, dienten mir die sauberen, deutlichen, im Schein der Öllampe gut lesbaren Buchstaben als erste und einzige Fibel. VON MINZE, ZITRONAT, SALPETER und SPECK bis zum *Leben und Sterben des Mr. Bösewicht* war es ein weiter Weg, aber wenn der ganze Lesestoff aus hundert Aufschriften in einem schlecht beleuchteten Keller besteht, dann stellen sich bald Enttäuschung und Überdruß ein; mein Wunsch, das Buch zu besitzen, war stärker als meine Angst. Trotzdem machte ich dabei Furchtbares durch. Meine Mutter holte eine silberne Schöpfkelle aus Samuel Turners Bibliothek. Dort standen reihenweise die Bücher hinter Drahtgittern, herrliche, ledergebundene Bücher, wie in einem Käfig eingesperrt. An jenem Morgen begleitete ich sie. Dabei fiel mein Blick auf zwei Bände, die offen auf dem Tisch lagen und einander in Größe und Form fast aufs Haar glichen. Ich klappte eines der Bücher auf, sah, wie es von Buchstaben förmlich überquoll, und wurde wieder von dem vertrauten flauen Gefühl im Magen gepackt; die Angst kämpfte in mir mit einem gierigen Verlangen, das schließlich die Oberhand behielt. Später schlich ich in die Bibliothek, nahm das eine Buch, versteckte es unter einem Mehlsack und ließ den anderen Band liegen – später erfuhr ich, daß es sich um ein

Werk mit dem Titel *Überquellende Gnade* handelte. Was ich voller Angst befürchtet hatte, trat ein: Im ganzen Haus wurde vom Verschwinden des Buches gesprochen. Eigentlich hätte ich noch viel verstörter sein müssen, aber vermutlich war mir instinktiv klar, daß die Weißen zwar mit vollem Recht den Niggern nachsagen, sie stöhlen alles, was nicht niet- und nagelfest sei, dabei aber niemals auf die Idee kommen, ein Nigger könne ein Buch weggenommen haben.

An diesem Morgen hocke ich nun im Schatten des Küchenanbaus und denke voller Verlangen an das *Leben und Sterben des Mr. Bösewicht,* ich überlege, ob mein Mut wohl dazu reicht, das Buch aus dem Versteck zu holen und den Versuch zu machen, darin zu lesen. Wird man mich erwischen? Schließlich stehe ich auf und schiebe mich auf das Versteck zu. Es liegt unter dem Haus, das teilweise auf Pfählen steht, in einer dunklen, regalartigen Höhlung hinter der eichenen Kante. Im Dunkel bewegen sich Spinnen, und Hunderte von fliegenden Ameisen stieben in einer blaßbraunen Wolke durchschimmernder Flügel auf. Dort liegt das *Leben und Sterben des Mr. Bösewicht,* in den schützenden Mehlsack gewickelt. Ich krieche auf den Knien unter das Haus, greife nach oben, hole den Sack aus dem Versteck und schiebe mich vorsichtig wieder bis an die Hauskante, wo ein heller Fleck Sonnenlicht auf die feuchte, blanke Erde fällt. Da drehe ich mich um und hocke mich mit gekreuzten Beinen auf den Boden. Ich schlage das Buch auf. Die Sonne grellt so auf die weiße Seite, daß meine Augen schmerzen. Es ist kühl hier, und in der Luft hängt ein feuchter Farngeruch. Moskitos summen mir um die Ohren, während ich mich auf die mühselige Reise durch ein fremdes Land begebe, in dem aufreizend lange Wörter schwarz und unverständlich wie giftige Blumen blühen. Lautlos bewegen sich meine Lippen, mit zitterndem Finger fahre ich Zeile um Zeile entlang. Schwere Worte mit geheimnisvollen Silben, salbungsvoll und von unergründlicher Tiefe, verbauen mir wie riesige Felsbrocken oder dicke Baumstämme den Weg; die kurzen Wörter sind nicht besser, sie sind so schwer zu knacken wie Walnüsse. Verzweifelt suche ich weiter nach einem Schlüssel, nach etwas Vertrautem: ZUCKER, INGWER, PFEFFER, GEWÜRZNELKEN.

Plötzlich höre ich Schritte von den Hütten heraufstampfen. Ich ziehe mich unter das Haus zurück und warte mit angehaltenem Atem. Es ist Abraham, der schwarze Kutscher, ein kräftiger, muskelbepackter Neger von sehr dunkler Hautfarbe. Er trägt das grüne Baumwollhemd als Zeichen seiner Würde. Schwitzend eilt

er durch die Vormittagshitze, macht ein finsteres, wütendes
Gesicht, trampelt mit seinen derben Schuhen um Zollbreite an
meinem Versteck vorbei und betritt polternd die Küche. Sekunden verstreichen, ich höre nichts mehr. Vorsichtig wage ich mich
wieder ans Tageslicht, um weiterzulesen, da höre ich oben im
Durchgang zwischen Küche und Speisekammer Stimmen. Abraham spricht in gepreßtem, erregtem Ton mit meiner Mutter.
»Wär aber besser, Lou-Ann«, sagt er. »Wär wirklich besser für
dich. De Mann, de is giftig wie sonstwas! Ich muß wissen. Hau
lieber ab.«
»Pfeif drauf«, höre ich meine Mutter sagen. »Ich un Angst vor
dem? Ein Muckser, un ich hau ihm de Kessel . . .«
»Aber du has ihn nich gesehn, diesmal«, unterbricht sie Abraham. »So bös wars noch nie nich! Un keiner von de Familie da,
wo ihm was sagen kann. Habs dir gesagt, Lou-Ann, mehr kann
ich nich tun.«
»Pfeif drauf, nich mit Lou-Ann, nich heute!«
Ich höre, wie sie den Durchgang verlassen. Ihre Schritte gehen
über mir weg, dann werden ihre Stimmen undeutlich. Es wird
still. Jetzt fliegt eine Tür auf, Abraham stampft die Stufen herunter und wieder dicht an mir vorbei; kleine Staubwolken fliegen
unter seinen Schuhen hoch, wie er halb im Trab zur Mühle läuft.
Seltsam, denke ich. Aber meine Verwunderung hält nur kurze
Zeit vor. Kaum ist Abraham um die Ecke des Stalles verschwunden, da rutsche ich auf meiner Kehrseite unter dem Haus hervor
und schlage das Buch wieder auf. Wieder ist es ganz still um
mich. Ich beugte mich über die Seite, und oben fegt Mutter den
Küchenboden. Ich höre das gleichmäßige *wsst-wsst* des Strohbe-
sens auf den Holzdielen, dann stimmt sie so leise, daß ich die
Worte kaum verstehe, ein trauriges Lied an.

Beug dich, Maria, beug dich, Martha,
Denn Jesus kommt und schließt das Tor
Und nimmt den Schlüssel fort . . .

Das Lied lullt mich ein und lenkt mich für einen Augenblick von
den aufreizenden Druckzeilen ab. Ich höre ihr zu, und langsam
sinkt mein Kopf zurück an den Zedernpfosten des Hauses.
Schläfrig schweift mein Blick über die Gebäude und Schuppen
und Ställe, die sich nach Westen bis an den Rand des Sumpfes
erstrecken; tiefer unten liegen die Negerhütten verschlafen in der
Morgenhitze, über allem ziehen die Bussarde geduldig ihre

Kreise, stürzen nieder und schwingen sich wieder hoch in die Lüfte, sterbendes Gezappel aus den fernen Wäldern in ihren Krallen. In der Nähe schlurfen zwei Neger mit einem ledigen Gespann Maultiere aus dem Wald auf die Mühle zu. Ich höre ihr Lachen, das Klimpern des Geschirrs, dann sind sie aus meinem Blickfeld verschwunden. Wieder rieche ich den kochenden Kohl. Hunger steigt in mir auf, vergeblich, legt sich wieder. *Beug dich, Maria, beug dich, Martha,* höre ich meine Mutter singen. Voll und doch fern klingt es mir jetzt in den Ohren. Die Augen fallen mir zu. Ich stehe in einer Küche – ist es wirklich die Küche, die ich so gut kenne? –, und es ist Weihnachten; ich höre die Stimme einer weißen Frau *Weihnachtsgabe!* rufen. Ist es Miß Elizabeth? Oder Miß Nell? Die Stimme klingt so froh, und ich trinke den Becher süßer Eiermilch, der mir von oben gereicht wird, in kleinen, gierigen Schlucken, nur wird mein Hunger davon nicht gestillt. Dann entschwindet das Bild von Weihnachten, ich bin mitten in einem Geißblattdickicht, umschwärmt von dumpf summenden Bienen. Wash ist bei mir. Wir sehen einigen Negern zu, die sich mit Hacken auf einem dampfenden, jungen Maisfeld abmühen. Wie Tiere, schweißglänzend, beugen sie ihre spiegelblanken braunen Rücken im Sonnenglast und heben unter den Augen eines schwarzen Antreibers im Takt ihre Hacken – *schwupp-wupp.* Der Anblick dieser stumpfsinnigen Mühsal erfüllt mich mit Angst. Der Mann mit der Peitsche, riesig und ungeschlacht, sieht wie Abraham aus, aber es ist nicht Abraham; jetzt entdeckt er Wash und mich, dreht sich um, kommt auf uns zu. *Jetz krieg ich mir zwei kleine Niggerboys,* sagt er grinsend. *Zwei kleine Niggerboys krieg ich mir zum Maishacken!* Entsetzen packt mich. Sprachlos vor Schrecken jage ich durch das Gewirr von Geißblatt zum hellen Sonnenlicht zurück; meine Füße treffen keinen Widerstand, schweben wie im leeren Raum; da ist meine Zuflucht, die Küche, ganz nahe schon. Plötzlich dumpfes Gemurmel, nahende Stimmen brechen die Panik, wecken mich auf, lassen eine andere Angst in mir hochkommen. Ich reiße die Augen auf, ducke mich unter das Haus und lausche mit laut pochendem Herzen.

»Raus da!« schreit meine Mutter. »Raus! Will nix mit Ihn zu tun haben!« Ihre Stimme klingt schrill und zornig, aber es schwingt ein Unterton von Angst darin mit. Dann kann ich nichts mehr verstehen, weil sie in die andere Ecke der Küche gegangen ist. Ich höre nun eine Männerstimme, ein tiefes Brummen, schwerfällig und irgendwie bekannt, doch auch seine Worte verstehe ich nicht.

Ich stehe an der Hauskante auf und lausche. Wieder sagt meine Mutter etwas, eindringlich, ängstlich, doch ihr Einwand geht in dem Brummen der Männerstimme unter, die immer lauter wird. Plötzlich stößt meine Mutter ein Stöhnen aus, ein langer Klagelaut durchdringt die Morgenstille und läßt mir die Haare zu Berge stehen. In panischer Angst will ich weglaufen, aber gleichzeitig zwingt mich eine unwiderstehliche Kraft an die Seite meiner Mutter. Ich renne ums Haus herum und stoße die Hintertür zur Küche auf. »Verdammt, du kriegst mich schon zu spüren«, sagt die Männerstimme. Ich kann in der Küche nach dem strahlenden Sonnenschein draußen nichts weiter sehen als zwei Gestalten, die in der Nähe der Speisekammer miteinander ringen, aber ich weiß jetzt, wem die Männerstimme gehört: einem Weißen namens McBride, seit dem letzten Winter Aufseher der Feldarbeiter, ein jähzorniger Ire mit aufgedunsenem Gesicht und unordentlichem schwarzem Haar. Er hinkt, ist ein Säufer und hat trotz des Verbotes der Turner-Brüder öfter Neger geschlagen. Meine Mutter stöhnt immer noch, und dazwischen höre ich das stoßweise Keuchen McBrides. Er hechelt wie ein Hund nach der Hatz.

Ich muß blinzeln; zwei Dinge gehen mir aber sofort ein – der fruchtige Geruch nach Apfelschnaps von einer Flasche, deren Splitter auf dem Fußboden herumliegen, und der abgebrochene Flaschenhals, der in einem Sonnenstrahl blitzt, als McBride ihn wie einen Dolch auf den Hals meiner Mutter richtet. Sie liegt rücklings auf einem Tisch in der Speisekammer, niedergedrückt vom schweren Gewicht des Aufsehers, der mit seiner freien Hand an ihren und seinen Kleidungsstücken herumfummelt. Ich stehe wie angewurzelt in der Tür und kann mich nicht rühren. Der abgebrochene Flaschenhals fällt zu Boden und zersplittert wie grünlicher Schnee. Dann läuft meiner Mutter auf einmal ein Schauder durch den Leib, ihr Stöhnen klingt anders, beinahe auffordernd, mir ist, als höre ich ein ganz leises, flüsterndes Kichern; murmelt sie nicht »Mhm – na schön«? Doch McBrides aufgeregtes Lallen übertönt ihre Stimme. »Na also, Schatz, *Ohrringe* sollste kriegen!« Die Worte sind ein schreckliches Ächzen, er macht eine rasche, zuckende Bewegung, ihre braunen Beine rucken hoch und umklammern seinen Leib. Dann bewegen sich die beiden im gleichen seltsamen, wilden Rhythmus, wie Wash und ich ihn ein halbes dutzendmal durch die Ritzen von Negerhütten beobachtet haben; in meiner völligen Ahnungslosigkeit habe ich das immer für einen Zeitvertreib, eine Gewohnheit, eine

Besessenheit oder dergleichen gehalten, die nur bei Niggern zu finden ist.

Ziellos renne ich davon – weg, nur weg vom Haus! Ich fliehe um den Stall herum, vorbei an der Hütte des Webers, der Räucherkammer und der Schmiede, vor der im Schatten zwei alte Neger hocken und mir in gelinder Verwunderung nachstarren. Ich renne um die Scheune herum, schneller und schneller, über die Ecke des Obstgartens und dann auf der anderen Seite am Haus entlang, breche durch schimmernd weiße Spinnweben, die mir wie feuchte Flaumfedern im Gesicht kleben. Meine Zehe trifft auf einen spitzen Stein, stechender Schmerz durchzuckt mich, aber nichts kann mich aufhalten – ich fliehe, fliehe bis ans Ende der Welt. Eine lebende Hecke versperrt mir den Weg; ich wühle mich hindurch und tauche auf einer kleinen, von der Sonne braun gebrannten Wiese auf, über der winzige Schmetterlinge wie quirlende Blütenblätter von Gänseblümchen schweben und vor mir mit ihren blassen Flügeln davonflirren. Meine Beine wirbeln dahin, meine Arme schlagen wie Windmühlenflügel, ich überspringe einen neuen Graben und renne ein Stück die Allee von Götterbäumen entlang, die zur Landstraße führt – dann verlangsamt sich mein Schritt plötzlich, der Galopp wird zum Trab und schließlich zum Schritt, schwerfällig ziehe ich die Füße durch den Staub. Endlich bleibe ich stehen und betrachte den Wald, der sich wie eine undurchdringliche Mauer hinter den Feldern erhebt. Ich kann nirgends hingehen.

Eine ganze Weile stehe ich im Schatten der Götterbäume, keuchend, zaudernd. Die Luft ist heiß und still. Weit weg rumpelt dumpf die Sägemühle, so leise, daß ich sie kaum noch höre. Im Unkraut zucken und zappeln Insekten und erfüllen in ihrer unnützen Geschäftigkeit die Stille mit einem gleichmäßigen Sirren. Ich stehe da und kann nicht weiter, keinen einzigen Schritt. Endlich mache ich kehrt und gehe meinen Weg zurück, über die Allee und die braune Wiese vor dem Haus. Little Morning schüttelt auf der Veranda einen Mop aus, er darf mich nicht sehen; behutsam zerteile ich mit den Händen die dürre Hecke, schiebe mich seitlich hindurch und bummle über den Hof auf die Küche zu.

Ich habe gerade mein Versteck unter dem Haus wieder erreicht, da fliegt die Küchentür auf, und McBride erscheint auf der Hintertreppe. Er blinzelt in die Sonne und fährt sich mit der Hand durch das wirre Haar. Mich sieht er nicht – ich krieche noch weiter unter das Haus und warte. Er blinzelt immer noch, richtet sich mit einer Hand den rechten Hosenträger und fährt sich dann mit den Fingern über den Mund – eine eigentümliche, tastende Bewegung, als hätte er gerade erst seine eigenen Lippen entdeckt. Langsam breitet sich ein müdes Lächeln über sein Gesicht aus. Er hinkt die Treppe herunter und verfehlt die letzte Stufe oder tritt nur an die Kante, jedenfalls klappert sein Stiefelabsatz, er rudert mit den Armen in der Luft und fängt sich wieder. Dann steht er eine Weile schwankend da und murmelt: »*Gottverdammt!*« Dabei lächelt er aber noch. Dann erblickt er Abraham, der in diesem Augenblick um die Stallecke herumkommt.

»Abe!« schreit er. »He, Abe!«

»Ja, Sir?«

»Im untern Maisfeld sind zehn Leute zum Würmerklauben.«

»Ja, Massa Mac.«

»Sofort holste sie bei ihrm schwarzen Hintern dort rau, hörst du?«

»Ja, Massa, mach ich.«

»Is zu heiß, sogar für Nigger.«

»Ja, Sir!« Abraham wendet sich ab und rennt den Hügel hinunter. Sein grünes Hemd klebt ihm schweißnaß am Rücken. Dann ist er weg, und McBride scheint mein ganzes Blickfeld auszufüllen, so großmächtig und allgewaltig steht er da auf dem sonnendurchglühten Hof. Er schwankt ein wenig und grinst vor sich hin; in seiner ganzen Überlegenheit ist er mir unheimlich und erfüllt mich mit Angst. Der Anblick seines runden, feisten, wie im Traum erhobenen Gesichts macht mich krank. Ich spüre, wie schwach ich bin, wie klein und ohnmächtig – durch und durch ein Nigger; dieses Bewußtsein fährt mir wie ein eisiger Windstoß durch alle Glieder.

»Gottverdammt!« sagt er mit sattem Wohlbehagen und stößt einen leisen, frohen Seufzer aus; er schwankt wieder und versetzt einem zerbeulten Blecheimer einen Fußtritt, daß er scheppernd quer über den ganzen Hof davonfliegt. Eine dicke alte Henne gackert erschrocken auf und flattert zum Hühnerstall, der hartgetrocknete Mist und feine Federchen fliegen in einer Wolke hoch. »Gottverdammt!« sagt McBride noch einmal. Es ist ein leiser Aufschrei, dann humpelt er zu seinem Haus den Hügel hinab. *Gottverdammt!*

Ich rapple mich unter der Küche auf und drücke das geschlossene Buch fest an meine Brust. Der Geruch nach kochendem Gemüse hängt warm und durchdringend in der Luft. Dann höre ich über meinem Kopf wieder den Schritt meiner Mutter, der Besen fegt über die Fußbodenbretter, ihre Stimme singt leise, klagend, gelassen und heiter wie vorhin:

Denn Jesus kommt und schließt das Tor
Und nimmt den Schlüssel fort ...

An einem anderen Vormittag desselben Monats stürzt der Regen wie ein donnernder Wasserfall vom Himmel, wird vom Westwind zersprüht und von zuckenden Blitzen beleuchtet. Ich fürchte, meinem Buch könne etwas zustoßen. Ich hole es deshalb aus dem unsicheren Versteck unter dem Haus, schleiche mich die Treppe zur Küche hinauf und husche hinter ein Faß Most in der Speisekammer. Draußen tobt das Gewitter, aber hier drin habe ich genug Licht. So hocke ich auf dem feuchten Boden, atme den apfelsüßen Duft ein und öffne das Buch auf meinen Knien. Die Minuten verstreichen, meine Beine schlafen ein. Das Buch mit seinen ameisengleich wimmelnden Buchstaben ist wie ein Feind – bösartig, ermüdend, unbegreiflich. Meine Glieder werden steif, die Langeweile befällt mich, aber ich weiß, daß ich einen Schatz in Händen halte. Mir fehlt nur noch der Schlüssel, ihn zu öffnen. Trotzdem besitze ich ihn, den Schatz, und so blättere ich mit schmutzigen Fingern hartnäckig in dem Buch.

Plötzlich kracht es ganz in meiner Nähe wie Donner. Ich fahre zusammen und glaube schon, der Blitz habe eingeschlagen. Dann bemerke ich aber, daß nur die große Tür aus Zedernholz aufgeflogen ist. Gelbliches, kaltes Licht dringt herein. Im Eingang steht drohend die hohe, vornübergebeugte Gestalt von Little Morning, und aus seinem bösen, faltigen Gesicht starren mich blutunterlaufene Augen voller Wut und Tadel an.

»Da also, mein Junge!« flüstert er heiser. »Hab ich dich endlich erwischt! Du has de Buch gestohln – habs mir gleich gedacht!« Damals konnte ich noch nicht wissen, was ich erst viel später erfuhr: Aus Neid und Mißgunst spionierte er mir schon seit Tagen nach. Dieser alte Mann, einfältig, ungebildet und in jeder Hinsicht ein richtiger dummer Nigger sein Leben lang, wurde von rasender Eifersucht gepackt, als er dahinterkam, daß ein zehnjähriger Negerjunge zumindest so tat, als lerne er lesen. Diese Mißgunst war vermutlich entstanden, als er ein Fäßchen öl aus dem Keller holen sollte und statt dessen sirup heraufbrachte; ich machte ihn auf den Irrtum aufmerksam und antwortete auf sein hochnäsiges *Wie willste das wissen?* sehr überlegen *Weils draufsteht!* Er blieb mit offenem Mund stehen, verwirrt und verletzt.

Bevor ich etwas sagen oder mich auch nur rühren kann, packt mich Little Morning beim Ohr, zerrt mich hoch, schiebt mich aus der Speisekammer in die Küche und zieht mich dann so ungeduldig den Flur entlang, daß ich schon glaube, er reißt mir das Ohr ab. Hilflos stolpere ich hinter ihm her, das Buch fest an mich gepreßt. Little Mornings Rockschöße flappen mir ins Gesicht. Der alte Mann stößt ein heiseres, wütendes Keuchen aus – *ffhapff-ffhapff!* – und mischt finstere Drohungen hinein: »Massa Samuel, de wirds dir geben, Junge! Massa Samuel, de schickt ne diebische schwarze Seele wie dich schnurstracks nach Georgia!« Grob zerrt er mich am Ohr, aber die Schmerzen sind nichts im Vergleich zu dem namenlosen Entsetzen, das mir blutrote Schleier vor die Augen treibt. Ich verschlucke beinahe die eigene Zunge und höre mich erstickt keuchen – *aaahg!* – *aaagh!* So hasten wir über den langen Flur, vorbei an hohen Fenstern, überströmt vom Regen, erleuchtet von den Blitzen. Mit verdrehtem Genick und verdrehten Augen betrache ich den Himmel. »Hab doch gewußt, du warst de böse kleine Teufel, wos geklaut hat!« wispert Little Morning. »De ganze Zeit hab ichs gewußt!« So stolpern wir in die weitläufige Halle. In diesem Teil des Hauses war ich noch nie. Ich erblickte einen Leuchter mit vielen strahlenden Kerzen, glänzend polierte Wandtäfelung und eine Freitreppe, die sich schwindelerregend zum Obergeschoß emporwindet. Doch diese Eindrücke sind kurz und flüchtig, verzerrt vom Schrecken beim Anblick der vielen weißen Menschen in der Halle. Fast die ganze Familie ist hier versammelt – Massa Samuel und Miß Nell, die beiden Töchter, Miß Elizabeth, einer der beiden Söhne von Massa Benjamin und schließlich kommt Massa Benjamin selbst; in einem naßglänzenden Regencape stolpert er zur Tür herein und bringt Regentropfen und einen Schwall kalten Wind mit. Draußen kracht der Donner. Durch das Rauschen des Regens höre ich seine Stimme. »Ein Wetter für die Enten!« schreit er. »Aber, Herr im Himmel, das riecht nach Geld! Der Teich läuft über!« Für einen Augenblick bleibt es still, die Tür schlägt zu, dann höre ich eine andere Stimme: »Was gibts denn, Little Morning?« Der Alte läßt endlich mein Ohr los.

»De Buch«, keucht er. »De Buch, wo geklaut is. De kleine Räuber da wars!«

Ich werde vor Angst beinahe ohnmächtig, presse das Buch fest an meine Brust und kann nichts dagegen tun, daß aus meiner Kehle lautes Schluchzen aufsteigt. Ich möchte gern weinen, aber mein Kummer ist jenseits aller Tränen. Wenn mich nur der Fußboden verschlingen wollte! Noch nie war ich den Weißen so nahe. Ihre Gegenwart ist für mich so bedrückend und erschreckend, daß ich schon glaube, mich übergeben zu müssen.

»Ich werd verrückt!« höre ich jemanden sagen.

»Das glaub ich einfach nicht«, ruft eine Frauenstimme.

»Wem gehört denn der kleine Schwarze?« fragt eine andere Stimme.

»Das is Nathaniel«, antwortet Little Morning mit einer Stimme, in der immer noch Empörung und Wut zittern. »Gehört de Lou-Ann von de Küche. Er wars! Er hat de Buch geklaut.« Nun entreißt er mir das Buch, hebt wie ein Lehrer die Augenbrauen und fährt fort: »Ja, es war de Buch, wo er gemopst hat. Da stehts – *Leben und Sterben des Mr. Bösewicht,* von John Bunjam. Is deselbe Buch, Massa Sam, so wahr ich Little Morning heiß.« Trotz meiner panischen Angst bemerke ich, daß Little Morning, der alte Gauner, den Titel irgendwo aufgeschnappt und sich gemerkt hat. Mit seinem Trick täuscht er keinen. »Hab gleich gewußt, is deselbe Buch, wie ichn in de Speisekammer beim Lesen erwischt hab!«

»Beim *Lesen?*« fragt Massa Samuel ungläubig. Langsam hebe ich den Blick. Zum ersten Mal sehe ich die weißen Gesichter aus solcher Nähe; sie erinnern mich an Sauerteig oder die weiche Unterseite von Pilzen, besonders die Gesichter der Frauen, die von Wind und Wetter kaum berührt sind. Ihre blauen Augen blitzen kühn und kalt wie Eis, und ich starre jede ihrer Posen, jedes Gähnen, jede Sommersprosse staunend an wie eine völlig neue Entdeckung. »Beim Lesen?« wiederholt Massa Samuel leicht belustigt. »*Aber hör mal,* Little Morning!«

»Hm, klar hat er nich richtig gelesen«, fügt der Alte verächtlich hinzu. »Guckt nur de Bilder an, das is alles. Nur wegen de Bilder hat er de Buch geklaut...«

»Aber in dem Buch sind doch gar keine Bilder – wie, Nell? Es hat doch dir gehört.«

In späteren Jahren glaubte ich manchmal, daß ich damals, in diesem Augenblick, den entscheidenden Wendepunkt ahnte und mit einem kindlich-weisen Instinkt fühlte, ich würde für alle Zeiten ins Vergessen zurückgestoßen werden, wenn ich nicht für eine Bestätigung meiner selbst sorgte. Vielleicht lag es daran, daß ich in meiner Verzweiflung alles riskierte, selbst eine Lüge, und Little Morning anfauchte: »Lüge! So isses nich, ich kann de Buch lesen – *richtig!*«

Jedenfalls erinnere ich mich noch an Samuel Turners Stimme, die gar nicht mehr verwundert klang, sondern in ruhiger, nachsichtiger Gelassenheit das Gelächter der anderen Familienangehörigen zum Schweigen brachte: »Nein, *nein!* Wartet doch! Vielleicht kann er *wirklich* lesen!« Das Gewitter vergrollt am östlichen Horizont, nur das Klatschen des Regenwassers aus der Traufe und das ärgerliche Geschimpfe naß gewordener Eichelhäher in den Götterbäumen sind zu hören; ich sitze auf einmal am Fenster und weine vor mich hin, weil mich von allen Seiten die weißen Gesichter wie riesige geisterhafte Kleckse bedrohen. Ich höre ihre flüsternden Stimmen – noch ein kurzes Aufbäumen, ich blättere durch die Seiten, aber es ist hoffnungslos, ich kann nicht ein einziges Wort entziffern. Ich spüre, daß mir ein Schluchzen aus der Brust aufsteigt und mich gleich ersticken wird. Mein Elend ist so abgrundtief, daß Massa Samuels Worte mein Verstehen meilenweit übersteigen – erst in späteren Jahren hörte ich sie wie ein dumpfes Echo aus den Tiefen der Erinnerung widerklingen –, wie er ausruft: »Siehst du, Ben, es stimmt doch, was ich dir gesagt habe! Sie versuchen es! Sie versuchen es *doch!* Wir werden es ihm beibringen. Hurrah!«

Nichts hat weniger Zweck, als wenn der Mensch über das Wenn und Aber seines Lebens nachgrübelt und sich den Kopf darüber zerbricht, wie sein Leben wohl ausgesehen hätte, wenn nicht gewisse Umstände ihn auf einen ganz anderen Weg geführt hätten. Dennoch verfallen die meisten von uns in diesen Fehler, wenn das Unglück sie verfolgt. Während der dunklen Jahre nach meinem zwanzigsten Geburtstag habe ich immer wieder vergebens darüber nachgedacht – nachdem Samuel Turner aus meinem Leben entschwunden war und wir endgültig voneinander getrennt wurden –, was wohl aus mir geworden wäre, wenn ich nicht unseligerweise der Nutznießer (oder auch das Opfer) des Ehrgeizes meines Besitzers geworden wäre, am Geschick der Nigger zu rütteln. Wenn ich nun in Turners Mühle geblieben wäre; wenn mein Wissensdrang nicht so ausgeprägt gewesen wäre und ich nicht das Buch gestohlen hätte; oder noch einfacher – wenn Samuel Turner zwar ein anständiger und gerechter Herr geblieben, aber weniger von der fieberhaft-idealistischen Überzeugung besessen gewesen wäre, die Sklaven seien geistiger und seelischer Erleuchtung fähig; wenn er nicht in seiner Leidenschaft, sich und seiner Umgebung dies zu beweisen, ausgerechnet mich zum Versuchsobjekt gemacht hätte . . .
Nein, ich sehe ein, daß ich jetzt nicht ganz fair bin. Wenn ich in

aller Ehrlichkeit an diesen Mann denke, muß ich zugeben, daß es zwischen uns starke gefühlsmäßige Bande gab. Dennoch bleibt die unglückselige Tatsache bestehen: Bei aller Wärme und Freundschaft, die schon fast zu einer Art Liebe wurde, war ich für ihn nichts weiter als ein *Versuch,* wie wenn man eine neue Methode der Schweinezucht oder eine neue Art von Dünger ausprobiert.

Nun, unter diesen Umständen wäre ich zweifellos ein ganz gewöhnlicher Hausnigger geworden, nicht ganz und gar unbrauchbar für stupide Arbeiten wie Hühnerschlachten, Schinkenräuchern oder Silberpolieren, ein geheimer kleiner Bösewicht, jedoch zu sehr auf meine Sicherheit bedacht, als daß ich wirklichen Ärger riskiert hätte, daher sehr vorsichtig bei meinen lächerlichen Diebereien, achtsam bei meinem verbotenen Nachmittagsschläfchen, auf der Hut bei meinen Tändeleien mit den dicklichen, gelbhäutigen Hausmädchen in der Mansarde; mit zunehmendem Alter wäre ich wohl immer unterwürfiger und salbungsvoller geworden, ein geschickter Speichellecker, immer auf eine kleine Extrabelohnung in Form eines Stücks Stoff oder von Fleisch oder Tabak aus; mit meinem Bauch unter der bunten Weste und der Dienerschürze hätte ich, alt geworden, eine Art grollender Würde entwickelt, man hätte mich ›Onkel Nat‹ genannt, ich wäre beliebt geworden und hätte dafür die Familie verehrt; mit zitternden Fingern hätte ich die seidenen Bettchen weißer Enkelkinder glattgestrichen und mich in gichtiger, ungebildeter Schläfrigkeit halb nach Tod und Vergessen gesehnt, nach einer letzten Ruhestätte in irgendeinem unkrautüberwucherten Friedhof zwischen Apfelbeeren und Stechginstergestrüpp. Sehr erstrebenswert wäre ein solches Dasein sicherlich nicht gewesen, aber woher weiß ich, ob ich dabei nicht glücklicher geworden wäre?

Der Prediger Salomo hat schon recht: *Und wer viel lernet, der muß viel leiden.* Etwas konnte Samuel Turner – ich werde ihn jetzt immer so nennen, wie er mir in Erinnerung geblieben ist: Massa Samuel – bei seiner Unschuld und Anständigkeit, in seiner schrecklichen Herzensgüte und Freundlichkeit nicht ahnen: Wieviel Leiden er mir bescherte, welche Schuld er auf seine Seele lud, indem er mir dieses halbe Brot der Weisheit zu kosten gab; viel erträglicher ist es, überhaupt keinen Bissen dieses Brotes zu haben.

Doch darum geht es jetzt nicht. Es genügt die Feststellung, daß ich sozusagen in den Schoß der Familie aufgenommen wurde; ich geriet unter die schützenden Fittiche nicht nur von Massa Samuel, sondern auch von Miß Nell, die gemeinsam mit ihrer älteren Tochter Louisa jahrelang die ruhigen Wintervormittage dazu benutzte, ihr Steckenpferd zu reiten, wie sie es einmal nannte: Sie trichterte mir das Alphabet und die Anfangsgründe des Rechnens ein und führte mich, was vielleicht noch packender war, die verschlungenen, geheimnisvollen Wege des Katechismus. Und wie sie mich drillten! Miß Nell ließ nicht locker. Nie werde ich diese wahren Engel mit dem seidenweichen Haar und den sanften, belehrenden Stimmen vergessen. Man nehme es mir nicht allzu übel – ich werde mich bemühen, nicht wieder darauf zurückzukommen –, daß es während des Aufruhrs zwanzig Jahre später so manchen Augenblick gab, wo ich mit ganz besonderer Wut an die beiden liebenswert-süßen Gesichter dachte.

»Nein, nein, Nat! Nicht *Säuglinge und Babys – junge Kinder und Säuglinge!*«

»Ja, Mam. *Aus dem Munde der jungen Kinder und Säuglinge hast Du Deine Macht zugerichtet um Deiner Feinde willen, daß Du vertilgest den Feind und den Rachgierigen.*«

»Ja, so ists genau richtig, Nat. Nun die beiden nächsten Verse, aber schön langsam. *Schön lang-sam!* Paß jetzt auf!«

»*Wenn ich sehe die Himmel, Deiner Finger Werk, den Mond und die Sterne, die Du bereitet hast.* Und ... und – habs vergessen.«

»Sprich sorgfältiger, Nat, nicht wie ein Nigger. Also: *Was ist der Mensch ...*«

»Ja, Mam. *Was ist der Mensch, daß Du seiner gedenkest, und des Menschen Kind, daß Du Dich seiner annimmst?* Dann – hm ... Ach ja, *Du hast ihn wenig niedriger gemacht, denn GOtt, und mit Ehre und Schmuck hast Du ihn gekrönt!*«

»Großartig, Nat! Wirklich, großartig! – Ach, Sam, da bist du ja. Du solltest *hören*, wie fein Nat vorankommt! Komm, Sam, setz dich einen Augenblick zu uns und hör uns zu, setz dich da ans Feuer! Hör dir nur an, wie unser kleiner Schwarzer die Bibel auswendig kann! Ebenso gut wie Reverend Eppes! Stimmt das nicht, Nat, du lieber kleiner Mohrenjunge, du?«

»Ja, Mam.«

Aber nehmen wir einmal an, Massa Samuel wäre gestorben und nicht sein Bruder Benjamin. Was wäre dann mit dem lieben kleinen Mohrenjungen geschehen?

Bilden Sie sich Ihr eigenes Urteil aus dem, was ich zufällig aufschnappte, als die beiden Brüder an einem drückend schwülen
Sommerabend mit zwei reisenden Geistlichen der Episkopalkirche nach dem Abendessen auf der Veranda saßen – die beiden nannten sich »Visitatoren des Bischofs«; einer von ihnen hieß
Doktor Ballard, ein Mann in mittleren Jahren mit langer Nase,
eckigem Kinn und Brille, von der Spitze seines breitrandigen
Pfarrershutes über den langen Rock bis hinab zu den geknöpften
Gamaschen um die dürren Waden vollkommen in Schwarz
gekleidet; er blinzelte hinter seiner eckigen Brille und stieß hinter vorgehaltenen Fingern, die bleich und zart waren wie Blü-
tenstengel, ein dezentes Hüsteln aus. Der andere Geistliche war
wie er schwarz gekleidet, aber viele Jahre jünger, etwa Mitte
zwanzig. Auch er trug eine Brille, aber er hatte ein glattes, rundes, tantenhaftes Gesicht, so daß ich ihn zuerst für Doktor Bal-
lards Tochter oder vielleicht seine Frau hielt. Zum Dienst im
Speisesaal war ich noch nicht befördert worden; noch diente ich
als Little Mornings Vasall in der Küche, mußte Wasser aus der
Zisterne holen und den Räuchertopf in Betrieb halten. Er hing
hoch über dem Feuer und stieß zum Schutz gegen die Moskitos
dicke, ölige Rauchwolken aus. Über der Wiese tanzten Glüh-
würmchen in der Dunkelheit, und ich höre noch heute aus dem
Haus die Töne des Klaviers, dazu die Stimme von Miß Elizabeth,
Benjamins Frau – kurzatmig, süßlich, ein wenig zitternd und
klagend:

Wirbst du um das zarte Mädchen,
So sei sanft und lieb und gut ...

Obgleich ich sonst ein nimmermüder Lauscher war, achtete ich an
diesem Abend nicht auf ihre Unterhaltung, sondern beobachtete
gespannt Benjamin. Würde er heute abend wieder vom Stuhl
kippen? Während Massa Samuel mit den beiden Geistlichen
plauderte, sah ich Benjamin auf seinem Stuhl hin und her
schwanken; das Geflecht knirschte unter seinem Gewicht; er stieß
einen langen, verzweiflungsvollen Seufzer aus und hob sein
Glas. Little Morning eilte herbei und füllte es ihm erneut mit
Branntwein. Er seufzte wieder – ein undeutlicher, verschwim-
mender Laut wie das *Uahh!* am Ende eines Gähnens. Doktor
Ballard warf ihm einen beunruhigten Blick zu und wandte sich
dann wieder an Massa Samuel. Dann hörte ich wieder das
schläfrige *Uahh!* Es klang wie eine Mischung aus Seufzer und

Gähnen. Er hielt das halb mit sirupartigem Apfelbranntwein gefüllte Glas vor sich hin, als ob er es vergessen hätte, und griff mit der anderen Hand nach der Karaffe. Ich beobachtete im düsteren Zwielicht, wie seine Backen tomatenrot anliefen, und sagte mir: Ja, heute abend wird er vermutlich wieder vom Stuhl fallen.

Aber da rief er plötzlich: »Ha!« Er holte tief Luft und fügte hinzu: »Ha! Ha! Jesus im Himmel, so sagen Sie's schon!« Mir wurde klar, daß er trotz seines unhöflichen Gähnens und Seufzens Doktor Ballard zugehört hatte. Ich drehte mich ebenfalls um und starrte den Geistlichen an. Der erklärte gerade: »Und so wartet der Bischof noch ab, wie er selbst sagt. Wir stehen am Scheidewege – das sind des Bischofs eigene Worte –, wir stehen am Scheidewege, warten ab und harren eines *Wehens der Vorsehung*, auf daß es uns die Richtung weise. Der Bischof versteht es so vorzüglich, sich auszudrücken. Jedenfalls ist er sich im klaren darüber, daß die Kirche alsbald eine Entscheidung fällen muß. Wir als seine Visitatoren können ihm zumindest die erfreuliche Nachricht überbringen, daß die Sklaven sich zumindest auf *einer* Pflanzung in zufriedenstellendem Zustand befinden.« Ein vages, nichtssagendes Lächeln breitete sich auf seinem Gesicht aus.

»Das wird den Bischof sehr beruhigen«, sagte der jüngere Geistliche. »Er wird sich auch ganz allgemein für Ihre Ansichten interessieren.«

»Allgemeine Ansichten?« fragte Massa Samuel.

»Ansichten über die Institution selbst«, erklärte Doktor Ballard. »Er ist sehr bemüht, die Ansichten der – wie soll ich es ausdrücken – der wohlhabenderen Mitglieder seiner Diözese kennenzulernen.«

Massa Samuel schwieg eine ganze Weile und saugte mit gespannt nachdenklicher Miene an seiner langen Tonpfeife. Es dunkelte. Ein linder Windstoß, der mir wie eine Flaumfeder über die Backe streichelte, blies ein öliges Rauchwölkchen über die Veranda. Im fernen Sumpf sangen die Frösche ihr eintöniges und doch so leidenschaftliches Lied. Little Morning trat mit einem silbernen Tablett, das er auf den Fingerspitzen balancierte, auf Doktor Ballard zu. »Wünschen de Massa nochn Portwein, Massa?« hörte ich ihn fragen.

Massa Samuel schwieg noch immer. Nach einer ganzen Weile erst sagte er langsam und bedächtig: »Doktor, ich will Ihnen gegenüber so aufrichtig wie möglich sein. Ich bin schon lange der

Meinung, daß die Sklaverei die eigentliche Wurzel allen Übels in unserem Lande ist – das glaube ich auch heute noch felsenfest. Sie ist ein Geschwür in unseren Eingeweiden, die Quelle allen Elends, sei es menschlich, politisch oder wirtschaftlich. Die Sklaverei ist der größte Fluch, der jemals eine angeblich freie, aufgeklärte Gesellschaft getroffen hat. Wie Sie vielleicht bemerkt haben, bin ich kein sehr religiöser Mensch, doch fehlt es mir nicht am Glauben; ich bete jeden Abend um das Wunder, um die göttliche Fügung, die uns einen Ausweg aus diesem schrecklichen Zustand zeigen möge. Es ist von Übel, diese Menschen in Banden schmachten zu lassen, und doch kann man ihnen nicht die Freiheit geben. Erziehen muß man sie! Es wäre ein furchtbares Verbrechen, diesen Menschen ohne entsprechende Erziehung, bei allen Vorurteilen, die es gegenwärtig ihnen gegenüber gibt, die Freiheit zu schenken.«

Doktor Ballard antwortete nicht gleich, und als er es endlich tat, klang seine Stimme zerstreut, unsicher. »Wie interessant!« murmelte er.

»Faszinierend«, sagte der andere Geistliche, doch es klang noch weniger klar.

Plötzlich sprang Benjamin von seinem Stuhl hoch und ging zum äußersten Ende der Veranda. Dort, im Schatten, knöpfte er seine Hose auf und pißte in einen Rosenbusch. Ich hörte mächtig das Wasser sprudeln, kraftvoll, ohne Unterbrechung, ein Schwall, der sich über Zweig und Dorn und Blatt ergoß, übertönt von Benjamins Stimme: »Ach, mein vielgeliebter Bruder! Wie blutet ihm doch das Herz! Welch eine Plage, welch eine Strafe, mit einem solchen Heiligen zusammen leben zu müssen, der dem Rad der Geschichte in die Speichen greifen möchte! Ein *Heiliger* ist er, verehrte Herren Visitoren! Sie genießen die Gegenwart eines echten, lebendigen Heiligen! Jawohl!«

Doktor Ballard errötete und murmelte etwas Unverständliches. Ich beobachtete alles von meinem Räuchertopf aus und mußte mir plötzlich die Hand vor den Mund halten, um nicht laut zu lachen. Der Geistliche schien der Verzweiflung nahe; vermutlich war er es nicht gewöhnt, mit jemandem der Unterhaltung zu pflegen, der gerade pißte, und Benjamin tat das stets völlig ungeniert, wenn er in Männergesellschaft trank. Andererseits mochte Doktor Ballard wohl verärgert sein, aber er schuldete Benjamin doch größere Achtung als Massa Samuel; denn so wortkarg und in sich zurückgezogen sich Benjamin an diesem Abend auch gezeigt hatte, er war immerhin der Ältere und der rechtmäßige Herr des

Hauses. Voller Freude bemerkte ich, wie der Geistliche bis in die Lippen erbleichte und durch seine Brille völlig verwirrt Benjamins Rücken anstarrte. Dann brach der Wasserschwall plötzlich ab. Benjamin drehte sich um und knöpfte sich in aller Seelenruhe die Hose zu. Leicht schwankend kam er über die Veranda auf Massa Samuel zu und legte seinem Bruder schwer die Hand in den Nacken. Massa Samuel blickte süß-säuerlich zu ihm auf, betrübt, verdrossen, dabei aber doch angerührt von stiller Zuneigung. Die beiden waren so verschieden, als gehörten sie zwei Familien an, doch auch der dümmste Hausdiener mußte bemerken, welch starke Bande die beiden zusammenhielten. Schon oft hatten sie sich auf friedliche, brüderliche Art gestritten, ohne auf vorhandene Lauscher zu achten – vielleicht waren sie ihnen auch gleichgültig –, und so mancher schwarze Diener hatte bei Tisch genug von ihrer Unterhaltung begriffen, um genau zu wissen, wie die beiden Brüder dachten, zumindest was die Körper anbetraf, wenn schon nicht die Seele.

»Mein Bruder ist so sentimental wie eine alte Hündin«, erklärte Benjamin in liebenswürdigem Ton. »Er glaubt daran, daß man Sklaven auf alle mögliche Art und Weise bilden könne. Daß man einfach ein paar Schwarze nehmen und aus ihnen Kaufleute, Schiffskapitäne, Operndirektoren, Generäle und weiß Gott was sonst noch machen kann. Ich bin dagegen, daß man einen Neger schlägt. Ich bin auch dagegen, daß ein Hund oder ein Pferd geschlagen wird. Wenn Sie dem Bischof meine Meinung überbringen wollen – hier ist sie: Ein Schwarzer ist ein Tier mit dem Verstand eines kleinen Kindes, und sein einziger Wert besteht in der Arbeit, zu der man ihn mit Einschüchterung, Schmeichelei und Drohung veranlassen kann.«

»Aha«, murmelte Doktor Ballard. »Ja, ich verstehe.« Der Geistliche betrachtete Benjamin aus schmalen Augen, aber immer noch mit großer Hochachtung. »Ja, ich habe genau verstanden, wie Sie das meinen.«

Benjamin fuhr fort: »Ich bin gegen die Einrichtung der Sklaverei, genau wie mein sentimentaler, weichherziger Bruder. Gäbe Gott, sie wäre nie an unsere Küsten gelangt! Wenn es irgendeine Dampfmaschine gäbe, um damit Mais zu pflanzen oder Bäume zu fällen, eine andere zum Unkrautzupfen, wieder eine andere schöne Maschine zum Tabakernten; eine andere große Maschine, die durchs Haus rollt, die Lampen anzündet und die Zimmer aufräumt ...«

Die beiden Geistlichen ließen ein höfliches Lachen hören; der jüngere kicherte hinter vorgehaltener Hand, während Doktor Ballard sanft gurgelnde Laute von sich gab. Benjamin stand da, die Hand vertraulich auf der Schulter seines Bruders, ein dankbares Lächeln auf den Lippen. Massa Samuel schaute immer noch süß-säuerlich drein und lächelte nur ganz verstohlen. Dann fuhr Benjamin fort: »Dann stelle ich mir eine Maschine vor, die ein Pferd anschirren und Old Dolly mitsamt dem Zweirädrigen vorfährt, wenn die Herrin des Hauses Lust auf einen kleinen Bummel am Nachmittag verspürt; die mit ihrem klug erdachten Mechanismus die Dame auf den Sitz hebt und sich daneben schwingt, dann Old Dolly zu einem munteren Trab durch Feld und Wald antreibt ... Ich sage Ihnen, erfinden Sie eine solche Maschine, die Ihnen nicht die Haare vom Kopf frißt, die nicht lügt und betrügt und stiehlt wie ein Rabe, die tüchtig ist statt stur, dickschädelig und dumm, die man abends wie eine Puppe oder ein Spinnrad in den Schuppen sperren kann, ohne fürchten zu müssen, daß sie sich bei Nacht und Nebel aufmacht und eine fette Gans oder Ihr schönstes Guineaferkel holt; eine Maschine, die man einfach wegwerfen kann, wenn sie ausgeleiert und unbrauchbar geworden ist, ohne daß man einen klapprigen Nichtsnutz herumsitzen hat, bei dem einem das Gewissen befiehlt, daß man ihm bis zu seinem fünfundneunzigsten Lebensjahr Schuhe und Honig und jede Woche ein Schaff Mais geben muß – ja, erfinden Sie eine solche Maschine, meine Herren! Ich will mit Freuden der ganzen Sklaverei Lebewohl sagen, wenn ich ein solches Ding in die Hand bekomme!« Er machte eine Pause, trank einen Schluck und schloß: »Ich brauche wohl kaum zu sagen, daß in naher Zukunft mit einem derartigen Wunderding nicht zu rechnen ist.«

In der Unterhaltung trat eine kleine Pause ein. Doktor Ballard kicherte immer noch leise vor sich hin. Miß Elizabeth hatte zu singen aufgehört. In den tiefen Schatten des Abends hörte ich nur noch das helle Singen der Moskitos außerhalb des rauchigen Bannkreises und ganz in der Nähe das sanfte, unablässige Gurren einer Trauertaube, ein dumpfes, klägliches Seufzen – *wiihuuu-huu-huu* – wie bei einem Kind, das im Schlaf weint.

Dann schlug Doktor Ballard mit einemmal die Beine übereinander und sagte: »Aus dem, was Sie sagen, glaube ich ganz allgemein entnehmen zu dürfen, Mr. Turner ... wie soll ich sagen ... daß die Sklaverei nach Ihrem Empfinden etwas ist, das man – nun, das man eben *hinnehmen* muß. Habe ich Ihre Ausführungen da recht verstanden?« Als Benjamin nicht gleich antwortete, sondern mit einem seltsam amüsierten Lächeln seinen Bruder ansah, fuhr Doktor Ballard fort: »Und darf ich aus Ihren Worten ferner die Überzeugung entnehmen, daß der Neger uns gegenüber – ich meine, im Vergleich zur weißen Rasse – so sehr zurückgeblieben ist, ich meine, in der moralischen Entwicklung, daß es auch zu seinem Besten wäre, ihn in einem Zustand von ... nun, von einer Art wohlwollender Unterwerfung zu halten? Ich meine, wäre es nicht möglich, daß die Sklaverei vielleicht ... wie soll ich sagen? ... für diese Leute die befriedigendste Form des Daseins ist?« Er machte eine Pause, dann sagte er: *»Verflucht sei Kanaan und sei ein Knecht aller Knechte unter seinen Brüdern.* Erstes Buch Mose, Kapitel neun, Vers fünfundzwanzig. Sicherlich dürfte der Bischof nicht gänzlich abgeneigt sein, sich diesem Standpunkt anzuschließen. Ich selbst ...«

Doch dann zögerte er und verstummte. Auf der Veranda wurde es still, nur das Knacken der Stühle war zu hören. Benjamin stand schweigend da, als sei sein Geist in die Ferne gewandert, und sah liebevoll auf Massa Samuel herab, der sich in der zunehmenden Dunkelheit kaum regte und nur gelassen auf seinem Pfeifenstock herumkaute, allerdings mit einem wehmütigen, leidenden Ausdruck. Er bewegte die Lippen, überlegte es sich anders und schwieg lieber.

Dann hob Benjamin den Blick und sagte: »Nehmen Sie einen kleinen Sklaven wie zum Beispiel den dort ...« Es dauerte eine Sekunde, ehe ich merkte, daß von mir die Rede war. Er deutete auf mich und wandte sich mir zu. Da drehten sich auch die anderen herum. Im dahinschwindenden Licht des Abends fühlte ich ihre Blicke auf mich gerichtet. *Nigger. Neger. Schwarzer* ... Das ja. Aber noch nie hatte ich gehört, daß mich jemand als *Sklave* bezeichnete. Ich weiß noch, wie ich unter ihrem forschenden Blick ungemütlich die Schultern bewegte, wie ich mir plötzlich nackt vorkam, entkleidet bis auf meine schwarze Haut; eine böse Kälte breitete sich wie eisiges Wasser in meinem Bauch aus, als mich mit aller Wucht der Gedanke überfiel: *Ja, ich bin ein Sklave!*

»Nehmen Sie einen kleinen Sklaven wie zum Beispiel den dort«, sprach Benjamin weiter. »Mein Bruder meint, er kann so einem kleinen Sklaven etwas beibringen – Schreiben, Rechnen, Zeichnen und so weiter, vielleicht sogar die Meisterwerke von Walter Scott, ihn in der Bibel unterweisen und ihm ganz allgemein die Vorzüge einer Bildung zuteil werden lassen. Meine Herren, ich frage Sie allen Ernstes: Ist das nicht eine *Schnapsidee?*«

»Hmm-ja«, machte Doktor Ballard. Das Ja war nur noch ein

dünner, wiehernder Laut hoch oben in seiner Nase, ganz fern und ein wenig belustigt.

»Allerdings, meine Herren, zweifle ich nicht daran, daß mein Bruder bei seinem Glauben an Kultivierbarkeit und Emanzipation und Erziehung, und was weiß ich sonst noch, bei seiner Leidenschaft zu beweisen, daß einem Schwarzen von der Natur dieselben Gaben beschert worden sind wie einem Professor . . . daß er es fertigbrächte, einem solchen kleinen Sklavenjungen das Alphabet und das Zusammenzählen und ein bißchen Erdkunde beizubringen, um damit vor Ihren Augen den Beweis zu liefern, daß er recht hat. Aber lassen Sie mich eines sagen, meine Herren: Mein Bruder kennt die Schwarzen nicht so gut wie ich. Oder sein heiligmäßiger Glaube an Reformen hindert ihn daran, die Wahrheit einzusehen. Ich aber weiß es besser, meine Herren – ich kenne die Nigger besser. Eines kann ich Ihnen schwören: Zeigen Sie mir einen kleinen Neger, der den Julius Cäsar auf lateinisch vorwärts und rückwärts aufsagt, so werde ich Ihnen einen anderen Neger zeigen, der immer noch ein Tier mit dem Verstand eines kleinen Kindes ist, der niemals klug werden wird, der es nie lernen wird, ehrlich zu sein, der niemals menschliche Moral annehmen wird, so alt er auch werden mag. Ein Schwarzer, meine Herren, ist nämlich im Grunde genommen genauso unbelehrbar wie ein Huhn. So ist es nun einmal!« Er hielt inne und gähnte ausgiebig. »Zeit zum Schlafengehen!«

Die Geistlichen und Massa Samuel erhoben sich gemütlich plaudernd; die Nacht senkte sich über das Land, und über den fernen Wäldern stieg strahlend die helle Kugel des Vollmondes auf. Da kniff mich Little Morning fest in den Arm, das Zeichen für mich. Ich achtete nicht mehr auf die Unterhaltung, sondern wandte mich um und half dem Alten, Flaschen und Gläser von der Veranda zu tragen; dann löschte ich den Räuchertopf mit Wasser und fegte mit einem Mop die Dielen. Die eisige Kälte wollte nicht aus meinen Knochen weichen, und lange Zeit wurde ich nicht den Gedanken los, der wie ein Banner vor meinem inneren Auge wehte: *Ich bin ein Sklave.* Als ich nach einigen Minuten aus der Speisekammer zurückkam, sah ich, daß Benjamin nicht mehr auf der Veranda war; nur Massa Samuel stand noch allein an der Balustrade. Mit der einen Hand stützte er sich auf und sah den Geistlichen nach, die langsam, schwarze Schatten vor einem noch schwärzeren Schwarz, in der Nacht verschwanden. »Gott behüte Ihre Träume, Mr. Turner!« rief der jüngere mit mädchenhafter, heller Stimme.

»Die Ihren auch«, antwortete Massa Samuel so leise, daß sie es unmöglich hören konnten. Dann verließ er die Veranda. Ich stand plötzlich allein da und hatte Angst; Little Morning bewegte sich mit leisem Grollen zwischen den Korbstühlen umher. Süßlicher Tabakduft hing noch in der warmen, regungslosen Luft. Für eine Sekunde tauchten die beiden Geistlichen, die sich ihren Weg über die Wiese hinüber zum Seitenflügel des Hauses suchten, in einem Mondstrahl auf, dann verschwanden sie endgültig in den nächtlichen Schatten. Der Mond stieg hinter dem schwarzen Fries von Platanen höher und wurde plötzlich vom dichten, sommerlichen Laub verdeckt; Haus und Rasen versanken in tintenschwarzer Dunkelheit.

Schön, ich bin also ein Sklave, dachte ich und fröstelte in der unbewegten, schwülen Luft, als hätte mich für einen Herzschlag lang ein kalter Wind angerührt; die Kälte sollte mich begleiten, ohne Hoffnung auf ein Ende, immer tiefer und tiefer durch die Stunden der Nacht in die Finsternis hinein, aus der es kein Erwachen gab, keinen grünen Schimmer der Dämmerung, keinen Hahnenschrei am Morgen.

Nur wenige Monate später starb Benjamin. Weit draußen im Sumpf erschlug ihn eine kahle Zypresse, als er gerade zwei Holzarbeitern schnapsbenebelte Vorhaltungen machte. Die zwei Neger behaupteten später, sie hätten versucht, ihren Herrn vor dem hinter seinem Rücken stürzenden Stamm zu warnen, doch seien ihre Rufe und Gesten unbeachtet geblieben; sie selbst konnten noch beiseite springen, während der gewaltige Baum auf den armen, betrunkenen Benjamin niederkrachte. Bei den Mengen Schnaps, die Benjamin in letzter Zeit trank, erschien diese Geschichte glaubwürdig. Unter den Negern liefen noch jahrelang kaum ausgesprochene Mutmaßungen um, es sei damals nicht alles mit rechten Dingen zugegangen – doch ich bezweifle das. Viele Sklaven haben schlimmere Besitzer, als Benjamin einer war.

Wenn jedenfalls Massa Samuel sich hinsichtlich meiner weiteren Ausbildung doch irgendwelche Zurückhaltung auferlegt hatte, so fiel die Notwendigkeit dazu mit dem Hinscheiden seines Bruders weg. Zweifellos wäre Benjamin nie ein grausamer Herr geworden, ein ›Niggerbrecher‹. Doch wenn Benjamins Tod bei den Negern auch keine Freude hervorrief, so wäre es auch nicht richtig zu behaupten, daß jemand echte Trauer empfunden hätte. Selbst der dümmste Sklave in der windschiefsten, heruntergekommensten Hütte hatte Wind davon bekommen, daß Massa

Samuel ganz allgemein menschenfreundlicher eingestellt war, und alle wußten, daß ihnen unter dem neuen Besitzer eine rosigere Zukunft winkte. Als sich nun am Tage der Beerdigung Dutzende von unterwürfigen Negern mit trauernd gesenktem Blick hinter dem großen Haus einfanden, da erhoben die musikalischen unter ihnen ihre Stimme zu leiser Totenklage; doch die Unaufrichtigkeit ihrer schlichten Worte war so deutlich zu erkennen wie der Unterschied zwischen Gold und Messing:

> *Dahingegangen is mein Herr, mein Herr,*
> *Mein Herr, der is im Himmel, o Gott!*
> *Wie kann ich da verweilen!*

Wenn in all den Jahren meiner Kindheit beim ersten Morgengrauen das Hornsignal ertönte, wenn Abraham im Gefunkel der letzten Sterne an der Stallecke stand und in rauhen, klagenden Tönen den Weckruf blies und daraufhin an den Türen der Hütten unten am Hügel die Kerzen aufflackerten, dann galt dieser Ruf nicht für mich. Ich allein durfte mich noch einmal umdrehen und eine Stunde weiterschlafen, bis das Sonnenlicht mich weckte und zu meinen Aufgaben in die Küche rief; die anderen Neger waren dann längst in der Mühle, im Wald oder auf den Feldern verschwunden. Der rauhe Griff von Hacke, Sichel und Axt war nichts für meine weichen, rosafarbenen Hände, die schimmerndes Silber und Kristall, Zinn und geölte Holztäfelung gewöhnt waren. Mir blieb das alles erspart – die sommerliche Hitze in der Schmiede, das dampfende, von wilden Stechmücken umschwirrte Maisfeld, die knochenzermürbende Arbeit in den Wäldern, wo die Männer bis an die Hüften im zähen Schlamm standen, die Schinderei in der Sägemühle, wo sie sich unter dem Gewicht der Stämme und Balken die Muskeln zerrten und die Schultern ausrenkten, bis die Arbeit ihren Rücken gekrümmt und sie steif gemacht hatte wie Statuen aus schwarzem Marmor. Und obgleich Massa Samuel in jeder Hinsicht ein großzügiger Herr war und ihm niemand vorwerfen konnte, er lasse seine Sklaven hungern, so blieb meinem Gaumen doch das Essen der Feldarbeiter erspart – fettes Schweinefleisch und Maisbrei –, und er gewöhnte sich an eine viel feinere Kost wie mageren Schinken, Wildbret und Pastete; natürlich waren das Überbleibsel von den Mahlzeiten der Familie, und doch konnte ich mir kaum vorstellen, wie es sein mochte, wenn man nicht dasselbe zu essen bekäme wie die Turners selbst.

Was die Arbeit selbst betrifft, so kann ich eigentlich nicht behaupten, meine Tage mit Müßiggang zugebracht zu haben – im Gegenteil: In meiner Erinnerung sind jene Tage in der Turner-Mühle von früh bis spät erfüllt von geschäftigem Treiben im Haus. Wenn ich ehrlich bin, muß ich trotzdem sagen, daß meine Arbeit leicht war, nicht zu vergleichen mit dem Schweiß und Gestank auf den Feldern. Ich putzte, wusch und schrubbte, ich polierte Türknöpfe, machte Feuer im Kamin und lernte, wie man fehlerfrei den Tisch deckt. Meine abgetragenen Kleidungsstücke waren ausgebeult, aber sie kratzten nicht auf der Haut. Für die nächsten ein oder zwei Jahre unterrichtete mich noch manchmal Miß Nell, ein schmächtiges, geduldiges Geschöpf. Irgendwelche seelischen Kämpfe hatten ihren ohnehin schon stark ausgeprägten frommen Eifer so sehr angeheizt, daß sie jetzt sogar auf Walter Scott und gar John Bunyan und alle weltlichen Schriften verzichtete und sich ganz dem Studium der Bibel hingab. Hier bevorzugte sie die Propheten, die Psalmen und das Buch Hiob. Unter einem gewaltigen Tulpenbaum lasen wir gemeinsam die Bibel, mein wolliger Schädel streifte dabei ihre Haube aus Seide. Halten Sie mich nicht für unverschämt, wenn ich sage, daß ich Jahre später, inmitten der Vorgänge, die der Grund dieses Berichts sind, oft in Dankbarkeit dieser sanften und mütterlichen Frau gedachte, von deren Lippen ich zuerst Jesajas großartige Worte vernahm: *Wohlan, Ich will euch zählen zum Schwert, daß ihr euch alle bücken müßt zur Schlachtung, darum daß Ich rief, und ihr antwortet nicht . . .*

Jetzt glaube ich auch, daß Miß Nell es war, die mir unabsichtlich das Wissen um meine ganz besondere Stellung innerhalb der Familie übermittelte, als ich etwa ein Jahr vor dem Tod meiner Mutter einmal krank wurde. Ich muß damals im Herbst gerade vierzehn geworden sein. Was mir fehlte, sagte mir keiner, aber es muß wohl eine ernsthafte Erkrankung gewesen sein; denn aus meiner Blase kamen dunkle Ströme von Blut, und ich wurde Tag und Nacht von hohem Fieber geschüttelt, das mir die verrücktesten Gesichte vorspiegelte. Dunkel und Tag, Wachen und Schlaf kamen hoffnungslos durcheinander, meine Umgebung erschien mir so unwirklich, als hätte man mich in ein fremdes Land verfrachtet. Ich wurde dunkel gewahr, daß man mich von meinem Strohsack in dem kleinen Anbau, den ich so viele Jahre hindurch mit meiner Mutter geteilt hatte, ins Haus holte. Da lag ich nun in einem Zimmer, inmitten feiner weißer Linnen, und um mich herum hörte ich leises Wispern und gedämpfte Schritte. Da lag ich nun mit meinen Wahnvorstellungen in einem riesigen Bett, und dauernd war jemand bei mir, sich um mich zu kümmern. Ich bekam aus einer Schnabeltasse zu trinken, mein Kopf wurde sanft von weichen, weißen Händen hochgehoben. Diese weißen Hände tauchten immer wieder auf. Wie in einem Traum schwebten sie vor meinem Gesicht, wenn sie meine Stirn mit naßkalten Leinenstreifen kühlten. Nach einer Woche ging es mir allmählich besser, und in der Woche darauf kehrte ich in die Kammer meiner Mutter zurück, sehr geschwächt noch, aber nach einiger Zeit konnte ich wieder meine alltägliche Arbeit verrichten. Nie sollte ich jedoch jenen kurzen Augenblick der Klarheit zwischen zwei Fieberanfällen auf dem Höhepunkt meiner Krankheit vergessen, als ich Miß Nells tränenerstickte Stimme vor der Tür meiner Krankenstube flüstern hörte: »Mein Gott, Sam – unser kleiner Nat! Der arme kleine Nat! Sam, wir müssen beten, beten, beten. Er darf nicht sterben!«

Kurz, ich wurde eine Art Schoßhündchen, der Liebling, das kleine schwarze Juwel der Turner-Mühle. Ich wurde verhätschelt, umhegt, verzärtelt und zum verwöhnten Nesthäkchen der Familie gemacht, ein grinsender Kobold in gestärktem Anzug, der sich vor jedem Spiegel drehte und einfältig ganz von der eigenen Fähigkeit überzeugt war, auf andere einen guten Eindruck zu machen. Daß sie einem weißen Kind nie so schöngetan hätten, daß allein meine schwarze Haut mir die Vorzüge und die vertraute Stellung im Hause verschaffte – das merkte ich nicht; ich hätte es auch nicht begriffen, wenn es mir jemand erklärt hätte. Deshalb ist es nicht verwunderlich, daß ich im sicheren Schutz meiner Torheit und Selbstzufriedenheit die Neger in der Mühle und auf den Feldern mehr und mehr als Geschöpfe betrachtete, die nicht einmal meiner Verachtung würdig waren. Ihnen fehlten alle Eigenschaften, die sich in meiner Vorstellung mit einem behüteten, geordneten Leben verbanden, so daß ich sie nicht einmal mehr lächerlich fand. Es brauchte nur so ein heruntergekommener Nigger vom Feld hereinzukommen, schwitzend und stinkend, und seinen bloßen Fuß versehentlich auf unsere Veranda zu setzen, um wehleidig darum zu betteln, daß ich bitte den guten alten Massa rufe, damit er ihm eine »Medizin« für die Schnittwunde an seinem Bein besorge – schon verwies ich ihn mit eisiger, verächtlicher Stimme dorthin, wohin er gehörte: an die Hintertür. Oder wenn schwarze Kinder unabsichtlich das weitläufige Grundstück mit seinen Rasenflächen betraten, dann schwang ich einen Besenstiel gegen sie und schrie Verwünschungen

– allerdings aus der sicheren Deckung hinter der Küchentür. Es war die Eitelkeit eines Negerjungen, der vielleicht als einziger seiner versklavten Rasse in den Werken von Sir Walter Scott gelesen hatte, der neun mal neun multiplizieren konnte, den Namen des Präsidenten der Vereinigten Staaten und die Hauptstadt des Bundesstaates New Jersey kannte, der von der Existenz eines Erdteils namens Asien wußte und Worte wie Genesis, Offenbarung, Nehemia, Chesapeake, Southampton und Shenandoah buchstabieren konnte.

Es muß im Frühjahr nach meinem sechzehnten Geburtstag gewesen sein, als Massa Samuel mich einmal nach dem Mittagessen vor dem Haus beiseite nahm und mir eine recht überraschende Veränderung meines Lebenslaufes ankündigte. Obgleich ich mich als zur Familie gehörig fühlte, gehörte ich natürlich nicht richtig dazu und bekam das auch zuweilen zu spüren; oft vergingen Tage und Wochen, ohne daß Massa Samuel mich beachtete, insbesondere während der betriebsamen Zeiten der Aussaat und Ernte. Deshalb erinnerte ich mich auch besonders deutlich an die seltenen Augenblicke, in denen er mir wirklich seine Aufmerksamkeit schenkte. An diesem Nachmittag lobte er mich wegen des Geschicks und der Aufmerksamkeit, mit der ich meine Pflichten im Haus versah. Er erwähnte die vorteilhaften Äußerungen, die Miß Nell und die jungen Misses ihm gegenüber gemacht hätten, was meine rasche Auffassungsgabe nicht nur beim Lernen, sondern auch hinsichtlich meiner täglichen Pflichten anging.

Das alles sei sehr lobenswert, sagte er, und auf mein Pflichtbewußtsein könne ich zu Recht stolz sein. Es bleibe aber dennoch die Tatsache bestehen, daß ich für die Arbeit eines Hausdieners zu klug sei. Diese Tätigkeit müsse unweigerlich die großen Fähigkeiten, die er in mir entdeckt habe, unterdrücken und mich nicht weiterbringen, sondern vielmehr in eine Sackgasse führen. Ob ich nicht auch der Meinung sei, daß sich beschränkte alte Knacker wie Little Morning oder alte, gichtige Mammys eher dafür eigneten? Als ein Junge, der so viel gelernt hat, könne ich gegenüber einem so eintönigen Leben doch sicherlich nur Abscheu und Furcht empfinden?

Im ersten Augenblick wußte ich nichts zu antworten. An meine Zukunft hatte ich wohl noch nie gedacht; es ist nicht Negerart, über die Zukunft nachzugrübeln, nachdem die unwiderrufliche Tatsache des Sklavendaseins erst einmal feststeht. Selbst ich, der ich noch vergleichsweise glücklich dran war, muß mir die Tage und Jahre, die vor mir lagen, wohl ohne nachzudenken als eine

Fortsetzung des täglichen Einerleis vorgestellt haben – schmutziges Geschirr, Kaminasche, dreckige Schuhe, gebeizte Türknöpfe, Nachttöpfe, Mops und Besen. Nie kam es mir in den Sinn, daß mein Schicksal *anders* aussehen könnte. Ich weiß nicht, was ich antworten wollte, jedenfalls klopfte er mir leicht auf die Schulter und rief herzlich und eifrig: »Nein, mit diesem jungen Schwarzen habe ich größere Pläne!«

Große Pläne waren es in der Tat. Es begann mit einer Zimmermannslehre, von der sich allerdings im Laufe der Jahre herausstellte, daß sie mir so wenig nützte wie verfaulende Sägespäne, die ein Mühlenrad verkleben. Doch das konnte ich damals nicht ahnen. Ich stürzte mich mit einer Freude, einem hungrigen Lerneifer auf diese neue Aufgabe wie ein weißer Junge, der ins William and Mary College einzieht, um in die Geheimnisse der Rechtskunde eingeweiht zu werden. Massa Samuel hatte erst kürzlich einen deutschen Zimmermeister aus Washington eingestellt, dem ich zur weiteren Ausbildung anvertraut wurde. Der Mann hieß Goat, und erst viel später ging mir auf, daß dies sicher nicht die richtige Schreibweise seines Namens war; vermutlich hat er Godt oder so ähnlich geheißen, aber das erklärte mir niemand, und so bleibt er in meiner Erinnerung immer nur »Goat«. Zwei Jahre lang erlernte ich unter Goats Anleitung in der kleinen Werkstatt weiter unten am Hügel, auf halbem Wege zwischen dem Herrenhaus und den Negerhütten, das Zimmermannshandwerk. Ich war für mein Alter hoch aufgeschossen, hatte starke Muskeln bekommen und war recht geschickt mit meinen Händen; da ich außerdem einiges gelernt hatte und fast ebensogut wie jeder erwachsene Weiße messen und rechnen konnte, eignete ich mich gut für das Handwerk und konnte schon bald mit Säge, Breitbeil und Hobel sehr geschickt umgehen. Ich verstand es fast genauso gut wie Goat selbst, die Balken für eine neue Maisscheuer gerade und gleichmäßig zu setzen. Goat war ein großer, massiger Mann, langsam in seinen Bewegungen und Worten. Wenn er nicht in der Werkstatt arbeitete, schien er sich allein bei seiner Hühnerzucht ganz wohl zu fühlen. Er hatte eine schüttere Haarkrone auf dem Kopf und einen fransigen, zimtfarbenen Bart. Wenn er etwas sagte, dann unterstrich er seine Worte mit schwerfälligen Bewegungen seiner schwieligen, verarbeiteten Pranken. Wir hatten einander wenig zu sagen, aber irgendwie brachte er es fertig, aus mir einen guten Zimmermann zu machen. Dafür bin ich ihm stets dankbar gewesen.

An eine Sache, die die Zimmermannswerkstatt betrifft, muß ich immer wieder denken. Ich sollte sie wohl erzählen, obgleich sie eine Angelegenheit betrifft, die ich kaum berühren würde, wenn ich nicht beschlossen hätte, einen möglichst wahrheitsgetreuen Bericht zu geben. Wie die meisten Jungen von ungefähr sechzehn Jahren fühlte auch ich immer stärker den Drang erwachender Mannbarkeit, doch im Vergleich zu den anderen Negerjungen befand ich mich in einer ungewöhnlichen Lage; sie fanden in den stets willigen schwarzen Mädchen, die sie rasch am Rande des Maisfeldes oder mitten im hohen, kühlen Gras nehmen konnten, leicht einen Ausweg für ihren Drang. Ich aber wuchs streng abgesondert von den Hütten und von derartigen Umtrieben auf und war ganz und gar unwissend, was die fleischlichen Freuden anlangt. Das wenige, das ich vielleicht erfuhr, war vergällt von der Furcht – und ich muß gestehen, daß ich mich auch in meinem späteren Leben nie ganz von dieser Furcht zu befreien vermochte –, daß alle Abenteuer auf diesem Gebiet vor dem Angesicht des Herrn sündig und verwerflich seien. Nichtsdestoweniger war ich ein kräftiger, gesunder Junge, und sosehr ich auch gegen sündige Anwandlungen ankämpfte, ich konnte doch nicht der Versuchung widerstehen, mich selbst zu erregen, wenn sich mein Verlangen allzu bedrängend bemerkbar machte. Damals erschien es mir aus irgendwelchen Gründen, daß der HErr mich nicht allzu streng strafen würde, wenn ich mir in meinem Vergnügen Mäßigung auferlegte. Deshalb beschränkte ich jene einsamen Freuden auf einmal in der Woche, meist Sonnabends, kurz vor dem heiligen Sabbat; meine Bußgebete fielen an diesem Tage dann um so inbrünstiger und demütiger aus.

Ich ging dazu in einen niedrigen Lagerschuppen, der mit der Werkstatt durch eine Tür verbunden war, die ich verriegeln konnte. Immer stellte ich mir ein namenloses weißes Mädchen vor, zwischen dessen Schenkeln ich lag – ein junges Mädchen mit goldenen Locken. In dem kleinen Schuppen roch es nach frisch gehauenem Holz, und der beizende Duft harziger Kiefernbretter brannte mir scharf in der Nase. Später geschah es dann oft, daß derselbe harzige Duft mich erregte, wenn ich in der Mittagshitze an einem frisch geschnittenen Holzstapel vorbeiging. Ganz plötzlich empfand ich dann ein Ziehen in den Lenden und mußte schmerzlich-wehmütig an den kleinen Schuppen denken, auf dessen Fußboden der Junge von damals im süßen Harzduft keuchend kauerte.

Vermutlich war es neben der Tatsache, daß ich über mehr freie Zeit verfügte als die meisten anderen Sklaven, vor allem die

Einsamkeit, die dazu beitrug, daß ich mich mit solchem Eifer auf das Studium der Bibel verlegte. Schon damals, in so jungen Jahren, empfand ich große Ehrfurcht vor der Majestät der Psalmen und der Lehren der großen Propheten; so beschloß ich, in erster Linie ein Verkünder des Wortes zu werden, wohin mein Schicksal mich auch führen und welche öden Wüsteneien das Leben für mich auch bereithalten mochte. Einmal schenkte mir Miß Nell zu Weihnachten eine Bibel – eines von mehreren Exemplaren, die ein Wanderprediger der Bibelgesellschaft aus Richmond in der Turner-Mühle zurückgelassen hatte. »Halt dieses gute Buch hoch in Ehren«, sagte sie mit ihrer sanften, ein wenig abwesenden Stimme, »und das Glück wird dich begleiten auf allen Wegen, Nathaniel.« Ich werde niemals die Erregung vergessen, die mich packte, als sie mir die in braunes Leder gebundene Bibel in die Hand drückte. Damals war ich sicherlich, ohne es zu wissen, der einzige Negerjunge in ganz Virginia, der ein Buch besaß.

Meine Freude war so übermächtig, daß mir schwindlig wurde und ich trotz des Windes, der an diesem eisigkalten Tag durchs Haus blies, am ganzen Körper bebte und in hellen Schweiß ausbrach. Meine Gefühlswallung war so groß, daß ich der guten Frau nicht einmal dankte, sondern mich nur abwandte und in meine kleine Kammer ging. Dort saß ich im frostigen Licht des Winternachmittags auf meinem Strohsack, unfähig, das Buch aufzuklappen und einen Blick auf die Seiten zu werfen. Ich erinnere mich an den Duft der Zedernklötze, die in der Küche auf der anderen Seite der dünnen Bretterwand knisterten. Hinter meinem Rücken stahl sich die Wärme aus der Küche durch die Ritzen in der Wand. Ich habe auch noch die dünnen Töne des Spinetts im Ohr, zu denen drüben in der Halle des Herrenhauses die Weißen ihre Stimmen erhoben – *Freue dich, Welt, der Heiland naht!* –, und sehe mich dasitzen, die Bibel in den verkrampften Händen, und durch das billige, wellige, vereiste Fensterglas hinausstarren auf den kahlen, windgepeitschten Hügel. Eine Gruppe Neger aus den Hütten trottete auf das Haus zu. Eingemummelt in ihre rauhen und unförmigen, aber anständigen Gewänder, die Massa Samuel ihnen im Winter stellte, kämpften sie sich in einer langen Linie durch den Sturm, Männer, Frauen, Kinder, um *ihr* Geschenk entgegenzunehmen – ein Säckchen Bohnen oder ein Stück Kandiszucker für die Kinder, ein Stück Kaliko für die Frauen, einen Brocken Kautabak oder ein Taschenmesser für die Männer. Als sie nahe meinem Fenster über den gefrorenen Boden stampften, hörte ich ihr Plappern, erfüllt von Vorfreude, ihr schrilles, ungehemmtes Lachen, ihre lärmende Niggerfreude. Der Anblick erfüllte mich plötzlich mit Abscheu, der schon an Ekel grenzte und mir förmlich den Magen umdrehte. Ich wandte mich schließlich ab und öffnete die Bibel. Damals begriff ich die willkürlich aufgeschlagene Bibelstelle nicht, doch im Licht der nachfolgenden Geschehnisse taucht sie wieder aus der Erinnerung auf wie eine übernatürliche Erscheinung: *Aber Ich will sie erlösen aus der Hölle und vom Tode erretten. Tod, Ich will dir ein Gift sein; Hölle, Ich will dir eine Pestilenz sein . . .*

Abgesehen von Massa Samuel und Miß Nell – und von jener flüchtigen Erinnerung an Benjamin – erinnere ich mich kaum noch an die Familie Turner. Miß Elizabeth, Benjamins Witwe, taucht in meinem Gedächtnis nur wie ein Schatten auf. Sie war eine hagere, weinerliche Frau mit spitzen Ellbogen, die mit hoher, zitternder Stimme zu singen pflegte; es ist hauptsächlich ihre Stimme, an die ich mich erinnere – ein körperloses, schmachtendes, dünnes, ausgetrocknetes Gewimmer. Sie war schwindsüchtig; da sie auf Anraten der Ärzte oft lange Zeit in der feuchten Seeluft an der Küste bei Norfolk zubrachte, bekam ich sie nur selten zu Gesicht, und auch dann nur von weitem.

Benjamins Söhne hatten beide auf dem William and Mary College etwas studiert, was sie fortschrittliche Agronomie nannten. Bald nach dem Tode des Vaters zog der ältere Sohn Willoughby mit seiner jungen Frau in ein kleineres Haus am dichtbewaldeten Rand der Pflanzung. Das Haus wurde »Neue Zuflucht« genannt. Von dort aus überwachte er, wie sein Vater es vor ihm getan hatte, das Holzgeschäft der Turners. So traf ich ihn nur selten und hatte nie mit ihm zu tun.

Lewis, der andere studierte Landwirt, ein rotgesichtiger, untersetzter Junggeselle von etwa dreißig Jahren, leitete gemeinsam mit seinem Onkel die Pflanzung und wurde praktisch Oberaufseher, nachdem Massa Samuel den Säufer McBride eines Tages wegen seines unsittlichen Lebenswandels hinausgeworfen hatte. Ich weiß nicht, ob Massa Samuel je etwas von dem Zusammenstoß zwischen dem Iren und meiner Mutter erfahren hat, bin aber ziemlich sicher, daß dieser Kerl – wahrscheinlich wegen des Widerstrebens meiner Mutter – es nie wieder wagte, sich ihr zu nähern. Trotz allem ist es jedoch ein Beweis für Massa Samuels Nachsicht und Geduld – vielleicht auch für seine rührende Unbedarftheit –, daß er sich nicht nur McBrides Trunksucht viel länger gefallen ließ, als jeder andere Pflanzer es getan hätte, sondern von seiner Neigung zu Negerfrauen auch erst erfuhr, als alle anderen schon volle zwei Jahre lang mindestens drei kleine Negersklaven mit blasser Hautfarbe, rötlichen Lockenköpfchen und breiten irischen Lippen bewunderten. Lewis war ein erträglicher Herr, wenn auch nach meiner Meinung nicht sonderlich klug; er beging Fehler im sprachlichen Ausdruck, über die ich mich in der Überheblichkeit meines jungen Wissens insgeheim lustig machte. In allen praktischen Dingen, so auch in der Behandlung der Neger, eiferte er seinem Onkel nach. Seinen Untergebenen gegenüber zeigte er sich gerecht und humorvoll – und mehr kann ein Sklave nicht verlangen. Wenn er nicht gerade arbeitete, streifte er zu Pferd durch die Wälder oder schoß auf den Wiesen Wildhühner. So hielt er sich von den Negern und ihren (wie man wohl mit einiger Übertreibung sagt) privaten Angelegenheiten meist fern.

Bleiben nur noch Massa Samuels Töchter zu erwähnen, Miß Louisa und Miß Emmeline. Wie schon berichtet, half Miß Louisa, die ältere der beiden, ihrer Mutter bei meiner Unterweisung. Da ich rasch und sicher lesen und buchstabieren und rechnen lernte, muß sie wohl eine ausgezeichnete Lehrerin gewesen sein. Schließlich waren wir aber doch nur so kurze Zeit beisammen, daß es mir schwerfällt, mir ihr Gesicht vorzustellen. Als ich etwa vierzehn war, heiratete sie einen jungen Grundstücksmakler aus Kentucky und zog mit ihm für immer von dannen. Meine weitere Ausbildung lag nunmehr allein in den Händen meiner Schirmherrin, ihrer bibelbesessenen Mutter.

Miß Emmeline schließlich war die jüngste. Zu der Zeit, von der ich hier spreche, war sie fünfundzwanzig oder ein wenig älter, und ich verehrte sie – natürlich nur aus respektvoller Entfernung – mit der reinen, tugendhaften Leidenschaft, wie sie nur in der unschuldigen Seele eines Jungen erwachsen kann, der wie ich in einer Umgebung groß geworden ist, in der Frauen – zumindest weiße Frauen – wie reine Perlen auf dem strahlenden Glanz unbefleckter Vollkommenheit dahinschweben. Mit ihrem vollen, glänzend kastanienbraunen, in der Mitte gescheitelten Haar, ihren dunklen, klugen Augen und dem süßen Ernst ihres Mundes, der ihrem Gesicht einen Ausdruck ruhiger Würde verlieh, wäre sie auch in einer weniger hinterwäldlerischen Gegend als große Schönheit aufgefallen; hier aber taten Arbeit, Einsamkeit und Witterung das ihre, den Charme einer weißen Dame rasch schwinden und ihre Züge hart werden zu lassen. Vielleicht hatte das Leben in der Stadt etwas damit zu tun. Nachdem sie das

Mädchenseminar unserer Gegend in Lawrenceville besucht hatte, lebte sie mehrere Jahre bei einer Tante mütterlicherseits in Baltimore. In dieser Zeit – so erzählten Prissy oder Little Morning, beide geübte Lauscher, in der Küche – war sie einer unglücklichen Liebe zum Opfer gefallen; Massa Samuel hatte sie daraufhin wieder heimgeholt, und nun half sie Miß Nell bei der Führung des Haushalts. Allmählich schienen ihre Lebensgeister wieder zu erwachen; denn sie fügte sich mühelos in die Rolle einer jungen Gutsherrin ein, kümmerte sich um die Kranken und Schwachen in den Hütten, sie kochte Obst und Gemüse ein und buk Kuchen, und im Frühjahr und Sommer besorgte sie den großen Gemüsegarten in der Nähe der Zimmererwerkstatt.

Diesem Gemüsegarten widmete sie sich mit besonderer Hingabe. Sie säte selbst, pflanzte alle Stecklinge und arbeitete stundenlang, geschützt von einem riesigen Strohhut, neben den beiden Negermädchen in der prallen Hitze des Tages. Gemeinsam jäteten sie Unkraut. Ich arbeitete in der Zimmerei und hob immer wieder den Blick, um sie verstohlen zu betrachten. Wie verhext war ich, die Luft wurde mir knapp, und ich sehnte mich inbrünstig nach jenen Augenblicken, wo sie in der Arbeit innehielt, den Kopf hob und sich leicht mit ihren schlanken Fingern über die feuchte Stirn strich. Dabei verharrte sie regungslos auf den Knien, ihre Augen blickten ein wenig nachdenklich, die Zähne blitzten durch die halb geöffneten Lippen, an ihrer Schläfe pochte eine Ader, während sie mir unbewußt und von Angesicht zu Angesicht den Anblick ihrer reinen, stolzen, bewunderungswürdigen, pfirsichzarten Schönheit darbot.

Meine Leidenschaft für sie war allerdings von jungfräulicher Reinheit, schmerzlich und geheimnisvoll verwoben mit meiner religiösen Sehnsucht. Ich glaubte an Reinheit und Güte, und ihre vollkommene Schönheit hatte etwas an sich – eine Traurigkeit und dabei doch eine rastlose, selbstbewußte Einsamkeit, eine stolze Leichtigkeit in jeder ihrer Bewegungen –, das von innen heraus rein und gut war wie die körperlose, glasklare Schönheit eines Traumengels. In späteren Jahren erfuhr ich natürlich, daß eine solche hingebungsvolle Verehrung eines Negerjungen für seine weiße Herrin trotz aller damit verbundenen Gefahren durchaus nichts Ungewöhnliches war; doch damals erschien mir dieses Gefühl unheimlich, einmalig und fast unerträglich, als hätte mich eine vom Himmel gesandte Krankheit an den Wurzeln meiner Seele befallen. Ich glaube nicht, daß sie während der Zeit meiner jahrelangen Anbetung mehr als zehn Worte an mich richtete, und ich wagte auch nichts zu sagen, höchstens ein unterwürfig gehauchtes »Ja, Mam« oder »Nein, Mam«, wenn sie mich gelegentlich etwas fragte. Da ich nicht mehr im Hause arbeitete, kreuzten sich unsere Pfade nur selten, und ich betete zu Gott, sie wenigstens ein- oder zweimal am Tage sehen zu dürfen. Natürlich wußte sie seit Jahren, daß ich für einen jungen schwarzen Diener eine Vorzugsstellung genoß, aber sie hatte wohl andere Dinge im Sinn als einen kleinen Nigger, und war zwar nicht unfreundlich zu mir, aber sie schien kaum wahrzunehmen, daß ich lebte und atmete. Einmal rief sie mich auf die Veranda, weil ich ihr helfen sollte, einen Blumentopf aufzuhängen. In meiner Verwirrung stellte ich mich so ungeschickt an, daß der Topf fast herunterfiel. Sie stand neben mir, packte meinen bloßen Arm, als die Erde zu rieseln begann, und rief ärgerlich: »Nat! Dummkopf!« Der Klang meines Namens von ihren Lippen war wohltuend wie ein Segen, und die Berührung ihrer weißen Finger brannte auf meiner Haut wie Feuer.

An einem Spätsommerabend, etwa ein Jahr nach Miß Emmelines Rückkehr aus Baltimore, fand in der Turner-Mühle eine Gesellschaft statt – allein das bedeutete schon ein denkwürdiges Ereignis. Gesellige Veranstaltungen waren – zumindest in der Zeit, die ich im großen Herrenhaus zubrachte – selten, nicht nur wegen der Abgelegenheit der Turner-Mühle, sondern auch wegen der gefährlichen Wege; tiefe Täler, umgestürzte Bäume und vom Regen ausgewaschene Straßen machten den Verkehr zwischen den verschiedenen Pflanzungen im County Tidewater jedesmal zu einem gefährlichen Abenteuer, auf das man sich nicht leichtfertig und schon gar nicht in gehobener Stimmung einläßt. In größeren Abständen aber, etwa alle zwei Jahre, entschloß sich Massa Samuel zu einer solchen Veranstaltung, die er scherzhaft ›Volksauflauf‹ nannte. Gut zwanzig Leute strömten dann von weit und breit zusammen, meist im Spätsommer, wenn die Ernte eingebracht war, Pflanzer mit ihren Familien aus der Gegend am James- und am Chickahominy-Fluß oder aus North Carolina; sie hießen Carter, Harrison, Byrd, Clark und Bonner und trafen in großen, eleganten Kutschen ein, begleitet von einem lärmenden Gefolge schwarzer Kindermädchen und Leibdiener. Sie pflegten vier oder fünf Tage zu bleiben, manchmal auch bis zu einer Woche. Täglich fanden Fuchsjagden mit den Hunden des Majors Vaugham statt, dessen Pflanzung nicht weit entfernt lag, außerdem Truthahnjagden, Reiterwettbewerbe, Pistolenschießen und viele lange, ruhige, gemütliche Unterhaltungen der Damen auf der Veranda. Den Abschluß bildeten stets mindestens zwei glanzvolle Bälle in der großen Halle, die zu diesem Anlaß mit Wimpeln und bunten Tüchern geschmückt wurde.

Als ich etwa sechzehn war, ernannte mich Massa Samuel für solche Gelegenheiten zum ›Haushofmeister‹. Meine Aufgabe war die Überwachung aller anderen Neger außerhalb der Küche. Vielleicht war es ein Vertrauensbeweis von Massa Samuel, daß er mir trotz meiner Jugend diese Aufgabe übertrug; aber andererseits war ich wirklich flinker und gescheiter als die anderen. Für eine Woche wurde ich mit purpursamtenen Kniehosen, einer roten Seidenjacke mit blanken Messingknöpfen und einer weißen Perücke aus Ziegenhaar herausgeputzt, die hinten in einem langen Zopf endete. Den Carters und Byrds muß ich wohl höchst exotisch erschienen sein; mir aber machte es Freude, diese Rolle zu spielen und die anderen Negerjungen herumzukommandieren, auch wenn ich von früh bis spät pausenlos zu tun hatte; die meisten anderen Jungen waren dumme Nigger, Feldarbeiterkinder, die nur aus knochigen Händen, spitzen Knien und Glotzaugen bestanden. Ich mußte die Gäste an den Kutschen begrüßen und den Damen beim Aussteigen behilflich sein, ich hatte den Befehl über Lucas, Todd, Pete und Tim und sorgte dafür, daß sie jeden Abend allen Herren die Stiefel putzten, den Unrat vom Rasen räumten, sich ununterbrochen rührten und regten, Eis aus dem Eiskeller holten, Pferde anschirrten und abschirrten, dies und jenes taten, auch den verlorengegangenen Fächer einer Dame suchten. Ich stand morgens als erster auf und half Little Morning, Whisky als Wecktrunk für die Fuchsjagd herzurichten (was zu meinen wichtigsten Aufgaben gehörte), und fast ohne Ausnahme legte ich mich als letzter schlafen. Allein die Tatsache, daß ich zu nachtschlafener Zeit schon auf den Beinen war, ist schuld daran, daß ich eines sehr frühen Morgens in der dichten, mondlosen Dunkelheit beinahe über Miß Emmeline und noch jemanden stolperte.

Es war nicht ihr lautes Flüstern, das mich so sehr erschreckte – ich erkannte sofort ihre Stimme –, sondern der Name des HErrn, den sie in der Erregung mißbrauchte – zum erstenmal hörte ich eine Gotteslästerung von den Lippen einer Frau. Ich war so verdattert, daß ich wie angewurzelt im Finstern dastand und zuerst gar nicht begriff, was der Grund dieser Worte war, ich glaubte sogar, sie schwebe in einer namenlosen Gefahr.

»Barmherziger ... o Gott ... Jesus ... warte! O Jesus ... so warte doch ... langsam ... heiliger Jesus Christus ... langsam ... warte ...«

Das leise Stöhnen einer Männerstimme auf dem Rasen hinter der Hecke machte mich darauf aufmerksam, daß sie nicht allein war. Ich war wie gelähmt, hingerissen und doch todkrank, weil der Name des Heilands so über ihre Lippen kam, als hätte sie Ihn mit ihrer heißen Leidenschaft in schamloser Weise entblößt.

»Warte! Warte!« bettelte sie wieder. Der Männerkehle entrang sich ein leiser Seufzer, dann hörte ich wieder ihr stoßweises Flüstern: »O Barmherziger ... Barmherziger ... warte doch, langsam, jetzt! O Jesus ... Christus ... o Christus ... ja, ja ... *jetzt!* Ach, Barmherziger Christ, Barmherziger ... Barmherziger ...«

Ihre Stimme erstarb dann auf einmal mit einem langgezogen verebbenden Seufzer, und alles wurde wieder still. Ich vernahm nichts als das Quaken der Frösche im Mühlteich, das Trampeln der Pferde drüben im Stall und das rasende Pochen meines eigenen Herzens; es klopfte so laut, daß ich meinte, man müßte es noch über dem Säuseln des Nachtwindes in den Wipfeln der Platanen hören. Ich stand da, unfähig mich zu regen, erfüllt von Kummer, Entsetzen und Angst. Ich erinnere mich noch an den wirren Gedanken, der mir durch den Kopf schoß: Das hat man davon, daß man ein Nigger ist! Es ist einfach nicht gerecht. Wenn ich kein Nigger wäre, dann würde ich nicht Dinge erfahren, von denen ich nichts wissen will. Das ist einfach nicht gerecht eingerichtet.

Nach langer Pause hörte ich die Männerstimme, bebend vor Leidenschaft: »Oh, meine geliebte Emmy ... Liebste, liebste Emmy, *Emmy!*«

Doch Miß Emmeline gab keine Antwort. Die Zeit kroch so qualvoll langsam dahin, als sei sie alt und siech, mein Mund wurde trocken, ich fühlte den feuchtkalten Finger, der mich gleich einer Vorahnung des Todes anrührte. In meinen Beinen und Hüften breitete sich kribbelnd der Frost aus. Endlich hörte ich ihre Stimme wieder, nun ruhig und beherrscht, beißend vor Verachtung und Bitterkeit: »Endlich hast du erreicht, worauf du schon so lange aus bist! Hoffentlich bist du nun zufrieden.«

»Ach, Emmy, geliebte Emmy!« flüsterte er. »Laß mich ...«

»Nimm die Finger von mir!« Sie erhob im Finstern die Stimme. »Laß mich in Ruhe, hörst du? Wenn du mich anrührst, wenn du noch ein einziges Wort sagst, dann erfährt Papa alles. Ich sag's ihm, und er wird dich *niederschießen,* weil du deine eigene Cousine *vergewaltigst!*«

»Aber, Liebling, meine geliebte Emmy!« widersprach er. »Du hast doch *zugestimmt*. Du warst doch bereit ... Ach, Emmy, geliebte Emmy...«

»Bleib mir vom Leib!« rief sie, dann blieb es wieder lange Zeit still. Ihre nächsten Worte bebten vor unverhüllter, höchster Verzweiflung: »O Gott, wie ich dich hasse! Gott, wie ich diesen Ort hier hasse! Wie ich das Leben hasse! O Gott, wie ich *Gott* hasse!«

»Nein, nein, Emmy!« flüsterte er außer sich. »Meine liebe, meine geliebte Emmy!«

»Dieser gottverdammte *schreckliche* Ort! Lieber gehe ich nach Maryland zurück und werde wieder eine Hure, und der einzige Mann, den ich je geliebt habe, darf meinen Leib auf den Straßen Baltimores verkaufen! Nimm deine gottverdammten Hände von mir, und wag es nicht, noch ein Wort zu mir zu sagen! Ich rufe sonst Papa. Geh jetzt, geh jetzt, *laß mich allein!*«

Ich habe schon an anderer Stelle mehr als einmal davon gesprochen, daß ein Neger sein Ohr überall hat und oft ohne Wissen der Weißen viel über ihre geheimsten Geheimnisse erfährt. Das war ein solcher Augenblick; als ich aber Miß Emmeline taftraschelnd aufstehen und in den blauen Schatten des Hauses laufen, als ich ihren Vetter Lewis bedrückt durch die Nacht davonschleichen sah, schien es mir dennoch, daß, mag auch ein Neger noch so viele verborgene Dinge erfahren, einige für ihn immer unerklärbar und geheimnisvoll bleiben. Deshalb soll er sich nicht zu klug und allwissend vorkommen. Das traf sicherlich auf Miß Emmeline zu. Je mehr ich nach dieser Nacht über sie nachdachte, um so mehr erschien sie mir in einen dunklen Mantel des Geheimnisses gehüllt. Sie sprach nie wieder ein Wort mit Lewis, und soweit ich es beobachten konnte, wagte er es auch nicht, jemals wieder das Wort an sie zu richten. Ihre Drohung beherrschte sein Leben; ein paar Monate später verließ der arme Mann die Turner-Mühle ganz, um sich in Louisiana mit Zucker und Baumwolle selbständig zu machen.

Was das in dieser Nacht Gesehene und Gehörte anbelangt, so bitte ich Sie, meinen Bericht nicht einfach für böswillig zu halten; denn in Wahrheit bewirkte diese Episode eine völlige Änderung meiner Vorstellung von den weißen Frauen. Der Heiligenschein, den Miß Emmeline in meinen Augen immer getragen hatte, wurde nun blasser und verschwand schließlich ganz. Es war, als stünde sie plötzlich nackt und bloß vor mir; sie fesselte mich auf ganz andere Weise, und auch meine Hoffnungslosigkeit, meine nie endende Qual, war von anderer Art, aber genauso peinigend.

Eine ganze Weile grollte ich ihr noch. Ich verehrte aus der Ferne ihre Schönheit noch immer, aber gleichzeitig war ich bis in mein Innerstes von den gotteslästerlichen Worten aufgewühlt, die ich aus ihrem Mund gehört hatte. Diese Worte entzündeten meine Gedanken und drangen gleich glühenden Nadeln in meine Träume ein. In meiner Vorstellung begann sie allmählich das Bild des Mädchens mit den goldenen Locken zu verdrängen. *Sie* wurde nun der Gegenstand meines Verlangens: Wenn ich mich am Samstag heimlich in das kleine Holzlager schlich, um meine aufgespeicherte Sehnsucht loszuwerden, dann war Miß Emmeline mit ihren weißen, vollen, runden Hüften und Schenkeln die wilde Partnerin meiner Lust, sie murmelte mir »Barmherziger, Barmherziger!« ins Ohr und gestattete mir, an den sündigen, gottlosen und dabei doch so unbeschreiblichen Freuden der Wollust teilzuhaben.

An einem Oktobertag, kurz nach meinem achtzehnten Geburtstag – dieser Tag ist mir mit jener geheimnisvollen Deutlichkeit in Erinnerung, die alle großen Ereignisse begleitet –, entdeckte ich, welche Zukunft mir Massa Samuel während all der Wochen, Monate und Jahre zugedacht hatte.
Es war ein Samstag – einer von jenen staubigen, ockerbraunen Herbsttagen, deren lebhafte Schönheit man nach den jugendlichen Tagen des Entdeckens nie wieder so süß und lockend empfindet: Holzrauch und Ahornblätter, flammend zwischen den Bäumen, über allem Apfelduft wie ein berauschender Schleier, Eichhörnchen huschen am Waldrand die Zwergkastanien hinauf, zirpende Grillen im welkenden Gras, darüber die reife Sonnenglut, und manchmal ein federweicher Windstoß, der einen Geruch nach glosendem Eichenholz mitbringt – Vorbote des Winters. An diesem Morgen war ich, wie üblich, schon früh aufgestanden und zur Werkstatt gegangen, um ein paar kurze Balken auf einen Karren zu laden. Massa Samuel hatte erst wenige Tage zuvor seinen jährlichen Kontrollgang durch die Hütten der Feldarbeiter gemacht und einige davon in beklagenswert heruntergekommenem Zustand angetroffen. Goat und ich sollten an diesem Tage mit den Balken einen neuen Unterbau für den Fußboden mehrerer Hütten legen; viele der alten Balken waren verwittert und zu einer Art grobem Sägemehl verrottet. Den Boden der Hütten bildete dann der blanke Erdboden, sie waren Feldmäusen, Kakerlaken, Ameisen, Käfern und Würmern preisgegeben. Obgleich ich mit der Zeit meine Zimmermannslehre

liebgewonnen hatte und stolz auf meine handwerklichen Fortschritte war, verabscheute ich doch die Arbeit in den Negerhütten. Trotz Massa Samuels Bemühungen, seinen Negern Sauberkeit anzuerziehen, herrschte in den Hütten ein Gestank nach Schweiß, Schmalz, Urin und Niggerdreck, nach ranzigem Speck, nach ungewaschenen Haaren und Achseln, nach Sklavenarbeit und Strohschütte mit dem Erbrochenen der Babys – ein höllischer Gestank nach menschlichem Elend, widerlich, untilgbar. »Ei, ei«, murmelte Goat heiser. »Diese Leute sind noch schlimmer wie's Vieh!« Dann hob er einen Pfosten oder ein Brett hoch und spuckte verächtlich auf den Boden. In solchen Augenblicken schämte ich mich trotz allem meiner schwarzen Brüder; ich fühlte mich erniedrigt, weil auch ich ein Nigger war, und diese Schande drehte sich wie ein Messer in meinen Eingeweiden herum.

Doch an diesem strahlenden Morgen erschien Massa Samuel mit fröhlichem Lächeln in der Tür der Werkstatt und erlöste mich, noch bevor ich richtig begonnen hatte. »Leg Judy einen Sattel auf, Nat, wir müssen nach Jerusalem«, sagte er. Hinter seiner guten Laune lauerte etwas Geheimnisvolles. Mit leiser Verschwörerstimme fuhr er fort: »Jetzt, am dritten November, da sind Miß Nell und ich ein Vierteljahrhundert miteinander verheiratet. Einen solchen Tag muß man mit einem passenden Geschenk feiern.« Am Hemdsärmel zog er mich aus der Werkstatt. »Los, Nat, sattle Judy und Tom. An einem so herrlichen Tag brauch ich Gesellschaft. Aber kein Wort von dem Geschenk, hörst du!« Er sah sich nach beiden Seiten um, als könne ihn jemand belauschen, dann flüsterte er: »Ich hab nämlich von den Vaughans erfahren, daß heute ein Juwelier aus Richmond durch Jerusalem kommt.«

Das war natürlich wunderbar für mich, nicht nur, weil mir eine verhaßte Arbeit erspart blieb, sondern auch, weil ich so gern ritt und keine der wenigen sich mir bietenden Gelegenheiten ausließ, um auf einem Pferderücken zu sitzen. Außerdem war Jerusalem für mich eine aufregende Sache; der kleine Ort lag zwar nur fünfzehn Meilen entfernt, doch war ich erst einmal, vor mehreren Jahren, dort gewesen. Trotz des ernsten Anlasses war mir Jerusalem wie ein kleines Wunder erschienen. Damals war ich zusammen mit Massa Samuel im Wagen hingefahren, um einen Grabstein für meine Mutter auszusuchen. Sie sollte kein Brett aus Zedernholz bekommen und nicht in einer unkrautüberwucherten Ecke irgendwo unter verstreuten Feldblumen ruhen. Als einzige von allen Negern der Turner-Mühle bekam meine Mutter einen ehrenvollen Platz in der Begräbnisstätte der Familie, nur wenige Schritte von dem gefühlsarmen Benjamin entfernt, der sich nun sicher im Grabe umdrehte; ihr Grabstein aus Marmor war keinen Zoll niedriger als die anderen und um keinen Schimmer weniger weiß als die Steine der weißen Familienmitglieder. Heute bedrückt es mich auch nicht mehr – wie in den Jahren, nachdem ich erwachsen genug war, um gründlich über diese Dinge nachzudenken –, daß auf dem Stein nicht schlicht und ehrlich ›Lou-Ann‹ stand, wie es einer Negerfrau zugekommen wäre, sondern fordernd, besitzergreifend ›Lou-Ann Turner‹.

Wir ritten die lange Auffahrt über einen dicken Teppich von herbstlichem Laub hinab. Am Beginn der Allee arbeiteten unter Abrahams Aufsicht ein Dutzend Feldnigger in einem Abzugsgraben, der sich am Rand der Wiese hinzog. Massa Samuel rief ihnen einen lauten Gruß zu; sie standen stramm da und zogen unterwürfig grinsend ihre Hüte, traten verlegen von einem Bein aufs andere und schrien zurück: »Morn, Massa!« und »Gut Ritt, Massa Sam!« Ich blickte aus der Höhe meiner Vorzugsstellung verächtlich auf sie herab. Ihre Rufe klangen uns noch nach, als wir schon auf einem überwachsenen, dicht mit Laub bedeckten Holzweg durch den Wald zu der Straße nach Jerusalem hinüberritten. Es war ein schöner, strahlender Morgen, die Zweige nickten uns zu, und unter den Hufen wirbelten die Blätter. Massa Samuels Pferd, ein glanzschwarzer Ire, legte ein scharfes Tempo vor. Eine halbe Stunde ritten wir schweigend durch den Wald, bis Massa Samuel sein Pferd durchparierte, mich aufschließen ließ und sagte: »Ich habe gehört, du bist ein recht geschickter junger Handwerker geworden.« Auf diese teils schmeichelnde, teils beunruhigende Bemerkung fiel mir keine Antwort ein. Ich hielt deshalb den Mund und wagte nur einen raschen Seitenblick auf Massa Samuel; sein Auge musterte mich für eine Sekunde, dann sah ich rasch wieder weg. Er schmunzelte und machte ein Gesicht, als sei er nahe daran, mir ein Geheimnis zu verraten. Er saß mit der geschmeidigen Gelassenheit des guten Reiters im Sattel; sein lang herabfallendes Haar war in den letzten Jahren silbergrau geworden, neue Falten furchten sein Antlitz und verliehen ihm noch mehr Würde; für einen Augenblick bildete ich mir ein, neben einem der großen biblischen Helden herzureiten – vielleicht Josua oder Gideon vor der Vernichtung der Midianiter. Wie üblich brachte ich kein Wort über die Lippen; meine Ehrfurcht vor ihm war so tief, daß ich in seiner Gegenwart manchmal meinte, jemand habe mir die Lippen zugenäht.

»Mr. Goat hat mir berichtet, daß du zwanzig Schwellen und Kaminumrandungen tadellos glatt und sauber gehobelt und fertiggemacht hast, samt Nut und Zapfen und allem, ohne einen Fehler, und daß er kein einziges Stück wegwerfen mußte! Saubere Arbeit, mein junger Zimmermeister! Was ich wahrscheinlich tun muß ...«

Wollte er mir da vielleicht schon verraten, was er mir später sagen mußte? Vielleicht. Aber genau weiß ich es nicht; denn in diesem Augenblick scheute sein Pferd plötzlich, und auch mein Gaul stieg mit erschrockenem Wiehern hoch. Drei Hirsche brachen in hohen Sprüngen aus dem Dickicht und jagten über den Fahrweg, ein Bock und zwei Kühe, gesprenkelt im Sonnenlicht, das durch die Blätter fiel. Gestreckten Leibes flohen sie vor uns, stumm und mit weitaufgerissenen Lichtern verschwanden sie nacheinander im schützenden Unterholz auf der anderen Seite des Weges, immer leiser wurde das Trommeln der Hufe und das Brechen der Zweige. »Ho, Tom!« rief Massa Samuel, zügelte seinen Rappen und beruhigte ihn, und auch ich nahm meine Stute an den kurzen Zügel. So verharrten wir eine Weile im goldgefleckten Licht und starrten auf die Stelle, wo die weißen Spiegel der Hirsche im Dunkel des Unterholzes verschwunden waren, lauschten den davonjagenden Hufen, bis wir sie zwischen den Stämmen nicht länger hörten. Aber wir waren beide erschrocken.

»Noch einen Schritt weiter, und sie hätten uns erwischt, Nat!« rief Massa Samuel mit gequältem Lachen, gab Tom die Sporen und galoppierte schweigend dahin, bis wir wenige Minuten später die Stelle erreichten, wo der Weg in die Straße nach Jerusalem einmündete. »Alsdann werden die Lahmen springen wie ein Hirsch«, sagte er mit einem Blick über die Schulter, »und der Stummen Zunge wird Lob sagen. Denn es werden Wasser ...«, wie geht's weiter, Nat?«

»Denn es werden Wasser in der Wüste hin und wieder fließen und Ströme im dürren Land«, antwortete ich. »Und wo es zuvor trocken gewesen ist, sollen Teiche stehen; und wo es dürr gewesen ist, sollen Brunnquellen sein. Da zuvor die Schakale gelegen haben, soll Gras und Rohr und Schilf stehen.«

»Ja, ja«, murmelte er. Wir hielten am Ende des Weges an, unter einer Gruppe uralter, verkrüppelter Apfelbäume. Einst hatten sie zu einem gepflegten Obsthof gehört, jetzt aber war hier wieder Wildnis geworden. Fallobst lag korbweise in dem seichten Graben am Rande des Pfades; die rotgelben Früchte verrotteten und strömten einen Geruch nach gärendem Most aus. Während wir noch hielten, fielen neue Äpfel – *plopp-plopp* – von den Ästen. Kaum sichtbare Mücken flirrten über dem Boden. Unsere beiden Pferde bogen die Hälse vor und begannen, mit lautem Schmatzen von den Äpfeln zu naschen. »Ja, ja«, sagte Massa Samuel, »ich hatte es vergessen, völlig vergessen.« Plötzlich lächelte er und fügte hinzu: »Aber Gott sei Dank kann ich es mir leisten, Bibelverse zu vergessen, weil ich mich auf *dich* verlassen kann! *Und wo es dürr gewesen ist, sollen Brunnquellen sein* – Allmächtiger im Himmel, wenn's nur wirklich so wäre!« Er legte die Hand schützend über die Augen und blickte in die Ferne. »Allmächtiger Gott!« murmelte er. »Welch eine trostlose Gegend!«

Ich schaute mich um, sah aber nichts Ungewöhnliches: nur Apfelbäume, die Straße, Felder und Wiesen, in der Ferne den Waldrand – alles schien ganz in Ordnung zu sein.

Er wandte sich mir zu und betrachtete mich ernst. »Diese Hirsche, Nat, diese Hirsche sind ein Beispiel dafür. Früher sah man auf dem Weg hier nie einen Hirsch, in der ganzen Gegend nicht. Zu viele Menschen haben ihnen nachgestellt. Vor fünfzehn, sechzehn Jahren, als du noch ein kleiner Knirps warst, da hallten im November und Dezember die Wälder von Büchsenschüssen wider, wenn der alte John Coleman und seine Jungen auf die Jagd gingen. Sie hielten den Wildbestand im rechten Maß. Er ließ auch seine Schwarzen jagen. Hatte einen großen, starken Kutscher namens Friday, einen der besten Jäger südlich von Southampton. Alles aus und vorbei! Wenn sich die Hirsche wieder vermehren, dann bedeutet das schlechte Zeiten. Es bedeutet nämlich, daß die Menschen fort sind.« Er schaute sich wieder um, und seine Miene blieb ernst, sorgenvoll und nachdenklich. »Der Obsthof hier gehörte auch John Coleman«, murmelte er. »Bei guter Pflege wuchsen auf diesen Bäumen die süßesten Jonathanäpfel, die du dir vorstellen kannst. Sieh sie dir an – alles verkommen, nur noch gut für die Würmer. Gott, welch ein Jammer! Welch eine Verschwendung, was für eine Schande!«

Während wir in leichtem Trab auf Jerusalem zuritten, sprach er kaum noch ein Wort. Ein Gedanke schien ihn zu beherrschen; er blieb eingekapselt, verloren in eine traurige Träumerei, die in seltsamem Gegensatz stand zu der fröhlichen Stimmung, die ihn am frühen Morgen beherrscht hatte. Natürlich konnte ich ihn nicht stören. Wir ritten schweigend eine Stunde oder noch länger dahin. Die Straße lag schnurgerade wie ein Firstbalken vor uns, der Wald beiderseits glich einer flüsternden Wand, und der

Wind spielte im flammenden Laub. Im Gegensatz zu dem gezähmten Land rings um die Turner-Mühle herrschte hier noch richtige Wildnis; die kupfer- und goldfarbene Landschaft regte sich und war voller Leben: Fasane flatterten am Wegesrand auf, fette Waldhühner stoben vom windgepeitschten Dach des Forstes hoch und stiegen steil zum Himmel empor. Eichhörnchen und Wollschwanzkaninchen kreuzten immer wieder unseren Weg. Einmal beobachtete uns ein Rotfuchs von seinem Ansitz auf dem Stamm einer umgestürzten Eiche; hechelnd saß er da, grinste uns an und seine Zunge rollte zwischen zwei Reihen kleiner, bösartiger Zähne.

Massa Samuels Worte hatten mir die Augen geöffnet. Als wir so dahinritten, fielen mir die seltsam leeren Flächen auf, die immer wieder den Wald unterbrachen, regelmäßig begrenzte Felder, die unter Brombeerranken und anderem Gestrüpp förmlich erstickten: Tabakpflanzungen, die der Wildnis anheimgefallen waren. Kniehohes Eichengebüsch und junge Fichten sprossen aus dem niedrigen Grün, die Erde war mager und verunkrautet, und große, kalkweiße, vom Sturm zerrissene und vom Wasser zerfurchte Stellen verunstalteten die Landschaft wie offene Wunden. Hier und da ragten ein paar vergessene Tabakstauden nackt und kahl aus dem Dorngestrüpp wie steife, verwitterte Knochen. Als wir an einem dieser Felder vorbeikamen, erblickte ich in der Ferne die Überreste eines großen Herrenhauses mit eingesunkenem Dach. Ringsherum lagen die zerfallenen Nebengebäude, vermodernd und verlassen wie die gestorbene Nachkommenschaft einer längst schon toten Sache; sie machten den Anblick noch trostloser. Ich wandte mich ab und glitt unwillkürlich in dieselbe nachdenkliche Stimmung wie Massa Samuel, ohne so recht den Grund zu kennen. So ritt ich schweigend hinter ihm her, bis sich wieder der Wald um uns schloß.

Auf der Straße regte sich nicht viel. Der wenige Verkehr schien durchweg in die andere Richtung zu gehen, weg von Jerusalem: zwei Hausiererwagen, mehrere Farmer in zwei- und vierrädrigen Wagen – sie alle riefen Massa Samuel einen Gruß zu und wurden in sorgfältig abgestufter Form von ihm wiedergegrüßt – und eine halbblinde freigelassene Negerin namens Lucy, eine wohlbekannte Lumpensammlerin, betrunken und schwankend, auf einem lahmenden Maultier, das aussah, als seien die Motten ins Fell geraten; Massa Samuel drückte ihr ein paar Pennies in die von der Sonne gebleichte Hand, da schnatterte sie uns mit einer Stimme, die wir noch eine halbe Meile weit hörten, nach:

»Segn Eure Seel, Mass Samuel, Ihr Jesus, Er selbst! Ja, mein Seel, Ihr Jesus selbs ... Jesus selb ... *Jesus selb* ...«

In Form einer Pfeilspitze, schwirrend und schwankend, zog ein Schwarm Wildenten hoch über uns am blauen Himmel südwärts; ein Windstoß trieb Massa Samuel den Umhang über den Kopf. Als er die Arme hob, um ihn wieder zu bändigen, sagte er: »Wie alt bist du jetzt, Nat? Achtzehn? Stimmt das?«

»Ja, Sir, Massa Samuel, achtzehn am ersten in diesem Monat.«

»Mr. Goat berichtet mir nur Gutes über dich«, fuhr er fort. »Wirklich bemerkenswert, welche Fortschritte du gemacht hast.« Er drehte sich um und betrachtete mich mit der Andeutung eines Lächelns. »Du bist ein recht ungewöhnlicher Neger, aber ich denke, das weißt du selbst.«

»Ja, Sir, Massa Samuel, das glaub ich auch.« In meiner Erinnerung erscheint mir diese Antwort nicht unbescheiden; mir war längst bewußt, daß ich in vieler Hinsicht anders und besser dran war als die übrigen Neger.

»Du hast keineswegs das erlangt, was man Allgemeinbildung nennen könnte«, sagte er. »Das lag weder in meiner Absicht noch in meiner Macht. Ich bin allerdings sicher, daß eines Tages junge Leute deiner Rasse diese Art von Ausbildung bekommen werden. Immerhin hast du eine recht ordentliche Grundausbildung genossen. Du kannst lesen, schreiben und rechnen. Du kennst dich erstaunlich gut im Buch der Bücher aus, besser als die meisten Leute, die ich kenne, besser als so mancher weiße Pastor. Zweifellos wirst du dir im Laufe der Zeit noch mehr Bildung aneignen, wenn du Zugang zu Büchern bekommst. Außerdem beherrschst du ein Handwerk und hast dich in allem, was man dir gewiesen hat, ungewöhnlich geschickt gezeigt. Du bist der wandelnde Beweis dessen, was ich mein Leben lang und meist vergeblich den weißen Herren – meinen lieben verstorbenen Bruder nicht ausgenommen – zeigen wollte, nämlich daß junge Neger wie du die natürliche Benachteiligung ihrer Rasse überwinden und sich zumindest so viel an Bildung aneignen können, daß sie zu anderer Tätigkeit taugen als nur zu niederster, hirnloser Muskelarbeit. Verstehst du, Nat, was ich damit sagen will?«

»Ja, Sir, Massa Samuel«, murmelte ich. »Ich verstehe das ganz gut.«

»In drei Jahren wirst du einundzwanzig, dann bist du ein Mann. Bis dahin möchte ich dir in der Mühle eine andere Aufgabe zuweisen. Ab morgen arbeitest du nur noch halbtags unter Mr. Goats Anleitung. Die übrige Zeit bist du zweiter Kutscher der

Pflanzung, hilfst Abraham bei der Überwachung der Feldarbeit, bist aber nur mir verantwortlich. Diesen Herbst wirst du mir auch helfen, meine Bibliothek in Ordnung zu bringen, sie hat es dringend nötig. Die letzte Sendung des Londoner Verlags enthielt allein mehr als hundert Bände über Agronomie und Gartenkultur, ganz zu schweigen von meinen anderen Büchern und denen meines Vaters, die unbedingt einmal geordnet werden müssen. Glaubst du, daß du mir dabei helfen kannst?«

»Ich will's gewiß versuchen, Massa Samuel, ganz sicher werd' ich mir alle Mühe geben.«

»Manche Dinge werden dir noch ziemlich schleierhaft vorkommen, aber du wirst es mit der Zeit schon lernen. Ich denke, alles in allem werden wir gut zurechtkommen.« Er zügelte sein Pferd. Ich hielt ebenfalls an. Nebeneinander verharrten wir nun am Rand der Straße. Massa Samuel stützte sich mit seiner behandschuhten Rechten schwer auf den Sattelknopf und betrachtete mich ernsthaft. Die Straße lag einsam und leer vor uns, nur kleine Wirbel welker Blätter und Staub huschten darüber hin. Weite Felder flachen Dorngestrüpps erstreckten sich bis an den Horizont, eine Wüste aus sterbenden Dornen. Irgendwo in der Ferne loderte unkontrolliert ein Waldbrand; der Duft, scharf gewürzt von Zedernholz, umfloß uns süßlich und fein wie ein Dunsthauch.

Langsam und bedächtig fuhr er fort: »Ich habe lange in meinem Herzen und meinem Sinn erwogen, ob ich dir etwas von jenem anderen Entschluß sagen sollte, weil ich fürchtete, es könnte dich beeinträchtigen und dir Flausen in den Kopf setzen, während du eigentlich arbeiten solltest.«

Ich konnte mir nicht denken, worauf er hinauswollte, doch der Ton seiner Stimme machte mich stutzig; erwartungsvoll sah ich ihn an und dachte beklommen: Vielleicht sagt er jetzt, daß ich alles recht gemacht habe und die alte Judy bekommen soll. Erst vor zwei Jahren hat er Abraham ein Pferd überlassen . . .

»Als ich jetzt im August in Richmond war, habe ich mit Mr. Bushrod Pemberton gesprochen. Er war außerordentlich an dem interessiert, was ich ihm über dich zu berichten hatte.«

Der Gedanke an das Pferd schwand dahin. Statt dessen überlegte ich: Was hat Richmond mit mir zu tun? Was Mr. Bushrod Pemberton? Was soll das überhaupt?

»Mr. Pemberton ist einer der reichsten Herren in Richmond. Er ist Architekt und Baumeister und braucht gerade jetzt sehr dringend geschickte Helfer. Abgesehen davon, daß Mr. Pemberton ein kultivierter und gebildeter Mann ist, teilt er die meisten meiner Ansichten, was die Arbeit des Menschen betrifft. In seinem Geschäft in Richmond arbeiten viele freie Neger und Sklaven als Zimmerleute, Maurer, Klempner und in anderen Handwerken. Was ich vorschlage, Nat, ist ganz einfach: Wenn während der nächsten drei Jahre alles mit dir gutgeht, und ich habe keinerlei Veranlassung, das Gegenteil anzunehmen ...«

Er will mich an Mr. Pemberton vermieten, ja, das hat er vor, dachte ich. Eine schleichende Angst überkam mich bei dem Gedanken: Er hat mich all die Jahre also nur ausgebildet, damit er mich in Richmond an Mr. Bushrod Pemberton vermieten kann.

»Dann werde ich dich zu Mr. Pemberton schicken. In seinen Diensten sollst du für die nächsten vier Jahre als Zimmermann arbeiten. Mr. Pemberton wohnt in einem wunderschönen alten Haus im Schatten der St. John's Church. Ich habe die Unterkünfte seiner Arbeiter gesehen. Sie liegen an einem ruhigen Weg hinter dem Haus, und ich kann dir sagen, Nat, kein Neger kann sich einen besseren Platz wünschen. Noch etwas: Mr. Pemberton ist damit beschäftigt, mitten in der Stadt einen Block hübscher Reihenhäuser zu errichten, und ich erwarte, daß du dich von Anfang an gut in diese Arbeit einfügen wirst. Du wirst mir die Hälfte des Lohns zahlen, den du bei ihm verdienst ...«

So einfach ist das also. Er will mich loswerden. Was bedeutet das? Ich muß fort von der Turner-Mühle. Nein, das ist nicht gerecht! Es ist einfach nicht gerecht!

»Die andere Hälfte sparst du dir für deine Zukunft. Danach, wenn ich von Mr. Pemberton gute Nachricht über deine Arbeit bekomme – und auch daran hege ich keinerlei Zweifel –, werde ich die Papiere für deine Freilassung besorgen. Mit fünfundzwanzig Jahren wirst du dann ein freier Mann sein.«

Er hielt inne, gab mir dann mit der behandschuhten Rechten einen sanften Stoß gegen die Schulter und fügte hinzu: »Ich kann nur anregen, daß du dann ab und zu in der Turner-Mühle einen Besuch machst – mit dem jungen Negermädchen, das du dir dann zur Frau genommen hast.«

Plötzlich bemerkte ich, daß er vor Rührung zitterte. Er verstummte und putzte sich geräuschvoll die Nase. Verblüfft und hilflos öffnete ich die Lippen, aber es kam nur ein leises Schnaufen heraus, kein einziges Wort. In diesem Augenblick wandte er sich brüsk ab, gab seinem Pferd die Sporen und rief über die Schulter: »Komm, Nat, die Zeit vergeht im Flug! Wir müssen in Jerusalem sein, bevor der Juwelier alle seine Perlen verkauft hat.«

Ein freier Mann. Noch nie zuvor herrschte im Kopf eines Negerjungen eine solche Verwirrung. Genau wie das Bewußtsein der Unfreiheit kann auch die Aussicht auf Freiheit ganz plötzlich zu zwanghaften, halb verrückten Gedanken führen. So gehe ich wahrscheinlich nicht fehl, wenn ich sage, daß meine erste Reaktion auf dieses ebenso furchteinflößende wie großherzige Angebot nichts als Undankbarkeit, Schrecken, Selbstmitleid war. Die Gründe hierfür lagen auf der Hand. Wie sehr fühlte ich mich der Turner-Mühle verbunden – dem Haus, den Wäldern, der heiteren, vertrauten Umgebung, all dem, was die Erinnerungen früher Kindheit geprägt und mich *hier* zu dem hatte werden lassen, was ich bin. So sehr fühlte ich mich verwurzelt, daß der Gedanke an ein Weggehen mich mit schmerzlichem Heimweh erfüllte. Schon das Scheiden von einem Menschen wie Massa Samuel, an dem ich mit aller Hingabe hing, deren ein Herz fähig ist, wäre ein schlimmer Verlust gewesen; aber es erschien mir fast als unmöglich, dem sonnigen, großzügigen Haus Lebewohl zu sagen, der Familie, die mich trotz meiner schwarzen Haut als Kind gehegt und gepflegt hatte und die trotz allem – trotz der unabweislichen Tatsache, daß ich ein Nigger war, trotz ewiger Unterwürfigkeit, trotz der Überreste, von denen ich mich auch jetzt noch ernährte, trotz meiner kleinen, unscheinbaren Dienerkammer und der manchmal niederen Arbeit, die ich tun mußte, trotz der halb versunkenen, doch allgegenwärtigen Erinnerung an meine Mutter in den Armen eines betrunkenen Aufsehers – achtzehn Jahre lang mein friedvolles und gütiges Weltall war. Von all dem getrennt zu werden – das erschien mir schier unerträglich.

»Aber ich will gar nicht nach Richmond!« hörte ich mich Massa Samuel anschreien, als ich ihm nun nachgaloppierte. »Ich will für keinen Mr. Pemberton nich arbeiten. *Nie*, Sir!« brüllte ich. »N-hn – hier will ich bleiben, nur hier! Nein, nie nich!« Eine neue Angst überfiel mich, als ich mich an die Worte meiner Mutter erinnerte, die sie vor langer Zeit einmal gesprochen hatte: *Liebern Feldnigger oder tot wien freier Nigger! Wenn dien armen Nigger freilassen, kriegt er nur noch, was de Hund und Stinktiere im Dreck überlassen!* »Nie«, schrie ich, »niiie!« Massa Samuel schrie zurück, doch seine Worte waren nicht an mich, sondern an seinen Rappen gerichtet, der voranstürmte und Wolken von Laub hochwirbelte: »He, Tom! Das überlegt er sich noch anders, der ... gute ... Nat ... Ja ... so ... denkt ... er nicht lange!«

Natürlich behielt er recht Ich machte mir noch viele Monate lang ab und zu Sorgen um meine Zukunft in Richmond, aber meine schlimmsten Ängste schmolzen schon an jenem Morgen dahin, als wir uns Jerusalem näherten und mich wie eine segensreiche Wärme die Erkenntnis überkam, daß dieses Geschenk meine Errettung war; es war ein unbezahlbares Geschenk, das nur einer unter weiß Gott wie vielen Niggern jemals erhoffen durfte. Außerdem blieben mir ja noch mehrere Jahre, bis ich die Turner-Mühle verlassen mußte. Und dann – der Gedanke, als freier Mann in einer hübschen Stadt einem Handwerk nachzugehen, das man liebt, war gar nicht zu verachten; das Schicksal so mancher von der Gesellschaft ausgestoßener Weißer ist weitaus härter. Ich hatte allen Grund, Gott dem HErrn zu danken. Ich tat es an jenem Morgen in Jerusalem, als ich im Schatten der Stallmauer auf Massa Samuel wartete. Ich zog meine Bibel aus der Satteltasche und betete allein auf den Knien, während Wagen vorbeiratterten und der Hammer eines Schmieds dazu den Takt schlug wie eine Zymbel. *GOtt, Du bist mein GOtt; frühe wache ich zu Dir ... denn Deine Güte ist besser denn Leben; meine Lippen preisen Dich ...*

Doch am Nachmittag, auf dem Rückweg zur Turner-Mühle, als meine Freude und Begeisterung immer größer wurden und ich Massa Samuels Beschreibung der angenehmen Arbeit zuhörte, die mich in Richmond erwartete – auch er war gehobener Stimmung; denn er hatte Miß Nell eine kostbare französische Brosche aus Gold und Emailarbeit erstanden und strahlte vor Vergnügen –, da hatten wir eine Begegnung, so bedrückend wie eine finstere Wolke, die sich vor die helle Oktobersonne schiebt. Diese Begegnung überschattet meine Erinnerung an diesen Tag ebenso hartnäckig wie das Gefühl, das man in einem Augenblick der Erschöpfung hat, an einem Tag zum Jahresende, wenn man den Blick hebt und alles diesig ist, wenn sich die Nacht schon mählich herabsenkt und die Zunge zum ersten Male den faden, toten Geschmack des Winters verspürt.

Der Zug aneinandergeketteter Sklaven rastete am Wegesrand, nicht weit von der Stelle entfernt, wo an der Lichtung der Holzweg abzweigt. Wären wir zehn Minuten später aufgebrochen, dann hätte sich der Zug schon wieder in Bewegung gesetzt, und wir wären ihm nicht begegnet. Ich begann zu zählen. Es waren etwa vierzig schwarze Männer und Knaben in dünnen, zerlumpten Baumwollhosen und Hemden; sie waren mit Ketten aneinandergefesselt, die ihre Lenden gürteten, und außerdem trug jeder noch doppelte Handschellen, deren Ketten nun lose auf der Erde oder im Schoß des Trägers lagen. Ich hatte noch nie zuvor Neger in Ketten gesehen. Keiner von ihnen sprach ein Wort, als wir vorbeiritten. Ihr Schweigen war bedrückend, sklavisch, schmerzend, eisig. Sie saßen oder hockten hintereinander zwischen den flammenden Laubhaufen am Wegesrand; einige kauten lustlos an Maiskuchen herum, andere lehnten sich dösend aneinander. Ein langer, kräftiger Bursche erhob sich und pißte mit steinerner Miene und ausdruckslosen Augen in den Graben. Ein kleiner Junge von acht oder neun Jahren weinte verzweifelt und hoffnungslos vor sich hin; er lehnte sich an einen dicken, lederbraunen Mann in mittleren Jahren, der im Sitzen fest eingeschlafen war. Immer noch verharrten sie schweigend. Als wir weiterritten, hörte ich hinter mir nur das leise, eintönige Zirpen einer Maultrommel, langsam, gleichförmig, seltsam bleiern, wie wenn jemand sinnlos mit dem Hammer auf ein Hufeisen schlägt. Die drei Sklaventreiber waren junge, sonnenverbrannte Männer, hell das Haar und die Schnurrbärte. Sie hatten dreckige Stiefel an den Füßen, einer trug einen Ochsenziemer aus Leder. Er tippte mit ihm an den Hut, als Massa Samuel neben ihm anhielt. Die Ketten klirrten leise im Graben, und die Maultrommel machte *bong-bong-bong*.

»Wohin des Weges?« fragte Massa Samuel. Jede Spur seiner Fröhlichkeit war von ihm gewichen. Seine Stimme klang nun gequält und verstört.

»Dublin in Georgia, Sir«, war die Antwort.

»Und wo kommt ihr her?«

»Oben vom Surry County, aus der Nähe von Bacon's Castle, Sir. Sie haben die Ryder-Pflanzung aufgelöst. Das hier sind alles Ryder-Nigger, Sir. Wir wollen runter nach Georgia.«

»Wann seid ihr in Surry aufgebrochen?« fragte Massa Samuel.

»Vorgestern, früh am Morgen«, antwortete der Sklaventreiber. »Wärn schon viel weiter, nur haben wir in Sussex droben die falsche Richtung erwischt und uns mächtig verlaufen.« Er verzog plötzlich den Mund zu einem Grinsen und zeigte dabei Zähne, die so tabakgelb waren, daß sie sich in der Mundhöhle verloren. »Nicht immer ganz leicht, Sir, hier unten nen Weg zu finden. In Jerusalem hat man uns paarmal inne falsche Richtung gewiesen. Sind wir hier richtig nach Süden, auf Carolina zu, Sir?«

Doch Massa Samuel schien die Frage überhört zu haben; mit fassungsloser Stimme rief er aus: »Also auch die Ryder-Pflanzung! Und das hier sind Ryders Neger. Großer Gott, es muß böse aussehen da droben, wenn schon . . .« Dann brach er plötzlich ab und antwortete sachlich: »Ja, ihr müßtet kurz nach Einbruch der Dunkelheit Hicks' Ford erreichen. Ich glaube, von dort führt ein Weg über die Grenze nach Gaston, und dann geht's auf der bekannten Route weiter nach Raleigh. Wann wollen Sie Ihr Ziel in Georgia erreichen?«

»Nun, Sir«, maulte der Treiber, immer noch grinsend, »hab schon so manchen Niggerzug von Virginia runter nach Georgia gebracht, aber noch nie aus Surry. Der Händler, wo ich für arbeite, das is nämlich Mr. Gordon Davenport, und der kauft sonst seine meisten Nigger auf der annern Seite vom James River, zum Beispiel in den Countys King William und New Kent. Die Nigger von dort, das sind meistens alte Bestände aus Unter-Guinea. Die haben kurze Beine und sind auch sonst mies beisammen. Nigger von der Sorte, die kriegt man am Tag knapp zwanzig Meilen weit, und da muß man schon Glück haben, wenn man den Savannah River in sechs Wochen schafft. Auch da muß man denen noch Zunder geben, bisse in die Hosen machen.« Er hielt inne und spuckte ins Laub. Dann fuhr er geduldig zu erklären fort: »Zufällig weiß ich, die Nigger von Surry, Isle of Wight und Prince George, die sind meistens neuerer Bestand, aus Ober-Guinea, mit langen Beinen und ausdauernd. Im allgemeinen jedenfalls. Mit denen schafft man leicht seine fünfundzwanzig oder gar dreißig Meilen am Tag, auch wenn Weiber und Kleine dabei sind, und die brauchen kaum mal die Peitsche. Mir is das recht. Wenns keine Überschwemmungen und ähnliches gibt, sollten wir Dublin in der zweiten Novemberwoche erreichen.«

»Ryder ist also auch erledigt«, sagte Massa Samuel nach einer längeren Pause. »Ich wußte, daß es schlecht um ihn stand – aber so schnell! Die letzte große alte Pflanzung in Surry. Kaum zu fassen.«

»Is doch ganz einfach, Sir«, sagte der Sklaventreiber. »Der Boden ist da oben so miserabel geworden, daß man ihn kaum noch verschenken kann. In Surry habense außer Eicheln nichts mehr zu beißen, Sir. Und sie sagen, ein Häher, der über das Country fliegt, muß sich seine Verpflegung mitbringen . . .« Einer der anderen Treiber begann zu feixen.

Während der Mann erzählte, tänzelte meine Stute ein Stück seitwärts von den Treibern weg – das hat sie manchmal so an sich. Sie hielt in der Nähe des Mannes mit der Maultrommel an – *plong-plong*. Plötzlich hörte das Geräusch auf, die Stute fuhr herum. Ich hörte das Klirren der Ketten am Graben und das klägliche, herzzerreißende Weinen des kleinen Jungen an der Seite des dicken, lederbraunen Graukopfes. Der blinzelte schwerfällig, betrachtete den Jungen mit verschwollenen Augen und murmelte beruhigend: »Is ja gut.« Er streichelte dem Kind über den schwarzen Wuschelkopf und sagte noch einmal: »Is ja gut.« Und wiederholte diese drei Worte immer wieder, als habe er keine anderen gelernt: »Is ja gut ... is ja gut ...«

Unversehens kam eine Brise auf, und ein Schatten zog über das Antlitz des hellen Tages; der kalte Luftzug fuhr die Reihe der Negersklaven entlang, jagte das Laub um ihre zerlumpten Schuhe hoch und spielte mit den Säumen ihrer Baumwollärmel und ihrer grauen, zerfetzten Hosen. Mir selbst lief ein Schauder über den Rücken. Dann war der kühle Schatten ebenso rasch verschwunden, wie er gekommen war. Der Tag blühte wieder wie eine Blume, und ich hörte dicht neben mir eine Stimme, weich und sanft wie Seide: »Willste Raymond nichn Süßkartoffel geben, Honeyboy?«

Ich beachtete die Stimme nicht, sondern hörte Massa Samuel zu: »Anscheinend trennt man in Surry die Negerfamilien, sonst müßten doch auch Frauen dabei sein.«

»Kann ich Ihnen wirklich nich sagen, Sir«, antwortete der Treiber. »Mr. Davenport bezahlt mich nur, daß ich se antreibe.«

»Bittschön«, sagte hartnäckig die Stimme neben mir. »Haste nichn klein Süßkartoffel fürn alten Raymond? De Äpfel stehn uns bis da oben. Maisbrot auch. Saure Äpfel ausm Graben un Maiskuchen. Kannste mächtig krank werden. Komm, Honey, haste nichn fein klein Süßkartoffel fürn alten Raymond? Odern winzig Stück alten Speck?«

Ich senkte meinen Blick und sah einen sommersprossigen, ingwerfarbenen Neger, untersetzt und muskulös, mit dicken Lippen und schütteren roten Haaren. Er mochte fünfunddreißig oder vierzig sein und hatte das Blut irgendeines irischen Aufsehers oder Herrensohnes vom James River, vielleicht auch eines wandernden Kesselflickers aus Pennsylvania, in seinen Adern. Von seiner ganzen Haltung ging ein lumpiger Hochmut aus – vielleicht lag es auch daran, wie sich die beiden an ihn geketteten Jungen gegen ihn lehnten, oder an der herausfordernden Geste, mit der er die Maultrommel in der klobigen Hand hielt –, jedenfalls erkannte ich, daß er Achtung forderte, und daß sie ihm auch gezollt wurde: Jede Pflanzung hatte einen solchen Raymond. Seine Vorzugsstellung war sicherlich auf seinen Anteil an weißem Blut zurückzuführen, aber auch auf einen gewissen angeborenen Mutterwitz, eine natürliche Schlauheit. So hoffnungslos seine Lage auch sein mochte, er strahlte doch eine Art von schäbiger Autorität aus; solche Raymonds sind stets die Richtschnur für die anderen. Wie kommt es zu einer Mondfinsternis? Raymond weiß es. *Das kommt vonner mächtigen un geheimnisvollen Wolke, wo ausm Sumpf hochfliegt.* Kann man Gliederreißen heilen? Frag den guten alten Raymond. *Machn Umschlag mit Terpentin un rote Regenwürmer un de Saft vonne rote Zwiebel, nur so gehts.* Nachts Ärger mit der Alten? *Nimm de Baumwolle, wose bei de Tage wegschmeißt, un nähse dir inne Hose, un de Weiber, de fliegen nur so!* Wann bekommen die Nigger ihre Freiheit? *1842, habs innem Traum gesehen, won weißer Mann aus Frankreich, mitm Holzbein, de Nigger anführt.* Und so sagt es ein Neger dem anderen: *Frag de alte Raymond. Raymond, de weiß bald alles von de große weite Welt.* Kommen schlechte Zeiten unten in Georgia? *Nein. Da sin reiche Leute, drum bringense uns ja hin. De Nigger drunten in Georgia, de essen Eier, dreimal am Tag . . .*

»Wie heißte denn, Süßer?« flüsterte er.

»Nat. Nat Turner.«

»Un wo wohnste, Honeyboy?«

»In der Turner-Mühle, nicht weit von hier.« Die nächsten Worte, die ich sagte, waren so unnötig, daß ich mich seither immer wieder gefragt habe, warum mir der HErr dafür nicht die Zunge verdorren ließ. »Mein Massa will mich in Richmond freilassen.«

»Na, das is aber fein«, sagte Raymond.

»Reine Wahrheit!«

»Komm, Honey«, drängte er mit seiner schmeichlerischen Stimme. »Hatn reicher Niggerboy wie du nichn Bissen fürn alten Raymond? Ne feine Tasche haste da am Sattel. Wetten, da sin alle möglichen Sachen zum Essen drin. Komm, Honeyboy, gibn alten Raymond 'n Happen ab!«

»In der Tasche, da is nur ne Bibel drin«, sagte ich ungeduldig und verfiel in den Tonfall der Feldnigger. Dann gab ich der Stute einen Klaps auf den Hals, zügelte sie, weil sie sich wieder seitwärts in Bewegung setzen wollte, und drängte sie an Massa Samuels Seite. Während des Aufenthalts war es Spätnachmittag und kalt geworden. Die Strahlen der untergehenden Sonne fielen durch Oktoberlaub, Rauch und Dunst und legten sich wie schimmernde Streifen auf das trostlose Gewirr von Unkraut und Brombeeren; die Farben ringsum strahlten so grell, als wollte die ganze Umgebung in der nächsten Sekunde in Flammen aufgehen. Ich drängte mich näher an Massa Samuel heran und hörte wieder das eintönige Zirpen der Maultrommel – *plong-plong-plong.*

»Komm, wir müssen weiter«, sagte er zu mir und warf das Pferd herum. Ich folgte ihm, doch dann zögerte ich, hielt noch einmal an und schaute mich um. Er rief: »Rasch, *rasch!* Wir müssen weiter!« Als wir die lange Reihe der Negersklaven entlangritten, fiel mir auf, daß die Maultrommel verstummt war. Wir kamen an der Stelle vorbei, wo Raymond in seinen Ketten hockte. Da hörte ich seine Stimme – sanft und leise, ein wenig singend und nicht unfreundlich, wie immer weise, prophetisch, tiefgründig: »Auch deine Scheiße stinkt, Kleiner. Dein Arsch, de is genauso schwarz wie meiner, Honeyboy.«

Ungefähr um diese Zeit – es muß wohl im darauffolgenden Frühjahr gewesen sein – lernte ich einen Negerjungen namens Willis kennen. Abgesehen von Wash, meiner Mutter und den Hausdienern war Willis der erste Neger, der mir jemals nahestand.

Er war zwei oder drei Jahre jünger als ich und der Sohn einer Frau, die als Weberin in der Mühle arbeitete und im Winter an einer Lungenkrankheit gestorben war. Massa Samuel wurde auf ihn aufmerksam und hielt ihn für einen geeigneten Ersatz in der Zimmerei, da ich doch nun andere Pflichten hatte und nur noch halbe Tage dort arbeitete. Als ich ihm zum erstenmal zusah, wie er unter Goats wachsamen Augen mit Hobel und Hammer umgehen lernte, da verstand ich, warum Massa Samuel ihn zu meinem Nachfolger bestimmt hatte. Im Gegensatz zu den meisten anderen jungen Negern, die nach vier oder fünf Jahren mühevoller Schinderei mit der Hacke im Maisfeld ungeschlacht und nur noch für die gröbsten Arbeiten geeignet sind, weil ein Hammer in ihrer Hand sich sofort in eine Waffe gegen die eigenen Schienbeine verwandelt, arbeitete Willis geschickt und ordentlich. Er lernte rasch und erwarb sich Goats Gunst und Beifall fast ebenso rasch wie ich. Er konnte natürlich kein einziges Wort lesen oder schreiben, dafür hatte er eine sonnige, großzügige, liebenswerte Art, und er lachte gern und oft. Trotz meines anfänglichen Mißtrauens ihm gegenüber – ein Überbleibsel meiner gewohnheitsmäßigen Verachtung aller Nigger, die unten am Hügel wohnten – konnte ich seiner Fröhlichkeit und seiner harmlosen, offenen Art nicht lange widerstehen. Wir wurden gute Freunde. Ich weiß selbst nicht, wie das trotz meiner Voreingenommenheit geschehen konnte; es war beinahe, als hätte ich in ihm einen Bruder gefunden. Er sang gern bei der Arbeit. Wenn er mir half, einen Balken einzubinden, trällerte er halblaut im Takt der Arbeit:

> *Melk de Kuh in kleinen Topf,*
> *Pack ichse beim Schwanz,*
> *Schütt de Milch in großen Topf,*
> *Fertig is de Tanz!*

Er war ein schlanker, hübscher Junge mit feingeschnittenem Gesicht, kräftig und geschmeidig; seine glatte, schwarze Haut glänzte im Licht wie eingeölt. Wie die meisten Neger glaubte er nur an Vorzeichen und Zaubermittel: Mit den langen Haaren vom Nacken eines Bullen, der an Blähsucht eingegangen war, hatte er sich zum Schutz gegen böse Geister drei Haarbüschel auf dem Kopf zusammengebunden, und zur Abwehr von Fieber trug er an einem Faden die Giftzähne einer Mokassinschlange um den Hals. Sein Geplapper war kindisch, unbefangen und unanständig. Ich mochte ihn sehr gern, sorgte mich um seine Seele und gab mir Mühe, ihn aus Unwissenheit und Aberglauben zum Licht christlicher Erkenntnis zu führen.

Zuerst war es nicht einfach, dieses schlichte, ungebildete, kindliche Gemüt auf den rechten Weg zum Licht des Glaubens zu geleiten, aber ich erinnere mich an manches, was mir dabei zustatten kam. Da war zunächst seine Intelligenz, die ich bereits erwähnt habe; im Gegensatz zu den meisten anderen Negerjungen, die von klein auf in trübem Stumpfsinn versinken, in den kein Schimmer einer Welt außerhalb der Grenzen ihrer Hütte und der Feldarbeit fällt, glich Willis einem eifrig flatternden kleinen Vogel, der sich in die Lüfte emporschwingen will, wenn man ihm nur die Tür seines Käfigs öffnete. Das lag vielleicht zum Teil daran, daß er in der Nähe des Herrenhauses aufgewachsen war und die Plage auf dem Feld nur für kurze Zeit kennengelernt hatte. Doch auch in seiner ganzen Veranlagung war er anders. Er trat ins Leben, gesegnet mit einem aufnahmebereiten, offenen, hellen, lernbereiten Verstand. Alles an ihm war lebendig, beweglich, heiter, frei von dem trostlosen, tierischen Stumpfsinn der Kinder, die nur für Pflug und Hacke geboren werden.

Stärker als das alles wirkte auf ihn jedoch der Einfluß, den ich einfach kraft meiner Stellung ausübte. Diese war ungewöhnlich für einen noch dazu so jungen Schwarzen, und ich war mir sehr wohl der Achtung und Ehrerbietung, wenn nicht gar Ehrfurcht bewußt, die mir alle anderen Neger der Mühle entgegenbrachten, seit es sich herumgesprochen hatte, daß nur Abraham noch mehr zu sagen hatte als ich. Wenn ich auf Judys Rücken einen lärmenden Holzplatz besuchte, auf dem Neger schufteten, und von einem Stück Papier betont laut und mit übertrieben gebildet klingender Stimme eine Anweisung verlas, hochnäsig und voller Verachtung für die anderen, so ließen meine Jugend, meine Dummheit und mein Stolz mich damals noch nicht erkennen, welche bitteren Gefühle hinter diesen ehrfürchtigen und achtungsvollen Blicken brodelten. Mit Hilfe dieser Macht und unter Ausnutzung von Willis' Arglosigkeit und Vertrauen in mich gelang es mir mit der Zeit, ihm Gottes großartige Fügung und das Wunder Seiner Allgegenwart als Beherrscher der Gestirne nahezubringen. Verargen Sie es mir nicht, wenn ich gestehe, daß mich damals, in jenen Stunden im Frühling meines achtzehnten Lebensjahres, als ich in der feierlichen Mittagsstille einer einsamen Wiese mit ihm betete und ihn zum Glauben ermahnte, in einer Hand die Bibel, die andere schwer auf seiner glatten Schulter, bis ich ihn erschaudern fühlte und er als Antwort auf meine geflüsterten Anrufungen »O HErr, nimm diesen armen Jungen auf, nimm diesen Willis unter Deine allmächtige Fittiche, in Deine Obhut, in den Hort Deines Glaubens, denn, HErr, er glaubt, ja, er glaubt wahrhaftig!« seufzend und leise das Echo flötete »So isses HErr, ja, Willis glaubt« – verargen Sie es mir nicht, sage ich, wenn ich gestehe, daß mich da zum erstenmal gleich einem goldenen Sonnenstrahl, der sich hinter einer Wolke hervorstiehlt und den Tag erhellt, das geheimnisvolle Bewußtsein meiner verborgenen und doch unwiderstehlichen Macht über die Menschen überkam.

In diesem Frühjahr gingen wir samstags und sonntags miteinander fischen. Ein schlammiger Bach wand sich durch den Sumpf hinter dem Mühlteich. Das nußbraune Wasser stand voller Brassen und Welse. Wir verbrachten lange Morgenstunden inmitten von Mückenschwärmen auf dem glitschigen, lehmigen Ufer und angelten mit Angeln aus Tannenholz, die wir uns in der Werkstatt gemacht hatten. Die Haken bogen wir uns aus alten Nägeln zurecht und bestückten sie mit Heuschrecken und Regenwürmern. Fern ächzte, rumpelte und plätscherte gedämpft die Mühle, Die Luft war hier am Bach durchsichtig, warm, einschläfernd, belebt von hüpfenden Käferleibern und Vogelgezwitscher.

Einmal stach sich Willis mit einem Haken oder der spitzen Rückenflosse eines Fisches in den Finger und fluchte laut: »Jesus, Scheiß!« Und so schnell, daß ich selbst kaum wußte, was ich tat, schlug ich ihm hart mit dem Handrücken über den Mund. Von seinen Lippen floß ein dünner Blutsfaden. »Ein Lästermaul ist ein Greuel in den Augen des HErrn!« sagte ich. Verletzt und geknickt sah er mich an und betastete vorsichtig die Stelle, wo ihn mein Schlag getroffen hatte. Seine großen runden Augen blickten weich und voll kindlichen Vertrauens. Plötzlich packte mich ein Gefühl von Schuld und Reue über meinen Zorn, Mitleid wallte in mir auf, gemischt mit einer hungrigen Zärtlichkeit, wie ich sie nie zuvor empfunden hatte. Willis sagte kein Wort. Seine Augen schwammen in Tränen. An seinem Hals sah ich die Schlangenzähne baumeln, knochenbleich und grell vor der glänzendschwarzen Haut seiner nackten Brust. Ich hob meine Hand, wischte ihm das Blut von den Lippen, zog ihn an mich und fühlte, wie meine Hand feucht über seine Schulter glitt. Mit einemmal sanken wir aufeinander zu und waren einander sehr nahe, so weich und warm, wie Babys sich aneinanderkuscheln. Unter meinen tastenden Fingern bebte und pulste seine warme Haut wie der Kropf einer Taube; er stieß einen matt verklingenden Seufzer aus, und es war, als hätten wir in einem anderen Land unsere Freiheit gefunden. Eine lange Weile taten unsere Hände aneinander, was ich zuvor immer nur allein getan hatte. Nie hatte ich geglaubt, daß das Berühren menschlicher Haut so süß sein kann. Minuten später hörte ich Willis murmeln: »Mann, is das aber fein! Willste noch mal?«

Ich brachte es zuerst nicht über mich, ihn anzusehen, und blickte hinauf zur Sonne, die durch das Laub zitterte wie in einem ganzen Wald von flatternden grünen Motten. Schließlich sagte ich: *»Da verband sich das Herz Jonathans mit dem Herzen Davids, und Jonathan gewann ihn lieb wie sein eigen Herz.«*

Die Zeit verstrich, Willis schwieg. Dann hörte ich ihn neben mir auf dem Boden herumsuchen, und kichernd sagte er: »Weißte, Nat, was ich grad denken muß? Sieht aus wie Buttermilch. Da, schau.« Meine Haut kribbelte noch wohlig. Es war ein sanftes Gefühl herrlicher Ermattung, das ich zugleich als Gefahr und als Warnung empfand. Ich erinnere mich an die Spottdrossel hoch oben im Wipfel der Wassereiche, die wie ein Lappen mit den Zweigen hin und her schwenkte und dabei laut kreischte und plapperte; Mücken summten mir wie wild um die Ohren, und das lehmige Ufer unter meinem Kopf war so kalt wie ein Block Eis. *Sie küß-*

ten sich miteinander und weinten miteinander, dachte ich, *David aber am allermeisten. Und er machte sich auf und kam in die Stadt . . .*

»Komm jetzt«, sagte ich und erhob mich. Er zog sich die Hosen hoch, und ich führte ihn an den Rand des Baches.

»HErr!« rief ich laut. »Sieh an die zwei Sünder, sie haben vor Deinem Angesicht gesündigt und Unreines getan, und nun stehen sie da und verlangen nach der Taufe.«

»So isses, HErr!« sagte Willis.

In der frühlingswarmen Luft fühlte ich plötzlich ganz deutlich die Gegenwart des HErrn, liebevoll, alles verzeihend und alles verstehend, als wohne Seine übergroße Güte überall um uns wie die Blätter und das braune Wasser und die zwitschernden Vögel. Wirklich und unwirklich zugleich, schien Er sich zu offenbaren, kühlend und unsichtbar wie ein Windhauch auf der Wange. Es war beinahe, als schwebe Gott in der flimmernden Hitze über den Wipfeln, als wolle Seine Zunge, Seine allmächtige Stimme sich mir offenbaren, der ich reuig und betend neben Willis stand, bis an die Knöchel im schlammigen Wasser. Über das Tosen der fernen Mühle erhob sich ein Raunen, und hoch droben am Himmel glaubte ich die Stimmen der Erzengel zu vernehmen. Würde der HErr zu mir reden? Ich wartete, benommen vor Sehnsucht, und hielt Willis fest beim Arm, doch keine Worte erklangen aus der Höhe – nur die plötzliche Gegenwart Gottes ergoß sich über uns wie ein Sommerregen, und fern erklang das laute, vielstimmige Geschrei der Engel. »HErr!« rief ich aus. »Dein Knecht Paulus hat gesagt: *Und nun, was verziehest du? Stehe auf und lasse dich taufen und abwaschen deine Sünden und rufe an den Namen des HErrn.* Das hat er gesagt, HErr, ja, das hat er gesagt! Und Du weißt es, HErr!«

»Amen!« sagte Willis. Unter meiner Hand spürte ich, wie er sich wand und wie er zitterte. Noch ein »Amen« entrang sich seiner Kehle. »So isses, HErr!«

Wieder wartete ich auf Gottes Stimme. Einen Herzschlag lang glaubte ich schon, Ihn zu hören, aber dann war es doch nur das Rauschen des Windes hoch droben in den Wipfeln. Mein Herz klopfte wie wild. Ich weiß noch, daß ich dachte: Vielleicht nicht jetzt. Vielleicht will Er nicht jetzt zu mir reden, aber vielleicht ein andermal. Heiße Freude durchzuckte mich bei dem Gedanken: Er prüft mich jetzt. Er will nur sehen, ob ich taufen kann. Den Klang Seiner Stimme spart Er sich für eine andere Gelegenheit auf. So ists schon recht, HErr!

Ich wandte mich Willis zu und zog ihn am Arm tiefer ins Wasser hinein, bis es uns an die Hüften spülte und ich warm den Schlamm zwischen meinen Zehen spürte. Drüben, nicht weit vom anderen Ufer entfernt, huschte eine kleine Wasserschlange wie eine Peitsche über die Wasserfläche und verschwand schlängelnd weiter oben – das nahm ich als gutes Vorzeichen.

»Denn wir sind durch einen Geist alle zu einem Leibe getauft«, sagte ich. *»Wir seien Juden oder Griechen, Knechte oder Freie, und sind alle zu einem Geist getränkt.«*

»Amen«, sagte Willis. Ich packte ihn beim Nacken und drückte ihn unter die Oberfläche des schäumenden, trüben Wassers. In diesem Augenblick spendete ich meine erste Taufe. Ein so erhebendes Gefühl übermannte mich, daß mir Tränen in die Augen stiegen. Nach ein oder zwei Sekunden ließ ich ihn los; er kam in einer Wolke von Blasen wieder hoch, tropfend und prustend wie ein Teekessel. Doch sein glänzendschwarzes Gesicht war verklärt von einem unbeschreiblich schönen Lächeln. Ich richtete meinen Blick zum Firmament empor.

»O HErr, ich bin ein Sünder«, rief ich. »Errette mich zum Heil durch dieses Wasser der Erlösung. Gib, daß ich mich fürderhin nur Deinem Dienste weihe. Laß mich ein Verkünder Deines heiligen Wortes sein. Im Namen Jesu Christi. Amen.«

Und dann taufte ich mich selbst.

Als wir an diesem Nachmittag zur Mühle zurückwanderten, gingen wir einen Pfad durch Hartriegelgebüsch, das wunderschön weiß und rot gefleckt leuchtete; eine Spottdrossel schien uns durch den ganzen Wald zu verfolgen. Ihr helles, melodisches Trällern klang durch das wilde Laub. Willis plapperte die ganze Zeit aufgeregt daher – wir hatten ein halbes Dutzend Brassen gefangen –, doch ich, tief in Gedanken versunken, hörte ihm kaum zu. Was mich betraf, so wußte ich, daß ich mich von diesem Augenblick an dem Dienst des HErrn geweiht hatte und das Ihm gegebene Versprechen halten mußte; allen fleischlichen Freuden, wie ich sie an diesem Morgen erfahren hatte, mußte ich unter allen Umständen entsagen. Wenn schon dieses unbeabsichtigte Erlebnis mit einem Jungen, so überlegte ich, mich bis ins Mark erschüttert hatte – welche Hindernisse auf meinem Weg zur geistigen Vollkommenheit mußten sich mir da erst in den Weg legen, falls ich je Verkehr mit einer *Frau* haben sollte! Und wenn es noch so schwierig erschien, ich mußte mit aller Kraft nach Reinheit der Seele und des Körpers streben, um mein Denken ganz auf die Bibel und die Lehre Christi auszurichten.

Was Willis betraf, so wurde mir nun klar, wie sehr ich ihn liebte; aber weil ich ihn wie einen Bruder liebte, mußte ich alles in meiner Macht Stehende tun, um seine Schritte auf dem Wege des HErrn fest zu lenken. Zuerst mußte ich versuchen, ihm das Lesen und Schreiben beizubringen – meiner Meinung nach war er noch nicht zu alt dafür. Und wenn das vollbracht war, lag es vielleicht nicht ganz außerhalb des Bereichs des Möglichen, daß Massa Samuel sich dazu überreden ließ, auch Willis freizugeben und ihm den Weg in die Welt zu ebnen – nach Richmond zum Beispiel –, den Weg zu einem schönen Beruf, einem Haus, einer Familie. Es fällt mir schwer, meine Freude bei dem Gedanken zu beschreiben, daß Willis dann als Freier in derselben Stadt leben würde wie ich; gemeinsam wollten wir uns der Verbreitung von Gottes Wort unter den Schwarzen weihen und im Dienste der Weißen ehrliche Arbeit leisten.

Dieser Gedanke erfüllte mich mit solcher Hoffnung und Freude, daß ich auf dem Pfad durch das Hartriegelgebüsch innehielt und zusammen mit Willis in der klaren Frühlingsluft niederkniete, Gott Dank zu sagen und Seinen Namen zu preisen. Ehe wir uns wieder erhoben, nahm ich ihm die Giftzähne der Mokassinschlange weg und hängte ihm dafür ein winziges weißes Kreuz um den Hals, das ich aus dem Schenkelknochen eines Ochsen geschnitzt hatte.

Wenn ich in späteren Jahren an jenen Tag und an meine ersten achtzehn Lebensjahre dachte, dann erschien mir diese Zeit wie der Aufstieg zu den fernen Bergen des HErrn, ein gewundener Pfad, auf dem jener Tag eine Art von Ruhepunkt bedeutete. Da ich nicht in die Zukunft zu blicken vermochte, wollte ich auf diesem erhabenen Punkt rasten und dann weiter den sanft ansteigenden Weg zu den fernen, freien, herrlichen Gipfeln beschreiten, auf denen Zufriedenheit und Erfüllung meines Schicksals meiner harrten. Doch, wie gesagt: Wenn ich an mein achtzehntes Lebensjahr dachte, an jenen Tag und an die Ereignisse, die danach in rascher Folge eintraten, so wurde mir klar, daß jene Kuppe für mich nicht eine Station auf meinem Weg bedeutete, sondern einen Endpunkt. Dahinter lag kein sanft ansteigender Weg, der hinauf zu den Bergen führte, sondern ein unerwarteter, gähnender Abgrund, in den ich hinabgerissen wurde wie ein welkes Blatt von einem Sturmstoß.

An einem langen Wochenende im Spätfrühling sollte außerhalb von Jerusalem ein Missionsfest der Baptistengemeinde stattfinden. Ein berühmter Bußprediger, Diakon Jones, sollte die Feier leiten. Er kam aus dem fernen Petersburg; man rechnete damit, daß sich die Baptisten aus meilenweitem Umkreis hier zusammenfinden würden. Hunderte und aber Hunderte, Farmer und Pflanzer mit ihren Familien aus einem Dutzend verschiedener Countys, einige sogar von der Küste North Carolinas. Zelte wurden errichtet, und vier Tage lang wollte man singen und beten und sich an wilden Truthähnen und Spießbraten gütlich tun. Das Handauflegen sollte stattfinden, Orgel- und Banjomusik und eine Seelenrettung für all die Glücklichen, die an dem Treffen teilnehmen durften. Ich wußte, daß einige Sklavenhalter ihre sämtlichen Neger mitbringen wollten, auf daß auch ihre armen Seelen der geistigen Erweckung teilhaftig würden. Sie sollten an der Gnadenbank ebenso willkommen sein wie die Weißen, wenn auch nur wenige von ihnen wohl einen Bissen wilden Truthahn oder Spießbraten zu kosten bekommen mochten.

Als ich von dem Missionsfest erfuhr, war ich sehr aufgeregt und fragte Massa Samuel, ob ich nicht zur Versammlung am Samstag hinfahren und einige der Diener im Wagen mitnehmen dürfe. Ich dachte dabei an Willis und Little Morning, der sich schon vor Jahren bekehrt hatte; inzwischen fühlte er sich krank und schwach, seine Geisteskräfte ließen in bejammernswerter Weise nach, und es konnte für ihn sehr wohl das letzte Missionsfest sein. Obgleich Massa Samuel der Episkopalkirche angehörte und schon seit Jahren keinen Gottesdienst mehr besuchte, sah er nie verächtlich auf die Bibel herab und suchte oft sogar nach Wegen, seine Neger im Glauben zu unterweisen – ich selbst war dafür das beste Beispiel. So erteilte er mir bereitwillig die Erlaubnis, als ich ihn fragte. Er versprach, uns eine schriftliche Bescheinigung mitzugeben, und trug mir nur auf, vor Einbruch der Nacht wieder zurück zu sein und ein wachsames Auge auf die übrigen Neger zu haben; es konnte zu leicht geschehen, daß sie einem der gerissenen Schwarzen von den Plantagen der Countys Blackwater River oder James in die Hände fielen. Die dortigen Neger hatten nämlich Umgang mit den weißen Flußschiffern und fahrenden Händlern; von ihnen lernten sie das Glücksspiel und andere Laster – unsere arglosen, unerfahrenen Neger würden sie buchstäblich um Hemd und Hose betrügen.

Seit dem Tag, an dem ich Willis getauft hatte, lehrte ich ihn Zahlen und Buchstaben. Als Lesebuch benutzte ich die Bibel, und die Rückwand der Hütte neben der Zimmermannswerkstatt diente als Schultafel. Zum Schreiben nahm ich einen in Lampenruß getauchten Rohrkolben. Willis' rasche Auffassungsgabe erfreute mich. Wenn ich durchhielt und jede sich bietende Gelegenheit für den Unterricht nutzte, dann war damit zu rechnen, daß er schon bald das Alphabet kannte und in der Lage war, den Zusammenhang zwischen Buchstaben und Wörtern zu begreifen – beispielsweise in einem schlichten Text wie dem dritten Vers der Bibel: *Und GOtt sprach: Es werde Licht! Und es ward Licht.* Auch Willis war von der Aussicht begeistert, zu der Missionsfeier fahren zu dürfen. Ich selbst hatte zwar noch nie an einer solchen Erweckungsversammlung teilgenommen, doch meine Mutter und Little Morning hatten mir vor langer Zeit davon erzählt; so wußte ich um das bunte Treiben, das zu erwarten war, konnte Willis davon erzählen und steckte ihn mit meiner eigenen gespannten Erwartung an.

Am Nachmittag vor dem großen Ereignis entlieh ich mir aus Goats Zucht zwei fleischige Hennen, versprach ihm, sie durch zusätzliche Arbeit abzubezahlen, und bereitete für uns Neger, die nach Jerusalem fahren sollten, ein Festmahl vor: Hühnerbraten, eine Seltenheit für uns, dazu zwei Laib feines Weißbrot, die ich Abrahams Frau, der jetzigen Köchin im Herrenhaus, hatte abschwatzen können. Fleisch und Brot packte ich zusammen mit einem Krug süßen Most in einen kleinen Holzkasten und stellte ihn in die Werkstatt, wo er vor diebischen schwarzen Fingern sicher war. Dann legte ich mich sehr früh schlafen, da wir am nächsten Morgen lange vor der Morgendämmerung aufbrechen wollten.

Um Mitternacht wurde ich von einem leisen Flüstern geweckt. Über meinem Gesicht schwang wie ein klingelndes Glöckchen eine Laterne, in deren flackerndem Licht ich die großen Augen eines Negermädchens gelblich schimmern sah. Es war eine von Washs kleinen Schwestern – eines von Abrahams ungezählten Kindern. Sie flüsterte mir zu, ich solle sofort zur Hütte hinunterkommen, ihr Daddy habe sie geschickt, und ihr Daddy sei ganz schrecklich krank. Ich zog mich an und folgte dem Mädchen den sanften Hügel hinab, durch die Mondnacht voller Heuschreckengezirpe, die Luft sanft wie Balsam. Dort, in der Hütte, fand ich Abraham. Er war wirklich so krank, wie die Kleine gesagt hatte. Er hustete krampfhaft, fieberte, und im Schein der Laterne sah ich Bäche von Schweiß seine breite Brust hinablaufen. »Is nich wichtig, Nat«, sagte er matt. »Is nur de elende Fieber, wo ich jeden Frühjahr hab. Inner Woche bin ich wieder auf.« Nach einer Pause fuhr er fort: »Aber das isses nich. Massa Samuel, de hat mir gesagt, ich soll um zwei mit de vier Boys rausgehen wo de Weg anfängt. Wie spät isses jetzt?«

»Vorhin hab ich die Glocke zwölf schlagen hören«, antwortete ich. »Von was für Boys redest du, Abe?«

»Massa Samuel, de hat vier Boys zum Tabakschneiden ausgeliehn, für zwei Wochen rüber zu Vaughan. Vaughan, de schickt unsn Wagen entgegen, weißte, da wo de Weg anfängt. Ich soll de Boys hinfahren, weißte, aber jetz hats mich gepackt, un so mußt du se fahrn. Nat. Um zwei. Also, hau jetzt ab, un laß de arme kranke Mann in Ruh. Bin bald wieder auf.«

»Aber . . . ich fahr doch zu dem Missionsfest, Abe«, protestierte ich schwach. »Die ganze Zeit freun wir uns schon auf das Fest . . .«

»Kannst doch immer noch hinfahrn, zu de Fest, Junge«, sagte er. »Kriegst nur nich viel Schlaf, das is alles. Un jetz hau ab, Nat, schaff de Boys mitm Wagen hin. Da, de Papier, de mußte mitnehmen.«

Was das Missionsfest anging, so hatte Abraham natürlich recht: Die Zeit reichte, um zum Anfang des Fahrweges und wieder zurück zu fahren. Willis, Little Morning und die anderen abzuholen und so doch noch wie geplant nach Jerusalem zu kommen – vorausgesetzt, ich opferte meinen Schlaf, aber das war nicht zuviel verlangt. Mit einem hatte ich jedoch nicht gerechnet: Unter den vier Negern, die ich zum Treffpunkt mit Vaughans Wagen bringen sollte, unter diesen vier schweigenden, verschlafenen Gesichtern, die mir im Mondlicht auf der weiten, stillen Wiese hinter den Ställen entgegenblickten, entdeckte ich auch Willis. Ich spürte einen Stich im Herzen, als ich ihn sah, und ein kaltes, unangenehmes Gefühl beschlich mich, als sei ich gerade im Begriff, einen Verrat zu begehen.

»Aber er hat doch gesagt, du kannst zu der Erweckungsfeier mitfahren!« fauchte ich, während ich die beiden Maulesel anschirrte und im feuchtwarmen, nach Pferdemist duftenden Stall die Riemen zuschnallte. Willis patschte bedrückt und barfüßig in der Dunkelheit hin und her, half mir und sagte kein Wort. »Verflixt, Willis!« flüsterte ich eindringlich. »Kein Wort hat er davon gesagt, daß er dich an Major Vaughan ausgeliehen hat – *kein einziges Wort!* Verflixt noch mal, jetzt kannst du zwei Wochen lang da drüben Tabak schneiden, und es dauert vielleicht ein ganzes Jahr, bis du mal wieder zu einem Missionsfest kommst.« Mir war ganz schlecht vor Enttäuschung. Die strahlende Kugel aus Freude und Erwartung, in der ich die ganze

Zeit über geschwebt hatte, bekam Sprünge und fiel von mir ab wie geborstenes Glas; ich zerrte die Maulesel auf die mondbeschienene Wiese hinaus und drängte die vier Jungen wild und ungeduldig zum Einsteigen. »Verflixt noch mal!« sagte ich. »Jetz hab ich Hühner gebraten, un Most gibts auch! Los, Nigger, hoch de Hintern!«

Die drei anderen Jungen stiegen hinten auf den Wagen. Es waren junge Feldarbeiter, fünfzehn oder sechzehn Jahre alt; sie kicherten nervös, als sie aufstiegen. Alle drei trugen Hasenpfoten an einem Lederriemen um den linken Knöchel, die große Mode in diesem Jahr auf allen Pflanzungen ringsum. Einer der Jungen konnte willkürlich wie ein Ochsenfrosch rülpsen. Das tat er ohne Unterlaß, und die anderen wußten sich vor lauter kindischem Lachen kaum zu fassen. Willis kletterte neben mir auf den Sitz. »Heho – los!« rief ich den Mauleseln zornig zu.

Nie zuvor hatte ich Massa Samuel gegenüber auch nur eine Spur von Enttäuschung empfunden; jetzt aber war ich enttäuscht, und dieses seltsame neue Gefühl machte alles noch elender. »Verflixter Massa Samuel!« sagte ich zu Willis, als wir die Allee hinabfuhren. »Wenn er dich für zwei Wochen an Major Vaughan ausleihen wollte, warum hat er es dann nicht vorher dir und mir gesagt? Warum hat er uns alles für das Missionstreffen vorbereiten lassen?«

Nach einer Weile verloren sich mein Ärger und mein Zorn. Ich glitt in jenen Zustand dumpfer Gleichgültigkeit, an den die meisten Neger sich früher oder später gewöhnen müssen. Schließlich gibt es noch Schlimmeres, überlegte ich, während wir durch die mondweißen Wälder holperten. Machte es wirklich etwas aus, wenn Willis gerade an dieser Erweckungsfeier nicht teilnehmen konnte? Gewiß kamen noch andere Missionen, zu denen ich ihn mitnehmen konnte. Daß er diesmal nicht dabeisein konnte, bedeutete nur eine kleine Lücke in seiner religiösen Fortbildung. Ich streifte ihn mit einem zärtlichen Blick. Der Mond breitete einen fahlen Schimmer über sein Gesicht. Er nickte neben mir immer wieder ein, hatte die feinen Lippen leicht geöffnet und kämpfte mit flatternden Lidern gegen den Schlaf. Ich stieß ihn an und fragte: »Wieviel ist zwei und drei?«

»Fünf«, antwortete er nach einer Weile und rieb sich die Augen.

»Und drei und vier?«

»Sieben.« Er wollte etwas anderes sagen, zögerte und meinte dann: »Nat, was meinste, warum Massa Samuel grad mich ausgeliehn hat? Ich lern doch Zimmermann.«

»Ich weiß es nicht«, gab ich ehrlich zu. »Wahrscheinlich brauchen sie drüben noch ein paar Leute. Aber das is schon in Ordnung. Massa Samuel, der leiht nur gute Leute aus, das weiß ich genau, und die Vaughans, das sind anständige Leute, die behandeln euch gut. Hör mal, is ja nur für zwei Wochen, die gehn schnell vorbei. Dann kommst du zurück, und wir lernen wieder miteinander. Wieviel macht drei und acht?«

»Vierzehn«, sagte er mit gewaltigem Gähnen.

Die drei Jungen hinter uns auf dem Wagen waren inzwischen fest eingeschlafen. Schlaff und leblos lehnten sie im Mondschein aneinander. Die Nacht war voller Froschgequake und Grillenzirpen, Zedernduft lag in der Luft, die klar war wie am Tage; der Mond bestäubte die Bäume mit weißem Pulver, bis sie kalkhell schimmerten wie blanke Knochen. Die Maulesel trotteten mit wackelnden Ohren und trocken knirschenden Hufen den Weg entlang, als wüßten sie ihn auswendig. Ich hielt die Zügel locker in der Hand, nickte ebenfalls ein und schlief unruhig, bis wir das Ende des Weges erreicht hatten. Nur einmal wurde ich vom langgezogenen Klagelaut einer Wildkatze halb wach, die meilen weit entfernt in den Sümpfen schrie. Dieser ferne Katzenschrei schlich sich in meine wirren Träume ein – es kam mir vor wie das Kratzen gewaltiger Krallen, die voller Wut über das nackte Antlitz des Himmels gezogen werden.

Dann spürte ich, wie Willis sich neben mir regte und die anderen Jungen hinter mir herumrutschten. Ich schreckte hoch und bemerkte, daß die Maulesel angehalten hatten. Hier am Ende des Fahrweges sah ich die Straße, die sich im Mondlicht durch hohes Unkraut nach Osten und Westen dahinzog. Vor den Bäumen erkannte ich die Umrisse des Wagens von Vaughan, riesig, mit einer Plane bedeckt, regungslos wie ein Segelschiff, das am Waldrand Anker geworfen hat. Die Gestalten zweier weißer Männer lösten sich aus dem Schatten neben dem Wagen. Einer von ihnen, ein untersetzter, schwerfälliger Herr mit einem breiten Gesicht unter dem großen Pflanzerhut, kam auf uns zu. Er fragte mich mit freundlich klingender Stimme: »Du bist Abraham?«

»Nein, Sir«, antwortete ich. »Ich bin Nat, de Kutscher Num' Zwei. Abraham, de ist furchtbar krank, ja, Sir, isser, wirklich ganz schrecklich krank.« Niggergebrabbel.

Er trat noch dicht an unseren Wagen heran, und ganz plötzlich unterbrach eine feine Musik, ein heiteres Klingen die Stille. Ein Schauder lief mir über den Rücken. Dann sah ich, daß der Mann eine silberne Uhr aus der Tasche gezogen und geöffnet hatte – aus dieser Uhr kam die Musik. Die leise klimpernden Töne hörten sich an, als hätte er in der Uhr ein winziges Klavier mit einer winzigen Klavierspielerin versteckt – ich mußte unwillkürlich an eine der Turner-Damen mit ihren flatternden Hauben denken. Meine staunenden Augen müssen mich wohl verraten haben, denn der Mann sagte: »Hübsche kleine Uhr, wie? Ein Meisterstück der Uhrmacherkunst. Das, mein Junge, ist Ludwig van Beethoven.« Er ließ die Uhr zuschnappen und würgte damit die Melodie mitten im Ton ab. »Und du hast dich nur um knapp zehn Minuten verspätet. Verdienst ein Lob für deine Pünktlichkeit. He, wach auf, Junge!« Er warf mir ein Stück Kautabak zu. Ich fing es auf. »Also, Abe – oder wie du heißt –, du hast uns vier junge Arbeiter für Major Vaughan mitgebracht? Und ein Papier, das ich unterschreiben werde und das du deinem Herrn zurückbringst.« Er drehte sich zur Seite und rief mit angenehmer, liebenswürdiger Stimme zum Wagen hinauf: »Hopp, Jungens! Umsteigen in den anderen Wagen! Beeilt euch! Bis heute abend müssen wir bis fast zum County Greensville hinauf.« Willis und die anderen Jungen kletterten hinunter und marschierten steif und schlaftrunken hinüber zu dem großen Wagen auf der anderen Seite des Weges.

»Verschlafen, wie?« Der Mann lachte leise. »Nun, im Wagen des Majors könnt ihr ganz gemütlich weiterschlafen. Rauf mit euch, ihr Burschen! Beeilt euch, wir müssen los!«

»Good-bye, Nat«, sagte Willis und ging über die Straße.

Ich winkte ihm schweigend zu. Der Mann breitete das Papier, das Abraham mir mitgegeben hatte, auf dem Brett zwischen meinen Füßen aus und kritzelte mit einem Bleistiftstummel etwas darauf. Dabei summte er mit heiserer Stimme dieselbe Melodie vor sich hin, die ich vorhin aus der Uhr gehört hatte. »*Todd, Shadrach, Jim, Willis*«, flüsterte er. »Da, mein Junge. Nimm die Quittung für deinen Herrn mit. Und paß auf, daß du sie nicht unterwegs verlierst. Fahr auf dem schnellsten Weg nach Hause, hörst du? Gute Nacht, mein Sohn.«

»Gute Nacht, Massa«, antwortete ich und sah ihm nach, wie er schwerfällig die Straße überquerte und ächzend auf den großen Planwagen kletterte. Er setzte sich neben den anderen Weißen, den ich im Mondlicht nur als verschwommenen Fleck erkennen konnte. Der tippte die vier Mulis mit der Peitsche an, dann versetzte er dem letzten Tier einen kräftigen Schlag. Der Wagen kam ächzend aus dem Graben und setzte sich schwerfällig in

Bewegung. Die Straße war mit Querbohlen befestigt; erst hing der Planwagen ein wenig schief, dann, als er immer schneller wurde, rumpelte er, daß es sich anhörte wie leere Fässer, bis er im harten Licht des Mondes nach Westen hin wie ein großer weißer Fleck verschwand.

Die Vaughans wohnen nicht im Westen, dachte ich. Vaughans Pflanzung liegt östlich von hier.

Ich saß regungslos da. Einer der Maulesel stampfte müde. Ringsum im Wald quakten ohrenbetäubend die Frösche. Ihr pausenlos schrillendes Singen klang wie ein Wind, der durch Millionen trockener Schilfrohre pfeift. Fast unmerklich senkte sich der Mond hinter eine Gruppe von Platanen. Die Straße wurde in vielfältig geformte und gezackte Schatten getaucht. Äste malten sich ab wie schwarze Menschenarme. Von Süden her kam eine warme Brise auf. Über dem Blätterdach des Waldes vernahm ich ein Raunen und Wispern.

»HErr?« fragte ich laut.

Ich lauschte gebannt dem leisen, vielsilbigen Flüstern im Blätterdach und hielt den Atem an, als wartete ich auf den Klang einer mächtigen Stimme.

»HErr?« rief ich noch einmal. Doch während ich noch angespannt lauschte, erstarb die Brise und mit ihr das Flüstern und Raunen in den mondbeschienenen Wipfeln, die wortlose Stimme verstummte. Wieder hüllte mich die Nacht mit schrillem Froschgequake und dem kräftigen Zirpen der Heuschrecken zwischen den Bäumen ein.

Ich muß wohl eine Stunde oder noch länger gewartet haben. Dann machte ich mich langsam auf den Rückweg. In mir war eine Leere, wie ich sie noch nie empfunden hatte. Ich wußte es auch so, ich brauchte das Papier in meiner Tasche nicht zu lesen. Elend, inbrünstig dachte ich: Willis! Und die anderen Jungen! Fort – o HErr. Einfach fort, für immer. Hör doch, HErr! Nicht ausgeliehen, nicht unterwegs zu Major Vaughan. Der Mann mit der silbernen Uhr, der war nichts weiter als ein Sklavenhändler. Ja, HErr, so war das, so einfach! Nicht für vierzehn Tage ausgeliehen – verkauft. Allmächtiger Gott – verkauft! Verkauft, HErr – verkauft ...

Und er sagte zu mir: »So stur bin ich auch wieder nicht, daß ich nicht merke, wie du dauernd um mich herumstreichst und mir anklagende Blicke zuwirfst. Aber wenn ich auch die Schuld für die schlechte Durchführung eines von Anfang an verpfuschten

Geschäfts auf mich nehme, so muß ich mich doch nachdrücklich gegen den Vorwurf der Gefühllosigkeit verwahren! Das wirfst du mir doch vor, wie?«

»Das verstehe ich nicht ganz«, sagte ich. »Welchen Vorwurf . . .?«

»Der Gleichgültigkeit, der Kaltschnäuzigkeit. Daß ich dir scheinheilig erlaubt habe, mit den Jungen zum Missionsfest nach Jerusalem zu fahren, während ich ganz genau wußte, daß sie vorher verkauft werden sollen. Da fällt mir übrigens noch etwas ein, das ich beiläufig erwähnen sollte. Diese Missionsfeier nämlich. Ich war am Freitag in Jerusalem. Wie du dich wohl erinnerst, begann an diesem Tag die Erweckungsversammlung. Wenn ich mich recht erinnere, habe ich alles in allem vierundzwanzig Gläubige gezählt, die streunenden Hunde und Katzen auf dem Platz nicht mitgerechnet. Schon am nächsten Morgen haben sie ihre Siebensachen gepackt und sind wieder abgefahren. Wenn du mit deiner Ladung erwartungsvoller Apostel hingefahren wärst, hätte dich nichts als eine leere, verlassene Wiese begrüßt. Das beweist nur wieder, daß dieses umnachtete Land ebensowenig eine Erweckungsfeier auf die Beine stellen kann, wie es in der Lage ist, sich selbst zu erhalten. Ich erwähne nur beiläufig, daß ich dir damit eine bittere Enttäuschung erspart habe. Doch was diesen Jungen betrifft, so hatte ich keine Ahnung, daß du gerade ihn mitnehmen wolltest. Ebensowenig wußte ich, daß ihr beiden unzertrennliche Freunde wart, wie du behauptest. Da ich hinten keine Augen habe und auch über keinen sechsten Sinn verfüge, kann man von mir schwerlich verlangen, daß ich die persönlichen Bindungen zwischen den ungefähr achtzig Leuten aller Hautfarbe kenne, die auf meinem Besitz herumlaufen. Ich glaube, es war der große Franzose Voltaire, der einmal gesagt hat, es bedeute den Beginn der Weisheit, einzusehen, wie wenig andere sich um einen kümmern und wie sehr sie mit ihrem eigenen Ich beschäftigt sind. Ich habe von dir und diesem Jungen *nichts* gewußt, überhaupt nichts!«

Ich schwieg, fuhr mir mit der Zunge über die ausgetrockneten Lippen, fühlte mich elend und verlassen und starrte auf den Fußboden der Bibliothek.

»Ich hab dir mehr als einmal gesagt, du hättest gleich am nächsten Tag zu mir kommen und mir offen alles sagen sollen, statt zwei volle Wochen lang mit diesem Hundeblick um mich herumzuschleichen; dann hätte ich noch etwas unternehmen können, um den Jungen zurückzubekommen. Ich hätte ihn sogar zurückgekauft, selbst wenn mich das eine Menge Geld und eine weite

Reise gekostet hätte. Aber du mußt mir glauben, daß er inzwischen längst in Petersburg verkauft worden ist – ich weiß nicht einmal genau, auf welchem Markt er angeboten wurde, vielleicht haben sie ihn auch nach Carolina gebracht. Auf jeden Fall befindet er sich in den Händen irgendeines Aufkäufers und ist unterwegs nach Georgia oder Alabama. Man kann nur hoffen, eine gütige Vorsehung hat es so eingerichtet, daß er wenigstens in Virginia bleiben kann. Das bezweifle ich jedoch ernstlich. Bleibt die Tatsache, daß er so gut wie unwiederbringlich fort ist. Ich will dir ja keine Vorwürfe wegen mangelnder Geistesgegenwart machen, weil du nicht früher zu mir gekommen bist, wo ich noch etwas hätte unternehmen können. Ich bitte dich nur, versuch auch meine Lage zu begreifen. Verstehst du, was ich meine?«

»Ja«, sagte ich nach einer Weile. »Ja, ich verstehe, aber . . .«

»Ja – schon wieder ein Aber«, unterbrach er mich. »Deine Frage quält dich immer noch, und sie läßt dir keine Ruhe. Du hast ihm selbst gesagt, wie überrascht du warst, aber trotzdem martert dich der schreckliche Gedanke, der Junge könnte für den Rest seines Lebens den Glauben mit sich herumtragen, daß du an seiner Beseitigung mitgewirkt hast, sozusagen mein Komplice warst. Hab ich da recht? Das ist es doch, was du nicht loswerden kannst, wie?«

»Ja«, erwiderte ich. »Das stimmt.«

»Was kann ich dazu noch sagen? Daß es mir leid tut? Das hab ich dir immer wieder beteuert. Für deinen Seelenfrieden wäre es vielleicht besser, wenn du überzeugt sein könntest, daß er nur Gutes von dir denkt – falls ihm tatsächlich der Gedanke kommen sollte, daß du etwas mit dem Handel zu tun gehabt hast. Vielleicht nimmt er auch an, daß du von der ganzen Sache nichts gewußt hast und arglos, guten Gewissens, mitgeholfen hast – so war es ja auch. Denkt er aber etwas anderes von dir, so kann ich nur noch einmal wiederholen, daß es mir leid tut. Etwas anderes kann ich dazu nicht sagen. Wirklich, du mußt das begreifen: Ich konnte ja nicht ahnen, daß Abraham krank wird und daß du das . . . das Werkzeug geworden bist, durch das sie in . . . in andere Hände gelangten.« Er hielt inne, sah mich an und verfiel in Schweigen.

»Aber . . .«, begann ich tastend, »aber ich . . .«

»Aber was?«

»Schön und gut«, fuhr ich fort. »Ich glaube, das mit Willis sehe ich ein, Sie konnten von ihm und mir nichts wissen. Daß ich ihm verschiedene Dinge beigebracht habe und so weiter. Aber etwas anderes verstehe ich nicht: Ich meine, sie mitten in der Nacht wegschaffen und ihnen vormachen, es geht zu Major Vaughan.« Ich hielt inne. »Ich meine, mit der Zeit müssen ja doch alle dahinterkommen, wie es wirklich gewesen ist. Das dauert nicht lange. Das geht schnell.«

Er sah an mir vorbei. Als er schließlich wieder sprach, klang seine Stimme matt, wie aus weiter Ferne; mir wurde plötzlich klar, wie müde er wirkte, wie eingefallen seine Backen aussahen, wie entzündet seine Augen.

»Ich will ganz ehrlich zu dir sein. Ich hatte ganz einfach Sorge. Angst. Ich war durcheinander, hab den Kopf verloren. Soweit ich mich erinnere, sind von hier bisher erst zweimal Schwarze verkauft worden. Beide hat mein Vater verkauft, und ich fürchte, in beiden Fällen waren es Verrückte, die eine Gefahr für die Gemeinschaft darstellten. Ich hab also noch nie zuvor Arbeiter verkauft, und wie ich schon zugegeben habe, war der ganze Handel von Anfang an verpfuscht. Ich wollte vermeiden, daß darüber geredet wurde. Ich habe befürchtet, daß es Ärger und Unruhe geben wird, wenn es sich unter den Schwarzen herumspricht, daß ein paar von ihnen verkauft worden sind. So bin ich in meiner Verwirrung auf den Gedanken verfallen, die ersten vier im Schutz der Nacht und unter dem Vorwand wegzuschaffen, ich hätte sie für vierzehn Tage an Major Vaughan ausgeliehen. Ich dachte mir, auf diese Weise wäre es nicht ein solcher Schock, und es würde den anderen leichterfallen, sich an ihre Abwesenheit zu gewöhnen. Am schlimmsten war, daß ich mit dem Händler unter einer Decke steckte. Es war dumm, sich davon etwas zu versprechen. Teuflisch und feige wars. Das Doppelspiel! Diese Maskerade! Ich hätte es am hellen Tage tun sollen, und die ganze Pflanzung hätte bei dem einfachen, alltäglichen Geschäft zusehen sollen, wie das Geld vor aller Augen von einer Hand in die andere überwechselt. Das einzig Tröstliche an der ganzen Sache ist, daß ich bei meinem ersten Verkauf wenigstens versucht habe, keine Familien auseinanderzureißen. Es war ein Unglück für dich und vielleicht auch ein unabsehbares Unglück für Willis, daß ich mich entschloß, nur Jungen auszusuchen, die alt genug waren, auf eigenen Beinen zu stehen, Jungen noch dazu, die verwaist waren. So wurden keine Familienbande durchschnitten – nun, es war leider so, daß ausgerechnet er zu dieser Gruppe gehörte.« Wieder hielt er inne, schwieg eine ganze Weile und sagte dann mit matter Stimme: »Tut mir leid. Gott, was tut mir das leid, daß Willie ...«

»*Willis*«, verbesserte ich. »Und Sie haben die vier einfach verkaufen müssen. Da war keine andere Möglichkeit.«

Er wandte mir nun den Rücken zu und blickte durch das hohe Fenster auf den frühlingshaften Garten hinaus. Seine Stimme, die vorhin schon matt geklungen hatte, war jetzt kaum noch zu hören. Ich mußte meine Ohren spitzen, um seine Worte zu verstehen – so krank und schwach klang diese Stimme, als sei es ihm ganz gleichgültig, ob das, was er sagte, verstanden wurde oder nicht. Er redete weiter, als hätte er mich gar nicht gehört.

»Ja. Bald werden sie alle fort sein ... alles ... nicht nur das Land, das unter diesem schrecklichen Unkraut erstickt, nicht nur die Wagen, die Schweine, Ochsen und Mulis, sondern auch die Menschen; die weißen Männer und Frauen und die schwarzen Jungen, ob sie Willis, Jim, Shadrach oder Todd heißen. Alle gehen nach Süden und überlassen Virginia dem Dornengestrüpp und den Kuhblumen. Alles, was wir hier sehen, wird dann fort sein. Die Mühle wird verfallen, und nachts wird der Wind durch die verlassenen Bäume des Hauses pfeifen. Glaub mir, es wird nicht mehr lange dauern.«

Er hielt inne, dann sagte er: »Ja, ich mußte die vier Jungen verkaufen, weil ich das Geld brauchte. Weil alles, was ich außer Menschen besitze, unverkäuflich ist. Weil diese Jungen mehr als tausend Dollar eingebracht haben und ich nur durch ihren Verkauf die Schuldenlast ein wenig lindern konnte, die ich seit sieben Jahren aufhäufe. In diesen sieben Jahren habe ich mich Tag und Nacht immer wieder selbst belogen und mir vorgegaukelt, es sei alles nur Einbildung, was ich ringsum sehe, daß dieses verstümmelte, ruinierte County Tidewater trotz allem am Leben bleiben kann, daß die Turner-Mühle auch weiterhin Bretter schneiden und Korn mahlen wird, auch wenn der Boden ausgelaugt und verdorben ist, auch wenn noch so viele Menschen mit Sack und Pack nach Süden ziehen, nach Georgia und Alabama. Jetzt schneide ich Bretter und mahle das Mehl – für Gespenster.« Er mußte Atem schöpfen, dann fuhr er mit müder Stimme fort: »Was hätte ich denn sonst tun sollen? Sie freilassen? Welch ein grausiger Witz! Nein, sie mußten verkauft werden, und bald werden auch die anderen verkauft. Die Turner-Mühle wird dann tot als Ruine in der Landschaft stehen, wie all die anderen Häuser auch. Drunten, irgendwo im Süden, da werden sich vielleicht ein paar Leute an sie erinnern, aber es wird eine Erinnerung sein wie an einen Traum.«

Wieder verstummte er für lange Zeit. Einmal glaubte ich, meinen Namen zu hören, doch ich bin nicht sicher, sosehr ich mich auch anstrengte. »*Nat* . . .«

Als er dann wieder sprach, war seine Stimme nur noch wie das kaum vernehmliche Murmeln eines weit entfernten Baches im Wind. »Ich hab sie aus Verzweiflung verkauft, um sinnlos noch ein paar Jahre weiterzumachen.« Er machte eine jähe Geste mit seinem Arm – ich glaube, er fuhr sich rasch in einer Aufwallung von Zorn über die Augen. »Sicherlich muß die Menschheit erst noch geboren werden. Das ist ganz gewiß wahr! Nur das Blinde, das Unverständige kann in einem so niederträchtigen Verhältnis zur eigenen Art existieren, zum eigenen Fleisch und Blut. Wie sonst ließe sich solche dumme, sinnlose, haßerfüllte Grausamkeit erklären? Selbst Opossums und Stinktiere sind da klüger! Sogar die Wiesel und die Feldmäuse besitzen eine natürliche Achtung vor ihrer eigenen Art. Nur die Insekten stehen so tief, daß sie Dinge tun, wie Menschen sie tun – die Ameisen klettern im Sommer auf die Pappeln und melken kleine grüne Blattläuse, weil sie gierig sind nach dem süßen Honigseim. Ja, es mag wohl so sein, daß das Menschengeschlecht erst noch geboren werden muß. Ach, welch bittere Tränen muß Gott doch vergießen, wenn Er sieht, was Menschen anderen Menschen antun!« Da brach er ab. Ich sah, wie er krampfhaft den Kopf schüttelte, und jetzt war seine Stimme plötzlich ein Aufschrei: »Alles im Namen des Geldes. *Des Geldes!*«

Er schwieg. Ich stand da und wartete, daß er noch etwas sagen mochte, aber er sagte nichts mehr, sondern stand nur regungslos in der Dämmerung da, den Rücken mir zugekehrt. Von fern, hoch über uns, erklang Miß Nells Stimme: »Sam! *Samuel!* Ist dir etwas?« Aber auch jetzt regte er sich nicht und gab keinen Laut von sich. Da schlich ich leise zur Tür und verließ die Bibliothek.

Drei Jahre nach diesem Vorfall – und wie schnell vergingen diese drei Jahre! – verließ ich die Turner-Mühle. Es war einen Monat vor meinem einundzwanzigsten Geburtstag, etwa die Zeit, zu der ich ursprünglich in Richmond ein neues Leben beginnen sollte. Statt dessen vertraute Massa Samuel mich vorläufig der Obhut eines Baptistenpredigers an, des Reverend Alexander Eppes; man kann auch sagen, daß ich unter seinen Schutz gestellt wurde, an ihn vermietet, von ihm ausgeliehen wurde. Reverend Eppes war der Pastor einer verarmten Gemeinde von Farmern und armen Händlern im Bezirk Shiloh, ungefähr zehn Meilen nördlich der Turner-Mühle. Über das

Verhältnis zwischen mir und Reverend Eppes war ich mir lange Zeit nicht im klaren. Eines jedoch war gewiß: Ich war nicht ›verkauft‹ worden, jedenfalls nicht im eigentlichen, brutalen Sinn des Wortes. Die anderen Negersklaven der Turner-Mühle konnten verkauft werden – und sie wurden in qualvoll regelmäßigen Abständen verkauft –, doch der Gedanke, daß man sich auch meiner auf diese Art und Weise entledigen könnte, war mir auch damals, als ich in Reverend Eppes' Hände überging, vollkommen unvorstellbar. In diesen drei Jahren war ich mir zwar der ungewissen Zukunft bewußt, die vor mir lag, doch nicht ein einziges Mal kamen mir Zweifel an dem festen Versprechen, das Massa Samuel mir gegeben hatte, daß er mir nämlich in Richmond ein freies Leben ermöglichen werde. Und ich behielt diesen sonnigen Glauben, diese Zuversicht, auch noch, als ich zusehen mußte, wie sich vor meinen Augen die Turner-Mühle mit allem Land und allen Menschen, mit lebendem und totem Besitz auflöste wie eine Flußinsel bei Hochwasser; erst bröckeln langsam die Ränder ab, dann stürzen die durchnäßten, verängstigten Bewohner, die Waschbären, Kaninchen, Schlangen und Füchse in die gnadenlosen braunen Fluten.

Die Negersklaven stellten den bei weitem wertvollsten Besitz dar, denn bei einem Preis zwischen vierhundert und sechshundert Dollar pro Kopf waren sie das einzige solide, sichere Kapital, das Massa Samuel flüssigmachen konnte, um die unablässigen Forderungen seiner Gläubiger befriedigen zu können. Diese Gläubiger aber packten selbst ihre Sachen und verließen das County Tidewater, daher auch ihr Drängen. Die Neger wurden nun in regelmäßigen Abständen weggeschickt, paarweise, zu dritt oder auch einzeln, hier eine Familie, dort eine Familie. Oft vergingen allerdings auch Monate, ohne daß es zu einem Verkauf kam. Dann tauchte ganz plötzlich wieder ein Herr in einem kleinen zweirädrigen Wagen auf, ein Mann mit schneeweißen Koteletten und einer massiv goldenen Uhrkette, der sich den Schmutz von den spiegelblanken Stiefeln klopfte. Ich hatte dann in der Bibliothek von einem silbernen Tablett Kekse und Portwein zu servieren. Dabei lauschte ich Massa Samuels Stimme, die matt und bekümmert durch das Zwielicht klang: »Die Händler sind es, Sir, die diese Greuel begehen, die Händler! Skrupellos sind sie, Sir, sie machen sich nichts daraus, eine Mutter von ihrem einzigen Kind zu trennen. Deshalb bleibt mir in meiner beklagenswerten Lage nur eines: Ich kann zumindest darauf bestehen, meine Geschäfte nur mit einem wirklichen Gentleman abzuwickeln ...

Ja, abgesehen von einer einzigen Ausnahme, hatte ich es bisher nur mit Gentlemen zu tun, wie Sie einer sind ... Sie gehören zu den Fitzhughs aus dem County York, sagen Sie? Dann müssen Sie ein Vetter von Thaddeus Fitzhugh sein, einem Klassenkamerad von mir bei William and Mary ... Ja, den letzten Verkauf habe ich an einen Herrn getätigt, der nach Westen ins County Boonslick ging, in Missouri liegt es, glaub ich; ihm habe ich eine fünfköpfige Familie verkauft ... Er war ein sehr humaner, gebildeter Herr aus Nottoway ... Die Götter müssen Sie besonders lieben, Sir, das wissen Sie zweifellos selbst – wenn man eine Mühle nahe einer Stadt wie Richmond besitzt, frei von der Belastung, dem Fluch des Landes ... Ich weiß nicht, Sir, es ist klar, daß meine Zeit bald abgelaufen ist. Vielleicht gehe ich auch nach Kentucky oder Missouri, allerdings habe ich auch von interessanten Möglichkeiten in Alabama gehört ... Kommen Sie, ich zeige Ihnen jetzt George und Peter, die besten Mühlenarbeiter, die mir geblieben sind. Seien Sie versichert, daß es sich um ganz ungewöhnlich ordentliche Neger handelt ... Nur wenige von meinen Schwarzen werden wohl das Glück haben, in Virginia bleiben zu dürfen ...«

So gingen George und Peter dahin oder Sam und Andrew oder Lucy mit ihren beiden kleinen Jungen. Sie wurden auf einen Wagen gepackt, in dem ich sie auch noch oft zur Ablieferung nach Jerusalem fahren mußte. Stets aufs neue erstaunte und peinigte mich der gleichmütige Gehorsam, die gute Laune, mit der diese einfachen Schwarzen, unwiderruflich entwurzelt, einer ungewissen Zukunft entgegengingen. Manchmal warfen sie zwar einen sehnsüchtigen Blick zurück auf den Ort, von dem sie nun scheiden mußten und der doch für Jahre ihre ganze Welt gewesen war; dieser Abschied bereitete ihnen jedoch ebensowenig Kummer, wie sie sich um die Zukunft Gedanken machten: Für sie waren Missouri oder Georgia so weit entfernt wie die Sterne oder so nahe wie die nächste Pflanzung, sie sahen da keinen Unterschied. Voller Verzweiflung merkte ich immer wieder, daß sie sich nicht einmal die Mühe machten, sich von ihren engsten Freunden zu verabschieden. Nach meinem Gefühl traf nur das Zerreißen von Familienbanden sie wirklich, und so etwas kam hier nicht vor. Schnatternd und kichernd bestiegen sie den Wagen, der sie in ein kaum zu ertragendes Leben am äußersten Ende der Welt entführen sollte – und sie sprachen von nichts anderem als einem schmerzenden Knie oder der Macht einer Haarkugel vom Bauch eines Mulis als Mittel gegen Hexen, oder wie man einen Hund dressiert, daß er ein Opossum auf den Baum jagt. Und natürlich unablässig vom Essen. Im hellen Tageslicht waren sie schläfrig, lehnten die Köpfe an die Seitenbretter des Wagens und waren schon mit feuchten, halb geöffneten rosa Lippen eingenickt, bevor der Wagen durch das Tor fuhr, bevor er sie über die Grenzen des Landes trug, das mit seinem Geruch, mit seiner Art, mit seiner Landschaft ihr ganzes Leben ausgemacht hatte und dessen Wiesen und Felder und leuchtende Wälder nun, ohne daß sie es merkten oder wahrhaben wollten, für immer hinter ihnen versanken. Ihnen war es gleichgültig, woher sie kamen und wohin sie fuhren. Sie schnarchten laut oder rissen ihre Witze, wenn sie wachgerüttelt wurden, schlugen verspielt nacheinander oder versuchten, im Vorbeifahren nach tiefhängenden Zweigen zu greifen. Wie die Tiere strichen sie die Vergangenheit mit ebensoviel dumpfem Gleichmut aus ihrem Bewußtsein, wie sie sich mit der Gegenwart abfanden, und einer Zukunft wurden sie sich überhaupt nicht bewußt. Solche Geschöpfe, so dachte ich bitter, verdienen es, verkauft zu werden. Ich wurde hin und her gerissen zwischen abgrundtiefer Verachtung und dem Bedauern darüber, daß es nun für mich zu spät war, sie durch die Macht des Wortes zu erretten.

Und so senkte sich schließlich eine seltsame, befremdliche Stille über die Pflanzung, ein so abgrundtiefes Schweigen, daß es im Ohr klang wie das zitternde Echo eines kaum noch erinnerten Geräusches. Am Ende waren es nicht nur die Neger, die veräußert wurden, sondern auch alles ging dahin – die Maulesel, Pferde und Schweine, die Wagen, das Gerät und die Werkzeuge, Sägen, Räder, Amboß und Möbel, Kutschen, Peitschen, Spaten, Sensen, Hacken und Hammer – kurzum, alles und jedes, was nicht niet- und nagelfest war, was man entfernen konnte und was mehr als einen halben Dollar einbrachte. Das Fehlen all dieser Dinge hinterließ eine befremdende Stille – eine völlige Stille. Das große Mühlrad hatte seine letzte Umdrehung getan und stand nun still an seiner eichenen Achse; ein trocknender Überzug aus Entengrün und Moos bedeckte es jetzt, und das tieftönende Rumpeln gehörte ebenso der Erinnerung an wie all die anderen gewohnten Geräusche, die – viel leiser zwar, aber gleichmäßig – von früh bis spät in jeder Jahreszeit und bei jedem Wetter die Luft erfüllt hatten: das Ping-ping der Hacken auf den fernen Maisfeldern, das Blöken der Schafe auf der Wiese, das unvermittelte, satte Lachen einer Negerstimme, das Klingen des Ambosses drüben in der Schmiede, die Fetzen einer Melodie aus der letzten Hütte, das ferne Krachen gefällter Bäume im Wald, das Leben und Treiben im großen Herrenhaus, ein ständiges Klingen und Summen wie eine flüsternd leise Musik. Langsam verklangen diese Geräusche, wurden schwächer, verstummten vollends; Felder und zerfurchte Wege lagen einsam und verlassen da wie eine Stätte, an der die Pest gewütet hat. Unkraut und Brombeeren eroberten Maisfelder und Wiesen. In den verlassenen Nebengebäuden zerfielen Fenster, Türen und Kaminsimse. Wo einst des Nachts den Hügel hinunter Herdfeuer in den Hütten glommen, lag nun alles in erstickender Dunkelheit, als seien hier die Lagerfeuer eines Heeres auf den Ebenen Israels verlöscht.

Wie schon gesagt, war es Massa Samuel nicht möglich, mich an meinem einundzwanzigsten Geburtstag, wie er gehofft hatte, an Mr. Pemberton in Richmond zu übergeben. Eines Abends nach dem Essen erklärte er mir in einem ernsten Gespräch, die Depression, die über das County Tidewater hinwegrollte, habe auch die Stadt erfaßt, und man könne einen gelernten Arbeiter wie mich kaum gebrauchen; die wirtschaftliche Lage sei »verheerend«. So befand sich mein Herr in einem furchtbaren Dilemma. Einerseits konnte er mich nicht einfach freilassen, ohne daß ich unter der Aufsicht einer verantwortungsbewußten Person eine gewisse Zeit der »Anpassung« durchmachte: Nur zu viele junge Neger, denen man die Freiheit ohne Aufsicht und Schutz gewährt hatte, waren eines Tages bewußtlos geschlagen und ihrer Papiere beraubt worden, und ehe sie es sich versahen, rollten sie auf einem rumpelnden Wagen einer ungewissen Zukunft auf den Baumwollfeldern des Südens entgegen. Wenn Massa Samuel mich andererseits mit nach Alabama nahm (noch in letzter Minute hatte er sich entschlossen, dort sein Glück noch einmal zu versuchen), dann fielen seine Pläne für mich allesamt ins Wasser, da es in den Sümpfen und Marschen der Flußniederungen keine Städte gab und somit auch keine Möglichkeit für mich, als freier schwarzer Handwerker zu Wohlstand zu gelangen. So hatte er sich schließlich für eine vorläufige Lösung entschieden: Mein Leib sollte dem guten christlichen Hirten anvertraut werden, von dem ich bereits berichtet habe – Reverend Eppes; dieser fromme und vertrauenswürdige Mann hatte dafür zu sorgen, daß ich die für meine Freilassung nötigen Dokumente erhielt, sobald die Lage in Richmond sich wieder gebessert hatte (woran niemand zweifelte). Als Gegenleistung dafür, daß er mich in seine Obhut nahm und sich um mein künftiges Geschick kümmerte, sollten ihm für eine gewisse Zeit die Früchte meiner Arbeit gratis zufallen.

So kam denn jener heiße, heuschreckensummende Septembermorgen, an dem Massa Samuel mir für immer Lebewohl sagte.

»Ich hab ihm gesagt, daß wir heute morgen abfahren«, sagte er zu mir. »Reverend Eppes müßte um die Mittagszeit hier sein und dich holen, vielleicht schon früher. Ich hab dir's schon mehrmals gesagt, Nat: Du mußt dir keine Sorgen machen. Reverend Eppes ist zwar Baptist, aber ein gerechter und gütiger Herr. Er wird dich genauso behandeln, wie ich mir das wünsche. Du wirst feststellen, daß er ein schlichtes Gemüt von bescheidenen Geistesgaben ist, doch er wird gut zu dir sein. Ich werde mich von Alabama aus schriftlich mit ihm in Verbindung setzen, auch mit meinen Vertretern in Richmond. So wird Reverend Eppes sich in etwa einem Jahr – bestimmt dauerts nicht länger – für dich in Richmond um eine Lehrstelle bemühen und deine anschließende Freilassung so betreiben, wie ich es getan hätte, wenn ich hiergeblieben wäre. Das alles steht in einem Vertrag, den wir in Jerusalem geschlossen haben und an dessen Rechtsgültigkeit nicht zu zweifeln ist. Wichtiger jedoch ist das Vertrauen, das ich in Reverend Eppes setze, Nat. Er wird dir alles geben, was du brauchst, in körperlicher wie auch in geistiger Beziehung. Er ist wirklich ein ehrenhafter und menschlicher Gentleman.«

Wir standen im Schatten der großen Sykomore; der Tag war drückend heiß. Kein Lüftchen regte sich, die Luft legte sich einem feucht und erstickend wie eine Hand auf den Mund. Die vier Wagen, mit denen sich Massa Samuel auf die Reise begeben wollte, warteten schon. Die Maultiere stampften ungeduldig in ihrem Geschirr. Die übrigen Familienmitglieder – der ältere Neffe und seine Frau, Miß Emmeline, Benjamins Witwe, Miß Nell – waren bereits abgereist. Die Männer besuchten Verwandte unten in Raleigh, die Damen hielten sich in Petersburg auf; von dort wollte Massa Samuel sie abholen, sobald er sich auf dem Boden Alabamas notdürftig eingerichtet hatte. Von den Negern waren nur noch Prissy, Little Morning, Abraham und seine Familie übrig. Sie, die Hausneger, gedachten besserer Zeiten und weinten laut. Trauernd und klagend bestiegen sie den einen Wagen. Mit Tränen in den Augen verabschiedete ich mich von ihnen allen, gab Prissy einen Kuß, umarmte Abraham schweigend und nahm schließlich Little Mornings alte, lederne Hand, um sie an meine Lippen zu drücken. Sein Haar war nun schlohweiß, sein Verstand hatte ihn vollends verlassen. Blicklos, nicht verstehend, was um ihn herum vorging, hockte er hinten auf dem Wagen, um den Weg nach Süden anzutreten und am Ende eines mühseligen, armen Lebens von dem einzigen Zuhause zu scheiden, das er je gekannt hatte. Die Maultiere stampften ungeduldig und zerrten an ihren Riemen. Sosehr ich mich auch mühte, ich wurde meiner Trauer nicht Herr.

»Mußt es nicht so schwer nehmen, Nat«, sagte Massa Samuel. »Es ist ja nicht der Tod, sondern ein neues Leben für uns alle. Wir bleiben doch brieflich in Verbindung. Und du ...« Er hielt inne, und ich wußte, daß auch er gerührt war. »Und du ... du, Nat – denk an die Freiheit, die dir nach allem doch noch winkt! Behalt das stets vor Augen, dann wirst du das Traurige dieses Abschieds schon bald vergessen. Die *Zukunft* – nur darauf kommt es in unserem Leben an.«

Wieder fehlten ihm die Worte. Dann bemühte er sich, seine Gefühle gewaltsam zu unterdrücken und sagte mit gequält-heiterer Stimme alle möglichen belanglosen Dinge: »Na, komm schon, Nat, Kopf hoch! ... Der neue Besitzer des Landes, Richter Bowes aus Jerusalem, schickt einen Mann her, der hier alles in Ordnung halten soll. Vielleicht kommt er heute schon ... Prissy hat dir übrigens dein Essen in der Küche hergerichtet ... Kopf hoch, Nat, immer nur Kopf hoch. Und leb wohl! Lebe wohl ... Good-bye!«

Rasch und unbeholfen umarmte er mich. Ich spürte seinen Schnurrbart an meiner Backe, dann hörte ich weit vorn Abrahams Peitschenknall wie einen Schuß. Massa Samuel wandte sich ab, und dann verschwanden die Wagen hinter der nächsten Biegung des Weges. Ich habe ihn nie wiedergesehen.

Ich blieb stehen, bis das letzte Rollen der Räder in der Ferne verklang. Ich war völlig verzweifelt. Wie ein Blatt, das von seinem Ast abgerissen wurde, fühlte ich mich – getrieben vom Wind, schwebend zwischen dem, was nun vergangen war, und den Dingen, die mich erwarteten. Fern am Horizont ballten sich dicke Wolken zusammen. Minutenlang kam ich mir vor wie Jonas in der Tiefe, mitten im Meer, rings umgeben von Wasserfluten. Gottes Wogen umspülten mich und stürzten über mich hinweg.

Und nun sah ich gespannt dem Kommen von Reverend Eppes entgegen. Aber er brauchte lange, mich abzuholen. Den ganzen Morgen hockte ich auf den Stufen der leergeräumten Veranda, wartete auf den Geistlichen, horchte auf näher kommende Hufschläge, auf das Rattern eines Wagens, der den Weg heraufkam. Es war heiß und schwül. Ein feuchter Dunstschleier hing am grünlichen Himmel und deutete auf ein nahes Gewitter hin. Am späten Vormittag brannte die Sonne durch wabernde Hitzeschleier herunter, so drückend, daß selbst die Heuschrecken verstummten und die Vögel sich in ihre Nester zurückzogen und schwiegen, sich nicht mehr aus dem Schutz des bläulichen Laubdaches der Wälder hervorwagten. Zwei oder drei Stunden lang las ich in der Bibel und lernte mehrere Psalmen auswendig. (Außer meiner Bibel besaß ich nur wenige Habseligkeiten, die ich aus der Mühle mitnehmen konnte: eine Arbeitshose, zwei Baumwollhemden, ein Paar Schuhe von der Sorte, die man so schön ›Niggertreter‹ nennt, einige kleine Kreuze, die ich aus Knochen geschnitten hatte, einen Zinnbecher, den meine Mutter mir hinterlassen hatte, und ein goldenes Zehndollarstück, das Massa Samuel mir tags zuvor geschenkt hatte. Es war üblich, daß mein neuer Herr für alles andere zu sorgen hatte. Das Goldstück war in meinen Hosenbund eingenäht, alles andere hatte ich in ein Tuch gewickelt.)

Für diesen Augenblick erschien mir der neunzigste Psalm am passendsten – ich schwebte im Nichts zwischen zwei Lebensabschnitten, voll Kummer über meine Verlassenheit und über das, was ich verloren hatte, krank vor Heimweh und Sehnsucht nach meinen besten Freunden. Eine große Leere war in mir. Aber gleichzeitig erregte mich auf geheimnisvolle Weise der Gedanke an eine neue Welt, an die Freiheit, die Verwirklichung all jener Träume, in denen ich mich während der vergangenen Jahre schon als Freigelassener gesehen hatte, der fröhlich eine Straße in Richmond entlanggeht, zur Kirche oder zur Arbeit. Zu dieser zwiespältigen Stimmung schien mir, wie gesagt, am besten der neunzigste Psalm zu passen, den ich an diesem Vormittag auswendig gelernt hatte. Er beginnt mit den Worten HErr, GOtt, Du *bist unsre Zuflucht für und für*. In diesem Psalm kommt auch der Vers vor: *Denn tausend Jahre sind vor Dir wie der Tag, der gestern vergangen ist, und wie eine Nachtwache . . .*

Der Mittag kam und ging, die Sonne senkte sich kupfern in den Nachmittag – immer noch kein Reverend Eppes. Ich war hungrig. Da fiel mir mein bereitstehendes Essen wieder ein, das ich vor lauter Grübeln vergessen hatte. So warf ich mein Bündel über die Schulter und ging durch die kahlen, verlassenen Flure des Hauses in die Küche. Auf einem Bord über dem großen gemauerten Herd stand das letzte Mahl, das hier einem Turner serviert werden sollte: vier Stücke Hühnerbraten, ein halber Laib Weißbrot, süßer Most in einem gesprungenen Krug – ein

anständiges Essen für ein Herrenhaus, passend als Abschieds-
mahl, bedachtsam zugedeckt mit einem durchgewetzten, sauberen
Mehlsack, damit die Fliegen nicht drankonnten. Daß ich mich an
so nebensächliche Kleinigkeiten so deutlich erinnere, mag wohl
an meiner düsteren Vorahnung liegen, der inneren Unruhe und
Verwirrung, die mir spinnengleich den Rücken hinaufkroch, wie
Schatten von Weinreben im Licht der untergehenden Sonne eine
Steinwand emporklettern, als ich so auf dem Fenstersims saß und
in der leeren Küche mein Huhn mit Brot aß. Über der ganzen
Pflanzung lag eine so vollkommene Stille, daß mich sekundenlang eine unheimliche, bedrückende Angst packte und ich schon
glaubte, ich sei taub geworden. Zitternd hörte ich zu essen auf
und strengte meine Ohren an, lauschte angespannt nach draußen
und wartete auf ein einziges Geräusch – einen Vogelruf, das
Plantschen einer Ente auf dem Mühlteich, das Flüstern eines
Windhauchs in den Wipfeln –, um mich davon zu überzeugen,
daß ich noch hören konnte; aber ich vernahm nichts, absolut
nichts. Panik stieg in mir hoch, bis ich genau in diesem Augenblick meine eigenen schwieligen Sohlen beruhigend über den
groben Holzboden schlurfen hörte. Ich schalt mich wegen meines
albernen Gehabes und aß weiter. Eine Fliege umsummte hartnäckig mein linkes Ohr und ließ sich schließlich darauf nieder –
ich war beruhigt.
Doch das Gefühl einer unheildrohenden Stille und Einsamkeit
blieb. Es ließ sich nicht vertreiben und klebte an meinen Schultern wie ein weites Gewand, das ich trotz aller Mühe nicht abzuschütteln vermochte. Ich warf die Hühnerknochen hinaus auf das
unkrautüberwucherte Blumenbeet unter dem Küchenfenster,
wickelte das übrige Brot und den gesprungenen Krug – wer weiß,
ob er mir nicht noch einmal gute Dienste leisten würde – sorgfältig in mein Bündel und wagte mich hinüber in die große Halle
des Hauses. Alles Bewegliche war daraus entfernt worden – die
Kristallüster und die alte Großvateruhr, die Teppiche, das Klavier, die Schränke und Sessel; der leere, gewaltige Raum warf
mein unfreiwilliges Niesen mit dem hohlen Echo einer Gruft
zurück. Es prallte von den nackten Wänden ab, bebte und
rauschte wie ein Wasserfall, dann war es wieder still. Nur ein
hoher Spiegel, überzogen mit spinnewebenfeinen Sprüngen,
bläulich angehaucht vom Alter, fest eingelassen zwischen zwei
Säulen an der Wand, zeugte noch von den verschwundenen
Bewohnern des Hauses; verwaschen spiegelte sich in seinen
blauen Tiefen die gegenüberliegende Wand, an der vier recht-

eckige Flecke an die Porträts der Turner-Vorfahren erinnerten, die einst hier hingen: zwei gestrenge Herren mit weißer Perücke und Dreispitz, zwei heiter blickende Damen, den Busen sittsam mit Spitzen und Falten von rosa Satin bedeckt, waren sie für mich zwar immer namenlos geblieben, im Laufe der Jahre mir aber trotzdem so vertraut geworden wie Verwandte. Daß sie nicht mehr da waren, empfand ich plötzlich wie einen Schock, als seien sie rasch nacheinander verstorben.

Ich ging hinaus auf die Veranda und wartete wieder auf das Geräusch von Hufen und Wagenrädern; wieder nichts als Stille. Schon damals beschlich mich das Gefühl, allein zu sein, verlassen, vergessen – keiner würde kommen und mich abholen. Mit der bösen Vorahnung kam die Angst, und doch war dieses Gefühl nicht nur unangenehm; tief in meinem Innern regte sich eine geheimnisvolle, bedrängende, überquellende Erregung. Diese Empfindung war ganz und gar neu für mich; ich versuchte sie abzuschütteln, legte mein Bündel auf die Stufen zur Veranda und schlenderte hinüber zu dem kleinen Anbau an der Seite des Hauses. Von hier aus konnte man mit einem Blick das ganze verlassene Anwesen überschauen, die leeren Behausungen, die zerfallenden Werkstätten und Scheunen, das verwüstete Land – ein Reich, verheert von Gideons Horden. Die Hitze wurde nun gemein, erbarmungslos, die Sonne waberte wie ein Stück rosafarben schimmernde Kohle durch die Hitzeschleier am schmutziggrauen Himmel. So weit mein Auge blicken konnte, erstreckten sich die verwitterten Hütten bis hin zu den Maisfeldern, die jetzt einen majestätischen Dschungel von Unkraut, Sonnenblumen und undurchdringlichen, grünen Brombeersträuchern bildeten. Unwiderstehlich überfiel mich wieder die Erregung, eine Hitze tief drin in meinem Magen, wie mein Blick auf den Reihen leerer Hütten ruhte und dann zu den nahe gelegenen Werkstätten schweifte, den Nebengebäuden, Ställen und Scheunen, dem gewaltig aufragenden Herrenhaus neben mir – entvölkert und schweigend in der schrecklichen Hitze.

Nur das leise Gluckern von Wasser, das durch den geborstenen Damm des Mühlteichs sickerte, störte die Stille jetzt, ein langsames, gleichmäßiges Tropfen, und ganz in der Nähe zirpten Grillen im Unkraut. Ich kämpfte gegen die übermächtig aufsteigende Erregung an, und doch spürte ich, wie mein Herz pochte und wie mir der Schweiß in Strömen aus den Achselhöhlen floß. Kein Wind wehte, die Bäume in den Wäldern ringsum regten sich nicht; gerade weil sie so reglos dastanden, schienen sie mich wie eine festgefügte Mauer von allen Seiten zu umgeben, ein bis ans Ende der Welt reichender Wall, eine alles beherrschende Masse von Grün. Nichts gab es mehr auf der Welt als nur diese stille, versinkende Pflanzung; sie bildete das Herz des Alls, und ich war der Herr und nicht nur über die Gegenwart, sondern auch die Vergangenheit und damit all die vielen Erinnerungen. Wie ich einsam und erhaben auf die stille Bucht im Strom der Zeit hinabblickte, fühlte ich mich plötzlich als ihr Besitzer. In der Zeit eines Augenblicks wurde ich weiß – weiß wie Quark, grellweiß, weiß wie ein marmorner Episkopale. Ich wandte mich ab und trat hin auf den höchsten Punkt der Rampe. Hier, an der bogenförmig geschwungenen Auffahrt, waren Wagen gekommen und gegangen, hier waren Damen leichtfüßig, lachend auf teppichbelegte Tritte hinabgestiegen. Damen in Krinolinen und Taft, und ihre Unterröcke hatten sich gebläht wie weiße Wolken, wenn ich ihnen stützend die Hand hinreichte. Als ich jetzt auf die Werkstätten, die Ställe, Scheunen, Hütten und die fernen Felder hinabblickte, war ich nicht mehr der grinsende schwarze Boy in engen Samthosen. Für einen flüchtigen Augenblick gehörte mir das alles, und ich übte meine Besitzerrechte aus, indem ich die Hose aufknöpfte und geräuschvoll auf die ausgetretenen Steine pißte, auf dieselbe Stelle, wo noch vor drei Jahren kleine, trippelnde Frauenfüßchen zur Veranda geeilt waren. Welch ein seltsamer, verrückter Taumel der Gefühle! Wie weiß ich war! Was für eine sündhaft böse Freude!

Doch dann war ich gleich wieder schwarz, die Einbildung schwand dahin und wich einem quälenden Gefühl der Einsamkeit, einem drückenden Schuldbewußtsein. Reverend Eppes erschien nicht, so sehr ich auch meine Ohren anstrengte und zur Straße hinüberlauschte. Wieder holte ich meine Bibel hervor, las eine meiner liebsten Stellen und lernte sie auswendig – die Geschichte von Samuel und der Bundeslade. Unterdessen ging der Nachmittag dahin, das Licht auf der Veranda wurde schwächer, am dunstigen Horizont grollte der Donner.

Als es dann dunkelte, wußte ich, daß Reverend Eppes an diesem Tag nicht mehr kommen würde. Ich verspürte wieder Hunger und stellte mit Mißvergnügen fest, daß ich nichts mehr zu essen hatte. Dann fiel mir das Weißbrot in meinem Bündel ein; als es Nacht wurde, aß ich auf, was von dem Laib noch übrig war, und spülte das Brot mit Wasser aus der Zisterne hinter der Küche hinunter. Im Haus war es so schwarz wie über dem Sumpf in mondloser Nacht; die Luft war schwül und drückend. Ich stolperte ziellos umher, während mir Wolken von Moskitos um die Ohren summten. Mein kleines Zimmer war wie das übrige Haus leergeräumt. Es hatte keinen Sinn, dort zu schlafen. So legte ich mich in der großen Halle nahe dem Eingang auf den Fußboden und benutzte mein Bündel als Kopfkissen.

Es muß ungefähr elf Uhr gewesen sein, da brach über der Pflanzung ein Gewitter los, das mich aus dem Schlaf riß und mir furchtbare Angst einjagte. Gewaltige Blitze zuckten durch die Nacht und beleuchteten in gespenstischem Grün die Umrisse der verlassenen Mühle und des Mühlteichs. Dort peitschte stahlfarbener Regen das Wasser in dichten Schauern. Die Himmel erbebten unter dem Krachen des Donners. Plötzlich spaltete ein einziger Blitzstrahl ganz nahe im Wald einen riesigen alten Magnolienbaum; die eine Hälfte der Krone sank ächzend und stöhnend wie ein geprügelter Irrer zu Boden.

Die Nacht erfüllte mich mit Schrecken. Nie zuvor hatte ich ein solches Gewitter erlebt, noch nie; es kam mir vor wie eine Strafe Gottes. Ich versteckte meinen Kopf zwischen meinem Bündel und den nackten Bodenbrettern und wünschte mir, ich wäre nie geboren. Endlich ließ das Toben nach, und das Gewitter verzog sich mit einem leisen tröpfelnden Geräusch. Ich hob den Kopf und mußte an die Sintflut denken: *Und die Brunnen der Tiefe wurden verstopft samt den Fenstern des Himmels, und dem Regen vom Himmel ward gewehrt . . .* Flüsternd dankte ich dem HErrn mit einem Gebet, dann schlummerte ich wieder ein; ich hörte noch den dumpfen Ruf einer Eule, die vor dem Unwetter irgendwo hoch über meinem Kopf unter dem Dach Zuflucht gesucht hatte: *Hu-huuh, hu-huuh.*

Dann vernahm ich eine Stimme: »He, aufstehn!« In strahlend heller Morgensonne erwachte ich und sah und spürte die Spitze eines schwarzen Stiefels, die mich höchst unsanft weckte, mit schmerzhaften, ungeduldigen Stößen zwischen meine Rippen. Ich erhob mich sofort ächzend auf den Ellbogen und sog die frische Morgenluft ein wie ein Ertrinkender.

»Du bist Nat?« hörte ich den Mann fragen. Während er noch sprach, wurde mir klar, daß es Reverend Eppes war. Von Kopf bis Fuß schwarz gekleidet, trug er vermottete Predigergamaschen, die ich jetzt genau vor den Augen hatte. Sie strömten einen säuerlichen unsauberen Geruch aus, zumindest schien mir das so. Mein Blick wanderte an den langen, schwarzen Beinen aufwärts, den abgewetzten schwarzen Mohairrock entlang und blieb für einen kurzen Augenblick an seinem Gesicht haften; es war hager und wirkte mit der großen, spitzen Nase verbissen und fanatisch, ein düsteres Gesicht, das nicht lachen kann. Der Mann war um die Sechzig, er trug eine ovale Brille mit dünnem Drahtgestell und hatte einen roten, dünnen Hals wie ein Truthahn. Beim Anblick dieses verbitterten Gesichts mit den verschleierten Augen, aus denen Armut, Frömmelei und Verzweiflung sprachen, spürte ich, wie Herz und Magen sich mir zusammenkrampften. Eines wußte ich genau: Ich hatte für lange Zeit mein letztes Stück Weißbrot gegessen.

»Du bist Nat?« fragte er noch einmal mit mehr Nachdruck. Es war eine dürre, mißtrauische Stimme, näselnd und voll von kaltem Novemberwind. Eine innere Stimme warnte mich davor, gegenüber diesem Kirchenmann gebildet zu tun. Ich rappelte mich auf, packte mein Bündel und sagte: »So isses, Massa, ja, ich sein Nat.«

»Los, steig in den Wagen da unten!« befahl er.

Der kleine Wagen stand an der Verandatreppe, gezogen von der armseligsten, heruntergekommensten alten Mähre, die ich jemals gesehen hatte. Ich kletterte auf den zerschlissenen Sitz und wartete über eine halbe Stunde in der Sonne. Ich beobachtete den traurigen Gaul, wie er sich den Schwanz um die Flanken schlug; sein Fell war bedeckt mit Schwären, an denen sich ganze Fliegenschwärme gütlich taten. Ab und zu hörte ich gedämpft die Schritte von Reverend Eppes aus den Tiefen des Hauses, wie er von einem Zimmer ins andere trampelte. Endlich kam er heraus und kletterte auf den Sitz neben mich. Er brachte zwei eiserne Topfhaken mit. Ich hätte es für unmöglich gehalten, daß das ausgeräumte Haus einem Plünderer noch etwas zu bieten hatte, aber seinen derben, knochigen, roten Fingern war es doch gelungen, die Haken aus den Eichenbalken in der Küche zu reißen.

»Höh-hopp, meine Schöne!« rief er dem Gaul zu. Ehe ich mich versah, rollten wir schon auf dem Weg unter den Bäumen dahin, umgeben vom Zirpen der Heuschrecken. Die Turner-Mühle gehörte jetzt den Käfern und Feldmäusen und Eulen; sie verschwand damit für immer aus meinem Leben.

Wir müssen mehrere Meilen auf dem Fahrweg zurückgelegt haben, ehe der Reverend wieder das Wort an mich richtete. Auf diesem Teil der Fahrt wurden bei mir Kummer, Leid und das Gefühl des Verlorenseins – der Schmerz verzweifelten Heimwehs hatte mich ständig gequält, seit man mich tags zuvor allein zurückgelassen hatte – von dem stechenden Hungergefühl in meinem Magen verdrängt. Voll Sehnsucht dachte ich an das gebratene Huhn von gestern, mein Magen knurrte, und ich hoffte nur, daß Reverend Eppes von etwas Eßbarem reden würde, wenn er wieder die Lippen öffnete. Das sollte jedoch nicht sein.

»Wie alt?« fragte er.

»Zwanzig, Massa«, erwiderte ich, »einundzwanzig, wenn de erste Tag von nächste Oktober kommt.«

Wenn ein Neger sich bei einem fremden Weißen einschmeicheln will, dann ist es immer gut, den Eindruck eines schlichten, offenen Gemüts zu erwecken; das erreicht man oft, indem man jeder Antwort »so isses«, oder »ja, wahrhaftig« hinzufügt. Wahrscheinlich sagte auch ich schlicht und offenherzig »Ja, so isses«; damit beging ich den Fehler, bei Reverend Eppes noch mehr den Eindruck jugendlicher Unschuld zu erwecken.

»Hast schon mal son kleines Niggermädchen hintern Busch gezogen?« fragte er. Von seiner fadenscheinigen Kleidung schien mir ein muffiger Geruch auszugehen, ein Gestank nach Schmutz und tiefster Armut; ich hätte am liebsten meine Nase abgewandt, wagte es jedoch nicht. Der Mann hatte etwas an sich, das mich mit Unruhe, beinahe Angst erfüllte. Seine Frage verwirrte mich so sehr, daß ich beim besten Willen keine Antwort fand und mich auf typische Niggerart aus der Klemme zu ziehen versuchte, indem ich albern kicherte und dabei eine Menge unartikulierter Silben murmelte. »Aa! Eeh-uah . . .«

»Mr. Turner sagt mir, du bist recht gottesfürchtig«, fuhr er fort.

»Ja, Sir«, antwortete ich und hoffte, daß die Gottesfurcht mir irgendwie zum Vorteil gereichen könne.

»Du bist also gottesfürchtig«, fuhr er fort. Er hatte eine trockene, dürre Stimme, monoton, rauh und rasselnd, wie Grillen im Schilf. Es schien mir unmöglich, daß eine solche Stimme jemals geistlichen Zuspruch spenden könnte. »Und wenn dus mit der Gottesfurcht hast, Junge, dann weißt du sicher auch, was König Salomo, Sohn Davids, von den Frauen sagt, insbesondere von den Huren. Er sagt, eine Hure ist wild und unbändig. Sie lauert an allen Ecken. Aber hernach ist sie bitter wie Wermut. Stimmt das, Junge?«

»Ja, Sir«, sagte ich.

»Er sagt, eine Hure bringt einen ums Brot, aber eines andern Weib fängt das edle Leben. Ist es so, Junge? Er sagt, bewahre dich vor dem bösen Weibe, vor der glatten Zunge der Fremden. Laß dich ihre Schöne nicht gelüsten, und verfange dich nicht an ihren Augenlidern. Du weißt doch, Junge, daß das stimmt?«

»So isses«, antwortete ich. »Ja, Sir, ich schätz, so isses.«

Wir hatten einander dabei nicht angesehen; ich spürte nur sein kaltes Gesicht neben dem meinen, wie er verzweifelt geradeaus blickte, und ich verspürte den heftig säuerlichen Geruch, der von seiner Kleidung ausging. Mein Mund wurde mir so trocken wie Sand.

»Aber ein junger Mann – das ist etwas anderes«, sagte er. »Ein junger Mann, der ist schön und süß. Er sagt, iß *Honig*, denn der ist gut, und Honigseim ist süß in deinem Hals. Iß *Honig*. Stimmt das, Junge? Er sagt, der Jünglinge Stärke ist ihr Preis, und graues Haar ist der Alten Schmuck. Er sagt, so du dich niederlegst, sollst du dich nicht fürchten, ja, du sollst dich niederlegen. Ja, Junge? Die Hoffnung, die sich verziehet, ängstet das Herz, wenn's aber kommt, was man begehret, das ist ein Baum des Lebens. Die Wurzel des Gerechten und der Baum des Lebens, gelobt sei der HErr.«

»Ja, Sir«, sagte ich gepreßt.

Lange Zeit fuhren wir schweigend dahin. Wir waren auf einen Seitenweg abgebogen und fuhren nun durch eine Gegend, die ich noch nie gesehen hatte. Es war ein armes, ausgelaugtes Land mit verunkrauteten Feldern von rotem Lehm, bar jeder menschlichen Behausung. Karges Kieferngestrüpp erstreckte sich über das Land, und hoch über uns kreisten am blauen Himmel Geier; sie stimmten mich betrübt und riefen Bilder ausgebleichter Skelette wach, verfaulenden Fleisches, qualvollen Sterbens. Ein rauchiger Dunst hing über der Gegend, und von fern erklang gequält ein Krähenschrei. Es war, als seien alle Menschen plötzlich vom Antlitz der Erde verschwunden.

»Eins möchte ich wissen, Junge«, sagte er plötzlich, und seine Stimme klang angespannt, zögernd, dabei aber eindringlich wie nach einem schrecklichen Entschluß. »Ich hab gehört, Niggerboys haben 'n ungewöhnlich großes Ding. Sag mal, stimmt das, Junge?«

Mir wurde ganz schwach vor Aufregung; ich konnte nicht antworten. Der Wagen hielt. Wir standen im Schatten einer dürren alten Eiche, halb abgestorben, mit vorzeitig vergilbtem Laubdach, der Stamm abgewürgt in der grünen, erstickenden Umarmung von Geißblatt und Lianen. Mir wurde vor Angst schwindelig; ich blickte auf meine Füße herab. Der Duft des Geißblatts vermischte sich nun mit der Ausdünstung des Reverend, der stark schwitzte. Ich sah, wie ihm der blanke Schweiß aus der fettigen schwarzen Manschette auf den Rücken seiner klobigen, sonnenverbrannten Hand lief; er stützte sie fest auf sein Knie.

»Weißt du, Junge, was ich so höre?« fuhr er fort und legte mir diese harte, verarbeitete Hand auf den Oberschenkel. Seine Stimme bebte, seine alten, häßlichen, roten Finger zitterten, und auch ich spürte, wie ich innerlich zitterte. Ich schickte ein stilles Stoßgebet zum Himmel: *HErr? Bist Du da, HErr?* Da schob sich eine Wolke vor die Sonne, und eine kleine kühlende Brise kam auf, wehte erfrischend von den Baumwipfeln her. Mit dem Flattern der Blätter entfloh die Kühle wieder, das Licht sprang blendend auf, und wieder war die Ausdünstung von Reverend Eppes säuerlich und sehr nahe. »Ich hab gehört, ihr Niggerboys, ihr habt ein Glied, das ist gut einen Zoll länger als normal. Stimmt das, Junge?«

Ich blieb so stumm wie ein Grab und spürte die bebenden Finger auf meinem Schenkel. Als ich nicht antwortete, verstummte er ernüchtert. Nach einer ganzen Weile preßten seine Finger erbarmungslos zu; er flüsterte: »Wirst dus mir übelnehmen?«

Als ich ihm auch darauf keine Antwort gab, nahm er seine Hand von meinem Schenkel, und wir fuhren weiter. Im Staub der Straße ratterte der Wagen quietschend nordwärts durch die triste, verwahrloste Gegend. Etwa eine halbe Stunde verstrich, bis er wieder etwas sagte. Seine trockene, alterslose Grillenstimme war voller Verzweiflung und Haß und Liebe und Qual und strafender Strenge: »Nimms mir lieber übel – hörst du: Du *sollst* es mir übelnehmen, das ist alles, hörst du.«

Damit ist die Chronik meiner jungen Jahre schon fast beendet. Ich blieb nicht lange bei Reverend Eppes. Es ist nur noch zu berichten, wie die Obhut des Reverend mich nicht der Freiheit näherbrachte, die ich mir lange Zeit als die natürliche Folge des Übergangs der Sorgepflicht auf ihn vorgestellt hatte, sondern es kam dabei etwas ganz anderes, für mich Überraschendes, heraus.

Ich glaube, es war Massa Samuels Wille gewesen, daß ich nur für kurze Zeit in den Diensten des Kirchenmannes bleiben sollte. Es stellte sich jedoch heraus, daß ich nicht einmal so lange bei ihm blieb, wie sich Massa Samuel das wohl vorgestellt hatte. Wie Sie zweifellos bereits erkannt haben, gehörte zu Massa Samuels Charakterzügen eine rührende Vertrauensseligkeit und ein Glaube an das Gute im Menschen; da er ein schlechter Menschenkenner war, wirkte es sich um so verhängnisvoller aus, daß er sich zwar von der formalen Ausübung des Gottesdienstes fernhielt, dabei aber trotzdem den überkommenen Respekt vor der Würde des Geistlichen und den Glauben an dessen Güte behalten hatte. Dieses Vertrauen war ein entscheidender Irrtum. Ich glaube, als er mich Reverend Eppes überantwortete, stellte er sich wohl vor, zwischen dem alleinstehenden, ehrwürdigen Prediger und seinem schwarzen Jünger – der schon gottesfürchtig und in der Schrift bewandert war – würde ein erfreuliches, gottgefälliges und beiderseits zufriedenstellendes Verhältnis entstehen, wir beiden würden in vollkommenem christlichem Einvernehmen leben, wobei ich in aufrichtigem Bemühen die geistigen Früchte erntete, die sein Alter und seine Weisheit mir zuteil werden ließen. Was für eine herrliche Vorstellung! Welch süße Träume christlicher Nächstenliebe müssen – so kann man nur hoffen – meinem Herrn von einst den Schlummer in den lauen Nächten Alabamas verschönt haben!

Nun, der alte Eppes gab es schon bald auf, mich zu verführen (das gehörte zu den wenigen erträglichen Seiten meines Aufenthalts bei ihm), so daß ich mir zum Herbst hin wenigstens in dieser Richtung keine Sorgen mehr zu machen brauchte – zeitweilig jedoch war das ein großer Kummer für mich gewesen. Nach meiner Ankunft in Shiloh nämlich versuchte er tagelang, mich in der elenden, stinkenden Bude, deren einer Raum ihm als jämmerliche Unterkunft, deren anderer als Kirche diente, zu überfallen. Indem er mir mit den Sprüchen Salomons und anderen Lockungen aus der Heiligen Schrift zusetzte, versuchte er meinen Widerstand auf dieselbe Tour zu brechen, die er schon bei unserem ersten Zusammentreffen geritten hatte. Während er inmitten von Fliegenschwärmen nach mir griff, tröpfelte ihm von seinem riesigen alten Zinken der Tau enttäuschter Begierde auf die feuchte Oberlippe, und höchste Seelenqual klang aus seiner Stimme. Doch eines Tages schüttelte er sich voller bitterster Enttäuschung und gab seine Bemühungen zu meiner Erleichterung und zu meinem Erstaunen auf. Erst viel später, als ich schon älter und nachdenklicher geworden war, ging mir auf, daß seine Gier nach mir wohl groß gewesen war, noch größer jedoch das Verlangen, mich zu beherrschen – es siegte schließlich. Hätte er sein geringeres Ziel erreicht, wäre ich seinen sündigen Wünschen gefügig geworden, so hätte er wohl einen Liebhaber gewonnen, gleichzeitig aber einen Sklaven verloren. Es ist nicht leicht, jemanden völlig zu beherrschen, mit dem man es hinter irgendeinem Busch getrieben hat; hätte er mich zum willigen Gegenstand seiner Begierde machen können, so wäre es ihm viel schwerer gefallen, mich zu schinden, bis meine Beine sich wie leblose Stumpen anfühlten.

Genau das tat er nämlich. Ich schuftete achtzehn und zwanzig Stunden am Tag und – das sollte ich hinzufügen – ganz besonders hart an Sonntagen. Zum erstenmal in meinem Leben begann ich die Welt zu ahnen, die *wirkliche* Welt, in der ein Neger sich bewegt, in der er lebt und atmet. Es war wie ein Sturz in eiskaltes Wasser. Außerdem erkannte ich schon bald, daß mein Los noch durch eine andere Tatsache erschwert wurde: Ich war der einzige Sklave in Shiloh, einer fanatisch frommen Gemeinde von ganzen fünfunddreißig Seelen. Zumeist waren es arme Farmer, die ihren kargen, winzigen Feldern mit Mais und Süßkartoffeln mit Mühe den nackten Lebensunterhalt abrangen. Übriggebliebene und Verstoßene derselben furchtbaren wirtschaftlichen Notlage, die ihre wohlhabenden Mitbürger – wie Massa Samuel – in den fernen Süden vertrieben hatte: entlassene Aufseher, einarmige Kesselflicker, bankrotte Ladeninhaber, bekehrte Trunkenbolde, von frommem Wahn besessene Gelähmte; sie alle hatten kaum einen Dollar in der Tasche und bildeten eine verschworene Gemeinschaft von Rechtgläubigen, denen nichts geblieben war als die Hoffnung auf die Errettung ihrer Seelen. Nur die vollkommene Hingabe an den Glauben bewahrte sie, ihre kropfigen Weiber und die bleichen, strohhaarigen, mit Würmern behafteten Kinder vor der Auflösung.

Da ich der einzige zweibeinige Besitz in Shiloh war, mußte ich nicht nur meine Arbeit für Reverend Eppes tun – Brennholz hacken, Wasser vom Brunnen holen, den Klepper füttern, Mais entkörnen, die drei Schweine mästen, am Morgen einheizen und einerseits dem Prediger in der Hütte, die er Pfarrei nannte, als ein grotesker Leibdiener, andererseits in der baufälligen Kirche als Küster dienen –, nein, ich war auch der Knecht der ganzen übrigen Gemeinde. Wie ich hintenherum erfuhr, hatte Ehrwürden noch nie zuvor einen Neger besessen (daß ich, wenn auch nur für kurze Zeit, die Erfüllung seiner lebenslangen Gebete darstellte, beschäftigte mich oft in späteren Jahren), und in der ersten Begeisterung über den Reichtum, der ihm mit mir in den Schoß gefallen war, verspürte er offenbar den unwiderstehlichen Drang, auch alle übrigen Angehörigen seiner Herde an diesem Segen teilhaben zu lassen. So mußte ich in diesem Herbst und Winter – einem der strengsten seit Menschengedenken – erfahren, wie rasch der Körper seine Kraft und die Seele ihre Zuversicht einbüßen, wenn man sich dreidutzendfach zerteilen muß. Ich kam mir vor wie in einem bösen Traum, in dem ich mich von jeder bekannten Form des Lebens meilenweit entfernte und in ein völlig anderes Lebewesen verwandelt wurde, halb Mensch, halb Muli, zu Tode erschöpft und ohne Sprache, verdammt zu sinnlosem Schuften vom frühesten Morgen bis spät in die Nacht hinein. Das winzige Pfarrhaus bestand aus drei Löchern. Ich schlief in der sogenannten Küche auf einem mit Lumpen bedeckten Strohhaufen nahe dem Hinterausgang. Der Wind pfiff ächzend durch alle Ritzen; der Herd verbreitete kaum Wärme, auch wenn man ihn noch so schürte; nachts erkaltete er vollends, und wenn ich zitternd und frierend auf dem Boden lag, sah ich im spärlichen Licht, wie sich im Nachttopf des Predigers eine Eisschicht bildete. Er schnarchte die ganze Nacht aus vollem Halse und geisterte als Sägemühle durch meine wirren Träume. Manchmal gab er einen halb erstickten Laut von sich und wachte mit zusammenhanglosen Worten aus der Bibel auf. »Ich bin *auch* Christi Sohn!« heulte er einmal, und in einer anderen Nacht sah ich seine weiße Gestalt im Nachthemd hochfahren, als er schrie: »*Wollust!* O ihr Juden!« Trotz der unglaublichen Kälte herrschte im Haus ein ekelhafter Gestank wie in einem Hühnerstall in der Sommerhitze.

Herr, was war das für eine Zeit! Wie sehr wünschte ich mir, daß die Tage und Monate vergehen und der Winter endlich weichen möge; wie sehr sehnte ich den Augenblick herbei, an dem ich aus diesem Pestloch befreit würde und nach Richmond, in die Freiheit, durfte! Doch es wurde ein endloser, harter Winter, der nicht aufhören wollte. Dreimal im Monat kam die Postkutsche aus dem Süden vorbei, doch sie brachte nur wenig an Post mit, jedenfalls keinen Brief von Massa Samuel – kein Wort für mich und, soweit ich es sehen konnte, auch keine Nachricht an Reverend Eppes. Und so arbeitete ich die eisigen Monate hindurch und richtete mich am düsteren Trost des Predigers Salomo auf; es gelang mir, seine Worte in den kurzen Augenblicken, die ich mir von der Arbeit und vom Schlaf stahl, auswendig zu lernen. Wenn ich eine Latrine mit einem undichten Eimer leerte, war es gut zu wissen, daß doch alles eitel sei; der große Prediger stand mir in den Stunden pausenloser schwerer Arbeit zur Seite.

Am Morgen schwitzte ich im Dienst des Reverend Eppes. Ich spaltete Brennholz, schleppte Wasser, fegte das Haus und tünchte die hölzernen Außenwände des Hauses und der Kirche. Diese nicht endenwollende Arbeit wurde noch dadurch erschwert, daß mir oftmals die Farbe am Pinsel festfror. Nach dem Mittagessen (wir beugten gemeinsam unsere Häupter zum Gebet und aßen dann schweigend in der Küche; er saß auf dem einzigen Stuhl, ich hockte auf meinen Fersen und schlang das immer gleichmäßig scheußliche Zeug hinunter – fettes Schweinefleisch und mit Sirup getränkter Maisbrei –, aber es war wenigstens reichlich; bei diesem schauerlichen Wetter konnte es sich mein Beschützer nicht leisten, meine Arbeitskraft durch karge Ernährung zu ruinieren) ratterten dann draußen auf dem gefrorenen, tiefzerfurchten Boden Wagenräder, und eine Stimme brüllte: »Ich bins, Pastor – George Dunn! Ich krieg den Nigger heut nachmittag!« Dunn wohnte drei Meilen entfernt am Rand eines Kiefernwaldes; ich durfte für die nächsten sechs Stunden Bäume fällen, Buschwerk verbrennen, Mais entkörnen oder irgendeine andere niedere und knochenbrecherische Arbeit verrichten, die einem bettelarmen, rotnackigen, mit Frostbeulen übersäten Baptistenfarmer gerade in den Sinn kam.

An anderen Tagen ging ich zu Fuß an meine Nachmittagsarbeit. Ich trottete zwei Meilen weit und mehr irgendeinen schneebedeckten Waldweg entlang, bis ich dann mit halberfrorenen Zehen an einer Hütte auf einer kleinen Lichtung ankam und von der Tür her eine Frauenstimme schreien hörte: »Le-an-der! Der Nigger is da!« Alles in mir stumpfte ab, ich spürte, wie ich mein Selbst einbüßte und fühlte mich wie ein Ackergaul – falls der überhaupt etwas fühlt. Am schlimmsten war es, wenn ich nach Stunden schweißtreibender Arbeit in bitterster Kälte auf einem Scheunendach gezwungen war, dem Reverend auch noch die Miete für mich nach Hause zu tragen – selten einmal einen Silberdollar, meistens einen zerknitterten, mühsam gekritzelten Zettel:

Schuldschein
für Rev. Eppes
über 0,50 US-$
für Benutzung eines Negers, 5 Stunden
Ashpenaz Groover, 12. Jan.

Mit einem solchen Zettel oder einem Topf mit eingelegten Gurken und Eibisch, mit einem Pfund Ziegenkäse, eingewickelt in einen alten Lappen, manchmal auch einem Glas kandierter Süßkartoffeln, machte ich mich auf den Heimweg. Derlei Köstlichkeiten bekam ich übrigens nie. Aber es schlug mich auch niemand, und nur selten wurde ich gescholten. Im allgemeinen zollte man mir die Achtung, die einem hervorragend funktionierenden Arbeitsgerät gebührt.

Meine Verzweiflung und meine Einsamkeit steigerten sich immer mehr, bis mir mein Dasein wie ein Alptraum vorkam, aus dem ich vergebens zu erwachen suchte. Die Bürde meiner täglichen Plackerei empfand ich wie eine niederdrückende Last, wie ein überschweres Joch auf meinen Schultern. Zum erstenmal in meinem Leben kam mir der schier unglaubliche Gedanke an Davonlaufen (wobei ich würdig in die Fußstapfen meines barfüßigen Vaters getreten wäre), doch ich kam von diesem Gedanken rasch wieder ab, nicht nur wegen der zweihundert Meilen wegloser, winterlicher Wildnis, die sich zwischen Shiloh und Pennsylvania erstreckten, sondern ganz einfach auch aus Angst, ich könnte damit die Freiheit verspielen, die mir nun in naher Zukunft winkte. So blieb alles beim alten. Ich hielt den kleinen Finger der großen Freiheit fest und rackerte mich ab wie ein Zugochse. Alle zehn Tage kam die Postkutsche aus Süden und fuhr wieder ab, ohne eine Zeile von Massa Samuel gebracht zu haben. Verzweiflung und Schwermut drückten mich nieder wie gnadenlose Fäuste. Jeden Morgen erwachte ich mit dem Gebet, ich möge doch *heute* nach Richmond gebracht werden, um endlich in die Obhut jenes kultivierten, aufgeklärten Herrn zu gelangen, der nur darauf bedacht war, mich allmählich der Freiheit zuzuführen. Doch dieser Augenblick kam nie. Schweigend hockte ich neben Reverend Eppes in der Küche und kaute auf meinem kalten Maisbrei mit Sirup herum. Ein Tag war so düster wie der andere. Die Sonne über unseren Köpfen war ein Lichtfleck, den man kaum sehen konnte; schwach und matt zeigte sie die Stunden eines Tages an, wie nur der Prophet Jeremia ihn erdacht haben konnte.

Wieviel ich an Käse und eßbarer Eibischwurzel wert war, konnte ich mir nicht ausrechnen, aber ich überschlug das Bargeld, das ich heimbrachte; von Oktober bis Mitte Februar verdiente Reverend Eppes insgesamt 35,75 Dollar an mir.

Was meine Pflichten in der windschiefen Kirche betrifft (ich hatte den ganzen Sonntagnachmittag und -abend über vier Öfen mit Hickoryscheiten zu heizen, wodurch dieser Tag für mich besonders anstrengend wurde), ist es am besten zu schweigen und – wie Sir Walter Scott gesagt hätte – einen mildtätigen Schleier darüber zu breiten. In späteren Jahren wurde mir zwar auch die Macht des Wortes bei meinen Predigten zuteil, und ich war oft tief bewegt, wenn ich sah, wie die Menschen sich am Wort entzündeten, wie es sie entrückte, bis sie manchmal nicht mehr bei Sinnen waren; ich weiß auch sehr wohl, daß man durch völlige

Hingabe die engste Gemeinschaft mit dem Heiligen Geist erlangt – trotzdem war es ein Skandal, was diese Weißen aus Shiloh trieben, wie sie mit Schaum vor dem Mund heulten und brüllten, wenn Reverend Eppes sie mit seiner trockenen, brüchigen Stimme durch alle Höllenfeuer hetzte. Dampfend und schwitzend verfielen sie in eine Art von wildester Raserei – sie zogen sich, Männer wie Weiber, bis auf die Unterwäsche aus, um, einer auf dem bloßen Rücken des anderen, den Kirchengang hinauf und hinunter zu reiten. Mir kam das wie ein Babylon vor, ein Blendwerk, und ich war jedesmal froh, wenn der Gottesdienst am Sonntagabend vorüber war und ich die Schweinerei, die sie hinterließen, weggeputzt hatte und zu Bett gehen konnte.

Als ich einmal in der Abenddämmerung von einem Nachmittag voller Plackerei auf einer abgelegenen Farm tief in den Kiefernwäldern zurückkam, blieb ich einen Augenblick mitten auf einer Lichtung stehen. Die Wipfel und der Waldboden lagen unter tiefem Schnee begraben, nirgends war auch nur ein Laut zu hören. Die Dunkelheit brach rasch herein; ich wußte, daß ich das Pfarrhaus vor Einbruch der Nacht erreichen mußte, wenn ich mich nicht verirren und im Wald erfrieren wollte. Doch dieser Gedanke schreckte mich sonderbarerweise nicht. Es schien mir so wohltuend, so friedvoll, im Schnee mitten zwischen den Kiefern einzuschlafen, um nie mehr aufzuwachen – einzugehen in die Ewigkeit, für immer errettet von gemeiner, entehrender Schinderei. Es war eine sündige, gotteslästerliche Vorstellung, und doch glaubte ich, Gott würde mich schon verstehen. Eine ganze Weile stand ich auf der kalten, stillen Lichtung, sah das graue Zwielicht sich über das Land senken und sehnte mich fast danach, daß die Nacht mich überfalle und mich in ihre gütigen, eisigen, gleichgültigen Arme nehme.

Aber dann dachte ich wieder an das neue Leben, das mich in Richmond erwartete, meine große Zukunft als freier Mann, und eine plötzliche Angst überkam mich. Ich begann zu rennen, schneller, immer schneller, bis ich das Pfarrhaus erreichte, als gerade das letzte fahle Licht des Tages vom Himmel schwand.

Am 21. Februar 1822 verkaufte mich Reverend Eppes in dem Dorf Sussex Douthouse, Virginia, für 460 Dollar als Sklave.

Den Preis weiß ich genau, weil ich einem der beiden Inhaber des Versteigerungshauses Evans & Blanding zuschaute, wie er den Kaufpreis in Zwanzigdollarnoten auszahlte. Ob es Evans oder Blanding war, weiß ich nicht. Wir standen im Vorraum des

Niggerpferchs, den die Händler in einem zerfallenen Tabaklager aus roten Ziegelsteinen am Rand des Dorfes eingerichtet hatten. Auch das Datum habe ich genau behalten, weil es in aufdringlich roten Ziffern auf einem riesigen Wandkalender zu lesen stand, keine drei Schritte von mir entfernt. Darunter stand in ungelenken Blockbuchstaben geschrieben:

$$\$ \$$$
$$\$ \$$$

KEIN RISIKO BEI »E & B«!
GELD BAR AUF DIE HAND
FÜR ORDENTLICHE NEGER

$$\$ \$$$
$$\$ \$$$

Die fünfzehn Meilen Fahrt im Wagen von Shiloh herüber ins Nachbarcounty und der Verkauf selbst – das alles dauerte nicht einmal einen halben Tag. Es geschah so schnell, daß ich kaum zum Nachdenken kam. Ich stand da in dem zugigen, scheunenartigen Gebäude, hielt mein Bündel fest und schaute zu, wie der alte Prediger mich einem Händler überantwortete.

Ich erinnnere mich, daß ich schrie: »Aber das können Sie doch nich machen! Massa Samuel, der hat mit Ihnen einen geschriebenen Vertrag gemacht. Sie müssen mich doch nach *Richmond* bringen! Das hat er mir selbst gesagt!«

Doch Reverend Eppes sagte kein Wort. Er zählte die Geldscheine und genoß die goldene Minute, die ihn aus dem Elend zum Reichtum emporhob; mit angefeuchteten Fingern und gierig murmelnden Lippen vergewisserte er sich, daß seine Beute auch stimmte.

»Das geht nich!« schrie ich. »Ich hab auch ein *Handwerk* gelernt. Ich bin Zimmermann!«

»Stopf doch einer dem Nigger das Maul«, hörte ich neben mir eine Stimme sagen.

Der Prediger erklärte: »Dieser Niggerboy hat einen kleinen Tick, was den einen Punkt betrifft, meine Herren. Aber da, wos drauf ankommt, da is ern Bulle. Arbeitet wien *Bulle!* Hat ne Menge Kraft für son schmalen Kerl und auch etwas Verstand – kann tatsächlich ein paar Worte buchstabieren, und gottesfürchtig is er auch. Schätze, er is außerdem was für die Aufzucht. Himmel, war das ein Winter, wie?« Dann drehte er sich ohne eine weitere Bemerkung um und verschwand in einem eisigen Windhauch.

Was an diesem Tag sonst noch geschah, bringe ich nicht mehr zusammen. Ich weiß nur noch, daß ich am Abend mit fünfzig anderen, unruhigen Negern in dem Verschlag zusammengepfercht lag und das alles nicht fassen konnte. Ich wurde beinahe wahnsinnig, fühlte mich belogen und betrogen und empfand eine Wut wie noch nie zuvor in meinem ganzen Leben. Die Wut verwandelte sich zu meinem Schrecken in Haß, einen so abgrundtiefen Haß, daß mir davon schwindlig wurde und ich schon glaubte, ich müsse mich übergeben. Der Haß richtete sich nicht gegen Reverend Eppes – der war schließlich nichts anderes als ein einfältiger alter Narr –, sondern gegen Massa Samuel. So übermächtig wurde der Haß in meiner Brust, daß ich ihm den Tod wünschte und mir lebhaft vorstellte, wie ich ihn mit meinen eigenen Händen erwürgte.

Von da ab (bis zu dem Augenblick, wo ich diesen meinen Lebensbericht begann) verbannte ich Massa Samuel aus meinen Gedanken, wie man die Erinnerung an einen in Ungnade gefallenen Fürsten auslöscht; ich habe später nie wieder auch nur zehn Sekunden lang an ihn gedacht.

Kurze Zeit später setzte eines Abends Tauwetter ein. Es begann zu regnen. Ströme von Wasser stürzten vom Himmel, gepeitscht von einem scharfen Westwind. Dann wurde es kälter, und der Regen verwandelte sich in Hagel. Am folgenden Morgen war die ganze Gegend von einem kristallenen Eismantel bedeckt, als sei alles in geschmolzenes Glas getaucht. Es hörte schließlich zu hageln auf, doch der Himmel blieb bedeckt und bleiern. Der eisbedeckte Wald verschmolz ohne Übergang mit dem gläsernen, gefrorenen Buschwerk und warf keinerlei Schatten.

Nachdem Mr. Thomas Moore mich ersteigert hatte, fuhren wir am gleichen Tag aus Sussex Courthouse nach Süden zurück. Unser Wagen wurde von zwei Ochsen gezogen. Die Räder knirschten und quietschten in den harten Furchen des Weges, und die eisenbeschlagenen Hufe der Ochsen mahlten mühsam in dem hartgefrorenen Boden.

Moore und sein Vetter, ein Farmer, der mit Vornamen Wallace hieß, saßen zusammengekrümmt auf dem Kutschsitz, ich hockte hinter ihnen auf dem Wagen, wandte ihnen meinen Rücken zu und ließ die Beine hinten vom Wagen baumeln. Es war scheußlich kalt. Ich zitterte, obgleich der zerschlissene Wollmantel – meine einzige Erinnerung an die Zeit bei Reverend Eppes – mich etwas vor dem Wind schützte. Es war jedoch nicht das

Wetter, das mir zusetzte, sondern der mir immer noch unfaßbare Gedanke an die Art und Weise, wie man sich an meinem ohnehin kläglichen Besitz vergriffen hatte. Kaum eine Stunde zuvor hatte Moore nämlich – gleich nachdem er mich gekauft hatte – das sorgsam in den Saum meiner Ersatzhose eingenähte goldene Zehndollarstück entdeckt und an sich genommen. Wie ein flinker kleiner Käfer, wie eine Küchenschabe hatte er meine wenigen Habseligkeiten durchwühlt und war, geleitet von einem primitiven Instinkt, innerhalb weniger Sekunden auf das Goldstück gestoßen. Er hatte es aus dem Hosensaum gerissen. Sein kleines, rundes, pockennarbiges Gesicht strahlte dabei vor hinterhältigem, gnadenlosem Triumph. »Hab mir gleich gedacht, ein Nigger, wo inner Turner-Mühle war, der muß doch was geklaut haben«, raunte er seinem Vetter zu. Dann biß er auf die Münze und schob sie in die Tasche seiner Hose.

Mein ganzes Leben lang hatte ich nie auch nur einen einfachen Zinnlöffel besessen; das Goldstück war mein einziger wirklicher Schatz. Daß ich ihn nur so kurze Zeit besaß und mich so rasch wieder davon trennen mußte, konnte ich kaum begreifen. Ich wollte es mir für die Zeit aufsparen, in der ich in Richmond eine eigene Kirche begründen konnte, und nun war es fort. Zuvor hatte ich drei Tage und drei Nächte im Niggerpferch zugebracht – frierend und nur sehr schlecht genährt mit kaltem Maisbrei – und war dann rasch an Mr. Thomas Moore verkauft worden; nach all dem betäubte mich dieses letzte Piratenstück so sehr, daß ich nicht einmal mehr Zorn empfinden konnte. Steif aufgerichtet saß ich auf der hintern Klappe des Wagens, hielt mit der einen Hand mein Bündel auf dem Schoß fest und preßte mit der anderen meine Bibel an die Brust. Ich spürte einen dumpfen Schmerz an meinen Kiefern und überlegte zerstreut, woher der wohl kommen könne, bis mir einfiel, daß Moores knotige, dreckige Finger ihn verursacht hatten, als sie sich unsanft vom guten Zustand meines Gebisses überzeugten.

Nur undeutlich nahm ich die Unterhaltung zwischen Moore und seinem Vetter Wallace wahr. Die Worte drangen aus weiter Entfernung an mein Ohr, sie kamen aus den Baumwipfeln oder aus der Ferne eines weiten, schneebedeckten Feldes.

»Da habe ich mal ne Hure in Norfolk gekannt, an der Main Street, die hat Dora geheißen«, erzählte der Vetter. »Die hats auf dreierlei Art gemacht, für einsfünfzig – nen halben Dollar für jede Sorte – und fürn ganzen Nachmittag.« Er begann zu schnauben und zu kichern, seine Stimme wurde undeutlicher. »Das

zweite Mal, wennde schießt, isses grad wien Wachtelschwarm, wo
dir direkt ausm Arsch fliegt . . .«
»Klar.« Auch Moore lachte nun leise in sich hinein. »Klar, ich hab
da ne andre Hure gekannt, Dolly hatse geheißen, die hats auch
dreifach gemacht . . .«
Ich hörte nicht mehr auf ihr gottloses Geschwätz und blickte in
den schweigenden, gläsernen Wald. Nichts war zu hören, nur ab
und zu in der Ferne das Knacken eines Astes unter seiner Eislast
oder das leise Klopfen von Hasenläufen auf gefrorenem Wie-
senboden. Ich zitterte plötzlich und hörte, wie in der durchdringenden Kälte meine Zähne aufeinanderschlugen. Wir waren an
einer Weggabelung angelangt. Als ich zur Seite blickte, sah ich
einen hölzernen, unter seinem Eisüberzug funkelnden Wegweiser mit zwei Armen, auf denen unbeholfene Buchstaben standen.
Der eine Arm zeigte nach Südwesten:

N. CAROLINA ÜBER HICK'S FORD

Der andere nach Südosten:

SOUTHAMPTON COUNTY 12 M

Plötzlich hielt der Wagen. Ich hörte Moore fragen: »Da rechts
gehts nach Southampton, wie, Wallace? Ja, das hat Pappy
gesagt, den Weg solln wir fahren, wenn wir aus Sussex wieder-
kommen. Hat er das nich gesagt, Wallace?«
Wallace schwieg eine Weile, dann murmelte er unsicher: »Gott-
verdamm mich, ich weiß nimmer, was er gesagt hat!« Er überlegte
eine Weile und fügte dann sicherer hinzu: »Ich täts genau wissen,
wenn wir nich übern andern Weg durch de Marsch hergekommen
wärn, aber jetzt glaub ich, ich weiß es wieder genau – ja, er hat
gesagt, rechts ab gehts, auf dem Rückweg. Ja, ich könnt schwören,
das hat er gesagt, anner Abzweigung rechts. Links landet man in
Carolina. Gib mir nochn Schluck ausm Krug.«
»Ja«, sagte Moore, »stimmt, das hat er gesagt, ich weiß es jetzt
wieder genau. Rechts ab. Klar, das hat Pappy auch gesagt.«
Eine Peitsche schnalzte durch die kalte Luft, die Hufe der Ochsen
mahlten wieder in dem gefrorenen Boden, und als wir an der
Gabelung rechts abbogen, auf Carolina zu, dachte ich mir: Da
keiner von den beiden blöden Kerlen lesen kann, gibt es sicher
noch mehr Ärger, wenn ich es ihnen nicht sage – jetzt gleich.
Ganz bestimmt verirren wir uns sonst.
Ich drehte mich um und sagte: »Anhalten.«
Moore fuhr herum und starrte mich aus blutunterlaufenen, vor-

quellenden, fassungslosen Augen an. Ich roch den Brandy über die ganze Länge des Wagens.

»Was sagste da, Junge?« murmelte er.

»Anhalten«, wiederholte ich. »Da gehts nach Carolina.«

Der Wagen hielt. Die Räder rutschten quietschend über das Eis. Dann drehte sich der Vetter um und sah mich ebenso ungläubig an. Schweigend leckte er sich über die rissigen Lippen, die im Bartgewirr fast verschwanden.

»Wie willste denn wissen, dasses da nach Carolina geht?« fragte Moore. »Wie willst ausgerechnet du . . .?«

»Steht auf dem Schild«, antwortete ich ruhig. »Ich kann lesen.«

Moore und sein Vetter wechselten einen Blick, dann sahen sie wieder mich an.

»Du kannst lesen?« fragte Moore.

»Ja, ich kann lesen.«

Wieder tauschten sie einen raschen, mißtrauischen Blick, dann wandte sich der Vetter mir zu und sagte: »Stell ihn auf die Probe, Tom. Laß ihn die Schrift da auf der Schaufel vorlesen.«

Moore hielt mir eine Schaufel hin, die erdverkrustet hinter ihm auf dem Wagen gelegen hatte. Auf dem ausgebleichten Schaufelstiel war braun und tief eine Inschrift eingebrannt.

»Da, lies mir die Worte vor, Junge!« verlangte Moore.

»Da steht ›Shelton Werkzeuge, Petersburg, Virginia‹«, erwiderte ich.

Die Schaufel fiel klappernd wieder auf den Wagen. Als ich mich umschaute, rollten langsam und verschwommen die eisbedeckten Bäume an mir vorbei, während der Wagen rumpelnd einen Halbkreis schlug, das kurze Stück bis zum Wegweiser zurückrollte und dann schwerfällig die Richtung nach Südosten einschlug, nach Southampton.

Mein leerer Magen schmerzte auf einmal. Ich merkte, wie hungrig ich war, nachdem ich drei Tage lang nichts anderes bekommen hatte als Maisbrei. Nie zuvor in meinem Leben hatte ich einen solchen Hunger verspürt, und ich war erstaunt, wie stechend dieser Schmerz war, wie verzweifelt und grollend sich der Hunger in meinen Gedärmen bemerkbar machte.

Moore und sein Vetter brüteten eine ganze Weile vor sich hin, dann hörte ich Wallace sagen: »Kenn nur einen einzigen Nigger, wo lesen kann, un das warn Freigelassener, droben in Isle of Wight. Hatn kleinen Schusterladen in Smithfield un hat für de Weißen Briefe geschrieben un so. Wie er tot war, habense ihm den Schädel aufgeschnitten. Sein Gehirn, das war gefaltet wie bei

nem Weißen. Weißte noch, was man damals geredet hat? Da
warn paar Nigger, de haben Stücke von den Hirn geklaut und
tatsächlich gefressen, dasse auch schlau werden!«
»Taugt nix fürn Nigger, wenn er was lernt«, sagte Moore nüchtern. »Taugt rein gar nix. Pappy sagt immer, wenn 'n Nigger
mitm Kopf zu tun hat, isser mit der Hacke faul. Sagt Pappy.«
»'n Nigger, wo was gelernt hat, muß einfach hochnäsig werden«,
stimmte ihm Wallace zu.
»Nee, das is nix, taugt rein gar nix.«
»Ich hab Hunger«, sagte ich.
Ebensowenig wie Hunger hatte ich jemals zuvor eine Peitsche zu
spüren bekommen. Als sich jetzt die Peitschenschnur halb um
meinen Hals wickelte wie eine feurige Schlange, da schoß mir ein
Lichtblitz durch den Schädel. Ich stöhnte auf, aber der Schmerz
blieb. Er drang von der Seite her in den Hals ein, und ich stöhnte
wieder. Dabei hatte ich das Gefühl, ersticken zu müssen. Erst
Sekunden später verzeichnete mein Verstand den Peitschenknall
– gar nicht laut, es war mehr wie das Zischen einer Sichel in der
Luft –, und dann erst hob ich die Hand und betastete die Stelle,
wo mir der Lederriemen die Haut aufgerissen hatte. Ich spürte,
wie mir das Blut warm zwischen den Fingern durchfloß.
»Wenns Zeit zum Essen is, sag ichs dir, klar?« fauchte Moore.
»Und sag gefälligst *Master* zu mir!«
Ich brachte keinen Laut hervor, und im Nu traf mich ein zweiter
Peitschenhieb genau auf dieselbe Stelle. Der Schmerz machte
mich blind. Ich schwebte gleichsam über mir selbst in einer röt-
lichen Wolke von Schmerzen.
»Sag *Master*!« brüllte Moore.
»Mastah!« schrie ich voller Angst und Schrecken. »Mastah,
Mastah! Mastah!«
»Schon besser«, knurrte Moore. »Un jetzt halt de Schnauze!«

Einmal, in den letzten Tagen vor meiner Verurteilung, als ich
über meinen Tod nachgrübelte und schmerzlich die Abwesenheit
Gottes verspürte, da fragte mich Mr. Thomas Gray, welche verschiedenen Dinge Gott in vergangenen Zeiten zur mir gesagt
habe. Obgleich ich mich ehrlich um die Wahrheit bemühte,
konnte ich ihm diese Frage nicht genau beantworten; es war die
schwierigste Frage überhaupt, weil sie mit einer geheimnisvollen
Gemeinschaft zu tun hatte, die man nur schwer erklären kann. Ich
sagte ihm, Gott habe oftmals zu mir gesprochen und ganz eindeutig meine Geschicke gelenkt. Aber eigentlich nie habe Er mir

umständliche Mitteilungen gemacht oder ausführliche Befehle erteilt. Er hat zu mir vielmehr nur drei Worte gesagt, immer nur diese gleichen Worte – zum erstenmal auf der hinteren Klappe von Moores Wagen –, und diese Worte waren es, die mir Kraft verliehen und die meine Entscheidungen beeinflußten. Aus ihnen bezog ich ein geheimes Wissen, das mich in die Lage versetzte, zielstrebig Seinen Willen zu erfüllen, wie ich ihn verstand, bei jeglichem Auftrag, sei es Blutvergießen oder Taufen oder Predigen oder Nächstenliebe. Doch diese Worte gaben mir nicht nur Entschlußkraft, sie waren mir auch Trost. Wie ich Gray schon erklärte, pflegt Gott sich auf seltsame Weise vor den Menschen zu verbergen – in Seinem Wolkenturm oder in Seiner Feuersäule, und manchmal verbirgt Er sich ganz und gar vor unseren Blicken, so daß auf Erden lange Zeiten vergehen, in denen die Menschen glauben mögen, Er habe sie endgültig verlassen. Doch in all den späteren Jahren meines Lebens wußte ich, daß Er sich zwar zeitweise vor mir verbarg, mir aber niemals fern war. Und wenn ich Ihn rief, so antwortete Er mir auch fast immer – mit den drei Worten, die ich an jenem kalten Tag zum erstenmal hörte: »Ich bin da.«

Ich wischte mir das Blut vom Hals und verkroch mich zitternd in meinen Mantel. Ich lauschte den Rädern des Wagens, die ratternd über den zerfurchten, mit abgebrochenen, eisbedeckten Ästen übersäten Weg rumpelten. Der Wagen ächzte und schaukelte und warf mich gleichmäßig wiegend weich und sanft gegen die Bretter. Moore und sein Vetter waren verstummt. Ein kalter Wind strich plötzlich über das winterliche Laubdach.

»HErr?« flüsterte ich und hob meinen Blick. »HErr?«

Da hörte ich hoch droben in den vereisten Wipfeln ein gewaltiges Brechen und Krachen und eine Donnerstimme aus der Höhe:

Ich bin da.

Ich preßte meine Bibel ans Herz und lehnte mich gegen die Seitenbretter des Wagens, der wie ein ruderloses Schiff rollte und schwankte, ein Schiff inmitten einer See von gefrorenem Glas, das mich mitten im Winter wieder südwärts trug.

Den Weißen abgrundtief zu hassen, fällt einem Neger selbstverständlich nicht schwer. Doch um der Wahrheit die Ehre zu geben: Dieser Haß ist nicht im Herzen eines jeden Negers vorhanden. Zu viele geheimnisvolle und verborgene Wechselfälle des Lebens müssen zusammenspielen, um ihn überall voll aufblühen zu lassen.

Echter Haß, wie ich ihn meine – ein so reiner, so verhärteter Haß, daß keine Zuneigung, keine menschliche Wärme, keine Anwandlung von Mitleid seiner Oberfläche auch nur einen winzigen Kratzer zufügen könnte –, ist nicht allen Negern zu eigen. Wenn er überhaupt wächst, so erblüht er wie eine granitene Blume mit grausamen Blättern, gleichsam aus einem winzigen Samenkorn, das auf steinigen Boden gefallen ist. Viele Voraussetzungen müssen erfüllt werden, bis dieser Haß voll zur Entfaltung gelangt, bis das bösartige Gewächs reift. Doch keine andere Bedingung ist dafür so wichtig wie diese, daß der Neger eine Zeitlang unmittelbar und eng mit dem Weißen zusammen lebe. Daß er den Gegenstand seines Hasses kennenlerne, die Tücken und Schliche, seine Doppelzüngigkeit, seine Habgier, seine abgrundtiefe Verderbtheit.

Wenn der Neger nämlich den Weißen nicht aus nächster Nähe kennt, wenn er nicht seine willkürlichen und überheblichen Freundlichkeiten erfahren, sein Bettlaken, seine schmutzige Wäsche und den Inhalt seines Nachttopfes gerochen hat, wenn er ihn nicht bei Sport und Spiel, bei seinen scheinheiligen Andachten, seiner trunkenen Geilheit und seinen lüsternen, sündigen Paarungen im Heu beobachtet hat – wenn er nicht all diese Seiten an ihm kennt, dann sage ich, der Neger kann höchstens *vorgeben,* den Weißen zu hassen. Ein solcher Haß ist unwirklich, eine Selbsttäuschung. Ein Beispiel. Einen armen Feldnigger trifft vielleicht ab und zu die Peitsche des Aufsehers, der hoch zu Roß vorbeireitet, er wird vielleicht einen Monat lang auf knappe Kost gesetzt und verspürt Tag für Tag das Knurren seines Magens, bis er halb verhungert ist, man wirft ihn vielleicht eines Tages auf einen Wagen und verkauft ihn in strömendem Regen wie einen Maulesel auf einer Versteigerung; doch wenn dieser Neger – von Kindheit an umgeben von lauter Schwarzen, hackend und grabend von früh bis spät, jahraus, jahrein, keinen Weißen kennend als den Aufseher, der für ihn nichts ist als eine ferne

Stimme, ein gemeiner Peitschenknall und dessen Gesicht ihm nichts bedeutet, nur ein namenloser weißer Fleck vorm Himmel ist – wenn dieser Neger versucht, die Weißen zu hassen, so wird er feststellen, daß sein Haß unvollkommen ist, daß ihm die gelassene, überlegene und unerbittliche Reinheit fehlt, die ich geschrieben habe und die so notwendig ist zum Morden. Ein solcher Neger, der den weißen Mann und seine bleichsüchtige, blutleere Wirklichkeit, seine Bösartigkeit, nicht kennt, wird vielleicht auch hassen, doch sein Haß ist nichts weiter als ein dumpfer, ohnmächtiger Groll. Solcher Haß gleicht der hilflosen Wut, die man an langen Tagen erbarmungsloser Hitze oder noch nicht endenwollenden Regenzeiten auf die gleichgültige Natur selbst empfindet.

Während der vier oder fünf Jahre vor 1831, als mich der Gedanke überkam, den ich sodann als göttlichen Auftrag erkannte: alle Weißen in ganz Southampton und darüber hinaus, so weit das Schicksal mich führen würde, zu töten, da beschäftigte mich vor allen Dingen dieser Haß; ich suchte nach Negern, in denen er bereits loderte, ich züchtete ihn bei den wenigen anderen, die anfällig waren, ich prüfte sorgfältig und stellte sie auf die Probe und schied bekümmert diejenigen aus, die nach meinem Urteil eines reinen Hasses nicht fähig waren und denen ich deshalb nicht voll vertrauen konnte.

Doch bevor ich über meine Jahre bei Moore berichte und über die Umstände, die zu den großen Ereignissen des Jahres 1831 hinführten, möchte ich noch eine Weile bei den geheimnisvollen Eigenschaften jenes Hasses verweilen, dessen ein Neger gegenüber dem Weißen fähig ist; ich möchte einen der Augenblicke aus meinem eigenen Leben beschreiben, in denen ich diesen Haß in seiner aufrüttelndsten und leidenschaftlichsten Form am eigenen Leibe verspürte.

Es muß im Sommer des Jahres 1825 gewesen sein; ich war seit etwas über drei Jahren Moores Eigentum. Es war eine Zeit inneren Aufruhrs und großer Verwirrung für mich, da bei mir alles sozusagen »auf Messers Schneide« stand; ich spielte bereits mit dem Gedanken an das große Blutbad und fühlte undeutlich schon die Vorahnung einer großen Aufgabe, war aber andererseits noch ängstlich und voller Befürchtungen, so daß ich mich noch zu keinem festen Plan durchringen oder mich zu bestimmten Taten entschließen konnte.

An jenem Tag, von dem ich spreche, hatten Moore und ich eine doppelte Wagenladung Brennholz von der Farm nach Jerusalem

gefahren. Nachdem wir es bei den Bestellern abgeladen hatten
– Moore verdiente seinen Lebensunterhalt zu einem erheblichen
Teil mit Holzlieferungen an private Haushalte, aber auch an das
Gericht und das Gefängnis –, war mein Eigentümer weggegangen, um noch Verschiedenes zu erledigen, wie das an Samstagen
seine Gewohnheit war. Ich blieb für mehrere Stunden mir selbst
überlassen. Damals versenkte ich mich sehr in die Schriften der
Propheten, insbesondere Hesekiel, Daniel, Jesaja und Jeremia;
ich fing gerade an, ihre Bedeutung für mein eigenes Leben und
meine Zukunft zu erfassen. Ich vergeudete deshalb nicht meine
Zeit mit den anderen Negern, die in müßigem Gespräch herum-
standen, Ringkämpfe ausfochten oder sich wegen irgendeines
schwarzen Mädchens stritten, das einer von ihnen vielleicht hinter einen Schuppen zu locken hoffte. (Das führte häufig zu regel-
rechten Orgien, doch dank der Gnade Gottes kam ich niemals in
Versuchung.) Statt dessen setzte ich mich lieber mit meiner Bibel
in eine sonnige Ecke auf dem Holzsteg am Markt. Da lehnte ich,
etwas abseits von dem Durcheinander und Getriebe, stundenlang
mit dem Rücken am warmen Holz und vertiefte mich in die
großartigen Lehren der Propheten.
An diesem schönen Morgen wurde ich plötzlich durch eine weiße
Frau abgelenkt, die um die Ecke des hölzernen Stegs bog und
plötzlich stehenblieb. Sie hielt sich eine Hand an die Stirn, als
wollte sie ihre Augen gegen das grelle Sonnenlicht abschirmen.
Es war eine ungewöhnlich schöne Frau von etwa vierzig Jahren,
rank und schlank, in einem blaugrünen Seidenkleid von der
Farbe einer Whiskyflasche. Wie sie so dastand, erschien auf dem
Kleid ein hellrosa Spiralmuster, verschwand wieder, tauchte
wieder auf, wenn sie sich ein wenig bewegte. Das blasse Oval
ihres Gesichts zeigte einen verdutzten Ausdruck. Sie trug einen
rüschenbesetzten Sonnenschirm und ein reichbesticktes Hand-
täschchen. Wie sie stirnrunzelnd am Rand des Stegs innehielt, da
wußte ich plötzlich, was diese üppige Eleganz und diese zarte,
ungewöhnliche Schönheit zu bedeuten hatten: Das konnte nur die
Frau sein, deren Ankunft einen Wirbel von Gerüchten ausgelöst
hatte. Solche Gerüchte bleiben den Negern natürlich nicht verborgen, und in diesem Fall riefen sie nur eine Art von furcht-
samer Ehrerbietung hervor. Diese Frau konnte nur die erst kürzlich eingetroffene Braut von Major Thomas Ridley sein, einem
der reichsten Gutsbesitzer in Southampton, der immer noch wohlhabend genug war, sich an die fünfzehn Neger leisten zu können.
Die Frau stammte aus den Nordstaaten, aus einer Stadt namens

New Haven, und es wurde gemurmelt, sie sei die Erbin eines Vermögens, neben dem sämtliche Besitzungen in ganz Southampton zusammengenommen verblassen müßten. Ihre außergewöhnliche Schönheit, ihre Kleidung, das Fremdartige an ihr – alles war so einzigartig, daß der schmutzige Negerhaufen bei ihrem Anblick in ehrfürchtiges, vollkommenes Schweigen verfiel, als sie an diesem sonnigen Morgen unerwartet hier auftauchte.

Ich beobachtete sie, wie sie von dem Fußweg in den Staub der Straße trat. Die Messingspitze ihres Sonnenschirms klickte gegen ihre Schuhe, als sie sich abermals suchend umschaute. In diesem Augenblick sah sie einen Neger, der genau unter mir untätig herumlungerte. Ich kannte ihn, zumindest vom Hörensagen; sein Ruf war wirklich nicht der beste. Es war ein freier Neger namens Arnold – einer aus der Handvoll freier Neger in Jerusalem –, ein hagerer, grauhaariger, alter Einfaltspinsel, schwarz wie die Nacht; irgendeine Lähmung hatte ihn befallen, und seitdem hinkte er ziellos umher. Schon vor Jahren war er aufgrund des Testaments seiner Besitzerin, einer reichen und frommen Witwe vom Lande, freigelassen worden. Sie war ein eifriges Mitglied der Episkopalkirche gewesen, zermürbt von Schuldgefühlen und nur auf die ewige Seligkeit bedacht. Diese hochherzige Geste sollte man wahrscheinlich loben, doch muß man hinzufügen, daß sie ein höchst bedauerlicher Irrtum war; denn Arnold erwies sich als ein sehr schwieriger Fall. Er wußte mit den süßen Früchten der Freiheit nichts anzufangen und verkörperte allein durch sein Dasein schier unlösbare Schwierigkeiten.

Denn was konnte ihm die Freiheit schon bedeuten? Er hatte nichts gelernt, konnte nichts, war von Natur aus ungeschickt, kindisch und abergläubisch, geistig abgestumpft durch mehr als vierzig Jahre Sklavendasein – so hatte er das Leben zweifellos schon im Zustand der Leibeigenschaft nur als Last empfunden. Durch die Güte und Frömmigkeit seiner verstorbenen Herrin frei geworden (sie hatte ihm außerdem hundert Dollar vererbt, die er gleich im ersten Jahr seiner Freiheit in Schnaps umsetzte, aber nie daran gedacht, ihn ein Handwerk lernen zu lassen), kümmerte der einfältige Alte nun am äußersten Rande des Lebens dahin. Er war viel schlechter dran und heruntergekommener als jemals in der Sklaverei, hauste in einer schäbigen, unaussprechlich dreckigen Hütte am Rand der Stadt und verdingte sich gelegentlich als Helfer bei der Feldarbeit. Meist lebte er jedoch vom Lumpensammeln, Leeren von Abtritten oder, wenn es ihm besonders schlecht erging, einfach als Bettler, indem er die ausgebleichte Fläche seiner schwarzen Hand nach einem Penny oder einem abgewetzten britischen Farthing ausstreckte und ein geistloses »Dahn-kie, Massa!« den Bewohnern der Stadt nachrief, die eigentlich nicht mehr seine Herren waren, ihn im Geiste aber mehr unterjochten als je zuvor. Natürlich empfanden einige Städter Mitleid mit Arnold und seinesgleichen, doch den meisten war seine Freiheit ein Dorn im Auge – nicht weil er selbst eine Gefahr dargestellt hätte, sondern weil er ein Symbol war, ein Symbol dafür, daß in der Institution der Sklaverei etwas nicht mehr stimmte. Schlimmer noch: Er war die wandelnde Erinnerung an Freiheit und an drohende Worte, die nur selten laut ausgesprochen wurden, wie Emanzipation und Freilassung. Deshalb verachteten sie ihn, wie man einen unfreien Neger niemals hätte verachten können.

Was die Sklaven anbetrifft, so ging es ihm in ihrer Gesellschaft kaum besser; denn wenn sie auch eigentlich keinen Grund hatten, ihn zu verachten, so verkörperte er doch die Freiheit, und diese Freiheit war – wie jeder Narr sehen konnte – ein stinkendes Zerrbild hoffnungsloser Entwürdigung. So hänselten sie Arnold gnadenlos, spielten ihm üble Streiche oder behandelten ihn mit spöttischer Verachtung.

Ganz sicher haben es nicht einmal die armen Aussätzigen in Galiläa und all die anderen Ausgestoßenen, denen Jesus in jenen furchtbaren Tagen geholfen hat, schlechter gehabt als so ein freier Neger im Virginia der Jahre, von denen ich hier berichte.

Die Frau trat dicht vor Arnold hin. Sofort verbeugte er sich unterwürfig und nahm dabei einen unmöglichen, von den Motten halb zerfressenen schwarzen Wollhut vom Schädel. Und dann sagte sie mit freundlicher, klarer, klingender Stimme, mit dem raschen, aber warmen Tonfall der Nordstaatler: »Ich scheine mich in der Richtung geirrt zu haben.« In ihrem Akzent klang ein wenig Besorgnis mit. »Major Ridley sagte mir, das Gericht sei gleich beim Markt. Aber ich sehe nichts als einen Stall auf der einen Seite und einen Schnapsladen auf der anderen. Kannst du mir den Weg zum Gericht zeigen?«

»Ja'm«, antwortete Arnold. Seine Miene drückte Eifer, gespannte Aufmerksamkeit aus, seine Lippen öffneten sich zu einem albernen Grinsen. »Maja Riby, de is da weg, dahin, dahin.« Mit einer weitausholenden Handbewegung deutete er die Straße entlang, die vom Gerichtshof wegführte, in westlicher Richtung aus Jerusalem hinaus. »Ja'm, ich bring-ieh, Missy, ich

bring-ieh . . .« Ich hörte ihm genau zu. Das war Feldnigger-
gebrabbel von der übelsten Sorte, fast unverständlich, ein mühsames, kaum menschliches Gestammel, in dem warm und glucksend
Afrika mitklang. Manchmal fiel es selbst den Negern in der Stadt
schwer, so etwas zu verstehen; kein Wunder also, daß die Dame
aus den Nordstaaten verständnislos dastand und Arnold entsetzt
anstarrte, als hätte sie plötzlich einen Verrückten vor sich. Sie
hatte nicht ein einziges Wort verstanden. Doch auch der gottver-
lassene Arnold hatte nicht mehr begriffen, nur den Namen Ridley aufgeschnappt und aus irgendeinem Grunde daraus entnom-
men, daß er ihr die Richtung zum Besitz des Majors zeigen sollte.
Er brabbelte und plapperte unentwegt weiter und schwenkte nun
seinen zerlumpten Hut in einer unterwürfigen Geste bis zum
Boden hinab. »Ja'm, Missy, bring-ieh a Maja Riby . . .«
»Aber . . . aber . . .«, begann die Dame zu stottern. »Ich weiß nicht
recht, was . . .« Dann hielt sie inne. In ihrer Miene drückte sich
Ärger aus, Besorgnis, vielleicht sogar etwas noch Verwirrenderes
– Schrecken vielleicht, aber gleichzeitig so etwas Ähnliches wie
Mitleid. Jedenfalls hat sich, was dann geschah, so tief in mein
Gedächtnis eingegraben, daß ich es nie werde löschen können. Es
hatte nicht allein mit Arnold und der Dame aus dem Norden zu
tun, sondern auch mit dem Aufruhr in meinem Innern, der mich
jäh überfiel. Die Dame sagte überhaupt nichts mehr. Ihr Arm fiel
schlaff herab, der Sonnenschirm klapperte zu Boden, dann hob sie
die geballten Fäuste, als wollte sie sich selbst schlagen – eine
zornige, gequälte Geste –, und brach in Tränen aus. Ihre ganze
stolze Haltung, Schultern, Rippen, Rückgrat schienen auf einmal
in sich zusammenzubrechen. Hilflos und klein stand sie da, mitten
auf der Straße, preßte die Fäuste gegen die Augen und wurde
von lautem Schluchzen geschüttelt. Es war, als hätte sich etwas
seit langem Aufgestautes mit Gewalt Bahn gebrochen. Auf dem
erhöhten Fußsteg des Marktes und auf der Straße sah und spürte
ich Dutzende von Negern, die sie alle schweigend betrachteten,
verständnislos, Münder und Augen weit aufgerissen.
Ich hatte mich inzwischen erhoben, die Bibel fest an meine Brust
gedrückt. Wie ich an die Kante des Stegs vortrat, packte mich eine
heiße Gefühlswallung, ein innerer Krampf, wie ich ihn noch nie
zuvor erlebt hatte – es war wie brüllender Donner in meinen
Ohren. Denn was ich auf dem Gesicht der weißen Frau gelesen
hatte, war Mitleid – Mitleid aus tiefster Seele. Der Anblick
dieses offenkundigen Mitleids und dieses zarten Wesens, das vor
lauter Erbarmen hilflos schluchzte, die weißen Knöchel ans

Gesicht preßte und Tränen vergoß, weckte in mir ein unwiderstehliches, übermächtiges Verlangen. Sie müssen das recht verstehen: Es lag nur am Mitleid; die Frau allein, ohne ihr Mitleid,
hätte das nicht bewirkt. Es ist schon gefährlich genug, wenn ein
Schwarzer auch nur die Andeutung von Begierde nach einer
weißen Frau verspürt, und außerdem bemühte ich mich seit Jahren, jegliches fleischliche Verlangen zu unterdrücken; ich hielt das
für Gottes Befehl. Es war für mich auch nur eine geringe Versuchung, mich in eine so wilde, wahnsinnige Gefahr zu begeben.
Mit einer weißen Frau zu schlafen, das ist für die meisten Neger
ein so fernliegender Gedanke, voller tödlicher Gefahren, daß
kaum mehr daraus wird als eine schattenhafte Regung am Rande
des Denkens. Aber so etwas hatte ich noch nie zuvor gesehen. Es
war, als fordere sie mich förmlich heraus – da sie vor mir auf
diese Weise ihre Haltung verlor, zusammenbrach, sich mir in
ihren Gefühlen bloßstellte, wie nie zuvor eine weiße Frau –, sie
nackt und bloß vor mir zu sehen. Und ich brannte vor Verlangen
nach ihr. Ich brannte!
Wie ich so dastand und mich bemühte, dieser Leidenschaft Herr
zu werden, sie zu unterdrücken, weil ich wußte, daß sie vor Gottes
Augen verabscheuungswürdig war, da fühlte ich, daß mein Denken mir nicht mehr gehorchte. In meiner Vorstellung, die mich
blitzschnell überfiel, sah ich mich unten neben ihr auf der Straße;
ich nahm sie ohne jede Zärtlichkeit in Besitz, ohne Dankbarkeit
für ihr Mitleid, in wilder, unbeherrschter, brutaler Wut, und wie
ich sie zu Boden warf, sah ich das Erbarmen aus ihrem tränen-
überströmten Gesicht entschwinden. Meine schwarzen Hände
zerrten schon an der üppigen Seide, schoben ihr das teure Kleid
über die Hüften hoch und entblößten weiches, braunes Haar,
zwangen ihre weißen Schenkel auseinander, damit ich mein
schwarzes Ich hart und gnadenlos in sie versenken konnte. Diese
Vorstellung ließ sich nicht verscheuchen, sie ließ mich nicht in
Ruhe. Ich stand am Rand des Stegs und blickte zu ihr hinab. Der
Schweiß lief mir von der Stirn, und mein Herz pochte mir so
unerträglich im Hals, daß ich es kaum ertragen konnte. Weit
weg, hinten auf dem Markt, hörte ich ein Banjo klimpern und ein
Tamburin klingeln, und Niggerlachen mischte sich in die Musik.
Die Frau weinte immer noch in ihre Hände. Sie bot mir den
entblößten Nacken dar, weiß wie eine Wasserlilie und genauso
seidenzart und verletzlich; mit meinem inneren Auge sah ich mich
immer noch im Staub auf der Straße auf ihr liegen, heiß wie ein
brünstiger Fuchs. Meine Erregung steigerte sich. Da war nichts

von Wollust für mich oder sie, sondern nur die rasche und brutale Plötzlichkeit eines Schmerzes, den ich völlig beherrschte. Ich zahlte ihr das Mitleid heim, indem ich meine Zähne gegen ihren Mund preßte, bis ihr das Blut in kleinen Bächen die Wangen hinabrann; ich bewies ihr meine Dankbarkeit für ihr Mitgefühl nicht mit gemurmelten Liebkosungen, sondern indem ich von unten her ihren Leib nur um so derber packte, bis ich ihn fest gegen meine schwarze Haut preßte, sie einen Schrei des wildesten Entsetzens ausstieß und ich mich in heißen Wellen der Wollust in ihr verströmte.

»Ich verstehe nichts!« hörte ich sie schreien. »O Gott, ich verstehe nichts!« Dann ließ sie die Fäuste sinken, hob den Kopf, und in diesem Augenblick schienen sich meine erhitzte Vision und ihre Benommenheit gleichzeitig in nichts aufzulösen, zu verschwinden. Sie schüttelte mit einer raschen, zornigen Bewegung den Kopf, ohne Arnold noch weiter zu beachten. Ihr blasses, schönes Gesicht war immer noch tränenüberströmt, doch nicht mehr gezeichnet vom Mitleid, sondern es zeigte einen durchaus stolzen Ausdruck, eine Art verborgenen Triumphs – und Zorn. Sie sagte noch einmal: »Nein, ich *verstehs einfach nicht!*« Doch diesmal klang ihre Stimme gelassen, überlegen, verärgert. Dann bückte sie sich, hob ihren Sonnenschirm von der Straße auf und ging hoch aufgerichtet, beherrscht die Straße entlang. Als sie verschwand, raschelte ihr Seidenkleid leise, dann war sie, stolz und aufrecht, um die Ecke des Marktes entschwunden.

Später erfuhr ich, daß sie gleich danach die Stadt verließ und niemals wiederkam. Doch nun sah ich ihr nach, immer noch heiß, geschwollen, im Zustand der Erregung, auch wenn sie allmählich nachließ und auch mein Herzschlag sich verlangsamte, als die Frau die Selbstbeherrschung wiedergewann. Plötzlich war sie fort. Ich stand leer und wie geschlagen da, mit einem würgenden Gefühl im Hals. Wenn ich in diesem Augenblick versucht hätte, auch nur ein einziges Wort zu sagen, ich hätte es nicht über die Lippen gebracht.

Unter mir sah ich Arnold davonschlurfen. Er murmelte leise vor sich hin und schüttelte immer wieder verständnislos den wollhaarigen Schädel. Ein Summen und Raunen ging durch die Neger rings um den Fußsteg, leises, verwirrtes Lachen, und dann erhob sich wieder der übliche Tumult wie an jedem Samstagmorgen. Alles war genau wie zuvor. Ich stand noch einen Augenblick da und sah auf die Stelle hinunter, wo ich die Frau besessen hatte. Diese Vorstellung war so lebhaft, daß ich meinte, auf der Straße müsse man eine Mulde sehen, eine zertrampelte Stelle, wo wir miteinander gerungen hatten. Das Fieber meiner Erregung war zwar vorbei, aber ich hörte neben mir einen Negerjungen kichern und bemerkte, daß er mich von der Seite ansah; dann ging mir auf, daß meine Erregung immer noch durch die Hose sichtbar war, und in höchster Verlegenheit zog ich mich an den Rand des Stegs zurück. Dort hockte ich mich wieder an einen sonnigen Fleck. Minutenlang war ich außerstande, die Erinnerung an das Geschehene abzuschütteln. Ich fühlte mich zutiefst beschämt, schloß die Augen und flehte zu Gott, Er möge mir diesen schrecklichen Augenblick der Sünde vergeben. *Deine Augen werden fremden Weibern nachsehen, und dein Herz wird verdrehte Dinge sagen... Wer unrein ist, der sei fernerhin unrein.*

Ich betete eine Weile mit leidenschaftlicher Hingabe; es war ein Gebet aus tiefster Seele, und ich fühlte, daß der HErr mich verstanden hatte und daß Er mir Vergebung für diesen Augenblick der Schwäche gewährte. Dennoch quälte mich die Tiefe meiner Leidenschaft den ganzen Morgen über sehr. Ich durchforschte meine Bibel nach einem Schlüssel zu dieser machtvollen Gefühlsregung und dem Grund, warum mir so wilde Gedanken gekommen waren, als die Frau einen so mitleiderregenden Anblick bot und ganz in ihrem Mitgefühl versunken war. Doch die Bibel hatte keine Antwort für mich. Ich erinnere mich noch, daß mich später an jenem Tag, nachdem Moore mich am Markt wieder abgeholt hatte und wir durch verdorrende, braune, ausgetrocknete Wiesen und Felder heimwärts fuhren, das ernüchternde Gefühl erfüllte, das ich nicht zu verbannen vermochte, eine tiefe Sorge: daß es nicht erlittenes Unrecht, nicht Verachtung und nicht Gleichgültigkeit von seiten der Weißen war, die in mir diesen mörderischen Haß entzündeten, sondern sein Mitgefühl, vielleicht sogar sein aufrichtigster Augenblick echter Nächstenliebe.

Fast zehn Jahre war ich bei Mr. Thomas Moore, doch die mit gleichförmiger, harter Arbeit erfüllte Zeit erschien mir doppelt so lang. Dennoch muß ich sagen, daß diese gleichen Jahre auch in gewisser Weise die fruchtbarsten meines Lebens waren, da sie mir viel Zeit zum Nachdenken und zu geistlicher Betrachtung ließen und mir auf dem Gebiet der Verkündigung Gelegenheiten boten, wie ich sie in den frühen, unter leichter Hand verlebten Jahren nie kennengelernt hatte. Ich glaube, die Wahrheit liegt ganz einfach darin, daß solche Wohltaten nur einem Neger zuteil werden konnten, der das Glück genoß, im armen, aber verhältnismäßig gütigen Virginia bleiben zu dürfen. Denn hier, in diesem abgewirtschafteten Land mit seinen verfallenden kleinen Farmen, gab es immer noch – wenn auch noch so angespannt und unvollkommen – Ebbe und Flut menschlicher Gefühle zwischen Herr und Sklave, sogar eine verständnisvolle, wenn auch manchmal prickelnde Vertrautheit. In diesem Klima war der Schwarze noch nicht zu einer bloßen Nummer geworden wie im fernen, dampfenden, betriebsamen Süden. Er konnte noch allein oder mit einem Freund in den Wald gehen, sich am Hintern kratzen und ausruhen oder ein gestohlenes Huhn über einem offenen Feuer braten, dabei über Frauen nachdenken oder über die Genüsse des Gaumens und die Möglichkeit, irgendwo einen Krug Branntwein zu besorgen, oder er konnte sich mit Gedanken an die vielen erträglichen Seiten des menschlichen Daseins vergnügen.

Dieses Leben war ganz gewiß weit entfernt von – sagen wir einmal – einem Elysium, aber es war auch nicht Alabama. Selbst der kindischste, unwissendste und dümmste Neger in Virginia hatte diesen Namen schon gehört, und seine lieblichen, klangvollen Silben ließen ihm eisige Kälte durch den Leib rieseln. So hatten sie alle auch von Mississippi und Tennessee, Louisiana und Arkansas gehört; aufgrund erschreckender Geschichten, die aus dem gewaltigen schwarzen Weinberg des Südens drangen, hatten sie gelernt, diese Namen wie den Tod zu fürchten. Ich muß sogar eingestehen, daß auch ich diese Angst nie ganz los wurde, obgleich ich bei Moore anscheinend vollkommen sicher und später bei Travis noch sicherer war. Noch oft in jenen Jahren mußte ich über Gottes geheimnisvolle Vorsehung nachdenken, die an einem eiskalten Februartag dafür gesorgt hatte, daß ich nicht im Ameisenhaufen ungezählter namenloser Nigger auf einer Zehntausend-Morgen-Plantage im tiefsten Süden unterging, sondern statt dessen durch den Verkauf an einen kleinen, mürrischen Farmer in Southampton namens Moore in einer heruntergekommenen, aber vertrauten Umgebung bleiben durfte.

Was Moore anbetrifft, so erhob er nach jenem Tag, wo er mich mit dem Ochsenziemer schlug, nie wieder die Hand gegen mich. Das bedeutet nicht, daß er mich nicht bis zum Augenblick seines vorzeitigen und kaum beklagten Todes aus tiefster Seele stets verabscheut hätte – dessen bin ich gewiß. Er empfand gegenüber allen Negern einen blinden, fanatischen Haß, der sich jeden Tag zu einem neuen Höhepunkt steigerte; da bildete ich keine Ausnahme, besonders nicht in Anbetracht meiner Bücherweisheit.

Trotzdem war ihm eine Art von Bauernschläue zu eigen, eine natürliche Eingebung, die ihn davor gewarnt haben muß, zu seinem eigenen Nachteil jenes gehorsame, vorbildliche, gefügige Stück Eigentum, das zu werden ich mich schon frühzeitig entschloß, zu mißhandeln oder seinen Haß daran auszulassen. Ich wurde tatsächlich ein vorbildlicher Sklave – ein Muster an Rechtschaffenheit, Aufmerksamkeit, an unermüdlichem Fleiß, unerschütterlicher Gleichmut und klaglosem Gehorsam. Ich übertreibe darin nicht, auch wenn kein einziger Tag verging, an dem ich mir nicht bewußt geworden wäre, wie gespenstisch unnatürlich diese selbstgewählte Rolle war, die ich spielte. Denn nun, wo alle Erwartung und Hoffnung meines Lebens verloschen und erstorben war und ich in der bedrückenden Nacht ewiger Sklaverei versank, war mir klar, daß ich geduldig alles Böse ertragen mußte, was das Leben für mich bereithielt, weil ich Zeit gewinnen mußte, über alle Möglichkeiten nachzudenken, die für mich in ferner Zukunft liegen mochten, und die Bibel als Richtschnur für ein erträgliches Leben heranzuziehen. Vor allen Dingen erkannte ich, daß ich jede Panik vermeiden und nicht in Vergeltung meine Hand gegen meinen neuen, analphabetischen, triefäugigen Besitzer erheben durfte, sondern daß ich vielmehr wie einer, der unversehens in grundlosen Sumpf geraten ist, keinen Muskel rühren durfte, um nicht noch tiefer im Schlamm zu versinken. Ich mußte meinen Willen stählen, um ohne mit der Wimper zu zucken alle Demütigungen, alle Beschimpfungen, alles mich Verletzende hinzunehmen – zumindest vorläufig. Wie ich schon sagte, gibt es Gelegenheiten, wo es besser ist, nicht einmal »bitte« zu sagen, sondern sich in sein Niggerdasein zu hüllen wie in die allerschwärzeste Wolke, wenn man bei einem Weißen etwas erreichen will.

Manche Nigger beweisen dadurch ihr eigenes, ganz besonderes Niggerdasein, daß sie dumme Witze über sich selber reißen, daß sie lernen, linkisch vor ihren Besitzern zu katzbuckeln, und sich schon beim geringsten Anlaß im Staub wälzen und den Bauch halten vor Lachen, oder sie lernen die Grundbegriffe des Banjos oder der Maultrommel und machen sich bei allen – Weißen wie Schwarzen – durch unendliche drollige Geschichten über die Gespenster, Hexen und Geister beliebt, die gerissenen kleinen Wichte, die Wald und Sumpf beherrschen. Andere drehen diesen Vorgang kraft einer ihnen innewohnenden Entschlossenheit und Stärke um. Ihr Niggerdasein befähigt sie, noch viele Weiße zu übertreffen und der Welt eine groteske Wichtigtuerei vorzuführen; sie werden schwarze Antreiber, die lieber einen der Ihren auspeitschen als Smithfield-Schinken essen. Im erträglichsten Falle wird eine tyrannische, penible, meckernde alte Küchenmammy oder ein Butler daraus, die nur dann sicher sind, wenn sie die Grenzen ihrer Unverschämtheit wahren und eine bösartige, überhebliche Herrschaft ausüben. Was mich anbetrifft, so war ich ein ganz besonderer Fall. Ich entschied mich für Unterwürfigkeit, leise Stimme und hündischen Gehorsam. Ohne diese Eigenschaften wären für Moore – der nicht lesen konnte und ein primitiver Gottesleugner war – meine Schulbildung und mein Studium der Bibel eine unerträgliche Belastung seines Seelenfriedens geworden. Doch da ich weder verstockt noch unverschämt war, sondern mich betont gefügig gab, blieb selbst einem so eingefleischten Niggerhasser wie Moore nichts anderes übrig, als mich halbwegs anständig zu behandeln und mich höchstens gegenüber seinen Nachbarn als einen lächerlichen Wicht zu bezeichnen.

»Hab mirn schwarzen Prediger gekauft«, pflegte er in der ersten Zeit stets zu sagen. »Nigger, wo de Bibel fast auswendig kennt. Predigt uns de Moses vor, Junge, Junge!« Und ich stand einem Kreis brandyduftender, verwitterter, schmallippiger, sich am Hintern kratzender Farmer gegenüber und sagte mit sanfter, leiser Stimme ein Kapitel aus den Büchern Mose auf (das vierte kannte ich tatsächlich auswendig), während ich mit unerschütterlich frommem Augenaufschlag ihre erstaunten, übelwollenden, mißtrauischen, dabei auch unsicher-respektvollen Blicke erwiderte und mir immer wieder einhämmerte: Geduld, Geduld, *Geduld* bis zum Äußersten. In solchen Augenblicken wußte ich einfach, daß meine Geduld mich alles überstehen lassen würde, trotz Moores Haß, der mir aus dem wässerigen Blau seines besseren Auges wie ein kalter Bleitropfen entgegenfunkelte. Es gelang mir sogar, nach einiger Zeit seinen Haß durch meinen Gleichmut aufzuwiegen, so daß er sich gezwungen sah, mich mit einer Art von grollendem, grimmigem, resigniertem Wohlwollen zu behandeln.

So war ich von meinem zwanzigsten bis fast zum dreißigsten Lebensjahr zumindest nach außen hin der gefügigste, unauffälligste junge Sklave, den man sich vorstellen kann. Meine Arbeit war mühselig, lästig und langweilig. Aber meine Beschäftigung mit der Zukunft, meine Gebete ließen sie nie wirklich unerträglich werden. Ich nahm mir vor, Moores Befehle mit aller Liebenswürdigkeit auszuführen, die mir zu Gebote stand.

Moore besaß eine bescheidene Farm etwa zehn Meilen südöstlich von Jerusalem, in der Nähe der Ansiedlung Cross Keys. An einer Stelle grenzte sie an den Besitz von Mr. Joseph Travis, den ich, wie man sich vielleicht erinnern wird, bereits erwähnt habe; in seinen Besitz ging ich schließlich nach Moores Tod über. (Die Nachbarschaft war natürlich einer der schicksalhaften Gründe dafür, daß später Travis Moores Witwe, Miß Sarah, heiratete, und auch dafür, daß ich, wie man später sehen wird, Hark kennenlernte.) Außer dem windschiefen, ungestrichenen Blockhaus gehörten Moore zwanzig Morgen Mais, Baumwolle und Gemüse sowie fünfzig Morgen Wald, aus denen er den überwiegenden Teil seines mageren Einkommens bezog. Da ich sein einziger Neger war (nur ab und zu warb er stundenweise einen zweiten Helfer an) und da es sich um eine Winkelfarm im übelsten Sinne des Wortes handelte, wurde mein handwerkliches Können fast nie gebraucht – es sei denn für grobe Arbeiten wie Ausbesserungen am Hühnerstall oder beim Vernageln eines zerbrochenen Fensters –, und ich verfiel in jenen typischen Niggertrott, von dem ich noch kurze Monate zuvor geglaubt hatte, er könnte mir niemals widerfahren, nie im Leben. Als Moores brauchbares, gefügiges, vielseitig verwendbares Universalwerkzeug fielen mir bei ihm eine Vielzahl von Aufgaben zu: Im Frühling pflügte ich mit einem Gespann Mulis das feuchte Feld, machte Heu fürs Vieh, jätete den halben Sommer lang das Unkraut aus dem Maisfeld, entkörnte Mais, breitete Mist aus, fütterte die Schweine; wenn das alles getan war oder auch bei schlechtem Wetter half ich Miß Sarah als Mädchen für alles bei ihren Arbeiten im Haus.

So etwas wie »Nichtstun« gab es für mich nicht; denn hinter all dieser Arbeit stand immer gleich einer dunklen, drohenden Wolkenwand – unabhängig von der Jahreszeit – der Wald von Kiefern, Gummibäumen, Pappeln und Eichen, wo ich zusammen mit Moore Bäume fällen und die Stämme mit einem Ochsengespann eine halbe Meile bis zum Farmhof schleppen mußte. Dort wurde das Holz auf handliche Brennholzlänge zurechtgeschnitten und gehackt. Die Klötze wanderten auf den ständig wachsenden Berg, der regelmäßig nach Jerusalem gefahren wurde, um dort in den Öfen, Herden und Essen verheizt zu werden. Pflügen und hacken kann man vielleicht nicht immer, wohl aber Holz zerkleinern. An manchen Tagen kam mir das Breitbeil, das ich dazu benutzte, wie eine Verlängerung meiner eigenen Hand vor, ein gespenstischer Teil meiner selbst, der sich von allein bewegte.

Abends, wenn ich mich schlafen legte, bebte mir noch der gleichmäßige Schlag durch die Muskeln meines Rückens und der Arme. Soweit ich mich erinnere, wurde ich nie in unerträglicher Weise angetrieben – ohne Zweifel deshalb, weil ich von mir aus fleißig arbeitete und mein Eigentümer kaum Lust hatte, die Früchte dieser Arbeit einzubüßen, indem er noch mehr verlangte. Dennoch war es eine verhaßte, unbefriedigte Schinderei. Ich weiß nicht, wie ich diese Tage und Monate und Jahre durchgestanden hätte, wenn ich nicht die Gabe besessen hätte, jederzeit über geistliche Dinge zu meditieren, selbst mitten in der mühsamsten Knochenarbeit. Diese Gewohnheit, die ich schon lange zuvor – als Kind – entwickelt hatte, sollte meine Rettung werden. Die innere Heiterkeit, der Seelenfriede, läßt sich nur schwer beschreiben, den ich zu erlangen vermochte, wenn ich inmitten von Stechfliegen und Sandflöhen und Septemberhitze in der Tiefe der Wälder an einer Kette zerrte, die um einen Baumstamm gebunden war, während ich Moores Meckern und Nörgeln in den Ohren hatte und die üblen Schmähungen seines Vetters Wallace die Luft wie gottlose kleine schwarze Käfer erfüllten; wenn ich von ferne, über die welkenden Spätsommerwiesen das Läuten einer Kuhglocke hörte und ich mir plötzlich so unerträglich der Ewigkeit bewußt wurde, daß es mir beinahe das Herz abdrückte – der Ewigkeit vor mir liegender endloser Jahre der Sklaverei. Ich kann nur schwer die heitere Stimmung beschreiben, die mich allmählich inmitten des verrückten Getriebes überkam, wenn ich – wie in die wohltätige Kühle erfrischender Regentropfen oder eines rauschenden Wassers – plötzlich in einen Traum Jesajas versank und seine Worte vernahm: *Sie sollen nicht umsonst arbeiten noch unzeitige Geburt gebären; denn sie sind der Same des Gesegneten des HErrn.* Wie in Trance konnte ich dann lange Zeit davon träumen, daß ich selbst jenseits aller Mühe und Hitze und Plage sicher im neuen Jerusalem sei.

In diesen Jahren schlief ich meistens auf einer Schütte Maisstroh auf dem Fußboden einer kleinen Vorratskammer neben der Küche. Ich teilte den winzigen Raum mit einigen friedfertigen Mäusen und etlichen freundlichen, eifrigen Spinnen, für die ich Fliegen fing und mit denen ich auf gutem Fuße stand. Das Essen bei Moore könnte man mittelmäßig nennen; es schwankte je nach der Jahreszeit, erreichte niemals die Großzügigkeit der Turner-Küche, war aber ein gutes Stück besser als das Viehfutter, das ich bei Reverend Eppes bekommen hatte. Im Winter ernährte ich mich größtenteils von richtigem Niggeressen – ein halber

Scheffel Maismehl und fünf Pfund festes Salzfleisch pro Woche, dazu so viel Sirup, wie ich hinunterwürgen konnte. Aus diesen kläglichen Zutaten sollte ich morgens und abends, nachdem die Weißen gegessen hatten, mein Mahl zubereiten. Von November bis März erging es mir deshalb ziemlich schlecht, und mein Magen knurrte ohne Unterlaß. Daß ich während der anderen Jahreszeiten einigermaßen gut zu essen bekam, ist größtenteils Miß Sarah zu verdanken. Sie war zwar keine so gute Köchin wie meine Mutter und ihre Nachfolgerinnen in der Turner-Mühle, aber sie brachte dennoch ein halbwegs anständiges Essen auf den Tisch – besonders während der langen warmen Jahreszeit, wo es reichlich Gemüse gab –, und sie war großzügig mit Überbleibseln und Resten aus ihrer Bratpfanne.

Miß Sarah war eine dicke, dumme, nette Frau mit wenig Verstand, aber einem fröhlichen Herzen. Ohne jeden Grund vermochte sie lang und herzhaft zu lachen. Sie konnte mit Mühe ein wenig lesen und schreiben und hatte selbst einiges Geld geerbt (später erfuhr ich, daß nur ihre Mittel Moore in die Lage versetzt hatten, mich zu erstehen); sie war eine schlichte, allem Bösen abholde Natur und behandelte mich, wenn ich im Haushalt arbeitete, zuweilen sogar mit einer Art von oberflächlicher Zuneigung. Dies drückte sich darin aus, daß sie mir heimlich ein Stück schönes, mageres Fleisch zusteckte oder mir im Winter eine abgelegte Decke besorgte, und einmal strickte sie mir gar ein Paar Socken. Ich will sie nicht schlechtmachen, wenn ich sage, daß ihre Zuneigung mir gegenüber manchmal eine gewisse Ähnlichkeit mit der warmen, impulsiven Zärtlichkeit aufwies, die man gedankenlos einem Hund entgegenbringt. Mit der Zeit mochte ich die Frau auf unbeteiligte Weise sogar recht gut leiden, was aber größtenteils in einer aufmerksamen, hündischen Erwartung ihrer gelegentlichen Gunstbeweise bestand; es soll nicht sarkastisch klingen, wenn ich sage, daß ich viel später, als sie eines der ersten Opfer meiner Vergeltung wurde, beim Anblick des Blutes, das aus ihrem Halsstumpf pulste, ehrliches Bedauern empfand und mir fast wünschte, ihr ein solches Ende erspart zu haben.

Über die anderen Mitglieder der Familie Moore gibt es herzlich wenig zu berichten. Da war der junge Putnam, der bereits erwähnt wurde; als ich ins Haus kam, war er ungefähr sechs Jahre alt, ein weinerliches, jähzorniges Kind, das den Haß des Vaters gegen meine Rasse geerbt hatte. Ich habe niemals gehört, daß er mich anders bezeichnet hätte als »der Nigger«. Da selbst sein Vater sich gelegentlich dazu herabließ, mich bei meinem richtigen

Namen zu rufen, gehörte schon entweder großer Stumpfsinn oder Überheblichkeit dazu – vielleicht auch beides –, aber jedenfalls behielt er das bei, bis er erwachsen war und Joseph Travis' Stiefsohn wurde. Wie seiner Mutter, war es auch ihm bestimmt, den Kopf zu verlieren – vielleicht eine harte Strafe dafür, daß er mich immer »der Nigger« nannte, aber ein Strafe, die ich beim besten Willen nicht bedauern kann.

Noch zwei andere Weiße gehörten zum Haus: Moores Vater, den die ganze Familie »Pappy« nannte, und Vetter Wallace. Der alte Mann war noch in England geboren und zählte schon über hundert Jahre. Er war weißbärtig, gelähmt, halb taub, blind und nicht mehr in der Lage, Darm und Blase in der Gewalt zu haben. Das war mein Pech, denn anfangs war es meine Pflicht, die Schweinerei zu beseitigen, die er häufig und regelmäßig anrichtete. Zu meiner großen Erleichterung machte er sich ein Jahr später an einem stillen Frühlingsnachmittag noch einmal gewaltig in die Hose, erschauderte und verschied.

Wallace war nach Körper und Geist praktisch Moores Ebenbild – ein knubbeliger, geistig beschränkter Lümmel, dauernd in übelster Form lästernd und dabei ungeschickt selbst bei so einfachen Arbeiten wie Pflügen, Hacken oder Holzfällen, zu denen Moore ihn als Gegenleistung für Unterkunft und Verpflegung nötigte. Er behandelte mich ebenso wie Moore: ohne besondere Härten, doch mit einer wachsamen, beherrschten, aber offen gezeigten Abneigung; da er in diesem Bericht keine Rolle spielt, ist es um so besser, je weniger über ihn gesagt wird.

So waren meine Jahre bei Moore, insbesondere die ersten Jahre, alles andere als glücklich, doch da ich Gelegenheit zu Betrachtung und Gebet fand, erschienen sie mir zumindest erträglich. An den meisten Samstagen hatte ich in Jerusalem viele lange Stunden für mich. Bei jedem Wetter machte ich es möglich, mich aus der winzigen Kammer davonzustehlen und in die Wälder hinauszugehen, um mit dem Heiligen Geist in Verbindung zu treten und in den Lehren der großen Propheten zu lesen. Jene ersten Jahre waren eine Zeit des Wartens und der Ungewißheit, aber ich weiß, daß mir schon damals eine Ahnung zuteil wurde, daß ich dereinst an einer gottbefohlenen Mission teilhaben würde. Die Worte des Propheten Esra gereichten mir in dieser seltsamen Zeit zum Trost; ich wußte es: *Nun aber ist einen kleinen Augenblick Gnade von dem HErrn, unserm GOtt, daß Er . . . uns gebe ein wenig Leben, da wir Knechte sind.*

Bald entdeckte ich einen ruhigen, abgeschlossenen Platz in den

Wäldern, nicht weit vom Haus entfernt, einen moosbewachsenen Hügel zwischen hohen Tannen und weihevollen Eichen. In der Nähe sang und plätscherte ein kleiner Bach in der Stille. In diesem Heiligtum fand ich mich von Anfang an einmal in der Woche zum Gebet ein. Nachdem ich mich bei Moore ein wenig eingewöhnt hatte und öfter in den Wald kam, baute ich mir aus Tannenzweigen einen Unterstand und benutzte ihn als mein geheimes Allerheiligstes. Wenn weniger Arbeit zu bewältigen war und sich die Gelegenheit dazu bot, ging ich dazu über, manchmal vier oder fünf Tage hintereinander vollkommen zu fasten, da mich einige Zeilen bei Jesaja ganz besonders bewegt und erschüttert hatten: *Das ist aber ein Fasten, das ich erwählte: Laß los, welche du mit Unrecht gebunden hast; laß ledig, welche du beschwerst; gib frei, welche du drängest; reiß weg allerlei Last.* Während des Fastens wurde mir oft schwindlig, ich fühlte mich schwach und matt, doch mitten in diesen Augenblicken der Entbehrung beschlich mich ein erhebendes Gefühl und erfüllte mich mit einem seltsamen Strahlen, einem segensreichen inneren Frieden. Wenn fern in den Wäldern ein Hirsch durch das Holz brach, dann wurde das in meinen Ohren zu einem Dröhnen der Verheißung, der plätschernde Bach war der Jordanfluß, und selbst die Blätter an den Bäumen schienen mir mit vielen Zungen eine geheime Offenbarung zuzuflüstern. An solchen Tagen klopfte mir das Herz, da ich wußte, daß ich früher oder später ein Zeichen erhalten würde, wenn ich nur weiter betete und fastete und meine Tage geduldig in den Dienst des HErrn stellte; dann würden sich die Umrisse künftiger Ereignisse – vielleicht schrecklicher, gefahrvoller Ereignisse – deutlicher abzeichnen.

Harks Unglück bestand ebenso wie das meine darin, daß er nur einen kleinen Teil des Gesamtvermögens eines Mannes ausmachte und sofort mühelos abgestoßen werden konnte, wenn die schlechtere wirtschaftliche Lage das erforderte. Ein so prächtiger Neger wie Hark brachte immer einen guten Preis. Wie ich, war auch er auf einer großen Pflanzung zur Welt gekommen und aufgewachsen, im County Sussex, das nördlich an Southampton grenzt. Seine Pflanzung war ungefähr zur gleichen Zeit aufgelöst worden wie die Turner-Mühle. Joseph Travis, der sich damals noch nicht mit der Wagnerei, sondern nur mit Landwirtschaft befaßte, hatte Hark daraufhin gekauft. Harks frühere Besitzer, eine Familie von Ungeheuern namens Barnett, wollten unten in einem Teil von Mississippi, wo Feldarbeiter zur Zeit reichlich vorhanden und Hausmädchen rar waren, eine neue Pflanzung anlegen. So nahmen sie Harks Mutter und seine beiden Schwestern mit und ließen ihn zurück. Mit dem Geld aus seinem Verkauf bezahlten sie die ziemlich umständliche und kostspielige Reise hinunter ins Delta. Armer Hark! Er hing so sehr an seiner Mutter und seinen Schwestern – er war bisher in seinem ganzen Leben noch nie auch nur für einen einzigen Tag von ihnen getrennt gewesen. Damit begann für ihn eine ganze Reihe von Schicksalsschlägen; sieben oder acht Jahre später wurde er durch Travis für immer von seiner Frau und seinem kleinen Sohn getrennt.

Hark war niemals (jedenfalls nicht, bis ich ihn meinem Willen unterwarf) ein aufsässiger Neger. Solange ich ihn kannte, beklagte ich den Umstand, daß es mit ihm ebenso ging wie mit den meisten jungen Sklaven, die als Feldarbeiter aufwachsen – unwissend, entwürdigt, unterdrückt von Aufsehern und schwarzen Antreibern, manchmal auch geschlagen –, und daß dieses System seinen großen, starken Körper so sehr ausgelaugt, ihn um so viel Geist und Mut und Würde gebracht hatte, daß er angesichts der Gegenwart und Autorität des weißen Mannes nichts weiter war als ein unterwürfiger Spaniel. Nichtsdestoweniger glomm tief in seiner Brust noch das Feuer der Unabhängigkeit; jedenfalls gelang es mir später, es durch meine Vorstellungen und Ermahnungen zu einer schrecklichen Feuersbrunst anzufachen. Sicher muß das Feuer auch damals gebrannt haben, als er kurz nach seinem Verkauf an Travis – benommen, verwirrt, ohne Gott, an den er sich wenden konnte – beschloß, davonzulaufen.

Hark hat mir einmal erzählt, wie es dazu kam. Auf der Barnett-Pflanzung, wo das Leben der Feldnigger hart war, redete man ständig von Weglaufen. Das alles war freilich nichts als Gerede; denn selbst der dümmste und unwissendste Sklave mußte von dem Gedanken eingeschüchtert werden, sich durch die hundert Meilen Wildnis im Norden quälen zu müssen, und er wußte auch, daß seine Freiheit noch längst nicht garantiert war, wenn er die sklavenfreien Staaten wirklich erreichte: So mancher entflohene Sklave war schon von habgierigen Nordstaatlern kalten Herzens in die Sklaverei zurückgeschafft worden. Die Sache war ziemlich hoffnungslos, aber einige hatten es doch versucht, und wenigen war es beinahe gelungen. Einer von den Barnett-Negern, ein schlauer alter Mann namens Hannibal, hatte sich nach einer furchtbaren Tracht Prügel von einem Aufseher geschworen, dieses Leben nicht länger zu ertragen. In einer warmen Frühlingsnacht »haute er ab« und wurde fast einen Monat später am Rand der Stadt Alexandria in der Nähe von Washington von einem mißtrauischen, bewaffneten Bürger festgenommen, der ihn später auf die Pflanzung zurückschaffte und wahrscheinlich seine hundert Dollar Belohnung kassierte. Für viele Neger galt Hannibal danach als Held, für andere allerdings als Verrückter; an seinen Rat erinnerte sich Hark, als er selbst fliehen wollte. Nachts laufen, tagsüber schlafen, immer dem Polarstern folgen, vielbefahrene Wege und Straßen meiden, Hunden aus dem Weg gehen. Hannibals Ziel war der Susquehannafluß in Maryland gewesen. Einem Quäker-Missionar, einem umherirrenden, wunderlichen, halbverrückten Weißen, war es einmal gelungen – ehe er von der Pflanzung gejagt wurde –, Hannibals Gruppe von Pflückern eine Nachricht zukommen zu lassen: Von Baltimore aus folge der Hauptstraße nach Norden, und an der Brücke über den Susquehanna frag nach dem Gebetshaus der Quäker. Dort wartet bei Tag und Nacht jemand, um flüchtige Sklaven die wenigen Meilen flußaufwärts nach Pennsylvania und in die Freiheit zu schaffen. Dieses Wissen bewahrte sich Hark sorgsam, insbesondere den Namen des Flusses, der nicht so leicht von der Zunge eines schlichten Feldniggers ging. In Hannibals Gegenwart wiederholte er ihn so lange, bis er ihn genau auswendig konnte: Squasch-honna, *Squasch-honna* – wie er es gehört hatte.

Hark konnte nicht ahnen, daß Travis in seinem Herzen ein nachsichtigerer Herr war als Barnett. Er wußte nur eines: Man hatte ihn gewaltsam von seiner ganzen Familie getrennt und ihm das einzige Heim genommen, das er jemals gekannt hatte. Nach einer Woche bei Travis fühlte er sich so verloren und elend in seinem Heimweh, daß er es nicht länger ertragen konnte. So beschloß er in einer Sommernacht, sich auf den Weg zu machen und jene zweihundert Meilen entfernte Quäkerkirche in Maryland zu suchen, von der Hannibal ihm vor Monaten erzählt hatte. Zuerst ging alles glatt, weil es nicht schwierig war, sich von Travis' Haus davonzustehlen. Er brauchte nur, nachdem Travis zu Bett gegangen war, aus seiner Hütte auf Zehenspitzen davonzuschleichen und mit einem Sack mit etwas Fleisch und Maismehl, einem Taschenmesser sowie gestohlenen Feuersteinen über der Schulter im Wald zu verschwinden. Das war denkbar einfach. In den Wäldern war es still. Hier wartetete er etwa eine Stunde lang ab, ob Travis vielleicht sein Fehlen bemerkte und Alarm schlug, doch vom Haus her war kein Laut zu hören. Er kroch am

Waldrand entlang, erreichte die Straße nach Norden und wanderte guten Mutes unter dem goldenen Mond dahin. Das Wetter war mild, er kam ausgezeichnet voran, und diese erste Nacht brachte ihm nur einen gelinden Schrecken: als nämlich aus einem Farmhaus ein Hund kläffend angeschossen kam und nach seinen Fersen schnappte. Also hatte Hannibal mit seiner Warnung vor Hunden recht gehabt. Hark beschloß, in Zukunft einen weiten Bogen um jede menschliche Behausung zu schlagen, selbst wenn er dadurch einen stundenlangen Umweg durch die Wälder machen mußte. Auf der Straße begegnete ihm kein Mensch. Als sich die Nacht ihrem Ende zuneigte, erfüllte ihn ein Hochgefühl: Das Davonlaufen schien also doch keine so große Sache zu sein. Und als der Morgen dämmerte, wußte er, daß er eine weite Strecke zurückgelegt hatte – wie weit er vorangekommen war, konnte er allerdings nicht sagen, weil er keine Ahnung von der Länge einer Meile hatte –, und als die Hähne in einer weit entfernten Scheune zu krähen begannen, legte er sich unter die schützende Zweige einer Gruppe von Pfirsichbäumen, in sicherer Entfernung von der Straße, und schlief ein.

Kurz vor Mittag weckte ihn das Bellen vieler Hunde aus südlicher Richtung. Ein ganzer Chor von Kläffen und Wiffen ließ ihn entsetzt hochfahren. Sie waren hinter ihm her! Erst wollte er seiner ersten Eingebung folgen und auf einen Baum klettern, doch gab er dieses Vorhaben rasch auf, weil er sich vor großen Höhen fürchtete. Statt dessen verkroch er sich in einem Brombeerendickicht und spähte ängstlich auf die Straße hinaus. In einiger Entfernung tauchten aus einer Staubwolke die hechelnden Bluthunde auf, gefolgt von vier Reitern. Die Männer machten so entschlossene, grimmige Gesichter, sie schienen so erfüllt zu sein von finsterem Rachedurst, daß Hark ganz sicher war, er sei der Gegenstand ihrer Jagd; doch zu seiner Überraschung und grenzenlosen Erleichterung verklangen Bellen und Wiffen und Hufschläge auf der Straße. Nach einer Weile war alles wieder still. Hark kauerte bis zum späten Nachmittag zwischen den Brombeeren. Als es dämmrig wurde, entzündete er ein Feuer, briet sich ein kleines Stück Speck, rührte sich mit dem Wasser eines nahen Flusses ein wenig Maisbrei an und setzte bei Einbruch der Dunkelheit seinen Weg nach Norden fort.

Schon in der folgenden Nacht hatte er Schwierigkeiten, den Weg zu finden. Diese Sorgen sollten ihn während all der vielen langen Stunden seiner Flucht in die Freiheit nicht mehr verlassen. Indem er jeden Morgen mit seinem Messer eine Kerbe in einen Stock schnitt, errechnete er später (oder ließ sich von jemandem, der zählen konnte, errechnen), daß seine Reise sechs Wochen gedauert hatte.

Hannibal hatte ihm zwei Wegweiser angegeben: den Polarstern und die große, mit Bohlen und Planken belegte Überlandstraße, die Petersburg, Richmond, Washington und Baltimore berührt. Auch die Namen dieser Städte hatte Hark halbwegs und sogar in der richtigen Reihenfolge auswendig gelernt, da sie ihm nach Hannibals Angaben als Meilensteine für sein Fortkommen in Richtung Norden zu dienen hatten. Außerdem war es nützlich, die Namen zu kennen, weil er dann – falls er sich wirklich verirren sollte – unterwegs irgendeinen vertrauenswürdig aussehenden Neger nach dem Weg fragen konnte. Indem er sich nahe der Überlandstraße hielt – natürlich immer darauf achtete, daß er außer Sichtweite blieb –, diente sie ihm als pfeilgerader Wegweiser nach Norden; jede Stadt, die er erreichte, war für ihn ein Teilerfolg auf dem Weg in die freien Staaten. Hark mußte aber schon bald erkennen, daß die Sache einen Haken hatte: nämlich die zahllosen Seitenstraßen und Abzweigungen, die einen Fremden, insbesondere nachts, hoffnungslos durcheinanderbringen konnten. Da sollte der Polarstern Abhilfe schaffen. Er half Hark auch weiter, doch in den Nächten, in denen der Himmel bedeckt war – keine Seltenheit in den Sümpfen –, half ihm dieser himmlische Wegweiser ebensowenig wie die irdischen aus Holz, die er nicht zu lesen vermochte. So nahm ihn die Dunkelheit in ihre Arme, und er fand die richtungweisende Straße nicht mehr.

In dieser zweiten Nacht kam er wie in vielen der folgenden Nächte überhaupt nicht voran, sondern sah sich gezwungen, bis zur Morgendämmerung in den Wäldern zu bleiben. Dann sah er sich vorsichtig um und fand die Straße – eine Bohlenstraße, die am hellen Tage vor Verkehr nur so summte und mit ihren vielen Farmwagen eine bedrohliche Gefahr darstellte.

Hark hatte unterwegs so manches Abenteuer zu überstehen. Speck und Maismehl gingen ihm bald aus, doch von all seinen Sorgen war die um seine Ernährung noch die geringste. Ein Flüchtling ist gezwungen, von dem zu leben, was er findet; wie viele Neger von den Plantagen war auch Hark ein geschickter Dieb. Fast immer bewegte er sich in Sichtweite der einen oder anderen Behausung; sie lieferten ihm Obst und Gemüse, Enten, Gänse und Hühner im Überfluß, einmal sogar ein Schwein. Ein- oder zweimal genoß er die Gastfreundschaft freundlicher Neger, die er zu Gesicht bekam, als er sich um eine Farm oder Pflanzung schlich. In der Abenddämmerung rief er ihnen aus einem Baumwipfel zu, und sie gaben ihm ein Stück Speck, gekochten Kohl oder eine Pfanne voll Hafergrütze. Doch seine mächtige, schleichende Gestalt machte ihn verdächtig. Mit Recht fürchtete er sich immer mehr davor, sich bei Weiß oder Schwarz blicken zu lassen, und hielt sich schließlich ganz von anderen Menschen fern. Er gab es auch auf, Neger nach dem Weg zu fragen. Sie schienen um so dümmer zu werden, je weiter er nach Norden kam. Ihm klingelten die Ohren vor lauter »dahin« und »dorthin« und leerem Gequatsche, so daß er hinterher meist verwirrter war als zuvor und sich angewidert abwandte.

Harks Stimmung hob sich, als er eines Tages bei Sonnenaufgang – ungefähr eine Woche nach seiner Flucht von Travis' Hof – die ersten Häuser eines größeren Ortes durch die Bäume schimmern sah. Nach Hannibals Beschreibung mußte das Petersburg sein. Da er noch nie in seinem Leben eine Stadt gesehen hatte, versetzte ihn die Zahl der Häuser und Läden, das bunte Treiben von Wagen und Menschen auf den Straßen in höchstes Erstaunen. Es war einigermaßen schwierig, die Stadt ungesehen zu umrunden, aber er schaffte es in der folgenden Nacht, nachdem er den Tag in einem nahen Tannendickicht verschlafen hatte. Er mußte bei Einbruch der Dunkelheit einen Fluß überqueren; mit der einen Hand schwamm er, mit der anderen hielt er sein Kleiderbündel hoch über den Kopf. Ungesehen schlich er im Halbkreis um die Stadt herum und machte sich mit einigem Bedauern wieder auf den Weg nach Norden. Vorher gelang es ihm noch, von einer Veranda ein Fäßchen Buttermilch und ein paar Stücke herrlichen Pfirsichkuchen zu stibitzen. Nachts verlor er in einem furchtbaren Unwetter hoffnungslos die Richtung und mußte am Morgen zu seinem Erschrecken feststellen, daß er nach Osten, auf den Sonnenaufgang zu, marschiert war und sich Gott weiß wo befand. Das Land war karg, mit Nadelhölzern bestanden, beinahe unbewohnt und bot überall den traurigen Anblick roter, vom Wetter ausgewaschener Erde. Die Bohlenstraße war zu Sägemehl zerfallen und führte nirgendwohin. Doch in der folgenden Nacht fand Hark wieder den Rückweg und schaffte das kurze Stück bis Richmond ziemlich rasch. Richmond war, wie Petersburg, eine lebhafte Stadt. Eine Brücke aus Zedernholz führte über einen Fluß. Auf der Brücke drängten sich weiße und schwarze Menschen in solcher Fülle, daß Hark nur staunen konnte und glaubte, so viele Leute könne es doch gar nicht geben.

Von seinem Beobachtungsposten hoch im Wipfel einer Tanne sah Hark derart viele Neger auf der Brücke – einige von ihnen offensichtlich frei, andere von den umliegenden Farmen –, daß ihm schon der kühne Gedanke kam, sich unter sie zu mischen, sich die Stadt anzusehen und darauf zu hoffen, kein mißtrauischer Weißer möge ihn ansprechen. Aber dann siegte die Vernunft. Er verschlief den Tag wieder. Nach Einbruch der Nacht schwamm er durch den Fluß, stahl sich an den dunklen, verriegelten Häusern vorbei wie in Petersburg, nur um ein paar Stück Kuchen ärmer.

So drang er weiter nach Norden vor. Ab und zu verlor er so völlig den Anschluß an die Straße, daß er gezwungen war, ein paar Tagesmärsche zurückzuwandern, bis er sie wiedergefunden hatte. Schließlich betrat er eines Morgens ein Haus, dessen Bewohner zur Arbeit aufs Feld gegangen waren. Er stahl ein Paar Lackschuhe, die ihm aber zu eng waren, so daß er für die Zehen Löcher hineinschneiden mußte. Frisch gestiefelt, arbeitete er sich durch die düsteren Wälder in Richtung auf Washington vor. Inzwischen mußte es wohl August geworden sein, und die Stechmücken und Schmeißfliegen sowie vielerlei andere Insekten schwärmten umher. In manchen Nächten konnte Hark in seinem Bett aus Tannennadeln kaum schlafen. Gewitter zogen aus Westen herauf, durchnäßten ihn, bis er vor Kälte schnatterte, und ängstigten ihn bis zum Wahnsinn. Er verlor den Polarstern öfter, als er zählen konnte, aus den Augen. Abzweigungen und Gabelungen brachten ihn durcheinander. In mondlosen Nächten kam er vom Weg ab und verirrte sich in Morasten und Dickichten, in denen die Eulen heulten und Wasserschlangen in den Tümpeln platschten. Dann erschienen ihm Elend und Einsamkeit schier unerträglich.

Zweimal wurde er fast geschnappt. Das erste Mal war es knapp südlich von Washington; er überquerte die Ecke eines Maisfeldes, bevor es dunkel geworden war, und stolperte dabei fast über einen Weißen, der zwischen den Stauden hockte und sich erleichterte. Hark rannte los. Der Weiße zog sich rasch die Hose hoch und verfolgte ihn, aber Hark war schneller. In der darauffolgenden Nacht hörte er jedoch Hunde bellen, die offensichtlich seiner Spur folgten. Ausnahmsweise überwand er seine Furcht vor Höhe und verbrachte viele Stunden im Geäst eines mächtigen Ahornbaumes, während die Meute in der Ferne jaulte und kläffte. Das zweite Mal – es mußte wohl zwischen Washington und Baltimore gewesen sein – schreckte er gegen Morgen aus seinem Laublager hoch und fand sich mitten in einer Fuchsjagd.

Wie ein Alptraum jagten die riesigen Leiber der Pferde über ihn hinweg, ihre Hufe schleuderten ihm feuchte Erdbrocken ins Gesicht. Hark kauerte auf Ellbogen und Knien, um Kopf und Gesicht zu schützen. Er glaubte sein Ende schon gekommen, als einer der Reiter sein Pferd zügelte und in scharfem Ton fragte, was ein fremder Nigger hier in einer so komischen Haltung zu suchen habe. Er bekam zu Antwort, der fremde Nigger bete. Es erschien Hark fast wie ein Wunder, daß der Reiter es glaubte und fortritt.

Man hatte ihm gesagt, daß es auch im Staat Maryland die Sklaverei gebe. Doch eines Morgens, als er sich einer Stadt näherte, die nur Baltimore sein konnte, wagte er sich aus seinem Versteck zwischen hohem Gras und rief mit unterdrückter Stimme einen Neger an, der auf der Bohlenstraße auf die Stadt zu marschierte.

»Squasch-honna«, fragte Hark. »Wo gehts zum Squasch-honna?« Doch der Neger, ein gelblicher, schlaksiger Feldarbeiter, starrte Hark nur an, als hätte der den Verstand verloren, dann ging er rasch weiter.

Unverdrossen machte sich Hark wieder auf den Weg. Seine Zuversicht, daß nun alles bald ausgestanden war, wuchs mit jedem Schritt. Ungefähr fünf Nächte lang marschierte er noch, dann merkte er auf einmal gegen Morgen, daß er sich nicht mehr in den Wäldern befand. Im grauen Morgenlicht lichteten sich die Bäume zu einer grasbestandenen Ebene, die sich allmählich zu einem Dickicht von Teichkolben und Schilf hin zu senken schien. Marschgras raschelte in der Morgenbrise. Der Wind schmeckte nach Salz. Erregt marschierte Hark weiter durch die Savanne. Kühn lief er durch das Marschland, knöcheltief in Wasser und Sand, bis er endlich klopfenden Herzens einen glitzernden Strand erreichte, bedeckt mit dickem, unglaublich feinem und sauberem Sand. Der Fluß war so breit, daß Hark kaum das jenseitige Ufer sehen konnte, ein majestätischer Strom blauen Wassers, bedeckt mit weißlichen Schaumköpfen, die der Südwind aufpeitschte. Minutenlang stand er da und bewunderte den Anblick. Er beobachtete die Wellen, die gegen das Treibholz am Ufer leckten. Von Pfählen im Wasser hingen Fischernetze, und weit draußen blähte sich ein Segel stolz im Wind – das erste Segelboot, das Hark in seinem Leben zu sehen bekam. In seinen zerschlissenen, kaum noch erkennbaren Lackschuhen ging Hark ein Stück den Strand entlang, bis er plötzlich einen hageren kleinen Neger erblickte, der auf einem umgekehrten, an Land gezogenen Ruderboot saß. Hark fühlte sich der Freiheit so nahe, daß er meinte, nun eine direkte Frage riskieren zu können. Zuversichtlich näherte er sich dem Neger. Es fiel ihm auch die Frage wieder ein, die er zu stellen hatte.

»Sag, Mann, wo is de Bethaus von de Quäkah?«

Der Neger blickte ihn durch ovale, drahtgefaßte Brillengläser forschend an. Es war die einzige Brille, die Hark je bei einem Neger gesehen hatte. Der Mann hatte ein freundliches kleines Affengesicht voller Pockennarben, darüber eine Krone von grauem Kraushaar, das vor Schweineschmalz glänzte. Lange Zeit schwieg er, dann meinte er bewundernd: »Mann, du bis abern mächtig großer Niggerboy. Wie alt, mein Sohn?«

»Bin neunzehn«, antwortete Hark.

»Sklave oder frei?«

»Sklave«, sagte Hark. »Bin durchgebrann', un wo is de Bethaus von de Quäkah?«

Die Augen des Negers blinzelten freundlich hinter den Gläsern. Dann sagte er noch einmal: »Mann, du bis wirklichn großer, starker Nigger. Wie heißn, mein Sohn?«

»Bin Hark. Früher Hark Barnett. Jetz Hark Travis.«

Der Mann erhob sich von seinem zerfallenden Ruderboot. »Nu, Hark, wart hier, ich seh mal nach de Bethaus. Bleib schön da sitzen.« Er legte Hark die Hand in einer brüderlichen Geste auf den Arm und drängte ihn auf das Boot. »Has viel durchgemacht, wie, aber nu isses alles vorbei.« Seine Stimme klang freundlich. »Setz dich, ich seh nach de Bethaus. Setz dich nur hin un ruh dich schön aus, das mitm Bethaus, das machn wir schon.« Damit rannte er den Strand hinauf und verschwand hinter einigen kleinen, gedrungenen Bäumen.

Dankbar und erleichtert, weil er nun endlich seinem Ziel so nahe war, blieb Hark eine ganze Weile auf dem Boot sitzen und betrachtete den blauen, windgepeitschten Fluß, der großartiger und furchteinflößender war als alles, was er bisher in seinem Leben gesehen hatte. Bald erfaßte ihn eine angenehme, faule Schläfrigkeit, und die Lider wurden ihm schwer. Er streckte sich in den warmen Sand und schlief auf der Stelle ein.

Dann hörte er plötzlich eine Stimme, schreckte hoch und sah vor sich einen Weißen stehen. Der Mann hielt eine Muskete im Arm, schußbereit, den Hahn gespannt.

»Eine Bewegung, und ich schieß dirn Kopf von den Schultern!« sagte der Weiße. »Fessel ihn, Samson!«

Es war nicht so sehr die Tatsache, daß Samson – der kleine

Neger mit der Brille – ihn betrogen hatte, also einer von seiner Rasse, was Hark später quälte; obgleich auch das schlimm genug war. Es war mehr, daß er bis ans Ende der Welt gelaufen war und doch nichts erreicht hatte. Drei Tage später war er nämlich schon wieder bei Travis, der überall im Land Plakate mit Harks Steckbrief verteilt hatte. Hark hatte sich sechs Wochen lang im Zickzack, in Kreisen und Spiralen bewegt und war nie weiter gekommen als vierzig Meilen. Es war ganz einfach so, daß Hark, geboren und aufgewachsen in der abgrundtiefen Umnachtung einer Pflanzung, von der Weite der Welt keine genauere Vorstellung hatte als ein Baby in der Wiege. Wie sollte er etwas über Städte wissen, wo er doch noch nie ein Dorf gesehen hatte. So läßt sich auch entschuldigen, daß »Richmond« und »Washington« und »Baltimore« in Wirklichkeit nicht mehr waren als drei von einem Dutzend nichtssagender, unbedeutender Orte im County Tidewater – Jerusalem, Drewrysville, Smithfield – und daß der mächtige Strom, an dessen Ufer er so andächtig und so voller Hoffnung und Freude gestanden hatte, nicht der »Squasch-honna« war, sondern die uralte Mutter der Sklaverei, der James-Fluß.

Da es in der Gegend durchaus üblich war, Slaven untereinander auszuleihen, mußten sich irgendwann einmal unsere Wege kreuzen, nachdem ich an Moore verkauft und Hark zu Travis zurückgebracht worden war. Die Farmer liehen sich Neger für die verschiedensten Arbeiten aus – Pflügen, Unkraut hacken, Land roden, Sumpfland trockenlegen oder Zäune bauen –, und wenn ich mich recht erinnere, so sah ich Hark zum erstenmal, als er zu mir in meine Vorratskammer zog, weil Moore ihn sich von Travis für ein paar Wochen Holzhacken ausgeliehen hatte. Jedenfalls wurden wir rasch enge und – soweit die Umstände es erlaubten – unzertrennliche Freunde.

Zu dieser Zeit hatte ich begonnen, mich ganz zurückzuziehen in die lebendige, prallvolle Welt meiner Betrachtungen. Ein Gefühl der Abscheu, das schon an einen fast unerträglichen Haß gegen die Weißen grenzte, beherrschte meine Stimmung mehr und mehr, und da ich eine Zeitlang Moores einziger Neger war und nur weiße Gesichter um mich hatte, war das doppelt trostlos und beunruhigend. Ich kann das Gefühl nur als eine Art schmutziggrauer Wolke beschreiben, die es mir nicht mehr erlaubte, einem Weißen gerade ins Gesicht zu blicken, ich sah sie nur von der Seite, wie verwischte weiße Flecken, und wie durch weiße Wattewolken vernahm ich nur noch undeutlich ihre Stimmen, es sei denn, es handelte sich um einen Befehl an mich oder um irgendeine Bemerkung, die ich aus besonderen Gründen aufschnappte. Mit Hark zog plötzlich ein Schwarzer in mein Leben ein, und das half mir. Seine fröhliche Natur, sein Mut, seine gelassene Art, mit der er humorvoll selbst das Verdrehte und Abwegige hinnahm und vielleicht sogar das Erschreckende – all diese Eigenschaften Harks heiterten mich auf, erleichterten mir meine Einsamkeit und gaben mir das Gefühl, einen Bruder gefunden zu haben. Später, als ich in Travis' Besitz überging, wurden Hark und ich natürlich so enge Freunde, wie man sich das nur vorstellen kann. Aber auch zuvor, wenn ich nicht für Travis arbeitete oder Hark für Moore, erlaubte es uns die Nachbarschaft der beiden Farmen, miteinander zu fischen und gemeinsam Fallen für Kaninchen und Moschusratten zu stellen; am Samstagnachmittag machten wir es uns mit einem Krug Most und einem Huhn, das Hark gestohlen hatte und das wir auf einem Sassafrasfeuer brieten, in den Wäldern gemütlich.

Ende 1825 wurde das Wetter trocken. Daraus entwickelte sich eine furchtbare Dürre, die sich bis weit ins nächste Jahr erstreckte. Der Winter brachte nur wenig Regen oder Schnee, und auch im Frühjahr gab es so wenig Feuchtigkeit, daß die Erde unter der Pflugschar zerbröckelte und sich in Staub verwandelte. In diesem Sommer trockneten viele Quellen aus und zwangen die Menschen, das Wasser schlammiger Flüsse zu trinken, die sich in dünne Rinnsale verwandelten. Anfang August breitete sich der Hunger aus. Das im Frühjahr gepflanzte Gemüse erbrachte keine Ernte oder schoß zu langen, blattlosen Stengeln empor; die Maisfelder, die sonst mit mehr als mannshohen, üppig grünen Stauden prangten, zeigten kaum mehr als verdorrte kleine Schößlinge, die rasch von den Kaninchen aufgefressen wurden. Die meisten Weißen hatten sich in ihren Kellern Vorräte von Kartoffeln und Äpfeln und kleineren Mengen eingesäuertem Obst aus früheren Jahren angelegt, so daß keine Gefahr einer eigentlichen Hungersnot bestand, jedenfalls nicht unmittelbar; außerdem waren immer noch bescheidene Mengen von Niggernahrung wie Mais und eingepökeltem Schweinefleisch vorhanden, auf die in der allergrößten Not auch die Weißen zurückgreifen konnten, um das zu kosten, womit die Sklaven ihr Leben lang ihre Mägen füllten. Doch die freien Neger der Gegend waren nicht so glücklich dran. Für sie wurden die Nahrungsmittel verzweifelt knapp. Sie besaßen kein Geld, sich Speck und

Fleisch von den Weißen zu kaufen, die solche Vorräte in leiser Panik für sich und ihre Sklaven gehortet hatten, und ihre kleinen Gärten mit Süßkartoffeln und Kohl und Langbohnen, von denen sie Jahr für Jahr lebten, trugen keine Ernten. Im Spätsommer gingen unter den Sklaven Gerüchte um, daß eine Anzahl freier Neger in der Umgebung langsam verhungerten.

Aus irgendwelchen Gründen führe ich die Ereignisse des Jahres 1831 auf das zurück, was sich auf den Monat genau fünf Jahre zuvor im Sommer abspielte. Ich sage dies, weil ich damals mein erstes Gesicht erlebte, die erste Ahnung meiner blutigen Mission. Beides hatte mit der Trockenheit und mit den Feuern zu tun. Denn infolge der Trockenheit brannten den ganzen Sommer über zügellos und uneingedämmt die Buschfeuer in den Wäldern, Sümpfen und Feldern der verlassenen Pflanzungen. Sie waren alle weit weg – Moores Wald war niemals gefährdet –, doch der Brandgeruch lag ständig in der Luft. In früheren Zeiten waren die Weißen, wenn ihre Behausungen gefährdet waren, sicherlich mit ihren Sklaven ausgezogen, um diese Feuer mit Axt und Schaufel zu bekämpfen, Gegenfeuer zu legen und als Riegel gegen die vordringenden Flammen lange Gräben und Kahlschläge anzulegen. Aber der größte Teil dieser weit entfernten Ländereien war nun mit dürrem Wildwuchs überzogen, und breite Striche der von Brombeeren erstickten roten Erde waren wertlos, unfruchtbar; so glommen diese Feuer Tag und Nacht und erfüllten die Luft mit einem ewigen Dunstschleier und dem bittersüßen Geruch nach brennendem Unterholz und kienhaltigen Kiefern. Manchmal, nach einem schwachen Regen, verzog sich der Dunst, und für kurze Zeit schien die Sonne wieder hell und klar; doch gleich darauf setzte die Trockenheit erneut ein, unterbrochen von wandernden Trockengewittern, die mehr Wind als Regen mitbrachten. Dann übernahm der sägemehlfeine Staub wieder die Herrschaft der Lüfte. Nachts verloren die Sterne ihren Glanz, und die Sonne wanderte Tag für Tag wie ein düster glimmendes Stück Kohle über den rauchigen Himmel.

Während dieses ganzen Sommers rührte mich ein kalter Finger an; ich spürte die Übelkeit, die Angst und die Besorgnis, als kündigten diese Zeichen des Himmels ein weitaus größeres Ereignis an, sengender und tödlicher als die Feuer, die der irdische Ursprung der Zeichen waren. Ich betete oft und oft in den Wäldern und suchte unentwegt in meiner Bibel nach einem Schlüssel. Dabei brütete ich lange über den Propheten Joel nach, der davon sprach, wie *Sonne und Mond finster werden, und die*

Sterne verhalten ihren Schein. Sein Geist war ebenso wie der meine jetzt aufgerührt, wie von heißen Winden gepeitscht, zitternd vor der Entdeckung, so war auch er besessen von Vorahnungen und Gesichten eines schrecklichen Krieges.

Im Spätsommer hatte ich dann Gelegenheit zu fünftägigem Fasten. Hark und ich hatten gemeinsam mehrere Wagenladungen Holz geschlagen und zerkleinert, weil es wegen der Trockenheit auf den Feldern nichts zu tun gab. So gab uns Moore fünf Tage Urlaub, was im August ganz üblich war. Später sollten wir das Holz nach Jerusalem schaffen. Hark hatte gerade Francis ein fettes kleines Ferkel gestohlen und erklärte, er wolle mit dem Fasten nichts zu tun haben. Er war aber gern bereit, mich in die Wälder zu begleiten, und meinte, er hoffe nur, daß der Duft von bratendem Schweinefleisch für meinen Magen und meine Seele keine allzugroße Versuchung sein werde. Ich war mit seiner Gesellschaft einverstanden, stellte aber die Bedingung, daß er mir genug Zeit für Gebete und Betrachtungen lassen müsse. Dazu war er mit Freuden bereit, denn er wußte, daß der kleine Fluß, den ich entdeckt hatte, sehr fischreich war; er sagte, während ich betete, wollte er eine Menge Flußbarsche fangen. So verbrachten wir die langen Stunden – ich in der Einsamkeit meines kleinen Dickichts mit Beten und Fasten und Lesen im Buch Jesaja, während Hark fröhlich in einiger Entfernung im Wasser plantschte und alles mögliche vor sich hinmurmelte oder stundenlang verschwand, um wilde Trauben und Brombeeren zu suchen.

Einmal, als wir nachts unter den rauchig verhangenen Sternen lagen, sprach Hark von seiner Enttäuschung über Gott. Mit seiner bedächtigen Stimme sagte er: »Ich mein, Nat, de HErr, de muß sichern Weißer sein. Nurn Gott wo weiß is kan sich ausdenken, wie er arme schwarze Nigger so einsam macht.« Er hielt inne, dann fuhr er fort: »Oder vielleicht issern schwarzer Kutscher. Un wenn de HErr n Schwarzer is, Mann, so isser de mieseste schwarze Niggerbastard wo je geboren is.« Ich war zu müde, zu sehr geschwächt, als daß ich darauf etwas hätte antworten können.

Am Morgen des fünften Tages erwachte ich und fühlte mich krank und seltsam; mein leerer Magen schmerzte, und in meinem Kopf drehte sich alles vor Schwindelgefühl. Noch nie hatte das Fasten bei mir eine solche Schwäche hervorgerufen. Es war drückend heiß geworden. Der Rauch von den fernen Buschfeuern hing schwefelig in der Luft, so dicht, daß man die Myriaden kieniger Rußteilchen beinahe wie tanzende Staubkörner sehen konnte. Sie verdunkelten fast das runde, starre Auge der bösartig gelben Sonne. Baumfrösche in den Eichen und Fichten veranstalteten gemeinsam mit Legionen von Zikaden einen so grausamen Lärm, daß meine Trommelfelle unter dem irren Gesang dröhnten. Ich war zu erschöpft, mich von meinem Bett aus Tannennadeln zu erheben; so blieb ich lesend und betend liegen, während die Sonne höher kletterte. Als Hark vom Fluß zurückkam, bat ich ihn, nach Hause zu gehen und mich allein zu lassen. Er wollte mir etwas zu essen aufzwingen und sagte, ich sehe aus wie ein schwarzes Gespenst. Wie eine Glucke bemutterte er mich, aber dann ging er doch mit traurigem, besorgtem Gesicht. Nachdem er mich verlassen hatte, muß ich wohl wieder in tiefen Schlummer gesunken sein; denn als ich erneut aufwachte, hatte ich jeden Sinn für Zeit verloren. Dicke, ölige Rauchwolken wälzten sich über den Himmel, die Sonne war hinter einem Dunstschleier verschwunden, und ich wußte nicht, wie spät es war. Eine Müdigkeit wie beim Nahen des Todes breitete sich in meinen Gliedern aus, und ich vermochte nichts gegen das Zittern meiner Hände und Beine; es war, als hätte mein Geist den Körper verlassen und die Hülle des Fleisches wie einen Lappen auf dem Boden zurückgelassen, zerknittert und fast ohne Leben, bereit, sich von Gottes erbarmungslosen Winden schütteln, peitschen, zerfetzen zu lassen.

»HErr!« rief ich laut. »HErr, gib mir ein Zeichen. Gib mir das erste Zeichen.«

Unendlich matt und mühsam erhob ich mich, indem ich mich an einen Baumstamm klammerte, doch ich hatte mich noch keine Fußbreite vom Boden hochgestemmt, da begann der Himmel wirbelnd zu tanzen, und Feuerfunken zuckten wie winzige Blüten vor meinen Augen. Plötzlich erfüllte den Himmel ein unheilvolles Dröhnen. Erschrocken und verängstigt glitt ich wieder hinab auf den Boden. Dabei hob ich den Blick himmelwärts und sah, wie ein gewaltiger Spalt die brodelnden Wolken über den Baumwipfeln auseinanderklaffen ließ. Ich war inzwischen in Schweiß gebadet, und Schweißtropfen brannten mir in den Augen, doch ich konnte meinen Blick nicht von dem gähnenden Riß am Himmel abwenden. Er schien nun im Gleichtakt mit dem Dröhnen zu pulsen, das so übermächtig wurde, daß es selbst die schrillen Geräusche des Waldes übertönte. Dann sah ich mit einemmal genau in der Mitte des Spalts einen schwarzen Engel in schwarzer Rüstung auftauchen, die schwarzen Schwingen weit nach Ost und West ausgebreitet. Riesig schwebte er über mir und sprach mit Donnerstimme, die lauter klang als alles, was ich bisher in meinem ganzen Leben vernommen hatte: *»Fürchtet Gott und gebet Ihm die Ehre; denn die Stunde Seines Gerichts ist gekommen! Und betet an Den, so gemacht hat Himmel und Erde und Meer und die Wasserbrunnen.«* Dann erschien mitten in dem Wolkenspalt ein anderer Engel, schwarz wie der erste, gerüstet wie er, und auch seine Schwingen umfaßten den Himmel von Ost bis West. Er rief aus: *»So jemand das Tier anbetet und sein Bild und nimmt das Malzeichen an seine Stirn oder an seine Hand, der wird von dem Wein des Zornes Gottes trinken und wird gequält werden mit Feuer und Schwefel vor den heiligen Engeln und vor dem Lamm, und der Rauch ihrer Qual wird aufsteigen von Ewigkeit zu Ewigkeit.«*

Ich wollte schon entsetzt aufschreien, doch in diesem Augenblick schien der zweite Engel mit den Wolken zu verschmelzen. Er wurde matter, verschwand, und an seiner Stelle erschien ein anderer Engel. Er war weiß, doch auf seltsame Weise gesichtslos; er glich keinem weißen Menschen, den ich je gesehen hatte. Schweigend, in seiner schimmernden Rüstung aus Silber, schlug er den ersten schwarzen Engel mit seinem Schwert, doch wie in einem Traum sah ich das Schwert ohne ein Geräusch splittern und in zwei Hälften zerbrechen. Nun hob der schwarze Engel seinen Schild und wandte sich gegen seinen Feind, und die beiden Geister waren hoch über dem Wald in einen endlosen Kampf verwickelt. Die Sonne verdunkelte sich plötzlich, und ich sah Ströme von Blut über das Firmament fließen. Lange Zeit – oder keine Zeit – was ist Zeit? – rangen die beiden Engel in der Höhe zwischen blutgefleckten Wolkenballen, und ihr Kampfeslärm mischte sich wie ein heißer Wind in das Dröhnen, das meine Sinne beherrschte, bis ich halb ohnmächtig wurde und das Gefühl hatte, in der nächsten Sekunde gleich einem welken Zweig himmelwärts gewirbelt zu werden. Doch so rasch, daß es scheinbar nur einen Herzschlag lang dauerte, war der weiße Engel besiegt, und sein Körper wurde über die alleräußerste Kante des Himmelsgewölbes gestürzt. Ich starrte immer noch nach oben, wo der schwarze Engel triumphierend zwischen den Wolken ritt; da sagte er laut zu mir: *»Warum verwunderst du dich? Diese werden streiten mit dem Lamm, und das Lamm wird sie überwinden, denn es ist der HErr aller Herren und der König aller Könige, und mit Ihm die Berufenen und Auserwählten und Gläubigen. Solches ist dein Geschick, so bist du berufen zu sehen, und komme es hart oder angenehm, du wirst es wohl ertragen müssen.«*

Dann wurde der schwarze Engel augenblicklich vom Feuerhimmel verschluckt, und der mächtige Spalt in den Wolken schmolz an den Rändern zusammen und schloß sich. Der Himmel war wieder trüb und schwefelig wie zuvor. Der beizende Geruch brennender Kiefern stach mir in die Nase, ich fühlte mich von den Flammen der Hölle umgeben. Auf Händen und Knien beugte ich mich vor und übergab mich in die Fichtennadeln. Es war ein nutzloses Würgen, eine Folge schmerzhafter Krämpfe, bei denen nichts anderes zutage kam als Speichel und grünliche Galle. Funken wie von einer satanischen Schmiedeesse wirbelten endlos vor meinen Augen, eine Million, Millionen Nadelstiche eines verhängnisvollen Lichts.

»HErr«, flüsterte ich, »hast Du mich wahrhaft dazu berufen?«

Ich bekam keine Antwort, überhaupt keine Antwort, bis auf die Worte, die in meinem Kopf nachklangen: *Das ist aber ein Fasten, das Ich erwähle: Laß los, welche du mit Unrecht gebunden hast; laß ledig, welche du beschwerst; gib frei, welche du drängest; reiß weg allerlei Last.*

Ich hätte dieses Gesicht vielleicht nicht als Auftrag zur Vernichtung aller Weißen aufgefaßt, wenn sich nicht kurz danach in rascher Folge eine Reihe häßlicher Dinge ereignet hätten, die dazu beitrugen, mich den Weißen noch mehr zu entfremden und mich in meinem Haß, den ich schon beschrieben habe, zusätzlich zu bestärken. Meine Erinnerungen daran setzen bald nach meiner Rückkehr aus den Wäldern ein.

Von meinem Fasten erholte ich mich nicht so rasch wie sonst. Ich fühlte mich weiterhin leer und schwindelig, und meine lähmende Schwäche ließ sich auch mit ausgiebigen Portionen von Harks übriggebliebenem Schweinebraten nicht beheben. Auch ein Krug eingemachter Pflaumen, den er stahl, kräftigte mich nicht, und meine Mattigkeit blieb, zusammen mit einer tristen Schwermut. Als ich am nächsten Morgen zu Moore zurückkehrte, zuckten mir Wellen eines Schüttelfrostes durch die Glieder, und die Erinnerung an mein unheimliches Gesicht lauerte im Hintergrund wie ein Kummer, den man nicht abschütteln kann. Es war noch früh, doch die Sonnenhitze, gefangen unter einer Decke von Dunst, war schon nahezu unerträglich geworden. Selbst die Köter auf Moores Hof schienen zu merken, daß mit der Luft etwas nicht stimmte; sie hechelten und wimmerten in ihrem grenzenlosen Jammer, die Schweine hatten sich bis an die Schnauzen in ihren stinkenden Pfuhl gewühlt, die Hühner hockten regungslos wie aufgeplusterte

Staubwedel in ihrem Auslauf. Auf den feuchten Misthaufen mästeten sich summend ganze Schwärme grünlicher Schmeißfliegen. Die Farm stank gewaltig nach Abfälllen und Mist. Dieses Bild erschien mir, als ich ihm näherte, zeitlos in seiner Trostlosigkeit; ich mußte an das abscheuliche Lager der Aussätzigen in Judäa denken. Das windschiefe, verwitterte Farmhaus wurde von der Sonnenhitze gebacken, und als ich beim Näherkommen von drinnen Putnams weinerliche Kinderstimme rufen hörte: »Dad! Der Nigger is aus die Wälder zurück!«, da wußte ich, daß ich wahrhaftig wieder heimgekehrt war.

Ich hörte Hark im Stall bei den Mulis. Früher besaß Moore Ochsen, doch die hatte er gegen Mulis eingetauscht, zum Teil deshalb, weil Mulis – im Gegensatz zu Ochsen und vor allen Dingen Pferden – fast jede Mißhandlung von seiten der Neger geduldig ertragen; Neger sind dafür bekannt, daß sie mit Haustieren nicht gerade zart umgehen. Früher hörte ich einmal zufällig, wie Massa Samuel sich gegenüber einem Besucher beklagte: »Ich weiß auch nicht, warum meine Neger die Pferde und Rinder so miserabel behandeln.« Aber ich wußte es: Wen, außer einem dummen Vieh, konnte ein Neger schon mißhandeln und sich ihm dadurch überlegen fühlen?

Selbst der sonst so sanftmütige Hark sprang mit dem Vieh brutal um. Als ich auf den Stall zuging, hörte ich ihn laut und zornig schreien: »Teufel hol euch blöde Muliärscher! Schlag euch noch, bis de blank Mulischeiße aus euch rausspritzt!« Er war gerade dabei, ein Vierergespann vor einen Zweierzug riesiger Blockwagen zu schirren. Das sind große, niedrige Karren ohne Seitenwände, die mittels einer Deichsel zusammengekoppelt werden. Da wußte ich, daß ich gerade rechtzeitig zurückgekommen war, weil ich genau wie Hark dazu gebraucht wurde, nach Jerusalem zu fahren und zwei anstrengende Tage damit zu verbringen, einen Berg Brennholz auszuliefern und abzuladen.

Als wir aufbrachen – Moore und Wallace saßen nebeneinander auf dem Bock des vorderen Wagens, Hark und ich lagen dahinter auf den Scheiten von weichem Holz, das von Ameisen wimmelte und in der Hitze nach Kien duftete –, da wollte sich Moore ein wenig über mich lustig machen. »Der Teufel soll mich holen, Wallace, wenns jetzt nich bald regnet«, sagte er. »Ich krieg den Prediger da dahinten so weit, daß er mirs Beten beibringt un mich fromm macht un alles das. Verdammt hübscher Mais bei Sarah drüben, habn mir heut früh angeschaut, die Spitzen sin nich größer wie der Bimmel vonnem kleinen Köter. Wie isses,

Prediger«, rief er zu mir zurück, »kannste den HErrn nicht mal bitten, dassern Schwall Wasser losläßt? Laß mich mal von dem Blitzzeug gurgeln, Wallace.« Der Vetter reichte ihm einen Tonkrug. Moore verstummte für einen Augenblick, dann fuhr er rülpsend fort: »He, Prediger, wie wärs mitm ganz besondern Gebet, daß de HErr sein Stöpsel ausm Arschloch zieht un de Sachen hiern bißchen wachsen läßt?«

Wallace wieherte. Ich antwortete einschmeichelnd und salbungsvoll, ganz der komische Nigger: »Jassöh, Massa Tom, will ich gern machen. 'n hübsches kleines Gebet fürn Regen – werd ich gern machen.«

Meine Stimme klang zwar willfährig und gutmütig, aber es kostete mich meine ganze Selbstbeherrschung, ihm nicht eine grobe Antwort zu geben, die gefährlich über bloße Frechheit hinausgegangen wäre; für eine Sekunde flammte blutrot die Wut hinter meinen Augen auf, und meine Hand umklammerte ein Holzscheit; mit den Augen maß ich die Entfernung zu Moores hagerem, verdrecktem, rotem Genick ab, und meine Armmuskeln spannten sich, als wollten sie den kleinen weißen Wicht von seinem Sitz fegen. Aber dann verrauchte mein Zorn rasch wieder, und ich hüllte mich in meine Gedanken ein. Ich sprach auch nicht mit Hark. Der griff nach einem Banjo, das er sich aus Zaundraht und ein paar Stücken Fichtenholz zurechtgebastelt hatte. Verträumt begann er, die klagenden Töne eines der drei Lieder zu zupfen, die er kannte, eines alten Plantagensongs mit dem Titel »Sweet Woman Gone«. Ich fühlte mich immer noch krank und schwach, und in meinen Knochen steckte eine lähmende Müdigkeit. Da ich die Erinnerung an meine Vision nie ganz loswurde, schien sich auch die sichtbare Welt um mich herum verändert zu haben, oder sie war in einer Veränderung begriffen: die ausgedörrten Felder mit ihrem verkümmerten Pflanzenwuchs, die Waldstücke zu beiden Seiten, genau wie die Felder staubgrau angemalt, nun in der Windstille völlig regungslos, sie welkten mit gelben Blättern dem Tode entgegen, und über allem hing die Rauchwolke von den fernen Bränden, die keines Menschen Auge überwachte und beobachtete – das alles verband sich mit meiner Katzenjammerstimmung zu dem Eindruck, in eine andere Welt, in eine andere Zeit versetzt zu sein, und der Staub, den ich auf meinen Lippen schmeckte, brachte mich auf den Gedanken, daß diese Gegend auf seltsame Weise dem Land Israel aus den Tagen des Elia ähnelte und diese ausgedörrte Straße einem Weg, der zu einer Stadt wie Jerusalem führte. Ich schloß die Augen und lehnte mich schläfrig an die Holzscheite, während Hark leise sang. Die Worte des Liedes drangen unsagbar kummervoll und einsam in meine Träume.

Dann wachte ich plötzlich von einem leisen Stöhnen am Wegesrand auf. Meine innere Stimme flüsterte mir besorgt zu: *Du fährst doch wirklich nach Jerusalem!*

Es war ein seltsamer, erregender Anblick. Ein Stück von der Straße entfernt stand ein verfallenes Haus, das ich bei früheren Fahrten kaum bemerkt hatte. Es war nicht viel mehr als ein Unterstand, zusammengenagelt aus rohen Fichtenbrettern, ohne Fenster, halb eingestürzt. Hier wohnte ein verarmter freigelassener Neger namens Isham mit seiner Familie. Ich wußte recht wenig über diesen Neger und hatte ihn auch nur einmal gesehen, als Moore ihn eines Morgens anheuerte und ihn wenige Stunden später wieder wegschickte, weil der heruntergekommene Isham unter irgendeiner seltsamen Krankheit litt, zweifellos verursacht vom ständigen Hungern; schon nach fünf Minuten Arbeit mit dem Breitbeil begannen seine mageren Glieder wie Schilfrohre im Wind zu zittern. Er hatte eine achtköpfige Familie zu unterhalten, eine Frau und lauter Kinder unter zwölf Jahren. In besseren Zeiten kam er gerade so durch, indem er seine armselige Arbeitskraft verkaufte und Gemüse in einem kleinen Garten zog; die Samen und Stecklinge dafür bekam er von umwohnenden Weißen, die mildtätiger waren als mein gegenwärtiger Besitzer. Doch nun, in dieser gefährlichen Trockenheit, geriet Isham offenbar rasch an den Rand des Verhungerns. Auf der sonnenverbrannten Lichtung rings um die Hütte, wo früher Mais, Erbsen, Kohl und Süßkartoffeln gewachsen waren, war nun alles verdorrt und verwelkt; das Gemüse lag in Reihen am Boden, als ob ein Wildfeuer darüber hinweggegangen wäre. Drei oder vier Kinder krochen kraftlos auf der Schwelle herum, nackt, die Rippen stachen ihnen weißlich fast durch die Haut. Ich hörte das leise, klagende Stöhnen neben dem Weg und blickte hinab. Da sah ich Ishams Frau am Boden hocken, knochig und ausgemergelt. Sie wiegte in ihren Armen den fleischlosen Körper eines kleinen schwarzen Kindes, das dem Tod nahe zu sein schien. Ich konnte nur einen Blick auf das Kind werfen. Es sah aus wie ein schlaffes, gestaltloses kleines Reisigbündel. Die Mutter preßte es eng an die schlaffe Brust und wiegte es in unendlichem, geduldigem Kummer, als könne sie ihm durch diese letzte, verzweifelte Geste der Liebe eine Nahrung schenken, die dem Kleinen im Leben gefehlt hatte. Sie hob nicht einmal den Blick, als wir vorbeifuhren. Hark hörte zu singen auf. Ich sah ihn an – auch er hatte das Kind bemerkt; dann drehte ich mich um und betrachtete Moore. Er hatte das Gespann kurz angehalten. Sein kleines, knubbeliges Gesicht zeigte den Ausdruck plötzlicher Abscheu – Abscheu und Scham. Dann wandte er sich sofort ab. Bisher hatte er Isham gegenüber niemals Mildtätigkeit gezeigt. Im Gegensatz zu dem einen oder anderen Weißen in der Gegend – denen es selbst sehr schlecht ging, die Isham aber trotzdem mit ein wenig Maismehl, mit Eingemachtem oder einem Pfund Schweinefleisch aushalfen – hatte Moore sich nie von etwas getrennt. Und damals, als Isham kurz bei ihm beschäftigt gewesen war, da hatte er ihn sogar ohne die paar Cents weggeschickt, die ihm zustanden. Nun war deutlich zu erkennen, daß der Anblick des sterbenden Kindes selbst sein versteinertes Herz mit Schuldgefühl erfüllte.

Moore versetzte dem Leittier einen Peitschenhieb, doch in diesem Augenblick tauchte neben dem Gespann ein hagerer Neger auf, griff in die Zügel und hielt den Wagen, der gerade wieder anruckte, an. Dieser Neger war kein anderer als Isham – ein etwa vierzigjähriger Mann mit braunem, scharfgeschnittenem Gesicht, einer spitzen Nase, kahlen, kranken Stellen auf dem Kopf und brennenden, stumpfen Augen, die vor schrecklichem Hunger ganz glasig waren. Ich spürte plötzlich, wie dieser Mann sich innerlich aufbäumte.

»He, weiße Mann!« sagte er mit wirrer, lallender Stimme zu Moore. »Geben Isham kein klein Bissen Essen, kein klein Bissen. Un jetz hat Isham tot Kind, weiße Scheißer! Ja, so isses, weiße Scheißer, nix sonst! Beschißner Schweinehund! Was is jetz mit de tote Baby, he, weiße Scheißer?«

Sowohl Moore als auch Wallace starrten Isham fassungslos an. Ich bin sicher, daß noch nie in ihrem ganzen Leben ein Neger, ob frei oder Sklave, sie so angesprochen hatte. Die Worte trafen sie wie Hiebe mit einem Ochsenziemer. Der Mund blieb ihnen offenstehen, als schwankten sie unentschieden zwischen Empörung und ungläubigem Staunen. Ich hatte auch noch nie von den Lippen eines Negers Töne von so unverhohlenem Haß gehört. Als ich Hark einen raschen Blick zuwarf, bemerkte ich, daß auch seine Augen vor Verwunderung glänzten.

»Weiße Mann essen!« lallte Isham und klammerte sich immer noch an die Zügel. »Weiße Mann essen. Un Niggerbaby verhungern! Wie kommt, weiße Scheißer? Wie kommt, daß weiße Mann essen Speck, essen Erbsen, essen Hafergrütze? Wie kommt, daß kleine Niggerbaby nix haben winzige Bissen? Wie kommt, verdammte weiße Scheißer?« Bebend wollte der Neger Moore ins Gesicht spucken, doch die Entfernung war zu groß, Moore thronte über ihm, und außerdem brachte Isham keinen Speichel zusammen; seine Lippen gaben ein enttäuschtes schmatzendes Geräusch von sich, und er versuchte es noch einmal vergebens. Dieses Schmatzen, dieser vergebliche Versuch, war ein schrecklicher Anblick. »Wo sin de fünfzwan' Cent, wo weiße Mann is mir schuldig?« schrie er in seiner Wut und Verzweiflung.

Aber nun tat Moore etwas sehr Seltsames. Er tat keineswegs, was ich nach einigen Jahren des Zusammenlebens mit einem so eingefleischten Niggerhasser von ihm erwartet hätte – er schlug Isham nicht mit seiner Peitsche, er brüllte ihn nicht an, und er trat auch nicht mit seinem Stiefel nach Ishams Kopf. Er wandte sich nur leichenblaß ab und versetzte dem Leittier mit einer halbirren Bewegung einen raschen, wütenden Schlag. Der Wagen machte einen Satz, die Zügel wurden Isham aus der Hand gerissen. Und während er dies tat, während wir so rasch davonrollten, wie das schwerfällige Fahrzeug es erlaubte, da erkannte ich, daß Ishams unglaubliche Worte Moore zum erstenmal in eine vollkommen neue Welt versetzt hatten, die keinen Namen hatte – in eine seltsame Stimmung, die ihm zu Bewußtsein gekommen war, während eine Stimme über einen Abgrund hinweg zu einer anderen Stimme sprach, bis sein Gehirn dafür den Namen fand: Entsetzen, schreckliches Entsetzen. Wütend schlug er auf die Tiere ein, und das Deichselmuli ließ ein gequältes *iii-haaa* hören, das wie ein irres Gelächter vom Wall der Bäume zurückgeworfen wurde.

Als die Trockenheit nach einigen Monaten überstanden war, erfuhr ich, daß Isham sie mit seiner Familie trotz allem irgendwie überstanden hatte und aus dem Zustand der Hungersnot wieder in das gewohnte alltägliche Elend hinüberglitt. Doch das steht auf einem anderen Blatt.

Jenes Ereignis am Rand der Straße, damals, an diesem bedeutungsvollen Morgen, an dem ich alles gleichsam durch das Prisma meiner Vision sah – jenes Ereignis zwang mir mit einer Deutlichkeit, wie ich sie noch nie erfahren hatte, die Erkenntnis auf, daß Menschen mit schwarzer Haut, seien sie frei oder Sklave, niemals, niemals wirklich frei sein würden, so lange noch Leute wie Moore auf Gottes Erde wohnten. Doch ich hatte Moores Entsetzen bemerkt, sein erregtes Zucken, ein lächerlicher weißer Zwerg, in Panik versetzt durch einen verhungerten Neger, der so wenig Lebenssaft in sich hatte, daß ihm selbst der Speichel zum Spucken fehlte. Dieses Entsetzen grub sich von diesem Augenblick an ebenso unauslöschlich in mein Gehirn ein wie Ishams hoffnungslose, stolze, unnachgiebige Wut, mit der er dem davonrumpelnden Wagen mit immer leiser werdender Stimme nachschrie: »Saudreck! Kommt de Tag, da essen Nigger Fleisch, un Weiße essen Saudreck!« Die kleiner werdende, hagere Gestalt schien so viel Würde auszustrahlen wie Johannes der Täufer in der Wildnis.

Ihr Otterngezüchte, wer hat denn euch gewiesen, daß ihr dem künftigen Zorn entrinnen werdet?

Ich denke, inzwischen ist schon klargeworden, wie sehr unterschiedlich in ihrer Moral, Strenge oder Güte die weißen Sklavenbesitzer waren. Es gab unter ihnen alle Arten, von heiligmäßigen (Samuel Turner) über recht ordentliche (Moore) und kaum noch zu ertragende (Reverend Eppes) bis hin zu einigen, die man nur als abscheulich bezeichnen kann. Von diesen Ungeheuern war, soviel ich weiß, keiner in seiner Scheußlichkeit so blutdürstig wie Nathaniel Francis. Er war Miß Sarahs älterer Bruder und ähnelte ihr rein äußerlich ein wenig. Doch da hörte das Gemeinsame auch schon auf; denn er neigte ebenso zu Grausamkeiten wie sie zu aufrichtiger, wenn auch zuweilen unberechenbarer Freundlichkeit. Er war ein beleibter, kahlköpfiger Mann mit einem schweinischen Blinzeln um die Augen. Seine Farm lag einige Meilen nordöstlich von Moores Hof. Dort rang er ungefähr siebzig Morgen mittelmäßigem Boden mit Hilfe von sechs Feldniggern seinen kargen Lebensunterhalt ab. Will und Sam habe ich früher schon erwähnt; dann war da noch ein armer Teufel namens Dred, nicht ganz richtig im Kopf, einer von Gottes Fehlgriffen, dazu drei noch jüngere Neger von fünfzehn oder sechzehn. Die beiden unglücklichen Hausmädchen Charlotte und Easter waren alle beide schon Ende Fünfzig und damit zu alt, als daß sie unter den jüngeren Männern noch verliebte Unruhe hätten stiften können.

Francis hatte keine eigenen Kinder, war aber der Vormund zweier Neffen, kleiner Jungen von etwa sieben Jahren. Seine Frau Lavinia war eine brutale Person mit Pfannkuchengesicht und einem riesigen Kropf. In den ausgebeulten Männersachen, die sie gewöhnlich zur Arbeit trug, war sie kaum als Frau zu erkennen. Ein wirklich gewinnendes Paar. Vielleicht war diese Frau daran schuld (oder wahrscheinlicher noch das, was sich zwischen ihnen unvorstellbarerweise auf ihrer durchgelegenen Bettstatt abspielte), daß Francis sich in mehr oder weniger regelmäßigen Abständen betrank und dann seinen Spaß daran hatte, seine Neger rücksichtslos mit einem federnden, krokodillederüberzogenen Holzstock zu züchtigen. Wenn ich »seine Neger« sage, so sollte ich vielleicht darauf hinweisen, daß damit Will und Sam gemeint waren. Ich kann nicht sagen, aus welchen Gründen gerade die beiden zu Zielscheiben seiner Grausamkeit wurden, es sei denn, weil es sich so ergab: die drei jüngeren Neger waren wohl noch nicht widerstandsfähig genug, so mörderische Mißhandlungen ertragen zu können, während die beiden Frauen aufgrund ihres fortgeschrittenen Alters dafür nicht mehr in Frage kamen.

Was den armen Dred anbetraf, so war sein Verstand so verwirrt, daß er kaum sprechen konnte. Vielleicht fühlte Francis wie ein Mann, der nach Sumpfbären jagt und nur Moschusratten aufstöbert, daß der junge Dred zu unbedeutend war, um die richtige Zielscheibe für seine Brutalitäten abzugeben. Auf jeden Fall gelang es ihm, für Dred andere Möglichkeiten zur Erniedrigung zu erfinden. Dred war mit seinen neunzehn Jahren so hilflos, daß er kaum allein zum Abtritt gehen konnte. In welcher Verfassung sich sein armer wirrer Geist befand, das hatte Francis erst herausgefunden, nachdem er Dred ungesehen von einem Händler erstanden hatte, der ebensowenig von Skrupeln belastet war wie er selbst. Dred war durch sein bloßes Vorhandensein der wandelnde Beweis für einen aufgelegten Betrug. Das trieb seinen Besitzer fast zum Wahnsinn. Nun war er für Dred verantwortlich, konnte ihn nicht verkaufen und schreckte vor einem Mord weniger aufgrund irgendwelcher gesetzlicher Vorschriften zurück, sondern hauptsächlich deshalb, weil die grundlose Ermordung eines Sklaven eine moralische Ächtung mit sich brachte, die selbst ein Mann wie Francis schwer ertragen konnte; so rächte er sich für den Schwindel nicht mit so einfachen, groben Mitteln wie einer Tracht Prügel, sondern er quälte Dred mit unbeschreiblichen Gemeinheiten. Einmal veranlaßte er ihn beispielsweise – Sam erzählte es mir, und ich habe keine Veranlassung, seinem Bericht nicht zu glauben –, es vor einer Versammlung weißen Gesindels aus der Umgebung mit einer Hündin zu treiben.

Francis hatte Will und Sam auf der Sklavenauktion in Petersburg gekauft, als sie beide etwa fünfzehn waren. Als ich sie kennenlernte – wenn Moore sie sich zeitweilig auslieh, oder während der langweiligen Wartezeiten auf dem Markt in Jerusalem –, hatten sie die Prügel ihres Besitzers schon seit fünf oder sechs Jahren ertragen. Diese Mißhandlungen hatten sie beide schon zu mehr Fluchtversuchen veranlaßt, als sie zu zählen vermochten, und Francis' Krokodillederpeitsche hatte bei beiden auf Schultern, Rücken und Armen dickvernarbte Striemen hinterlassen. Francis hätte als Farmer in bescheidenem Wohlstand leben können, wenn nicht sein Drang zur Züchtigung seiner Neger stärker gewesen wäre als sein Verstand; dann hätte er sich nämlich sagen müssen, daß eine halbwegs anständige Behandlung die beiden – wenn auch vielleicht widerstrebend – daheim und bei der Arbeit gehalten hätte. Nun war es so, daß Francis jedesmal, wenn Sam und Will in ihrer Verzweiflung in die Wälder flüchteten, genauso sicher Geld einbüßte, als hätte er Silberdollars in einen Brunnen geworfen. Will und Sam waren unter seinen Feldniggern die ältesten, stärksten und geschicktesten. Um den Ausfall wettzumachen, mußte er für teures Geld von anderen Leuten Neger ausleihen. Diese Kosten hätte er sich sparen können, wenn er in der Lage gewesen wäre, seine tierische Grausamkeit zu zügeln.

Außerdem kannten die meisten, wenn nicht gar alle Farmer der Umgebung Francis' grausame Veranlagung. Auch sein eigener Schwager Travis machte dabei keine Ausnahme; er erlaubte es Hark nie, sich in die Nähe der Francis-Farm zu begeben. Auch wenn nicht ausschließlich menschliche Beweggründe sie abhielten (ich muß zugeben, bei einigen war dies der Fall), so hatten sie doch aus verständlichen Gründen keine Lust, einem solchen Rohling einen Feldnigger zu leihen und zu riskieren, daß sie ein Stück Besitz im Wert von gut fünfhundert Dollar unrettbar ruiniert zurückbekamen. So konnte Francis, wenn Will und Sam wieder einmal abgehauen waren, oft keinen Ersatz finden und wurde dadurch in noch größere Wut versetzt. Er machte sich dann mit einem Krug Brandy auf den Weg, und man konnte seine barbarische, faßförmige Gestalt auf dem Rücken einer braunen Mähre hin und her schwanken sehen, wenn er die Gegend absuchte. Nach einigen Tagen pflegte er dann Sam und Will zu finden, oder die Flüchtlinge wurden ihm von irgendeinem armen Weißen aus der Gegend, der scharf auf die übliche Belohnung war, zur Farm zurückgebracht, und dann schlug er sie wieder, bis sie bluteten und besinnungslos zusammenbrachen. Sie wurden für einige Zeit in die Scheune gesperrt, bis ihre Striemen und Risse verschorft waren und sie wieder arbeiten konnten. Alles in allem war dies ein nie endendes scheußliches, auch den letzten Lebensmut nehmendes Martyrium. Das Schlimmste daran war vielleicht, was diese Art von Behandlung nicht so sehr ihren Leibern, als vielmehr ihrem Verstand antat. Von den beiden war Sam der Gleichmütigere. Damit will ich sagen, daß er zwar verrohte und bis in die tiefste Seele verwundet war, aber er hielt sich doch noch einen Zipfel Wirklichkeit fest; obgleich er jähzornig war und von Zeit zu Zeit sinnlos auf andere Neger einschlug, gab er sich doch meistens wie ein ganz normaler junger Feldarbeiter, leichtfertig und stets zum Scherzen aufgelegt. Wie ich bemerkt habe, ist das bei manchen Negern die notwendige Bemäntelung einer schier unerträglichen Niedergeschlagenheit. Aber bei Will war es ganz anders. Ein lebhaft gefärbter Striemen zog sich wie ein schimmernder Aal über sein ganzes Gesicht, vom rechten Auge bis ans Kinn. Ein anderer Schlag, den er bei derselben Gelegenheit erhalten hatte, ließ seine Nase aussehen wie einen breitgequetschten schwarzen Löffel. Er murmelte dauernd zusammenhangloses Zeug vor sich hin. Die Qualen, die man ihm zugefügt hatte, ließen ihn nicht nur Francis hassen, nicht nur alle Weißen, sondern alle Menschen, alle Dinge, die ganze Schöpfung. Da ich selbst der Welt angehörte, der sein irrer Haß galt, konnte ich nicht anders: Ich fürchtete ihn, wie ich noch nie zuvor einen Menschen gefürchtet hatte, sei er schwarz oder weiß ...

Wir verbrachten den ganzen Tag nach dem Zusammenstoß zwischen Moore und Isham auf der Landstraße damit, daß wir an verschiedenen Häusern in Jerusalem Brennholz abluden. Moore hatte sich gegenüber den verschiedenen Hausbesitzern, dem Gericht und dem Gefängnis gegenüber zur »Lieferung frei Haus« verpflichtet. Das bedeutete, daß wir die Scheite nicht einfach in einem unordentlichen Haufen hinter die Küche werfen konnten, sondern daß Hark und ich sie fein säuberlich da aufstapeln mußten, wo Massa Jim oder Massa Bob sie haben wollten. Das war eine eintönige, kräftezehrende Arbeit. Diese Anstrengung, die drückende Hitze in der Stadt und meine immer noch anhaltende Müdigkeit waren so schlimm, daß mir dauernd schwindelig wurde. Ich stolperte immer wieder und fiel einmal der Länge nach hin. Hark half mir auf die Beine und sagte: »Langsam, Nat, laß mich de Arbeit tun.« Doch ich arbeitete gleichmäßig weiter und zog mich dabei, wie es meine Gewohnheit war, in eine Art von Tagtraum zurück – ein Traum, in dem die Schinderei durch den Flug meiner Gedanken gelindert und erleichtert wurde: *Errette mich aus dem Kot, daß ich nicht versinke;*

daß die Tiefe mich nicht verschlinge. Erhöre mich, HErr, wende
Dich zu mir nach Deiner großen Barmherzigkeit ...

Unser Mittagessen verzehrten Hark und ich im Schatten eines der Wagen. Es bestand aus kaltem »Hopping John« – gequetschte Wollbohnen mit Reis. Danach saßen wir matt herum und suchten uns abzukühlen, während Moore und Wallace zur Stadthure gingen, einer freigelassenen Mulattin namens Josephine, zweihundert Pfund schwer. Das Essen belebte mich ein wenig, aber ich hatte immer noch so ein sonderbares Gefühl der Schwäche. Das Geheimnisvolle meines Gesichts im Wald beunruhigte nicht nur meinen Verstand, es hatte sich scheinbar in meiner Seele breitgemacht und mich ganz erfaßt, wie der Schatten einer Wolke, die aus dem Nichts auftaucht und das klare Antlitz des Himmels verdüstert. Ich schüttelte mich. Das Geheimnis verfolgte mich und rührte meinen Rücken wie mit einem kalten Finger an, groß wie ein Fichtenknorren, aber nur ganz leise. Eine böse Vorahnung packte mich, als ich wieder an die Arbeit ging. Während des ganzen Nachmittags rackerten wir uns redlich ab, doch ich wurde dieses Gefühl nicht mehr los. In der Nacht kehrten Übelkeit und Mattigkeit zurück, und das Fieber schüttelte mich. Hark und ich schliefen unter einem der Wagen, die wir auf einer nach Senf und Goldrute duftenden Wiese abgestellt hatten. Ich träumte von riesigen schwarzen Engeln, die in der unendlichen Weite des Himmelszeltes von Stern zu Stern schritten.

Nach einem heißen Morgen lieferten wir am späten Vormittag die letzte Ladung am Markt ab. Es war Samstag, Markttag. Wie üblich wimmelte der Holzsteg rings um den Markt von Negern, die vom Lande kamen und hier faul ein paar Stunden verbrachten, während ihre Herren ihren Geschäften nachgingen. Nachdem wir die letzten Scheite abgeladen hatten, gingen Moore und Wallace noch etwas erledigen. Hark und ich zogen uns in eine schattige Ecke am Ende des Stegs zurück, er mit seinem selbstgemachten Banjo, ich mit meiner Bibel. Hier konnte ich über eine bestimmte Stelle bei Hiob nachsinnen, die meine Aufmerksamkeit erregt hatte. Hark zupfte die Saiten und summte dazu leise eine Melodie. Ich hatte inzwischen eine ganze Reihe der hier herumlungernden Neger kennengelernt, hauptsächlich durch die Markttage. Daniel, Joe, Jack, Henry, Cromwell, Marcus Aurelius, Nelson und ein halbes Dutzend anderer – sie waren mit ihren Herren von überallher gekommen, hatten beim Laden und Abladen der Waren geholfen und hatten nun nichts weiter zu tun, als die Kehrseiten und Brüste der vorbeigehenden Negermädchen aus der Stadt anzustarren, laute, anzügliche Bemerkungen dazu zu machen und sich gegenseitig in den Staub zu stoßen. Andere spielten mit gestohlenen rostigen Taschenmessern Messerwerfen, oder sie dösten einfach in der Sonne. Ab und zu, wenn sie aufwachten, machten sie Tauschgeschäfte mit ihren kläglichen Habseligkeiten: Strohhut gegen selbstgemachte Maultrommel, Glückskugel aus Haaren von einem Kuhbauch gegen eine Prise gemopsten Schnupftabak. Ich sah ihnen eine Weile zu, dann kehrte ich wieder zu Hiobs erregender, unerklärlicher Vision zurück. Doch es fiel mir schwer, mich darauf zu konzentrieren. Ich hatte mich zwar halbwegs von meinem Fieber erholt, wurde aber das Gefühl nicht los, mich vollkommen verändert zu haben. Es war, als wohnte ich jetzt ein Stück außerhalb meiner selbst, in einer anderen, neuen Welt. Es war Mittag. Hark bot mir einen Pfannkuchen an – er hatte bei einem von Moores Kunden eine Pfanne voll mitgehen lassen –, doch mir war nicht nach Essen zumute. Selbst hier in der Stadt war die Luft dunstig. Sie roch nach den weit entfernten Waldbränden.

Plötzlich wurde ich auf einen Tumult aufmerksam – ein Haufen weißer Männer lachte und schrie hinter dem Stall des Hufschmieds, ungefähr fünfzig Schritte entfernt. Der kahle, festgetretene Platz dort hinter dem Stall war am Samstag der Versammlungsplatz für die armen Weißen aus dem County, wie der Marktsteg der Mittelpunkt des geselligen Lebens der Neger geworden war. Diese weißen Nichtstuer waren die Tunichtgute und der Auswurf der Bürgerschaft: bettelarme Säufer und Krüppel, Diebe, Handlanger, frühere Aufseher, Häusler aus kargen Fichtenrodungen, Vagabunden aus North Carolina, hasenschartige Strolche, hoffnungslose Herumlungerer, Idioten, Schufte, Lumpen und Trottel aller Sorten; neben ihnen wirkte selbst mein gegenwärtiger Eigentümer noch weise und würdig wie König Salomo. Dort hinter dem Stall versammelten sie sich jeden Samstag, ein Haufen wüster Kerle mit Strohhüten und billigen Baumwoll-Overalls; sie schwatzten einander winzige Brocken Kautabak oder einen Schluck Fusel ab, palaverten endlos (genau wie die Neger) über Miezen und Ficken, überlegten, wie sie auf unehrliche Weise einen halben Dollar verdienen konnten, quälten streunende Katzen und Hunde und boten den Sklaven auf ihrem Steg den Anblick weißer Männer, die – zumindest in mancher Hinsicht – übler dran waren als sie selbst.

Als ich nun hinüberschaute, um die Ursache des Tumults zu erfahren, bemerkte ich, daß sie sich ungefähr in einem Kreis aufgestellt hatten. Mitten im Kreis hockte Nathaniel Francis vierschrötig und total besoffen auf einem Pferd. Sein rundes Gesicht glänzte vor geilem Vergnügen, während er etwas betrachtete, was auf dem Boden vor sich ging. Ich empfand nur geringe Neugier und dachte zuerst, da raufen oder boxen zwei betrunkene Weiße – kaum ein Samstag verging ohne eine solche Rauferei. Aber dann sah ich durch die ausgebeulten Hosenbeine eines der Zuschauer hindurch, daß sich da anscheinend zwei Neger am Boden wälzten. Was sie taten, konnte ich nicht erkennen. Von der Menge stieg wildes Heulen auf, Kichern, begeisterte Schreie. Sie schienen die Neger anzufeuern. Der betrunkene Francis trieb seinen Gaul im Kreise herum, bis eine dichte Staubwolke von dem Pöbelhaufen aufstieg. Hark hatte sich neugierig erhoben. Ich sagte ihm, er solle doch mal nachsehen, was da los sei. Langsam schlenderte er davon.

Gleich darauf kam Hark zurück zu unserem Holzsteg. Sein schiefes Lächeln – ich werde nie diesen Ausdruck vergessen, halb belustigt, halb verwirrt – erfüllte mich mit einer trüben Vorahnung, als ob ich seine Antwort schon gewußt oder erahnt hätte, noch bevor er den Mund aufmachte.

»Alte Francis, de mach ne Schau fürs weiß Gesindel«, verkündete er so laut, daß auch die meisten anderen Neger es hören konnten. »Er is voller wien Faß un laß de zwei Nigger Sam un Will mit 'nan kämpfen. Will keiner von die nich, aber immer wenn einer zurück tut un de anner nich angehn will, da krieg de was mit de Peitsche von de alt Francis. So müssense kämpfen, de beide, un was de Sam is, de hatm Will Gesicht vermatscht, un ich glaub, de Will, de hatm Sam vorn Zahn raus. Mann, wasn Hahnkampf!«

Nun begannen alle Neger in Hörweite zu lachen. Hark hatte schon eine komische Art, etwas zu beschreiben; aber gleichzeitig hatte ich das Gefühl, als ob mir das Herz in der Brust einschrumpfte und sterbe. Das war die Höhe! Schlimmer ging es wirklich nicht. Von allen Ungerechtigkeiten und Entwürdigungen, die ein Neger erdulden muß – härteste Arbeit und Entbehrungen, Schläge, Flüche und Verwünschungen, Ketten, Trennung von seinen Lieben –, erschien mir in dieser Minute nichts hassenswerter als dies: daß er brutal mit einem von seiner Art kämpfen mußte, um anderen menschlichen Wesen ein widerwärtiges Vergnügen zu bereiten – ganz besonders aber diesen gemeinen Bestien, diesen wertlosen Geschöpfen, verachtet und vom letzten, grundlosen Morast nur um Haaresbreite durch den winzigen Vorzug getrennt, eine hellere Hautfarbe zu besitzen.

Seit jenem Tag vor Jahren, als man mich zum erstenmal verkaufte, hatte ich nicht mehr eine solche Wut empfunden, eine so unerträgliche Wut, die der Höhepunkt all dessen war, was an verborgenem Zorn und heimlicher Empörung in mir gewachsen war – seit jenem Tag im fernen Zwielicht meiner frühen Jugend, an dem ich zum erstenmal begriff, daß ich ein Sklave war, für alle Zeiten ein Sklave. Wie ich schon sagte, schrumpfte mir das Herz im Leib ein und erstarb, es verschwand, und der Zorn breitete sich blitzschnell aus und füllte wie ein ungeborenes Kind die entstandene Leere. In diesem Augenblick wußte ich es ganz sicher, ungeachtet jeglicher Gefahr: An jedem Ort, zu jeder beliebigen Zeit, wer das sanfte junge Mädchen auch sei, das heiter Blumen im Garten pflückte, wer die Frau, die in der Kühle eines Salons stickte, der unschuldige junge Mann, der in einer Schutzhütte auf den sommerlichen Feldern die Spinnweben an der Wand betrachtete – diese ganze Welt weißen Fleisches würde eines Tages sich unter der Peitsche meiner Vergeltung krümmen und auseinanderbrechen, vergehen unter meinen Händen.

Mir drehte sich der Magen um; ich mußte mich zusammennehmen, nicht auf die Planken zu erbrechen, auf denen ich saß.

Doch nun legte sich der Aufruhr auf der anderen Straßenseite, die Schreie verstummten allmählich, der Kreis weißer Männer löste sich auf. Sie machten sich auf die Suche nach anderen Vergnügungen. Francis saß schief im Sattel und ritt stolpernd die Straße entlang, erschöpft von seinem Sport, doch zufrieden und überlegen lächelnd wie ein Sieger. In diesem Augenblick sah ich Will und Sam – zerschlagen, blutend und staubverkrustet – zusammen über die Straße kommen und auf den Markt zutaumeln. Will strich sich murmelnd über die geschwollene Kinnlade, Sam lief beim Gehen immer wieder ein Schauder durch die Glieder; er zitterte vor Schmerzen, Kummer, Scham und Erniedrigung – ein kleiner, drahtiger Mulatte, noch nicht zu alt, noch nicht zu abgestumpft vom Leid, um nicht bitterlich wie ein Kind weinen zu können. Er wischte sich das Blut von einem breiten Riß in der Lippe.

Die Neger auf dem Holzsteg begriffen immer noch nichts. Sie lachten immer noch albern über Harks Bericht und blickten Sam und Will entgegen, die nun näher kamen. Da erhob ich mich und sprach zu ihnen.

»Brüder!« rief ich. »Hört auf zu lachen, ich hab was zu sagen! Laßt ab von dem Gelächter, meine Brüder, und lauscht einem

Diener des Heiligen Wortes!« Schweigen senkte sich über die Neger, sie scharrten unruhig und wandten sich mir zu. In ihren Augen las ich Verwunderung und Staunen. »Kommt näher!« befahl ich ihnen. »Das is keine Zeit nich zum Lachen! Es is eine Zeit zum Weinen, zur Klage! Zur Wut! Menschen seid ihr, Brüder, *Menschen* und nich wilde Tiere vom Feld. Keine vierbeinigen Hunde nich! Ihr seid *Menschen*, sag ich! Wo, Brüder, wo is euer Stolz?«

Langsam, einer nach dem andern, kamen die Neger näher heran, unter ihnen auch Will und Sam. Sie kletterten von der Straße herauf und starrten mich an, während sie sich mit grauen, dreckigen Klumpen Abfallbaumwolle die Gesichter abwischten. Noch andere kamen näher – meist junge Männer, aber es waren auch einige ältere Sklaven dabei; sie kratzten sich überall vor lauter innerer Unruhe und warfen scheue Blicke nach allen Richtungen. Doch sie alle schwiegen nun. Mit köstlichem Erschaudern spürte ich, welchen Eindruck der Zorn in meinen Worten auf sie machte. Wie Riedgras beugten sie sich vor einem plötzlichen Windstoß. Ganz nebenbei kam mir der Gedanke: Damit hast du die erste Predigt deines Lebens begonnen! Sie wurden still. Nachdenklich, regungslos, aufmerksam sahen mich die Neger an, mit einer gewissen Besorgnis; einige wagten kaum zu atmen. Ich redete ihre Sprache, es war, als sei mir eine zweite Zunge gewachsen. Mein Zorn hielt sie ganz gefangen, und ich fühlte prickelnd die Macht, mit der ich sie einfing, die Macht, die uns in diesem Augenblick eins machte.

»Meine Brüder!« sagte ich in sanfterem Ton. »Viele von euch waren schon inner Kirche, mit eure Herren un Herrinnen, in Whitehead oder droben in Shiloh oder unten in Nebo oder Mount Moriah. Die meisten von euch haben keine Religion nich. Macht nix. Religion vom weißen Mann bringt uns Schwarzen nur bei, dasser sein alte Massa gehorchen und schön demütig bleiben muß. Leise auftreten und Maul halten. Macht nix. Aber ein paar von euch wissen, was inner Bibel steht, von Israel in Ägypten un de Völker wo in Gefangenschaft waren. Waren jüdische Völker, Leute mit Namen wie unsere – wie du Nathan, und du, Joe – Joe is auch 'n jüdischer Name – un du da, Daniel. Die Juden, die waren grad wie wir Schwarzen. Die haben fürn alten Pharao geschuftet, bis ihnen de Schweiß ausm blöden Arsch tropft. Der warn Weißer un hat de Juden Holz hacken un Felsen schleppen un Mais mahlen un Ziegel machen lassen, bisse so gut wie tot warn, un keiner kriegt kein Penny nich dafür. Wie jeder

Muttersohn von uns, so warn auch die Juden *Sklaven*. Haben auch nie nich genug zum Essen, nur elendes Maismehl mit Maden drin un saure Milch undn Stück Speck wo schon so ranzig is, daßm Bussard sein Magen umdreht. Dürre un Hunger warn im Land, genau wie jetz. O meine Brüder, war das ein traurige Zeit in Ägypten für de Juden! Zeit zum Weinen un Wehklagen un Schinderei un Hunger, Zeit der *Schmerzen!* Was de Pharao ist, de peitscht de Juden bisse rote Striemen haben von Kopf bis Fuß, un jede Nacht, da gehnse ins Bett un schrein: ›HErr, HErr, wann machste, daß de weiße Mann uns endlich freiläßt?‹«

Eine Unruhe ging durch die Neger. Mitten unter ihnen hörte ich eine leise, wimmernde Stimme sagen: »Ja, ja!« Und eine andere Stimme sagte: *»Mhm, so isses!«* Ich streckte langsam einen Arm aus, als wolle ich sie umarmen. Einige drängten sich noch näher heran.

»Schaut euch um, Brüder«, sagte ich, »was isses, wo ihr seht? Was seht ihr inne Luft? Was bläst da inne Luft?« Die Neger wandten ihre Gesichter der Stadt zu, hoben die Augen himmelwärts: In elfenbeinfarbenen, durchscheinenden Dunstschwaden zog der Rauch der fernen Feuer durch die Straßen, berührte den Holzsteg mit seinem apfelsüßen Duft nach verkohlendem Holz, seinem schwachen Geruch nach Verfall.

»Das da is der Rauch von *Pestilenz*, Brüder«, fuhr ich fort. »Rauch von Pestilenz un Tod. Genau so ein Rauch hat über de Juden hangen, inner Sklaverei drunnen in Ägyptenland. Jetz hängt er über alle Schwarze, alle Menschen wo schwarze Haut haben wie deine Haut un meine. Un unser Arbeit, die is noch härter wie die von de Juden. Joseph, de war wenigstn Mann, kein vierbeinige Hund nich. Meine Brüder – Lachen is gut, Lachen, das is Brot un Salz un Buttermilch un Öl für Schmerzen. Aber alles hat sein Zeit. Auch Weinen hat sein Zeit. Un de Wut! Schwarze wie du un ich, Sklaven, de müssen weinen in ihre Wut! Laßt ab von so dummen Lachen wie vorhin!« rief ich mit erhobener Stimme. »Wenn Weißer sein Hand erhebt gegen eine von uns, so müssen wir nich lachen, wir müssen weinen vor lauter Wut! ›An den Flüssen von Babylon, da haben wir gesessen, ja, wir weinten, wenn wir Zions gedachten!‹ So isses!« (»Mhm, so isses!« kam die Stimme wieder, und eine andere fiel ein.) »›Wir hingen unsere Harfen an die Weiden, denn die uns fortgeführt hatten, verlangten ein Lied von uns. Wie sollen wir singen des HErrn Lied in einem fremden Land?‹ *So isses!«* sagte ich, und die Worte schmeckten mir bitter auf meiner Zunge. »De Weißen, de lassen uns singen un tanzen, schluffen un buckeln un ›Ol Zip Coon‹ aufm Banjo un de Fiedel spielen. ›Die uns fortgeführt hatten, verlangten ein Lied von uns.‹ Ja! Hört auf mit Singen, hört auf mit Banjo, hört auf mit Buckeln. Alles hat seine Zeit. Jetz is keine Zeit nich für Singen un für Lachen. Schaut euch um, meine Brüder! Schaut jeder dem annern inne Augen! Ihr habt grad gesehn, wien Weißer Bruder gegen Bruder hetzt! Un keine von euch isn vierbeiniges Vieh, wo man schlagen un peitschen kann wie 'n Flohbeutel von Köter. Ihr seid Menschen! *Menschen* seid ihr, meine lieben Brüder, schaut euch doch an, seht euern *Stolz!*«

Während ich noch sprach, sah ich, wie zwei ältere Schwarze ganz hinten in der Menge sich etwas zuflüsterten und die Köpfe schüttelten. Sie machten verwunderte und bekümmerte Gesichter, verdrückten sich zur Seite hin und verschwanden. Die anderen standen aufmerksam lauschend da, nachdenklich, fast regungslos. Ich hörte einen leisen Seufzer, ein geflüstertes »Amen«. Ich erhob beide Arme mit ausgestreckten Handflächen wie zu einem Segen. Ich spürte, wie mir der Schweiß über das Gesicht rann.

»In einem Gesicht inne Nacht, Brüder«, fuhr ich fort, »da is Gott dem Jakob erschienen, un Er hat zu ihm gesagt: ›Ich bin Gott, der Gott deines Vaters; fürchte dich nicht und geh nach Ägypten, dort will Ich aus dir ein großes Volk machen.‹ Un Jakob geht hinunter nach Ägypten, un de Volk Israel vermehrt sich, un Mose wird geboren. Mose, de is inne Binsen geboren, un er hat de Juden aus Ägypten befreit, ins Gelobte Land geführt. Na, da hats auch noch 'ne Masse Kummer geben. Aber in Gelobte Land, da warn de Juden aufrechte Leute un se haben leben können wie *Menschen*. Sie werden ein großes Volk. Kein fetter Speck mehr, keine Pinte Salz, keine Handvoll Mais mehr für de Juden; keine Aufseher, keine Sklavenauktion; kein Hornstoß am Morgen zum Wecken für sie. Jetz habense Hühnerbraten un weiße Brot un süßen Most, wo se in Schatten trinken können. Haben auchn ehrliche Dollar bezahlt dafür. *Menschen* sindse worden, de Juden! Aber, o meine schwarzen Brüder, de Schwarzen werden nie aus de Gefangenschaft geführt ohne dasse ihrn *Stolz* finden! Schwarze werden nie frei, se werden nie nich weißes Brot un süßen Most haben, wennse nich lernen, dasse sich *selber* lieben. Erst dann werden die Letzten die Ersten sein un de Ersten de Letzten. Schwarze werden nie nichn großes Volk sein bisse lernen, dasse de eigene schwarze Haut lieben un de Schönheit von de schwarze Hände wo so hart schuften un de schwarze Füße wo so müde über Gottes Erde treten. Un wenn de Weiße in ihre Haß un Wut un Gemeinheit Blut aus de schöne schwarze Haut schlagen, dann, ja *dann*, meine Brüder, dann isses nich Zeit zum Lachen, dann isses Zeit zum Weinen und fürn Zorn. – *Stolz!*« rief ich nach einer Pause und ließ meine ausgestreckten Arme sinken. »Stolz, Stolz, *immerwährender* Stolz! Nur der Stolz macht euch frei!«

Ich hörte auf zu reden und betrachtete die verdutzten schwarzen Gesichter. Dann schloß ich langsam, mit sanfter Stimme: »Mache dich auf, werde licht! Denn dein Licht kommt, un de Herrlichkeit des HErrn geht auf über dir. Amen.«

Die Neger schwiegen. Von fern klang durch den heißen Nachmittag von Jerusalem ein einzelner Glockenschlag von einer Kirche herüber, die halbe Stunde. Dann schoben sich die Neger nacheinander über den Steg davon, einige mit besorgter Miene, andere stumpf und verständnislos, einige verängstigt. Ein paar drängten sich mit strahlenden Gesichtern um mich. Der taube Henry hatte alles von meinen Lippen abgelesen; er trat dicht an mich heran und ergriff stumm meine Hand. Ich hörte Nelson sagen: »Hast de Wahrheit sprochen«, und auch er kam näher. Ich spürte ihre Wärme, ihr brüderliches Empfinden und ihre Hoffnung. Nun ahnte ich, was Jesus schon gewußt haben muß, als er an den Ufern Galiläas sagte: *»Folget mir nach; ich will euch zu Menschenfischern machen.«*

An einem anderen Samstag in Jerusalem, etwa einen Monat später, ereignete sich etwas Seltsames, das zwar nur wenig mit den großen Ereignissen zu tun hat, die ich bald beschreiben muß, auf mich aber einen solchen Eindruck machte, daß ich es wohl beschreiben muß.

Ich hatte inzwischen an diesen Samstagen mit sieben oder acht Negern eine Bibelschule gegründet; Daniel, Sam, Henry und Nelson gehörten dazu. Hark war wieder zu Travis zurückgekehrt, deshalb konnte er mich nicht mehr nach Jerusalem begleiten. Ich hielt die Samstagschule im Schatten eines riesigen Ahornbaums hinter dem Markt ab. Dort hockten wir in einem unregelmäßigen Kreis auf dem kühlen Boden, und ich hatte Gelegenheit, manche von diesen Negern zum erstenmal in ihrem Leben mit dem Heiligen Wort vertraut zu machen. Nur wenigen von ihnen erlaubte es ihre Veranlagung, das zu werden, was man als fromm bezeichnen könnte. Keinen konnte ich wirklich davon abbringen, zu lästern und zu fluchen oder den Schnaps zu trinken, den er heimlich vom Wagen eines Weißen zu stehlen vermochte. (Nur Henry, der einem frommen Herrn diente und ganz in seiner Taubheit gefangen war, konnte vielleicht als frommer Mann bezeichnet werden.) Doch die Sklaven, die ihre Köpfe sonst mit nichts anderem füllen konnten als mit gruseligen Altweibergeschichten von Gespenstern, Zauberei und Vorzeichen, folgten eifrig meinen Erzählungen von den Ereignissen, wie sie in den Büchern Mose beschrieben sind – den Geschichten über Joseph und seine Brüder, den Übergang übers Rote Meer und Mose, wie er mit seinem Stab gegen den Fels am Berg Horeb schlug – und jeden Samstagmorgen merkte ich mit Stolz und Freude, daß sie mich begrüßten, als bedeute mein Kommen für sie die kostbarste Stunde in der ganzen Woche. Nach dem Bibelunterricht, der manchmal bis in den Nachmittag hinein dauerte, verabschiedete ich mich freundlich von ihnen allen und zog mich in den Schatten unter Moores Wagen zurück, um mein Mittagessen aus Maisbrei und Speck zu verzehren. Ich hatte bereits beschlossen, mich mit einer Art von geheimnisvoller Erhabenheit zu umgeben, weil ich glaubte, daß diese überlegene Pose für mich vorteilhaft sein werde, wenn es schließlich einmal soweit war, daß ich meinen Gefolgsleuten die großen Pläne für die Zukunft enthüllen konnte.

An diesem Samstag hatte ich mich gerade von der Gruppe getrennt, da trat von der Seite ein fremder Weißer an mich heran und berührte mich leicht am Ellbogen.

»Prediger«, sagte er mit zitternder Stimme, »auf ein Wort, wenns recht ist.«

Der Ton klang freundlich. Wenn man von Moores hinterhältigen Sticheleien absieht, hatte mich bis dahin noch niemand »Prediger« genannt. Erstaunt drehte ich mich um und erblickte einen schmächtigen kleinen Mann, dessen Namen ich später erfuhr: Ethelred T. Brantley.

»Hab dich letzten Samstag gehört, wie du die Nigger gepredigt has«, murmelte er hastig und eindringlich. Verzweiflung schwang in seiner Stimme mit. »Du predigs wirklich gut, so gut! Was kann ich für mein Seelenheil tun?«

Ethelred T. Brantley war ein rundlicher, weibisch aussehender Mann mit weichen weißen Backen, auf denen winzige wunde Stellen und Pustel wie rote Erdbeeren in einem Kranz feinster rötlicher Härchen prangten. Er trug abgewetzte graue Hosen aus Baumwolle und eine ebensolche Jacke und wiegte sich unbeholfen in seinen breiten Hüften. Seine schmierigen kleinen Finger bewegten sich beim Sprechen unruhig hin und her. Nun drängte er mich, mit ihm hinter den Marktplatz zu gehen. Seine Äuglein huschten nervös umher, als fürchte er, mit mir gesehen zu werden. Dort, zwischen all dem Unkraut, erzählte er mir von sich. Seine Worte sprudelten nur so hervor, seine jämmerliche, quäkende Stimme schien jeden Augenblick brechen und sich in Schluchzen auflösen zu wollen. Zur Zeit war er ohne Arbeit und ohne Geld. Bis zum vorigen Jahr hatte er als dritter Gehilfe auf einer bankrotten Plantage unten im County Beaufort gearbeitet, im Staat Carolina. Nachdem er seinen Posten verloren hatte, war er nach Jerusalem zurückgekehrt und lebte nun in einer winzigen Hütte bei seiner älteren Schwester, die ihn von ihrem kärglichen Einkommen mit ernährte und dabei selbst im Begriffe war, an Schwindsucht zu sterben. Hin und wieder bekam er eine Gelegenheitsarbeit, aber er taugte nicht viel. Auch er litt unter einem quälenden Husten – Asthma oder auch die Schwindsucht? Brantley wußte es nicht. Er hoffte, es sei Asthma. An Asthma stirbt man vielleicht nicht. Der Ausschlag auf seinen Backen ging nicht weg, er hatte ihn schon, seit er ein kleiner Junge war. Außerdem saß ihm irgendeine Krankheit in den Eingeweiden. Er mußte ein dutzendmal am Tag auf den Abtritt, oft machte er sich in die Hose. Einmal hatte man ihn in Carolina ins Gefängnis gesteckt. Nun hatte er wieder Angst. Weil ... Wegen einer Frau? *Nein!* Er zögerte, seine Augen zuckten ängstlich hinter den Lidern, zwischen die Pusteln schob sich die Schamröte. Das war es nicht, nein. Nein, er ... Er hatte etwas *Schlimmes* angestellt, gestern, mit einem Jungen. Mit dem Sohn eines hiesigen Stadtrats. Er hatte dem Jungen einen Zehner bezahlt. Der Junge hatte geplaudert. Er glaubte, daß der Junge etwas gesagt hatte. Sicher war er nicht. Nun hatte er Angst. »O HErr im Himmel!« rief er aus. Dann entwich ihm mit kläglichem Zischen ein Wind, und für eine Weile stach mir ein Gestank wie vom tiefsten Grund eines Sumpfes in die Nase.

»Hab mich immer um die Nigger gekümmert, habse gut behandelt«, sagte Brantley. »Hab noch nie in mein Leben Nigger geschlagen. Du predigst wirklich mächtig gut. Habs gehört. Un ich hab so Angst. Mir gehts so elend. Was kann ich nur tun, daß ich gerettet wer'?«

»Da hilft nur die Taufe im Geiste«, sagte ich scharf.

»Wenn ich lesen könnt«, sagte er. »Vielleicht wüßt ich dann auch über Religion Bescheid wie du. Aber ich kann nich lesen un nicht schreiben, kein einziges Wort. Ach, was bin ich elend! Möcht am liebsten *sterben*. Hab aber Angst vorm Sterben. Können denn alle Menschen Stolz haben? Werden alle gerettet?«

»Ja«, antwortete ich, »alle Menschen können Stolz haben. Und alle können gerettet werden – durch die Taufe im Geiste.«

Dann wurde mir schlagartig bewußt, daß er mir vielleicht eine Falle stellen wollte, daß dies der typische Spaß eines weißen Mannes mit einem Neger sein könnte, eine List. »Aber wenn Sie meine Predigt gehört haben ...« Ich hielt inne. »Wenn Sie mir da zugehört haben, da hab ich Sachen gesagt, die nicht für weiße Ohren waren.« Plötzlich war ich befangen, ich wandte mich ab. »Ich hab für de Schwarzen gepredigt«, sagte ich grob.

»Aber nein, Prediger«, flehte er und versuchte, mich am Ärmel festzuhalten. »Ich brauch doch so sehr Hilfe, bitte!«

»Warum gehnse dann nich in Ihre eigne Kirche?« erwiderte ich. »Warum gehnse nich inne Kirche für Weiße?«

Er zögerte, dann sagte er schließlich: »Kann ich nich. Bin früher in Nebo gegangen. Dort geht auch meine Schwester hin. Nur Reverend Entwistle, der Pfarrer dort, der ...« Er brach ab und konnte offensichtlich nicht weiterreden.

»Was ist mit ihm?« fragte ich.

»Ach, der hat mich rausgeschmissen«, gurgelte er mit halb erstickter Stimme. »Er sagt, ich bin ...« Wieder hielt er inne, seufzte und schlug die Augen nieder. »Er sagte ...«

»Was hat er gesagt?« fragte ich.

»Er sagt, er will kein Sodomiter von die Kinder Israel im Haus des HErrn haben. Sag, das steht so inner Bibel. Ja, so hat ers gesagt, weiß noch jedes Wort davon. Er sag, ich bin ein Sodomiter. Drum kann ich nich nach Nebo gehn. Nirgends kann ich hingehn.« Gequält sah er mich an. Seine Augen schwammen in Tränen. »Ach, Prediger – *wie* kann ich errettet werden?«

Jäh überfluteten mich Mitleid und Ekel. Ich frage mich seitdem, warum ich ihm damals keine andere Antwort gab, finde aber keine rechte Erklärung. Vielleicht lag es daran, daß Brantley mir in diesem Augenblick so elend und verlassen vorkam wie der niedrigste Neger; er war zwar weiß, doch verdiente er ebenso Gottes Gnade, wie andere Seinen Zorn verdienen, und wenn ich Brantley im Stich gelassen hätte, dann hätte ich meine Pflicht als Diener an Seinem Wort verleugnet. Außerdem befriedigte mich der Gedanke, daß ich, indem ich Brantley den Weg zum Heil wies, etwas tat und eine Pflicht erfüllte, vor der ein weißer Prediger versagt hatte. Jedenfalls ...

»Dann hören Sie zu«, sagte ich zu ihm. »Fasten Sie acht Tage lang, bis nächsten Sonntag. Sie dürfen nichts essen, nur einmal alle zwei Tage so viel Maisbrei, wie in eine Hand geht. Nächsten Sonntag werde ich Sie dann im Geiste taufen, und Sie sind errettet.«

»Der HErr sei mir gnädig, Prediger!« rief Brantley, den Tränen nahe. »Hast mirs Leben rettet! Bin so glücklich!« Er packte meine Hand und versuchte sie zu küssen, doch ich zog sie ihm hastig weg.

»Fasten Sie, wie ich gesagt hab«, wiederholte ich. »Und kommen Sie nächsten Sonntag zu mir, zu Mr. Thomas Moores Farm. Dann werden wir gemeinsam die Taufe im Geiste empfangen.«

Der folgende Tag war Sonntag; da war es üblich, den Negern die meiste Zeit vom späten Vormittag bis zum Abend freizugeben. Am frühen Nachmittag wanderte ich die vier Meilen die Straße entlang und sprach bei Mrs. Catherine Whitehead vor. Ihr Haus lag ein paar hundert Schritte von der Straße entfernt, ein gemütliches, breit hingelagertes Gebäude aus glattgehobelten Brettern, nicht wie Moores Bude aus grobbehauenen Planken zusammengeschlagen. Die Wände waren frisch getüncht und gedichtet, und ringsherum grünte ein gepflegter Rasen mit viel Klee, über dem die Bienen summten. Ein staubiges Feld mit junger, knospender Baumwolle erstreckte sich bis an den Waldrand. Im vorderen Hof stand eine geschlossene englische Kutsche aus messingbeschlagenem Kirschbaumholz, mit einem gepflegten, gut ernährten, prächtig gestriegelten Gaul davor. Das Pferd fraß nun gemächlich von dem frischen Gras und durchbrach die Stille des heißen Nachmittags mit einem leise schmatzenden und mahlenden Geräusch. Auf der vorderen Veranda blühten Zinnien in ordentlichen roten Blumenkästen, und von einem Spalier her wehte mich der warme Duft von Rosen an. Mrs. Whitehead war eine vornehme Dame und ziemlich wohlhabend. An ihrem Haus war nichts Außergewöhnliches, aber es war weitaus ordentlicher als Moores Farm. Ich wußte, daß sie sogar Bücher besaß. Seit jenen Tagen in der Turner-Mühle hatte ich nie wieder mit wohlhabenden Weißen zu tun gehabt, und als ich bescheiden auf der vorderen Veranda stand und darauf wartete, daß jemand auf mein Klopfen öffnete, wurde mir bitter bewußt, wie sehr es mit mir abwärts gegangen war, ich fürchtete sogar, nach Stallmist zu stinken. Seltsam berührt fragte ich mich, wie es wohl jemand fertigbrachte, mitten in der allgemeinen Trockenheit einen so schönen, frischen, üppigen Pflanzenwuchs zu erhalten. Dann entdeckte ich draußen auf dem Feld eine Windmühle –

die einzige in meilenweitem Umkreis, ein Wunder für jeden, der sie sah. Ihre verwitterten Flügel bewegten sich mit schwachem, traurigem Klappern in der Stille des Nachmittags.

Margaret Whitehead öffnete mir die Tür. Es war unser erstes Zusammentreffen, von dem mir für immer einzelne Silben, Töne, Blicke, Stimmungen, Harmonien, Bogenlinien, Spiegelungen des spätsommerlichen Lichts in Erinnerung bleiben sollten. Ich sehe noch das hübsche Mädchengesicht undeutlich vor mir – sie muß damals etwa vierzehn gewesen sein – und hörte eine sanfte Stimme. »Aber gern, er ist zu Hause«, sagte sie ohne Spur von Überraschung, als sei meine Haut alabasterweiß, als ich sie fragte: »Bitte, junge Missy, darf ich einen Augenblick Ihren Bruder, den Prediger, sprechen?«

Richard Whitehead erschien, die Brösel von seinem Nachtisch noch an den Lippen; er schickte mich sofort ums Haus herum zum Hintereingang. Dort wartete ich eine Viertelstunde, bis er wieder zurückkam – ein schlanker junger Mann, schmächtig, mit einem verkniffenen, feindseligen Mund und den gleichen versteinerten Augen, wie ich sie vor Jahren in Turners Bibliothek gesehen hatte: auf einer Zeichnung des verwüsteten Gesichts von Johann Calvin. Seine Stimme klang schneidend und dünn, sabbatmäßig gedämpft in violetter Melancholie. Mir war sofort klar, daß ich nicht hätte kommen sollen. Wie ein Unwohlsein packte mich die alte Niggerangst, und ich mußte einfach meinen Blick abwenden.

»Was willst du?« fragte er.

Ich zögerte einen Augenblick – raus damit, schnell, dachte ich – dann sagte ich: »Bitte, Massa – ich bin ein Prediger des Evangeliums. Wollte nur fragen, ob ich nich unten in Ihre Kirche ein weißen Herrn taufen darf, am Sonntag, wenn alle Leute gegangen sind.«

Ein überraschter Ausdruck huschte über sein Gesicht und verschwand wieder. Dann fragte er: »Wer bist du?«

»Ich bin Nat Turner«, erwiderte ich. »Mein Herr ist Mr. Thomas Moore, unten im Flag Marsh.«

»Ja, ich hab schon von dir gehört«, sagte er kurz angebunden. »Was war das noch mal, was du wolltest?«

Ich wiederholte meine Bitte. Er sah mich an, ohne mit der Wimper zu zucken, dann sagte er: »Was du da verlangst, ist lächerlich. Wie kann ein Schwarzer von sich behaupten, ein ordinierter Verkünder des Evangeliums zu sein? Sag mir doch bitte, wo du Theologie studiert hast. Washington College? William and Mary? Hampden-Sydney? Was du da verlangst ...«

»Man muß nicht ordiniert sein, Massa«, warf ich ein. »In Gottes Augen bin ich ein Prediger Seines Wortes.«

Er schob die Lippen vor. Ich bemerkte, wie sein ungläubiges Staunen allmählich in Verärgerung überging. »Hab noch nie in meinem ganzen Leben von einem Schwarzen einen solchen Quatsch gehört!« rief er. »Was hast du denn überhaupt vor? Was für einen weißen Herrn willst du denn in der Kirche taufen?«

»Mr. Ethelred T. Brantley.«

»Brantley!« Als er den Namen hörte, wurde er aschfahl vor Wut. »Brantley – ein *Herr!* Den Lumpen kenn ich! Er hat in Carolina wegen eines abscheulichen, ekelhaften Verbrechens wider die Natur im Gefängnis gesessen! Er wurde in diesem County schon aus einer Gemeinde ausgewiesen, und nun soll der den heiligen Altar unseres Methodistentempels beschmutzen, indem er sich von einem wie du taufen lassen will! Was hat er dir dafür bezahlt, daß du mich zu einer solchen Gotteslästerung beschwatzen sollst?«

»Brantley ist ein armer Mann«, sagte ich. »Er besitzt keine zehn Cents. Und er ist sehr krank. Verloren ist er auch. Sagt die Bibel nicht, der Menschensohn ist gekommen, die zu erretten, so da verloren sind?«

»Verschwinde von hier!« schrie Richard Whitehead mit schriller Stimme. Ich sprang beiseite, als er durch die Tür nach mir treten wollte. »Heb dich hinweg von diesem Grund, schwarzer Teufel, und laß dich nie wieder hier blicken. Und sag diesem Brantley, ich hab was Besseres zu tun, als mich von einem heruntergekommenen, hochnäsigen Nigger zum Narren halten zu lassen. Dein Herr wird von mir hören, das verspreche ich dir, duuu ...«

Seine scharfe, raschelnde Stimme verfolgte mich noch, als ich mich auf demselben Wege, auf dem ich gekommen war, wieder zurückzog. Meine Einbildung spielte mit diesem hysterischen Winseln – erst klang es nach dem Geschrei einer jungen Frau, dann wie ein Kaninchen in der Falle, ein Vogel, und schließlich war es der Schrei, den ein Mann ausstößt, kurz bevor die Keule niedersaust und die schmalen Lippen mitsamt dem Schrei verschwinden läßt.

In dieser Woche beschloß ich, zusammen mit Brantley die Taufe in Persons' Mühlteich zu empfangen, der auf einer verlassenen Pflanzung nur wenige Meilen von Moores Haus entfernt lag. Ich ließ es Brantley durch einen Neger ausrichten, der nach Jerusalem ging; am Spätnachmittag des folgenden Sonntags trafen wir uns in der Nähe des Teiches. Ich wartete dort zusammen mit

Hark, Sam und Nelson. Brantley war vom Fasten offenbar geschwächt, sah aber etwas gesünder aus. Eine erwartungsvolle Röte überzog seine Backen, und er vertraute mir an, daß er zum erstenmal seit Jahren seine Eingeweide halbwegs unter Kontrolle habe. »Ach, ich bin so glücklich!« flüsterte er, als wir fünf den holzbelegten Teich zum Weg hinuntergingen.

Das Gerücht von der Taufe hatte sich jedoch im County verbreitet. Als wir ankamen, säumte eine Menge von vierzig oder fünfzig armen Weißen – darunter auch ein paar teiggesichtige Frauen in breitrandigen Sonnenhauben – das jenseitige Ufer. Sie warteten auf die Vorstellung. Kaum hatten wir das Ufer erreicht, als sie uns auch schon verhöhnten und verspotteten, wobei sie sich allerdings in sicherem Abstand hielten. Brantley bebte vor Erregung. »O HErr!« flüsterte er immer wieder. »Jetzt werd ich errettet!«

Während meine Jünger mir vom Ufer aus zusahen, watete ich mit Brantley bis an eine Stelle im Mühlteich, wo das Wasser uns bis an die Brust reichte. Dort sprach ich die Stelle aus Hesekiel, wo es um die Auferstehung der Totengebeine geht: *»Ich will euch Adern geben und Fleisch lassen über euch wachsen und euch mit Haut überziehen und will euch Odem geben, daß ihr wieder lebendig werdet; und ihr sollt erfahren, daß Ich der HErr bin . . .«*

Dann drückte ich Brantley nieder. Er verschwand unter der Wasserfläche wie ein nasser Sack Bohnen; danach kam er hustend und spuckend wieder hoch, und sein Gesicht trug einen solchen Ausdruck der Verzückung, wie ich ihn kaum sonst bei einem Menschen gesehen habe, gleich welcher Hautfarbe.

»Ich taufe dich«, sagte ich, »im Namen des Vaters und des Sohnes und des Heiligen Geistes.«

»O HErr, allmächtiger Gott – errettet!« schrie Brantley.

Etwas traf mich am Hinterkopf. Die Weißen drüben am Ufer begannen, uns mit Steinen und Ästen von umgestürzten Bäumen zu bewerfen. Ein dicker Holzknüppel prallte von Brantleys Nacken ab, doch er zuckte nicht einmal zusammen. Er nahm nichts anderes wahr als seine tiefe Freude.

»Großer Gott!« keuchte er. »Ich bin errettet! Halleluja!«

Ein zweiter Stein traf mich. Ich tauchte betend unter, dann erhob ich mich. Hinter den weißen Gesichtern, die wie matte Flecken am Ufer blühten, überzog Wetterleuchten den Himmel mit einem mattgrünen Schimmer. Die Dämmerung legte sich wie der Schatten riesiger Schwingen über das Land. Ich spürte deutlich die Vorahnung meines eigenen Todes.

»Brantley«, sagte ich, als wir durch das Wasser auf meine Jünger zuwateten, »Brantley, ich rate Ihnen, dieses County bald zu verlassen; denn die Weißen werden alle vernichtet werden.«
Ich bin sicher, daß Brantley mich nicht hörte.
»HErr, o HErr!« schrie er. »Endlich errettet!«

Gegen Ende des Jahrzehnts war zu merken, daß wieder ein gewisser Wohlstand in der Gegend einzog. Keinesfalls Reichtum, kein Luxus, kein Überfluß, aber eine respektable Atmosphäre von Sicherheit, begleitet von dem Gefühl, daß keine Hungersnot mehr die Menschen bedrohte. Einerseits hörte die lange Trockenheit auf; regelmäßiger Regen ließ das Land wieder in bescheidenem Maße fruchtbar werden. Andererseits war die bohlenbelegte Landstraße hinauf nach Petersburg und Richmond erst kürzlich hergerichtet worden und eröffnete einen neuen Markt für das flüssige Gold, das die Leute der Gegend bemerkenswerterweise in ihren eigenen Hinterhöfen übersehen hatten: Es handelte sich dabei um den köstlichen Schnaps, der aus Äpfeln gebrannt wurde. Äpfel wuchsen überall reichlich. Der Boden Southamptons eignete sich zwar überhaupt nicht mehr für Tabak und trug nur so viel Baumwolle, wie für den eigenen Bedarf notwendig war, aber Apfelbäume gab es im Überfluß, wild und in gepflegten Obstgärten, auf dem brombeerenüberwucherten Gelände toter Pflanzungen und am Rand aller Wege und Straßen. Äpfel wuchsen in allen Größen und Sorten. Hatten sie einst wurmstichig und verfaulend herumgelegen, so wurden sie nun in ganzen Wagenladungen in die Destillierkolben gekippt, die zum kostbarsten Besitz eines jeden Farmers geworden waren. Hier wurden die Früchte in hochwertigen Apfelschnaps verwandelt, dann in Fässern nach Jerusalem verfrachtet, um in ächzenden Ochsen- und Maultierkarren weiter nach Norden, nach Petersburg und Richmond, geschafft zu werden – lebhafte, vergnügungssüchtige Städte, deren Bürger sich durch dicke Brieftaschen und einen unstillbaren Durst auszeichneten. So floß Geld in beträchtlichen Mengen ins County. Southampton konnte zwar ganz gewiß nie so reich werden wie Ninive, doch in die Gegend zog, wie ich bereits sagte, ein bescheidener Wohlstand ein. Inmitten dieses wirtschaftlichen Aufstiegs entwarf ich allmählich meine Pläne für Vernichtung und Flucht.
Auch auf mich blieb der beginnende Wohlstand nicht ohne Auswirkung: Meine handwerklichen Kenntnisse, die ich mir in der Turner-Mühle erworben hatte und die so lange Jahre dank

Moores kläglicher Wirtschaft brachgelegen hatten, wurden für einige der Nachbarn plötzlich bedeutsam, insbesondere für solche, die bereits auf der Leiter des Erfolgs eine Sprosse höher gestiegen waren. Wohlstand fördert Ausweitung, und die bedingt eine lebhafte Bautätigkeit – Scheuern, Destillierhütten, Ställe, Zäune, Schuppen. Nachdem ich erst einmal den lebhaften Aufschwung ringsum entdeckt hatte, brauchte ich nicht mehr viel Zeit, meine Fähigkeiten als Zimmermann in den Vordergrund zu stellen. Ich war plötzlich sehr gefragt. Moore konnte das nur recht sein; denn meine Vermietung wurde zu seiner Haupteinnahmequelle. Ich war darüber noch froher, weil ich nun nichts mehr mit seinem Brennholz, seinen Dreckeimern und seinem winzigen Baumwollfeld zu tun hatte. Für eine Weile wurde mein Leben ganz erträglich. Als Zimmermann half ich mit, Travis' Scheune zu einer Wagnerwerkstatt auszubauen. Das war nur etwa ein Jahr, bevor Moore starb und ich durch die zuvor erwähnte Heirat in Travis' Besitz überging. Ich half beim Bau von mindestens drei Scheuern und zwei Destillieranlagen in der Umgebung von Cross Keys mit; für Major Ridley entwarf und baute ich in der Nähe von Jerusalem eine sinnreich ausgedachte Abortanlage: Von einem aufgestauten Bach führte eine hölzerne Rinne herbei, und wenn man an einer Kette zog, dann rauschte das Wasser munter unter dem Abtritt hindurch und beförderte das Ergebnis des Besuchs in einen tiefer gelegenen Abfluß. Die Anlage war ein Triumph der Installationskunst und trug mir von seiten des Majors ungewöhnliches Lob sowie ein noch recht ordentliches Paar abgelegter Lederstiefel ein. In Jerusalem wirkte ich am Bau eines Arsenals für die Miliz von Southampton mit (ein Zufall, der mich die genaue Lage des Zugangs von vorn, von hinten und von der Seite sowie jedes einzelnen Gewehrständers und des Munitionslagers kennenlernen ließ). Ich wurde auch öfter, als ich aufzählen kann, an Mrs. Catherine Whitehead vermietet. Im Gegensatz zu ihrem Sohn Richard, der auch weiterhin meine geistlichen Bemühungen entschieden ablehnte, schätzte sie meine Begabung so hoch ein, daß sie bereit war, erst Moore und später Travis einen Höchstpreis für meine Dienste zu bezahlen. Sie beauftragte mich mit dem Entwurf eines Stalls für ihre preisgekrönten Ochsen – ich half dann auch beim Bau mit – sowie eines zweiten Stalles und einer Wasserspülung für ihren Abort, die von der Windmühle gespeist wurde und ebenso funktionierte wie die inzwischen berühmt gewordene Anlage, die ich für Major Ridley erfunden hatte. Ich half ihr auch oft als Kutscher und Butler aus. Mrs. Whitehead war eine gestrenge Herrin, kühl und unnahbar, und sie wechselte nur wenige Worte mit ihrem Baumeister. Andererseits war sie untadelig fair und ehrlich gegenüber ihren Leuten und dachte nie daran, einen Neger zu mißhandeln. Mehrmals tätschelte sie anerkennend meinen Arm und wagte ein leises, kaum wahrnehmbares Lächeln, mit dem sie ein Lob ausdrückte. Mein Gefühl ihr gegenüber war schon bald so unbeteiligt wie gegenüber einer Baumwurzel, die demnächst ausgegraben werden soll.

So lebte ich die ganze Zeit über mit meinem Denken und Fühlen in zwei verschiedenen Welten: Ein Teil meiner selbst gehörte der lauten Welt des Alltagsgetriebes an, in der Hammer, Säge, Hobel und Breitbeil das Geschehen bestimmten, und ich beantwortete den Ulk oder die Bemerkung irgendeines weißen Herrn mit einem möglichst fröhlichen »Yessir!«, wobei ich den gutartigen Nigger spielte, der zwar einen religiösen Tick hat, aber eben verdammt gut mit Nägeln und Holz umzugehen versteht; den anderen Teil meiner selbst verfolgte unablässig jenes Gesicht im Wald, das mit der Zeit nicht an Bedeutung verlor, sondern von Tag zu Tag mehr in den Vordergrund trat. Dieser Teil meines Seins fastete und betete und flehte den HErrn inständig um eine Offenbarung an, eine Richtschnur, ein weiteres Zeichen. Das Warten peinigte mich. Ich wußte zwar, *was* Gott mir befohlen hatte, aber ich hatte noch keine Ahnung, *wie* ich meinen blutigen Auftrag ausführen sollte – wie, wo und wann.

Dann, eines Morgens im späten Winter des Jahres 1829, wurde ich mir über das *Wie* und *Wo* klar, nicht durch ein Gesicht, sondern durch eine plötzliche Erleuchtung, die so beseligend einfach war, daß ich wußte, nur der HErr konnte sie mir eingegeben haben. So blieb nur noch das *Wann*.

An diesem Tag stieß ich in Mrs. Whiteheads Bibliothek, wo ich vorgab, einen Tisch zu reparieren, zufällig auf ein Meßtischblatt des County Southampton und der östlich davon gelegenen Gebiete. Ich hatte reichlich Zeit, die Karte zu studieren. Einige Stunden später fand ich Gelegenheit, mich hinzusetzen und eine Pause anzufertigen. Ich benutzte dazu ein schönes großes Stück durchsichtiges Pergament und Mrs. Whiteheads besten Federkiel – das eine gestohlen, das andere entliehen. Die Landkarte machte mir klar, was für mich bisher nur hoffnungsvolle Überlegungen gewesen waren: Schon allein von der Geographie her war eine Flucht in die Freiheit durchaus möglich. Wenn vorher alle anderen wichtigen Fragen, die mitspielten, zufriedenstellend gelöst waren, hatte der Marsch in die Freiheit jede Aussicht auf Erfolg. Es würde nicht einfach werden. Ich wußte, daß ich zur Erfüllung dieser Aufgabe, die mir Gott und die Vorsehung so offenkundig gestellt hatten, jede Faser meines Gehirns und alle meine Leidenschaft würde aufbieten müssen.

An diesem Nachmittag schloß ich mich in der Bibliothek ein. Richard war zwar zu einem Ausritt, verbunden mit einem Besuch bei verschiedenen seiner Gemeindemitglieder, unterwegs, doch Mrs. Whitehead befand sich im Hause. Gefahr! Daß sie mich vielleicht hinter verschlossenen Türen überraschte, mußte ebenso in Kauf genommen werden wie die dann unvermeidliche Szene: »*Was* hast du da drin gemacht, daß du dich eingeschlossen hast?« – »Ehrlich, Miß Cathy, de alte Schloß is ganz von allein zugesprungen.« – Dann finsterer Verdacht, Zweifel, Vermutungen.

In gleichem Maße, wie die Landkarte unter meinen Fingern Gestalt annahm, wurden mir auch die Einzelheiten meines großen Vorhabens auf wunderbare Weise klar. Ich konnte es kaum erwarten, bis ich wieder allein war und alles niederschreiben konnte.

Wie im Fieber vollendete ich meine Zeichnung und legte das Original in das Buch zurück, in dem ich es gefunden hatte. Dann faltete ich die Pause so zusammmen, daß ich sie flach unter mein Hemd in den Hosenbund schieben konnte. Zuletzt kniete ich auf dem Teppich am Fenster nieder, betete und dankte Gott für diese Erleuchtung. Schließlich erhob ich mich, schloß die Tür wieder auf und verließ die Bibliothek.

Ich ging über den Hof hinüber zur Schlafstelle des Pferdeknechts im Stall (ein einigermaßen bequemes Gelaß mit Ofen und Strohmatratze, das ich für gewöhnlich benutzte, wenn ich bei den Whiteheads arbeitete), da rief mich Miß Cathy von der Seitenveranda her. Wir hatten das ungemütliche, trübe, niederdrückende Wetter, das so typisch ist für die Zeit zwischen Winter und Frühling – feucht, die Bäume noch unbelaubt, eine unangenehme Kühle in der Luft. Die hagere, einst sicher recht hübsche, sehr weiße Frau in mittleren Jahren stand zitternd da, in ihren großen Schal gehüllt, und betrachtete mich mit ihren nüchtern blickenden, glanzlosen Witwenaugen. Ihr Haar trug sie in der Mitte gescheitelt; es fiel ihr beiderseits in ergrauenden Locken auf die Schultern. Ich war wegen der Landkarte und meiner Pläne noch voller innerer Erregung und erstarrte beim Anblick dieser Frau, die doch kein Recht hatte, sich zu einem so entscheidenden Zeitpunkt in meine Gedanken einzumischen.

»Yesm?« fragte ich.

»Hast du den Tisch gerichtet, wie ich es gesagt habe?« fragte sie.

»Ja, Mam.«

»Es war Captain Whiteheads Lieblingstisch. Er hat immer daran geschrieben. Ich habe oft und oft versucht, ihn herrichten zu lassen, er ist trotzdem immer wieder zusammengebrochen. Bist du sicher, er wird nicht wieder zusammenfallen? Ich könnte bestimmt einen sehr guten Preis dafür bekommen.«

»Ja, Mam.«

»Wie hast du ihn repariert?«

»Ich habe drei Dübel aus Eichenholz eingesetzt. Der wo ihn zuletzt gerichtet hat, der hats mit einfachem Knochenleim undn bißchen dünnen Draht versucht. Kein Wunder, dasser wieder umfallen is. Schöne Walnußtisch, muß man starke Dübel nehmen. Wird nich mehr umfallen, das versprech ich, Miß Cathy.«

Sie war unter den Weißen keineswegs die schlechteste, aber aus irgendwelchen Gründen – vielleicht nur, weil sie mein Nachdenken unterbrochen hat – haßte ich sie nun so sehr, daß mir dieser Haß wie ein schwerer, scharfkantiger Stein im Magen lag. Ich konnte kaum ihren Blick erwidern und fragte mich, ob sie nicht meinen Haß entdecken würde, der mir kleine Schweißperlen auf die Stirn trieb.

»Hast du dich auch schon an den Stuhl gemacht?« fragte sie.

»Nein, Mam«, erwiderte ich. »Ich hab de ganze Zeit fürn Tisch braucht.«

»Na schön. Dann arbeitest du morgen nicht mit Jack und Andrew an den Stalltüren, sondern machst die Stuhlbeine wieder fest. Jack ist ohnehin krank. Der war schon den halben Winter immer wieder krank.« Ich merkte ihr den Ärger an. Ihre Lippen wurden dünn. »Morgen wirst du außerdem . . .«

Ich warf ein: »Miß Cathy, morgen, da muß ich doch wieder zurück zu Mr. Moore. Mietzeit is um.«

»Die Mietzeit ist um?« rief sie. »Aber das kann doch nicht sein! Ich habe dich bis zum Achtzehnten ausgeliehen!«

»Ja, Mam«, antwortete ich. »Das is heute – de Ach'zehnte.«

»Aber ich . . .« Sie setzte verwirrt zu einem neuen Satz an und brach mit einem Seufzer ab. »Richtig! Ach ja, ich glaube, du hast recht. Wir haben wirklich den Achtzehnten. Und du . . .« Wieder hielt sie inne und sagte dann nach einer Pause: »Mir wär's lieber, wenn du nicht zurück müßtest. Du bist der geschickteste Schwarze weit und breit. Ich nehme an, der nächste wartet schon auf dich.«

»Ja, Mam. Massa Tom sagt mir, Major Ridley will ne Menge Grasland für seine neue Herde einzäunen un kriegt mich für vierzehn Tage zum Zäunebaun. Bevors Frühjahr so richtig kommt.« Es fiel mir immer schwerer, mich zu beherrschen. Meine Stimme zitterte fast vor Wut. Was mußte sie sich so in meine Gedanken hineindrängen?

»Na ja.« Sie seufzte. »Ich wünsche mir wahrhaftig, ich hätte dich ganz für mich. Ich habe Mr. Tom Moore eine Menge Geld für dich geboten, aber wahrscheinlich weiß er genau, welche Goldgrube du für ihn bist. Es ist schwer genug, einen Schwarzen ans Arbeiten zu bekommen, und ich muß dir offen sagen, daß du ehrliche Arbeit leistest wie noch kein anderer Schwarzer, der mir bisher untergekommen ist.«

»Ich tue mein Bestes, Miß Cathy«, antwortete ich. »Der Apostel Paulus sagt, jeder soll nach seiner Arbeit belohnt werden, denn wir alle sind Arbeiter vor dem HErrn. Daran glaube ich.«

»Puh!« rief sie. »Verschon mich mit der Bibel! Ich glaube allerdings, darin hast du wirklich recht. Wenn ich mich nur nicht im Datum geirrt hätte«, fuhr sie dann fort. »Ich hätte gern noch den Stuhl gerichtet gehabt, und ich hatte so sehr gehofft, du könntest morgen nachmittag mit dem Wagen die kleine Miß Margaret aus Jerusalem abholen. Sie hat jetzt Ferien. Sie kommt mit der Postkutsche aus dem Seminar in Lawrenceville. Ich hatte gehofft, daß du sie abholen kannst. Den anderen Schwarzen kann ich die beiden Pferde nicht anvertrauen.«

»Ja, Mam«, sagte ich. »Es tut mir leid.«

»Ich werde dich bald wieder holen, da kannst du sicher sein.« Sie bemühte sich um ihr mattes, geistesabwesendes Lächeln. »Ich nehme an, das Essen hier ist erheblich besser als bei Mr. Moore, wie?«

»Ja, Mam«, sagte ich. »Das stimmt.«

»Ich möchte wetten, daß es sogar noch besser ist als bei Major Ridley.«

»Ja, Mam«, sagte ich. »Das stimmt.«

»Ach, ich wollte, ich hätte mich nicht im Datum geirrt. Bist du wirklich sicher, daß wir schon den Achtzehnten haben?«

»Ja, Mam, so stehts auf dem Kalender in der Bibliothek.«

»Du bist der einzige Schwarze, dem ich Miß Margaret oder Miß Harriet oder Miß Gwen oder eines der Enkelkinder mit dem Wagen anvertrauen würde. Mir wird ganz schlecht bei dem Gedanken, daß Hubbard oder Andrew oder Jack mit all meinen Kindern wie verrückt mit dem Wagen die Landstraße hinauf und hinunter rast.« Sie hielt einen Augenblick inne und betrachtete mich sehr aufmerksam. Ich blickte zur Seite. Dann fuhr sie fort: »Es ist sehr eigensinnig von Mr. Tom Moore, daß er dich mir nicht verkaufen will, meinst du nicht auch?«

Ich hatte das Gefühl, darauf antworten zu müssen. So sagte ich: »Nun, Miß Cathy, wahrscheinlich verdient Massa Tom bißchen mehr, wenn er mich vermietet, denk ich – auf die Dauer.«

»Nun, ich glaube, irgendwann wird er sich dem Unvermeidlichen beugen und dich an jemanden mit Geld und Ansehen verkaufen müssen, wenn nicht an mich, dann eben an einen anderen. Du bist ein zu schlauer Nigger, um da drunten in dem Sumpfloch zu versauern, so ordentlich dein Besitzer auch sein mag. Wie alt bist du, Nat? Ungefähr fünfundzwanzig?«

»Achtundzwanzig, Miß Cathy.«

»Dann hast du für dein Alter wirklich Glück gehabt. Sieh dir nur einmal die anderen jungen Schwarzen an, denen deine Fähigkeiten abgehen: Sie können nur mit Hacke und Besen umgehen, und das nicht richtig. Ich glaube, du wirst es weit bringen. Ich meine, du bist doch tatsächlich imstande, alles zu begreifen, was ich zu dir sage. Auch wenn du nicht an jemanden wie mich verkauft wirst, wird man dich doch an Leute wie mich vermieten, die dich genug zu schätzen wissen, um dich anständig zu ernähren, dich warm zu kleiden und sich um dich zu kümmern. Du hast sicherlich keinen Anlaß zu der Sorge, daß man dich jemals in den Süden verkaufen wird, auch jetzt nicht, wo Schwarze für Alabama und Mississippi so sehr gefragt sind und wo so viele zusätzliche Münder zu stopfen sind . . .«

Während sie noch redete, sah ich zwei ihrer Neger, Andrew und Tom, über die Wiese stolpern. Zwischen sich schleppten sie einen Sägebock, hoch und schwer beladen mit rohen Eichenklötzen, die verrutscht waren und jeden Augenblick zu Boden fallen mußten. *Da!* Während ich das noch dachte, rumpelten die Hölzer schon holterdiepolter zu Boden. Umständlich schichteten die beiden Einfaltspinsel die Scheite wieder auf und setzten mit bleiernen Füßen ihre Wanderung über die Wiese fort, zwei lächerliche Schattenfiguren vor einem Hintergrund von Wald und Winterhimmel, ziellose Gestalten am äußersten Ende der Welt – schwarze, gesichtslose Verkörperungen der letzten Ausweglosigkeit. Mir lief in der Kühle ein kurzer Schauder über den Rücken, und ich überlegte: Wozu lebt der Mensch überhaupt? Warum ringen die Menschen so ums Nichts, fuchteln in der Luft herum? Für einen kurzen Augenblick packte mich eine entsetzliche Pein.

Richard Whitehead kam auf einem dicken weißen Gaul auf den Wirtschaftshof drüben geritten. Er schwenkte den Arm und rief mit hoher, singender, süßlich-salbungsvoller Stimme:

»'n Abend, Muddah!«

»Heihoo, Kleiner!« rief sie zurück. Ihr Blick blieb eine Weile auf ihrem Sohn haften, dann wandte sie sich wieder mir zu: »Weißt du, daß ich Mr. Tom Moore tausend Dollar für dich geboten habe? *Eintausend Dollar!*«

Seltsam, in gewisser Weise gab sich diese Frau mir gegenüber einschmeichelnd, eigentümlich freundlich, mit einem Einschlag salbungsvollen Wohlwollens, alles in allem beinahe mütterlich. Schnuppert an meinem schwarzen Arsch. Im innersten Herzen hatte ich nichts gegen sie. Und doch konnte sie sich nicht aus ihrer Welt der Kassenbücher, Konten, Quittungen, Rechnungen, Bilanzen und Gewinne lösen, sie kam nicht los von der Schnur ihres Geldbeutels, vom schnöden Mammon. Es war, als spreche sie nicht von einem Wesen mit Lippen und Fingernägeln und Augenbrauen, das sie in einen Kokon ihrer Gedanken einspann, sondern von einem wundertätigen Schubkarren. Ich betrachtete das selbstzufriedene, talgweiße Oval ihres Gesichts. Da fiel mir plötzlich wieder das Dokument unter meinem Hemd ein, und der Haß erfaßte mich aufs neue. Entsetzen packte mich und die Erkenntnis: *Wahrlich, dieses weiße Fleisch wird bald schon tot sein.*

»Ich hoffe, dir ist klar, wieviel Geld tausend Dollar sind«, sagte sie. »So viel Geld bezahlt man nicht für etwas, das einem nicht wirklich wertvoll und kostbar ist. Das weißt du doch, Nat, wie?«

»Ja, Mam«, sagte ich.

»Nein«, sagte sie nach einer längeren Pause. »Du wirst es weit bringen – für einen Schwarzen.«

Nr. I. Erstes Ziel: Haus von Mrs. C. Whitehead. Ein Geschenk des Himmels. Besetzung des Hauses Abschluß der ersten Phase. Bei Whitehead Gewehrzimmer gleich neben Bibliothek. Trophäen von Mrs. W's verstorbenem Mann. 15 Musketen, Büchsen und Schrotflinten, 6 Pistolen mit Feuersteinschloß, dazu 4 Säbel, 2 Buschmesser, 4 kleine Dolche, Mengen Pulver u. Blei.

Wenn Haus besetzt und Einwohner vernichtet, sollten diese Waffen Kräftegleichgewicht herstellen. Wenn Angriff um Mitternacht von Cross Keys aus gestartet (Moore? Travis?), müßte Mrs. W's Haus am nächsten Mittag erreicht werden. Häuser unterwegs werden wenig an Waffen usw. erbringen, müssen aber erobert u. Einwohner vernichtet werden, bevor Alarm gegeben werden kann. Hier eroberte Waffen sollten reichen, am Mittag des 2. Tages in allgemeine Richtung NO auf Jerusalem zu vorzustoßen. Außerdem in Mrs. W's Stall die 8 Morganpferde plus 2 Kutschpferde. Wenn Zeit reicht, Ochsen und anderes Vieh vernichten.

Alle Häuser anzünden, nachdem Bewohner getötet? Wahrscheinlich nein. Vermutlich zweckmäßig, aber Feuer u. Rauch lösen vorzeitigen Alarm aus. Aber es müssen alle getötet werden. Alle.

Nr. 2. Nach Mrs. W. nächstes Hauptziel Jerusalem. Das Arsenal. Der alte schwarze Handlanger Tim behauptet, dort noch vor 2 Monaten über 100 Musketen und Büchsen, 800 Pfd. Pulver, unbekannte Menge Kugeln in Leinensäcken, auf jeden Fall ausreichend. Auch 4 kleine Kanonen, die man auf Leiterwagen setzen kann. Vielleicht gut für spätere Verteidigung mit Ladungen von Kugeln und gehacktem Blei.

Im Arsenal auch viele Sägen, Äxte usw. Später nützlich.

Milizstall hat 10 Pferde, darunter 6 Berber-Rappen aus Albemarle. Hervorragend für raschen Vorstoß nach Osten von Jerusalem aus. Zugang zu Arsenal einfach, da Seitentüren verriegelt, aber lose in Angeln. Wenn Wachen getötet, nur Angeln mit Brechstangen zwischen Tür und Türbalken aufbrechen. Stadt wird durch Feuer vernichtet. Daher will ich mein Antlitz zuwenden der Belagerung Jerusalems, und mein Schwert soll entblößt werden, und ich werde gegen sie prophezeien.

Nr. 3. »Sumpf des Schreckens« letztes Ziel. Josua, viel besser gerüstet als ich, würde nicht völliges Vernichtungswerk ohne Zufluchtsort beginnen. Nutzlos anzugreifen, wie Josua es oft tat, z. B. Lachis und Eglon und 5 verbünd. Könige, ohne sichere Zuflucht wie z. B. Lager bei Gilgal. Deshalb ...

»Sumpf des Schreckens«. Nur 35 M. OSO von Jerus. 2 Tagesmärsche von Jerus. oder weniger, wenn Truppe mit Pferden ausgerüstet. Straße von Jerus. bis in Nähe Sumpf nach Karte gut, das bestätigen außerdem Neger, mit denen ich gesprochen, die auf dem Weg nach Suffolk oder Norfolk dort waren. Mögliches Hindernis (aber nur eines!) Furt durch Blackwaterfluß zwischen Countys Southampton und Isle of Wight, aber im Aug. wahrscheinlich seicht. Feststellen ob Fähre dort.

Wird der HErr mir im Aug. Zeichen geben? Welches Jahr?

»Sumpf des Schreckens« sichere Zuflucht für meine Streitmacht. Immer noch weglos. Keine Ahnung, daß so groß, nach Karte N-S

30–35 Meilen lang und bis zu 20 Meilen breit. Unbekanntes Gelände, Vorteil für Verteidigung. An Vortrag von Oberst Persons oder Parsons vor Massa Samuel denken, über Krieg von 1812 in Sümpfen um Washington. Erst einmal im Sumpf, kann meine Streitmacht mit Vorrat an Waffen, Munition usw. feindliche Verfolgung und Angriffe endlos aushalten. Andere Neger in Virginia, North Carolina, vielleicht sogar South Carolina, könnten sich uns anschließen???

Neger in Jerus., die mit ihren Herren zur Jagd dort waren, z. B. Long Jim von Dr. Massenberg, sagen alle, Sumpf hervorragend. Auch Charlie und Edward, Bärenjagd mit Oberst Boyce. Noch mal mit Edward reden. Genügend hochgelegenes trockenes Gelände, aber meistens tiefes Sumpfland und Savanne. Viele Trinkwasserquellen und unglaublicher Überfluß an Wild, Hirsche, Bären, Wildschweine, Truthühner, Wildenten, Gänse, Eichhörnchen, Hasen, Waschbären usw. Millionen Fische. Forellen, Brassen, Güster, Welse, Aale. Gemüseanbau möglich. Natürlich genügender Holzvorrat für Hütten, Unterstände usw. »Sumpf des Schreckens« nur wenige Meilen vom Atlantik! Vielleicht sehe ich das Meer!

Viele Schlangen, besonders Wassermokassins. Hark nichts davon sagen!!!

Nr. 4. Völlige Überraschung wichtig, daher Jüngern erst im allerletzten Augenblick etwas sagen. Hoffentlich gibt der HErr mir Zeichen für Aug.

Nr. 5. Frage der Rekrutierung. Wer wird mir folgen? Artikel in So' Reporter schrieb neulich, in County Southampton auf 3 Neger nur 2 Weiße, überraschte mich, dachte es mir umgekehrt. Um so besser!

Nr. 6 Nimmermüde Geduld und Gottvertrauen.

Nr. 7. Geduldig auf Sein Zeichen warten.

Nr. 8. Muß strengstens Ausschreitungen gegen Frauen verhindern. Werden ihren Frauen nicht antun, was sie unseren getan haben. Kostet außerdem wertvolle Zeit.

Nr. 9. Alle töten. Keine Gefangenen, kein Hemmschuh, mit nichts belasten. Alle. Einzige Möglichkeit.

Nr. 10. Laß Deine Hand ruhen auf dem Mann Deiner Rechten, dem Menschensohn, den Du stark gemacht um Deiner selbst willen. GOtt Zebaoth, tröste uns und laß leuchten Dein Antlitz; so genesen wir. Amen.

Wann, o HErr?

Die Zahl meiner Jünger – sie stammten aus der Bibelschule, die ich hinter dem Marktplatz von Jerusalem abhielt – belief sich inzwischen auf etwa zwanzig. Viele der Neger waren kaum oder gar nicht darauf aus, etwas zu lernen; sie blieben bald wieder weg und gesellten sich zu dem lärmenden Pöbel auf dem Holzsteg. Aber andere blieben. Wenn ich »Jünger« sage, so meine ich jene Neger – es waren auch drei oder vier Freigelassene darunter –, die ihren Glauben in mich und ihre Anhänglichkeit entweder dadurch bewiesen, daß sie hingebungsvoll den Geschichten lauschten, die ich ihnen erzählte – Geschichten aus der Bibel oder aus der großen Welt, soweit ich in der Turner-Mühle davon gehört hatte –, oder dadurch, daß sie mit großen Augen wissensdurstig meinem einfachen Erdkundeunterricht folgten (die wenigsten von ihnen wußten, daß sie in einem Staat namens Virginia lebten, und die meisten hielten die Erde für eine flache Scheibe) oder meinem Unterricht von der Beschaffenheit des Himmels (einige glaubten, die Sterne seien uns so nahe, daß man sie mit einem Büchsenschuß herunterholen könnte), oder indem sie mir zuhörten, wenn ich ihnen von Napoleon Bonaparte erzählte, über dessen Eroberungszüge die älteren Turners stundenlang gesprochen hatten und die so zu einem Teil meiner Jugend geworden waren; nur verwandelte ich Napoleon geschickt in einen hünenhaften Neger, die Geißel der weißen Welt. Mein Gott, wie sehr bemühte ich mich, ihren unwissenden Schädeln die Vorstellung von einem Nigger-Napoleon einzuhämmern! Natürlich lag es in meiner Absicht, ihnen dabei gleichzeitig eine gewisse schwarze Streitbarkeit einzupflanzen. Zu meiner großen Zufriedenheit konnte ich feststellen, daß sie sich durch meine behutsame Führung allmählich mit diesem blutigen Eroberer zu identifizieren begannen. Wie Josua und David, die ich durch die Kunst meiner Zunge ebenfalls in Negerhelden verwandelte, beschwor dieser schwarze Napoleon die Ruinen der weißen Welt wie ein Engel aus der Offenbarung Johannes. Ich stellte ihn als Afrikaner dar, der gekommen war, die weißen Stämme des Nordens zu vernichten. So kindisch das auch war, allmählich glaubten sie an diesen dunklen Halbgott; ihre Augen glänzten, wenn ich von seinen Eroberungen erzählte, und ich hatte den Eindruck, tief in jenen Augen die Funken eines neuen Mutes aufblitzen zu sehen – Anzeichen einer blutigen Leidenschaft, die nur noch meines zündenden Funkens bedurfte, um zu heller Wut aufzulodern. Ich verzichtete jedoch darauf, diesen schlichten Gemütern unter meinen Jüngern das Lesen und Zählen beizubringen. Die meisten von ihnen waren über zwanzig oder schon über dreißig und zu alt für solche Dinge; außerdem – was sollte es am Schluß nützen? Natürlich ließ ich auch nicht die geringste Andeutung hinsichtlich der wahren Art meiner großen Pläne verlauten. Jetzt, wo die Zeit bald gekommen war, genügte es, wenn sie mich bewunderten und sich in dem Licht sonnten, das ich mit meinem Wissen und meiner Macht über sie ergoß.

Meine »engsten Vier«, wie ich sie bei mir nannte – jene, denen ich am meisten vertraute und die, wenn der Augenblick gekommen war, meine Generäle werden sollten –, waren Hark, Nelson, Henry und Sam. Zwei von ihnen, Nelson und Henry, waren die ältesten unter meinen Jüngern. Ich schätzte nicht nur die Erfahrung ihrer Jahre, sondern auch die Fähigkeiten, die sie unabhängig von ihrem Alter besaßen. Ich spürte, daß sie tiefe Achtung vor meiner überlegenen Intelligenz und meiner Fähigkeit zu führen und zu begeistern zeigten, aber nicht wie die meisten anderen vor mir buckelten. Da keinem von ihnen in meiner Gegenwart die Zunge gelähmt war, kam oft ein freimütiges Gespräch zwischen uns zustande, und ich war klug genug, gelegentlich zu schweigen und zu lauschen, um mir ihren Rat zunutze zu machen.

Nelson war schon über fünfzig, langsam in seinen Bewegungen, gleichmütig, weise, voller Flüche und haßbeseelt, dabei standhaft wie eine Eiche. Ich durfte darauf vertrauen, daß er ohne Zögern jeden Befehl ausführen würde. Das galt auch für Henry; trotz seiner Taubheit – oder vielleicht gerade deswegen – schien er seiner Umwelt aufmerksamer zu begegnen als alle anderen Neger, die ich bisher kennengelernt hatte. Er war ungefähr vierzig, stark, vierschrötig und schwarz wie Kohle. Ein paar von den anderen Negern schworen darauf, daß Henry auf fünf Meilen Entfernung brutzelnden Speck riechen könne; er war in der Lage, wie ein Jagdhund der Fährte eines Opossums zu folgen, und wenn er mit seiner großen Zehe auf einen Erdhaufen zeigte, so fand man darunter beim Nachgraben einen wimmelnden Haufen fetter Regenwürmer als Köder zum Fischen. So ziemlich als einziger unter meinen Jüngern war er von tiefem religiösem Gefühl beseelt, das wie ein helles Licht in der ewigen Grabesstille seiner Welt leuchtete. Seine Lippen bewegten sich im Gleichtakt mit meinen Worten, er spitzte sein besseres Ohr, mit dem er noch ein paar Töne auffangen konnte, seine hellen Augen waren wie gebannt auf mich gerichtet, wenn ich von irgendeiner Schlacht im alten Israel erzählte. Von meiner ganzen schwarzen Jüngerschaft war mir Henry – mit Ausnahme von Hark – am treuesten ergeben. Doch da war noch eine andere Überlegung, wichtiger als ihre Fähigkeiten und ihre Erfahrung, die mir Henry und Nelson so wertvoll machten und die mich veranlaßte, ihnen volles Vertrauen zu schenken. Beide von ihnen waren nämlich – ebenso wie Sam, der jüngste unter meinen »engsten Vier«, mein verwegener, halbwilder gelber Draufgänger, sicher der lebhafteste, unternehmungslustigste und einfallsreichste meiner Jünger – aufgrund ihres seit langem aufgestauten Hasses und ihrer stillen Wut in der Lage, einem Weißen die Leber aus dem Leib zu schneiden, ohne sich mehr daraus zu machen, als wenn sie einem Kaninchen oder einem Schwein die Gurgel durchschnitten.

Wenn man einen Durchschnittsneger fragt, ob er bereit sei, einen Weißen zu töten, so wird er ja sagen; aber man kann sicher sein, daß er damit nur prahlt. Bei meinen vier engsten Mitstreitern war dies nicht der Fall; jeder von ihnen hatte Grund genug für seinen unerbittlichen Haß. Die Sklaverei hatte Nelson fast in den Wahnsinn getrieben. Nur weil er Pech hatte, war er grausam oft verkauft worden – mehr als ein halbdutzendmal. Seine Kinder waren in alle Winde verstreut. Nun, in mittleren Jahren, war er Eigentum eines jähzornigen und gemeinen Holzfällers, der ihm einmal mitten ins Gesicht geschlagen hatte (Nelson hatte zurückgeschlagen), und konnte dieses Dasein einfach nicht mehr viel länger ertragen; in seiner nagenden Verzweiflung wartete er nur auf ein Zeichen von mir, um zu allem bereit zu sein.

Henrys Wut war anders geartet, ergebener, geduldiger, gelassener – wenn sich Zorn überhaupt durch Gelassenheit zügeln läßt –, aber deswegen keinesfalls weniger erbittert; sein Haß erblühte in der beinahe stummen Welt, in der er lebte. Schon als kleiner Junge war er von einem Aufseher auf den Schädel geschlagen und davon taub geworden; seitdem hatte er nur dumpfes Krachen, entferntes Rauschen und Knistern wahrgenommen. Die Erinnerung an dieses weit zurückliegende Ereignis schürte täglich neu seine stille Wut. Jeder kaum gehörte Vogelruf, jedes nur gesehene lautlose Kinderlachen oder das absolute Schweigen am Rand eines rauschenden Baches rief in ihm die Erinnerung an diesen unaussprechlichen und ungerächten Augenblick vor dreißig Jahren wach. Ich war sicher, daß sich Henry wie eine Schwalbe geradewegs in die Welt der Töne und Geräusche emporschwingen würde, sobald er das Blut auch nur eines einzigen Weißen vergossen hatte.

Sams Haß war am wenigsten kompliziert. Wie ein eingesperrtes

Tier nur an dem Schatten, der ab und zu auf seinem Käfig fällt, das Wesen wahrnimmt, von dem es nichts als sinnlose Qualen erfährt, so wünschte sich Sam nur ganz einfach, Nathaniel Francis zu vertilgen, sich von ihm zu befreien. Man brauchte ihn nur aus dem Käfig zu lassen, und schon würde er seinem Peiniger geradewegs an die Kehle springen und ihn töten, um danach alle zu verschlingen, die ihm auch nur entfernt ähnelten.

Was Hark und seinen Haß anbetrifft, so war da natürlich die Tatsache, daß man seine Frau und sein Kind in den Süden verkauft hatte. Dies benutzte ich als Werkzeug, mit dem ich seine Unterwürfigkeit und seinen Widerstand niederbrach, seine kindische Angst vor Weißen untergrub, seine feige Scheu in ihrer bloßen Gegenwart. Es war nicht einfach, aus Hark einen künftigen Mörder zu machen und in seinem großen Herzen echten Haß zu erzeugen. Wenn ich ihn nicht dazu gebracht hätte, immer wieder über den Verkauf von Weib und Kind nachzugrübeln, wäre mir das wohl auch nie gelungen. Aber von all den Negern hatte ich Hark am sichersten und festesten in der Hand.

Wir fünf trafen uns nun oft, meist an den freien Sonntagnachmittagen, die wir die meiste Zeit im Jahr zur Verfügung hatten. Sowohl Sam als auch Henry und Nelson wohnten nur vier oder fünf Meilen von Moore entfernt. Es fiel uns deshalb nicht schwer, uns auf meinem geheimen moosbewachsenen Hügel mitten im Wald zu treffen. Im Laufe der Jahre hatte meine heimliche Zuflucht ihr Aussehen beträchtlich verändert. Aus dem rohen Unterstand aus Fichtenstämmen war mit Hilfe von Abfallbrettern und Kienpech, die ich bei verschiedenen Arbeitgebern entlieh oder stahl, eine gemütliche Hütte geworden. Unser bequemes und wetterfestes Versteck hatte kleine Fenster, für die Hark die Glasscheiben bei Travis gestohlen hatte, einen glattgehobelten Dielenboden und sogar einen rostigen, aber noch funktionierenden Ofen aus Gußeisen, den Nelson eines Sonntags aus einem Haus weggeschleppt hatte, als die Bewohner alle in der Kirche weilten. Zu unserem Versteck gehörte auch eine Kochstelle in einer flachen Mulde. Hark war unser Ernährer. So kamen wir in den Genuß vieler gestohlener Schweine – vielmehr, die anderen kamen, ich verzichtete für gewöhnlich.

Gleich zu Beginn dieser langen Nachmittage, die wir ganz für uns hatten, gelang es mir immer, das Gespräch sehr behutsam und geschickt auf das Thema einer Massenflucht zu lenken. Mir schwebte bereits der »Sumpf des Schreckens« vor. Schon damals, als ich die Landkarte noch nicht besaß, erschien mir der Sumpf als eine unbezwingbare Festung für eine kleine Bande entschlossener, walderfahrener Neger. So groß der Sumpf auch war (von seinen wirklichen Ausmaßen hatte ich damals noch keine Ahnung), so weglos, abweisend und wild wie am ersten Schöpfungstage, es gab da doch reichlich Wild, Fische und frisches Trinkwasser. Alles in allem war es eine recht einladende Gegend für eine Gruppe waghalsiger, abgehärteter Flüchtlinge. In der unübersichtlichen Wildnis konnten sie sich endlos verstecken, ohne jemals von den weißen Häschern gefunden zu werden. So konnten sie untertauchen, bis man ihre Flucht schließlich vergessen hatte, um dann das kurze Stück bis nach Norfolk zu schleichen und sich – einzeln oder gemeinsam – an Bord eines der großen Kauffahrerschiffe nach Norden zu verkriechen. Zweifellos ein ehrgeiziger Plan voller Gefahren, Schwierigkeiten und Ungewißheiten. Aber ich wußte, daß sich die Flucht mit Gottes Hilfe auf diese Weise bewerkstelligen ließ.

So fing das alles an. Die kleine Gruppe meiner vertrautesten Jünger war vom ersten Augenblick an Feuer und Flamme, als ich ihnen das Vorhaben entwickelte. Sie waren besessen, vom Haß zerfressen, die Sklaverei nagte an ihrem Herzen; so hätten sie auch mit den bösesten Geistern des Waldes gemeinsame Sache gemacht, nur um für immer der Welt des weißen Mannes zu entfliehen. Sie hatten nichts zu verlieren. So brannten sie darauf, jederzeit mit mir loszuschlagen, bei Tag oder bei Nacht. »Wann?« fragten ihre Blicke, als ich ihnen meine Absichten erläuterte. »Wann, Mensch?« fragte Nelson ohne Umschweife, und die Augen des ewigen Ausreißers Sam glänzten in wilder Erregung, als er murmelte: »Scheiße! Gehn wir los!« Doch es gelang mir, sie alle zu beruhigen und mit geduldigem, behutsamem Zureden ihre überspannten Hoffnungen zu dämpfen. »Erst muß ich noch ein letztes Zeichen abwarten«, erklärte ich ihnen. »Wir haben ne Menge Zeit«, fügte ich hinzu. »Ne *Menge Zeit!*« Diesen Satz sollte ich in den folgenden Monaten immer wieder sagen.

Noch wußten sie ja nicht, daß hinter meinem einfachen Fluchtplan etwas Größeres steckte – Tod, Umsturz, Vernichtung. Sie konnten nichts von meinen Gesichtern wissen, nichts davon, daß zu einer wirklich erfolgreichen Flucht in die Freiheit nicht einige wenige Neger gehörten, sondern viele, und daß das Blut der Weißen den Boden Southamptons tränken sollte. Das alles konnten sie damals noch nicht ahnen, denn meine Lippen waren versiegelt.

Doch bald schon würde der HErr dieses Siegel brechen, und dann konnte ich ihnen die Wahrheit sagen – dessen war ich gewiß.

(Ein Stück Erinnerung)
Es ist später Frühling im Jahr nach jenem grauen Winter, da ich die Landkarte entdeckte. Wieder die Bibliothek. Beginnende Abenddämmerung. Juni. Mrs. Whitehead hat mich wieder einmal gemietet. Ich soll an der einzigen noch freien Wand der Bibliothek Bücherregale aus Tannenholz bauen. Das ist eine Arbeit, die mir Spaß macht – Zapfen und Zargen schneiden, sie verbinden, dann mit einem großen Schneckenbohrer durch beide Holzstücke ein gerades Loch bohren, sie miteinander zu vereinen. So wächst ein Regal über dem anderen empor. Ich arbeite in gleichmäßigem, gemächlichem Tempo bis in die Dämmerung hinein. Das Wetter ist balsammild, die Luft draußen voller Blütenstaub, Vögel zwitschern. Ringsum der Duft nach frisch gehobeltem Holz, den ich so sehr liebe, wie ein Dunst aus kienhaltigem Sägemehl, fein und unsichtbar. Aus irgendwelchen Gründen liegen mir meine Zukunftspläne, die mich doch sonst immer beschäftigen, in diesem Augenblick sehr fern. Mit Freude denke ich an den Spießbraten am kommenden Sonntag, draußen in den Wäldern. Meine vier vertrautesten Jünger werden kommen, außerdem drei weitere Neger, die Nelson und Sam für den Gedanken einer Flucht in den »Sumpf des Schreckens« gewonnen haben. Nach Nelsons Meinung werden sie großartige Verbündete abgeben. Einer von ihnen, ein älterer Mann namens Joe, hat mir gegenüber den Wunsch geäußert, getauft zu werden. Voller innerer Zufriedenheit sehe ich der Weihehandlung entgegen. Es ist schon selten genug, einem Neger mit Sinn für religiöse Dinge zu begegnen, um so mehr einem angehenden Mörder. Während ich über diese Dinge nachgrüble, rutscht mir plötzlich der Bohrer ab, und die scharfe Spitze dringt mir tief in den Handballen an meinem linken Daumen ein. Ich stöhne unwillkürlich vor Schmerz auf. Wie ich dann die Spitze herausziehe, sehe ich, daß die Verletzung nicht schlimm ist. Sie schmerzt auch nicht sehr, nur fließt das Blut reichlich. Es ist nicht das erstemal. Ohne mir weiter Gedanken um die Verletzung zu machen, verbinde ich sie mit einem Baumwollappen aus meinem Werkzeugkasten.
Ich bin noch damit beschäftigt, da höre ich aus dem Flur Mrs. Whiteheads Stimme: »Aber ich laß dich doch nicht ohne Mantel zu dem Ausflug gehen, Liebling!« Ihr Ton klingt sanft überredend. »Wir haben noch nicht Hochsommer, Liebes, und die

Nächte sind immer noch sehr kalt. Wer bringt dich denn zu der Party?«

»Tommy Barrow«, ruft Miß Margaret ganz in meiner Nähe auf dem Flur. »Ach, ich muß das Gedicht einfach finden! Ich beweise es ihr schon noch. Was hast du gesagt, Mutter, wo das Buch liegen könnte?«

»Irgendwo auf dem äußeren Regal steht's!« kommt die Antwort. »Gleich neben dem kleinen Schränkchen am Fenster!«

Margaret kommt in die Bibliothek gestürzt. Da sie meistens in der Schule ist, habe ich sie bisher nur ein halbdutzendmal gesehen. Sosehr ich mit meiner Wunde beschäftigt bin, kann ich mich doch nicht enthalten, ihren hübschen, geraden, siebzehnjährigen Rücken anzustarren. Nicht ihr volles kastanienbraunes Haar zieht meine Aufmerksamkeit auf sich, auch nicht die sommersprossigen jungen Schultern oder die schmale Taille, geschnürt vom ersten Korsett, das ich in meinem Leben nun zwangsläufig zu sehen bekam, sondern die Tatsache, daß sie keinen Rock trägt, sondern nur die gerüschten, knöchellangen Pantaletten, die der Rock später verhüllen soll. Wäre ich nicht ein Neger und daher angeblich ungerührt von solchen Enthüllungen, so wäre sie niemals in einem so schamlosen Aufzug vor meiner Nase herumgetanzt. Sie ist zwar bis an die Knöchel bekleidet und an keiner Stelle nackt, doch die weißen Hosen lassen sie betont entblößt erscheinen. Ich bin plötzlich verwirrt, ein heißer Schrecken durchfährt mich. Darf ich hinschauen, oder muß ich meinen Blick abwenden? Ich schaue weg, doch zuvor bemühe ich mich vergebens, den kleinen schattigen Spalt zu übersehen, der zwischen den beiden runden Wölbungen klafft, wo der Stoff sich eng um ihre feste junge Kehrseite spannt.

»Ich weiß genau, das Wort heißt *Ausdauer*«, sagt sie laut, als rede sie mit ihrer Mutter oder auch mit der Luft. »Ich werde es ihr schon beweisen!« Sie greift nach dem Buch und dreht sich zu mir um, blättert eifrig durch die Seiten. Ich kauere immer noch halb auf dem Boden. Dabei flüstert sie unhörbar etwas vor sich hin.

»Was ist, Liebes?« fragt Mrs. Whitehead vom Flur.

Aber diesmal hört Margaret ihre Mutter nicht. Triumphierende Röte huscht über ihr Gesicht, ihre Stimme klingt ein wenig schrill. »*Ausdauer!* Ich hab's doch gewußt. Und nicht *Nachsicht*. Ich hab Anne Eliza Vaughan zwanzigmal gesagt, wenn ich ihr einmal sage, so heißt das, dann stimmt das auch. Jetzt werde ich es ihr *beweisen!*«

»Was ist, Liebes?« ruft ihre Mutter wieder. »Ich versteh dich nicht!«

»*Ich habe gesagt . . .*« beginnt Margaret, dann bricht sie ab und schüttelt ein wenig verärgert den Kopf. »Ach, nichts!« sagt sie zu niemandem. Ganz und gar natürlich und ungeniert – voller Begeisterung – wendet sie sich an den einzigen vorhandenen Zuhörer: an mich.

»Hör nur«, sagte sie. »Da, hör dir das an!

> Ein fester Wille, voller Glück,
> *Ausdauer,* Vorsicht, Kraft, Geschick.
> Vollkommne Frau und edle Seelen,
> Zu warnen, trösten und befehlen;
> Und doch im Geiste sanft und schlicht,
> Erfüllt von engelgleichem Licht.«

»Wordsworth!« erklärt sie mir. »*Da stehts!* Ich hab von Anne Eliza Vaughan einen Zehner gewonnen! Ich hab der Närrin doch gesagt, es heißt *Ausdauer* und nicht *Nachsicht*, aber sie wollte mir nicht glauben. Und ich gewinn noch einen Zehner!«

Ich hebe flüchtig den Blick von dem zerlumpten Verband, den ich gegen meine Hand presse, erblicke wieder die Pantaletten, wende den Blick ab. Ich schwitze. An meiner Schläfe pocht eine Ader. Ein plötzlicher, wilder Zorn zerreißt mich fast. Warum muß sie mich in ihrer Unschuld und Gedankenlosigkeit so herausfordern? Gottlose weiße Dirne.

»Nat, das andere kannst du mir vielleicht sagen, dann teilen wir uns den Zehner! Ja – wir teilen ihn uns!« ruft sie. »Mutter sagt, du weißt so viel über die Bibel, vielleicht kannst dus mir sagen. Es geht um einen Vers, so ähnlich wie ›denn unsere Weinberge haben Blüten‹; ich hab mit Anne Eliza gewettet, es stammt aus der Bibel, sie behauptet, es ist aus ›Romeo und Julia‹. Wie ist das nun, Nat? Steht das nicht in der Bibel? Sag schon!«

Ich vermeide es bewußt, aufzublicken, und starre auf meine rechte Hand, mit der ich fest die Wunde umklammere. Der Zorn in meiner Brust verraucht. Nach langem Zögern sage ich schließlich mit beherrschter Stimme: »Junge Missy haben recht. Die Stelle kommt ›Im Hohelied Salomos‹ vor. Sie geht so: *Fanget uns die Füchse, die kleinen Füchse, die die Weinberge verderben; denn unsere Weinberge haben Blüten gewonnen. Mein Freund ist mein, und ich bin sein, der unter den Rosen weidet.* So heißt das. Missy haben einen Zehner gewonnen.«

»Aber, *Nat*« schreit sie da plötzlich. »Deine *Hand!* Du *blutest* ja!«

»Is nich schlimm, Missy«, antworte ich. »Nurn ganz kleiner Kratzer. Blutet ein bißchen, aber das macht nix.«

Dann spüre ich (sehe? ahne?) die weißen Pantaletten, wie sie auf mich zukommt und mit einer raschen, sanften Bewegung ihrer Finger nach meiner unverletzten rechten Hand greift. Die sanfte Berührung ihrer Finger ist wie siedendes Wasser – hastig entreiße ich ihr meine Hand.

»Das ist wirklich nich schlimm!« protestiere ich.

Sie zieht ihre Hand zurück und bleibt regungslos neben mir stehen. Ich lausche ihren Atemzügen. Dann, nach einer ganzen Weile, höre ich sie leise murmeln: »Na schön, Nat, wie du willst. Aber du mußt die Wunde auf jeden Fall verbinden lassen. Und vielen Dank wegen der Bibel. Du kriegst deine fünf Pennys, sobald ich von Anne Eliza Vaughan meinen Zehner habe.«

»Ja, Missy«, sage ich.

»Laß dir auf jeden Fall die Hand versorgen. *Unbedingt!*«

»Ja, Missy.«

»Sonst kriegst du die fünf Pennys nicht, merk dir das.«

»Was machst du denn, meine kleine Träumerin?« höre ich die Mutter rufen. »Es ist schon sieben! Sie werden gleich hier sein. Beeil dich, sonst kommst du zu spät zum Picknick!«

»Ja, ich komm schon, Mutter!« ruft sie. »Wiedersehen, Nat!« Fröhlich. Dann huscht sie davon. Ich sehe ihren Pantaletten nach, unter denen das feste, rosafarbene Fleisch beinahe sichtbar wird, die durchscheinende Baumwolle ein erregender, nur halb verdeckender Schleier. Lavendelduft hängt in der Luft, wird schwächer, verschwindet. Ich bleibe auf dem Boden hocken, inmitten meines schwach nach Fichten duftenden Staubs. Draußen zwitschern und zirpen frühlingstoll die Vögel. In meinen Adern pocht das Blut wie wild. Da kehrt die Wut zurück. Ich weiß nicht, warum mein Herz so laut klopft, ich kann nicht sagen, warum ich Margaret noch mehr hasse als ihre Mutter.

»*Der Teufel hole ihre Seele!*« flüstere ich. Es ist kein Fluch, sondern ein Gebet. »*Der Teufel hole ihre Seele*«, sage ich noch einmal und hasse sie heißer als vor ein paar Sekunden. Vielleicht auch weniger. Ich denke an die weißen Rüschenhosen. Weiß nicht, ob ich sie mehr hasse oder weniger.

Moore erlitt einen ebenso ungewöhnlichen wie verhängnisvollen Unfall, während er ein Kalb aus dem Mutterleib zerren wollte.

Der Kälberstrick glitt plötzlich ab, und mein Eigentümer taumelte so heftig zurück, daß er mit seinem Schädel gegen einen Balken krachte und ihn sich spaltete wie eine reife Melone. Natürlich war er randvoll betrunken, als das Unglück geschah. Er lag noch einen halben Tag bewußtlos, dann starb er. Der Abschied rief bei mir einige Sekunden Betrübnis hervor, dann versank ich in tiefste Bestürzung.

Für einen Neger sind nur wenige Dinge unheilvoller als ein Todesfall in der Familie, der er gehört, insbesondere wenn es sich um das Familienoberhaupt handelt. Nur zu oft entbrennt zwischen den habgierigen Erben, die dann über das ganze Eigentum trampeln, ein geradezu wahnwitziger Streit, und am Tag der Testamentseröffnung hat sich schon manches Stück Eigentum in Ketten auf einem Wagen wiedergefunden, der beispielsweise nach Arkansas fuhr – veräußert an irgendeinen Reis- oder Baumwollkönig von einem Verwandten, der den Neger vielleicht nur einen kurzen Nachmittag lang behielt, bevor er ihn einem Niggeraufkäufer überantwortete, der wie ein Geier in der Nähe lauerte.

Auch mich überkam für eine Weile diese dunkle Angst; sie war begleitet von dem quälenden Gedanken, daß ich, wenn ich verkauft würde, nicht mehr den großen Auftrag erfüllen könnte, zu dem der HErr mich bestimmt hatte. Einige Wochen vergingen mit beinahe unerträglichen Sorgen und in tiefster Niedergeschlagenheit. Es dauerte jedoch nicht lang, da warb Joseph Travis um Miß Sarah und bekam auch bald ihr Jawort. Ich war ins Eigentum von Moores Erben übergegangen (in diesem Falle war der rotznäsige Putnam der einzige Erbe) und fiel nun durch die Heirat an Travis. Der unordentliche Haushalt, in dem ich neun Jahre verlebt hatte, löste sich auf. Ich übersiedelte in angenehmere Gefilde, bezog mit Hark zusammen den kleinen Anbau hinter der Wagnerei und wohnte dort während jener entscheidenden, hektischen Zeit, die ich zu Beginn dieses Berichts zu beschreiben versuchte.

Diese letzten beiden Jahre (man wird sich daran erinnern, daß ich es bereits zum Ausdruck brachte) waren alles in allem die ungebundenste und beste Zeit seit meinem Weggang von der Turner-Mühle. Ich will damit aber nicht sagen, daß ich untätig blieb.

Travis gab mir in der Wagnerei genug zu tun, und ich war immer vollauf mit Dingen beschäftigt, die glücklicherweise größere Ansprüche an meinen Kopf als an meine Muskeln stellten. Selbst auf die Gefahr hin, unbescheiden zu erscheinen, muß ich sagen, daß ich nach meiner Meinung mit ein Anlaß für Travis' Werbung war, da ich zur Mitgift gehörte.

Ich bastelte alle möglichen kunstvollen Vorrichtungen für Travis' Werkstatt – eine Deichselsäge, die sich mittels eines hölzernen Tretantriebs bedienen ließ, neue Blasebälge für seine Schmiedeesse, einige schöne Werkzeugregale aus Eschenholz, die Travis von allen Dingen in seiner Werkstatt am besten gefielen und seinem sonst so wortkargen Mund allerhöchstes Lob entlockten. Travis war froh, ein Talent wie mich im Hause zu haben, und hatte es im Gegensatz zu Moore gar nicht eilig, mich an andere Leute zu vermieten. Abgesehen von den seltenen Gelegenheiten, wo Mrs. Whitehead ihn beschwatzte oder mich, wenn Baumstümpfe gerodet werden mußten, gegen ihr Gespann ungewöhnlich kräftiger Ochsen eintauschte, verbrachte ich so meine Tage sehr ruhig in Travis' Diensten. Doch in meiner Seele brannte es. Es brannte! Klingt es wirklich hoffnungslos paradox, wenn ich sage, daß ich um so sehnlicher an eine Befreiung aus meinem Sklavendasein dachte, je erträglicher es wurde? Daß ich um so leidenschaftlicher wünschte, die Weißen zu vernichten, je anständiger und menschlicher sie mich behandelten?

Joseph Travis war im Grunde seines Herzens ein anständiger und mitfühlender Mann; das muß ich trotz aller Vorbehalte zugeben, die ich noch von den vielen Gelegenheiten her gegen ihn hegte, wo er mich von Moore ausgeliehen hatte. Travis stammte nicht aus Southampton. Aus unbekannten Gründen war er nicht wie alle Leute von Osten nach Westen gewandert, sondern er war in umgekehrter Richtung von den wilden Hängen der Blauen Berge ins County gekommen. Er war ein rauher, hohlwangiger Einzelgänger mit sandfarbenem Haar, der noch etwas von der sturmdurchtosten Wildnis an sich hatte. Der Wahnsinn einsam verbrachter Monate und Jahre huschte oft wie ein Schatten über sein Gesicht. Damals kam er mir wie ein verdrehter, unberechenbarer, unerträglich höhnischer Kerl vor, der seine Enttäuschung an den Negern ausließ, indem er ihnen elendes Essen vorsetzte, sie zu härtester Arbeit zwang und sie dabei auch noch auf eine trocken brutale Weise stichelte. Hark hatte es bei Travis in jenen ersten Jahren alles andere als leicht. Vor allem aber hatte Travis damals etwas Unverzeihliches getan: Er hatte Harks Frau Tiny und seinen kleinen Jungen in den Süden verkauft – er ertrug lieber Harks vorwurfsvolle Blicke und seinen trotzigen Kummer, als zwei zusätzliche Mäuler stopfen zu müssen, was für ihn zwar nicht einfach, aber keinesfalls ein unzumutbares Opfer gewesen wäre. Vielleicht war es das Vermächtnis der Berge, seine mangelnde Erfahrung mit den Sitten im Tidewater-Gebiet, das ihn zu einer Handlung veranlaßte, die kein Sklavenbesitzer, der wirklich etwas auf sich hielt, sich hätte zuschulden kommen lassen. Mir war schon längst klar, daß gerade die außerhalb der tief eingewurzelten Traditionen der Sklaverei aufgewachsenen Weißen die rücksichtslosesten Schinder abgaben – ganze Horden korrupter und gewissenloser Aufseher stammten aus den Staaten Connecticut und New Jersey! Und wer will schon sagen, ob Travis' rauhe Moralauffassung ihm nicht sagte, daß kein moralisches Gebot ihn daran hindere, eine Frau wie Tiny zu verkaufen, deren »Ehe« vor dem Gesetz nichts galt, da sie nur »über den Besenstiel gesprungen« war, und ein Kind, das in seiner grimmig-strengen Vorstellung nichts weiter war als ein Bastard? Solche Überlegungen waren schon vor ihm zahllose Male als Entschuldigungsgründe mißbraucht worden. Jedenfalls blieb die Tatsache bestehen, daß Travis es getan hatte, was auch immer seine Gründe sein mochten – Gedankenlosigkeit, Dummheit, Unwissen oder Gott weiß was.

Aber wie gesagt, der Mann hatte sich nun auf bemerkenswerte Weise verändert. Der neue Wohlstand erlaubte es ihm, das Handwerk auszuüben, das er als Junge gelernt hatte. Er erblühte in der Fülle seiner besten Jahre – oder sagen wir lieber, seine Falten und Runzeln glätteten sich. In seinem Verhalten mir gegenüber zeigte er sich entgegenkommend, ja großzügig; er bestand darauf, daß Hark und ich in unserer Junggesellenbude neben der Werkstatt gut untergebracht wurden, er sah zu, daß wir von den Überresten aus dem Haus gut zu essen bekamen, und benahm sich ganz allgemein so, wie ein Sklave sich seinen idealen Herrn vorstellt. Er gestattete keinerlei Mißhandlungen (jedenfalls nicht körperlicher Art) von seiten der übrigen Mitglieder des Haushaltes. Zuerst war ich verblüfft, doch dann wurde mir bald der Grund für den Sinneswandel dieses Mannes klar. Nach all den Jahren, die er als kinderloser Witwer auf einer kargen kleinen Farm verbracht hatte, lachte ihm nun, mit fünfundfünfzig, auf der Höhe seiner Jahre, das Glück: Er war gut verheiratet mit einer gemütlichen, dicken Frau, die mit ihrem häufigen Lachen seine Tage verschönte, sein erlerntes Handwerk hatte einen wahrhaft goldenen Boden, er war der Vater eines neugeborenen Sohnes und Erben und zudem noch der Eigentümer des geschicktesten Niggers im ganzen County Southampton.

Ich habe ausführlich beschrieben, wie ich im Spätherbst des Jahres vor dem Beginn dieses Berichts Jeremiah Cobb kennenlernte. Es war der Tag, an dem Hark von Putnam und Miß Maria Pope den Baum hinaufgejagt wurde, nur wenige Monate nach jenem seltsamen Nachmittag im ausgehenden Winter des schicksalhaften Jahres 1831, an dem mir der sehnlich erhoffte endgültige Auftrag zuteil wurde und ich begonnen hatte, die Pläne auszuarbeiten und zu vervollkommnen, die ich in einem Augenblick der Erleuchtung bei Mrs. Whitehead gefaßt hatte. Das alles kam ungefähr so ...

Es war ein ungewöhnlich milder Winter, fast ohne Schnee und Eis. Travis' Wagnerwerkstatt hatte folgedessen ausnahmsweise viel zu tun. Das sanfte Klima ermöglichte es uns, auch im Freien zu arbeiten. Tag für Tag herrschte nicht nur in der Werkstatt, sondern auch auf dem Hof mit seinem hartgestampften Lehmboden emsiges Treiben. Travis, Hark und ich sowie die beiden Lehrlinge Putnam und der junge Westbrook hasteten in Rauch und Dampf hin und her, erhitzten die großen eisernen Reifen in der Esse, bis sie stumpfrot glühten, und schlugen sie dann mit zwanzigpfündigen Hämmern auf die Wagenräder. Es war ein lärmender Betrieb. Dampfend zischten die glühenden Reifen, wenn sie mit kaltem Wasser abgeschreckt wurden, Hämmern erklang, Harks laute Stimme, dazu das Knacken und Ächzen des gequälten Holzes, wenn es sich unter den plötzlich abgekühlten schmiedeeisernen Reifen zusammenzog. Es war eine anständige, gesunde und liebenswerte Arbeit – weit entfernt vom Schweiß und Dreck auf den Feldern –, und wäre nicht Putnams hinterhältiges Jammern gewesen, seine dauernden spitzen Pfeile, die er auf Hark abfeuerte, so hätte mir diese Arbeit wahrscheinlich richtigen Spaß gemacht. Dieses Handwerk hatte schon etwas zutiefst Befriedigendes, wie gerade, rohe Stücke nichtssagenden Holzes und Bänder von Roheisen sich in vollkommen kreisrunde Räder mit gleichmäßigen Speichen verwandelten, glänzend lackiert und poliert. Der Arbeitstag war lang, aber ich genoß die halbstündigen Pausen am Vormittag und Nachmittag, in denen uns Miß Sarah Teller mit Kuchen und Krüge voll süßen Mosts mit einem Zimtstab darin aus dem Haus brachte. Solche Pausen machten die Arbeit selbst erfreulicher und führten dazu, daß Travis mir immer annehmbarer erschien.

Travis wurde mit Bestellungen aus dem ganzen County und darüber hinaus auch aus Suffolk und dem Flachland von Carolina so überschüttet, daß er kaum noch mitkam. Kurz bevor er mein Eigentümer wurde, hatte er eine neu patentierte, mit einer

Handkurbel betriebene Maschine gekauft, mit der man Eisen kalt biegen konnte. So ersparten wir uns die bisherige mühevolle Arbeit des Rundhämmerns der glühenden Eisenbänder. Diese Maschine hatte eine zweite erforderlich gemacht, eine neumodische Säge, die den wachsenden Vorrat an Eichen- und Tupeloholz rasch zu handlichen Längen verarbeitete. Und so gab mir Travis Ende Dezember, gleich nach Weihnachten, roh gezeichnete Pläne für mein bisher schwierigstes Meisterstück als Zimmermann: eine »Lehrlingsmühle« samt Brettsäge und Tretmühle, die entweder mit einem kräftigen Neger oder einem mittleren Maultier zu betreiben war. Das bedeutete einen ehrenvollen Auftrag für mich. Ich begab mich mit wahrem Feuereifer daran, zog mich in den hohen Schuppen neben der Werkstatt zurück und arbeitete dort, gelegentlich unterstützt von Hark oder dem kleinen Moses, sorgfältig die Anordnung dieses komplizierten Mechanismus aus. Stück für Stück schnitzte ich Getriebe und Getriebekästen und baute manchen ausgeklügelten Trick ein, wie zum Beispiel Gegengewichte, die das Verklemmen der Säge verhinderten. In diesen Auftrag steckte ich in jeder Hinsicht einen beruflichen Ehrgeiz hinein, der mich mehr befriedigte als alles, woran ich mich erinnerte. Ich rechnete mir aus, daß ich die Maschine etwa Ende Februar fertig haben würde, und bat Travis, ob ich nicht nachher ein paar Tage freibekommen könnte. Den Grund nannte ich ihm zwar nicht: Ich wollte mich in die Wälder zurückziehen, in mein Heiligtum, und dort eine Weile beten und fasten; während der letzten Tage Arbeit an dem großen Auftrag hatte ich den Geist des HErrn sehr nahe verspürt.

Ich bekam den Urlaub. Meinem Besitzer erzählte ich, daß ich neue Fallen aufstellen wolle, da die alten keine Kaninchen mehr anlockten – die Tiere kannten die Gefahr schon zu genau. Travis war einverstanden; meine Kaninchen bedeuteten für ihn eine zusätzliche Einnahme, so konnte er nicht gut nein sagen. Außerdem war er, wie gesagt, im Grunde seines Herzens ein anständiger Mensch, wenn sich das auch oft nicht zeigte; und schließlich wußte er, daß ich mir den Urlaub redlich verdient hatte. So lackierte ich an einem Nachmittag Ende Februar meine Maschine ein letztes Mal und hatte damit diese Arbeit beendet. Ich kniete nieder und dankte Gott für die Geschicklichkeit meiner Hände, wie ich es stets nach dem Gelingen einer schwierigen Arbeit zu tun pflegte. Dann zog ich mich sofort in die Wälder zurück; ich nahm nur meine Bibel, meine abgeschabte Tasche und ein paar Schwefelhölzer mit, um ein Feuer anzünden zu können.

Die totale Sonnenfinsternis setzte am frühen Nachmittag des darauffolgenden Samstags ein. Seit drei Tagen hielt ich mich in den Wäldern auf; vom ersten Augenblick an hatte ich gefastet; und nun saß ich am Feuer in meiner Hütte. Ich vertiefte mich ganz in meine Bibel und nahm nichts zu mir, außer ein wenig Wasser vom nahe gelegenen Bach. Ab und zu kaute ich auf einer Sassafraswurzel, um die Krämpfe zu beruhigen, die in meinen Eingeweiden wüteten. Für gewöhnlich gelang es mir mit Hilfe des Fastens, alle fleischlichen Gelüste abzutöten. Ich weiß nicht, ob ich diesmal vielleicht noch unter dem Druck der gerade beendeten Arbeit stand, jedenfalls schien ich während der ersten Tage von Teufeln und Ungeheuern besessen zu sein. Ich trat hinaus und setzte mich zwischen den Tannen auf den Boden. Vergebens mühte ich mich, meine heiß brennenden Wünsche loszuwerden. Ich hatte ständig das nackte Fleisch von Frauen vor Augen; die Vorstellung entzündete meine Leidenschaft in einer Weise, wie ich es kaum je zuvor erlebt hatte. Die Lust durchbebte mich wie ein Fieber. Ich dachte an ein Negermädchen, das ich oft in den Straßen Jerusalems gesehen hatte – ein dickliches Flittchen, das für jeden Niggerboy da war, ein hellhäutiges Küchenmädchen mit begehrlich wackelndem Hintern und großen, runden, dreisten Augen. Mit prallen Brüsten und festem Fleisch stand sie nackt vor meinem geistigen Auge und bot mir ihren glänzendbraunen Leib mit dem sanft gerundeten Bauch und dem Nest schwarzer Haare darunter dar. Sosehr ich mich auch bemühte – ich vermochte diese Vorstellung nicht zu verbannen, ich wurde sie nicht los; selbst meine Bibel nützte mir gar nichts. *Willste maln bißchen Honig lecken, mein Süßer?* gurrte sie mir zu. Es waren dieselben Worte, mit denen sie auch die anderen lockte. Dabei schwenkten ihre Hüften vor meinem Gesicht hin und her, und mit schlanken braunen Fingern begann sie ihre zartrosa Schamlippen zu streicheln. Ich spürte, wie mein Glied steif wurde. In meiner Fieberphantasie schlang ich die Arme um ihre Hüften und ihren festen Hintern, mein Mund grub sich in ihre feuchten Lenden, und gottlose, wahnwitzige Worte formten sich auf meiner Zunge. Kosten, Lecken, Saugen. »O mein Gott!« rief ich laut, erhob mich – aber das Verlangen wollte nicht schwinden, nicht nachlassen. Schweißüberströmt küßte ich den kalten, rissigen Stamm einer Tanne und hielt mich daran fest. »Wie kann das nur sein?« rief ich laut, als wollte ich den Himmel fragen. Mein Verlangen, tief ins Fleisch einer Frau einzudringen – jetzt einer jungen Weißen mit braunem Haar und schlüpfriger Zunge, mit einem zuckersüß schimmernden Leib, die, als ich sie nahm, einen Schrei des Schmerzes und der Wonne ausstieß und mich krampfhaft mit milchweißen Armen und Beinen umklammerte –, dieses Verlangen war in diesem Augenblick wie ein plötzlicher Krampf, eine Krankheit, die alle meine Sinne so sehr erschütterte, daß nur Staunen und Fassungslosigkeit blieben. Ich dürstete danach, mich in die Erde zu versenken, in einen Baum, einen Hirsch, einen Bären, einen Vogel, einen Jungen, einen Baumstumpf, einen Stein, mich warm und weiß zu verströmen im kaltblauen, einsamen Herzen der Himmel. »HErr, so hilf mir doch«, sagte ich laut. »Wie kann das nur sein?« Da löste sich der Krampf, mein Same sprudelte in warmen Tropfen über meine Finger, ich preßte die Augen zu vor dem Licht des Tages. Bebend sank ich dem Tannenbaum an die schorfige, lieblose Brust. Schließlich öffnete ich die Augen wieder, und mein Gedanke war nur ein halbes Gebet: HErr, wenn dieser Auftrag erfüllt ist, werde ich mir eine Frau suchen müssen.

Ich verschlief den übrigen Nachmittag und die ganze folgende Nacht. Am nächsten Morgen, jenem Samstag, wachte ich benommen und matt auf. Ich trank etwas Wasser, kaute eine Sassafraswurzel und schleppte mich ins Freie. Da lehnte ich mich lesend an einen Baum. Ich beschäftigte mich gerade mit einigen Kapiteln Jeremia (aus verschiedenen Gründen bevorzugte ich beim Fasten stets den Propheten Jeremia, dessen bitteres, freudloses Gemüt der rechte Weggenosse des Hungers ist), da spürte ich, wie sich ringsum etwas veränderte. Das Licht verblaßte, die grellen Schatten der winterlich kahlen Bäume verwischten sich und wurden dunstig, stumpf; fern in den Wäldern hörte ein Schwarm frecher Spatzen zu zirpen auf, die späten Wintergäste wurden in der falschen Dämmerung völlig stumm. Die grauen, entlaubten Bäume, kahl wie Skelette, wurden in abendliche Schatten getaucht. Ich blickte auf und sah die Sonne langsam ausgehen, während sie den schwarzen Mond verschlang. In mir war keine Überraschung, keine Angst, nur Erleuchtung, das Gefühl letzter Hingabe. Ich richtete mich auf den Knien auf, schloß meine Augen im Gebet, spürte den harzigen Rauch in der Nase und ertrank beinahe in der Grabesstille der Wälder. Lange Minuten kniete ich mitten im grauen, unirdischen Schweigen. Ich sah die Dunkelheit nicht, aber ich empfand sie wie Wasserdampf, kalt wie die Kante eines Zinkgefäßes, moderig-feucht wie die Luft auf einem Friedhof. »HErr, Gott, des die Rache ist, Gott, des die Rache ist, erscheine!« flüsterte ich.

Erhebe Dich, Du Richter der Welt; vergilt den Hoffärtigen, was sie verdienen!

In der Ferne hörte ich, gleich einem Signal, einen Gewehrschuß, einen einzelnen, schwachen Knall, dessen Echo im kahlen Winterwald hin und her schwebte, bis es verebbte und erstarb. Alles war wieder still. Ein einsamer Jäger – hatte auch er gesehen, wie sich die Sonne verdunkelte? Hatte er in seinem Entsetzen die Büchse auf die dunkle Scheibe mit dem Strahlenkranz abgefeuert, die am Himmel dahinschwamm? Als ich nun die Augen öffnete, schien die Sonne den Mond ebenso langsam und feierlich, wie sie ihn verschlungen hatte, wieder auszuspeien. Sanft schlich sich das Licht zurück auf den Waldboden und bepinselte das welke Laub mit gelben Flecken von Sonnenschein. Wärme umschmeichelte mich, die Spatzen in den Wipfeln begannen wieder zu lärmen, heiter und triumphierend zog die Sonne ihre Bahn über den blauen Himmel. Mich überkam plötzlich ein wildes Gefühl der Erwartung, der Erregung.

Laut sagte ich: »Nun, HErr, ist das Siegel von meinen Lippen genommen.«

An diesem Abend, kurz vor Sonnenuntergang, besuchte mich Hark in meiner Waldhütte. Er brachte mir eine Pfanne mit Grütze und Speck mit, aber ich war noch zu aufgewühlt, um etwas essen zu können. Ich bestand darauf, daß er sofort umkehren und sich mit Henry, Nelson und Sam in Verbindung setzen sollte; er sollte ihnen sagen, daß sie sich alle am nächsten Mittag – einem Sonntag – hier in meinem Versteck einzufinden hätten. Widerwillig gehorchte er, da er sich um meine Gesundheit Sorgen machte. »Nat, du wirs uns noch glatt eingehn«, sagte er.

Am nächsten Tag kamen Hark und die anderen, wie ich es befohlen hatte. Ich bat sie, sich zu mir ans Feuer zu setzen. Dann kam ich nach einigen Gebeten auf unser Thema zu sprechen. Ich sagte ihnen, das Siegel sei nunmehr von meinen Lippen genommen und ich hätte ein Zeichen erhalten: Der Geist sei mir in Form der Sonnenfinsternis erschienen, die Schlange sei nun los, und Christus habe das Joch, das er für die Sünden der Menschheit trug, abgelegt. Dann erklärte ich ihnen geduldig, was der Geist mir befohlen hatte: daß ich das Joch auf meine Schultern nehmen und wider die Schlange kämpfen solle, denn die Zeit sei nahe, wo »die Ersten die Letzten und die Letzten die Ersten sein sollen«. Dann saßen wir an diesem kühlen Nachmittag beisammen, und ich entwickelte ihnen meine Pläne. Ich machte ihnen deutlich, daß es unklug sei und auch nicht genüge, wenn unsere Gruppe von fünf Männern (und die etwa zwanzig Neger, von denen ich sicher glaubte, daß sie sich uns anschließen würden) einfach davonlief und sich im »Sumpf des Schreckens« verbarg. Erstens, so erklärte ich, sei es völlig ausgeschlossen, daß sich zwanzig Neger – selbst bei Nacht – zusammenrotten und unbemerkt fünfunddreißig Meilen weit durch zwei oder drei Countys marschierten; sie würden auf jeden Fall wieder eingefangen. Aber auch eine kleinere Gruppe würde das wahrscheinlich nicht schaffen. Ich sagte: »Wenn wir fünf miteinander zum Sumpf davonlaufen, so sin wir noch keine zehn Meilen hinter Jerusalem, da kriegen uns de Weißen schon beim Arsch. Wenn ein Nigger davonrennt, oder zwei, so lassense de Hunde los, rennen drei davon, sindse mit ner ganzen Armee hinterher.« Außerdem – wie sollten sich selbst Neger für längere Zeit im Sumpf am Leben erhalten, wenn sie weder Waffen noch Ausrüstung besäßen? Und im Augenblick sei auch der Markt für Neger gut, erklärte ich. Ein halbes Dutzend Sklavenhändler schnüffelte im ganzen County umher, und obgleich ich selbst mich sehr sicher fühlte, so könne ich dasselbe nicht von anderen Sklaven behaupten, die ich kenne – auch nicht von den Anwesenden; wahrscheinlich bewahre sie alle nur ein Zufall oder der augenblickliche Bedarf ihres derzeitigen Besitzers, vielleicht auch sein Geiz, vor dem Verschlepptwerden nach Mississippi oder Arkansas.

»Meine Getreuen, meine lieben Brüder!« schloß ich. »Ich glaub, da is nich einer unter euch, wo noch länger so weiterleben kann. Und darum müssen wir . . .«

An dieser Stelle schwieg ich eine ganze Weile, damit diese Worte in ihr Bewußtsein eindrangen. Minuten verstrichen, keiner sagte ein Wort. Dann unterbrach schließlich Henrys Stimme die Stille. Das heisere Krächzen des tauben Mannes ließ uns zusammenzucken. »*Totmachen* müssen wirse, de weiße Hundesöhne. Hat dir de HErr nich das sagt? Wars nich so, Nat?«

Es war, als gäbe es nach diesen Worten kein Zurück mehr. *Totmachen müssen wirse . . .*

Ich redete weiter und erläuterte ihnen meine Pläne. Ich zeigte ihnen die Landkarte; keiner von ihnen konnte zwar eine Landkarte lesen, aber sie begriffen die Route, die ich ihnen vorzeichnete. Danach stellte ich ihnen Fragen – keiner meiner Jünger schreckte vor dem Gedanken an Töten zurück. Ich machte ihnen klar, daß Morden die unausweichliche Vorbedingung für ihre Freiheit sei, und sie nahmen diese Wahrheit mit der unerschütterlichen Ruhe von Männern hin, die, wie ich bewiesen habe, auf dieser Welt doch nichts mehr zu verlieren haben. So redete ich den ganzen Nachmittag und bis in den Abend hinein zu ihnen. Ich war so erregt, daß sich meine Schwäche vom langen Fasten, meine Benommenheit und die Übelkeit in der winterlichen Luft aufzulösen schienen. Ein erhebendes Gefühl der Überlegenheit und Selbstsicherheit erfüllte mich und ließ mein Innerstes von lautem Freudengeschrei widerhallen. Ich fragte mich, ob selbst Josua oder Gideon einen solchen Rausch der Gefühle jemals kennengelernt hatten, ob ihnen dieses Wissen wie eine Stimme an ihr Ohr geklungen hat: »Die Ersten werden die Letzten sein!«

»Un de Letzten werden de Ersten sein«, antworteten sie. Diese Zeilen wurden unsere Losung, unser Gruß, unser Segenswunsch.

Nachdem ich an diesem Abend meine Jünger entlassen hatte – ehe ich sie auf ihren Rückweg durch die Wälder schickte, ließ ich jeden von ihnen völlige Geheimhaltung und Stillschweigen beschwören –, schlief ich am Feuer ein und erlebte die schönsten und angenehmsten Träume meines ganzen Lebens. Und als ich am nächsten Morgen aufwachte und eine gerade erst vom Winterschlaf erwachte Mokassinschlange erblickte, die sich auf meiner Lichtung sonnte, da segnete ich ihre Gegenwart im Namen des HErrn und nahm sie als gutes Vorzeichen.

Dennoch setzte sich in meinem Mund ein eigentümlicher Vorgeschmack des Todes fest, ein schlechter, süßlich-saurer Geschmack, der mich an den Geruch von ranzigem Speck erinnerte. Ich hatte ihn noch nie zuvor erlebt und konnte ihn nicht wieder loswerden. Er blieb hartnäckig während der großen Ereignisse des nachfolgenden Sommers, bis zum Ende des Aufruhrs, an meinem Gaumen haften. Außerdem begann ich unter seltsamen Vorstellungen und geistigen Entrückungen zu leiden, denen ich nicht auszuweichen vermochte und die sich auch nicht abschütteln ließen. Das war nicht immer so, aber doch sehr oft: Wenn ich nach jenem Tage einen Weißen sah – Mann, Frau oder Kind –, dann kam ein Augenblick, wo sich dieses lebende Bild vor meinen Augen aufzulösen schien und ich den Weißen in irgendeiner starren Todeshaltung vor mir sah. Als ich zum Beispiel am Morgen nach der Entdeckung meines Geheimnisses an meine Getreuen auf Travis' Hof zurückkehrte, da überfiel mich diese Vorstellung ganz besonders lebhaft. Die Schwäche nach meinem Fasten hielt mich nun wieder gefangen; so wanderte ich nach Osten, auf die Farm zu. Es war kurz vor Mittag. Als ich mit wankenden Schritten den Pfad entlangkam, der sich zwischen den Bäumen hindurchwindet und dann ins Freie führt, da sah ich den Hof vor mir. Er summte wie ein Bienenschwarm vor Leben und Treiben. Aus der Entfernung erkannte ich die beiden Jungen Putnam und Joel Westbrook, die gemeinsam einen Bund Eisenbänder zur Werkstatt schleppten. Weiter drüben, auf der vorderen Veranda des Haupthauses, machte sich Miß Sarah mit dem Besen zu schaffen. Staubwolken wirbelten hoch. Noch weiter weg humpelte die eckige Gestalt von Miß Maria Pope mit ihrer großen Schürze über den Wirtschaftshof; sie streute Körner unter das Hühnervolk. Die große Tretmühlensäge, die ich gebaut hatte, stand vor der Werkstatt; ihr gleichförmiges Klappern und Kreischen, mit dem sich Eisen in Holz fraß, klang über die Wiese zu mir herüber. Unter der Tretmühle arbeitete Travis mit Hammer und Beitel, während über ihm, im Gehäuse der Tretmühle selbst, Harks entblößter Oberkörper sich riesig von der Dampfwolke abhob; gebückt klomm er die Schräge zum Himmel empor, und seine kräftigen Beine bewegten sich wie in einem niemals endenden Marsch in Richtung auf eine immer wieder vor ihm zurückweichende und ewig unerreichbare Heimat.

Als ich mich der Farm näherte, bemerkte ich, wie Travis sich umdrehte und mich entdeckte. Er rief etwas, das im Wind verlorenging, dann deutete er auf die Tretmühle und winkte mir einen freundlichen Willkommensgruß zu. Jetzt rief er noch einmal, und diesmal fing ich ein paar Worte auf: »Verdammt gute Arbeit, das!« Aber in diesem Augenblick blieb ich stocksteif stehen. Unter meiner Zunge bildete sich der gelbsüße Geschmack nach Tod – zum erstenmal überkam mich diese furchtbare Vorstellung. Es war wie damals, als ich in früher Kindheit einmal zufällig das Bilderbuch eines weißen Kindes in die Hand bekam, in dem auf Holzschnitten winzige menschliche Gestalten entweder im Laub der Bäume oder im Gras versteckt waren und die Überschrift neckend fragte: »Wo ist Jack?« oder »Wo hat sich Jane versteckt?« – Genauso lösten sich die Gestalten vor mir schlagartig aus ihrer friedlichen, freundlichen Umgebung. Ich sah sie in den verschiedensten Todesverrenkungen, Vorahnung eines blutigen Schicksals: Die beiden Jungen lagen mit eingeschlagenen Schädeln auf dem Boden, Miß Sarah stürzte mit aufgeschlitztem Leib auf die stille Veranda, Miß Maria Pope wurde inmitten ihrer Hühner niedergeschlagen, Travis selbst steckte an einem Spieß, mit einem gefrorenen Blick des Nichtverstehens in den Augen, während er in Wirklichkeit den Arm zu einem gütigen Gruß erhoben hatte.

Nur Hark trat unermüdlich weiter seine Mühle – *ach, Hark!* – hoch über den Toten. Wie ein herrlicher schwarzer Schwan glitt er den Gefilden des Himmels entgegen.

»Na ja, Nat«, sagte Hark mir später einmal, als es schon Frühling war. »Glaub schon, ich kann töten. Nen *Weißen* sicher, das weiß ich jetz. Habs ja sagt, war nich leicht wie ich hab anfangen nachdenken über Weiße umbringen, wo alles anfangen hat. Hab noch nie nich ein umbracht, mein Lebtag nich. Inner Nacht, da wach ich oft auf un bin naß von Schwitze, un dann zitter ich mit alle die graulichen Träume in mein Kopf, wo ich dran denk, wies sein wird wenn son Weißen kaltmachen muß. Aber dann, da denk ich an de Tiny un de Lucas un wie de Massa Joe se mir nix dir nix hat verkauf un sich hat nix draus macht, wie mir dabei is, un dann weiß ich, ich *kann* ein umbringen. Is so, wie wenn de HErr mir sagen tut, du muß töten, weil es is doch ne furchbar schrecklich Sünde is das, wie du sags, einfach Familie vonnem Mann so verkaufen.

Herrehimmel, Nat, war dasn furchbar schrecklich Elend, de Alleinsein in mein Herz, wo de Tiny un de Lucas fort warn. Nu nimm de Lucas – ich mein, weiß schon, is komisch, was ich alle probier hab, daß ich mich nich so grämen tu wegen de Junge. Wie sien weg haben, ihn un de Tiny, da wars Alleinsein so schlimm, da hab ich dacht ich kanns nie nich aushalten. Un so hab ich anfangen an all de *Böse* denken wo de Lucas macht hat. Hab dran dacht, wie er schreit un brüllt un wie er mich nich hat schlafen lassen, un wie er mal wild worden is un mitm Hackstiel nachme schlagen hat, oder andermal, wie er de Tiny hat ne Schüssel mit Grütz mitten inne Gesich schmissen. Un wie ich so an das alles denken tu, da sag ich mir: ›War sowieson böse Bengel, un is gut dasse los bis.‹ Un dann gehts mir vielleichn bißchen was besser – ne Weile. Aber, Herrehimmel, dann denk ich an de böse Sachen, wo *ich* ihm tan hab, un dann is wieder alles anders rum. Aber wie ich mich auch müh, ich hab einfach ne Sauwut wegen de Junge, un dann muß ich wieder denken, wie er lachen tut un wie er auf mein Rücken reit un wir beide hinterm Schuppen miteinand spielen, un dann isses doppel schlimm mit de Alleinsein, daß ich bald dran sterben tu...

Nein, Nat, has recht. Sis ne großmächtig Sünd, wenn einer so was tut. Frag mich, ob ich ein umbringen kann – ja, ich denk schon, das kann ich. Ohne de Tiny un de Lucas hab ich da sowieso nix zu suchen...«

Daß ich den Zeitpunkt des Losschlagens gerade auf den Unabhängigkeitstag festsetzte, darin lag natürlich eine ganz bewußte Ironie. Wenn unser Aufstand erfolgreich verlief, wenn Jerusalem erst einmal erobert und zerstört war und meine Streitkräfte sich in die Sicherheit des »Sumpfes des Schreckens« zurückgezogen hatten, und wenn die Nachricht von unserem Sieg sich in ganz Virginia und entlang der Küste ausbreitete, dann würde das – davon war ich überzeugt – für alle Neger weit und breit ein Zeichen sein, sich unserem Aufstand anzuschließen. Die Tatsache, daß der Aufruhr gerade am vierten Juli, dem Unabhängigkeitstag, ausgebrochen war, könnte nicht nur für die etwas intelligenteren Sklaven aus unserer Gegend ein Ansporn sein, sondern auch für die Unterdrückten in den entfernteren Teilen des Südens, die dann vielleicht meine Fackel aufnehmen und sich mir anschließen oder aber selbst den Mut zu wildem Aufruhr auf eigene Faust finden würden.

Daß meine Wahl gerade auf diesen patriotischen Feiertag fiel, hatte aber auch noch sehr praktische Gründe. Seit vielen Jahren fanden am vierten Juli im ganzen Land die größten, lautesten und beliebtesten Festlichkeiten statt. Der Schauplatz war stets eine große Festwiese, mehrere Meilen von Jerusalem entfernt, und alle Menschen mit Ausnahme der Kranken und Schwachen und der bereits allzu Betrunkenen strömten dorthin. Wie bereits gesagt, hatte ich die Absicht, jeden Mann, jede Frau, jedes Kind zu töten, die wir unterwegs antrafen. Ich brauche jedoch nicht zu betonen, daß ich sicher war, den Willen des HErrn zu erfüllen, wenn ich Jerusalem auf möglichst zweckdienliche Weise eroberte. Gelang es uns, heimlich in die Stadt einzudringen und das Arsenal zu besetzen, während die meisten Einwohner sich auf der Festwiese vergnügten – um so besser! Besonders dann, wenn ich dadurch nicht nur den Vorteil der Überrumpelung ausnutzte, sondern auch die Verluste in den eigenen Reihen verringerte. Josua hatte zwar zunächst einen Hinterhalt geplant, indem er die Leute hervorlockte, doch dann vernichtete er die beiden Städte Ai und Bethel auf ganz ähnliche Art und Weise: indem er nämlich in die leeren Städte eindrang. Letztlich führte das zum Sturz Gibeons und dazu, daß die Kinder Israels in den Besitz Kanaans kamen. Die Festlegung des Angriffs auf den Unabhängigkeitstag erschien mir so eine Zeitlang als ein vom HErrn eingegebener Plan.

Doch Anfang Mai zerschlug sich dieses Vorhaben. Während ich mich an einem Samstag in Jerusalem mit meinen vier vertrautesten Jüngern beriet, hörte ich von Nelson, daß die Festlichkeiten zum Unabhängigkeitstag in diesem ·Jahr zum allererstenmal nicht auf der Festwiese draußen, sondern innerhalb der Stadt abgehalten werden sollten. Dadurch wurde der Gedanke an einen Angriff auf Jerusalem am vierten Juli noch aussichtsloser, als er es so schon gewesen wäre; in größter Bestürzung verwarf ich sofort alle meine Pläne. In meiner unbeschreiblichen Verzweiflung hatte ich das Gefühl, daß der HErr mit mir sein Spiel trieb, mich auf die Probe stellte, mich quälte. Kurz nach diesem Samstag erkrankte ich an einem Blutsturz und an Schüttelfrost, der fast eine Woche lang anhielt. In dieser Zeit plagten mich entsetzliche Ängste. In meiner Hoffnungslosigkeit stellte ich mir die Frage, ob der HErr mich vielleicht doch nicht zu einer so großen Aufgabe ausersehen haben mochte. Dann erholte ich mich ebenso rasch wieder, wie die Krankheit mich niedergestreckt hatte. Ich hatte einige Pfund abgenommen, fühlte mich aber viel kräftiger, als ich mich von meinem Krankenlager in dem Schuppen neben der Werkstatt wieder erhob; dort hatten mich abwechselnd Hark und die nimmermüde Miß Sarah gepflegt und gefüttert (schon bald sollte sie nicht mehr am Leben sein). Da erfuhr ich von einer neuen Entwicklung, die mich mit freudiger Erleichterung erfüllte, vermischt mit einem Gefühl der Scham ob meines Unglaubens, und mir die Überzeugung zurückgab, daß der HErr meiner doch nicht gespottet hatte. Statt dessen hatte Er in Seiner unendlichen Weisheit mich veranlaßt, eine noch großartigere Gelegenheit, ein noch aussichtsreicheres Beginnen abzuwarten.

Die Neuigkeit erfuhr ich eines Morgens im Juni, als Travis mich wieder einmal an Mrs. Whitehead vermietet hatte. Eigentlich müßte ich sagen »getauscht« – für zwei Monate »offen und ehrlich« getauscht, wie man so schön sagte, und zwar gegen das Gespann Ochsen, das Travis dringend brauchte, um auf einem Stück abgebrannten Landes, auf dem er einen Obsthof anlegen wollte, die Baumstubben zu roden. Mrs. Whitehead war, wie üblich, heilfroh, mich wieder dazuhaben. Sie brauchte sowohl meine Dienste als Kutscher wie auch als Zimmermann, da sie einen umfangreichen Anbau an ihre Scheune plante. Ich war jedenfalls wieder einmal auf ihrem Hof, als ich zufällig hörte, wie ein durchreisender Baptistenprediger seinem Amtsbruder Richard Whitehead von einem großen Missionsfest erzählte, das im Spätsommer für die Anhänger der Sekte im County Gates, gleich jenseits der Grenze nach North Carolina, stattfinden sollte.

Hunderte, wenn nicht gar Tausende von Baptisten aus dem County Southampton hätten bereits mit Freuden die Einladung angenommen, sagte der Prediger – ein gesund aussehender, braungebrannter Mann – zu Richard. Augenzwinkernd fügte er hinzu, er wolle zwar nicht auf seine Jagdgründe vordringen, aber auch alle Methodisten seien herzlich willkommen, dort ihre Sünden loszuwerden. Denn wir alle sind Brüder in einem Glauben, so versicherte er. Die Teilnahmegebühr betrage in diesem Jahr nur einen halben Dollar pro Kopf, Neger und Kinder unter zehn frei. Dann erlaubte er sich einen müden Scherz, bei dem es um Methodisten und Temperenzler ging. Wenn ich mich an Richards Antwort noch recht erinnere, so bedankte er sich in seiner üblichen kalten, nichtssagenden, trockenen Art bei seinem Amtsbruder, wobei er darauf hinwies, daß nach seiner Meinung allerdings nur wenige Methodisten teilnehmen würden, da diese in ihrer eigenen Gemeinde mit allen geistlichen Gütern bestens versorgt seien. Er fügte jedoch hinzu, er wolle die Sache im Auge behalten, und erkundigte sich so nebenbei nach dem Datum. Als der andere Prediger antwortete: »Vom Freitag, dem neunzehnten August, bis zum Dienstag, ich glaube, das ist der dreiundzwanzigste«, da war mir klar (ich hielt die Zügel des Predigerpferdes), daß die Lippen des Kirchenmannes soeben den Beginn meines großen Auftrags verkündet hatten, ebenso klar und deutlich wie das Feuer des HErrn, das zu Elias Füßen niederregnete. Welch ein unvorhergesehener Glücksfall! Wenn Jerusalem von einigen hundert Baptistensündern – der halben Einwohnerschaft – entblößt war, mußte es ein Kinderspiel sein, die Stadt zu erobern und zu zerstören. Still für mich sprach ich ein Dankgebet. Das war für mich das endgültige Zeichen.

So blieben mir zum Abschluß meiner Vorbereitungen nur noch zwei kurze Monate. Allerdings stellte ich erfreut fest, daß seit dem Tage der Sonnenfinsternis schon sehr viel geschehen war. Vor allem war ich erfreut über die Fortschritte beim Anwerben von Jüngern – eine Angelegenheit, die ich wegen der erforderlichen unbedingten Geheimhaltung für äußerst schwierig gehalten hatte, die sich aber über Erwarten gut anließ. Dieser Erfolg war größtenteils der Geschicklichkeit, dem Taktgefühl und der Überredungskunst von Sam und Nelson zu verdanken; beide besaßen diese Eigenschaften in hohem Maße. Auch Henry warb ein oder zwei Leute an, doch seine Taubheit behinderte ihn allzusehr. Es war aber auch meinem gründlichen Vorgehen beim Sammeln meiner Gefolgschaft zu verdanken. Zuerst zog ich meine Landkarte zu Rate, auf der ich die Richtung unseres Marsches auf Jerusalem schon vor Monaten festgelegt hatte. Bei dieser Route handelte es sich nicht um einen direkten Angriff auf kürzestem Wege – entlang der sieben Meilen langen Straße, die von Cross Keys bis zu der Brücke aus Zedernholz führte, dem Zugangstor zur Stadt. Diese Route war zwar am kürzesten und verlief in pfeilgerader Richtung, aber unsere beiden Flanken wären dabei völlig ungedeckt gewesen. Die von mir festgesetzte Marschroute ähnelte vielmehr einem leicht geneigten S. Die beiden weiten Bogen von einer Gesamtlänge von fast fünfunddreißig Meilen wichen einerseits den wenigen Hauptstraßen aus, andererseits machten sie sich die Seitenwege und Trampelpfade zunutze, die sich überall in Schlangenlinien durch die Gegend zogen. Auf dem Weg nach Nordosten, so schätzte ich, würde meine Streitmacht auf mehr als zwanzig Pflanzungen, Farmen und Wohnhäuser stoßen – es waren genau dreiundzwanzig –, aber es handelte sich dabei, abgesehen von wenigen Ausnahmen, überwiegend um die Anwesen der wohlhabenderen Oberschicht von Southampton; dort würden wir alles finden, was für den Erfolg unseres Unternehmens von entscheidender Bedeutung war: Neger, Pferde, Proviant und Waffen.

Hauptsächlich Neger. Anhand der Karte stellte ich eine genaue Namensliste der Grundbesitzer auf, deren Farmen wir angreifen würden, und ich machte eine genaue Inventur aller Neger, die zu jedem Haus gehörten. Das war keine schwierige Aufgabe, denn am Markttag in Jerusalem, wenn von jeder Farm mindestens ein oder zwei Neger in die Stadt kamen, konnten meine vertrautesten Jünger und ich uns leicht unter sie mischen und unverfängliche Fragen stellen (auch einige verfängliche), um die genaue Zusammensetzung des Sklavenbestands in jedem Haushalt zu erkunden. Eine geflüsterte Bemerkung über Flüchtlinge erwies sich oft als wirksam. Neger, die schon einmal davongelaufen waren, erwiesen sich in der Regel als harte Burschen.

So schob sich Nelson zum Beispiel an einen jungen Neger aus Benjamin Blunts Haushalt heran, wechselte mit ihm ein paar belanglose Worte, bot dem Jungen ein Stück Kandiszucker oder einen Brocken Kautabak an und fragte dann im Verschwörerton: »Is bei euch schon mal einer durchbrannt?« In der Hälfte der Fälle kratzte sich der Befragte dann am Kopf, rollte die Augen und druckste ein bißchen herum, um dann schließlich zu bekennen: »Ja, hm, da is einer, wo vor noch gar nich so langer Zeit ... Nathan heiß er. Drei Wochen war er weg. Aber Massa hatn erwisch.« Und am nächsten oder übernächsten Samstag machte sich Nelson dann vorsichtig an Nathan heran – einen rauhen braunen Burschen mit einem bösen und aufrührerischen Glitzern in den traurigen Augen – und zog ihn heimlich ins Gebüsch hinter dem Markt. Dort fragte er ihn aus, wie es ihm auf seiner Flucht Tag und Nacht ergangen sei, um dann ganz lässig über Freiheit zu reden und behutsam, aber schmerzhaft, den wunden Punkt zu berühren, die heimliche Wut, die in Nathan kochte. Und zuletzt murmelte Nelson die nackten, kompromißlosen Worte, die er so oft gebrauchte: »Kannste töten?« Aus Nathans Mund sprudelte es dann hervor, brennend und heiß vor Haß: »Scheiß drauf, Mann, klar kann ich *töten!* Ich mein, gib mirne Ax, dann mach ichs schon! Ich hau nem Weißen de Schwanz un sonstwas ab, wirst schon sehn, daß ich ein *töten* kann!« Und in diesem Augenblick hatte meine große Sache wieder einen Anhänger mehr – so war es bei Daniel und Davy, bei Curtis, Stephen, Joe, Jack, Frank und vielen anderen.

Doch so wichtig für uns zu diesem Zeitpunkt das Anwerben kampfbereiter junger Neger auch war, von gleicher Bedeutung war die Absicherung gegen Verrat. Was unsere Kämpfer betraf, die vertrauenswürdigen, begeisterten Bekehrten, so hatte ich im Sommer etwa zwei Dutzend um mich versammelt, alles begeisterte, starke, zähe und verzweifelte junge Männer, um die sich dann die anderen Neger scharen würden, wenn wir erst einmal das Land überrannten. Jeder von ihnen hatte bei seinem Leben absolute Verschwiegenheit gelobt. Ich hatte mich unter vier Augen mit ihnen unterhalten, mit jedem einzeln, entweder hinter dem Marktplatz oder in meinem Versteck in den Wäldern, wohin sie am Sonntag entweder Sam oder Nelson brachte. Ich war von der Leidenschaft dieser schlichten Feldarbeiter, Schweinehirten und Holzfäller beeindruckt. Der Gedanke an Freiheit hatte ihre Herzen entzündet, die Aussicht auf einen langen, gefährlichen Marsch ließ sie vor Ungeduld erbeben. Für sie war die bei Verrat drohende Todesstrafe unnötige Verzierung; denn mit dem blutigen Abenteuer vor Augen waren sie ganz außer sich vor Freude. Niemals, um nichts auf der Welt, würden sie ihr großartiges Geheimnis preisgeben – es sei denn unabsichtlich, und genau das war für mich eine nagende Furcht. Auf diese jungen Leute konnte ich mich verlassen, sie waren von der Sache gefangen, ganz mir ergeben. Was in kaum erträglicher Weise an meinen Nerven zerrte, war nicht die Angst vor einem Verrat aus den Reihen meiner Jünger, sondern die Befürchtung, daß mein großer Plan durch ein unbedachtes Wort, durch eine nachlässige Bemerkung irgendeinem neunmalklugen Hausnigger zu Ohren kommen könnte, der sich in schmierigem Übereifer die Hände reiben und mit der Neuigkeit sofort zum Massa oder zur Missis laufen würde. So tief mich auch die Erkenntnis bewegte, daß es trotz allem Neger gab, die stolz und zornerfüllt genug waren, für dieses waghalsige Spiel um die Freiheit Leib und Leben einzusetzen, so wurde mein Stolz doch durch das Bewußtsein getrübt, daß es nur zu viele andere Neger gab, die für den Preis eines Stücks Kautabak, für ein paar Angelhaken oder für ein Pfund Fleisch selbst die Seele ihrer eigenen Mutter zu verkaufen bereit waren. In diesem Sommer lebte ich im Stall von Mrs. Whitehead sogar Seite an Seite mit einem von ihnen: Hubbard, diesem feisten, schokoladenfarbenen Speichellecker. Dieser hinterlistige Kriecher mit seinem dicken Hintern und der berechnenden Zunge würde schon beim leisesten Verdacht, beim geringsten Hinweis auf bevorstehende Unruhen zu Miß Cathy rennen und alles ausposaunen. Dieser Hubbard und andere seiner Art, die überall im Land, in allen Häusern, eng mit meinen Leuten zusammen lebten, ließen mich nachts nicht schlafen und erfüllten mich mit nagender Sorge.

Doch als die blauen Tage mit blauem Himmel und süßem Heuduft vorübergingen und der Sommer seinen Höhepunkt erreichte, glaubte ich immer mehr an meinen Erfolg. Soweit man das überhaupt feststellen konnte, war unser Geheimnis bisher gewahrt geblieben. Weiße wie Schwarze gingen wie üblich ihrer Arbeit nach – sie bauten Scheunen, fuhren das Heu ein, ernteten Mais und Baumwolle, schlugen Bäume, machten Wagenräder und verdienten Geld. Gegen Ende meiner Zeit bei Mrs. Whitehead – an dem bereits beschriebenen »Missionssonntag« – gelang es mir, meine vertrautesten Jünger anläßlich eines von Richard Whitehead in seiner Kirche abgehaltenen Gottesdienstes um mich zu versammeln. Während die Weißen einen der Ihren (ein an Pocken verstorbenes Kind und, wie mir damals aufging, so ziemlich der letzte Weiße, der das Glück haben sollte, daß ihm die furchtbaren Ereignisse erspart blieben) zu Grabe trugen, versammelte ich nach dem Gottesdienst meine Gefolgsleute an dem kleinen Bach und eröffnete dieser Gruppe von Getreuen meine endgültigen Pläne für den Feldzug.

Ich hatte lange über die Strategie meines Angriffs nachgedacht und war zu dem Schluß gelangt, daß es nicht nur nachteilig, sondern auch praktisch unmöglich sein würde, meine Streiter an einem Ort zusammenzuziehen. Eine plötzliche Ansammlung von so vielen Negern mußte unweigerlich Aufmerksamkeit erregen und einen sofortigen Alarm auslösen. Nein, mein Angriff hatte klein zu beginnen und dann wie ein Schneeball an Macht und Wucht zuzunehmen; die Spitzengruppe, also ich mit meinen vier engsten Vertrauten, mußte auf unserem Schlängelpfad nach Jerusalem, quer durch das County, nach und nach durch die übrigen Neger verstärkt werden, die sich uns auf den verschiedenen Farmen anschlossen. Jeder der ungefähr zwanzig Neger, die mir Treue gelobt hatten, sollte unterwegs an diesem oder jenem Haus auf uns warten – in der Regel bei dem Haus, in dem er arbeitete – und sich bereithalten, in dem Augenblick zu den Waffen zu greifen, wo wir uns näherten, um damit den eigenen Herrn zu töten. Von da an beteiligte er sich an der Schlacht und zog mit uns bis zum nächsten Ziel, wo wieder ein anderer auf uns wartete (oder auch mehrere). Ein solcher Plan erforderte Zeit und gründliche Vorbereitung. Deshalb beauftragte ich jeden meiner engsten vier, einen Trupp von fünf oder sechs der anderen aufzusuchen und genauestens zu instruieren. Während der noch verbleibenden Wochen sollte er außerdem so häufig wie möglich mit seinem Trupp Verbindung aufnehmen, den Männern unablässig die Notwendigkeit strengster Geheimhaltung einbleuen und dafür sorgen, daß an jenem immer näher rückenden schicksalhaften Augustmontag tatsächlich jeder Mann auf seinem Posten zu sein hatte. Wenn alles gutging, dann rechnete ich mir aus, daß von unserem ersten mitternächtlichen Schlag gegen Travis bis zur Eroberung des Waffenarsenals in Jerusalem nicht mehr als sechsunddreißig Stunden vergehen dürften.

Ich hatte das sichere Gefühl, daß alles glatt verlaufen müßte.

Als ich meine Gefolgsleute an diesem Sonntag mit einem Gebet entließ, war ich von einer seltsamen Hochstimmung erfüllt, der Gewißheit eines glorreichen Sieges. Ich wußte, daß ich für eine gerechte Sache kämpfte und daher mit der Kraft dieser Gewißheit alle Hindernisse, alle Mühen, alle unvorhergesehenen Wendungen des Schicksals überwinden konnte. Ich wußte auch, daß aufgrund des hohen und edlen Ziels, das ich verfolgte, selbst die unterwürfigsten und feigsten unter den Negern die Rechtmäßigkeit unseres Vorgehens einsehen mußten; so sah ich im Geiste bereits Legionen schwarzer Männer vor mir, die sich ringsum erhoben und sich mir anschlossen. Schwarze Männer im ganzen Süden, aus ganz Amerika! Eine majestätische schwarze Armee Gottes!

*Gelobet sei der HErr, mein Hort, der meine Hände lehret
streiten und meine Fäuste kriegen,
meine Güte und meine Burg, mein Schutz und mein
Erretter, mein Schild ...*

Doch als ich mich gerade auf den Rückweg von Mrs. Whitehead
zu Travis machen wollte, da trat ein erschreckendes, ein geradezu
unerhörtes Ereignis ein, das ganz plötzlich unter den Weißen
Feindschaft und Mißtrauen gegenüber den Negern weckte und
mich schon befürchten ließ, mein ganzer heiliger Auftrag sei
damit vereitelt, zum Scheitern verurteilt.

Es ging um Will, der ebenso wie Sam bei Nathaniel Francis als
Sklave diente. Als er wieder einmal die regelmäßig wiederkehrende Tracht Prügel zu ertragen hatte, drehte er durch und
beging das schwerste Verbrechen, das ein Neger sich zuschulden
kommen lassen kann: Er schlug zurück. Aber nicht nur das – mit
einem Holzprügel, den er aus einem Stapel im Hof zog, traf er
Francis so schwer, daß er ihm Arm und Schulter brach. Dann
flüchtete Will in die Wälder und blieb vorerst unentdeckt.

Als ich von diesem Zwischenfall erfuhr, weckte er in mir recht
unterschiedliche Gefühle. Einerseits war ich ehrlich erleichtert
darüber, daß Will verschwunden war. Ich fürchtete seinen
Wahnwitz, seinen unbändigen Haß und wünschte mir nichts
sehnlicher, als daß er mit meinem Vernichtungswerk nichts zu tun
haben sollte, weil ich spürte, daß ich ihn niemals würde lenken
und leiten können. Ich wußte, daß er von dem Vorsatz beherrscht
war, weiße Frauen zu schänden – etwas, das ich nie dulden
würde. Sein Überfall auf Francis und die anschließende Flucht in
die Wälder bedeutete für mich – vorausgesetzt, er blieb verschwunden – die Lösung eines nebensächlichen, aber nichtsdestoweniger bohrenden Problems. Und doch war ich andererseits
entsetzt. Eine solche Gewalttat war nämlich auch dann, wenn sie
schuldhaft herausgefordert war, immerhin selten und schockie-
rend genug, allen Negern gegenüber eine Stimmung des Mißtrauens aufkommen zu lassen. Ein Weißer würde nun zum
andern sagen: *Weit ists gekommen, jetzt schlagen die gottverdammten Nigger schon zurück!* Ich fürchtete wirklich, daß in
dieser allgemein vorherrschenden Stimmung das Mißtrauen der
Weißen die Neger unsicher machen und ihnen den Mut zu einem
großen Abenteuer nehmen würde, oder – was noch schlimmer
wäre – daß unter diesem neuen, verstärkten Druck einer doch
unser Geheimnis preisgeben könnte.

Genau wie in den anderen Häusern der Umgebung erhob sich auch bei Mrs. Whitehead ein ziemlicher Tumult, als die Nachricht von Wills Untat eintraf. Es war an einem Freitagmittag; ich spannte gerade den zweirädrigen Wagen an, um Miß Margaret zu einer Freundin zu fahren – sie wollte übers Wochenende dort bleiben –, da brachten zwei furchtbar aufgeregte weiße Reiter die Neuigkeit. Bis an die Zähne bewaffnet, waren sie dabei, eine Schar zusammenzustellen, die den schwarzen Missetäter hetzen und fangen sollte. Einer der Reiter rief Richard aus dem Sattel zu: »Los, Prediger, schnappense sich ne Büchse un kommense!« Die schweißnassen, ungeduldig stampfenden Pferde wirbelten Staubwolken auf dem Hof hoch. Einer der beiden trieb seinen Gaul zur Seite; er grinste albern, schon völlig berauscht von Whisky und Jagdfieber.

»Der verdammte Nigger«, schrie der andere. »Werden ihn niederknallen müssen!«

Ich beobachtete Richard, wie er im Haus verschwand. Der Gedanke war abwegig, daß dieser schwächliche Gottesmann quer durch die tödlichen Sümpfe einem halbirren, unbewaffneten schwarzen Ausreißer nachjagen sollte, aber gleich darauf kam er, mit Muskete und Pistole bewaffnet, wieder aus dem Haus und setzte sich mit grimmig zusammengepreßten Lippen die Bibermütze verwegen auf das eine Ohr. Einer der Neger hatte inzwischen den dicken Braunen gesattelt. Miß Cathy folgte bleich und besorgt ihrem Sohn. Händeringend und mit flehentlicher Stimme rief sie ihm nach: »Du mußt aber auf dich achtgeben, mein Junge! Ein solcher Schwarzer ist wie ein tollwütiger Hund!« Nun strömten auch noch Margarets drei verheiratete Schwestern, die gerade zum Sommerurlaub eingetroffen waren, mit windgeblähten Röcken aus dem Haus und flehten ebenfalls ihren Bruder inständig an, ja auf seine Sicherheit bedacht zu sein. Während er mühsam seinen massigen Klepper erklomm, stießen sie kleine Schreie aus und zirpten in höchster Aufregung. »Bitte, Junge, sei vorsichtig!« schrie Miß Cathy und klammerte sich an seine Hand. Nun kamen auch noch die drei Enkelkinder aus der Küche gesaust, um ihrem Onkel nachzuwinken. Im gleichen Augenblick erschien, ein Zerrbild der dem schwarzen Volk für immer verlorengegangenen Männlichkeit, der komische Hausnigger Hubbard, trat hüftenwackelnd wie eine Dame näher, um in das allgemeine Lebewohl einzustimmen. »Passen Massa gut aufse auf, Massa!« brabbelte er salbungsvoll als Miß Cathys verzerrtes Echo. »De Will, dasn böse Nigger, ich weiß! Isn tolle Hund,

Massa, un das is nich logen!« Er glich so sehr einer verblödeten dicken Niggermammy, daß ich ihn am liebsten auf der Stelle erschlagen hätte. Nur Margaret hielt sich fern. Ich entdeckte sie an der Haustür. Sie stand im Schatten, ihr hübsches Gesicht trug einen Ausdruck tiefer Abscheu. Ihr Ärger vertiefte sich noch, als Richard »Mach dir keine Sorgen, Muddah!« murmelte, Miß Cathy tapfer einen Kuß auf die ausgestreckten Finger drückte und er sein Pferd mit einem Schenkeldruck herumriß, um den anderen Männern nachzureiten. Mit einer angewiderten Geste verschwand Margaret im Haus.

Als wir später in südlicher Richtung zu den Vaughans unterwegs waren, sagte sie: »So ein albernes Theater! Ich meine, all die Büchsen und Pistolen und alles, bloß um den armen Will aufzuspüren, der wahrscheinlich ohnehin schon halb verrückt vor Angst, ist, und alles – da draußen im Sumpf. Und wahrscheinlich erschießen sie ihn wirklich! Ach, das ist einfach schrecklich!« Sie hielt einen Augenblick inne. Aus den Augenwinkeln bemerkte ich, wie sie sich ein Staubkörnchen von der Nase wischte. Ich senkte den Blick auf den Stoff ihres Rocks, der sich straff über ihren Schoß spannte und im Gleichtakt mit dem Rumpeln des Wagens wippte. Näher noch war mir ihre Hand, weiß wie ein Glas Milch, von blauen Adern durchzogen. Die Finger drehten den Beingriff ihres Sonnenschirms. »Ich meine, natürlich hätte er das nicht tun dürfen«, fuhr sie fort. »Einfach so gegen Mr. Francis zurückschlagen. Aber mal ehrlich, Nat! Jede Menschenseele im ganzen County kennt doch diesen Francis und weiß, wie er seine Schwarzen behandelt. Alle denken, es ist ganz einfach schrecklich, was er ihnen antut. Ich weiß, Mama denkt das auch. Und schau sie dir an! Ich kanns Will gar nicht übelnehmen, daß er einmal zurückschlägt. Hättest du nicht auch zurückgeschlagen, wenn Nathaniel Francis dich so mißhandelt hätte. Hättest du das nicht getan, Nat?«

Sosehr ich mich auch bemühte, ihrem Blick auszuweichen, ich spürte, wie sie mich voll ansah. Dabei suchte ich nach einer Antwort auf diese Frage; unter all den Weißen war sie allein unbefangen genug, so etwas zu fragen. Man sollte niemals einen Neger zwingen, eine solche Frage beantworten zu müssen. Da sie auch noch in einem Ton echten, unschuldigen Mitgefühls gestellt wurde, war sie mir in diesem Augenblick doppelt zuwider. Ich konnte einfach nicht anders, ich mußte noch einen raschen Blick auf die beiden sanften Hügel werfen, wo ihr Rock sich über die Schenkel spannte, das zerfurchte Tafttal dazwischen, die Porzellanfinger, die pausenlos den Beingriff des Schirmes drehten. Wieder spürte ich ihren Blick, ahnte das keck erhobene Kinn mit dem Grübchen darin, wie sie mir wartend das Gesicht zuwandte. Ich suchte krampfhaft nach einer Antwort.

»Ich meine – würdest du das nicht auch tun, Nat?« fragte sie noch einmal. Ihre wispernde Mädchenstimme war dicht neben mir. »Ich meine, ich bin ja nur ein Mädchen, aber wenn ich ein Mann wäre und ein Neger, und der schreckliche alte Nathaniel Francis würde mich so schlimm mißhandeln, ich würde ganz einfach zurückschlagen. Würdest du das nicht auch tun, Nat?«

»Nun, Missy«, antwortete ich zögernd und bemühte mich um einen unterwürfigen Ton, »ich weiß nich so recht, was ich da machen tät. So kann man leicht ums Leben kommen.« Ich machte eine Pause, dann fügte ich hinzu: »Aber ich glaub schon, dem Will, dem wars einfach mal zuviel. Un wenn man immer mehr kriegt, wie man aushalten kann, so wird man nach un nach verrückt, un einmal, da haut man einfach zurück, eh mans selber recht merkt. Ich glaub, genauso wars mit Will un Mr. Francis. Aber ich wär furchtbar schrecklich vorsichtig mit Wehren gegen weiße Massa, ja, wirklich, Missy.«

Sie schwieg eine ganze Weile. Als sie schließlich wieder sprach, klang ihre Stimme ernster, nachdenklicher, als ich es je bei einer so jungen Weißen gehört hatte – erfüllt von einer Art von tiefem, fragendem, ans Herz gehendem Kummer. »Ach, mein Gott, ich *weiß* es nicht!« Der Seufzer kam tief aus ihrer Brust. »Ich weiß es wirklich nicht, Nat! Ich weiß einfach nicht, warum die Schwarzen so bleiben, wie sie sind – ich meine, so vollkommen unwissend und alles, und warum sie sich schlagen lassen wie dieser Will, und warum so viele von ihnen Besitzer haben, die ihnen nicht einmal richtig zu essen geben und nichts Vernünftiges zum Anziehen, daß sie warm genug sind. Ich meine, warum so viele von ihnen wie die Tiere leben. Ach, ich *wünsche* mir wirklich, es gäbe eine Möglichkeit, daß die Schwarzen anständig leben können und für sich selbst arbeiten und – ach, daß sie etwas Selbstachtung haben! Ach, Nat – du wirst es nicht glauben, ich muß dir etwas erzählen!« Der Ton ihrer Stimme veränderte sich unvermittelt. Die Klage war noch zu spüren, aber nun kam so etwas wie Empörung hinzu.

»Ich hab einen wirklich furchtbaren Streit bekommen, mit einem Mädchen im Seminar, dieser Charlotte Tyler Saunders. Sie war eine meiner allerbesten Freundinnen und ist es auch noch, aber im Mai, kurz bevor die Schule aus war, haben wir uns gestritten.

Es ging dabei um die Schwarzen. Weißt du, der Vater von dieser Charlotte Tyler Saunders, der besitzt – nun, mindestens *Milliarden* Neger auf seiner Plantage droben im County Fluvanna, und er sitzt in der Regierung von Richmond, und jedesmal, wenn dort von Freilassung der Sklaven gesprochen wird, dann hält er immer furchtbar großartige und langweilige Reden, und die stehen dann in der *Gazette,* und Charlotte Tyler liest sie dann den anderen Mädchen vor. Ich meine, er ist ganz und gar gegen die Emanzipation oder wie man das nennt, und er sagt dann all diese Dinge über die Neger, daß sie nichts von Verantwortung wissen und keine Moral haben und *bestialisch* und faul sind und daß man ihnen nichts beibringen kann und dieser ganze Blödsinn. Nun, diesmal rede ich von damals, wie sie gerade so einen Artikel vorgelesen hat, von einer Rede, die ihr Vater gehalten hat. Ich weiß auch nicht, Nat, auf einmal bin ich einfach *explodiert!* Ich sage zu ihr: ›Nun hör mir gut zu, Charlotte Tyler Saunders‹, sag ich, ›ich will ja nichts gegen deinen Vater sagen, aber das ist ganz einfach Larifari, weil das nämlich nicht stimmt!‹ Da wird sie auf einmal furchtbar böse mit mir und sagt: ›Und das ist *doch* so, und jeder, der einen Funken Verstand hat, *weiß,* daß es so ist!‹ Da war ich so wütend, daß ich beinahe heulen mußte, und wahrscheinlich habe ich sie auch entsetzlich angeschrien. ›Jetzt hör mir mal gut zu, *Miß* Charlotte Tyler Saunders, ich weiß das zufällig besser; denn bei uns zu Hause in Southampton, da mietet meine Mutter manchmal einen schwarzen Sklaven, der ist beinahe so intelligent und gebildet und sauber und fromm und bibelfest wie Dr. Simpson‹ – Dr. Simpson ist der Direktor des Seminars, Nat –, ›und nicht nur das, verehrte *ehemalige* Freundin‹ – jetzt habe ich sie wirklich angeschrien –, ›falls du meine ganz bescheidene Meinung hören willst, und ich bin sicher, daß ich das einzige Mädchen in der ganzen Schule bin, das so denkt, aber nach meiner ganz bescheidenen Meinung sollten die Schwarzen in Virginia *freigelassen* werden!‹«
Nach einer Atempause sagte Margaret: »Nein, hat die mich wütend gemacht! Und dabei ist sie eigentlich ein furchtbar nettes, liebes, kluges Mädchen, Nat. *Au fond* ist sie das – *au fond* ist französisch und bedeutet soviel wie tief in ihrem Innern. Es ist nur so, daß manche Leute . . .« Sie brach mit einem Seufzer ab und sagte: »Ach, ich weiß wirklich nicht. Manchmal ist das Leben schrecklich kompliziert, nicht wahr? Auf jeden Fall, Nat«, schloß sie langsam, »der Schwarze, den ich meinte, das bist du.«
Ich gab ihr keine Antwort. Ihre Nähe, ihre bloße Gegenwart,

war beklemmend für mich. Die leichte Sommerbrise strich an meinem Gesicht vorbei und wehte mir ihren Duft zu – einen verwirrenden Duft, ein bißchen Jungmädchenschweiß und ein bißchen Lavendel. Ich versuchte, etwas von ihr abzurücken, aber das ging nicht. Es ließ sich einfach nicht vermeiden, daß ich sie ganz leicht berührte und sie mich; Ellbogen stieß leise an Ellbogen mit einem heißen Verlangen, das mir den Schweiß aus den Achselhöhlen trieb, wünschte ich das Ende der Fahrt herbei, aber dann wurde mir klar, daß wir noch über eine halbe Stunde Weges vor uns hatten. Ich heftete meinen Blick auf den schwarzen, schlagenden, wehenden Pferdeschweif, auf das braunglänzende Fell vor mir. Die Wagenräder zählten auf der zerfurchten Straße rumpelnd die Buckel und Schlaglöcher, stetig klapperte Eisen auf Stein. Wir fuhren durch eine verlassene Gegend. Ginster und Dornengestrüpp, Riedgras und gelber Senf wechselten mit Streifen buntfarbigen Waldes. Es war eine Gegend, die ich sehr gut kannte. Weit und breit keine Behausung, keine Menschen, nur hier ein verfallener Zaun, dort, in der Ferne, mitten auf einer leeren Wiese, der geborstene Riesenleib einer uralten Scheune. Die Luft war klar, die Sonne strahlte blendend und grell. Mächtige Türme und Gipfel von Hochsommerwolken ließen Schatten über das Land huschen, die wie gigantische Hände aussahen.

Wieder spürte ich den warmen Mädchenschweiß, ihre Gegenwart, Seife, Haut, Haar, Lavendel. Auf einmal kam mir unwillkürlich ein gottloser Gedanke: Ich konnte hier anhalten, gleich hier an dieser Wiese, und mit ihr machen, was ich wollte. Meilenweit im Umkreis keine einzige Menschenseele. Ich konnte sie zu Boden werfen, ihr die jungen weißen Schenkel auseinanderdrücken, in sie eindringen, bis ein Leib den anderen berührte, mich in ihr mit einem warmen, milchigen Strom der Entweihung vergießen. Sollte sie doch schreien, daß die leeren Tannenwälder das Echo zurückwarfen, keinen würde es kümmern, nicht einmal die Bussarde und die Krähen ...

Unter meinem Hemd lief mir der Schweiß in Strömen an den Seiten herunter. Dann sprach ich ein stilles Gebet und verstieß mit aller Gewalt diesen Gedanken, wie man den leibhaftigen Satan austreibt. Wie konnte ich es nur wagen, so verheerende Gedanken zu hegen, wo die Erfüllung meines großen Auftrags nun so nahe gerückt war? Dennoch spürte ich heiß das Blut in meinem starren Glied pochen. Mir klopfte das Herz. Ich ließ dem Pferd die Zügel auf den Rücken klatschen und trieb es an.

Wieder flüsterte die Mädchenstimme an mein Ohr: »Ich meine,

Charlotte Tyler gibt sich wirklich alle Mühe, sehr fromm zu sein – das ist es ja gerade. Drum kann ich nicht verstehen, wie wirklich fromme Menschen so eine Einstellung haben können. Ich meine – sieh dir nur Mama an! Oder gar *Richard* – du liebe Zeit! Oder jede einzelne von meinen Schwestern! Und diese Charlotte Tyler Saunders – *au fond* behauptet sie, an die Liebe zu glauben, dabei bin ich ehrlich überzeugt, sie hat nicht die leiseste *Ahnung*, was die Bibel über die Liebe lehrt. Ich meine, all die wunderbaren Lehren von Johannes über die Liebe und daß man sie nicht fürchten soll. Furcht und Pein. Ach, weißt du, Nat – der Vers, wo das mit der *Pein* steht – wie geht der doch?«

»Nun, Missy«, antwortete ich nach einer Weile, »Missy meinen sicher den Vers im Ersten Johannesbrief, wo er sagt: *Furcht ist nicht in der Liebe, sondern die völlige Liebe treibt die Furcht aus; denn die Furcht hat Pein. Wer sich aber fürchtet, der ist nicht völlig in der Liebe.* So heißt das.«

»Ach richtig!« rief sie. »Und er sagt: *Ihr Lieben, lasset uns untereinander liebhaben; denn die Liebe ist von Gott, und wer liebhat, der ist von Gott geboren und kennet Gott.* Ach, das ist doch die einfachste Sache von der Welt, oder etwa nicht, Nat – die vollkommene christliche Liebe Gottes und der Menschen untereinander. Und doch – wie viele Menschen bringen sich selbst um diese göttliche Gnade und leben in Furcht und Pein? Johannes sagt: *Gott ist Liebe; und wer in der Liebe bleibt, der bleibt in Gott und Gott in ihm . . .* Kann es denn überhaupt etwas Einfacheres, Leichteres geben?«

Sie plapperte immer weiter mit ihrer wispernden Mädchenstimme, von Liebe besessen, verzückt in Christus, ein Echo all der nichtssagenden Plattheiten und faden, saftlosen, unaufrichtigen Äußerungen, die sie von frömmelnden Kapaunen und bigotten alten Jungfern gehört hatte, seit sie groß genug war, aufrecht, mit staunenden Augen und vor Hingabe feuchten Pantaletten in einer Bank in der Kirche ihres Bruders sitzen zu können. Sie langweilte mich – und sie erfüllte mich mit Begierde; um wenigstens dieses zweite Gefühl ein für allemal zu beruhigen, ließ ich ihren ununterbrochenen Redefluß zum einen Ohr hinein und zum andern wieder herausströmen, ohne mich darum zu kümmern. Mein Blick war auf den schimmernden, gleichmäßig bewegten Pferdeleib gerichtet, während ich über ein untergeordnetes, aber dennoch schwieriges Problem nachdachte, dem ich gleich am Anfang meines Feldzugs gegenüberstand.

Es ging dabei um Travis – oder vielmehr um Miß Sarah. Ich

hatte mich, was das Leben der Weißen anging, zu gnadenlosem, unerbittlichem Vorgehen entschlossen. Nicht einem einzigen – und sei er noch so freundlich zu mir gewesen – sollte die Axt oder die Kugel erspart bleiben. Jedes andere Denken wäre verhängnisvoll gewesen, denn, wenn ich mir in einem einzigen Fall ein weiches Herz erlaubte, dann bestand die Gefahr, daß sich diese Milde auf einen zweiten, dritten und noch einen ausdehnte. Nur einem einzigen Menschen billigte ich eine Ausnahme von dieser Regel zu: Jeremiah Cobb, diesem gestrengen, leidgeprüften Mann; mein Zusammentreffen mit ihm habe ich bereits erzählt. Sosehr ich mir auch Mühe gab, meine Zuneigung zu Miß Sarah in meinem Herzen zu unterdrücken, immer wieder sagte mir eine innere Stimme, daß sie nicht dem Tode anheimfallen sollte. Sie hatte sich mir gegenüber stets freundlich gezeigt und mich während meiner letzten Krankheit mit mütterlicher, schwesterlicher, ja gluckenhafter Hingabe gepflegt. Hinsichtlich der übrigen Hausgenossen hegte ich keine Skrupel, auch nicht bei Travis, der mir gegenüber zwar immer recht anständig gewesen war, aber keinerlei brüderliche Gefühle in mir wachrief. Was die anderen anging, insbesondere Putnam, so wünschte ich mir von Herzen, sie über die Klinge springen zu sehen. Wenn ich jedoch über Miß Sarahs Schicksal nachdachte, so quälten mich bereits jetzt Zweifel und Schuldgefühle. Sollte ich nicht lieber auf Umwegen versuchen – vielleicht durch sanften geistlichen Zuspruch –, sie, eine fromme Baptistin, dazu zu bewegen, in der Nacht des Losschlagens drüben in Carolina, beim Missionsfest, das Halleluja zu singen, damit sie und ihr Kind dem Verderben entgingen? Aber war das wirklich eine Lösung? Sie würde bei ihrer Rückkehr doch nichts als furchtbare Verwüstung antreffen.

Über diese schwierige Sache grübelte ich nach und kam mir plötzlich bekümmert und ratlos vor, als Margaret Whitehead auf einmal einen leisen Schrei ausstieß, mich beim Ärmel packte und sagte: »Nat, halt an! Bitte, halt an!«

Ein anderer Wagen hatte, wahrscheinlich schon vor vielen Stunden, eine Schildkröte überfahren und zerquetscht. Margaret hatte das Tier von ihrem Sitz aus erblickt und bestand nun darauf – während sie mich wieder am Ärmel zupfte –, daß wir anhielten und der Schildkröte halfen, weil sie sah, daß sie noch lebte.

»Ach, das arme kleine Ding!« flüsterte sie, als wir das Tierchen betrachteten. Der schwarzbraun gemusterte Panzer war der Länge nach gesplittert, und aus dem Spalt sowie aus den spinnwebenartig verlaufenden Sprüngen sickerte ein blasser, blutiger

Brei, der die Oberfläche des Panzers verschmierte. Ja, die Schildkröte lebte wirklich noch; sie zappelte matt und hilflos mit den ausgestreckten Beinen und verrenkte sich den langen, ledernen Hals, bis sie schließlich regungslos liegenblieb, sterbend, die Kinnladen geöffnet, die geschlossenen Augen verzweifelt zusammengepreßt – falls Schildkröten Verzweiflung kennen. Ich stieß sie sanft mit der Schuhspitze an.

»Ach, das arme kleine Ding«, sagte Margaret wieder.

»Is ja nur ne Schildkröte, Missy«, sagte ich.

»Schon, aber sie muß so leiden.«

»Ich tu sie weg«, murmelte ich.

Sie schwieg eine Weile, dann meinte sie sanft: »Ach ja, tu das.«

Ich fand am Straßenrand einen Hickorystock und schlug ihn dem Tier mit einem einzigen, harten Streich auf den Kopf. Beine und Schwanz erzitterten kurz, dann streckten sie sich mit einer langsamen, entspannten Bewegung. Der Schwanz sank auf den Boden, sie war tot. Ich warf den Stock weg und kehrte zu Margaret zurück. Da bemerkte ich, wie ihre Lippen bebten.

»War doch nur ne alte Schildkröte, Missy«, sagte ich. »Ne Schildkröte spürt nix. Is ziemlich dumm. De Nigger haben altes Sprichwort über Tiere, das geht so: ›Was nich schreit, dem tut nix weh.‹«

»Ja, ich weiß, es ist albern«, sagte sie und nahm sich zusammen. »Es ist nur – ach, das Leiden.« Plötzlich preßte sie ihre Finger an die Stirn. »Ich bin schwindlig. Und es ist so furchtbar heiß. Wenn ich nur einen Schluck Wasser bekommen könnte. Ich hab solchen Durst.«

Ich beförderte die Schildkröte mit einem Tritt in den Graben.

»Nun, dort hinter de Bäume, da isn Bach«, sagte ich. »Deselbe Bach, wo hinter de Haus von Miß Cathy vorbeifließt. Wasser is hier gutes Trinkwasser, Missy, das weiß ich genau. Ich hol Wasser, aber ich hab kein Krug nich.«

»Komm, wir können ja hingehen«, sagte sie.

Ihre Lebensgeister erwachten bald wieder, als ich sie über eine verfilzte, verdorrte Wiese zum Bach führte. »Es tut mir wirklich leid, daß ich über Charlotte Tyler Saunders so geredet habe«, sagte sie, jetzt ganz heiter, hinter mir. »Sie ist wirklich lieb. Und so begabt. Ach, Nat – hab ich dir schon von dem Kostümstück erzählt, das wir zusammen geschrieben haben?«

»Nein, Missy«, antwortete ich, »ich glaub nich.«

»Nun, ein Kostümstück, das ist eine Art Theaterstück in Versen. Es ist nur kurz und hat mit erhabenen Dingen zu tun. Ich meine,

Dinge, die den Geist angehen, die Philosophie, die Politik und so weiter. Jedenfalls haben wir dieses Maskenspiel gemeinsam geschrieben, und es wurde im vergangenen Frühjahr auch im Seminar aufgeführt. Ich kann dir sagen, war das ein Erfolg! Ich meine, du wirst es nicht für möglich halten, aber nach der Aufführung sagte Dr. Simpson zu Charlotte Tyler und mir, es kann sich durchaus mit Dramen messen, die er auf Bühnen oben im Norden, in Philadelphia und New York, gesehen hat. Und Mrs. Simpson – das ist seine Frau – sagte uns, daß sie kaum jemals zuvor eine Aufführung erlebt hat, die so rührend und so erfüllt von hohen Idealen war. Das waren ihre eigenen Worte. Jedenfalls heißt das Maskenspiel, das wir geschrieben haben, *Die melancholische Schäferin*. Es spielt im Rom des ersten Jahrhunderts nach Christus. In gewisser Weise ist es sehr heidnisch, aber andererseits verkörpert es auch die höchsten Ideale des christlichen Glaubens. Jedenfalls hat es fünf Personen. Die werden im Seminar natürlich alle von Mädchen dargestellt. Die Hauptheldin ist eine junge Schäferin namens Celia, die am Stadtrand von Rom wohnt. Sie ist eine sehr fromme Christin. Der Held ist der junge Herr des Hauses. Er heißt Philemon. Er ist sehr hübsch und alles, weißt du, und *au fond* ist er sehr gut und freundlich, nur seine Religion ist eben noch recht heidnisch. Eigentlich ist es so, daß seine Religion mehr animistisch ist . . .«

An der Stelle, wo die ausgetrocknete Wiese in ein kleines Wäldchen überging, hörte ich schon den Bach rauschen. Die Sonne stach nicht mehr so heiß vom Himmel, als wir unter das Laubdach traten. Nach Farnen riechende Kühle umgab mich, unter meinen Füßen federten Tannennadeln, und der ätzende, bittersüße Duft von Harz stieg mir in die Nase. Ihre Nähe, die Stille und Abgeschlossenheit hier brachte mein Blut noch einmal in Wallung. Ich drehte mich um, ihr den Weg zu weisen, da erwiderte sie für eine Sekunde, ohne mit der Wimper zu zucken, meinen Blick – mehr eindringlich als kokett, einladend, kühn, als *erwarte* sie beinahe, daß ich sie ansehe, während sie selig weiterplapperte. Es war nur ein kurzer, flüchtiger Augenblick, aber ich kann mich nicht erinnern, jemals einem Weißen länger und eindringlicher ins Antlitz geschaut zu haben. Unwillkürlich stieg mir das Herz vor lauter Angst bis in den Hals hinauf. Ich wandte mich ab, erneut von Begierde erfüllt, und haßte sie abgrundtief. Der gleichmäßige Fluß ihrer geheimnisvoll wispernden Stimme, der ich überhaupt nicht mehr zuhörte, deren Worte ich gar nicht verstehen wollte, trieb mich fast zur Verzweiflung.

Die in vielen Jahrzehnten herabgefallenen Tannennadeln bildeten unter unseren Füßen einen weichen, federnden Teppich. Ich bückte mich nach einem großen Zweig, der uns im Weg lag. Als ich mich wieder erhob, stieß sie einen kleinen Überraschungslaut aus, da ihre volle Brust sanft mit meinem bloßen Arm zusammenstieß. Aber sie machte sich nichts daraus und redete ununterbrochen weiter, während wir zum Wasser hinunterkletterten. Ich achtete nicht auf ihre Worte. Die Stelle, an der ihre Brust meinen Arm berührt hatte, brannte und juckte; ich kämpfte wieder gegen fast unwiderstehliches Verlangen an. Halb von Sinnen, erwog ich sogar die damit verbundene Gefahr. *Nimm sie*, sagte eine innere Stimme. *Nimm sie, da unten am Ufer des stillen Baches. Laß dir den ganzen Nachmittag Zeit, überschütte sie mit der ein ganzes Leben lang aufgespeicherten Leidenschaft. Erfreu dich erbarmungslos an ihrem unschuldigen, wohlgerundeten jungen Leib, bis sie halb wahnsinnig ist vor Angst und Schmerzen. Vergiß deinen großen Auftrag. Laß alles im Stich für diese Stunden des Schreckens und der Seligkeit . . .*

Ich spürte, wie mein Glied sich versteifte, und wurde plötzlich in absurder Weise hin und her gerissen zwischen der Furcht, ihr könne meine Verfassung auffallen, und dem Drang, mich vor ihr zu entblößen – o Gott, vergiß das, bitte, vergiß das alles! Ich kann mich nicht erinnern, daß ich jemals zuvor von Verlangen und Haß so sehr aus der Fassung geraten wäre. In einem Versuch, meine Gefühle zu verbergen, sagte ich mit unsicherer, viel zu lauter Stimme: »Da is de Wasser!«

»Ach, was hab ich einen Durst!« rief sie aus. Umgestürzte Baumstämme bildeten hier kleine Stromschnellen, über die kühl und grün das Wasser schäumte. Ich beobachtete sie, wie sie am Bach niederkniete, mit den hohlen Händen Wasser schöpfte und ihr Gesicht hineintauchte. *Jetzt*, sagte die Stimme, *nimm sie dir jetzt!*

»Ah – nun gehts mir schon viel besser!« sagte sie und richtete sich wieder auf. »Willst du nicht auch trinken, Nat?« Ohne auf meine Antwort zu warten, fuhr sie fort: »Jedenfalls, Nat, nachdem die böse Fidessa sich aus lauter Gewissensqual umgebracht hat, nimmt Philemon sein Schwert und tötet Pactolus, den boshaften alten Wahrsager. Ich hab in unserer Aufführung den Philemon gespielt, und es war ein Riesenspaß, ich meine, mit dem Holzschwert und allem. Dann wird Philemon von Celia zum Christentum bekehrt, und in der letzten Szene sieht man die beiden, wie sie sich ewige Treue geloben. Dann kommen die letzten

Zeilen, ich meine, das, was man auf der Bühne das Nachwort nennt. An dieser Stelle hält Philemon vor Celia sein Schwert gleich einem Kreuz in die Höhe und sagt: *Wir werden einander lieben im Schein des hohen Himmelszeltes . . .*«

Margaret reckte sich empor, drehte sich um und stand nun am Ufer des Baches, die Arme zum Himmel erhoben, verwandelt wie vor einer großen Zuschauerschar, die Augen halb geschlossen. »Dann sagt Celia: *Oh, daß die Sinne mir schwänden in Liebesewigkeit!* – Vorhang! Das wars!«

Strahlend, stolz sah sie mich an. »Ist das nicht ein wunderbares Stück? Ich meine, es hat einen sehr poetischen, religiösen Gehalt, wenn ich das von mir aus sagen darf.«

Ich gab ihr keine Antwort. Als sie nun vom Bachufer heraufkam, stolperte sie, stieß einen kleinen Schrei aus und fiel für einen Augenblick gegen mich. Dabei ergriff sie mit ihren immer noch feuchten Fingern meine Arme. Ich packte sie bei den Schultern – aber nur so, als wolle ich sie vor dem Hinfallen bewahren – und ließ sie sofort wieder los. Doch dieser kurze Augenblick reichte aus, ihre Haut und ihre Nähe zu riechen, das feine Prickeln, als ihr kastanienbraunes Haar meine Backe streifte. In dieser Sekunde vernahm ich ihr Atmen. Unsere Blicke trafen sich in einer flüchtigen Begegnung, die viel länger zu dauern schien als ein bloßer Blicketausch zwischen zwei Fremden, die nur an einem Sommernachmittag zu irgendeinem langweiligen Haus draußen auf dem Lande unterwegs waren.

War es denn möglich, daß auch ihre Muskeln sich entspannten, war es möglich, daß sie für einen winzigen Augenblick schlaff wurde, als sie gegen mich fiel, oder täuschte ich mich da? Ich werde es nie erfahren, denn sofort trennten wir uns wieder. Eine Wolke schob sich vor die Sonne und ließ eine Brise aufkommen, die in den losen Strähnen ihres Haares spielte. Für den winzigen Teil eines Augenblicks erstarrte sie in der unnatürlichen Haltung des Todes. Der Wind wurde stärker. In den Bäumen rauschte ein plötzlich aufkommendes Leben, und mich überkam jäh und unerklärlich ein so trostloses Gefühl innerer Leere, wie ich es noch niemals zuvor empfunden hatte.

Dann zitterte sie ein wenig wie in einem flüchtigen Frösteln und sagte ganz leise: »Gehen wir lieber zum Wagen zurück, Nat.« Ich ging neben ihr her und erwiderte gehorsam: »Ja, Missy.«

Es war das letztemal – nein, das vorletztemal –, daß ich ihr ins Antlitz blicken sollte.

Wir waren bereit. Ich wußte, daß die meisten Baptisten des County am Donnerstag, dem achtzehnten August, zu ihrem Missionsfest drüben in Carolina aufbrechen würden, um erst am darauffolgenden Mittwoch zurückzukehren. So würde Southampton für fast eine Woche von einem großen Teil der weißen Bevölkerung entblößt sein, und sowohl in Jerusalem selbst als auch in der umliegenden Gegend war mit erheblich weniger bewaffneten Feinden zu rechnen. Wenn ich den Zeitpunkt des Losschlagens auf Sonntagabend festlegte, so folgte ich damit hauptsächlich Nelsons Rat, der in seiner gewohnten Schlauheit darauf hinwies, daß am Sonntagabend üblicherweise die Neger nach Waschbären und Opossums jagten, zumindest im ruhigen Monat August, wo sonst nicht viel zu tun war; in diesen Nächten hallten die Wälder ringsum bis in die frühen Morgenstunden von Heulen und Schreien und Hundegekläff wider, und der Lärm unseres Aufbruchs mußte weniger auffallen. Außerdem war es ganz einfach leichter, meine Jünger am Sonntag, dem freien Tag der Neger, zu versammeln. Indem wir gleich am Anfang die Überraschung ausnutzten, die ganze Familie Travis töteten und uns mit den Waffen sowie den beiden Pferden ausrüsteten, mußte es möglich sein, den unteren Bogen des großen S, das ich auf meiner Karte eingezeichnet hatte, rasch zurückzulegen, in die auf dem Wege liegenden Häuser einzudringen und alle Bewohner umzubringen, um dann gegen Mittag des folgenden Tages in der Mitte der S-Schleife einzutreffen. Dort lag mein »erstes Hauptziel«, wie ich es bei mir nannte: Mrs. Whiteheads Haus mit seinen reichen Vorräten an Waffen, Munition und Pferden. Zu diesem Zeitpunkt würde ich bereits eine stattliche Truppe um mich versammelt haben. Die Neger eingerechnet, die uns an den Häusern unterwegs erwarteten (dazu zwei von Miß Cathys Boys, nämlich Tom und Andrew, die ich während meines letzten Aufenthalts dort leicht für mich gewinnen konnte), rechnete ich damit, daß beim Abzug von Mrs. Whiteheads Haus meine Streitmacht etwa zwanzig Köpfe zählen würde. Dabei waren vier oder fünf Mann noch nicht berücksichtigt, weil ich ihnen instinktiv nicht genug vertraut hatte, sie in mein Geheimnis vorzeitig einzuweihen; ich war aber ziemlich sicher, daß sie sich uns anschließen würden, sobald wir auftauchten. Vorausgesetzt, daß wir äußerst vorsichtig vorgingen und niemanden entkommen ließen, der einen Alarm auslösen konnte, sollte es uns nicht schwerfallen, den Rest des County zu überrennen und am Mittag des zweiten Tages siegreich in Jerusalem einzuziehen.

An diesem Sonntagvormittag versammelten sich meine vertrautesten Jünger zu einem letzten Spießbraten in dem dichten Gestrüpp hinter meinem Waldversteck. Im letzten Augenblick, noch am Abend zuvor, hatte ich Hark zur Reese-Farm geschickt, die in einiger Entfernung an der Landstraße lag. Er sollte Jack, einen der dortigen Neger, zu dem Spießbraten einladen. So wurde er in unsere Kerntruppe aufgenommen. Nach meinem Gefühl brauchten wir noch einen starken Arm zur Unterstützung des ersten Schlags. Jack erfüllte alle Voraussetzungen dazu: Er wog über zweihundert Pfund und kochte durch einen glücklichen Zufall gerade vor Wut und Verzweiflung. Erst eine Woche zuvor war Jacks Frau, eine mandeläugige Schönheit mit buttergelber Haut, an einen Händler aus Tennessee verkauft worden, der, wie er dem Pflanzer Reese ganz offen und in Jacks Gegenwart anvertraute, »nett aussehende Kätzchen für Herren von der Regierung in Nashville« suchte. Jack war bereit, mir bis ans äußerste Ende der Welt zu folgen; ganz gewiß würde er mit Reese kurzen Prozeß machen.

Den ganzen Vormittag und einen guten Teil des Nachmittags zog ich mich von meinen Getreuen zurück und blieb in der Nähe meiner Hütte. Ich las in der Bibel und betete um die Gunst des HErrn in der Schlacht. Das Wetter war grau und trüb geworden, und während ich betete, zirpte irgendwo zwischen den Bäumen eine einzelne Bergheuschrecke; ihr unablässiges krächzendes Fiedeln zerrte an meinen Ohren.

Nach meinen langen Gebeten legte ich Feuer an meine Hütte. Vom Rand der Lichtung aus schaute ich zu, wie die Fichtenbohlen, die mir für so lange Jahre Zuflucht gewesen waren, mit brüllenden, prasselnden Flammen in blauen Rauch aufgingen. Als die Asche abgekühlt war, kniete ich inmitten der Reste zu einem abschließenden Gebet nieder und flehte Gott um seinen Schutz in dem bevorstehenden Kampf an: *Der HErr ist mein Licht und mein Heil; vor wem sollte ich mich fürchten! Der HErr ist meines Lebens Kraft; vor wem sollte mir grauen!*

Ich erhob mich gerade von meinen Knien, da hörte ich im Unterholz hinter mir ein Rascheln und Knacken. Ich drehte mich um und erblickte Wills geistloses, mordgieriges, haßverzerrtes, eingeschlagenes Gesicht. Er sagte nichts, sondern sah mich nur mit seinen vorquellenden Augen an und kratzte sich an seinem nackten, narbigen schwarzen Bauch, unter dem er ein Paar graue, zerfetzte Hosen hängen hatte. Mich packte unsinnige Angst.

»Was machste denn hier?« fuhr ich ihn an.

»Hab de Rauch sehn. Dann de Niggers da drun inne Loch«, antwortete Will kühl. »Haben mirn Stück Fleisch geben. Da hab ichse reden hören, daßn Krach gibt un von Weiße umbringen. Hab Sam un Nelson fragt, ob ich kann mitmachen, da sagen de zwei, soll dich fragen.«

»Wo warst du denn in den letzten Wochen?« fragte ich. »Wenn Nat Francis dich sieht, dann schieß er dich tot.«

»Scheiß auf Nat Francis«, erwiderte Will. »Jetz geh ich hin un schieß *ihn* tot!«

»Wo warst du?« wiederholte ich.

»Inne Gegen«, antwortete er. »Überall.« Er zuckte die Achseln. Das Licht spiegelte sich in seinen Augen wie in bösen, feurigen Scheiben. Wieder überkam mich die alte Furcht, die ich in seiner Gegenwart stets empfunden hatte, als sei ich wie eine Fliege im Spinnennetz gefangen in dem glühenden Haß, den er gegen die ganze Menschheit, gegen die gesamte Schöpfung hegte. Sein wolliges Haar hing voller Kletten. Auf seiner schwarzen Backe glänzte eine Narbe, schimmernd wie ein Aal, der aufs schlammige Ufer gespült wurde. Ich hatte das Gefühl, als brauchte ich nur die Hand auszustrecken, um den Irrsinn zu fühlen, der in ihm wühlte, ein zottiges Ungeheuer, das sich unter einer dünnen Schicht zernarbter schwarzer Haut verbarg. Ich wandte mich ab.

»Du verschwindest von hier«, sagte ich. »Wir brauchen keinen mehr.«

Er machte einen einzigen Satz aus dem Unterholz und stand plötzlich an meiner Seite. Drohend hielt er mir die klobige Faust unters Kinn. »Bescheiß mich nich, Prediger!« sagte er. Seine Stimme klang wie das Fauchen einer zornigen Wildkatze. »Versuch das nur, Prediger, un du kriegs mächtig großen Ärger. Bin nich für nix und wieder nix inne Wälder. Kann keine Waldbeern nich mehr sehn. Jetz hol ich mir Fleisch – *weißes* Fleisch! Un ich hol mir noch was von de Weiße.« Wochenlang hatte er sich in den Wäldern verborgen und sich von Beeren, Nüssen, Regenwürmern oder gar Aas ernährt. Ab und zu hatte er wohl auch ein Huhn gestohlen und war von Weißen und von Hunden gehetzt worden. Er hatte wie ein Tier gelebt, und nun, verdreckt, stinkend, die Fangzähne unter einer eingetretenen Nase entblößt, jetzt sah ich, daß er wirklich ein Tier war, ein bösartiges kleines Wiesel, ein toller Fuchs. Das Blut gefror mir in den Adern. Ich hatte das Gefühl, er könne mir im nächsten Augenblick an die Gurgel springen. »Bescheiß mich, Prediger«, krächzte er heiser, »un ich krieg dich bei dein Predigerarsch. Mach dich fertig biste auf de verdammte schwarze Knie liegs. Ich treib mich nich mehr inne Sumpf rum, eß nix wie Waldbeern. Jetz hol ich mir *Fleisch!* Un ich hol mir *Blut!* Also, Prediger, sag lieber, de Will, de is dabei bei de Krach. Kann sein, du kanns mächtig gut reden, aber mir redeste das nich aus, nie nich!«

(Nach diesem sah ich in diesem Gesichte in der Nacht, und siehe, das Tier war greulich und schrecklich und sehr stark; es fraß um sich und zermalmte ...)

Noch während er das sagte, wußte ich, daß ich nahe daran war, ihm nachzugeben. Natürlich fürchtete ich ihn; ich fürchtete, ihn nicht im Zaume halten, nicht meinem Willen unterwerfen zu können. Dieses instinktive Mißtrauen hatte mich schon vor Monaten veranlaßt, ihn aus meinen Plänen zu streichen. Andererseits war mir nun klar, daß er eine wesentliche Verstärkung meiner Kerntruppe sein konnte, wenn es mir gelang, seine brutale Wut in Bahnen zu lenken und ihn auf irgendeine Weise am Zügel zu halten. All die Entbehrungen des Lebens im Wald hatten ihn nicht geschwächt, sondern statt dessen seinem sehnigen Körper zusätzliche Kraft und Geschmeidigkeit verliehen; die Muskeln an seinem beinahe blauschwarzen Arm zuckten und schwollen vor unbändiger Kraft. Ich sah an seinen Seiten die furchtbaren Narben, die Francis' Schläge ihm zugefügt hatten, und mit einemmal gab ich nach, wenn auch im Augenblick noch ohne sonderliche Begeisterung.

(Darnach hätte ich gern gewußt gewissen Bericht von dem Tier, welches gar anders war denn die andern ...)

»Na gut«, sagte ich, »kanns mitmachen. Aber eins will ich de sagen, Nigger: Ich bin der Boß, merk dir das. Was ich sag, wird getan. Wenn ich sag, spring dort, dann springste dort un nich inne Destille oder ne Mostpresse, auch nich in irgendein Heuschober! Du legs auch keine weiße Frau nich. Auf der Fahrt nich. Wir haben nen langen Weg vor uns un ne Masse zu tun, un wenn de Nigger erst anfangen un auf jedes weiße Stück draufspringen, wose sehn, dann kommen wir keine halbe Meile nich. Schnaps un Weiber is nich. Un jetz komm!«

In der Mulde hatten meine Jünger zusammen mit dem Neuling Jack inzwischen den letzten Knochen abgenagt. Die Überreste lagen um das immer noch schwelende Feuer herum. Die fünf Männer hatten es sich unter den kühlenden Farnen rings um die Mulde bequem gemacht und sich dabei mit leiser Stimme unterhalten – ich hörte es, als ich mit Will näher kam –, doch als sie mich erblickten, verstummten sie und erhoben sich schweigend.

Schon seit dem Frühling, als ich sie in meine Pläne einweihte, hatte ich darauf bestanden, daß sie mir in dieser Form ihre Ehrerbietung erwiesen, und ihnen geduldig erklärt, daß es mir dabei nicht um Unterwürfigkeit, sondern nur um unbedingten Gehorsam ging. Eigentlich hätte es mich nicht überraschen dürfen, daß sie sich so bereitwillig fügten – lange Jahre des Sklavendaseins hatten ihre unaustilgbaren Spuren hinterlassen. Als sie nun abwartend in den länger werdenden Schatten des Nachmittags standen, ging ich mit erhobener Hand auf sie zu und sagte: »Die Ersten werden die Letzten sein.«

»Un de Letzten werden de Ersten sein«, erwiderten sie mehr oder weniger einstimmig.

»Meldung von Trupp Eins!« befahl ich. Ich benutzte diese Form des Befehlens, seit ich einmal bei einer Übung der Miliz vor dem Arsenal in Jerusalem zugehört hatte. Trupp Eins unterstand Henry. Wegen Henrys Taubheit mußte ich den Befehl wiederholen. Dann trat er vor und sagte: »Trupp Eins sin alle bereit. Nathan un Wilbur warten beide bei Blunt. Davy, de wart bei Mrs. Waters. Was de Joe is, de wart drunten bei Peter Edwards. Joe hats bös anne Mandeln erwischt, aber er hatn warme Tuch um Hals wickelt un sagt, er is sicher wieder aufm Damm, wenn wir kommen tun.«

»Meldung von Trupp Zwei!« sagte ich.

Trupp Zwei bestand aus sechs Mann. Nelson war der Anführer. »Meine Nigger sin alle bereit un mächtig scharf aufs Loshaun!« meldete er. »Austin meint, vielleicht kanne sich bei de Bryants davonmachen un zu uns zu Travis kommen, wenns dunkel wird. Wenns geht, bring er dem Bryant sein Pferd mit.«

»Gut«, sagte ich. »Je mehr wir am Anfang haben, um so besser.« Dann: »Meldung von Trupp Drei!« Ich hatte den Befehl noch nicht ganz ausgesprochen, da gab einer meiner Leute einen mächtigen Rülpser von sich, gleich darauf einen zweiten. Ich fuhr rasch herum und merkte, daß es Jack war. Er preßte eine Schnapsflasche an die schwarze Brust und beschrieb mit dem Oberkörper leicht schwankende Kreise. Seine dicken Lippen öffneten sich zu einem selbstvergessenen Lächeln, und er blickte mich aus verschwiemelten Augen an – mit einem seltsam aufmerksamen, aber völlig leeren Blick.

In einem Wutanfall schlug ich ihm die Schnapsflasche aus der Hand.

»Damit is jetz *Schluß*, Nigger!« sagte ich. »Apfelschnaps is nich mehr, hörst du? Wenn ich dein schwarzes Maul noch einmal anne

Schnapsflasche erwisch, so is aus mit dir. Hau ab, da hinten zwischen de Bäume!«

Während sich Jack linkisch und schwankend davonmachte, nahm ich Nelson beiseite. Wir standen im Schatten eines Dickichts von Weihrauchkiefern. Der Boden war schwammig, es summte vor Stechmücken. »Hör mal!« fuhr ich ihn mit unterdrückter Stimme an. »Wasn eigentlich los mit dir, Nelson? Du wills mein rechter Arm sein, und jetz schau dir mal an, was da passiert is! *Du* sags doch de ganze Zeit, wir müssen de Nigger von Schnaps un Mostpressen fernhalten! *Du* has vorm Trinken gewarnt, un dann siehste zu, wie sich de große schwarze Narr vor deine Nase vollsäuft, bisse nich mehr aus die Augen sehn kann! Was soll ich denn machen? Wenn ich mich in sone kleine Sache nich auf dich verlassen kann, so is de ganze Krieg schon verlorn, bevor er anfängt!«

»Tut mir leid«, sagte er und fuhr sich mit der Zunge über die Lippen. Sein rundes, unbewegtes Gesicht mit dem ergrauten Stoppelbart und dem Ausdruck abgrundtiefer Traurigkeit verfiel plötzlich, er sah verletzt und niedergeschlagen aus. »Tut mir leid, Nat«, sagte er noch einmal. »Ich glaub, ich muß das alles wohl einfach vergessen haben.«

»Mann, das kannste dir nich *erlauben*, einfach vergessen!« Ich durfte in diesem Punkt nicht lockerlassen. »Du bis mein Unterführer, du un Henry, das weißte doch. Wenn du mir nich helfen kanns, daß de Niggers Ordnung halten, dann ziehn wir besser gleich de weiße Fahne hoch!«

»Tut mir leid«, wiederholte er noch einmal tonlos.

»Schon gut«, fuhr ich fort, »vergessen wir das jetz. Nur merk dirs von jetz an – kein Nigger inne Nähe von Schnaps! Hör mir zu, ein letztes Mal. Wiederhol noch mal unsern Plan für Travis, daß alles klar is unds kein Ärger nich gibt. Denk dran: Breitbeil un Machete. Kalter Stahl. Kein Lärm nich. Kein Schuß, bis ichs sag. Geht ein Schuß zu früh los, so habense uns noch inne Nacht am Kragen.«

»Da haste recht«, erklärte er. »Jedenfalls . . .« Ich hörte genau zu, wie er zu meiner vollen Zufriedenheit ein letztes Mal den Plan unseres Angriffs auf Travis wiederholte. »Un dann gehs du un Henry rein zu Travis un Miß Sarah, stimmts?« sagte er. »Sam schnappt sich Miß Maria Pope . . .«

»Die is nich da«, warf ich ein.

»Warum?«

»Die is droben in Petersburg zu Besuch, seit heute«, antwortete ich voller Bedauern. Es stimmte schon: Die nichtsnutzige alte Hexe hatte wirklich ein unwahrscheinliches Glück.

»Hm«, machte Nelson. »Schade. Sam wär de alte Hexe sicher gern an Wagen fahrn.«

»Sie is nu mal weg«, sagte ich. »Weiter!«

»Gut, weiter«, fuhr er fort. »Is wohl am besten, Sam bleibt dann bei dir, wie? Hark un Jack un ich, wir gehn rauf nach oben un holn uns de Putnam un de annere Boy. In der Zeit machste de Travis fertig. Un Austin geht inne Stall un sattelt de Pferde. Was is mit Will, Nat? Was macht der?«

»Den lassen wir raus«, antwortete ich. »Der stcht Schmiere oder so was. Laßn in Ruh, de Will.«

»Un was is mit de kleine Baby?« fragte er. »Du has sagt, du wills uns noch sagen, was damit is. Also?«

Mein Herz sank mir in den Magen. »Auch da drum mach dir keine Gedanken nich«, antwortete ich. »Da kümmer ich mich drum, wenn de Zeit da is. Kann sein, wir lassen de Baby einfach in Ruhe, ich weiß noch nich.« Plötzlich bohrte ein unerklärlicher Ärger in mir. »Also«, sagte ich zu ihm, »das wars, geh wieder zu de annere. Ich bin dann bei euch, wenns dunkel wird.«

Nelson ging zurück zu den anderen. Ich sah ihm nach und kaute auf einem Stück Schweinefleisch herum, das sie mir übriggelassen hatten. Eine beklommene Stimmung breitete sich in mir aus. Sie machte sich zuerst dadurch bemerkbar, daß meine Glieder ein wenig gefühllos wurden, mein Herz klopfte schneller, tief in meinem Magen machte sich ein Schmerz breit. Kalter Schweiß brach mir aus, und ich legte das Stück Fleisch ungegessen beiseite. Ich hatte so oft zu Gott gebetet, Er möge mir diese Furcht ersparen; doch nun wurde mir klar, daß es trotzdem Sein Wille war, daß ich diese schleichende Übelkeit durchleiden mußte, diese beklemmende Angst. Der dahinschwindende Sommertag war feucht, schwül, windstill. Ich hörte keinen Laut, nur das irre Summen der Stechmücken, die mir um die Ohren schwärmten, und weit entfernt, gedämpft die Stimmen der Neger in der Mulde. Ich fragte mich plötzlich, ob der HErr auch Saul und Gideon und David vor dem Tag der Schlacht diese Furcht durchmachen ließ. Kannten auch sie die Qualen der Mutlosigkeit, das Zittern in allen Knochen, den Hauch des drohenden Todes? Wurde auch ihnen beim Gedanken an die kommende Schlacht der Mund trocken, rieselte auch ihnen ein Schauer der Verzweiflung durch das rastlose Fleisch, wenn sie sich die Bilder blutiger Köpfe und Glieder vor Augen hielten, die Bilder ausgestochener Augen und lebloser Gesichter von Menschen, die sie gekannt hatten, Freund und Feind, die Lippen geöffnet im Gähnen eines ewigen Schlummers? Spürten auch Saul und Gideon und David, wenn sie gewappnet und gerüstet am Vorabend des Kampfes warteten, wie ihr Blut sich in nie endender Angst in Wasser verwandelte? Sehnten auch sie sich danach, ihr Schwert in die Scheide zu stecken und dem Schlachtfeld den Rücken zu kehren?

Für einen Augenblick erfaßte mich Panik. Ich stand hastig auf, als wollte ich zwischen den Bäumen davonrennen, mich an einen versteckten Ort in den fernen Wäldern flüchten, wo ich für immer vor Gott und den Menschen sicher war. *Beende den Krieg, beende den Krieg!* heulte mein Herz. *Lauf, lauf!* schrie meine Seele. In diesem Augenblick war meine Angst so unendlich groß, daß ich fühlte, nicht einmal der HErr könne mich erreichen, mir Trost und Rat spenden. Dann hörte ich drüben von der Mulde her Harks Lachen, und das Entsetzen in mir legte sich. Ich zitterte wie eine Weidenrute. Ich setzte mich auf den Boden und versenkte mich erneut in Gebet und Betrachtung, während die Schatten des Abends sich ausbreiteten...

Ungefähr eine Stunde nach Einbruch der Nacht – es war etwa zehn Uhr – ging ich wieder zu meinen Männern in die Mulde hinüber. Im Osten war der Vollmond aufgegangen – damit rechnete ich seit Monaten, er gehörte mit zu meinen Plänen. Da ich zuversichtlich daran glaubte, daß wir während der ganzen ersten Nacht auf dem Vormarsch sein könnten (und mit etwas Glück auch in der zweiten Nacht), würde der Mond eher uns begünstigen als den Feind. Als zusätzliche Beleuchtung hatte ich Fackeln aus mit Lappen umwickelten Holzstöcken machen lassen, die in einen Eimer Camphen getaucht wurden – das ist eine Mischung aus Terpentin und Kornschnaps. Hark hatte ihn aus der Wagnerei gestohlen. Diese Fackeln sollten nur in den Häusern benutzt werden und, mit äußerster Vorsicht, unterwegs, falls uns das Mondlicht im Stich ließ. Unsere erste Bewaffnung war ebenso einfach wie spärlich: drei Breitbeile und zwei Macheten, alle sorgsam auf Travis' Schleifstein geschärft. Wie ich schon Nelson klargemacht hatte, wollte ich zumindest bis zum ersten Morgengrauen jede Schießerei vermeiden, um unser heimliches, überraschendes Vorgehen nicht zu gefährden; bis dann sollte unser Angriff bereits genügend Schwung haben. Was die übrige Bewaffnung betraf – Pistolen und Säbel –, so wollten wir sie uns aus den am Wege liegenden Häusern holen, bis wir Mrs. Whiteheads Haus erreichten, das mit ihrem Gewehrzimmer ein stattliches Arsenal darstellte. Unser Feind hatte uns selbst mit all den Werkzeugen zu seiner Vernichtung versorgt; jetzt entzündete Sam beispielsweise in der Mulde eine Fackel mit einem von der Handvoll Schwefelhölzer, die er Nathaniel Francis gestohlen hatte. Rötliches Licht huschte über die ernsten schwarzen Gesichter der Männer und verlosch wieder, als ich meine Hand hob und das endgültige Verdammungsurteil über den Feind sprach: *»Sie müssen werden wie Spreu vor dem Winde, und der Engel des HErrn stoße sie weg.«* Dann wurden ihre Gesichter in Schatten getaucht, und ich sagte: »Alles klar. *Jetzt!* Die Schlacht beginnt!« Schweigend und in einer Reihe – Nelson an der Spitze, ich dicht hinter ihm – traten wir aus dem Wald hinaus auf das Baumwollfeld hinter Travis' Wagnerei. Einer der Männer hustete in der Dunkelheit hinter mir, und sofort begannen zwei von Travis' Wachhunden drüben auf dem Wirtschaftshof zu jaulen und zu bellen. Flüsternd befahl ich Ruhe. Wir blieben stocksteif stehen. Aber auch darauf war ich vorbereitet. Ich gab Hark ein Zeichen – er sollte vorgehen und die Hunde beruhigen, mit denen er sich sehr gut verstand. Wir warteten, während Hark im Mondschein über die Wiese stakste und den Wirtschaftshof betrat; dann hörten wir ein erfreutes Winseln, die Hunde verstummten. Das Mondlicht fiel lautlos wie feiner, schimmernder Staub auf uns herab, fast so hell wie gedämpftes Tageslicht. Werkstatt, Scheune und Schuppen warfen lange Schatten, schwarz und überdeutlich zeichneten sich die Umrisse ab – Giebel, Sims, Dachbalken, Tor. Es war heiß und still. Kein Laut kam aus den Wäldern, nur das hohe *tschirip-tschirip* einer Laubheuschrecke und das Zirpen der Grillen im Unkraut. Im stumpfen, harten Gelb des Mondlichts lag Travis' Haus schlafend da, dunkel und still wie die Hallen des Todes. Da legte mir Nelson plötzlich die Hand auf den Arm und flüsterte: *»Schau – dort!«* Ich sah, wie sich Harks mächtiger Umriß aus dem Schatten der Scheune löste und noch einer, groß, eckig: Das mußte Austin sein, der hier zu meiner Streitmacht stoßen sollte. Er war ungefähr fünfundzwanzig und hatte eigentlich nichts gegen seinen gegenwärtigen Besitzer Henry Bryant, der ihn stets gut behandelte; aber andererseits empfand er auch nichts für ihn und hatte geschworen, daß er ihn gern umbringen wolle. Einmal hatte er sich allerdings in Jerusalem wegen eines gelbhäutigen Mädchens furchtbar mit Sam geprügelt. Ich konnte nur hoffen, daß ihre alte Feindschaft nicht gerade jetzt erneut ausbrechen würde.

Ich gab meinen Männern ein Zeichen. Im Gänsemarsch durchquerten wir das Maisfeld, stiegen lautlos über einen Zaun und trafen uns im Schutz der Werkstatt mit Hark und Austin. Hier konnte man uns vom Haus aus nicht sehen. Nun waren wir zu acht. Ich überreichte Nelson meine Schüssel und flüsterte ihm und Sam die letzten Anweisungen zu. Dabei hörte ich Travis' Schweine drüben in ihrem Koben schläfrig grunzen. Nun drangen Sam und Nelson in die Werkstatt ein, weil wir eine Leiter brauchten; Austin befahl ich, unterdessen im Stall Travis' Pferde zu satteln und dabei so geräuschlos wie möglich vorzugehen. Er war ein großer, schlaksiger Feldnigger mit einem bösartigen schwarzen Gesicht, das an einen Totenschädel erinnerte. Trotz seiner Größe war er ungemein beweglich und flink, dazu sehr stark. Sein Pferd hatte auf dem Herweg von Bryants Hof im Wald ein Stinktier aufgescheucht und stank nun zum Himmel. Kaum war er zum Stall hinübergegangen, da kamen schon Sam und Nelson mit der Leiter zurück. Ich ging mit ihnen über den Hof zur Seite des Hauses, während die anderen vier geräuschlos vorausgegangen waren und ihre Posten im Gebüsch um die vordere Veranda bezogen hatten. Der eklige Gestank nach Skunk blieb mir in der Nase. Die beiden Hunde umschwänzelten uns unter der Leiter; ihre knochigen Flanken waren im grellen Mondlicht deutlich zu erkennen, und einer von ihnen zog einen lahmen Lauf hinter sich her. Eine leichte Brise kam auf und zerstreute den Gestank. Die Luft war nun erfüllt vom herben Duft der Mimosen. Für einen Augenblick hielt ich den Atem an, weil ich unwillkürlich an die lange zurückliegende Zeit denken mußte, wo ich mit einem Jungen namens Wash zwischen den Mimosen an der Turner-Mühle gespielt hatte. Die flüchtige Erinnerung zersplitterte wie brüchiges Glas. Ich hörte, wie die Leiter mit leisem Kratzen an die Hauswand stieß. Rasch probierte ich ihre Standfestigkeit, griff dann entschlossen nach einer Sprosse in Schulterhöhe und begann hinaufzusteigen, vorbei an den frisch getünchten Fachwerkbalken, deren grelles, kalkiges Weiß mir schmerzhaft in die Augen stach. Als ich das offene obere Flurfenster mit seinen flatternden Gardinen erreichte, hörte ich aus dem Elternschlafzimmer ein gleichmäßiges, tiefes, halbersticktes Rasseln – Travis' Schnarchen. (Ich erinnerte mich, wie Miß Sarah einmal sagte: »Herr im Himmel, Mister Joe machtn Krach, daran muß man sich wahrhaftig erst gewöhnen!«) Ich zog mich leise über den Sims hinein auf den Flur. Das laute Schnarchen dämpfte das Geräusch meiner Schritte auf den knackenden Dielen. Unter meinem Hemd war ich naß von klebrigem Schweiß, im Mund hatte ich den bitteren Geschmack einer grünen Walnuß. Ich bins gar nicht, der das tut, dachte ich plötzlich, das ist ein ganz anderer. Ich versuchte auszuspucken, aber meine Zunge kratzte über den ausgetrockneten Gaumen wie über Mörtel oder Sand. Ich fand die Treppe.

Unten im Erdgeschoß, am Fuß der Treppe, entzündete ich mit einem Schwefelhölzchen eine Kerze und starrte in das verwunderte schwarze Gesicht des jungen Moses, den ich durch das Geräusch meiner Schritte aus seinem winzigen Verschlag unter der Treppe aufgescheucht hatte. Seine weißen Augäpfel verdrehten sich vor Entsetzen. Er war splitternackt.

»Was machste, Nat?« flüsterte er.

»Kümmer dich nich drum«, flüsterte ich zurück. »Schlaf wieder.«

»Wie spät isses?« winselte er.

»Psst!« erwiderte ich. »Geh schlafen!«

Ich nahm zwei Büchsen und einen Säbel aus dem Ständer neben mir, ging an die Haustür, schob den inneren Riegel zurück und ließ die anderen ein. Nacheinander kamen sie von der Veranda herein. Will war der letzte. Ich hielt ihn zurück, indem ich ihm die Hand gegen die Brust drückte. »Du bleibst hier anne Tür«, befahl ich. »Paß auf, ob einer kommt oder abhaun will.« Dann drehte ich mich zu den anderen um und raunte ihnen zu: »Nelson, Hark und Jack rauf in Dachboden, zu die zwei Jungen. Sam un Henry bleiben bei mir.« Wir sechs stiegen die Treppe empor.

In den vielen Wochen seit jener Nacht habe ich mir immer wieder vorgestellt, was Travis in seiner Schlaftrunkenheit wohl gedacht haben mag, als wir uns so plötzlich und brutal bemerkbar machten und er auf der Stelle erkennen mußte, daß genau das eingetreten war, womit auch er – ein fürsorglicher, gütiger Herr – in schlaflosen Nächten gerechnet haben mußte, was er dann aber ebenso weit von sich wies, wie man die vage Möglichkeit eines jähen, unwahrscheinlichen Unglücks verdrängt. Sicherlich hatte er sich manchmal des Nachts wie alle Weißen stöhnend auf die andere Seite gewälzt und an jene unterwürfig lachenden Geschöpfe am Waldrand gedacht und dabei wie beim Schein eines grellen Blitzes als wahnwitziges Bild vor Augen gehabt, was wohl geschehen würde, *wenn – wenn* sie sich von sanften Haustieren plötzlich in wilde, wütende Bestien verwandelten und sich in den Kopf setzten, ihn zu vernichten und mit ihm alles, was ihm lieb und teuer war. *Wenn* durch irgendeine Zauberei diese für ihren kindlichen Gehorsam bekannten komischen Einfaltspinsel, die trotz all ihrer Fehler und Schwächen rührend waren

– ohne Mannesmut, ohne eigenen Willen und ohne Nerven sich über Nacht in etwas anderes verwandelten, in unerbittliche Meuchelmörder oder tollwütige Hunde oder blutdürstige Rächer. Was würde dann wohl mit diesen Armen geschehen, die sein eigen Fleisch und Blut waren? Sicher wurde auch Travis, wie alle Weißen, hin und wieder von solchen beunruhigenden Vorstellungen geplagt, die ihn im Bett erschauern ließen. Doch ebenso sicher war anzunehmen, daß sein rührender Glaube an die Geschichte schließlich derlei Ängste und Befürchtungen ausgetilgt hatte und ihm wieder innere Ruhe und süße Träume bescherte – oder stimmte es etwa nicht, daß ein solcher verheerender Umsturz sich noch nie zugetragen hatte? Wußte denn nicht jeder, bis hin zum bescheidensten Siedler, Landstreicher und Vagabunden weißer Hautfarbe, daß diesen Leuten eine stupide Unfähigkeit anhaftete, etwas Kriecherisches, Unbeholfenes und Unmännliches, das sie für immer und ewig von einem so gefährlichen, kühnen und unerschrockenen Tun abhalten würde, wie es sie seit nunmehr zwei Jahrhunderten und mehr in unterwürfiger Demut verharren ließ? Sicherlich setzte Travis sein Vertrauen in das fragwürdige Zeugnis der Geschichte, indem er wie die meisten anderen Weißen davon ausging, daß diese Leute, da sie sich in den langen Annalen des Landes nie erhoben *hatten*, sich auch niemals erheben *würden*. In diesem Glauben – felsenfest wie der Glaube eines Bankmenschen an den Dollar – vermochte er den Schlaf der Gerechten zu genießen und alle Befürchtungen zu begraben. So war es vielleicht nur ungläubiges Staunen, das sein schlaftrunkenes Gehirn beherrschte, und keine Erinnerung an längst beiseite geschobene Ängste, als er sich ruckartig neben Miß Sarah im Bett aufsetzte, stumpf und verständnislos mein Breitbeil anglotzte und fragte: »Was, zum Teufel, hast du denn hier zu suchen?«

Der scharfe, harzige Geruch von Camphen stach mir in die Nase. Alles verschwamm in fettigem Rauch. Im Schein der Fackel, die Henry hochhielt, sah ich, daß sich auch Miß Sarah aufgesetzt hatte, doch ihre Miene drückte nicht wie die ihres Mannes Verwunderung aus, sondern nackte Todesangst. Gleich darauf begann sie zu stöhnen. Es war ein kaum hörbares, tief aus ihrer Brust kommendes Wimmern. Doch ich wandte mich wieder Travis zu. Dabei kam mir zu Bewußtsein, daß dies in den langen Jahren, die ich in seiner Nähe verbracht hatte, seltsamerweise das erstemal war, wo ich ihm direkt in die Augen blickte. Ich kannte seine Stimme und empfand seine Gegenwart wie die eines

Anverwandten. Mein Blick war tausendmal über seine Lippen, Backen, sein Kinn geglitten und stets seinen Augen ausgewichen. Das war allein meine Schuld; es lag an meiner tief eingewurzelten Angst – aber lassen wir das. Nun bemerkte ich, daß seine Augen unter ihrem Schleier von Fassungslosigkeit und Schläfrigkeit von einem melancholischen Braun waren. Sie wußten von harter Arbeit, wirkten vielleicht ein bißchen hochmütig und unbeugsam, aber keinesfalls unfreundlich. Erst jetzt hatte ich das Gefühl, ihn wirklich zu kennen – vielleicht immer noch nicht sehr gut, aber doch besser, als man einen anderen Menschen nur an einem Paar schmutziger Hosen, an bloßen Armen und Händen oder einer körperlosen Stimme erkennt. Es war, als hätte ich durch die Begegnung mit diesen Augen den abgerissenen und verlorengegangenen Teil eines Bildes von diesem unwirklichen, mir weit entrückten Wesen gefunden, das Eigentümer meines Körpers war. Nun war sein Gesicht erst vollständig, und ich ahnte zuletzt, wer er wirklich sein mochte. Abgesehen von allem anderen, war er vor allen Dingen ein Mann.

Also dann, Mann! dachte ich.

Mit diesem Wissen gerüstet, hob ich das Breitbeil hoch über meinen Kopf und fühlte es erbeben wie ein Schilfrohr im Sturm. »So stirb denn!« schrie ich. Das Beil senkte sich zischend und verfehlte seinen Schädel. Statt dessen grub es sich ins Holz des Kopfendes zwischen Travis und seiner Frau. Plötzlich schwoll Miß Sarahs sanftes Wimmern zu einem schrillen Schrei an.

So leitete ich mein großes Werk ein – o HErr –, ich, der ich den ersten Streich führen mußte. Alle Kraft schien mich zu verlassen, meine Muskeln wurden Mus, und um nichts in der Welt wäre ich in der Lage gewesen, die Waffe wieder aus dem Holz herauszuziehen. Ich murmelte ein Gebet und rang mit dem Stiel des Beils. Inzwischen war Travis mit einem heiseren Entsetzensschrei aus dem Bett gesprungen. Plötzlich dämmerte ihm die Angst, er war wehrlos und sah den Fluchtweg von drei weiteren Negern und dem Bett verstellt; nun überwältigte ihn blinde Panik, und er wollte mit dem Kopf durch die Wand. »Sarah! Sarah!« hörte ich ihn jammern. Doch sie konnte ihm nicht helfen. Sie schrie wie ein wahnsinnig gewordener Engel. Mein Gott! dachte ich und riß am Stiel des Breitbeils; in einem Nebel sinnloser Gelassenheit begann ich, die verschiedenen Stücke von Hausrat im Schlafzimmer wahrzunehmen, auf die der Schein der Fackel fiel: goldene Taschenuhr, blaue Haarschleife, Wasserkrug, angelaufener grauer Spiegel, Kamm, Bibel, Nachttopf, Bild einer Großmutter,

Schreibfeder, halbvolles Wasserglas. »Scheiße!« hörte ich Sam hinter mir sagen. »Scheiße! Mach de verdammte Hund fertig!« Krachend splitterte das Holz, als ich die Schneide meiner Waffe endlich freibekam. Ich erhob sie und schwang sie erneut gegen Travis, der sich immer noch an die Wand preßte, und – so unglaublich und unwahrscheinlich das auch klingen mag – verfehlte ihn wieder. Das Beil glitt mit der stumpfen Seite von seiner Schulter ab, der Stiel drehte sich ruckartig in meinen Händen, entglitt mir – die Waffe fiel harmlos zu Boden. Halb betäubt von Miß Sarahs Geschrei bückte ich mich nach der Axt. Dabei bemerkte ich, daß Travis sich wieder gefaßt hatte, nun mit dem Rücken zur Wand stand und ein Zinngefäß in der Hand hielt, bereit, sich zu verteidigen. Sein hageres, von Mühen gezeichnetes Gesicht hatte dieselbe Farbe wie sein weißes Nachthemd – aber wie tapfer war er doch bis zuletzt! Zum Äußersten bereit, nahm er den Kampf auf. In seinen kraftvollen Handwerkerhänden war das lächerliche Gefäß eine wahrhaft tödliche Waffe. Er drehte den Kopf langsam von einer Seite zur anderen, müde, drohend und gefährlich, wie ich es einmal bei einer Wildkatze beobachtet hatte, die von einer Hundemeute gestellt worden war. »Bring ihn um!« hörte ich Sam hinter mir brüllen. Aber ich konnte nicht.

Ich hatte meine Finger gerade wieder um den Beilgriff gelegt – entsetzt über meine mangelnde Entschlossenheit und Ungeschicklichkeit, an allen Gliedern zitternd –, da ereignete sich das Unvorhergesehene, das nicht mehr aus meiner Erinnerung weichen wird, solange mir noch die Macht zu denken beschieden ist. In dem Augenblick, da ich es kommen sah, wußte ich, daß es für immer ein Teil meiner selbst bleiben würde, was immer auch aus mir wurde, selbst wenn mir das Glück eines hohen Alters beschieden sein sollte. Denn nun warf sich, gleichsam aus der Dunkelheit kommend, aus dem Nichts, Will mit einer Lautlosigkeit zwischen Travis und mich, die für sich schon etwas Unheimliches an sich hatte. Seine kleine schwarze Gestalt schien ins Unermeßliche zu wachsen und die Gestalt im Nachthemd einen Herzschlag lang einzuhüllen, ihn zu umarmen wie zu einem frivolen Tanz. Kein Wort wurde gesprochen, als Will und Travis so im Schein der Fackel zusammenstießen. Nur Miß Sarahs Schrei, der sich zum schrillen Kreischen des Wahnsinns steigerte, sagte mir, was für eine Art von Umarmung dies war. Alles geschah so rasch, daß es einen Augenblick dauerte, bis mir aufging, was da blitzte: eine der Macheten, in drohendem Winkel erhoben. Ich sah Wills schwarzen, sehnigen Arm hochfliegen und niederstoßen, wieder hoch und nieder und noch einmal – dann sprang er zurück und trennte sich von dem Gegenstand seiner engen Umarmung. In dieser Sekunde schoß das rote Blut aus aufgerissenem Fleisch, und Travis' Kopf fiel mit dumpfem Poltern auf den Boden. Dort blieb er regungslos liegen. Der kopflose Leichnam rutschte mit einem leise schabenden Geräusch an der Wand herunter und sank in sich zusammen, Nachthemd, schimmernde Schienbeine, Ellbogen, knochige Knie. Blut ergoß sich auf den Boden wie von einem dampfenden Opfer.

»Da, Prediger!« brüllte mich Will an. »Wenn du nich kanns, ich tus! So müssen wir mit de weiße Scheißer umgehn! Schnauze, weiße Glucke!« schrie er Miß Sarah an und wandte sich wieder mir zu: »Schaffs duse, Prediger, oder soll ich?«

Ich brachte kein Wort hervor, auch wenn ich die Lippen bewegte. Aber es war auch gleichgültig. Will hatte ja gerade erst begonnen, und sein Blutrausch war abgrundtief, alles verschlingend. Noch ehe ich ihm ein Zeichen geben konnte, hatte er mir die Entscheidung schon abgenommen. Ihm allein gehörte jetzt die Initiative. »Weg da, Prediger!« kommandierte er. Ich gehorchte, ohne es zu wollen. Mit einem einzigen Satz warf er sich über das Bett und auf die dicke, zappelnde, schreiende Frau. Arme Seele, nun war sie doch nicht mehr zu ihrem Missionsfest gekommen. Wieder vollzog er die Tat unwahrscheinlich schnell und gründlich, mit vollkommener Hingabe und traumhafter Sicherheit. Es war, als genieße dieser gequälte, von vielen Narben bedeckte kleine Schwarze mit einer einzigen Umarmung zuletzt tausend Augenblicke wilder, unersättlicher Leidenschaft. Hingestreckt wie ein Liebender lag er zwischen ihren weißen, zuckenden Schenkeln, sein Kopf senkte sich auf ihr Gesicht und verdeckte es – bis auf die wirren Haarsträhnen und ein wild rollendes Auge, das mich mit einem Ausdruck beginnenden Irrsinns suchte. Da hob und senkte sich schon die Machete und schnitt ihren Schrei ab. Ein unvorstellbarer Blutschwall sprudelte auf, und ich hörte, wie ihr Geist aus ihrem Körper entwich. Wie ein Nachtfalter flog er an meinem Ohr vorbei. Ich wandte mich ab, als die Machete noch einmal zustieß. Dann wurde es still.

Ich schob Henry und Sam beiseite (sollte ich tatsächlich versucht haben zu fliehen?) und erreichte die offene Tür. Auf der Schwelle sah ich den kleinen schwarzen Moses vor mir stehen. Er hielt eine Kerze in der Hand, sein Mund stand offen, er war erstarrt und entrückt wie ein Schlafwandler. Oben hörte ich den triumphierenden Ruf einer Negerstimme – es mußte Hark sein; er klang eigentümlich, wie Musik, ein Trompetenstoß. Etwas wurde polternd über den Boden geschleift, die Dielen im Dachgeschoß knarrten, dann kamen die bleichen, zerhackten und blutigen Leichen Putnams und des jungen Westbrook miteinander die Treppe heruntergepurzelt wie riesige, schlaffe Gliederpuppen, die ein zorniges Kind weggeworfen hat. Moses' bloße Füße waren im Nu blutigrot. Unvorstellbare Ströme von Blut ergossen sich über die abenddunklen Wände und Dielen, Wogen von Blut, als hätten alle Meere der Welt ihren unergründlichen Schlund geöffnet. »O mein Gott!« murmelte ich halblaut. »Hast Du mich wahrhaftig zu diesem berufen?«

Laut polternd kam Hark die Treppe herunter. Seine Augen glänzten im Fackelschein voll heiterer, klarer Freude. Er warf die beiden Leichen übereinander. Hark war kein dienender Sklave mehr; er hatte Blut geschmeckt. Aus dem einsamen, trauernden Familienvater war ein Menschentöter geworden.

»Verdammt heiß!« hörte ich ihn sagen.

»Fort von hier!« rief ich mit mühsam beherrschter Stimme. »Wir müssen weiter!«

Ich hatte kaum ausgesprochen, da durchzuckte ein stechender Schmerz mein Handgelenk. Rasch schaute ich hin und mußte Moses mit Gewalt die Kinnladen auseinanderzwingen; er war wie von Sinnen nach allem, was er hier gesehen hatte, und so senkte er seine Zähne in das nächstbeste Stück Fleisch.

Ich weiß noch, wie Mr. Thomas Gray kurz vor meiner Aburteilung einmal bei mir in meiner Gefängniszelle war und in jenem halb abwesenden, halb erstickten Tonfall, der bei ihm höchste Fassungslosigkeit ausdrückte, zu mir sagte: »Aber das Morden, Reverend, dieses sinnlose Hinschlachten! Das Blut so vieler Unschuldiger! Wie willst du das rechtfertigen? Das ist eines von den Dingen, was die Leute wirklich wissen wollen. Bei Gott, ich möchte das wissen. Ich!«

Ein bitterkalter Novemberwind fegte durch die Zelle. Meine Gelenke waren kalt und steif von den Ketten. Als ich ihm nicht gleich antwortete, schlug er sich mit den zusammengefalteten Seiten meines Geständnisses gegen die dicken Schenkel und fuhr fort: »Ich meine, allmächtiger Gott, Reverend, diese Dinge schlagen doch allem menschlichen Gefühl ins Gesicht, oder einiges davon. Hier, hör dir das an! Ich zitiere aus deinem eigenen beeideten Geständnis. Du hast das Haus der Familie Travis unter Zurücklassung von vier Leichen verlassen, da fällt dir plötzlich das kleine Kind ein – ein kaum zwei Jahre altes Baby, das friedlich in seiner Wiege schläft. Du behauptest, du wolltest *eigentlich* das Leben des Kindes schonen, doch dann überlegst du es dir auf einmal anders. Du sagst zu den anderen ›Aus Nissen schlüpfen Läuse aus!‹ – ich muß schon sagen, Reverend, eine äußerst geschmackvolle Bemerkung für einen Mann des Evangeliums –, und du schickst Henry und Will noch einmal zurück ins Haus, damit sie das arme Baby aus der Wiege reißen und ihm den Schädel an der nächsten Wand zerschmettern. Das ist wieder so ein Punkt, der allem zivilisierten Denken Hohn spricht! Und doch ist es die reine Wahrheit, bekundet von deinen eigenen Lippen. Und du bleibst dabei, angesichts so schrecklicher Dinge dir keiner Schuld bewußt zu sein. Da kannst du *immer noch* behaupten, nicht die leiseste Reue zu empfinden?«

Ich zögerte lange und wählte mit viel Bedacht meine Worte; dann sagte ich: »Das ist richtig, Mr. Gray. Ich fürchte, ich werde in allem meine Unschuld beteuern müssen, weil ich mich wirklich unschuldig fühle. Und sosehr ich mich auch bemühe, Sir – ich kann, wie Sie das ausdrücken, nicht die leiseste Reue dabei empfinden.«

»Weiter. Die beiden Jungen, die ihr bei Mr. William Williams auf der Wiese umgebracht habt, gleich am ersten Nachmittag. Die beiden kleinen Jungen, keiner von ihnen war älter als zehn. Willst du mir einreden, du bereust das auch nicht?«

»Nein, Sir«, erwiderte ich ruhig. »Nein, ich empfinde keine Reue.«

»Dann, zum Teufel – weiter! Die zehn unschuldigen Schulkinder, umgebracht bei Wallers, noch am gleichen Tag. *Zehn* kleine Kinder! Du willst mir also sagen, daß nach all diesen Monaten dein Herz von so was nicht gerührt wird? Daß du keine Schuld empfindest, weil ihr eine ganze Schar hilfloser, unschuldiger Kinder abgeschlachtet habt?«

»Nein, Sir«, sagte ich. »Ich fühle gar nichts. Wenn Sie erlauben, Sir, möchte ich jedoch hinzufügen, daß die Leute bei Wallers nicht ganz so hilflos waren. Da waren ja nicht nur die Kinder. Die Weißen dort, die haben uns ziemlich zu schaffen gemacht. Haben wie wild zurückgeschossen. Da hats bei uns die ersten Verwundeten gegeben.« Ich hielt inne und fügte noch hinzu: »Aber auch abgesehen davon – nein, ich fühle keine Schuld.«

Während ich das sagte, starrte Gray mich an. Ich fragte mich, wieviel von der Wahrheit, die ich vor ihm ausbreitete, tatsächlich

Eingang in mein Geständnis finden würde, das er sicher gelegentlich veröffentlichen würde. Wahrscheinlich nicht allzuviel, aber für mich war das nun unwichtig geworden. Meine Müdigkeit war so bitter und schmerzend wie der Novemberwind, der durch die Ritzen in der Wand pfiff, meine Glieder erstarren und die eisernen Schellen, die meine Knöchel umschlossen, zu Eis werden ließ. Ich wies darauf hin, daß wir am Spätnachmittag dieses ersten Tages beobachteten, wie ein ungefähr vierzehn Jahre altes Mädchen von der Harris-Plantage schreiend in die Wälder floh, und erinnerte ihn daran, daß er selbst mir erzählt hatte, dieses beherzte Mädchen hätte atemlos und fast von Sinnen zwei Meilen weiter nördlich Jacob Williams und seine Leute vor uns gewarnt. Ihre Flucht führte nicht nur dazu, daß Williams unserer Vergeltung entrann (was insbesondere für Nelson schmerzlich war, der Williams gehörte und seit langem eine Rechnung mit ihm zu begleichen hatte), sondern Williams machte sich außerdem noch rechtzeitig auf den Weg und alarmierte die großen Güter, zum Beispiel Blunt und Major Ridley. Gerade dort aber stießen wir auf den erbittertsten Widerstand. Und nicht lange danach tauchten auch noch bewaffnete Reiter aus drei benachbarten Countys auf, schnitten uns den Weg nach Jerusalem ab und verhinderten so die Einnahme des Arsenals, als wir nur noch knapp eine Meile vor der Brücke aus Zedernbohlen und der Hauptstadt des County standen.

Gray schwieg eine ganze Weile. Dann holte er schließlich tief Luft und gab einen langen, pfeifenden Seufzer von sich. »Nun, Reverend, eins muß ich dir lassen«, sagte er düster. »Wenn du wirklich drauf aus warst, ein Blutbad anzurichten, dann hast du tatsächlich ganze und ordentliche Arbeit geleistet. Bis zu einem gewissen Punkt jedenfalls. Ich denke, nich mal du kennst die richtige Statistik, wo du dich doch bis jetzt versteckt gehalten hast. Aber in den drei Tagen und drei Nächten, die dein Feldzug dauerte, hast dus doch fertiggebracht, fünfundfünfzig Weiße vorzeitig ins kühle Grab zu bringen, ungefähr zwanzig Schwerverletzte und Krüppel noch gar nich mitgerechnet – *hors de combat*, wie die Franzmänner sagen, für den Rest ihres Lebens ruiniert. Und Gott allein weiß, wie viele andere arme Seelen im Geist vom Kummer und von den schrecklichen Erinnerungen geschädigt sind, bis zu dem Tag, wo sie von dieser Welt scheiden.« Er brach sich einen schwarzen Priem von einer Stange Kautabak ab und fuhr fort: »Nein! Das muß ich dir lassen, in vieler Hinsicht warst du sehr gründlich. Mit Säbel, Axt und

Büchse habt ihr eine Schneise quer durch dieses County geschlagen, die lange nich zuwachsen wird. Und wie du selbst sagst, warst du verdammt nahe dran, mit deiner Armee diese Stadt zu erobern. Außerdem – ich glaube, das hab ich dir auch schon gesagt – hast du dem gesamten Süden eine solche Angst eingejagt, daß man fast sagen kann, sie haben die *Hosen voll!* Das hat noch nie ein Nigger fertiggebracht!«

Darauf gab es nichts zu sagen.

»Schön. Es war ein Erfolg. Bis zu einem gewissen Punkt. Wohlgemerkt!« Er deutete mit seinem braungefleckten Finger auf meine Brust. »*Bis zu einem gewissen Punkt.* Denn, Reverend, im Grunde genommen und im ureigensten Sinne des Wortes haste schlichtweg *versagt* – von A bis Z ein völliges *Fiasko*, was das Ergebnis betrifft. Stimmts? Denn – wie du mir gestern gesagt hast – nichts von den großen Ereignissen, die du dir davon versprochen hast, ist wirklich eingetreten. Stimmts? Nur ein paar Kleinigkeiten haben geklappt, und die Kleinigkeiten machen alle zusammengerechnet noch nichmal ne Pulle warme Pisse aus. Stimmts?«

Ich zitterte, als ich zwischen meinen Beinen auf den Plankenboden und die Kettenglieder aus kaltem Schmiedeeisen blickte, die im matten kalten Licht wie eine riesige rostende Holzfällerkette dalag. Plötzlich fühlte ich meinen Tod nahen; meine Kopfhaut prickelte, als ich mit einer Mischung aus Angst und Verlangen an den Tod dachte. Meine Hände bebten, alle Knochen schmerzten, und ich hörte Grays Stimme wie aus einer weiten, winterkalten Ferne an mein Ohr tönen.

»Weiter!« fuhr er unnachgiebig fort. »Nach der Volkszählung vom letzten Jahr gibt es in diesem County achttausend Nigger im Privatbesitz, die ungefähr fünfzehnhundert freien Nigger nicht mitgerechnet. Du hast sicher damit gerechnet, daß sich ein guter Prozentsatz der Männer von diesen insgesamt fast zehntausend Niggern deinem Aufstand anschließt. Das hast du selbst gesagt, und das hat auch der Nigger Hark und Nelson, der andere Nigger, gesagt, daß dus gesagt hast, bevor wir ihn aufgehängt haben. Gut, nehmen wir einmal an, daß vielleicht etwas weniger als die Hälfte der schwarzen Bevölkerung entlang der Route wohnt, die du auf dem Weg nach Jerusalem eingeschlagen hast, sozusagen in Hörweite deiner zum Kampf rufenden Posaunen. Zählen wir nur die Böcke, so wären das tausend Schwarze, von denen man erwarten konnte, daß sie deinem Banner folgen und für das Geschick der Neger leben und sterben; dabei gehe ich davon aus, daß sich nur klägliche fünfzig Prozent der in Frage kommenden männlichen Neger dir anschließen. Idioten und alte Onkel gar nicht mitgerechnet. Eintausend Nigger hättest du nach deinem Plan um dich scharen müssen. *Eintausend!* Und wie viele sind tatsächlich mitgekommen? Höchstens fünfundsiebzig! *Fünfundsiebzig!* Reverend, ich frag dich selbst: Was für ein miserabler Prozentsatz ist das?«

Ich antwortete nicht.

»Weiter«, fuhr er fort. »Da wäre noch die Angelegenheit der Trunkenheit und des allgemein unmilitärischen Verhaltens innerhalb deiner sogenannten Truppen. Das kannst du nicht abstreiten, auch wenn du vor der Welt zweifellos das Bild einer herrlichen, wohlgeordneten, disziplinierten Streitmacht hinstellen möchtest – stramme Soldaten, die sauber in Reih und Glied marschieren. Aber uns liegen Zeugenaussagen *au contraire* vor. Was du da hattest, das war schlicht und einfach nicht eine Armee, sondern ein wüster Haufen besoffener schwarzer Rohlinge, die nich von de Destillen un Mostpressen wegzuschlagen warn un die so auf echte Niggermanier noch zu deinem Sturz beigetragen haben. Major Claiborne, der die Miliz vom County Isle of Wight kommandiert, erzählt mir sogar, wie er euch auf Parkers Wiese erledigt hat, da is gutn Drittel von deine Truppen jaulend un stinkbesoffen inner Gegend rumgestolpert, paar von ihnen so randvoll, dasse nich mehrn Kolben vonne Büchse haben vom Lauf unterscheiden können. Nun frag ich dich, Reverend: Führt man so ne richtige Revolution durch?«

»Nein«, antwortete ich. »Ich muß zugeben, das war schlimm. Es war einer unserer schlimmsten Fehler. Ich hab entsprechende Befehle erteilt, aber wie meine Truppe größer wurde – als wir viele waren und nicht mehr nur ein paar –, nun, da hab ich irgendwie die Kontrolle über sie verloren. Es war unmöglich, alle auf einmal im Auge zu behalten, und ich . . .«

Aber dann brach ich ab. Wozu noch nach Erklärungen suchen? Gray hatte recht. Trotz gewisser Triumphe, trotz der Tatsache, daß uns nur noch eine einzige kurze Meile von unserem Ziel trennte – Jerusalem war so nahe, daß mir immer noch eine Gänsehaut über den Rücken lief, wenn ich an den beinahe errungenen Sieg dachte –, trotz allem, was wir beinahe erreicht hatten, versagten wir am Ende hoffnungslos auf der ganzen Linie. Wie er schon sagte, war ich nicht in der Lage, das lärmende schwarze Gesindel zu beherrschen, das sich in meinem Gefolge angesammelt hatte, viele von ihnen Halbwüchsige; nie-

mand, weder ich selbst noch Nelson oder Henry, waren in der
Lage, diese hirnlosen Trottel davon abzuhalten, Schnapskeller
zu plündern; es fiel uns schon schwer genug, sie daran zu hindern,
daß sie Dachböden nach schönen Kleidungsstücken durchsuchten,
Schinken und Speck aus den Räucherhäusern holten, in der ver-
kehrten Richtung davongaloppierten oder sich – das kam mehr
als einmal vor – mit ihren ungeschickten Fingern fast die eigenen Zehen oder Hände wegschossen. *Aber, Mr. Gray*, hätte ich
am liebsten gesagt, *was kann man anderes von zumeist jungen
Leuten erwarten, die von ihrem allerersten Schrei auf dem kahlen Lehmboden an taub und blind aufwuchsen, verkrüppelt,
gefesselt, wie Tiere? Es war schon ein Wunder, daß wir überhaupt
so weit kamen und beinahe Jerusalem einnahmen* ... Aber ich
schwieg. Ich dachte nur an den Zwischenfall am Vormittag des
zweiten Tages, als ich zwischen den Ruinen eines zerstörten
Wohnhauses weit draußen auf dem Lande einen jungen Neger
beobachtete, den ich noch nie gesehen hatte. Er trug die fremd-
ländische, federgeschmückte Uniform eines Armeeobersten, war
so betrunken, daß er kaum noch auf den Beinen stehen konnte,
lachte wie ein Wilder und pißte einer weißhaarigen alten Großmutter mit glasigen Augen, die auf einem Beet Zinnien lag und
immer noch ein kleines Kind in den Armen hielt, in den offen-
stehenden Mund. Ich sagte kein Wort zu ihm, sondern wandte
mich nur ab und dachte: Du bist schuld daran, alte Frau, daß wir
nicht edler zu kämpfen gelernt haben ...

»Und schließlich noch etwas, Reverend«, sagte Gray. »Eine verdammt wichtige Sache, die von schwarzen wie weißen Zeugen
bestätigt wird und für die es außerdem so viele unwiderlegbare
Beweise gibt, daß man schon beinahe von einem vorweggenom-
menen Beschluß reden kann. Es geht nämlich darum, daß es nicht
nur eine unglaubliche Anzahl von Niggern gab, die sich dir
nicht anschlossen, sondern daß zahllose andere dir sogar zu *akti-
ven* Gegnern wurden. In schlichten Worten, Reverend, bedeutet
das folgendes: Nachdem erst einmal Alarm gegeben war, gab es
überall Nigger, die ebenso fest entschlossen waren, ihre Herren
zu verteidigen und sie zu retten, wie du entschlossen warst, sie zu
ermorden. Es ging ihnen einfach *zu gut!* Während du dir in
deinem Fanatismus vorgestellt hast, die Nigger würden sich alle
deiner großen Mission anschließen, wie du das nennst, und dir in
irgendeinen stinkenden Sumpf folgen, waren neun von zehn der
anderen Wollschädel ganz einfach nicht bereit, dir so verrückte
Ideen abzukaufen. Reverend, ich bin fest davon überzeugt, daß

die Männer deiner eigenen Rasse mehr zu deinem Fiasko beigetragen haben als alle anderen. Diese Rasse ist ganz einfach nicht für eine Revolution gemacht – so ist das nun einmal. Das ist ein weiterer Grund dafür, daß die Negersklaverei noch tausend Jahre dauern wird.«

Er erhob sich von seiner Bank mir gegenüber. »So, Reverend, ich muß jetzt wieder gehen. Wir sehn uns morgen. Ich werde in meiner Niederschrift für das Gericht, die dem Geständnis vorausgeht, festhalten, daß der Angeklagte keinerlei Reue zeigt und daß er sich nicht schuldig bekennen wird, weil er sich nicht schuldig *fühlt*. Noch ein letztes Mal: Bist du wirklich ganz sicher, daß du keinerlei Reue empfindest? Ich meine, würdest du, wenn du die Gelegenheit hättest, alles noch einmal tun? Du hast immer noch Zeit, es dir anders zu überlegen. Ich kann deinen Kopf nicht retten, aber es würde, verdammt noch mal, vor Gericht besser aussehen. Sags mir, Reverend!«

Als ich ihm keine Antwort gab, verließ er die Zelle ohne ein weiteres Wort. Ich hörte, wie die Zellentür zukrachte und der Riegel mit dem typischen gleitenden Geräusch vorgeschoben wurde. Ich lauschte dem Schaben und Rascheln der welken Blätter, die der Wind über den Boden wehte. Ich bückte mich, um mir die geschwollenen Knöchel zu reiben, und dachte: Reue? Stimmt es wirklich, daß ich wegen meiner Taten keine Reue, keine Gewissensbisse, keine Schuld fühle? Liegt es vielleicht an meinem Mangel an Reue, daß ich nicht beten kann, daß ich mich von Gottes Antlitz verstoßen fühle? Wie ich so dasaß und an den August dachte, war es mir unmöglich, auch nur den leisesten Anflug von Reue zu verspüren. Alles, was ich empfand, war eine verschüttete, hilflose, verzweifelte Wut – Wut auf die Weißen, die wir getötet hatten, und diejenigen, die uns entkommen waren, Wut auf Lebende und Tote, Wut vor allen Dingen auf die Neger, die nicht mitmachen wollten, die· flohen oder gar unsere Feinde wurden – jene Lumpen ohne Mut und ohne Rückgrat, die sich gegen uns stellten. Wut sogar auf unsere eigene kleine Streitmacht, die so viel schwächer ausgefallen war, als ich es gehofft hatte! Denn sosehr es mir auch das Herz im Leibe umdrehte, Gray hatte dennoch recht: die Schwarzen hatten zu meiner Niederlage ebensoviel beigetragen wie die Weißen.

Und so war es auch an jenem letzten Tag, einem Mittwochnachmittag, als wir an die vierzig Wohnstätten verwüstet hatten und in den Wäldern eine Streitmacht von fünfzig Mann zusammenzogen, um Major Ridleys Haus zu stürmen. Da erblickte ich zum erstenmal eine große Anzahl von Negern mit Flinten und Musketen auf der verbarrikadierten Veranda, die mit ebensoviel Wut und Leidenschaft und sogar Geschicklichkeit unser Feuer erwiderten wie ihre weißen Besitzer und Aufseher, die sich hier versammelt hatten, uns den Weg nach Jerusalem zu versperren. Sie waren vermutlich bereits am Morgen des vorhergehenden Tages alarmiert worden. Wir hatten uns hoffnungslos verspätet und an vielen Stellen stundenlangen Widerstand angetroffen. Ridleys Haus, dicht an der Straße gelegen, war nun die entscheidende Festung, die genommen werden mußte – und zwar rasch, denn das war unsere letzte Chance –, wenn wir durchbrechen und auf unseren Pferden die letzte Meile nach Jerusalem im Sturm zurücklegen wollten, ehe die Stadt zu einem waffenstarrenden Heerlager wurde. Vor mir auf der Veranda des alten, stattlichen Ziegelbaus, die nun mit Leiterwagen, Kisten und Brettern verrammelt war, sah ich nun fünfundzwanzig oder dreißig Neger, Sklaven der vornehmen Leute, die nahe der Stadt wohnten – Kutscher, Köche, ein paar Feldnigger, aber – das sah ich an ihrer Kleidung – zumeist Gärtner und elende Hausnigger, darunter sogar die Kopftücher einiger gelbhäutiger Küchenmädchen, die Munition zureichten. Über dem Dröhnen der Salven hörte ich Major Ridleys donnernde Stimme, die schwarze und weiße Verteidiger gleichermaßen aufmunterte: »So ists recht, Jungs!« schrie er. »Mutig, Jungs! Schießen, schießen! Pumpt sie mit Blei voll! Wir jagen die Halunken zurück!« Salve um Salve krachte uns entgegen wie Sturm und Blitz und fetzte Zweige und Blätter von den grünenden Bäumen.

Ich kauerte neben Hark hinter dem mächtigen Stumpf einer gefällten Eiche; ich weiß noch, wie er mir durch das Getöse zuschrie: *Schau de schwarze Scheißer, wiese auf uns feuern!* Und in Gedanken belog ich mich selbst: Ja, schwarz sind sie, aber man hat sie dazu gezwungen, die Weißen haben ihnen den Tod angedroht. Aus freien Stücken würden Neger niemals so verbissen auf uns schießen, jedenfalls nicht so viele. An diesen Gedanken klammerte ich mich verzweifelt fest, als ich das Zeichen zum Sturm auf das Haus gab. Doch insgeheim kannte ich die Wahrheit: War es nicht kläglich, daß sich weit weniger als hundert statt der erwarteten Hunderte uns angeschlossen hatten? Hatte ich nicht mit eigenen Augen weitere fünfzig Neger beobachtet, die in die Wälder flohen, als wir uns den Häusern näherten? Unsere Männer gingen nun in weit auseinandergezogener Sturmlinie vor, duckten sich hinter Hecken, sonnenbeschienene

Kornelkirschen und Ahornbäume. Wir waren ihrem Feuer gnadenlos ausgesetzt, zwar in der Übermacht, aber schlechter bewaffnet und in der schlechteren Position, da wir hügelaufwärts stürmen mußten; nicht der Anblick der wenigen Weißen schreckte uns, sondern die Horde der zu Haustieren gewordenen bevorzugten Neger aus der Stadt und den umliegenden Gütern, die kühl und wohlgezielt in unsere Reihen feuerten. Schließlich mußten wir uns zurückziehen und in den Wäldern zerstreuen. Ich sah, wie meine Leute in panischer Angst nach allen Richtungen davonliefen. Reiterlose Pferde sprengten auf die Wiesen hinaus. Meine Mission brach völlig zusammen, wurde wie Schwarzpulver in alle Winde verweht. Dann kam das schreckliche letzte Mißgeschick, das uns den Todesstoß versetzte. Zwei meiner Männer hatten sich bis auf zwanzig Schritte an die Veranda herangearbeitet, beide fielen vor meinen Augen. Einer war Will, bis ganz zuletzt beherrscht von einer Wut, die weit über Tollkühnheit, selbst über Wahnwitz hinausging; der andere mein großartiger alter Henry, der wegen seiner Taubheit die Gefahr nicht abschätzen konnte und eine Kugel in die Kehle bekam. Er stürzte wie ein gefällter Baum.

Hark war weit hinter mir verwundet worden, als wir uns den Hang hinunter zurückzogen. Ich stolperte aus meiner Deckung hoch und wollte zu ihm zurückgehen, aber er war der Veranda zu nahe; während er sich aus dem Gras aufraffte, die Hand auf die blutende Schulter gepreßt, sah ich drei Neger mit bloßem Oberkörper, in Kutscherhosen, im Schutze der Feuerdeckung vom Haus heranstürmen. Mit Fußtritten stießen sie ihn wieder zu Boden. Hark wand sich verzweifelt, doch sie traten immer wieder auf ihn ein. Kein Weißer befahl es ihnen, keiner drohte ihnen, ermunterte sie. Sie traten ihn aus purer boshafter Wut immer wieder mit ihren Stiefeln, bis ich sah, wie Blutstropfen aus seiner furchtbaren Wunde spritzten. Dann zerrten sie ihn an einem der Leiterwagen vorbei unter die Veranda; noch während sie meinen Blicken entschwanden, traktierten zwei der Neger Harks verletzte Schulter mit Fußtritten.

Ich floh dann und entkam. Die Wut und das Bewußtsein der Niederlage machten mich krank, und noch am gleichen Abend löste sich meine Truppe endgültig auf. Ungefähr zwanzig von uns hatten noch ein letztes Feuergefecht mit einem Dutzend berittener Milizsoldaten aus dem County Isle of Wight; sie harrten am dämmrigen, feuchten Waldrand nur deshalb bei mir aus, weil sie zu müde, zu niedergeschlagen, zu betrunken waren

– ja, Gray hatte schon recht! –, um zwischen den Bäumen zu verschwinden, sich dann heimlich nach Hause zu schleichen und in ihrer Einfalt zu hoffen, im allgemeinen Durcheinander sei ihr Abenteuer mit mir vielleicht unbemerkt geblieben. Ich stahl mich allein davon und hoffte entgegen aller Wahrscheinlichkeit, ich würde vielleicht Nelson, Austin oder Jack wiederfinden, mit ihnen über den Fluß schwimmen und zu dritt oder viert doch noch das Arsenal heimlich angreifen können. Doch schon als sich die Nacht über die Wälder senkte, als überall die Rufe der weißen Männer erklangen und auf den fernen Wegen der Hufschlag der Kavallerie dröhnte, wußte ich, daß solche Hoffnung an Wahnwitz grenzte; eine Anklage dröhnte mir ohne Unterlaß durch den hohlen, schwarzen, mutleeren Schädel: _Die Nigger warens, die dich geschlagen haben! Ridleys Haus hättest du stürmen können. Wenn diese speichelleckenden, arschkriechenden schwarzen Niggerhalunken nicht gewesen wären, hättest du wahrscheinlich auch Jerusalem erobert!_

In dieser Nacht schlief ich zum erstenmal seit Tagen. Als ich mich am Morgen, im ersten kühlen, dunstigen Licht der über den Wäldern aufgehenden Sonne, allein aus dem Wald schlich, nach etwas Eßbarem zu suchen, da stieß ich auf Vaughans Haus, wo Nelsons Trupp vier Bewohner getötet hatte. In den Küchen glomm noch vom Vortag das Feuer, und das geräumige weiße Haus lag still und verlassen da. Ich kroch am Hühnerstall vorbei auf den Wirtschaftshof, hörte ein grunzendes, schnaufendes Geräusch und erblickte zwei Wildschweine, die eine Leiche fraßen, vermutlich die des Aufsehers. Da der Kopf vom Körper getrennt war, wußte ich, das letzte menschliche Gesicht, das dieser Mann gesehen hatte, war das von Will gewesen. Völlig gefühllos sah ich eine Weile zu, wie die Wildschweine in den Eingeweiden des Toten wühlten; die häßlichen, dreckverschmierten Bestien hätten ebensogut Abfälle oder Kot verzehren können. Doch nachdem ich mir aus der geplünderten, verwüsteten Küche etwas zu essen geholt und Mehl und Speck als Proviant für den ersten Teil meiner Flucht in einen Sack gepackt hatte, überfielen mich Furcht und Unruhe. Wie ich schon berichtete, war es meine Gewohnheit seit vielen Jahren, um diese Tageszeit eine Weile mit Gebeten und Betrachtungen zu verbringen, doch als ich an den Waldrand zurückkehrte und niederkniete, um Gottes Beistand für die bevorstehende Zeit der Einsamkeit zu erflehen – ihn zu bitten, daß Er mir jetzt, wo meine in Seinem Namen unternommene große Sendung unwiderruflich gescheitert war, einen Weg zu meiner Rettung zu weisen –, da entdeckte ich zu meinem größten Kummer, daß ich zum erstenmal in meinem Leben nicht einmal in der Lage war zu denken. Sosehr ich mich auch mühte, ich brachte kein Gebet über meine Lippen. Der Gott, den ich kannte, entglitt mir. Ich blieb hier in der frühen Morgendämmerung zurück und fühlte mich einsamer und verlassener als jemals zuvor, seit ich Gottes Namen aussprechen konnte.

Und während ich zitternd im kalten Novemberwind saß und den Geräuschen des Nachmittags lauschte, die von der Stadt heraufstiegen, da ebbte in mir die Wut ab und erstarb schließlich. Wieder kehrten Leere und Verlassenheit zurück – dieselbe schmerzliche Einsamkeit, die eigentlich seit jenem Morgen am Waldrand und während der langen Wochen in der versteckten Höhle im Sumpf nicht mehr von mir gewichen war – dieselbe Unfähigkeit zu beten. Und ich dachte: Vielleicht will Gott mir in meiner Qual etwas mitteilen. Vielleicht will Er mich durch Seine scheinbare Abwesenheit dazu bewegen, etwas zu überlegen, woran ich bisher noch nicht gedacht hatte, was mir unbekannt war. Wie kann Er nur zulassen, daß ein Mensch eine solche Leere und Niedergeschlagenheit empfindet? Sicherlich wird doch Gott in Seiner Weisheit und Majestät mir nicht zuerst einen solchen Auftrag erteilen, um dann, nach meiner Niederlage, meine Seele im Stich zu lassen – zulassen, daß sie in einen bodenlosen Abgrund geschleudert wird, als sei sie nichts als elender Rauch und Dunst. Sicher gibt Er mir gerade durch Sein Schweigen und Seine Abwesenheit ein noch größeres Zeichen, bedeutsamer als alle anderen zuvor . . .

Ich erhob mich mühsam von meiner Zedernplanke und schob mich auf das Fenster zu, soweit die Länge meiner Ketten es mir erlaubte. Vom Ende der ausgewaschenen Landstraße her vernahm ich ganz schwach den Klang einer Mandoline oder Gitarre. Dazu sang eine junge Mädchenstimme. Süß und sanft erhoben sich die Töne aus einer zarten weißen Kehle, die ich niemals sehen würde, stiegen mit der sanften Brise vom Flußufer herauf. Helle Schneeflocken wirbelten durch die Dämmerung, und in meiner Vorstellung vermischten sich die Klänge mit einem verlorenen, verwehten Lavendelduft.

»Sie ist so fern dem Land, da ihr junger Held schlummert . . .«
Zärtlich hob und senkte sich die Stimme und verging schließlich. Eine andere Mädchenstimme rief leise »Ach, Jeannie!« Und der süße Lavendelduft blieb in meiner Erinnerung haften und

machte mich unruhig vor Sehnsucht und Verlangen. Ich schlug meine Hände vors Gesicht, lehnte mich an die kalten Eisenstäbe und dachte: Nein, Mr. Gray, ich bereue nichts. Alles würde ich noch einmal tun. Doch selbst ein Mensch ohne einen Funken Reue muß sich vielleicht ein Unterpfand für sein Seelenheil bewahren. So sage ich: Ja, alle, alle würde ich sie noch einmal töten, alle . . . Bis auf die eine . . .

Schon in jener ersten Stunde, als wir von Travis' Haus aufbrachen, kam mir die Befürchtung, Will könnte mir tatsächlich die Zügel aus der Hand nehmen und meine ganze Sendung zunichte machen. Ich fürchtete nicht so sehr seinen Einfluß auf meine Jünger wie Henry, Nelson oder Hark – die standen sicher unter meinem Einfluß und waren selbst zum Führen geschaffen. Doch im Verlauf der Nacht nahmen wir an den fünf oder sechs Häusern, die auf dem Weg zu Mrs. Whitehead lagen, immer neue Leute mit, und Wills verrückte, betäubende Rivalität machte mir ebenso zu schaffen wie die innere Panik bei der Erkenntnis, daß ich nicht zu töten vermochte. Hatte nicht Josua mit eigenem Schwert den König von Makkeda erschlagen? Und hatte nicht Jehu mit seinem eigenen Bogen auf dem Schlachtfeld Joram erschossen? Eine Vorahnung des Unheils überkam mich. Ich wußte, daß ich nicht von den anderen Männern erwarten durfte, daß sie sich um mich sammelten und tapfer kämpften, wenn ich selbst kein Blut vergießen konnte.

Und doch war es mir nach meinem erschreckenden Versagen bei Travis und Miß Sarah noch zweimal widerfahren, daß ich vor den Augen all meiner Gefolgsleute und Anhänger versucht hatte, Menschen mit meinem Säbel zu töten; beide Male hatte ich die blitzende Klinge über aschfahle Gesichter erhoben, und zweimal glitt sie entweder mit dumpfem Schlage ab, oder ich verfehlte mein Ziel in so erstaunlichem Maße, daß ich sicher war, eine gigantische, unsichtbare Hand habe den Schlag abgelenkt. Jedesmal war es dann Will gewesen, der mich verhöhnte – »Weg da, Prediger!« – und mich beiseite drängte, um die Hinrichtung rasch und geschickt mit der blutbesudelten Schneide seines Breitbeils zu vollenden. Ich war auch nicht fähig, ihn zurechtzuweisen oder ihm etwas zu befehlen. Auch in den Augen der anderen war sein unersättlicher Blutrausch schrecklich und unverständlich; aber selbst wenn es mir möglich gewesen wäre, mich seiner zu entledigen, so hätte ich mir damit gleichsam die rechte Hand abgehackt. Wenn er mir befahl, beiseite zu treten, so blieb mir weiter nichts übrig, als zu gehorchen und zu hoffen, daß die anderen dabei nicht die krankhafte Erniedrigung in meinen Augen bemerkten und mich nicht beobachteten, wenn ich (wie es mir einmal geschah, nachdem ich zugesehen hatte, wie Wills Axt den Schädel des jungen Farmers William Reese spaltete) mich davonstahl, um mich minutenlang im Wald zu übergeben.

Perlfarbener Dunst hing über der Landschaft, als etwa ein Dutzend von uns mehrere Stunden nach dem Morgengrauen in den Wäldern nicht weit von Mrs. Whiteheads Haus entfernt rasteten und uns ein Frühstück von Speck und Obst richteten. Die Sonne hatte gerade begonnen, den Nebel zu verbrennen und den Tag in einen stickigen Mantel von Hitze zu hüllen. Im Laufe der Nacht hatten wir erfolgreich sechs Farmen und Pflanzungen angegriffen und siebzehn Tote zurückgelassen. Allein Will hatte sieben dieser Weißen erschlagen; die anderen entfielen auf Hark, Henry, Sam und Jack. Keiner war unseren Beilen und Säbeln entronnen, und so konnte auch niemand die anderen alarmieren. Die Überraschung war uns voll und ganz gelungen. Unser Feldzug war bis hierher vollkommen still und ebenso vollkommen tödlich verlaufen. Ich wußte, daß wir bis kurz vor Jerusalem nicht das Risiko einer Schießerei einzugehen brauchten, wenn uns auch weiterhin das Glück zur Seite stand und es uns gelang, den oberen Teil des langgezogenen S ebenso lautlos und gründlich, mit derselben mörderischen Präzision, zurückzulegen. Unsere Streitmacht war, wie ich vorausberechnet hatte, inzwischen auf achtzehn Mann angewachsen. Neun Mann hatten Pferde. Unter anderem hatten wir aus dem Stall der Reese-Pflanzung vier herrliche Araberhengste mitgenommen. Wir waren reichlich mit Breitbeilen, Säbeln und Büchsen versorgt. Zwei junge Neger, die bei Newsom zu uns gestoßen waren, hatten sich vor Angst betrunken, aber die anderen neuangeworbenen Soldaten benahmen sich selbstbewußt und gingen, auf den Kampf brennend, zwischen den Bäumen hin und her. Und doch war ich immer noch unruhig und machte mir Sorgen. Ob wohl jemals zuvor der Kommandeur einer Truppe in einer so bösen Zwickmühle saß – ernsthaft bedroht durch einen beinahe meuternden Untergebenen, den zu verlieren oder gar wegzuschicken er sich jedoch nicht leisten konnte? Kurz vor Tagesanbruch hatte ich Will und vier andere unter Sams Kommando weggeschickt, um die Bryant-Farm einzunehmen, die drei Meilen abseits von unserer Route lag – teils um mich wenigstens zeitweilig von Wills beunruhigender Gegenwart zu befreien, teils weil dies ohnehin zu meinem

Plan gehörte. Sam war schließlich zusammen mit Will bei Nathaniel Francis aufgewachsen, und einmal oder zweimal waren sie auch gemeinsam ausgebrochen; so hoffte ich, daß Sam zumindest für eine Weile die Herrschaft über Will behalten würde und ihn dabei vielleicht ein wenig beruhigen konnte. In Bryants Haus mußten ein halbes Dutzend Weißer getötet, mehrere Neger abgeholt und eine Reihe schneller Reitpferde erbeutet werden, die uns bei Überraschungsangriffen wertvolle Dienste leisten sollten. Da dieses Haus weit abseits lag, erlaubte ich Sam, Schußwaffen zu gebrauchen. Nun warteten wir in der drückenden Hitze des Waldes auf die Rückkehr dieses Trupps, um unseren Angriff dann in voller Stärke fortzusetzen.

Ich fühlte mich ganz und gar nicht wohl. Nach dem ausgiebigen Erbrechen bei Reeses Haus war ich schwach; mir war übel, ich schwitzte dauernd und litt unter immer wiederkehrenden Magenkrämpfen. Eine Spottdrossel quäkte und schwatzte ganz in der Nähe auf einem Baum. *Halt den Schnabel!* schrie ich in Gedanken. Es war unterdessen schrecklich heiß geworden. Die Sonne brannte durch eine Dunstglocke, die nicht mehr milchigweiß war, sondern bleiern, bedrückend, feindselig. Um die Krämpfe, die mich immer wieder schüttelten, vor meinen Männern zu verbergen, verzichtete ich auf Speck und Obst und zog mich mit einer Landkarte unter eine abseits gelegene Baumgruppe zurück. Den Befehl über meine Truppe übergab ich Nelson und Henry. In der Nähe floß ein Bach. Während ich unseren bisher zurückgelegten Weg auf der Karte eintrug, hörte ich, wie die Männer mit kupfernen Eimern, die ebenfalls zu unserer Beute gehörten, die Pferde tränkten. Unter den Negern auf der Lichtung herrschte eine erregte Hochstimmung. Ich hörte ihr Lachen; auch wenn einige von ihnen betrunken waren, wünschte ich mir doch, an ihrem Grölen und Prahlen teilhaben zu können, die Krämpfe zu stillen, die an meinen Eingeweiden nagten, das Herzklopfen zu beruhigen. Schließlich sprach ich ein Gebet und flehte den HErrn an, meine Entschlußkraft zu stärken, wie er es bei David getan hatte. Danach fühlte ich mich etwas wohler und nicht mehr so schwindelig.

Als Sams Trupp ungefähr um halb neun auf der Lichtung erschien, kam wieder etwas Leben in mich; ich stand auf und ging hinüber, sie zu begrüßen. Aus den sechs waren zehn geworden – einige saßen auf Bryants rassigen Vollblutpferden –, und an den flotten Reitstiefeln, die Sam trug, konnte ich sehen, daß sie ihren Auftrag in jeder Hinsicht erfolgreich durchgeführt hatten.

Ich hatte gar nicht erst versucht, Plündereien gänzlich zu verbieten; es war ganz klar – hätte ich dieser Armee von Entrechteten und Ausgestoßenen untersagt, sich mit allerlei glänzenden Dingen, mit Trophäen und Federn zu schmücken, so wäre das ähnlich gewesen, als hätte ich eine Taube aus dem Käfig gelassen und ihr verboten, sich in die Lüfte zu erheben. Gleichzeitig war ich aber fest entschlossen, das Plündern in gewissen Grenzen zu halten; wir durften uns mit nichts belasten, was unser Tempo verlangsamt hätte. Als ich nun sah, daß Will einen riesigen goldgerahmten Wandspiegel mitschleppte, da wußte ich: jetzt oder nie! Ich mußte ihn zur Ordnung rufen.

Ich näherte mich der Gruppe und merkte sofort, daß Will sich zum Helden und Leitstern aller aufgeschwungen hatte. Er saß hoch aufgerichtet im Sattel, Gesicht und Hände blutverschmiert; er trug eine blaue Uniformjacke mit den goldenen Schulterstücken eines Obersten der Armee, eine Offiziersmütze verwegen aufs Ohr gedrückt. So warf er sich in die Brust und erschreckte die neuen Rekruten mit triumphierendem, hochfahrendem, zusammenhanglosem Gebrabbel: »Mann, de Ax, de musse immah schahf haltn! Isse nich schahf, de Ax, so laufte rote Saf nich! So isses! Schahf wie Pisse!« krähte er. »Dafür is de Spiegel, daß ich *sehn* kann, wie *schahf* de Ax is!« Die Männer und die Jungen ringsum brüllten vor Lachen. Ihre Hosen, Schuhe und die bloßen schwarzen Arme waren befleckt von geronnenem Blut. Sie beugten sich aus den Sätteln zu ihm herüber oder stiegen ab und sahen mit blitzendweißen Zähnen zu ihm herauf, gefesselt von seinem wahnwitzigen Singsang. Bryants Neger, von denen ich drei noch nie gesehen hatte, waren so betrunken, daß sie in höheren Gefilden schwebten. Sie hielten große Schnapsflaschen in den Armen. Die Mischung aus Blut und Freiheit ließ sie wie auf einer himmlischen Wolke schweben, ihr Lachen und ihr Wahnsinn schien zum Himmel aufzusteigen und wie ein Windstoß durch die Wipfel zu fegen. Für sie war Will und nicht ich der schwarze Herold der Befreiung. Einer dieser Jungen, ein gelblicher Kerl mit verfaulten Zähnen, hatte vor lauter Lachen so die Selbstbeherrschung verloren, daß er sich die Hose naß machte.

»Jetz isses meine Schau«, schrie Will. »Ich bins, wo de Ax schwupp-schwupp machen laß. Ich bin de Gänral!« Er gab seinem Araberhengst die Sporen und riß gleichzeitig an den Zügeln; der prächtige, schäumende Gaul stieg mit brüllendem Gewieher hoch. »Wills jetz de Gänral!« schrie sein Reiter noch einmal. Als das gequälte Tier mit den Vorderhufen wieder die Erde berührte, spiegelte sich die Sonne blendend in dem teuflischen Spiegel; Himmel und Erde und Laub und schwarze Gesichter verschwammen in der gläsernen Leere und waren gleich wieder verschwunden. »Hee, hee, Roscoe!« bellte Will das Pferd an. »Ich bin de Gänral, nich du, Gaul! Ich bin de Boß von de Krawall!«

»Nein, *ich* bin der Boß!« rief ich da. Die Neger verstummten. »Das wollen wir lieber gleich klarstellen. Du has gar nix zu kommandiern! Laß de Spiegel falln. Den sehn de Weißen auf zwei Meilen Entfernung. Ich *meins*, was ich sag.«

Vom Sattel herab betrachtete er mich hochmütig und angewidert. Mein Herz begann unwillkürlich wie wild zu schlagen, und ich merkte, daß meine Stimme sich überschlug und meine Furcht verriet. Vergebens bemühte ich mich, das Zittern meiner Arme zu verbergen. Minutenlang sagte Will nichts, sondern sah nur verächtlich auf mich herab. Dann streckte er die Zunge heraus – sie war rot wie eine Scheibe Wassermelone – und fuhr sich damit langsam über seine rosa Lippen. Es war eine Geste komischen, irren Spottes. Ein paar von den Männern hinter mir begannen zu kichern und scharrten vor Vergnügen mit den Füßen. »Ich *muß* dir de Spiegel nich geben«, sagte er betont trotzig. »Un ich *geb* dir auch kein Spiegel nich. Leck mich am Arsch, Prediger!«

»Laß sofort den Spiegel auf den Boden fallen!« befahl ich noch einmal. Da sah ich, wie er den Stiel seines Breitbeils fester packte – eine nackte, unverhüllte Drohung –, und die Panik überspülte mich mit einer eiskalten Woge. Im Feuer, das in den irren Augen dieses Verrückten flackerte, sah ich schon meine große Sendung zu Asche verbrennen. »Fallen lassen!« sagte ich.

»Hör mal, Prediger«, sagte er und bedachte seine neuen Anhänger mit einem komischen Augenrollen, »Prediger, du halt dich da lieber raus un laß de *Axleute* machen! So wenig, wie de mitn Ax umgehn kanns, Prediger, so wenig kannste mitn Armee umgehn.« Er ließ den dicken, blutbesudelten Axtstiel drohend hochrucken und preßte den Spiegel fest an seine Brust. »Prediger«, grollte er in höhnischem Ton. »Wennde nich de *Ax* singen lassens kanns, so bisse *fertig*, aus, *erledig!*«

Ich weiß nicht, was geschehen wäre, wenn sich nicht Nelson eingeschaltet hätte, um diese Machtprobe zu beenden, bei der ich fast unterlegen wäre. Vielleicht wären mir meine anderen Getreuen beigesprungen, und alles hätte trotzdem noch nach Plan verlaufen können. Vielleicht hätte Will mich auch mit einem Streich geköpft, um dann in seinem Irrsinn mit den anderen ins Chaos zu reiten; sicher wären sie ohne meine Kenntnis der strategischen

Route nicht weit gekommen, und aus meiner Sendung wäre wohl ein »örtlich begrenzter Aufruhr einiger weniger unzufriedener Schwarzer« geworden und nicht das Erdbeben, das wir tatsächlich entfesselten. Jedenfalls rettete Nelson die Lage, indem er mir im entscheidenden Augenblick den Mantel der Autorität umlegte, der mir – zumindest in Wills Augen – fehlte oder auf den ich kein Anrecht hatte. Wie er es schaffte, welchen Zauber er dabei anwandte, kann ich nicht erklären. Vielleicht lag es an Nelsons Alter, an seiner sicheren, überlegenen, kurz angebundenen, selbstsicheren Art; in gewisser Weise waren das väterliche Eigenschaften, die Will geheimnisvollerweise Achtung einflößten, wenn nicht gar Furcht. Möglich, daß sich hier auch Nelsons Erfahrung zeigte, seine natürliche Klugheit, sein praktisches Können. Bevor mir noch recht bewußt wurde, daß er zwischen uns getreten war, hörte ich schon Nelsons Stimme und sah, wie er Wills Pferd beim Zügel packte.

»Nu mal schön langsam, Kleiner!« sagte er scharf. »Nat is der, wo hier befehlen tut! Nich aufregen, Kleiner. Laß de Spiegel fallen!« Es war der Ton, in dem man mit einem liebenswerten, aber eigensinnigen Kind spricht, nicht zornig, sondern vielmehr besorgt, verärgert, streng, unmißverständlich Gehorsam fordernd. Dieser Ton fuhr Will durch Mark und Bein. »Laß falln!« befahl Nelson noch einmal. Der Spiegel entglitt Wills Fingern und fiel zu Boden, ohne zu zerbrechen.

»De General is immer noch Nat!« bellte Nelson mit einem durchdringenden Blick. »Da halt dich lieber dran, oder du kriegs *wirklich Ärger* mit mir un de annere Jungen. Un jetz laß ers mal dein schwarze Schädel kalt werden!« Damit wandte er sich ab und stapfte schwerfällig zurück zum prasselnden Feuer unter den Bäumen. Der gemaßregelte Will sah ihm trotzig und beschämt, wie ein geprügelter Hund, nach.

Doch obgleich dieser gefährliche Zwischenfall beigelegt war, fand ich keine Ruhe. Ich war sicher, daß Wills erschreckendes Machtstreben durch den Zusammenstoß nicht begraben war, sondern nur einfach aufgeschoben, und seine bitteren, verächtlichen Worte – eine offene Herausforderung an mich – versetzten mich um so mehr in Panik, als ich wußte, daß ich nicht töten konnte. Von meinen anderen Männern hatte bisher nur Nelson noch kein Blut vergossen, aber bei ihm lag es nicht an innerem Widerstreben, sondern er hatte einfach noch keine Gelegenheit dazu. Und was die anderen meiner Getreuesten anging – Henry, Sam, Austin und Jack –, bildete ich mir nur ein, daß sie sich mir gegenüber kühler verhielten? Daß in der Art, wie sie in den letzten Stunden mit mir redeten, ein neu erwachtes Mißtrauen, ein Sichzurückziehen lag, als hätte ich dadurch, daß ich ein bestimmtes von ihnen bereits vollzogenes Ritual noch nicht hinter mich gebracht hatte, irgendwie meine Rechte und den mir als Kommandanten gebührenden Respekt verwirkt? In den vergangenenen Wochen und Monaten hatte ich bestimmt niemals angedeutet, daß ich vor dieser Pflicht zurückschrecken würde. Hatte ich ihnen nicht so oft gesagt: *Das Blut eines Weißen zu vergießen ist in Gottes Augen eine heilige Handlung?* In meiner Unfähigkeit und Entschlußlosigkeit fühlte ich mich nicht nur durch Wills niederträchtige Sticheleien und Drohungen, sondern auch durch die Furcht bedrängt, selbst meine Getreuesten könnten das Vertrauen in meine Befähigung zum Anführer verlieren, wenn ich auch weiterhin auf weibische Art versagte, wo es darum ging, Weiße niederzustrecken. Die Hitze brodelte über der Lichtung, und in den leise summenden Wäldern begann noch eine Spottdrossel zu krächzen. Benommen stand ich auf, trat hinter einen Busch und ließ ein trockenes Würgen über mich ergehen. Ich fühlte mich todkrank, mein ganzer Körper brannte unter meiner Haut wie im Fieber. Aber etwa um neun Uhr kehrte ich auf die Lichtung zurück und versammelte erneut meine Truppe um mich. In diesem Zustand – zitternd, krank, zerrissen von Ängsten und düsteren Befürchtungen, von denen ich nie geglaubt hätte, Gott würde sie zulassen – schickte mich die Vorsehung zu Margaret Whitehead und unserem letzten Zusammentreffen...

Für Richard Whitehead, der an dem heißen Morgen allein im grünen Baumwollfeld, auf dem Weg zum Schweinekoben, stand, muß unser Auftauchen wohl wie das Erscheinen der Horden von Harmagedon gewesen sein. Über zwanzig Neger rückten in unregelmäßiger Reihe vor, alle beritten und mit glitzernden Beilen und Säbeln bewaffnet. So brachen wir in einer Wolke von Staub aus den Wäldern. Diese Staubwolke, die uns gleichzeitig verriet und verbarg, muß in seinen Augen gleichsam aus den Eingeweiden der Erde aufgestiegen sein. Gewiß war dieser Anblick die Verkörperung all seiner Ängste und Gesichte von schwarzen Teufeln und heidnischen Horden, die jemals seine bigotte Methodistenseele bedrängt hatten. Doch auch er – genau wie Travis und all die anderen, eingelullt von einer Geschichte, die nichts von unserer Art kannten – wurde zweifellos zuerst von Zweifel an den eigenen Sinnen gepackt, ehe eine Ecke seines Gehirns Entsetzen empfand. Wer weiß, vielleicht war das der

Grund, warum er angewurzelt dastand wie eine Baumwollstaude, das ausdruckslose, rosa Predigergesicht zum Himmel erhoben, als hoffte er in leiser Verstörtheit, diese näher kommende teuflische Erscheinung, diese Vision, diese Ausgeburt gestörter Verdauung oder unruhigen Augustschlafs, oder was immer es sein mochte, möge wieder verschwinden. Aber dieses *Rasen!* Dieser *Lärm* trommelnder Hufe und klirrenden Stahls, dieses Keuchen der Pferde, das Heulen, der pfeifende Atem, die näher kommenden grinsenden Niggergesichter! Gnädiger Himmel! Dieser Lärm war nicht Teil einer Erscheinung, außerdem schwoll er fast unerträglich an! Es hatte den Anschein, als wolle er die Hände an die Ohren pressen. Seine Knie zitterten ein wenig, aber ansonsten regte er sich nicht. Selbst als Hark und Henry, unsere beiden Flankenreiter, auf ihn eindrangen und die Pferde zügelten, um besser zielen zu können, stand er noch regungslos und entgeistert da. Zwei schnelle, wohlgezielte Machetenhiebe auf den Kopf, und er war tot. Vom Haus her hörte ich den schrillen Schrei einer Frauenstimme.

»Trupp Eins!« rief ich. »Wälder sichern!« Ich hatte gerade noch den neuen Aufseher bemerkt, einen Mann namens Pretlow, wie er mit seinen beiden jungen weißen Helfern von der dampfenden Schnapsbrennerei sprang und spornstreichs auf die Wälder zujagte, Pretlow auf dem Rücken eines lahmenden, faßleibigen Maulesels, die beiden Jungen zu Fuß. »Ihnen nach!« rief ich Henry und seinen Leuten zu. »Sie kommen nich weit!« Ich fuhr herum und rief den anderen zu: »Trupp Zwei und Drei, Waffenzimmer besetzen! Los, ins Haus!«

O GOtt! Genau in diesem Augenblick überkam mich wieder ein solches Schwindelgefühl, daß ich sofort abstieg und in der Hitze dastand, den Kopf an den Sattel gelehnt. Ich schloß die Augen. Rote Pünktchen schwebten durch die Dunkelheit, meine Lungen waren voller Staub. Als das Pferd sich regte, schwankte ich wie in einem Ruderboot hin und her. Von der anderen Seite der Wiese, wo das Haus lag, ertönten Schreckensschreie; das langgezogene, bebende Jammern einer entsetzten Frauenstimme brach so plötzlich ab, daß es mir einen Schock versetzte. In der Nähe hörte ich Austins Stimme. Ich blickte auf und sah ihn auf dem bloßen Rücken eines Hengstes reiten. Ein Neger von Bryant saß hinter ihm. Ich gab dem anderen Jungen mein Pferd und befahl den beiden, sich der Truppe anzuschließen, die Pretlow und seine Gehilfen am Waldrand verfolgte. Ich stolperte, sank in die Knie, erhob mich aber rasch wieder.

»Du bis krank, Nat, wie?« fragte Austin.

»Los, weiter!« erwiderte ich. »Haut ab!« Da galoppierten sie davon.

Zu Fuß ging ich um Richard Whiteheads Leiche herum, die mit dem Gesicht nach unten auf dem Boden lag. Unsicheren Schrittes ging ich an dem vertrauten Zaun zwischen Feld und Wirtschaftshof entlang. Ich hatte ihn selbst mit gebaut. Meine Männer machten in Haus, Stall und Scheune einen Höllenlärm. Weitere Schreie gellten aus dem Haus. Mir fiel ein, daß Mrs. Whiteheads Töchter über den Sommer zu Besuch gekommen waren. Ich kletterte über den Zaun und fiel beinahe hin. Als ich mich an den nächsten Pfosten klammerte, sah ich vor mir den dicken alten Hausnigger Hubbard, der mit vorgehaltener Pistole von Henry und noch einem Neger zu einem Wagen getrieben wurde: ein gefangener Eunuche; freiwillig wollte er nicht mitkommen, aber auf dem Wagen, gefesselt wie andere schurkische Lieblingsnigger, mußte er wohl oder übel. »HErr, lieber HErr im Himmel!« heulte er, während er auf den Wagen gestoßen wurde. Dabei schluchzte er, als wolle ihm das Herz brechen. In diesem Augenblick kam ich um die Ecke des Ochsenstalls und hatte den ersten freien Blick zur Hausveranda. Sie war eine Bühne, verlassen von allen anderen bis auf die Schauspieler, die hier ihre letzte Szene aufführten – den pechschwarzen Mann und die Frau, bleich und reglos wie Knochen, von unsagbarer Angst erfüllt, aneinandergepreßt in einem Bild erschütternden Einsseins, in einem wehen Lebewohl –, so schien die Veranda für einen Augenblick in ein Licht getaucht, das aus der Dämmerung meines eigenen Anfangs zu kommen schien. Dann trat Will zurück, als löse er sich von einem Kuß. Mit einer raschen Drehung trennte er Mrs. Whitehead mit einem einzigen Streich beinahe das Haupt vom Rumpf. Und er hatte mich erblickt.

»Dort isse, Prediger! Is noch eine übrig!« grölte er. »Is allein für dich! Da, am Keller! Hole dir, Prediger!« In wilder Wut versetzte er mir einen Stich nach dem anderen. »Wennde nich de *rote Saft* laufen lassn kanns, so kannse auch nich de *Armee* führn!«

Lautlos, ohne ein einziges Wort, erhob sich Margaret Whitehead aus ihrem Versteck in der schützenden Kellernische und floh vor mir. Sie lief wie der Wind. Leichtfüßig wie ein Kind rannte sie davon, die bloßen Arme steif ausgestreckt, das braune Haar von einer Schleife zusammengehalten, so wippte es auf ihrem blauen Taftkleid auf und ab. Auf ihrem Rücken färbte der

Angstschweiß das Kleid dunkler blau. Ihr Gesicht hatte ich nicht gesehen. So erkannte ich sie erst, als sie schon um die Hausecke verschwand, an ihrem Seidenband – es fiel ihr aus dem Haar und schwebte langsam zu Boden.

»Da! Weg isse!« brüllte Will und deutete mit seinem Breitbeil auf die anderen Neger, die über den Hof gelaufen kamen. »Wills duse, Prediger, oder isse meine?«

Und wie ich sie haben will! dachte ich und zog meinen Säbel aus der Scheide. Sie rannte in die Wiese hinein. Als ich die Hausecke umrundete, dachte ich schon, sie sei mir entkommen, weil ich sie nirgends erblickte. Aber sie war nur ins hüfthohe Gras gestürzt und raffte sich gleich wieder auf – eine kleine, schmale Gestalt in der Ferne. So rannte sie auf einen schiefen Zaun am anderen Ende der Wiese zu. Ich lief in die Wiese hinein. Die Luft summte von Heuschrecken. Sie hüpften und zuckten mir über den Weg und berührten meine Haut wie winzige Nadeln. Der Schweiß lief mir beizend in die Augen. Der Säbel hing in meiner Rechten, als hätte er das Gewicht der ganzen Erde. Und doch kam ich Margaret rasch näher, weil sie schnell müde wurde. Ich holte sie ein, als sie gerade über den halbvermoderten Zaun klettern wollte. Sie gab keinen Laut von sich, sagte kein Wort, wandte sich nicht um, flehte mich nicht an, ergab sich nicht, leistete keinen Widerstand und wunderte sich wohl nicht einmal. Ich sagte auch nichts – unser letztes Zusammmensein war wohl das stillste von allen. Unter ihrem Fuß gab einer der vermoderten Pfosten nach, sie stolperte nach vorn, die nackten Arme immer noch ausgestreckt wie zur Begrüßung eines lieben Menschen, den sie lange nicht gesehen hatte. Als sie stolperte und sich wieder fing, hörte ich zum erstenmal ihr rauhes, schmerzliches Keuchen. Mit diesem Geräusch im Ohr stieß ich ihr den Säbel in die Seite, dicht unterhalb und hinter ihrer Brust. Dann endlich schrie sie auf. Leichtigkeit, Grazie, die zarte Fröhlichkeit – das alles floh von ihr wie ein Geist. Schlaff wie ein Lappen sank sie zu Boden. Ich traf mit meinem Säbel noch einmal fast dieselbe Stelle, an der das Blut den Taft dunkel färbte. Diesmal schrie sie nicht, doch der Widerhall ihres ersten Schreies klang mir noch in den Ohren wie ein ferner Engelruf. Als ich mich von ihr abwandte, störte mich ein gleichmäßiges Sausen wie das Heben und Senken eines Sommerwindes in einem Tannenhain. Ich bemerkte, daß es mein eigenes Keuchen war, das mir schluchzend aus der Brust aufstieg.

Ich stolperte quer über die Wiese davon, weg von ihr. Dabei redete ich mit mir selbst, als hätte ich den Verstand verloren.

Doch kaum hatte ich ein Dutzend Schritte getan, da hörte ich ihre Stimme, matt, zart, fast atemlos. Es war weniger Stimme als Erinnerung – leise wie von einer fernen und halbvergessenen Wiese meiner Kindheit: Ach, Nat, das tut so weh. Bitte, Nat, töte mich, mir tuts so weh.

Ich blieb stehen und schaute zurück. »*Stirb*, gottverdammte weiße Seele, stirb!« Ich weinte.

Ach, Nat, töte mich bitte, es tut mir so weh.

»Stirb! Stirb! Stirb! Stirb!«

Der Säbel fiel mir aus der Hand. Ich trat wieder neben sie und schaute auf sie herab. Sie hatte den Kopf in die Armbeuge gelegt, als wolle sie schlafen, und ihr ganze kastanienbraune Haarpracht hatte sich über das ausgebleichte Grün des Grases gebreitet. Zwischen den Gräsern huschten Grillen umher, im Zickzack sprangen sie ihr über das Gesicht.

»Es tut so weh!« hörte ich sie flüstern.

»Mach die Augen zu«, sagte ich. Ich bückte mich und tastete nach einem festen Zaunpfahl. Dabei stieg mir wieder bittersüß ein feiner Lavendelduft in die Nase. »Mach die Augen zu!« sagte ich rasch. Als ich dann den Zaunpfahl hoch über meinen Kopf erhob, starrte sie mich an. Mir war, als sagte sie jenseits aller unerträglicher Schmerzen einige Worte zu mir, zu leise, um sie zu verstehen, aber voll von nie gekannter Zärtlichkeit. Dann verschloß sie ihre Augen vor Wahnwitz und Illusion, Irrtum, Traum und Streben. Ich schlug mit dem Pfahl zu, und sie hatte rasch ausgelitten.

Dann schleuderte ich die schicksalhafte, zerschmetterte Keule weit von mir.

Ich weiß nicht mehr, wie lange ich um ihre Leiche herumwanderte, wie lange ich in sinnlosem Suchen, wie ein streunender Hund, von einer Ecke der Wiese zur anderen strich. Die Sonne stieg sengend höher; mein Fleisch stand in Flammen, und als die Männer drüben auf der Farm meinen Namen riefen, klangen ihre Stimmen, als kämen sie aus unsagbaren Fernen. Ich fand mich wieder, wie ich am Waldrand auf einem Baumstamm hockte, den Kopf in die Hände gestützt. Ich mußte an uralte Erinnerungen aus meiner Kindheit denken – warme Regen, Blätter, ein Spiel, klappernde Mühlräder, das Summen einer Maultrommel. Das alles lag Jahrhunderte zurück. Dann stand ich wieder auf und wanderte erneut ziellos um ihre Leiche herum. Ich hielt Abstand, blieb aber stets in Sichtweite, als sei dieses zerknitterte Stück Blau der Mittelpunkt einer Kreisbahn, die ich fortan in nimmer endender Pilgerfahrt zu beschreiben hatte. Einmal während meiner seltsamen Wanderung glaubte ich wieder ihre flüsternde Stimme zu hören, glaubte zu sehen, wie sie sich mit ausgestreckten Armen wie zur Begrüßung einer Legion von Liebhabern aus dem Grase erhob, ihr braunes Haar und das mädchenhafte Schulkleid vom Wind umspielt, und sie rief: »Oh, daß die Sinne mir schwänden in Liebesewigkeit!« Doch dann verschwand sie vor meinen Augen, löste sich auf wie ein Gebilde aus Luft und Licht, und ich wandte mich endlich ab, um zu meinen Männern zurückzukehren.

Danach ritten wir den ganzen Tag quer durch das Land nach Norden. Trotz einiger unvorhergesehener Verzögerungen hatten wir auf der ganzen Linie Erfolg. Eine Farm nach der anderen – Porter, Nathaniel Francis, Barrow, Edward, Harris, Doyle – wurde überrannt, überall löschten wir erbarmungslos alles Leben aus. Nathaniel Francis selbst erwischten wir nicht (erst viel später erfuhr ich von Hark, daß Francis an diesem Tag im County Sussex weilte), und so gehörte es mit zu den kleinen Ironien unseres Unternehmens – bittere Enttäuschung für Sam und Will –, daß der einzige Mann, der wirklich im ganzen County wegen seiner Grausamkeit gegen Neger berüchtigt war, dem Schwert unserer Vergeltung entronnen ist. Sein Ende hätte besondere Bedeutung gehabt. Aber so spielt nun einmal das Kriegsglück.

Am frühen Nachmittag hatte ich meine feste Haltung wiedergefunden. Ich fühlte mich wieder viel kräftiger und wurde durch unsere raschen Erfolge ermutigt und beflügelt. Dank Nelsons Einfluß – aber auch aufgrund meines Verhaltens gegenüber Margaret Whitehead – benahm sich Will fügsamer, und ich hatte den Eindruck, ihn zuletzt doch so ziemlich in der Hand zu haben. Am späten Nachmittag lebte entlang des von uns zurückgelegten Weges kein einziger Weißer mehr.

Dennoch war unser tödliches Vernichtungswerk nicht vollkommen. Ich bin keinesfalls sicher, ob dies nicht der Untergang meiner Sendung bedeutete, da es nur einer einzigen Menschenseele bedurfte, alle anderen zu alarmieren. Ich muß auch zugeben, daß es mehr meinem eigenen Fehler als anderen Gründen zuzuschreiben ist, wenn wir vom folgenden Tag an auf immer härteren Widerstand stießen, der uns auf verhängnisvolle Weise aufhielt. Denn wie ich Gray schon sagte, sahen wir an jenem Nachmittag kurz vor Einbruch der Dämmerung bei der Harris-Farm ein junges Mädchen von etwa vierzehn Jahren mit Schreien des Entsetzens in die Wälder fliehen und im Kieferngebüsch verschwinden. Gray selbst hatte berichtet, daß es diesem Mädchen gelang, noch vor der Nacht das Haus der Familie Williams zu erreichen. So war dieser Glückliche imstande, seine Familie und seine Sklaven rechtzeitig zu verstecken und nach Norden zu jagen, um Alarm zu schlagen. Diese Warnung wiederum war es, die dem Gegner wahrscheinlich (doch da bin ich nicht sicher) am Ende einen Vorteil verschaffte und den Feldzug zu unseren Ungunsten entschied. Eines hatte ich Gray jedoch nicht anvertraut: Nicht »wir« hatten ihre Flucht beobachtet, sondern ich allein war es; müde schwankte ich im Sattel hin und her, als die Dämmerung hereinbrach und meine Leute Harris' Haus stürmten und plünderten. Ich hörte ihren leisen, verzweifelten Schrei und erblickte gerade flüchtig ihr farbiges Kleid, als sie schon zwischen den dunkel werdenden Bäumen verschwand.

Ich hätte sie innerhalb einer Minute einholen können, aber ich war plötzlich so mutlos, so unendlich müde und eingehüllt in einen unerklärlichen Kummer, den ich nicht abzuschütteln vermochte. Ich erzitterte in der Erkenntnis, wie eitel aller Ehrgeiz doch ist. In meinem Mund hatte ich den faden Geschmack ekliger Erinnerung an blutbeschmierte Wände, blutige Erde. Ich sah das Mädchen ungehindert entkommen. Wer weiß, ob wir nicht ohnehin verloren waren. Ich weiß überhaupt nichts mehr. Nichts. Wollte ich etwa wirklich ein Leben für dasjenige retten, das ich genommen hatte?

Wahrlich, ich komme bald . . .

Klarer Sonnenschein strahlt auf mich nieder, ohne Stunde und
Jahreszeit, hüllt mich ein mit der wohligen Wärme einer Wiege,
während ich den Fluß hinabtreibe; das kleine Boot schaukelt
sanft auf dem Weg zum offenen Meer. An den unbewohnten
Gestaden schweigen die Wälder, es ist still, wie wenn der
Schnee fällt. Keine Vögel zwitschern; unbewegt, in tiefe
Betrachtung versunken, stehen die Bäume am Flußufer, still und
mit hängenden Zweigen. Dieses Flachland scheint vom Menschen
unberührt zu sein, abseits von Vergangenheit, Gegenwart oder
Zukunft. Wenn ich mich zurücklehne, spüre ich unter mir das
sanfte Dahingleiten des Bootes, sehe vorüberhuschende Schaum-
kronen, Zweige, Blätter, Grasbüschel, die alle feierlich und ohne
Hast der Stelle zustreben, wo sich der Fluß mit dem Meer ver-
eint. Schwach höre ich nun das Rauschen der Wogen, sehe das
Glitzern der weiten Wasserfläche, betupft mit weißen Schaum-
kronen, den gezackten Abhang eines Ufers, wo Fluß und Meer
sich in aufrührerischer Umarmung wirbelnder Wasser treffen.
Doch nichts beunruhigt mich, ich schlummere ruhig in den Armen
eines unerschütterlichen Friedens. Salz sticht mir in die Nase. Die
Brecher rollen heran, die mächtigen Gezeiten laufen aus unter
einem kobaltblauen Himmel, der sich bis hinüber nach Afrika
wölbt. Ein gleichmäßiges Dröhnen erfüllt mich nicht mit Furcht,
sondern mit herrlicher Ruhe und schläfriger Erwartung – mit
einer feierlichen Heiterkeit, uralt wie diese Felsen, bekränzt von
Girlanden weinenden Seetangs, hochgespült von stöhnenden
Wogen.
Wie ich mich dem äußersten Ende des Landes nähere, blicke ich
ein letztes Mal empor zu dem weißen Gebäude auf seinem Fels-
vorsprung hoch über dem Ufer. Auch jetzt vermag ich nicht zu
sagen, was das ist und was es zu bedeuten hat. Grellweiß, glänzend, rein wie Alabaster steht es am Abgrund, unberührt von
Wind und Wetter, weder Tempel noch Denkmal noch Sarkophag, sondern ein Mahnmal der Zeiten – aller Vergangenheit
und aller Zukunft –, weißes, unergründliches Abbild eines
Mysteriums jenseits von Worten oder Fragen. Die Sonne badet
die makellosen Marmorwände, die torlose Fassade, die
geschwungenen Bogen in hellem Licht; nirgends ein Zugang,

nirgends ein Fenster. Im Innern muß es so dunkel sein wie in der tiefsten Gruft. Doch kann ich an diesem Ort nicht lange verweilen; denn ich weiß, ein Versuch, in das Geheimnis einzudringen, würde nur noch tieferen Geheimnissen Tür und Tor öffnen, immer weiter, bis in alle Ewigkeit, bis in die letzten Winkel von Gedanke und Zeit. So wende ich mich ab. Ich blicke wieder aufs Meer hinaus, betrachte die blauen Wellen und das Geglitzer näherrückender Schaumköpfe, höre das Rauschen der Brandung, wie es lauter wird, während ich langsam, in die Betrachtung eines tiefen Geheimnisses versunken, hinaustreibe aufs Meer . . .

Mit einem Ruck kehre ich in die Gegenwart zurück, spüre die kalte Zedernplanke unter meinem Rücken und die noch kälteren eisernen Fußschellen; sie sind wie Fesseln aus purem Eis. Es ist vollkommen finster, ich kann nichts mehr erkennen. Ich stütze mich auf die Ellbogen, lasse den Traum allmählich verblassen und ausklingen, bis er – zum allerletztenmal – aus meinem Bewußtsein entschwindet. Die Ketten an meinen Füßen klirren im schwarzen Schweigen des Morgens. Es ist bitter kalt, doch der Wind hat sich gelegt und mit ihm mein Zittern; ich ziehe mir die Reste meines zerlumpten Hemdes enger um die Brust. Dann klopfe ich leise mit dem Knöchel an die hölzerne Wand, die mich von Hark trennt. Er schläft tief und fest. Sein Atmen ist ein heiserer Seufzer, der durch die Wunde dringt. *Tapp-tapp.* Stille. Noch einmal *tapp-tapp*, etwas lauter. Da wacht Hark auf.

»Bis du das, Nat?«

»Ich bins«, antworte ich. »Wir sind bald dran.«

Er schweigt eine Weile. Dann sagt er gähnend: »Ich weiß. Gott, wennse nur rasch machen. Was meinste, Nat, wie spät isses?«

»Ich weiß nich«, sage ich. »Müssen noch zwei Stunden hin sein.«

Ich höre seinen schwerfälligen Schritt, das Aneinanderklirren seiner Ketten, dann kratzt ein Eimer über den Boden. Hark kichert leise. »Herr im Himmel, Nat«, sagt er. »Wenn ich mir nur rühren könnt! Schlimm genug, am Tag im Liegen pissen, aber inne Nacht, da treff ich de Eimer nie nich.« Ich höre ein lautes Plätschern, dann wieder Harks Lachen, tief in seiner Kehle, in heiterer Selbstbelustigung. »Nix unnützer wien Nigger von zwei-fünfsich Pfund, wo sich nich rühren kann. Haste hört, Nat, se wolln mir an *Stuhl* fesseln un so aufhängen? Sagt wenigsens de Mann Gray. Mann – das ist auchn Art un Weise zum abhaun!«

Ich antworte nicht. Das Plätschern verstummt, und auch Hark schweigt. Irgendwo weit weg in der Stadt heult ein Hund ohne

Unterlaß, ein einsamer, heiserer Schrei aus den Eingeweiden des finsteren Morgens, der mich mit Grauen erfüllt. *HErr,* flüstere ich verzagt – *HErr?* In plötzlichem Krampf drücke ich die Augen zu und erhoffe mir eine Vision, irgendein Wort oder Zeichen in der noch tieferen Dunkelheit meiner Seele, aber da ist immer noch keine Antwort. Also werde ich ohne Ihn dahingehen, denke ich, ich werde ohne Ihn gehen, weil Er mich verlassen hat und mir nicht einmal ein allerletztes Zeichen gewährt. Was habe ich vor Seinem Angesicht Falsches getan? Und wenn das falsch war, was ich getan habe – gibt es dann keine Erlösung?

»De gottverdammte Hun!« höre ich Hark sagen. »Hör nur, Nat. Hat sicher was zu deuten, ja. De Hun, de bellt bis in meine Traum, grad eben. Hab träumt, ich bin daheim, bei Barnett, vor lange Zeit, wie ich nochn Kin bin, kniehoch. Ich un mein Schwester Jamie, wir gehn fischen in Sumpf. Sin grad untern wilde Kirschbaum, richtig lustig, reden über de Fische wo wir fangen wolln. Da is son Hun, rennt uns nach un bellt. Un Jamie, de fragt: ›Hark, was macht de Hun son Krach?‹ Un ich sag zu Jamie: ›Mach dir nix draus, aus de Hun, laßn, de alte Hun.‹ Dann haste anne Wand klopft, Nat, un da bellt genau *deselbige* Hun anne Straße. Und ich lieg da un noch an dem Morgen, da werden se mir hängen ...«

Denn siehe, ich komme bald ...

Ich sinke für eine Weile in traumlosen Schlummer, dann wache ich plötzlich auf und bemerke, wie sich der Morgen mit einem matten Schimmer von frostigem Licht ankündigt; es stiehlt sich durch das vergitterte Fenster herein und berührt die Zedernwände mit kaum wahrnehmbarem Glühen, wie Asche, die man auf ein verglimmendes Feuer streut. Weit drüben im flachen Land auf der anderen Seite des Flusses, irgendwo zwischen den Feldern und reifbedeckten Wiesen, ertönt der traurige Hornruf, der die Neger zur Tagesarbeit weckt. Aber ich höre noch ein ganz feines Klingen und Rascheln, nicht so weit entfernt. Die Stadt erwacht zum Leben. Ein einzelner Reiter klappert über die Brücke, weiter weg kräht ein Hahn, dann noch einer, und mit einem Schlag hören sie beide auf. Sekundenlang ist wieder alles still und schlafend. Auch Hark schläft – sein Atem raschelt durch die wunde Brust. Ich stehe auf und schiebe mich bis ans Ende meiner Kette. Seitlich dränge ich mich ans Fenster heran. Dann lehne ich mich gegen den reifkalten Sims und bleibe regungslos in der immer noch ausgebreiteten Dunkelheit stehen. Am Rand des Himmels, hoch über dem Fluß und der aufgetürmten Mauer dunkler Zypressen und Tannen, hebt sich die Dämmerung in einem Hauch von zartestem Blau. Ich hebe meinen Blick. Dort, mitten im Blau, einsam und wundersam glänzend, erstrahlt der Morgenstern. Noch nie erschien mir ein Stern so strahlend. Ich starre ihn an, rege mich nicht, auch wenn die Kälte des feuchten Bodens meine Füße in schmerzende Eisklumpen verwandelt.

Wahrlich, ich komme bald ...

Ich stehe am Fenster und zähle die Minuten, schaue hinaus in den neuen Tag, der noch so dunkel ist. Hinter mir höre ich auf dem engen Flur ein Geräusch. Kitchen klimpert mit seinem Schlüsselbund, und an der Wand malt sich orangen der Widerschein seiner Laterne ab. Schritte schlurfen rauh über den Boden. Langsam drehe ich mich um und stehe Gray gegenüber. Doch diesmal betritt er meine Zelle nicht, sondern bleibt draußen an der Tür stehen. Er schaut herein und winkt mir mit dem Finger. Schwerfällig schiebe ich mich über den Boden und schleppe die schwere Kette hinter mir her. Im Schein der Laterne sehe ich, daß er etwas in der Hand hält. Ich trete näher an die Tür heran und erkenne eine Bibel. Gray ist anders als sonst, leise, bedrückt.

»Ich hab dir gebracht, was du haben wolltest, Reverend«, sagt er mit leiser Stimme. So beherrscht erscheint er, so ruhig, gemessen und sanft klingt seine Stimme, daß ich glaube, einen anderen Menschen vor mir zu haben. »Ich habs gegen den Willen des Gerichts getan. Von mir aus, auf meine eigene Kappe. Aber du warst mir gegenüber alles in allem anständig und ziemlich offen. Du kannst diesen Trost bekommen, wenn du noch magst.«

Er reicht mir die Bibel durch die Eisenstangen der Tür herein. Lange Zeit stehen wir so einander gegenüber und sehen uns an. Blitzschnell überkommt mich ein Gefühl, und es schwindet ebenso rasch wieder: Diesen Menschen hab ich noch nie in meinem Leben gesehen. Ich gebe ihm keine Antwort. Endlich schiebt er den Arm durch die Stangen und ergreift meine Hand; ein seltsames, unerklärliches Gefühl sagt mir bei dieser hastigen Berührung: Das ist die erste Hand eines Schwarzen, die er je gedrückt hat, und ohne Zweifel wird es auch die letzte sein.

»Leb wohl, Reverend«, sagt er.

»Good-bye, Mr. Gray«, antworte ich ihm.

Dann ist er fort. Der Schein der Laterne verflackert und erstirbt, und meine Zelle ist wieder von Dunkelheit erfüllt. Ich drehe mich um und lege die Bibel behutsam auf die Zedernplanken. Ich weiß, ich würde sie jetzt nicht aufschlagen, auch wenn das Licht zum Lesen ausreichte. Schon ihr Dasein erwärmt jedoch meine Zelle, und zum erstenmal seit meiner Gefangennahme, zum erstenmal, seit ich in sein abstoßendes Gesicht blickte, empfinde ich so etwas wie Mitleid für Gray und die Jahre, die ihm auf Erden noch beschieden sind.

Wieder trete ich ans Fenster und atme tief die winterliche Morgenluft ein. Sie riecht nach Rauch, nach brennendem Apfelholz, und mich überschwemmen flüchtige Erinnerungen an die ferne Kindheit, an alte Zeiten – zu süß, um sie ertragen zu können. Ich lehne mich an den Sims und blicke hinauf zum Morgenstern.

WAHRLICH, ICH KOMME BALD . . .

Denn siehe, ich komme bald . . .

Und wie ich an sie denke, regt sich in mir die Sehnsucht und füllt mich mit einem so schmerzlichen Verlangen aus, daß mein Herz es ebensowenig ertragen kann wie jene Erinnerungen an vergangene Zeiten, längst verklungene Stimmen, rauschende Wasser und säuselnden Wind. *Ihr Lieben, lasset uns untereinander liebhaben; denn die Liebe ist von Gott, und wer liebhat, der ist von Gott geboren und kennet Gott.* Nahe, vertraut, wirklich klingt ihre Stimme, und für eine Sekunde halte ich den Wind an meinem Ohr für ihren Atem. Ich drehe mich um und suche in der Dunkelheit nach ihr. Und trotz aller Angst, trotz Furcht und innerer Leere, spüre ich nun, wie mir die Wärme des Verlangens in die Lenden fließt und meine Beine zittern läßt. Bebend suche ich in meiner Erinnerung nach ihrem Gesicht, nach ihrem jungen Leib und sehne mich plötzlich nach ihr mit einer Inbrunst, die schon jenseits aller Schmerzen und Qualen ist. Mit zärtlichem Streicheln ergießt sich meine Liebe in ihr; pulsende Flut; sie preßt sich an mich, stößt einen Schrei aus, und dann werden Schwarz und Weiß eins. Mein Kopf sinkt auf den Fenstersims, mein Atem geht schwer. Ich sehe eine Wiese im Juni vor mir, höre ein Wispern: *Aber stimmt das nicht, Nat? Hat Er nicht selbst gesagt: Ich bin die Wurzel und der Sproß Davids, der helle Morgenstern?*

Schritte vor der Tür reißen mich aus meinen Wachträumen. Ich höre Weiße reden. Wieder wirft die Laterne einen Lichtschimmer in meine Zelle, aber die sechs Männer gehen mit hallenden Schritten weiter und bleiben vor Harks Tür stehen. Ich höre Schlüssel klappern, dann fliegt mit einem Ruck ein Riegel zurück. Ich drehe mich um und sehe in Umrissen zwei Männer, die den Stuhl an meiner Tür vorbeischieben. Die Stuhlbeine poltern über den Holzfußboden, die Armlehne kracht schwer gegen den Türrahmen von Harks Zelle. »Aufstehen!« höre ich einen der Männer zu Hark sagen. »Los, heb den Hintern hoch, wir müssen dich anbinden!« Stille. Dann knackt etwas. Hark beginnt vor Schmerzen zu stöhnen. »Langsam!« schreit er keuchend. »Vorsicht!«

»Nimm seine Beine«, sagt einer der Weißen zu einem anderen. »Pack ihn bei den Armen«, sagt eine andere Stimme.

Hark winselt und heult vor Schmerzen. Lautes Klappern und Schleifen erfüllt die Luft. »Paßt doch auf!« schluchzt Hark.

»Schieb ihn runter!« sagt eine Stimme. Meine Fäuste trommeln an die Wand. »*Tut ihm nicht weh!*« schreie ich wütend. »Tut ihm nicht weh, ihr weißen Hundesöhne! Ihr habt ihm schon genug angetan! Sein ganzes Leben lang! Der Teufel hol euch, wenn ihr ihm noch mehr antut!«

Die Männer verstummen, Schweigen sinkt herab. Harks Wimmern verklingt mit einem langgezogenen Seufzer. Nun höre ich eilig Stricke klatschen, sie binden ihn am Stuhl fest. Dann flüstern die weißen Männer miteinander und ächzen unter ihrer Last, wie sie Hark auf den Flur hinaustragen. Schatten tauchen auf und zittern im messinggelben Lichtschein der Laterne. Die Weißen keuchen und schnaufen vor Anstrengung. Harks regungslose, gefesselte Gestalt schwebt gleich der Silhouette irgendeines mächtigen schwarzen Herrschers, der in prachtvoller Prozession zu seinem Thron getragen wird, langsam an meiner Zellentür vorbei. Ich strecke die Hand nach ihm aus und fühle nichts, nur eine Handvoll Luft.

»Hab ne weite Reise vor mir«, höre ich Hark sagen. »Good-bye, Nat!« ruft er.

»Good-bye, Hark«, flüstere ich, »good-bye, good-bye.«

»Wird schon alle gut werden, Nat!« ruft er mir zu. Seine Stimme wird leiser, verklingt. »Alles wird wieder gut. Das da is gar nichts, Nat, gar nichts isses. Good-bye, alter Nat, good-bye!«

»Good-bye, Hark, good-bye!«

Die Dämmerung wird an den Rändern bleicher, heller. Sterne gehen wie verlöschende Funken aus, die Nacht versinkt, und staubiges Sonnenlicht malt Streifen auf den fernen Himmel. Doch der Morgenstern steht unverändert hell und klar am Firmament, ein Kristall in den stillen Wassern der Ewigkeit. Der Morgen erblüht sanft über den zerklüfteten Wegen Jerusalems; der jaulende Hund und die krähenden Hähne sind schließlich auch verstummt. Irgendwo hinter mir im Gefängnis höre ich murmelnde Stimmen. Ich spüre jemanden hinter mir, fühle das Nahen schwerer, schicksalhafter Schritte. Ich drehe mich um, nehme die Bibel von der Zedernplanke und stelle mich ein letztes Mal ans vergitterte Fenster. Tief atme ich die Luft ein, den süßen Apfelduft. Mein Atem wird zu Dampf. Ich zittere in der kalten Schönheit einer neugeborenen Welt. Die Schritte kommen näher, halten plötzlich inne. Schlüssel rasseln, ein Riegel wird zurückgestoßen. Eine Stimme sagt: »Nat!« Ich gebe keine Antwort. Da ruft dieselbe Stimme laut: »Komm!«

Wir werden einander lieben, höre ich ihre bittende Stimme, jetzt ganz nahe, *wir werden einander lieben im Schein des hohen Himmelszeltes.* Ich fühle ringsum fließendes Wasser, stürmische Wogen, pfeifenden Wind. Dann wieder die Stimme: »Komm!«

Ja, denke ich, bevor ich mich zu ihm umdrehe und ihn begrüße, *ja, ich hätte es wieder genauso gemacht. Ich hätte sie alle vernichtet. Aber eine hätte ich verschont – sie, die mir den Weg zu Ihm gewiesen hat, dessen Allgegenwart ich nie ergründet und wahrscheinlich nie geahnt habe. Großer Gott, wie früh es noch ist! Bis zu diesem Augenblick hatte ich fast Seinen Namen vergessen.*

»Komm!« dröhnt die Stimme, und ich höre den Befehl: *Komm, Mein Sohn!* Da drehe ich mich um und ergebe mich in mein Schicksal.

Siehe, Ich komme bald. Amen.
Komm doch, o Herr Jesus.
Wie hell und klar der Morgenstern ...

Die Leichen der Hingerichteten wurden, von einer Ausnahme abgesehen, auf geziemende und schickliche Weise begraben. Die des Nat Turner überließ man den Ärzten, die sie abhäuteten und aus dem Fleisch Schmierfett machten. Der Vater von Mr. R. S.

Barham besaß eine Geldbörse, die aus Nat Turners Haut hergestellt war. Sein Skelett war viele Jahre im Besitz von Dr. Massenberg, ist dann aber verlorengegangen.
Aus: Drewry, The Southampton Insurrection

Und Er sprach zu mir:
Es ist geschehen.
Ich bin das A und O, der Anfang und das Ende.
Ich will dem Durstigen geben von dem Brunnen
des lebendigen Wassers umsonst.
Wer überwindet,
der wird es alles ererben,
und Ich werde Sein Gott sein,
und er wird Mein Sohn sein.

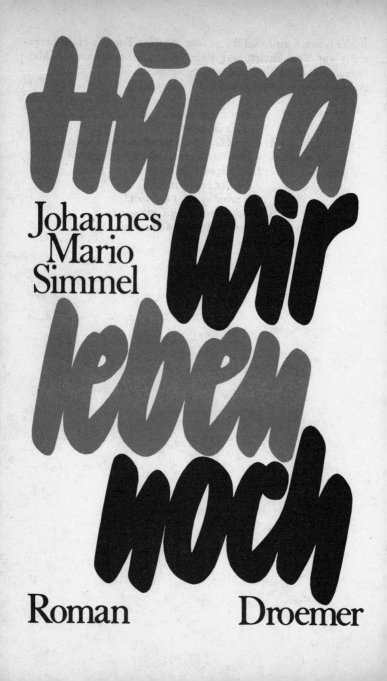

Hurra wir leben noch

Johannes Mario Simmel

Roman

Droemer